ESCRITOS DE DIREITO PÚBLICO CONTEMPORÂNEO

MARCO AURÉLIO MELLO

ESCRITOS DE DIREITO PÚBLICO CONTEMPORÂNEO

Organização

CARLOS ALEXANDRE DE AZEVEDO CAMPOS

VINICIUS DE ANDRADE PRADO

2021

EDITORA JusPODIVM

www.editorajuspodivm.com.br

EDITORA *Jus*PODIVM
www.editorajuspodivm.com.br

Rua Canuto Saraiva, 131 – Mooca – CEP: 03113-010 – São Paulo – São Paulo
Tel: (11) 3582.5757
• Contato: https://www.editorajuspodivm.com.br/sac

Copyright: Edições *Jus*PODIVM

Diagramação: Equipe *Jus*PODIVM

Capa: Maitê Coelho *(maitescoelho@yahoo.com.br)*

M527e Mello, Marco Aurélio.
Escritos de Direito Público Contemporâneo / Marco Aurélio Mello – São Paulo: Editora JusPodivm, 2021.
496 p.

Bibliografia
ISBN 978-65-5680-744-7

1. Direito público. I. Mello, Marco Aurélio. II. Título.

CDD 341

APRESENTAÇÃO

O dia doze de julho de 2021 será, para sempre, marcado como a data de aposentadoria de um dos mais importantes Ministros da história do Supremo Tribunal Federal: Marco Aurélio Mello. Sua Excelência somará, ao todo, trinta e um anos dedicados à judicatura na mais Alta Corte do país, com trajetória marcada pela fidelidade ao Texto Constitucional, coerência interpretativa e coragem na tomada de posições, nunca importando o *status* das partes envolvidas e a temperatura moral ou política das questões sob discussão. O ministro Marco Aurélio sempre votou, como costuma dizer, "com a ciência e a consciência possuídas" – acima de tudo, com base na Constituição.

Ante a coragem e integridade decisórias peculiares, pode-se dizer que, na longa história do Supremo Tribunal Federal, nenhum outro juiz cumpriu o papel, extremamente importante para a democracia, de voto divergente como o ministro Marco Aurélio. Sempre tendo em conta a Constituição e os valores humanísticos incorporados ao Texto Magno, o Ministro nunca demonstrou vocação para "formar maioria" se isso não representasse a melhor interpretação dos textos jurídicos em jogo. O "conforto da maioria", ainda quando consolidada ao tempo de seu momento de votar, nunca lhe preocupou, muito menos lhe agradou; importou sempre, apenas, observar a Constituição. Não é por outra razão que, em diversas oportunidades, seus *grandiosos votos vencidos* tornaram-se, posteriormente, o fundamento decisivo do consenso de uma nova maioria[1].

O ministro Marco Aurélio também foi o autor, como relator ou redator do acórdão, de diversos votos que lideraram a maioria em casos emblemáticos para a história jurisprudencial do Supremo Tribunal: o caso da interrupção da gravidez de fetos anencéfalos (ADPF nº 54/DF); proibição

---

1 Sobre esses momentos, cf., nesta coletânea, o último artigo intitulado "*Homenagem da Assessoria 2013/2015: Um tributo à integridade judicial: 25 anos do Ministro Marco Aurélio no STF*".

do uso de algemas (HC nº 91.952/SP); "Lei Maria da Penha" (ADI nº 4.424/DF); o caso "Vaquejada" (ADI nº 4.983/CE); o caso do sistema carcerário como um "Estado de Coisas Inconstitucional" (MC – ADPF nº 347/DF); inconstitucionalidade da execução provisória da pena (ADCs nº 43, nº 44 e nº 54), entre tantos outros votos que tornaram a trajetória do ministro Marco Aurélio única, singular e merecedora de todas as homenagens.

Considerada a trajetória valorosa e vitoriosa do Juiz constitucional corajoso e sempre coerente, os organizadores desta obra se dedicaram a compilar importantes artigos, apresentações e prefácios de livros, discursos e palestras, sobre os mais variados temas do Direito, produzidos pelo ministro Marco Aurélio, como forma de homenageá-lo por ocasião da aposentadoria. Em todos os escritos, o Ministro deixa sempre a marca do jurista completo, do pensador racional, do intérprete fiel ao Texto, do juiz humano e íntegro que singularizaram uma verdadeira Odisseia no Supremo Tribunal Federal. Sim, assim como o herói de Homero, Ulisses (ou Odisseu), o ministro Marco Aurélio "travou inúmeras batalhas" sempre tendo como objetivo final e único o encontro perfeito com a amada: não a Penélope, mas a Constituição de 1988.

Ao ministro Marco Aurélio, todas as nossas homenagens.

Brasília-DF, junho de 2021.

Carlos Alexandre de Azevedo Campos

Vinicius de Andrade Prado

Organizadores

APRESENTAÇÃO – A HISTÓRIA DO DIREITO BRASILEIRO

A História do Direito é elemento imprescindível para a formação dos juristas, para a compreensão do Direito como Ciência, para o desenvolvimento do ensino jurídico relativo a qualquer disciplina específica. Deve-se pensar o Direito hoje a partir do que nos ensinam os fatos e acontecimentos registrados desde a Antiguidade.

Como realizar a aplicação justa das leis, tomar as decisões adequadas às realidades subjacentes, sem conhecimento prévio da história das nações, das sociedades do passado, do porquê de terem sido criadas certas normas voltadas à almejada paz social? Como compreender os institutos próprios do Direito sem refletir sobre o momento no qual foram forjados, os motivos que levaram a instituí-los, os pensamentos hegemônicos que nortearam a consolidação das ideias respectivas? As respostas a essas indagações revelam, de modo inequívoco, mostrar-se impossível dissociar o estudo do Direito dos relatos históricos que nos permitem entender a evolução do pensamento jurídico e participar desse processo evolutivo.

Nesse quadro de importância ímpar situa-se a obra primorosa dos professores Rui de Figueiredo Marcos, Carlos Fernando Mathias e Ibsen Noronha. "História do Direito Brasileiro", sem dúvida alguma, representará ferramenta indispensável para todo aquele que busca não só conhecer o Direito brasileiro, mas pensá-lo criticamente e com ele trabalhar. Como advertido pelos próprios autores, o livro, repousado "no modo histórico de pensar o direito" e tendo percorrido "os diferentes modos como a história foi pensada", é tanto uma "obra de ciência" quanto "um texto escolar" - almeja não só ser a descrição segura e refletida do próprio objeto, como preencher lacuna sensível na doutrina nacional, a qual não tem prestado a necessária atenção à disciplina, com reflexos negativos no ensino universitário. Sem dúvida, a história do ensino jurídico no Brasil tornar-se-á devedora dos autores - a "História do Direito Brasileiro" já nasce com lugar de destaque na história.

Não é aconselhável, nem mesmo viável, avaliar o Direito de outro modo senão como fenômeno intestinamente relacionado à História. Desde os tempos mais remotos, quando surgidas as formas mais primitivas de convívio social, as relações humanas necessitaram de regras voltadas a harmonizá-las e a estabelecer os padrões aceitáveis de conduta. O Direito não surgiu no vácuo da História, é produto desta, é, em si, fato histórico. Desde o primeiro momento em que, por puro afeto ou por necessidade de sobrevivência diante de ameaças externas, o ser humano viu-se obrigado a conviver, a relacionar-se com o próximo, teve início o Direito. Nesse instante, o estabelecimento de normas, exteriorizadas por costumes, revelou-se condição da sobrevivência do homem em civilização. O Direito levantou-se como antídoto da vida em caos, como meio de conter o arbítrio. O Direito representou requisito da própria evolução da humanidade. Como compreender essa gênese senão mediante a disciplina História do Direito?

Nascido da e com a civilização, o Direito é um fenômeno que evolui conforme caminha a sociedade. Consoante disseram os autores, a historicidade do Direito é algo do qual ninguém pode fugir, daí por que ele se insere "sempre num certo contexto histórico constituinte e reconstituinte. A própria natureza do direito reclama que se entenda vinculado à existência cultural e histórica do homem". Com o objetivo de realizar "o bem comum", o Direito varia de conteúdo à medida que se altera a compreensão do que seja esse "bem comum", acompanhando as grandes transformações sociais, culturais, políticas e econômicas que marcam e dão identidade a cada quadra histórica, fazendo do presente passado a servir de base ao futuro. Como assimilar o passado para melhor refletir o futuro dos institutos e fenômenos jurídicos sem o auxílio da História do Direito?

A dinamicidade do Direito impõe o olhar histórico, a busca pela percepção da realidade jurídica mediante reinterpretação das ideias e dos fatos que motivaram as decisões passadas com implicações para o presente e o futuro. É esse trabalho de reconstituição das premissas, causas e fundamentos dos institutos e das fontes do direito que oferece ao jurista oportunidades para a crítica voltada a evoluir o ordenamento jurídico. Como disse Walter Vieira do Nascimento, em obra de propósito similar, é reservada à História do Direito "a importante função de estabelecer pontos de contato entre instituições jurídicas de diferentes fases da vida em sociedade". Cabe à disciplina contextualizar o jurista e ajudá-lo a enxergar o Direito como produto do tempo.

No campo da filosofia, e aqui menciono a História da Filosofia, melhor leitura se faz dos pensadores contemporâneos se estudada a sucessão de ideias filosóficas no tempo, desde Sócrates, Platão, Aristóteles na Antiguidade, São Tomás de Aquino, Santo Agostinho, na Idade Média, Hobbes, Locke, Kant, Rousseau, Hegel, na Modernidade. O próprio Direito Constitucional moderno, a força normativa e axiológica dos princípios expressivos dos valores da liberdade, da igualdade e da solidariedade, não podem ser pensados sem prévia reflexão acerca da importância de momentos extraordinários como a Revolução Francesa e a Declaração de Independência dos Estados Unidos ou de documentos como a Declaração Francesa dos Direitos do Homem e do Cidadão, a Constituição norte-americana e a de Weimar.

Nada existe, como diziam os filósofos materialistas gregos, sem uma causa - eu acrescentaria, sem uma "causa histórica" que situe premissas e efeitos no contexto adequado e oriente decisões futuras. Como compreender a ascensão das constituições modernas, dos direitos fundamentais, que hoje norteiam a aplicação de todo o ordenamento jurídico, sem exame histórico das guerras que marcaram o século XX, particularmente, dos horrores cometidos pelos regimes nazifascistas? Como explicar o desenvolvimento contemporâneo dos direitos trabalhistas e sociais sem fazer referência aos movimentos sindicais e dos trabalhadores a partir da segunda metade do século XIX, os quais, por sua vez, apenas podem ser entendidos em medida adequada se vistos como decorrência da Revolução Industrial iniciada no último quarto do século XVIII?

Os próprios métodos de interpretação reverenciam a história como condicionante dos significados normativos. Lembremos o "originalismo" norte-americano, proposta hermenêutica segundo a qual as disposições da Constituição daquele país devem significar hoje o que significavam quando da elaboração do texto. Temos a Escola Histórica de Savigny, a revelar método historicista de estudo do Direito que resultou na Jurisprudência dos Conceitos, marcante na Alemanha do fim do século XIX e começo do século XX. De acordo com o influente jurista alemão, o Direito é fato histórico, cuja objetividade apenas pode ser alcançada se vinculado ao passado.

Como movimento histórico-cultural, o Direito renova-se ante as necessidades circunstanciais do homem na busca por justiça e paz. A História do Direito nos ensina sobre esse espírito inquieto do homem na luta por uma sociedade mais justa, igualitária, harmoniosa conforme as variantes de tempo. O sempre lembrado ministro do Supremo Carlos

Maximiliano, em obra clássica "Hermenêutica e Aplicação do Direito", ensinou: "o que hoje vigora abrolhou de germes existentes no passado; o Direito não se inventa; é um produto lento da evolução, adaptado ao meio; com o acompanhar do desenvolvimento desta, descobrir a origem e as transformações históricas de um instituto, obtém-se alguma luz para o compreender bem".

Diante de todas essas circunstâncias, emerge não só a importância, mas a necessidade de assentar a autonomia científica e didática dessa disciplina que representa o ponto de contato do Direito com a História. Como disse o mesmo mestre, ministro Carlos Maximiliano, "se o presente é um simples desdobramento do passado, conhecer este parece indispensável para compreender aquele: daí a grande utilidade da História do Direito para o estudo da ciência jurídica". É nesse quadro de máxima utilidade que os autores, os professores Rui de Figueiredo Marcos, Carlos Fernando Mathias e Ibsen Noronha, oferecem obra, cuidadosamente elaborada, reveladora de esmero peculiar. Descrevem a história do Direito brasileiro desde o período colonial, destacada a integração com o Direito português, passando pela fase imperial, pelo problema da escravidão, pelos diferentes regimes republicanos, ressaltadas as Cartas de 1891, 1934, 1937, 1946, 1967, com a reforma de 1969, presentes muitos momentos de crise política e instabilidade institucional, culminando com a redemocratização do final dos anos 80 do século passado e a Constituição Cidadã, a de 1988. O livro servirá de fonte inesgotável de consulta àqueles que buscarem se aprofundar no estudo do Direito. Ganham o mundo acadêmico, o meio jurídico e aqueles preocupados com a Ciência Jurídica. O reconhecimento perene da nacionalidade aos autores e os parabéns ao Grêmio Literário e à Editora Forense no que viabilizadores da obra e do lançamento por todos testemunhado!

APRESENTAÇÃO – PRIMÓRDIOS DA JUSTIÇA NO BRASIL

Para a compreensão do fenômeno jurídico como ciência e prática, a História do Direito e das instituições jurídicas se mostra relevante. Na verdade, indispensável. Deve-se pensar o Direito hoje a partir do que nos ensinam os fatos e acontecimentos registrados desde a Antiguidade; a Justiça brasileira, a partir do surgimento de nossa organização judiciária. Nesse quadro, cumprindo tal tarefa de forma primorosa, vem à balha a obra do historiador e etnolinguísta Amílcar D´Avila de Mello. "Primórdios da Justiça no Brasil" representará ferramenta imprescindível para todo aquele que busca não só conhecer o Direito brasileiro, mas pensá-lo criticamente.

O propósito do livro é claro: instigar os leitores a revisitar o conhecimento dominante acerca da história jurídica do Brasil. Amílcar D´Avila, examinando documentos datados de 1526 a 1541, afirma não terem sido as primeiras manifestações do direito romano-germânico justiniano originadas dos escrivães portugueses, mas de "operadores da justiça a serviço da Coroa de Castela". Adverte o autor, inclusive, que esses documentos, embora "tenham quase meio milênio de existência, contêm muitos institutos e prescrições que estão presentes na nossa Carta Magna de 1988, e nas de outros países, bem como em seus respectivos Códigos Civis e Penais".

Trata-se de argumento desafiador. O autor busca promover uma reviravolta da óptica comum sobre o tema. Este é o papel de historiadores com vocação revolucionária – não apenas descrever por descrever, mas preencher possíveis lacunas ou equívocos do conhecimento, apontar fatos que possam recontar a sequência histórica do que acontecido e, assim, modificar premissas e conclusões até então tidas por inquestionáveis. Como compreender os institutos próprios do Direito sem refletir acerca do momento no qual foram forjados, os motivos que levaram a instituí-los, os pensamentos hegemônicos que nortearam a consolidação das ideias respectivas? As respostas a essas indagações deixam transparecer, de modo inequívoco, mostrar-se impossível dissociar o estudo do Direito dos relatos históricos que nos permitem entender a evolução do pensamento jurídico e participar desse processo. Os historiadores nos revelam esse instrumental.

O Direito é fenômeno intestinamente ligado à História. Daí a necessidade de conhecê-la, compreendê-la em inteireza. O Direito não surgiu no vácuo da História, é, em si, fato histórico. Desde o primeiro momento em que o ser humano viu-se obrigado a conviver, a relacionar-se, com o próximo, teve início o Direito, sempre acompanhando a própria evolução da humanidade. Como entender essa inter-relação senão mediante a História do Direito?

O olhar histórico nos auxilia na percepção da realidade jurídica. Pesquisas de fôlego, tais como a empreendida neste livro, conduzem à reinterpretação das ideias e dos fatos que motivaram decisões do passado com implicações para o presente e o futuro. É o trabalho de reconstituição das premissas, causas e fundamentos dos institutos e das fontes do Direito que oferece ao jurista oportunidades para a crítica voltada à evolução do ordenamento jurídico. Nesse sentido, o pensamento jurídico ganha muito com a obra de Amílcar D´Avila de Mello.

Como movimento histórico-cultural, o Direito renova-se ante as necessidades circunstanciais do homem na busca por justiça e paz. A História do Direito nos ensina sobre esse espírito inquieto na luta por uma sociedade mais justa, igualitária, harmoniosa com as variantes do tempo. O sempre lembrado ministro do Supremo Carlos Maximiliano, em obra clássica "Hermenêutica e Aplicação do Direito", ensinou: "o que hoje vigora abrolhou de germes existentes no passado; o Direito não se inventa; é um produto lento da evolução, adaptado ao meio; com o acompanhar do desenvolvimento desta, descobrir a origem e as transformações históricas de um instituto, obtém-se alguma luz para o compreender bem".

O livro, sem dúvida alguma, servirá de fonte inesgotável de consulta àqueles que tiverem o objetivo de aprofundar o estudo do Direito. Parabéns ao autor por produzir obra singular e de tamanha envergadura para a compreensão histórica da Ciência Jurídica no Brasil!

SUMÁRIO

PREFÁCIOS

O NOVO PROCESSO CIVIL BRASILEIRO ____ 21

COLABORAÇÃO (DELAÇÃO) PREMIADA ____ 25

ESTUDOS SOBRE A REFORMA DA LEI DE ARBITRAGEM ____ 27

PENSADORES DA LIBERDADE – VOLUME 3 ____ 29

PARTE 1
DIREITOS FUNDAMENTAIS

1 25 ANOS DE INTERPRETAÇÃO CONSTITUCIONAL – UMA HISTÓRIA DE CONCRETIZAÇÃO DOS DIREITOS FUNDAMENTAIS ____ 33

1. Introdução 33
2. O projeto político e social da Constituição de 1988 36
2.1. A disciplina dos direitos fundamentais 37
2.2. O Supremo pós-Constituição de 1988 40
3. Interpretação constitucional 44
4. Os direitos fundamentais na visão do Supremo 49
4.1. Liberdades fundamentais 50
4.2. Dignidade da pessoa humana 59
4.3. Garantias fundamentais em matéria penal 63
4.4. Igualdade 68
4.5. Segurança jurídica 73
4.6. Garantias fundamentais processuais 78
4.7. Direitos sociais e econômicos 83
4.8. Proteção ao meio ambiente 85
5. Conclusão 87

2 SAÚDE SUPLEMENTAR, SEGURANÇA JURÍDICA E EQUILÍBRIO ECONÔMICO-FINANCEIRO ____ 89

1. Introdução: o papel relevante do setor de saúde suplementar na quadra atual 89
2. Segurança jurídica na saúde suplementar 92
3. Equilíbrio econômico-financeiro na saúde suplementar 99
4. Conclusões 102

3 AS RESERVAS LEGAIS FLORESTAIS E O DIREITO DE PROPRIEDADE _ 103

1. Introdução 103
2. O direito-dever fundamental ao meio ambiente equilibrado 104
3. Conceito e evolução legislativa da reserva legal florestal 106
4. Constitucionalidade da reserva legal florestal. 111
5. Conciliação entre propriedade e proteção ao meio ambiente: existe um direito à indenização? 113
6. Conclusão 122

4 A FORÇA NORMATIVA DO PRINCÍPIO DA PROTEÇÃO NO DIREITO CONSTITUCIONAL DO TRABALHO ____ 123

1. Introdução 123
2. O constitucionalismo contemporâneo e a centralidade dos direitos fundamentais. 125
3. O Pós-Positivismo e a força normativa dos princípios 129
4. A distinção entre regras e princípios, a ponderação, a proporcionalidade e a concordância prática 131
5. O princípio da proteção no Direito Constitucional do Trabalho 135
6. Conclusão 141

5 A VAQUEJADA, A INTERPRETAÇÃO CONSTITUCIONAL E O DIREITO FUNDAMENTAL AO MEIO AMBIENTE ____ 143

1. Introdução 143
2. Os direitos fundamentais na Carta da República 144
3. O direito-dever fundamental ao meio ambiente equilibrado 147
4. Interpretação constitucional. 149
5. O direito fundamental ao meio ambiente equilibrado na jurisprudência do STF. 153
6. A inconstitucionalidade da "vaquejada" 155
7. Conclusão 158

6 A SEGURANÇA JURÍDICA E O SUPREMO: UMA ANÁLISE A PARTIR DE PRECEDENTES EM MATÉRIA ELEITORAL E TRIBUTÁRIA ________ 161

1. Introdução 161
2. Segurança jurídica em matéria eleitoral e tributária 162
3. Conclusão 167

PARTE 2
DIREITO ELEITORAL E DEMOCRACIA

7 FICHA-LIMPA E O SUPREMO TRIBUNAL FEDERAL - NOTAS SOBRE O JULGAMENTO DAS ADCS Nº 29 E 30 DA ADI Nº 4.578 _________ 171

1. Introdução 171
2. Objeto 172
3. Análise das inelegibilidades 178
4. Ficha-limpa e irretroatividade 184
5. Conclusão 185

8 A DEMOCRACIA PARTICIPATIVA E A INCONSTITUCIONALIDADE DO FINANCIAMENTO PRIVADO DAS CAMPANHAS ELEITORAIS POR PESSOAS JURÍDICAS ____________ 187

1. Introdução 187
2. O que é democracia? 188
3. Democracia representativa e o direito fundamental a um processo eleitoral justo e igualitário 193
4. A nefasta influência do dinheiro nas eleições em prejuízo da democracia representativa 195
5. A inconstitucionalidade do financiamento das campanhas pelas pessoas jurídicas no Brasil 199

9 A TRANSPARÊNCIA DAS INFORMAÇÕES PÚBLICAS E AS NOVAS TECNOLOGIAS COMO MEIO DE FORTALECIMENTO DA DEMOCRACIA PARTICIPATIVA ____________ 201

1. Introdução 201
2. O que é democracia? 203
3. Democracia participativa, controle social sobre as decisões públicas e a importância do direito fundamental à informação 208
4. Vivemos uma "democracia digital"? 211
5. Conclusão 214

PARTE 3
CONTROLE DE CONSTITUCIONALIDADE

10 CINCO ANOS DE REPERCUSSÃO GERAL: REFLEXÕES NECESSÁRIAS _ 217

1. Introdução 217

2. Procedimento relacionado à primeira fase do julgamento 218

3. Repercussão geral e sobrestamento de processos 222

4. A observância do precedente 225

11 A EFICÁCIA DO RECURSO EXTRAORDINÁRIO _ 229

1. Introdução 229

2. O cenário pós-Constituição de 1988 229

3. A Jurisprudência do STF 230

4. Considerações finais 234

12 CONTROLE DE CONSTITUCIONALIDADE DO PROCESSO LEGISLATIVO ANTE OS PRINCÍPIOS DEMOCRÁTICO E DA SEPARAÇÃO DE PODERES _ 237

1. Introdução 237

2. O princípio estruturante da separação de poderes 239

3. A jurisprudência do Supremo quanto ao controle de constitucionalidade do processo legislativo 242

4. A impossibilidade do controle de constitucionalidade do conteúdo dos projetos de lei ante o princípio da separação de poderes 250

5. O Supremo deve aceitar o diálogo com o Congresso Nacional 252

6. Conclusões 256

13 JUÍZO DE ADMISSIBILIDADE DO RECURSO EXTRAORDINÁRIO NO NOVO CÓDIGO DE PROCESSO CIVIL _ 259

1. Introdução 259

2. Pressupostos intrínsecos 260

2.1. Cabimento 260

2.1.1. Legitimidade recursal 260

2.1.2. Interesse recursal 261

2.1.3. Inexistência de fato extintivo do direito de recorrer 261

2.2. Pressupostos extrínsecos 262

2.2.1. Oportunidade 262
2.2.2. Preparo 263
2.2.3. Regularidade formal 264
3. Jurisprudência defensiva 265
4. Pressupostos especiais 266
4.1. Decisão de única ou última instância 266
4.2. Prequestionamento 266
4.3. Repercussão geral 268
4.3.1. Contextualização 268
4.3.2. Repercussão geral: aspectos legislativos, doutrinários e jurisprudenciais 269
5. Conclusão 272

14 A RECLAMAÇÃO NO CÓDIGO DE PROCESSO CIVIL DE 2015 E A JURISPRUDÊNCIA DO SUPREMO ________ 275
1. Introdução 275
2. A reclamação na jurisprudência do Supremo antes do Código de Processo Civil de 2015 276
3. Síntese da disciplina da reclamação de acordo com a Lei nº 13.105/2015 278
4. A reclamação e a jurisprudência do Supremo após o novo Código: duas questões relevantes 279
5. Conclusão 283

15 SUPREMO E POLÍTICAS PÚBLICAS: ENTRE DIREITOS FUNDAMENTAIS E DEMOCRACIA ________ 285
1. Introdução 285
2. A aplicabilidade das normas constitucionais segundo José Afonso da Silva 286
3. O dever de tutela do mínimo existencial 289
4. A objeção da reserva do possível 294
5. A objeção das capacidades institucionais 296
6. O Supremo e as políticas públicas 297
6.1. O caso do fornecimento dos medicamentos de alto custo 297
6.2. O caso do sistema carcerário nacional 303
7. Conclusão 310

16 A MODULAÇÃO DOS EFEITOS DA DECISÃO: ANÁLISE E CRÍTICA AO INSTITUTO ____ 313
1. Introdução 313
2. A modulação dos efeitos da decisão e a jurisprudência do Supremo ... 314
3. Conclusão 323

17 A INTERPRETAÇÃO DA CONSTITUIÇÃO FEDERAL PELO SUPREMO NOS 30 ANOS DE VIGÊNCIA DA CARTA DE 1988: A CONCRETIZAÇÃO DOS DIREITOS FUNDAMENTAIS E A INFLUÊNCIA DO JUDICIÁRIO NA CULTURA BRASILEIRA RECENTE ____ 325
1. Introdução 325
2. O espírito da Carta de 1988: a consagração dos direitos fundamentais ... 326
3. O Judiciário na determinação da juridicidade de uma cultura 329
4. Conclusão 331

PARTE 4

DIREITO PENAL

18 O SUPREMO E O SISTEMA CARCERÁRIO NACIONAL ____ 335
1. Introdução 335
2. O sistema prisional brasileiro e a agenda do Supremo 336
3. A situação vexaminosa do sistema penitenciário brasileiro 339
4. A violação de diversos direitos fundamentais e o aumento da criminalidade 341
5. A responsabilidade do Poder Público 342
6. O possível papel do Supremo 344
7. Conclusão 351

19 GARANTIAS CONSTITUCIONAIS E COMBATE À CORRUPÇÃO NO BRASIL: O SUPREMO TRIBUNAL FEDERAL E O PRINCÍPIO DA PRESUNÇÃO DE NÃO CULPABILIDADE ____ 353
1. Introdução 353
2. O princípio da presunção de não culpabilidade 354
3. A jurisprudência do Supremo desde a Constituição de 1988 até o julgamento do *habeas corpus* nº 84.078 357
4. O julgamento do *habeas corpus* nº 126.292 e as ações declaratórias de constitucionalidade nº 43 e nº 44 363
5. Conclusão 369

PARTE 5
DIREITO ADMINISTRATIVO

20 O COMÉRCIO DE PRODUTOS DE CONVENIÊNCIA POR DROGARIAS _ _ 373

1. Introdução 373
2. Da ausência de inconstitucionalidade formal: a competência dos estados e do Distrito Federal para legislar sobre a matéria 376
3. Da ausência de inconstitucionalidade material: a restrição desproporcional às atividades econômicas das farmácias e drogarias pretendida pela Procuradoria Geral da República 379
4. Conclusão 381

PARTE 6
DIREITO TRIBUTÁRIO

21 INTERPRETAÇÃO CONSTITUCIONAL E CONTROVÉRSIAS TRIBUTÁRIAS 385

1. Introdução 385
2. A Interpretação Constitucional 386
3. A Interpretação do Sistema Constitucional Tributário 389
4. Regras de Competência Tributária 391

4.1. ISS e serviços de locação 392

4.2. Contribuição previdenciária e folha de salários 393

4.3. Cofins e conceito de faturamento 395

5. Princípios Constitucionais Tributários 397

5.1. Anterioridade tributária 398

5.2. Princípio da Capacidade Contributiva 400

6. Imunidades Tributárias 402

6.1. O alcance da imunidade recíproca às empresas públicas 403

6.2. Imunidade dos templos de qualquer culto 404

6.3. A imunidade dos livros, jornais e periódicos e o possível alcance aos chamados "livros eletrônicos" 406

7. Conclusão 407

22 QUESTÕES JURÍDICAS NA ERA DIGITAL – O SUPREMO E A CONTROVERTIDA IMUNIDADE TRIBUTÁRIA DO "LIVRO ELETRÔNICO" _ _ _ _ _ 409

1. Introdução 409
2. O "ambiente" do debate 411

3. As balizas da controvérsia 413
4. A realidade digital e os meios de ensino e informação........ 413
5. As funções políticas e sociais das imunidades tributárias sob a óptica do Supremo 415
6. A imunidade dos livros, jornais e periódicos na visão do Supremo 420
7. A interpretação do artigo 150, inciso VI, alínea "d", da Carta, ante a revolução da "era digital" – a imunidade do chamado "livro eletrônico" 425
8. Conclusão 430

23 INTERPRETAÇÃO CONSTITUCIONAL E CUSTEIO DA SEGURIDADE SOCIAL ________ **433**
1. Introdução 433
2. A Interpretação Constitucional 434
3. A Interpretação do Sistema Constitucional Tributário e dos Direitos Sociais 437
4. Regras de Competência Tributária 443
5. Direito sociais........ 448
6. Conclusão 453

PARTE 7
DISCURSOS, PALESTRAS E HOMENAGENS

DISCURSO DE POSSE NA PRESIDÊNCIA DO TSE ________ **457**

DISCURSO PARA A POSSE DO MINISTRO RICARDO LEWANDOWSKI NA PRESIDÊNCIA DO SUPREMO TRIBUNAL FEDERAL - 10 DE SETEMBRO DE 2014 ________ **461**

DISCURSO DOS 30 ANOS DA CONSTITUIÇÃO FEDERAL DE 1988: UMA HISTÓRIA DE SUCESSO ________ **465**

PALESTRA - O PAPEL DO DIREITO NOS DESAFIOS GLOBAIS ________ **471**

PALESTRA - CIDADANIA NUM MUNDO EM TRANSIÇÃO - ENTRE MEDOS E A ESPERANÇA DEMOCRÁTICA ________ **481**

HOMENAGEM DA ASSESSORIA 2013/2015 UM TRIBUTO À INTEGRIDADE JUDICIAL: 25 ANOS DO MINISTRO MARCO AURÉLIO NO STF ________ **487**

PREFÁCIO – O NOVO PROCESSO CIVIL BRASILEIRO

No ano seguinte à entrada em vigor do Código de Processo Civil de 1973, o "Código Buzaid", foram publicadas duas obras que afirmaram o autor como um dos mais importantes – senão o mais importante – processualistas brasileiros. As obras foram "O novo Processo Civil Brasileiro" e o Volume V dos "Comentários ao Código de Processo Civil" da Editora Forense. O autor é o Professor José Carlos Barbosa Moreira.

Costumo relembrar que, na década de setenta, quando era aluno da Nacional, saía da Praça da República em direção à Rua do Catete, apenas para assistir às aulas do Mestre Barbosa Moreira na antiga sede da Faculdade de Direito da Universidade do Estado da Guanabara, atual Universidade do Estado do Rio de Janeiro. A admiração do aluno de ontem é a mesma do juiz constitucional de hoje.

O "Novo Processo Civil Brasileiro", atualmente na 29ª edição, cumpriu e ainda cumpre papel fundamental em favor da compreensão dos conceitos e institutos do Código de 1973. O Mestre tijucano procurou, com o estilo elegante, simples e objetivo de sempre, descrever os novos procedimentos que seriam adotados a partir de então. Assim, influenciou diversas gerações de acadêmicos, juízes, advogados, promotores e estudiosos em geral sobre como melhor realizar os propósitos e ritos do Código e do Direito Processual Civil. Não é exagero dizer que a longevidade do Código decorre, parcialmente, das lições de Barbosa Moreira. Sem elas, entender o processo civil teria sido algo bem mais difícil.

Eis que se aproxima a vigência de um novo Código de Processo Civil, o da Lei nº 13.105, de 16 de março de 2015. O estatuto deverá ser aplicado a partir de um ano contado da publicação. Data marcada para o surgimento de mais perplexidades, dúvidas, angústias a serem compartilhadas por todos aqueles que precisam lidar diariamente com a legislação instrumental a encerrar liberdade em sentido maior – saber o que pode ocorrer na tramitação de um processo. Sem dúvida, os artífices jurídicos necessitarão, também agora, de lições que sistematizem e esclareçam as recentes regras processuais, como devem ser observadas. É chegada a hora de renovar os ensinamentos.

Confessadamente inspirado no Mestre Barbosa Moreira, o Professor e Desembargador Alexandre Freitas Câmara, estudioso e expoente do processo civil brasileiro contemporâneo, traz obra, que tenho a honra de prefaciar, voltada a cumprir o mesmo papel realizado há mais de quarenta anos pelo "Novo Processo Civil Brasileiro" de Barbosa Moreira. Câmara, em referência ao livro que lhe inspirou, consigna:

> Assim como se via naquela obra-prima, o que se pretende aqui é a descrição do sistema estabelecido a partir do novo Código. Não se trata de uma obra destinada ao exame aprofundado dos conceitos e institutos do direito processual civil. O que se busca é, fundamentalmente, a descrição do modo como o processo civil passa a funcionar no Brasil a partir da vigência do novo sistema.

O autor, já no décimo quinto livro de uma brilhante carreira acadêmica iniciada há vinte anos, é um dos mais admirados processualistas da atualidade. Desembargador no Tribunal de Justiça do Estado do Rio de Janeiro, posto ao qual chegou vindo da advocacia, Câmara se destaca pela atuação independente, bem como pelos votos técnicos, corajosos e atentos às leis brasileiras, principalmente, à Constituição. Tais circunstâncias demonstram não se limitarem as coincidências com Barbosa Moreira ao brilhantismo acadêmico e ao livro ora prefaciado. O Mestre também foi Desembargador, no mesmo Tribunal, vindo da advocacia. Sem dúvida alguma, a coincidência continuará com o sucesso da obra que se anuncia.

O autor fez questão, não como plágio, muito longe disso, e sim como homenagem merecida, conforme frisa na Introdução, de intitular a obra de "O Novo Processo Civil Brasileiro", o que se revela mais do que adequado ante o propósito de descrever o sistema inaugurado com a nova disciplina. Câmara afirma não possuir a pretensão de produzir obra qualitativamente equiparada à fonte inspiradora, que chama de "obra-prima". Digo não ser isso mesmo relevante. Não cabe ao jurista contemporâneo buscar superar os professores que hajam servido de incentivo e inspiração, e sim dar continuidade, cada um de forma própria, ao legado de ensinamentos e compromissos acadêmicos dos Mestres do passado. Essa missão é muito bem cumprida nesta obra.

Diante de Código formulado em meio a uma visão do processo, como ressalta o autor, "completamente diferente daquela que se tinha no início dos anos 1970, quando foi aprovado o Código anterior", desafios vêm à tona, a exigirem dos processualistas articulações inovadoras. A influência da Constituição, diversamente do que ocorria com a Carta pretérita, implica atenção diferenciada ao que se pode denominar de "constitucionalização do processo civil". Comentaristas devem manter um olho no Código, outro na Carta da República, sob pena de criar um mundo à parte para o processo. Pior ainda: um mundo sem correspondência com princípios constitucionais fundamentais da República, como o devido processo legal, a segurança jurídica, a igualdade de chances e a efetividade da prestação jurisdicional.

Dividido em duas partes, Geral e Especial, e em 23 capítulos, o livro esgota a matéria processual sob o ângulo do Novo Código e dos comandos fundamentais da Constituição de 1988, alcançando o autor sucesso em sistematizar os conceitos, institutos e procedimentos por meio da interação equilibrada e objetiva entre o Diploma e a Lei Maior. O "Novo Processo Civil Brasileiro", certamente, servirá de fonte inesgotável para a reflexão crítica e construtiva sobre os desafios lançados pela Nova Lei dos Ritos.

Parabéns ao Professor e Desembargador Alexandre Antônio Franco Freitas Câmara e, em especial, ao Mestre Barbosa Moreira, fonte de inspiração inexcedível! Ganham o mundo acadêmico, o meio jurídico e todos aqueles cujo trabalho diário envolve a aplicação das leis brasileiras.

PREFÁCIO – COLABORAÇÃO (DELAÇÃO) PREMIADA

Em época de crise, impõe-se guardar princípios e valores. O Direito possui expressões e vocábulos com sentido próprio. É de extensão maior. O desejável domínio pressupõe o contato permanente, a compreensão, a pureza da linguagem. Eis premissas constantes na vida de quem o manuseia, de quem o cultua, de quem se sinta, na área, responsável pela busca de dias melhores, do entendimento, da paz social. O aperfeiçoamento é infindável. Pobre de espírito, muito pobre, é aquele que já se sinta em patamar no qual não dependa de aportes no campo do conhecimento. O saber é e será sempre uma obra inacabada. Daí a importância de iniciativas visando o robustecimento da literatura jurídica.

Em momentosa quadra, Marcos Paulo Dutra Santos, cuja trajetória acadêmica e profissional dispensa comentários, aceitou o desafio de mergulhar fundo, com fidelidade de propósito, no tema "Colaboração (delação) premiada". Visitou as normas de regência, a melhor doutrina, a jurisprudência, muito embora escassa. Sem ideias preconcebidas, oferta-nos, a todos, trabalho no qual não mediu esforços. Sim, há de enfrentar-se o tema com desassombro, com pureza d'alma, reconhecendo-se, sem eufemismos, o que representa o instituto.

Sob esse ângulo, colho da publicação trecho que escancara o que, em última análise, representa a denominada colaboração premiada:

> [...] A traição não pode ser a regra, nem pode servir de exemplo. Recorre-se a ela, quando insuficientes forem as ferramentas probatórias convencionais, o que, todavia, não torna a colaboração premiada a derradeira via, haja vista a existência de mecanismos de formação de provas ainda mais drásticos, mas não pela suposta

> deslealdade, e sim pelo caráter extremamente invasivo à intimidade e à vida privada, como são as captações telefônicas e ambientais, estas, sim, a derradeira *ratio*, por envolver o registro de sinais não apenas acústicos, mas também óticos e eletromagnéticos, não por acaso restritas à repressão às organizações criminosas, modalidade delitiva das mais drásticas em nível mundial - art. 3, II, da Lei 12.850/13.

Reconhecimento maior do lado negativo da delação não pode haver, confirmada a máxima segundo a qual a coragem é a síntese de todas as virtudes. Mas as esferas do Direito, da Moral e da Religião são distintas. O que cumpre perceber é o arcabouço normativo, a ordem jurídica pátria, o Direito positivo em vigor. E não se tem um único diploma a reger a matéria. São vários, conforme examinou Marcos Paulo, definindo-se a incidência pelo critério da especialidade. As colocações são instigantes, considerado o devido processo legal, a fragilidade por vezes imposta ao acusado - e não merece agasalho prender, para lograr-se a entrega de envolvidos em prática delituosa. No afã de alcançar-se dias melhores na sofrida República brasileira, há de ter-se presente que, em Direito, o meio justifica o fim, e não este aquele, sob pena de, potencializando-se o politicamente correto, a hipocrisia, ter-se insegurança incompatível com a vida civilizada.

Muito poderia dizer sobre as múltiplas abordagens reveladas na obra. Digo apenas do encantamento que me proporcionou a leitura, sempre de régua e esferográfica vermelha à mão, como aprendi nos bancos de minha eterna Faculdade Nacional de Direito. A sensação, estou certo, tomará o espírito de quem se dispuser a otimizar o tempo, ganhar envergadura técnica e humanística, lendo-a e analisando-a, concordando, ou não, com o que veiculado, especialmente em termos de conclusões, sempre temporárias, jamais definitivas.

De minha parte, sinto-me honrado no que Marcos Paulo, envergando, entre outras qualificações, a de Defensor Público, integra, como assessor de Penal, o meu Gabinete no Supremo, fazendo-o com proficiência e insuplantável dedicação na arte de servir e bem servir aos concidadãos. Mãos à obra, buscando o estudo e a reflexão sobre esse instituto tão em uso - o da delação premiada -, em que pesem as discussões sobre os aspectos positivos e negativos que, atualmente, são-lhe reconhecidos.

PREFÁCIO – ESTUDOS SOBRE A REFORMA DA LEI DE ARBITRAGEM

O Estado Democrático de Direito tem, na resolução adequada dos conflitos, um dos pilares. O Poder Judiciário é um dos bastiões da cidadania. Contemporaneamente, vem sendo depositada confiança também em outros meios, como a conciliação, a mediação e a arbitragem – práticas incentivadas no Novo Código de Processo Civil. Entre esses, a arbitragem, sem dúvida, já é realidade.

Há quatorze anos, apreciando o Agravo Regimental na Sentença Estrangeira nº 5.206/Espanha, relator ministro Sepúlveda Pertence, acórdão publicado no Diário da Justiça de 30 de abril de 2004, o Supremo assentou a constitucionalidade da Lei nº 9.307/96 – Lei da Arbitragem. À época, consignei haver sido a edição "uma tendência mundial no sentido de, tanto quanto possível, evitar-se a sobrecarga do Judiciário, de modo a chegar-se, no menor espaço de tempo, à solução de um conflito de interesses, no que este abala a paz social".

Na ocasião, ressaltei que se estava diante de "um dos julgamentos mais importantes do Tribunal". Ainda penso assim, e a história confirmou o que disse, haja vista a observância da arbitragem no país.

A prática não conflita com a Constituição Federal. Ao contrário, prestigia a liberdade. Conforme fiz ver, ninguém é obrigado a partir para a arbitragem. Seguir por esse caminho é clara manifestação de vontade, apenas passível de ocorrer quando se trata de pessoas livres e capazes, versados direitos patrimoniais disponíveis.

Temores iniciais, decorrentes da cultura judicialista e contra a tendência mundial, foram dissipados graças ao mencionado precedente, bem como ao trabalho da doutrina e dos profissionais da arbitragem. Vencidas resistências, superados erros e excessos, o instituto vem se firmando no cenário jurídico brasileiro.

E é nesse contexto que se insere a recente reforma da Lei da Arbitragem, promovida mediante a de nº 13.129, de 2015. A Comissão de Juristas instituída para tanto, presidida pelo ministro Luís Felipe Salomão, do Superior Tribunal de Justiça, buscou consolidar os entendimentos jurisprudenciais e doutrinários que se formaram ao longo dos dezenove anos de vigência do diploma.

Com satisfação, recebi o convite para prefaciar a obra, organizada pelos professores Francisco José Cahali, Thiago Rodovalho e Alexandre Freire, a ser publicada pela Editora Saraiva, envolvendo a citada reforma.

A coletânea resultou de estudo conjunto de docentes de inúmeros Programas de Pós-Graduação – Mestrado e Doutorado, brasileiros e estrangeiros. São 36 trabalhos escritos por 43 autores, tendo sido percorridas, de modo amplo, as novidades trazidas.

Cumprimento os organizadores, os autores e a Editora pelo lançamento da bem-vinda obra, que se propõe a analisar e debater, criticamente, as mudanças implementadas, voltadas ao aprimoramento e ao desenvolvimento da arbitragem no país. O livro servirá de fonte inesgotável para a reflexão construtiva sobre o tema. Ganham o mundo acadêmico, o meio jurídico, a cidadania e todos aqueles preocupados com a atual quadra do Judiciário, a revelar sobrecarga invencível de processos.

PREFÁCIO – PENSADORES DA LIBERDADE – VOLUME 3

A liberdade é um bem maior. Como pensamento, pode-se falar no liberalismo clássico que se desenvolveu considerados John Locke (1632-1704), Montesquieu (1689-1755), Adam Smith (1723-1790), Benjamin Constant (1767-1830), James Madison (1751-1836), Alexis de Tocqueville (1805-1859), John Stuart Mill (1806-1873). Ainda que veiculassem diferentes pontos de vista, todos tinham a noção da liberdade individual como valor inerente ao homem e fundante da sociedade. Da perspectiva histórica, as liberdades clássicas são associadas às revoluções dos séculos XVII e XVIII, notadamente à Revolução Francesa e ao surgimento do Estado Liberal.

Esses acontecimentos estão relacionados ao estabelecimento dos direitos fundamentais como típicos à oposição ao Estado (*direitos de defesa*), áreas imunes à intervenção estatal, de primeira geração. Há aqueles que vinculam a liberdade à capacidade de a pessoa desenvolver projetos de vida. Essa distinção foi bem percebida pelo filósofo Isaiah Berlin, que discorreu sobre *liberdade negativa* e *liberdade positiva*.[1]

A negativa é a de coerção externa. De acordo com Berlin, para o cidadão ser livre, não deve sofrer interferência nas atividades por nenhuma outra pessoa ou pela comunidade sem respaldo no exercício de faculdades alheias. Essa dimensão da liberdade opõe-se ao Estado, embora deste se possa precisar para ser assegurada.

Já a positiva diz respeito ao poder e aos recursos que os cidadãos possuem para realizar potencialidades, definir e controlar os projetos de vida por

---

1 BERLIN, Isaiah. Two Concepts of Liberty. In: ____. *Four Essays on Liberty*. New York: Oxford University Press, 1969, p. 119-172.

si delineados. É a liberdade *para*, envolvida a capacidade de autorrealização. De acordo com o filósofo britânico:

> O sentido positivo da palavra "liberdade" deriva do desejo por parte do indivíduo de ser seu próprio mestre. Eu desejo que minha vida e minhas decisões dependam de mim mesmo, não de forças externas de qualquer espécie. Eu desejo ser o instrumento de meus próprios atos de vontade, e não da vontade dos outros. Eu desejo ser um sujeito, não um objeto; ser movido por razões, por propósitos conscientes que são meus, e não por causas externas que me afetam. Eu desejo ser alguém, não ninguém [...].[2]

Sob o ângulo negativo, o indivíduo é livre para manifestar-se, fazer escolhas essenciais, associar-se. Sob o positivo, aquele que busca ser o próprio mestre precisa de certo grau de autonomia. Por exemplo, quando o cidadão não possui recursos ou condições para atuar, sob bases justas, no mercado profissional ou econômico, a autonomia inexiste. Impossibilitado de conquistá-la por conta própria, acaba agindo econômica e profissionalmente de forma vinculada, não livre. Em diferentes oportunidades, precisará do Estado para assegurar essa autonomia, mas não se é livre em ambiente de excessiva intervenção estatal. Consideradas as diferenças entre as dimensões da liberdade, conclui-se que o ponto ótimo depende do Estado: não deve deixar a pessoa à deriva, entregue à própria sorte, mas também não pode intervir demasiadamente, como se fizesse as escolhas no lugar dela.

Na obra *Pensadores da Liberdade* – Volume 3, organizada pelo professor Fernando Schüler e Patrícia Blanco – Presidente do Instituto Palavra Aberta –, associando a Liberdade à Cidadania, tem-se dupla preocupação: a liberdade como imposição e a autonomia como condição inicial das escolhas essenciais. Aborda-se a liberdade de expressão e o papel da imprensa, o direito ao esquecimento e as responsabilidades do homem livre na Era Digital, e como construir a simbiose entre liberdade e cidadania, entre autonomia e escolhas. O trabalho e a pesquisa são completos, essenciais, imperdíveis.

Os autores oferecem artigos primorosos, cuidadosamente articulados, reveladores de pensamentos peculiares. A coletânea servirá de fonte doutrinária relevante e de inspiração filosófica aos que pretendem ampliar os horizontes do pensamento liberal. Ganham o mundo acadêmico, o meio jurídico e todos aqueles preocupados com a efetivação do bem que fundamenta a democracia e nos faz humanos: a liberdade!

---

2 BERLIN, Isaiah. *Two Concepts of Liberty*. Op. cit, p. 131.

PARTE 1
DIREITOS FUNDAMENTAIS

1

25 ANOS DE INTERPRETAÇÃO CONSTITUCIONAL – UMA HISTÓRIA DE CONCRETIZAÇÃO DOS DIREITOS FUNDAMENTAIS[1]

1. INTRODUÇÃO

A Carta de 1988 completa um quarto de século. A história de sucesso até aqui revelada deve ser reconhecida. Surgiu com o espírito de redemocratização e respeito aos direitos fundamentais, afirmações gloriosas ante o então passado recente de ditadura, submissão institucional e transgressão a liberdades individuais. Foi produzida em meio à "onda de democratização"[2] ocorrida na segunda metade do século XX em diferentes países da Europa, da América Latina e da África, sendo exemplo do modelo constitucional predominante entre as democracias ocidentais, cujo centro normativo e valorativo consiste nos direitos fundamentais.[3]

---

1 Artigo escrito para a obra comemorativa dos 25 anos da Constituição Federal de 1988, organizada pelo Supremo Tribunal Federal.

2 Cf. HUNTINGTON, Samuel P. *The Third Wave.* Democratization in the Late Twentieth Century. Norman: University of Oklahoma Press, 1991.

3 Como bem disse o mestre José Afonso da Silva, *Curso de Direito Constitucional Positivo*, 19ª ed., São Paulo: Malheiros, 2001, p. 89, a Carta de 1988 é "um texto moderno, com inovações de relevante importância para o constitucionalismo brasileiro e até mundial", "um documento de grande importância para o constitucionalismo em geral".

Diplomas dessa natureza promovem profundos reflexos sobre as estruturas institucionais de governo, principalmente quando considerada a autoridade para concretizar os direitos fundamentais. Os tribunais constitucionais passam a atuar como guardiões dessas "cartas de direitos". No Brasil pós-1988, esse quadro é ainda mais visível em razão da extensa estrutura de competências e poderes decisórios do Supremo, principalmente no tocante ao controle concentrado e abstrato de constitucionalidade. O Tribunal foi escolhido pela Carta da República como ator decisivo para o desenvolvimento normativo desses direitos e também das regras que disciplinam a divisão horizontal e vertical de poderes.

Celebrar os 25 anos da Constituição significa igualmente festejar – e refletir – os 25 anos de interpretação do texto. Afinal, a concretização do Diploma Maior pelo Tribunal vem se mostrando um dos momentos institucionais mais relevantes da vida prática, da realização efetiva das normas constitucionais. O trabalho de interpretação desenvolvido pelos ministros reunidos em Colegiado tem sido essencial para a definição das fronteiras de poder do Estado perante os cidadãos e entre os próprios órgãos de governo. As construções de significados levadas a efeito pelo Supremo influenciaram as estruturas do sistema político pós-88 e mesmo da sociedade. Em síntese, a interpretação da Carta é ponto importante dessa história de sucesso e, por isso, merece igualmente ser lembrada, comemorada e avaliada.

Claro que ainda há muito por realizar. Existem promessas, especialmente no campo social, pendentes, que, talvez, nunca sejam satisfeitas. Alguns compromissos e institutos foram inadequadamente estabelecidos na origem, ocasionando a elaboração de emendas constitucionais destinadas a atualização ou aperfeiçoamento. Nada disso, no entanto, leva ao descrédito da Carta da República, pois a realização de um "projeto constitucional", em qualquer país que se lance em tal empreitada, é sempre um movimento, uma trajetória, uma construção contínua. Nenhuma Constituição é uma obra acabada. A legitimidade do projeto depende da crença e do empenho das instituições e da sociedade – e não apenas da qualidade do texto e do arranjo político-institucional estabelecido –, e a continuidade, de como compreendem, interpretam e desenvolvem o Diploma Maior.[4]

O Supremo vem fazendo a parte que lhe cabe. Não fossem as decisões paradigmáticas do Tribunal, a Constituição poderia ter falhado em alguns aspectos do propósito de consagrar a democracia e de assegurar

[4] BALKIN, Jack M. *Constitutional Redemption*. Political Faith in an Unjust World. Cambridge: Harvard University Press, 2011, p. 8-16.

direitos fundamentais. Não menosprezo, com isso, a participação dos Poderes Executivo e Legislativo no que há por comemorar. O desenvolvimento e a complementação do texto constitucional por meio dos órgãos políticos são condições da própria existência do projeto como um processo democrático. Apenas ressalto o papel de intérprete-guardião que o Tribunal desempenha.

Para celebrar o aniversário da Carta, o Presidente do Supremo, ministro Joaquim Barbosa, teve a iniciativa de organizar esta obra reunindo artigos de autoria dos ministros do Tribunal quanto à visão da Lei Maior. Penso ser essa perspectiva cumprida pela descrição de como os ministros interpretam e aplicam os três elementos que compõem a estrutura básica da Constituição de 1988: os direitos fundamentais, a distribuição vertical de poderes entre os entes da Federação e a separação de poderes entre o Executivo, o Legislativo e o Judiciário. Trata-se de abordar como o Supremo desenvolve a Carta naquilo que é primordial para a sociedade e para o sucesso progressivo do projeto democrático-inclusivo originário. Neste artigo, discorrerei apenas sobre o primeiro elemento, o dos direitos fundamentais, que, inclusive, é o que mais se destaca e aquele em função do qual os demais são instrumentais.

Muito me alegro em escrever, buscando relembrar notórios momentos da interpretação da Carta de 1988. São 25 anos de hermenêutica constitucional. Em 23 deles, tive a honra de participar, ano após ano, com o mesmo entusiasmo e fé nas promessas constituintes de democracia, liberdade e igualdade social. Descrever essa prática consistirá em analisar as diferentes posturas interpretativas de acordo com os enunciados, os valores constitucionais, os fatos e as finalidades normativas envolvidas.

O texto terá a estrutura a seguir delineada: no tópico (1), constará uma breve síntese da disciplina constitucional de 1988 sobre os direitos fundamentais e a estrutura do Supremo, inclusive levando em conta, quanto ao segundo ponto, emendas constitucionais e leis ordinárias de regência. Na sequência (2), serão apontados aspectos teóricos da interpretação constitucional. Depois, haverá menção a importantes decisões sobre (3) direitos fundamentais, assim distribuídos: (3.1) liberdades fundamentais, (3.2) dignidade da pessoa humana, (3.3) garantias fundamentais em matéria penal, (3.4) igualdade, (3.5) segurança jurídica, (3.6) garantias fundamentais processuais, (3.7) direitos sociais e econômicos e (3.8) proteção ao meio ambiente. Cumpre ressaltar que deixo de trazer rol exaustivo de precedentes, o que não seria possível, indicando julgados que reputo, por diferentes motivos, mais representativos da história constitucional narrada. Ao final (6), estarão as conclusões.

2. O PROJETO POLÍTICO E SOCIAL DA CONSTITUIÇÃO DE 1988

Nas democracias contemporâneas, as Constituições disciplinam, fundamental e primariamente, a distribuição de direitos, deveres e prerrogativas entre o Estado e a sociedade, entre os centros de governo e os Poderes, incluindo as regras de acesso, independência e operação dos tribunais constitucionais. Cuida-se da disciplina formal de institutos e instituições que se apresentam como núcleo normativo determinante para o desenvolvimento social e político de uma nação. Esse conjunto de regras e princípios, presente na Carta de 1988, tem feito com que esta seja uma "Constituição democrática e humanista, voltada à construção de um Estado Democrático de Direito, que tem logrado, mais do que qualquer outra em nossa história, absorver e arbitrar as crises políticas que o país tem atravessado."[5] O Diploma, elaborado em meio a ampla participação popular, destinou-se à "plena realização da cidadania".[6]

A Carta Federal "representa o coroamento do processo de transição do regime autoritário em direção à democracia",[7] responsável pela constitucionalização do ordenamento jurídico brasileiro[8] e pelo início do "mais longo período de estabilidade institucional da história republicana do país".[9] Sob o

---

5 SOUZA NETO, Cláudio Pereira de; SARMENTO, Daniel. *Direito Constitucional*. Teoria, História e Métodos de Trabalho. Belo Horizonte: Forum, 2012, p. 155.

6 SILVA, José Afonso da. **Curso de Direito Constitucional Positivo**. Op. cit., p. 90.

7 SARMENTO, Daniel. A Assembleia Constituinte de 1987/1988 e a Experiência Constitucional Brasileira sob a Carta de 88. In: *Por um Constitucionalismo Inclusivo:* História Constitucional Brasileira, Teoria da Constituição e Direitos Fundamentais. Rio de Janeiro: Lumen Juris, 2010, p. 102.

8 GUASTINI, Riccardo. La 'costituzionalizzazione' dell'ordinamento italiano. **Ragion Pratica** nº 11, Ano VI. Genova: Compagnia dei Librari, 1998, p. 185: o autor italiano, embora tenha considerado o conceito mais sugestivo que preciso, denominou esse fenômeno de "constitucionalização do ordenamento (jurídico)" e apontou sete condições para que se considere um ordenamento jurídico completamente constitucionalizado: (1) uma constituição rígida, (2) a garantia jurisdicional da constituição (jurisdição constitucional), (3) a força vinculante das normas constitucionais, (4) a "sobre-interpretação" da constituição, (5) a aplicação direta das normas constitucionais, (6) a interpretação conforme à constituição das leis e (7) a influência da constituição sobre as relações políticas. Acredito que as sete condições são preenchidas pelo caso brasileiro.

9 Como leciona o mais novo membro do Supremo Tribunal Federal, ministro Luís Roberto Barroso, a Constituição de 1988 foi "capaz de promover, de maneira bem sucedida, a travessia do Estado brasileiro de um regime autoritário, intolerante e, por vezes, violento para um Estado democrático de direito" e tem assim "propiciado o mais longo período de estabilidade institucional da história republicana do país." (Neoconstitucionalismo e constitucionalização do direito [O triunfo tardio do direito constitucional no Brasil]. In: **Temas de Direito Constitucional.** Tomo IV. Rio de Janeiro: Renovar, 2009, p. 63-64).

ângulo estrutural, trata-se de uma *constituição abrangente* e *compromissória*: é longa e analítica, tanto em razão de incorporar várias matérias, quanto por discipliná-las com alto grau de detalhamento e especificidade, o que não consubstancia "a cristalização de uma ideologia política pura e ortodoxa, resultando antes do compromisso possível entre as diversas forças políticas e grupos de interesse que se fizeram representar na Assembleia Constituinte".[10] A Lei Maior reflete o pluralismo social existente em nossa sociedade.

Os principais elementos dessa engenharia constitucional abrangente e compromissória, de modo sumário, são: ***(i)*** a previsão de um amplo catálogo de direitos fundamentais, veiculados, em parte, por meio de regras definitivas e mediante enunciados normativos vagos e indeterminados (princípios); ***(ii)*** a distribuição de poderes entre os governos de diferentes níveis da Federação; ***(iii)*** a separação de poderes, presentes o Executivo, o Legislativo e o Judiciário, incluindo os diversos mecanismos de intervenção judicial direta pelo Supremo e o amplo acesso dos diferentes atores políticos e da sociedade civil organizada. Esses três eixos temáticos são a base da nossa Carta da República. Consoante afirmado, o propósito é revelar a interpretação do Supremo acerca do primeiro, destacando os pronunciamentos mais relevantes e a óptica que externei sobre as matérias. Para tanto, faz-se necessário destacar os aspectos elementares desse tema, assim como da disciplina normativa das competências e dos poderes decisórios do Tribunal.

2.1. A disciplina dos direitos fundamentais

O primeiro traço essencial do Diploma de 1988 é o da disciplina dos direitos fundamentais individuais e coletivos, negativos e positivos, estampados em normas-regras e normas-princípios. Seguindo tendência das constituições pós-regimes nazifascistas, o texto adota a centralidade dos direitos fundamentais. Nossas Cartas "sempre inscreveram uma declaração dos direitos do homem brasileiro e estrangeiro residente no país",[11] mas o sistema de direitos fundamentais veio a ser o ponto alto apenas no projeto constitucional de 1988.[12]

A Carta atual possui enorme quantidade de dispositivos, uns mais, outros menos normativamente densos, sobre objetivos e posições que orientam

---

10 SOUZA NETO, Cláudio Pereira de; SARMENTO, Daniel. *Direito Constitucional.* Teoria, História e Métodos de Trabalho. Op. cit., p. 170-171.

11 SILVA, José Afonso da. *Curso de Direito Constitucional Positivo.* Op. cit., p. 174.

12 SOUZA NETO, Cláudio Pereira de; SARMENTO, Daniel. *Direito Constitucional.* Teoria, História e Métodos de Trabalho. Op. cit., p. 172.

e mesmo limitam o conteúdo das decisões políticas das maiorias de cada tempo. São princípios e regras essenciais, direitos negativos e positivos, de matrizes liberal e social, individuais e coletivos, todos exigindo do Estado o compromisso com o desenvolvimento da pessoa humana em bases livres e igualitárias.

Sem dúvida, o Brasil abandonou a tradição de Constituição centrada na estruturação do poder estatal, mais voltada à organização e distribuição dos poderes do Estado, e apresentou modelo de norma dirigida especialmente à promoção dos direitos fundamentais e dotada de mecanismos que visam protegê-los. Esse padrão, aos poucos, transformou não apenas o ordenamento jurídico, mas também as relações institucionais e sociais, além do próprio modo de entender o direito.[13]

Logo no início, há a vinculação do Estado brasileiro à dignidade da pessoa humana e aos valores sociais do trabalho e da livre iniciativa (artigo 1º, incisos III e IV). Em seguida, encontram-se os objetivos fundamentais: a construção de uma sociedade livre, justa e solidária, a erradicação da pobreza e da marginalização, a redução das desigualdades sociais e regionais e a promoção do bem geral, sem quaisquer preconceitos ou discriminações (artigo 3º). No próximo título (II), "direitos e garantias fundamentais", o constituinte detalhou inúmeros direitos e deveres individuais e coletivos (artigo 5º), direitos sociais[14] (artigo 6º), direitos específicos dos trabalhadores urbanos e rurais (artigo 7º), inclusive associativos (artigo 8º), de greve (artigo 9º) e participativos (artigos 10 e 11), direitos da nacionalidade (artigos 12 e 13) e de participação política (artigos 14 a 17).

Muitos desses direitos são subjetivos, de inegável aplicação imediata (artigo 5º, § 1º) e exigíveis judicialmente. Outros, embora de autoaplicabilidade discutível, norteiam a criação do arcabouço jurídico brasileiro e a definição

---

13 Cf. BARROSO, Luís Roberto. A Reconstrução Democrática do Direito Público no Brasil. In: BARROSO, Luís Roberto (org.). *A Reconstrução Democrática do Direito Público no Brasil.* Rio de Janeiro: Renovar, 2007, p. 1-39; TEPEDINO, Gustavo. Premissas Metodológicas para a Constitucionalização do Direito Civil. In: *Temas de Direito Civil.* 2ª ed. Rio de Janeiro: Renovar, p. 1-22.

14 Sobre a discussão em torno da fundamentalidade ou não dos direitos sociais no Brasil, cf. TORRES, Ricardo Lobo. A Jusfundamentalidade dos Direitos Sociais. *Arquivos de Direitos Humanos* nº 5. Rio de Janeiro: Renovar, 2003, p. 99-124; SARLET, Ingo Wolfgang. *A Eficácia dos Direitos Fundamentais.* 7ª ed. Porto Alegre: Livraria do Advogado, 2007, p. 296 e ss; KRELL, Andréas Joachim. *Direitos Sociais e Controle Judicial no Brasil e na Alemanha.* Os (des)caminhos de um Direito Constitucional "Comparado". Porto Alegre: Safe, 2002.

de políticas públicas, assim como a interpretação dessa mesma ordem, impondo a tomada de decisões que levem em conta a dimensão objetiva.

Há, ainda, diversos dispositivos espalhados pelo texto constitucional disciplinando direitos fundamentais diretamente ou protegendo-os por meio da imposição de deveres de conduta responsável aos titulares do poder público. A Carta de 1988 estabeleceu uma série de serviços públicos obrigatórios e um verdadeiro estatuto jurídico e moral de atuação da Administração Pública direta e indireta dos diferentes níveis federativos (artigo 37).

Cuidou de detalhar os direitos fundamentais dos cidadãos em face do exercício do poder de tributar (artigos 145, § 1º e § 2º, e 150 a 152), de estabelecer princípios gerais da ordem econômica (artigo 170), de disciplinar com miudezas diferentes direitos sociais – seguridade social [saúde, previdência social e assistência social], educação, cultura e desporto (artigo 194 a 217) –, o direito ao desenvolvimento científico e tecnológico (artigos 218 e 219), à liberdade de imprensa e comunicação em geral (artigo 220 a 224), à proteção do meio ambiente (artigo 225), da família e de grupos vulneráveis como a criança, o adolescente, o jovem, o idoso e os índios (artigo 226 a 232). Há cláusula de abertura a outros direitos e garantias "decorrentes do regime e dos princípios por ela adotados, ou dos tratados internacionais" dos quais o Brasil seja signatário (artigo 5º, § 2º).

Cabe ressaltar nota importante sobre a disciplina dos direitos fundamentais. Diferentemente de outras experiências internacionais, o constituinte brasileiro não se contentou em prevê-los apenas por meio de fórmulas vagas e imprecisas, carecedoras, em boa parte, de preenchimento normativo posterior. Muitas vezes, deles tratou mediante regras claras e detalhadas, reduzindo o campo de conformação legislativa e aumentando a densidade do parâmetro normativo de controle judicial de constitucionalidade.

A Carta tem o que Oscar Vilhena qualificou de "enorme pretensão normativa", havendo vinculado substancialmente a atuação legislativa.[15] Essa visão em torno dos direitos fundamentais, muitos formalizados com densidade, dá cores especiais às relações entre o Estado e os indivíduos e atrai a intervenção do Supremo como guardião maior da Carta e do que esta possui de mais relevante: os direitos fundamentais.

O Estado passou a ser grande *devedor de direitos* em favor dos indivíduos e da sociedade como um todo, tanto de direitos negativos, quanto

15 VIEIRA, Oscar Vilhena. *A Constituição e sua Reserva de Justiça*. Um ensaio sobre os limites materiais ao poder de reforma. São Paulo: Malheiros, 1999, p. 130-131.

de positivos, o que representa estrutura formal de oportunidades para os indivíduos avançarem e requererem a participação ativa dentro das mais variadas áreas do relacionamento Estado-sociedade. Com a disciplina dos direitos normativamente densos, o Tribunal tem a prerrogativa de monitorar as ações do Estado, ao passo que, relativamente aos direitos veiculados em normas vagas e imprecisas – mas todos repletos de alta carga axiológica e envolvidos em ambiente difuso de compromissos ideológicos –,[16] pode formular juízos dotados de forte justificação moral.

Tendo sido os direitos fundamentais elevados à categoria de cláusulas pétreas (artigo 60, § 4º), o Supremo acabou titular da tarefa incomum de controlar as ações do poder constituinte derivado. E não foram poucas as vezes em que o Tribunal exerceu essa função. A extensão, a profundidade e a força normativa com que os direitos fundamentais foram estabelecidos na Constituição de 1988 impõem a conclusão de que a Carta promove a relevância da atividade interpretativa do Tribunal no âmbito dos conflitos entre cidadão e Estado. Compatível com essa importância, o Diploma Maior e a legislação superveniente estabeleceram, como abordado no tópico seguinte, competências e poderes que habilitaram o Supremo a cumprir tão nobre missão.

2.2. O Supremo pós-Constituição de 1988

A Constituição de 1988 reforçou o papel institucional do Judiciário. Houve ampliação do acesso à Justiça, considerada a instalação de juizados especiais cíveis e criminais, juizados federais, defensorias públicas, etc. Deu-se o fortalecimento do Ministério Público, o aperfeiçoamento da ação civil pública, da ação popular e da ação de improbidade administrativa. Com isso, tornaram-se comuns ações civis públicas ou litígios individuais versando políticas públicas e sociais: moradia, educação, meio ambiente, sistema prisional e, principalmente, saúde. Aumentou-se a intervenção judicial no processo eleitoral. O Superior Tribunal de Justiça foi criado e vem desempenhando papel essencial na interpretação da ordem jurídica nacional. Mas, sem dúvida, quanto ao Supremo, a Carta realizou as principais transformações, que, aliás, se seguiram mediante emendas e até leis ordinárias, configurando um

---

[16] O professor Oscar Vilhena Vieira, *Direitos Fundamentais*. Uma leitura da jurisprudência do STF. São Paulo: Malheiros, 2006, p. 11-12 e 39, fala em sincretismo entre diversas concepções de direitos considerada a tentativa do constituinte em "compatibilizar direitos de distintas matrizes históricas e filosóficas".

processo de ampliação de poderes decisórios denominado por prestigiado autor, com alguma dose de exagero, como "Supremocracia".[17]

O texto constitucional originário e as emendas, principalmente a de número 45, de 2004, fortaleceram a jurisdição bem como ampliaram o acesso ao Supremo e o poder decisório deste. Ocorreram mudanças marcantes no sistema de controle de constitucionalidade, principalmente quando comparado aos regimes anteriores. Com a arquitetura institucional pós-88, mormente considerada a disciplina dos legitimados para provocar o controle concentrado e abstrato de constitucionalidade, as ações formalizadas diretamente no Supremo contra leis e atos normativos passaram a ocupar importante espaço em relação aos processos político-legislativos, como nunca acontecera antes.

No artigo 102, cabeça, o Supremo foi declarado o guardião da Carta e dotado de amplo catálogo de competências originárias: ação direta de inconstitucionalidade de lei ou ato normativo federal ou estadual (artigo 102, inciso I, alínea "a"), cabendo medida acauteladora (artigo 102, inciso I, alínea "p"); ação direta de inconstitucionalidade por omissão (artigo 102, § 2º); arguição de descumprimento de preceito fundamental (artigo 102, § 1º);[18] reclamação constitucional (artigo 102, inciso I, alínea "l"); mandado de injunção (artigo 5º, inciso LXXI); *habeas corpus* (artigo 102, inciso I, alínea "i"), mandados de segurança e *habeas data* (artigo 102, inciso I, alínea "d"). O controle difuso em sede recursal veio a ser estabelecido no artigo 102, inciso III.

A Emenda Constitucional nº 3, de 1993, criou a ação declaratória de constitucionalidade, atribuindo ao Presidente da República, às Mesas do Senado e da Câmara dos Deputados e ao Procurador-Geral da República a legitimidade para a propositura, rol ampliado com a Emenda Constitucional nº 45/04. Foi prevista expressamente a eficácia vinculante das decisões. A constitucionalidade do instrumento acabou confirmada no julgamento da Questão de Ordem na Ação Declaratória de Constitucionalidade nº 1, relatada pelo ministro Moreira Alves.[19] Na ocasião, votei em sentido contrário por vislumbrar violação a direitos e garantias individuais, especialmente ao devido processo legal.

---

17 VIERA, Oscar Vilhena. Supremocracia. *Revista de Direito do Estado,* Vol. 12, Rio de Janeiro: Renovar, 2008, p. 59-60.

18 Originariamente, a ação foi prevista no parágrafo único, tendo sido renumerada para o §1º por ocasião da Emenda Constitucional nº 03/93.

19 STF – Pleno, ADC-QO 1, Rel. Min. Moreira Alves, DJ 16/6/1995.

No plano infraconstitucional, também houve expansão de poderes decisórios do Supremo. O artigo 28, parágrafo único, da Lei nº 9.868, de 1999, versou a eficácia *erga omnes* e vinculante dos pronunciamentos de mérito não apenas relativos a ação declaratória de constitucionalidade, como constava à época no Diploma Maior, mas concernentes também a ação direta de inconstitucionalidade, interpretação conforme à Carta Federal e declaração de nulidade parcial sem redução de texto.[20] A inconstitucionalidade desse dispositivo foi arguida pelo ministro Moreira Alves na Questão de Ordem na Reclamação nº 1.880, tendo sido afastada pela maioria. Votei vencido, juntamente com Sua Excelência e o ministro Ilmar Galvão, por compreender que apenas uma reforma constitucional poderia atribuir o efeito vinculante.[21] Isso viria a ocorrer com a Emenda Constitucional nº 45, que alterou o artigo 102, § 2º, para constitucionalizar tal eficácia, dissipando eventuais dúvidas sobre o tema.

A Lei nº 9.868/99, no artigo 27, ainda rompeu com a tradição de declarar nula a lei inconstitucional e estabeleceu a possibilidade de modulação temporal dos efeitos das decisões de mérito em controle concentrado, o que passou a ser amplamente utilizado inclusive em sede de controle difuso.[22] Trata-se da atribuição de um poder decisório substancial na medida em que permite ao Supremo, a partir dos conceitos indeterminados de "segurança jurídica" e "interesse social", aplicar "normas inconstitucionais". Jamais endossei tal prática, porque, "de duas uma, ou a Constituição existe para viger na integralidade e na concretude apresentada, ou não existe". O que na Carta se contém deve ser de observância obrigatória.[23]

A Lei nº 9.882, de 1999, disciplinou a ação de arguição de descumprimento de preceito fundamental, viabilizando ao Supremo, consoante versado

[20] Antes da Emenda Constitucional nº 3/93, o Tribunal havia negado efeito vinculante às decisões de mérito proferidas em ação direta de inconstitucionalidade, admitindo tão somente eficácia *erga omnes*: STF – Pleno, Rcl. 397/RJ - QO, Rel. Min. Celso de Mello, DJ 21/5/1993; STF – Pleno, Rcl. 385/MA - QO, Rel. Min. Celso de Mello, DJ 18/6/1993; STF – Pleno, ADI – MC 864/RS, Rel. Min. Moreira Alves, DJ 17/9/1993. Depois da Emenda Constitucional nº 03/93, admitiu apenas excepcionalmente a extensão da eficácia vinculante das decisões em ação declaratória de constitucionalidade aos pronunciamentos em ação direta de inconstitucionalidade, recusando de um modo geral a tese do caráter dúplice comum dessas ações: STF – Pleno, ADI-QO 1.244, Rel. Min. Néri da Silveira, DJ 28/5/1999.

[21] STF – Pleno, Rcl-QO 1.880, Rel. Min. Maurício Corrêa, DJ 19/3/2004.

[22] Cf., entre muitos outros julgados, STF – Pleno, ADI 2.240/BA, Rel. Min. Eros Grau, DJ 3/8/2007; STF – Pleno, RE 556.664/RS, Rel. Min. Gilmar Mendes, DJ 14/11/2008.

[23] Cf. meu voto nos Embargos de Declaração na Ação Direta de Inconstitucionalidade nº 2.797/DF, Rel. Min. Menezes Direito, Red. do acórdão Min. Ayres Britto, julgados em 16/5/2012.

no artigo 1º, parágrafo único, inciso I, julgar de forma originária lesão ou evitar transgressão a preceito fundamental por ato normativo ou lei federal, estadual ou municipal, mesmo anteriores à Constituição.[24] O artigo 2º, inciso I, previu a legitimidade processual ativa igual à atinente às ações diretas. O artigo 10, § 3º, estabeleceu a eficácia *erga omnes* e vinculante e possibilitou a modulação temporal das decisões.

A Emenda Constitucional nº 45, de 2004, promoveu importantes modificações no controle judicial de constitucionalidade. Entre elas a criação da "súmula vinculante" - artigo 103-A - e a previsão da "repercussão geral" como requisito autônomo de admissibilidade de recurso extraordinário - artigo 102, § 3º. Com o primeiro instituto, o Supremo, por voto de dois terços dos ministros, pode formalizar pronunciamento dotado de plena eficácia vinculante, salvo quanto ao Legislativo e ao próprio Tribunal. O segundo, voltado a assegurar a duração razoável dos processos e a uniformização dos atos das instâncias inferiores envolvendo matéria constitucional, corrige, ao menos em parte, a falta de efeito vinculante das decisões do Supremo, em sede de controle difuso e incidental, em relação às instâncias judiciais inferiores.[25]

A modificação mais importante trazida pela Carta Federal quanto ao sistema de controle de constitucionalidade foi a ampliação do rol de legitimados para a propositura de ação direta de inconstitucionalidade, estendido à ação declaratória de constitucionalidade pela Emenda nº 45. Anteriormente, apenas ao Procurador-Geral da República era dado provocar o controle concentrado. A Carta vigente pôs fim a esse individualismo e promoveu verdadeira "*desmonopolização* da iniciativa para a deflagração do controle abstrato de constitucionalidade".[26]

Segundo o artigo 103, podem propor a ação direta: o Presidente da República (inciso I); a Mesa do Senado Federal (inciso II); a Mesa da Câmara dos Deputados (inciso III); a Mesa das Assembleias Legislativas (inciso IV); o Governador de Estado (inciso V);[27] o Procurador-Geral da República

---

24 O Tribunal havia negado o poder de controle concentrado da constitucionalidade da legislação pré-constitucional: antes da Constituição de 1988 – STF – Pleno, RP 1.012, Rel. Min. Moreira Alves, DJ 5/11/1979; na vigência da Carta atual– STF – Pleno, ADI 74/DF, Rel. Min. Celso de Mello, DJ 25/9/1992.

25 Cf. STF – Pleno, Rcl. 10.793, Rel.ª Min.ª Ellen Gracie, DJ 6/6/2011.

26 BINENBOJM, Gustavo. A Democratização da Jurisdição Constitucional e o Contributo da Lei nº 9.868/99. In: *Temas de Direito Administrativo e Constitucional.* Rio de Janeiro: Renovar, 2008, p. 155.

27 Foram incluídos pela Emenda Constitucional nº 45/2004 a Câmara Legislativa e o Governador do Distrito Federal, respectivamente, nos incisos IV e V do artigo 103.

(inciso VI); o Conselho Federal da Ordem dos Advogados do Brasil (inciso VII); os partidos políticos com representação no Congresso Nacional (inciso VIII) e as confederações sindicais ou entidades de classe de âmbito nacional (inciso IX).

Com essa nova estrutura de acesso à jurisdição do Supremo, outros personagens adquiriram a oportunidade de participar das discussões sobre a constitucionalidade das leis e atos normativos em geral, inserindo o Tribunal no espaço dos processos políticos relevantes. É o que a doutrina denomina de judicialização da política.[28] Por exemplo, partidos políticos de oposição, vencidos no Congresso, passaram a questionar leis e políticas públicas no Supremo; Governadores, a se insurgir contra medidas das Assembleias Legislativas dos respectivos Estados; associações e entidades civis, a provocar pautas sociais e morais. O resultado tem sido o redimensionamento da importância da interpretação constitucional levada a efeito pelos ministros.

3. INTERPRETAÇÃO CONSTITUCIONAL

Interpretação jurídica é a atividade, inserida em amplo processo hermenêutico, dirigida à realização concreta do Direito. O intérprete constrói, como ato de vontade e de inspiração humanística, significados a partir de enunciados textualmente expressos ou decorrentes do sistema normativo, visando a aplicação das normas no plano real e concreto. Interpretar vai além do compreender, consistindo em aplicar. A discussão do Direito pode ocorrer em abstrato. Há discursos descritivos e críticos sobre normas e situações jurídicas, mas interpretação jurídica apenas se dá diante de casos concretos e com o propósito de conformá-los. Nessas situações, os textos normativos serão o objeto de um *processo unitário de interpretação-aplicação*, do qual as normas serão o resultado.[29]

Como ensina Gadamer, enquanto "compreender é sempre interpretar e, em consequência, a interpretação é a forma explícita da compreensão", devemos "dar um passo mais além da hermenêutica romântica, considerando como um processo unitário não só o da compreensão e interpretação, senão

[28] Cf. o estudo fundamental do tema no Brasil: VIANNA, Luiz Werneck, *et al. A judicialização da política e das relações sociais no Brasil.* Rio de Janeiro: Revan, 1999.

[29] É necessário, como adverte Ricardo Guastini, *Teoria e ideologia de la interpretación constitucional,* Madrid: Trotta, 2008, p. 32, "distinguir entre os enunciados normativos – as 'disposições', como se costuma dizer – e as normas, entendidas como significados". Como lembra o professor italiano, muitos enunciados normativos são ambíguos, por isso "entre as duas coisas, de fato, não se dá uma correspondência biunívoca".

também o da aplicação" – "Uma lei não pode ser entendida historicamente senão que a interpretação deve concretizá-la em sua validade jurídica. [...] Compreender é sempre também aplicar."[30] As pré-compreensões do intérprete cumprem o papel inicial de conhecimento no que o autor chamou de "círculo hermenêutico",[31] mas, porque interpretar é aplicar textos normativos, os valores e os fatos envolvidos, cada qual com modo e extensão próprios, também influenciam a solução das controvérsias jurídicas.

Mostra-se relevante destacar que a interpretação, como atividade de construção normativa, é uma necessidade constante e inafastável para o tráfego jurídico, negada qualquer concepção que a restrinja aos denominados *casos difíceis*. Essa ideia restritiva parte do pressuposto de que apenas enunciados normativos ambíguos exigem interpretação, ao passo que aqueles cujos significados possam ser mais clara e diretamente revelados seriam *aplicados sem necessidade de interpretação*. Trata-se das *máximas interpretativas* "in claris non fit interpretatio" e "interpretatio cessat in claris". No entanto, como observa Castanheira Neves, essas máximas – e, portanto, essa noção restritiva da importância da interpretação – consistem em tese absolutamente inadmissível "porque é impossível mesmo a nível linguístico, porque é errada a nível exegético, sobretudo porque é inaceitável a nível normativo".[32]

Segundo o autor, tal inviabilidade, no **aspecto linguístico ou no semântico,** decorre do fato de as expressões de uso comum, principalmente quando utilizadas em contextos jurídicos, não ostentarem sentido unívoco, mesmo porque, nesse âmbito, quase nunca mantêm o significado cotidiano. Uma vez inserido em texto jurídico, o vocábulo deixa de ser de uso comum, de fazer parte de "uma entidade puramente textual ou [de] um texto puro" e passa a compor "um texto em que se comunica ou manifesta um sentido jurídico". Esse aspecto nos conduz à segunda objeção do autor, no **nível exegético** – se texto jurídico, então é juridicamente que o vocábulo ou o texto em si deverá ser compreendido. Disso resulta, conforme explica, que a "clareza" atribuída

30 GADAMER, Hans-Georg. *Verdad y Método.* Vol. I. 10ª ed., Salamanca: Sígueme, 2003, p. 378-380. No mesmo sentido, o ministro Eros Grau, *Ensaio sobre a Interpretação/Aplicação do Direito.* 2ª ed., 2003, p. 31, argumenta que "interpretação e aplicação não se realizam autonomamente. (...) a interpretação do direito consiste em concretar a lei em cada caso, isto é, na sua aplicação. (...) Interpretação e aplicação consubstanciam um processo unitário."

31 GADAMER, Hans-Georg. *Verdad y Método.* Op. cit., p. 333-338.

32 NEVES, Antonio Castanheira. *O Actual Problema Metodológico da Interpretação Jurídica.* Vol. I. Coimbra: Coimbra, 2003, p. 16.

a um texto jurídico nunca é uma decorrência pura e simples do texto, do sentido comum desse, mas "é ela própria já um resultado de interpretação".[33]

Tem inteira razão o professor, revelando que, até quando privilegia o sentido vernacular mais direto da expressão normativa aplicada, o trabalho do intérprete judicial consiste justamente em eliminar as incertezas presentes e aduzidas em torno dos significados envolvidos, o que torna falaciosa a tese da dispensa da interpretação diante dos chamados *casos fáceis*. Nesse sentido é a lição dos autores italianos Francesco Viola e Giuseppe Zaccaria:

> "De fato, se nós nos perguntarmos quando um enunciado jurídico é claro, não podemos fazer menos que responder que não é imaginável uma norma que não tenha necessidade de alguma interpretação, pelo simples motivo de que para compreender e aplicar essa norma é necessário previamente interpretá-la. Até nos casos denominados 'fáceis', ou seja, quando a inclusão de um determinado caso no campo aplicativo de uma certa norma aparece relativamente indiscutível, o pressuposto é sempre representado pela interpretação e pela decisão relativa ao significado mais apropriado a atribuir ao texto. Quando se sustenta que *in claris non fit interpretatio*, se confunde o ponto de chegada com o ponto de partida: (...) a clareza é o resultado de um procedimento intelectual, que é precisamente o procedimento interpretativo"[34]

Castanheira Neves diz, por fim, da indispensabilidade da interpretação no âmbito normativo, ante a exigência de essa atividade não resultar apenas da falta de clareza de muitas leis e da decorrente urgência de superação da indeterminação dos significados dos textos legais, ou da distância comunicativa entre esses textos e os correlatos destinatários, mas, especialmente, da necessidade da concreta "realização normativa do direito" diante dos casos-problema a serem solucionados. Surge o principal argumento da permanente imprescindibilidade da interpretação – somente por meio dela, em um contexto problemático, o Direito adquirirá *normatividade*. A interpretação é um pressuposto do próprio cumprimento da finalidade do Direito e pelo Direito.[35]

---

33 NEVES, Antonio Castanheira. *O Actual Problema Metodológico da Interpretação Jurídica*. Op. cit., p. 16-26.

34 VIOLA, Francesco, ZACCARIA, Giuseppe. *Diritto e interpretazione*. Lineamenti di teoria ermeneutica del diritto. 5ª ed. Bari: Laterza, 2004, p. 116-117. (tradução livre)

35 NEVES, Antonio Castanheira. *O Actual Problema Metodológico da Interpretação Jurídica*. Op. cit., p. 27-29.

Com o conjunto dessas ideias, revelada a exigência de interpretação em toda e qualquer atividade de concretização do Direito, independentemente do grau de problemática das situações examinadas e do caráter equívoco ou inequívoco dos enunciados normativos aplicáveis, ressalto a importância do intérprete judicial. Há implicação institucional: o juiz será mais ou menos criativo ante a maior ou menor presença de preceitos normativos vagos e imprecisos, mas os textos nunca se aplicam por si sós, havendo sempre a necessidade de os juízes contextualizarem os enunciados normativos consideradas as controvérsias apresentadas. Isso é indispensável para o tema da interpretação constitucional e para o espaço institucional do Supremo.

Tudo o que foi dito no tocante à interpretação jurídica em geral também serve à constitucional, o que inclui, em especial, destacar o papel da Corte para a realização do Diploma Maior. A interpretação constitucional é espécie de interpretação jurídica – tendo o Supremo a posição proeminente, mas não exclusiva, de exercer, como necessidade permanente, essa atividade interpretativa fundamental.[36]

Como afirmou Jorge Miranda,

> "A interpretação constitucional não é de natureza diferente da que se opera noutras áreas. Como toda a interpretação jurídica, está estreitamente conexa com a aplicação do Direito; não se destina à enunciação abstracta de conceitos, destina-se à conformação da vida pela norma. Comporta especialidades, não desvios aos cânones gerais (ainda quando se utilizem diversos métodos e vias)."[37]

Dessa relação gênero-espécie decorre também que a interpretação constitucional deve ser realizada por meio dos elementos tradicionais – gramatical, histórico, teleológico e sistemático[38] –, observadas, no entanto,

---

36 Fala-se em *interpretação constitucional direta* para designar a aplicação imediata dos enunciados constitucionais sobre o caso concreto e em *interpretação constitucional indireta* para referir-se à aplicação de enunciados infraconstitucionais tendo como parâmetro a constituição, o que será sempre interpretação da constituição, embora mediata.

37 MIRANDA, Jorge. *Manual de Direito Constitucional.* Constituição. Tomo II. 5ª ed. Coimbra: Coimbra, 2003, p. 288. Consideradas essas especializadas a que se refere o professor luso, o ministro Luís Roberto Barroso, *Curso de Direito Constitucional Contemporâneo,* 1ª ed., São Paulo: Saraiva, 2009, p. 273, fala da interpretação constitucional como "uma particularização da interpretação jurídica geral".

38 Para uma defesa forte dessa noção, cf. SILVA, Virgílio Afonso da. Interpretação constitucional e sincretismo metodológico. In: ____. (Org.) *Interpretação Constitucional.* 2ª ed. São Paulo: Malheiros, 2005, p. 115-143.

as particularidades que surgem em função do próprio objeto da interpretação – o texto constitucional. Isso significa que os cânones tradicionais de interpretação devem governar o processo hermenêutico, mas revelarão especificidades e complexidades ante o ambiente em que estão sendo aplicados. Em sucinta análise, o uso desses elementos tradicionais deverá combinar-se com a natureza política particular de grande parte das matérias objeto de regulação; com o aludido caráter compromissório das normas constitucionais, às vezes veiculando interesses mesmo contraditórios; com a presença de um número elevado de enunciados que expressam princípios, objetivos e valores;[39] com a supremacia normativa e axiológica e a pretensão de efetividade dos preceitos, mormente os que prescrevem os direitos fundamentais.

O diálogo entre esses elementos tradicionais da interpretação e as peculiaridades das normas constitucionais é tarefa do intérprete e o Supremo tem cumprido bem essa missão. Relativamente ao aspecto gramatical, as expressões semânticas do texto constitucional têm sido referências, pontos de partida e também limites de possibilidade criativa, tudo em homenagem ao valor de legitimação do Estado de Direito, principalmente presentes regras claras e bem definidas. No entanto, sempre que se deparou com enunciados fluídos, vagos e indeterminados, em especial princípios fundamentais, o Supremo não se furtou a exercer certo grau de criatividade interpretativa quando necessário à realização de valores superiores.

Sob o ângulo histórico, o Tribunal tem levado em conta contextos passados para identificar desigualdades enraizadas e transformações fáticas e sociais que justificam uma interpretação evolutiva do Diploma Maior, ainda mais se verificada dificuldade deliberativa no Parlamento sobre a matéria. Quanto ao elemento teleológico, em razão de o intérprete aplicar as normas com base nas finalidades visadas, ganha imensa importância considerados os direitos fundamentais e a pretensão de efetividade das normas que os veiculam – esses direitos devem ser realizados na maior medida possível, porém, com uma Carta compromissória como a nossa, a dificuldade existirá na variedade de objetivos opostos estabelecidos em normas de igual hierarquia. Livre iniciativa e proteção ao meio ambiente, por exemplo, são propósitos constitucionais de mesma hierarquia formal que, frequentemente,

---

[39] Chamando a atenção para o exagero da doutrina quanto a essa característica da Constituição de 1988, fixando a premissa de o texto conter muito mais regras que princípios, cf. ÁVILA, Humberto. "Neoconstitucionalismo": entre a "Ciência do Direito" e o "Direito da Ciência". In: SOUZA NETO, Cláudio Pereira de; SARMENTO, Daniel; BINENBOJM, Gustavo. (Org.) *Vinte Anos da Constituição Federal de 1988*. Rio de Janeiro: Lumen Juris, 2009, p. 187-202.

entram em conflito em situações concretas. Nesse âmbito de antinomias, o elemento sistemático adquire maior relevância prática, no que leva a sério a unidade do sistema constitucional. Sob tal perspectiva, "cada norma jurídica deve ser interpretada com consideração de todas as demais, e não de forma isolada", presente a busca pela harmonia e integridade sistêmica. Combinados os elementos sistemático e teleológico, a interpretação deve cumprir função harmonizante, influenciada, prioritariamente, por princípios como o da "dignidade da pessoa humana, da igualdade, do Estado Democrático de Direito, da República e da Federação".[40] Para conseguir compatibilizar as disposições constitucionais e dar primazia a esses princípios, a doutrina tem proposto as técnicas da ponderação e da proporcionalidade,[41] utilizadas em algumas oportunidades pelo Supremo.

4. OS DIREITOS FUNDAMENTAIS NA VISÃO DO SUPREMO

Na mais importante área temática da Carta Federal, a dos direitos fundamentais, o Supremo tem revelado interpretação em busca da máxima realização possível dos valores da liberdade, da dignidade e da igualdade. No caso de conflitos entre os direitos, vê-se que o Tribunal procura a harmonia, dando peso maior a um ou a outro por meio de pronunciamentos motivados que levam em conta, além de elementos textuais, as conexões de sentidos entre os enunciados envolvidos, os fatos e os valores presentes. Em diversas decisões, comparou contextos históricos para afirmar desigualdades reais, mudanças sociais e avanços tecnológicos a justificar a evolução da aplicação dos direitos fundamentais, inclusive superando omissões legislativas.

A concretização desses direitos tem sido o momento mais rico e merecedor de comemorações da interpretação do Diploma Maior pelo Supremo, como demonstra a síntese de julgados a seguir. Para fins didáticos, abordarei precedentes alusivos a liberdades fundamentais, dignidade da pessoa humana, garantias fundamentais em matéria penal, igualdade, segurança jurídica, garantias fundamentais processuais, direitos sociais e econômicos e proteção ao meio ambiente.

40 SOUZA NETO, Cláudio Pereira de; SARMENTO, Daniel. *Direito Constitucional.* Teoria, História e Métodos de Trabalho. Op. cit., p. 415-416.

41 Sobre o desenvolvimento teórico da ponderação e da proporcionalidade, cf. PEREIRA, Jane Reis Gonçalves. *Interpretação Constitucional e Direitos Fundamentais.* Rio de Janeiro: Renovar, 2006; BARCELLOS, Ana Paula de. *Ponderação, Racionalidade e Atividade Jurisdicional.* Rio de Janeiro: Renovar, 2005; SILVA, Virgílio Afonso da. *Direitos Fundamentais.* Conteúdo essencial, restrições e eficácia. São Paulo: Malheiros, 2009.

4.1. Liberdades fundamentais

No tocante às liberdades fundamentais, direitos humanos de primeira geração,[42] o Supremo tem jurisprudência extensa sobre liberdade de expressão, de informação, de manifestação do pensamento e de imprensa, religiosa, direito de reunião, de associação, de propriedade, à livre iniciativa, à livre concorrência, à privacidade e à intimidade.

Quanto às liberdades de expressão, de manifestação do pensamento, de informação e de imprensa - artigos 5º, incisos IV, IX e XIV, e 220 -, sempre entendi que o intérprete constitucional deveria assegurar a máxima efetividade. No "caso O Globo x Garotinho", a ilustrada maioria do Tribunal deixou de implementar medida acauteladora para dar efeito suspensivo ativo a extraordinário em que se buscava autorizar a publicação imediata de matéria jornalística contendo conversas telefônicas, obtidas ilicitamente, que pudessem ofender direitos da personalidade de agente político então candidato à Presidência da República.[43] Não segui essa óptica. Defendi que a interpretação sistemática dos princípios envolvidos deveria conduzir a solução que desse maior peso à liberdade de informação e ao direito subjetivo e político de todo cidadão de ser informado.[44]

Mantive essa concepção garantista da liberdade no paradigmático caso *Ellwanger*, no qual veiculada acusação de crime de racismo, supostamente praticado em razão da publicação de livro apontado como preconceituoso e discriminatório contra judeus - um problema, portanto, de eficácia dos direitos fundamentais e de ponderação de valores. Reputei, inclusive tendo

---

42 De uma perspectiva histórica, os autores costumam descrever a evolução dos direitos fundamentais por "gerações" ou "dimensões", sendo a primeira, ligada à Revolução Francesa e ao Estado Liberal, composta das liberdades fundamentais, direitos civis e políticos, típicos direitos de oposição ao Estado (*direitos de defesa*), áreas imunes da intervenção estatal. Os direitos de segunda geração, vinculados às lutas de classes da segunda metade do século XIX e ao surgimento do Estado Social, são aqueles de conteúdo social e econômico, complementares às típicas liberdades fundamentais, que buscam assegurar a igualdade material na sociedade, isto é, a *justiça social*. Os direitos fundamentais de terceira geração seriam os mais contemporâneos de caráter difuso, como o direito à paz, à conservação e utilização do patrimônio histórico e cultural, os direitos na esfera da biotecnologia e respeito à manipulação genética, o direito à qualidade de vida e ao meio ambiente sadio, à liberdade informática e os direitos dos consumidores. Cf. SARLET, Ingo Wolfgang. **A Eficácia dos Direitos Fundamentais.** Porto Alegre: Livraria do Advogado, 2007; PÉREZ LUÑO, Antonio-Enrique. **La Tercera Generación de Derechos Humanos.** Navarra: Aranzadi, 2006.

43 STF – Pleno, MC – PET nº 2.702/RJ, Rel. Min. Sepúlveda Pertence, j. 18/9/2002, DJ 19/9/2003.

44 Cf. MELLO, Marco Aurélio Mendes de Farias. **Vencedor e Vencido.** Rio de Janeiro: Forense, 2006, p. 129 e ss.

em conta que o aludido livro apenas sinalizava uma revisão histórica de fatos, ser necessário proteger a liberdade de manifestação de pensamento do escritor ante o conflito normativo com a proteção da dignidade do povo judeu. A maioria, no entanto, seguindo o voto do ministro Maurício Corrêa, concluiu que a liberdade de expressão deveria ser restringida em virtude da impossibilidade de abranger "manifestações de conteúdo imoral que implicam ilicitude penal".[45] O autor do livro acabou condenado pelo crime imprescritível de racismo.

Nos últimos anos, aumentou o número de casos emblemáticos envolvendo liberdade de expressão, principalmente, de imprensa. Destaca-se, de início, a Arguição de Descumprimento de Preceito Fundamental nº 130/DF, relator ministro Ayres Britto, por meio da qual o Supremo decidiu que a integralidade da Lei nº 5.260/1967, a "Lei de Imprensa", não foi recepcionada pela Carta de 1988.[46] De acordo com a ementa e o voto do relator, a regulação da imprensa deve ser mínima, como garantia da liberdade de expressão e de informação. Não acompanhei a corrente majoritária e julguei integralmente improcedente o pedido formulado na ação. Assentei que a imprensa brasileira é livre presente a lei impugnada e que artigos da norma que eram incompatíveis com a Carta já haviam sido afastados pelo Judiciário no dia a dia forense, não vislumbrando ofensa a qualquer preceito fundamental. Apontei que seria pior para a própria liberdade jornalística o vácuo normativo, tendo em conta os riscos de a procedência do pedido gerar grave estado de insegurança jurídica.

No Recurso Extraordinário nº 511.961/SP, relator ministro Gilmar Mendes, o Supremo declarou a inconstitucionalidade da exigência de diploma de curso superior para o exercício da profissão de jornalista, consignando não se tratar de atividade cujo exercício requer qualificação especial. Ante a vinculação à liberdade de expressão e de informação, o requisito da diplomação seria, na verdade, uma supressão do efetivo exercício da liberdade jornalística.[47] Votei vencido, não por desmerecer o direito fundamental envolvido, e sim, ao contrário, por entender que vivenciamos ampla liberdade de expressão que não se coloca em risco por referência legal a qualificações profissionais. Assentei que "o jornalista deve deter formação, uma formação básica que viabilize a atividade profissional no que repercute na vida dos cidadãos em

45 STF – Pleno, HC 82.424, Rel. Min. Moreira Alves, Red. do acórdão Min. Maurício Corrêa, j. 17/9/2003, DJ 19/3/2004.

46 STF – Pleno, ADPF 130/DF, Rel. Min. Ayres Britto, j. 30/4/2009, DJ 6/11/2009.

47 STF – Pleno, RE 511.961/SP, Rel. Min. Gilmar Mendes, j. 17/6/2009, DJ 13/11/2009.

geral", o que implica segurança jurídica maior presentes os profissionais e os leitores, considerado o direito de a sociedade ser – bem – informada.

Ainda no campo da liberdade de imprensa, o Tribunal, na Medida Cautelar na Ação Direta de Inconstitucionalidade nº 4.451/DF,[48] referendou liminar do relator, ministro Ayres Britto, acatando pedido principal da autora da ação para, fundado em inconstitucionalidade total, suspender a eficácia do inciso II e da segunda parte do inciso III do artigo 45 da Lei nº 9.504/97, que impunham restrições às emissoras de rádio e de televisão para transmitirem programas que pudessem degradar, ridicularizar ou oferecer crítica jornalística favorável ou contrária a candidatos a partir de 1º de julho do ano das eleições, o que incluiria manifestações de humor. Assentando que "lei alguma poderá criar embaraço a veículo de comunicação social", entendi mais adequado julgar procedente o pedido sucessivo da autora para, mantendo os dispositivos impugnados, dar interpretação conforme ao inciso II, visando afastar entendimento que impedisse emissoras de produzir ou veicular charges, sátiras e programas humorísticos envolvendo os candidatos ou as coligações, e ao inciso III, para viabilizar às entidades a realização de crítica jornalística favorável ou contrária aos candidatos.

No Recurso Extraordinário nº 414.426/SC,[49] relatora ministra Ellen Gracie, o Tribunal, por unanimidade, entendeu que a atividade de músico consiste em "manifestação artística protegida pela garantia da liberdade de expressão" e, por esse motivo, declarou inconstitucional lei que exigia inscrição em órgão ministerial e em conselho profissional como condição para o exercício da arte. A expressão protegida não seria propriamente a informativa, mas a cultural e artística.

Todas essas decisões revelam que o Supremo tem procurado assegurar a liberdade de expressão e os princípios corolários na maior medida possível, o que refletiu positivamente no caso da "Marcha da Maconha", relacionado ao direito de reunião – artigo 5º, inciso XVI. Por unanimidade, na Arguição de Descumprimento de Preceito Fundamental nº 187/DF, relator ministro Celso de Mello, o Tribunal garantiu a ocorrência de passeatas e manifestações públicas em favor da descriminalização do consumo de drogas, afastada a tipicidade do ato como "apologia ao crime" ou como o delito de "induzir, instigar ou auxiliar alguém ao uso indevido de droga" (artigo 33, § 2º, da

[48] STF – Pleno, ADI-MC 4.451/DF, Rel. Min. Ayres Britto, j. 2/9/2010, DJ 1º/7/2011.

[49] STF – Pleno, RE 414.426/SC, Rel. Min.ª Ellen Gracie, j. 1º/8/2011, DJ 10/10/2011.

Lei de Tóxicos).[50] Nesse julgado, sintetizei minha visão sobre a liberdade de expressão da seguinte forma:

> Concluo que a liberdade de expressão não pode ser tida apenas como um direito a falar aquilo que as pessoas querem ouvir, ou ao menos aquilo que lhes é indiferente. Definitivamente, não. Liberdade de expressão existe precisamente para proteger as manifestações que incomodam os agentes públicos e privados, que são capazes de gerar reflexões e modificar opiniões. Impedir o livre trânsito de ideias é, portanto, ir de encontro ao conteúdo básico da liberdade de expressão.

Ainda no tocante ao direito de reunião, no julgamento da Medida Cautelar na Ação Direta de Inconstitucionalidade nº 1.969/DF, de minha relatoria, assentei a inconstitucionalidade de decreto distrital, de caráter autônomo, que impôs limitações à liberdade de reunião e de manifestação pública, inclusive proibindo a utilização de carros de som e outros veículos de comunicação. Defendi que não cabe calar ou manipular "a expressão soberana e legítima do povo", revelada a relação estreita entre a garantia da liberdade de expressão do pensamento, à qual é intimamente ligado o direito de reunião, e o Estado Democrático de Direito. O Tribunal, por unanimidade, deferiu a liminar para suspender a eficácia do ato impugnado.[51] Posteriormente, no julgamento de mérito, sob a relatoria do ministro Ricardo Lewandowski, o decreto foi julgado inconstitucional.[52]

Também elemento básico do Estado Democrático de Direito e ligado à liberdade de expressão, o direito de associação – incisos XVII a XXI do rol das garantias – é tema com o qual o Supremo tem se ocupado. A Constituição Federal assegura tanto a dimensão positiva da liberdade – o direito de criar e manter associações – quanto a negativa – o direito de não se associar ou de se retirar de associações. Com base nesse último aspecto, apontei, na Ação Direta de Inconstitucionalidade nº 2.054/DF, relator ministro Ilmar Galvão, ser inconstitucional o artigo 99, cabeça e § 1º, da Lei nº 9.610, de 1998 – Lei de Direitos Autorais. Ressaltei que a norma, ao reunir a arrecadação e a distribuição dos direitos autorais em único escritório central – o ECAD –, acabou por obrigar, ainda que de forma indireta, "mediante sutil

---

50 STF – Pleno, ADPF 187/DF, Rel. Min. Celso de Mello, j. 15/11/2011, acórdão pendente de publicação.

51 STF – Pleno, ADI-MC nº 1.969/DF, Rel. Min. Marco Aurélio, j. 24/3/1999, DJ 5/3/2004.

52 STF – Pleno, ADI nº 1.969/DF, Rel. Min. Ricardo Lewandowski, j. 28/6/2007, DJ 31/8/2007.

jogo de palavras", os titulares dos direitos substanciais a se associarem à aludida central, estabelecida a unicidade associativa. Teve-se o monopólio representativo do denominado ECAD, o que, conforme ressaltei, "não se coaduna com os novos ares constitucionais, no que deixa de homenagear a almejada liberdade de associação". A ilustrada maioria, contudo, revelou óptica diversa, na linha do voto do ministro Sepúlveda Pertence, concluindo não ofender a liberdade negativa de associação a previsão em lei de sistema de gestão coletiva de arrecadação e distribuição de direitos autorais e conexos.[53]

Perspectiva da espécie por mim defendida nesse julgado veio a prevalecer em ação versando lei que previa filiação à "colônia de pescadores" como condição para que pretensos beneficiários pudessem receber seguro-desemprego. O Tribunal, por unanimidade, concluiu que tal imposição ofende o princípio constitucional da liberdade de associação e o da liberdade sindical, em ambos considerada a dimensão negativa. Nas palavras do ministro Menezes Direito, relator, "é suficiente para configurar a violação dos aludidos princípios que o pescador artesanal seja apenas indiretamente compelido a filiar-se à colônia de pescadores".[54]

A liberdade religiosa – "uma das mais antigas e fortes reivindicações do indivíduo" e das primeiras "a alcançar a condição de direito humano e fundamental" em diplomas internacionais e nacionais[55] – suscita controvérsias bastante complexas e carregadas de teor moral. Foi o caso do Agravo Regimental na Suspensão de Tutela Antecipada nº 389/MG, relator ministro Gilmar Mendes. Sua Excelência, no exercício da Presidência do Supremo, havia suspendido ato do Tribunal Regional Federal da 3ª Região que implicou a obrigação de a União marcar data alternativa para realização das provas do Exame Nacional do Ensino Médio – ENEM em favor de estudantes judeus, de modo a não coincidir com o *Shabat*, período sagrado judaico. Na decisão de origem, determinava-se a designação de dia compatível com o exercício da religião, devendo ser observado o mesmo grau de dificuldade das provas elaboradas para os demais estudantes.

Consoante fez ver o ministro Gilmar Mendes, apesar do caráter fundamental da liberdade religiosa e do dever do Estado brasileiro de adotar medidas positivas para afastar "barreiras ou sobrecargas que possam

---

53 STF – Pleno, ADI 2.054/DF, Rel. Min. Ilmar Galvão, Red. de Acórdão Min. Sepúlveda Pertence, j. 2/4/2003, DJ 30/4/2003.

54 STF – Pleno, ADI 3.464/DF, Rel. Min. Menezes Direito, j. 29/10/2008, DJ 6/3/2009.

55 SARLET, Ingo Wolfgang *et al.* **Curso de Direito Constitucional.** 2ª ed. São Paulo: RT, 2013, p. 471.

impedir ou dificultar determinadas opções em matéria de fé", no caso concreto, a providência adotada pelo Tribunal Regional não seria legítima por representar, além do risco à própria realização do Enem, um privilégio para determinado grupo religioso. No julgamento do agravo interposto pelos estudantes judeus e pelo Centro de Educação Religiosa Judaica, a maioria confirmou a decisão monocrática suspensiva. Votei em sentido contrário, sozinho, tendo afirmado que a Constituição empresta relevo à liberdade religiosa – artigo 5º, inciso VI – e a essa garantia deveria ser dada concretude maior, revelada a viabilidade da prestação alternativa formulada pelo Regional, medida prática, inclusive, constitucionalmente exigida – inciso VIII do artigo 5º.[56]

No campo do direito à livre iniciativa e à livre concorrência – artigos 5º, inciso XIII, e 170, parágrafo único –, o Supremo vem permitindo algumas restrições em favor da intervenção ou participação do Estado na economia, posição à qual tenho sistematicamente me oposto. Em julgamento ocorrido em 3 de março de 1993, na Questão de Ordem na Ação Declaratória de Inconstitucionalidade nº 319/DF, relator ministro Moreira Alves, o Tribunal, por maioria, julgou constitucional a possibilidade de o Estado regular a política de reajuste das mensalidades escolares, autorizado conforme a Lei nº 8.039, de 30 de maio de 1990. Segundo assentou, a medida conciliava o "fundamento da livre iniciativa e do princípio da livre concorrência com os da defesa do consumidor e da redução das desigualdades sociais, em conformidade com os ditames da justiça social".[57] Fiquei vencido quanto à total inconstitucionalidade do diploma por vislumbrar inobservância ao princípio da livre iniciativa, introdução de desequilíbrio nas relações jurídicas entre alunos ou pais e as escolas, e interferência na livre concorrência dos estabelecimentos de ensino, colocando em segundo plano a liberdade de mercado, inclusive em prejuízo da qualidade do ensino e do empreendimento econômico.

Em casos envolvendo a outorga legal de meia-entrada para ingresso em casas de diversão, esporte, cultura e lazer, oponho-me à ação do Estado naquilo que chamo de "cumprimentar com o chapéu alheio". Trata-se de leis concedendo gratuidades parciais sem uma contrapartida ou compensação aos empresários que suportam os ônus, em clara afronta à livre iniciativa. A maioria do Tribunal, no entanto, tem reconhecido a constitucionalidade

56 STF – Pleno, AGRG na STA nº 389/MG, Rel. Min. Gilmar Mendes, j. 3/12/2009, DJ 14/5/2010.

57 STF – Pleno, ADI-QO 319/DF, Rel. Min. Moreira Alves, j. 3/3/1993, DJ 30/4/1993.

dessas medidas, por exemplo, em favor de estudantes[58] e de doadores de sangue.[59]

Com base nas mesmas premissas, entendi inconstitucional lei que conferiu passe livre às pessoas portadoras de deficiência, comprovadamente carentes, no sistema de transporte coletivo interestadual. Sem deixar de reconhecer a importância do conteúdo da política pública versada, destaquei que, "no campo da assistência social, há de dar-se a atuação direta do Estado, que, para tanto, dispõe, como versado no artigo 204 da Constituição Federal, do Orçamento da Seguridade Social". Se o serviço fosse implementado diretamente pela União, não veria problemas maiores, mas é prestado, via concessão, pela iniciativa privada, de modo que, novamente, tem-se o Estado "cumprimentando com o chapéu alheio". Fiquei vencido, havendo a ilustrada maioria assentado a constitucionalidade da prática ante o caráter de inclusão social e de concretização da cidadania e da dignidade da pessoa humana.[60]

É de ressaltar, mais uma vez, que sou totalmente favorável a medidas sociais da espécie, mas contrário a que o Estado imponha a realização desse dever público à iniciativa privada sem a devida contrapartida, ainda mais tendo em conta a pesada carga tributária associada ao sistema de custeio da Seguridade Social. Desse modo, os contribuintes financiam duplamente as medidas, com repercussões negativas para toda a sociedade em razão do inevitável repasse desses custos.

Julgamento emblemático envolvendo a livre iniciativa foi o da Arguição de Descumprimento de Preceito Fundamental nº 46/DF, de minha relatoria, cujo acórdão foi redigido pelo ministro Eros Grau, versando a quebra do monopólio postal dos Correios. Por seis votos a quatro, o Supremo declarou a recepção da Lei nº 6.538/78, que prevê o aludido monopólio, pela Carta Federal, de forma que a distribuição e o transporte de cartas pessoais e comerciais, cartões-postais e malotes permanecem como exclusividade da empresa pública. Segundo o voto vencedor, "serviço postal" seria considerado público e não atividade econômica em sentido estrito, sinalizando a

58 STF – Pleno, ADI 1.950/SP, Rel. Min. Eros Grau, j. 3/11/2005, DJ 2/6/2006.

59 STF – Pleno, ADI 3.512/ES, Rel. Min. Eros Grau, j. 15/2/2006, DJ 23/6/2006.

60 STF – Pleno, ADI 2.649/DF, Rel.ª Min.ª Cármen Lúcia, j. 8/5/2008, DJ 17/10/2008. Os mesmos fundamentos veiculei na ação que versava o artigo 39 da Lei nº 10.741, de 1º de outubro de 2003, o Estatuto do Idoso, que assegura gratuidade dos transportes públicos urbanos e semi-urbanos aos maiores de 65 anos, assentando que os ônus desse benefício deveriam ser arcados pelo Estado e não haver a obrigação do particular sem a devida contrapartida: STF – Pleno, ADI 3.768/DF, Rel.ª Min.ª Cármen Lúcia, j. 19/9/2007, DJ 26/10/2007.

exclusividade um regime de privilégio compatível com o Diploma Maior.[61] Como relator e um dos quatro votos vencidos, apontei inobservância ao princípio da livre iniciativa e ao livre exercício de atividades econômicas, resumindo a visão desta maneira:

> A liberdade de iniciativa constitui-se em uma manifestação dos direitos fundamentais do homem, na medida em que garante o direito que todos têm de se lançar ao mercado de produção de bens e serviços por conta e risco próprios, bem como o direito de fazer cessar tal atividade. Os agentes econômicos devem ser livres para produzir e para colocar os produtos no mercado, o que também implica o respeito ao princípio da livre concorrência. Eis uma garantia inerente ao Estado Democrático de Direito.

Quanto aos direitos à privacidade e à intimidade – incisos X a XII do rol das garantias –, o Supremo tem importantes julgados opondo-os ao poder investigatório do Estado. No Recurso Extraordinário nº 389.808/PR, de minha relatoria, o Tribunal, por maioria, deu interpretação conforme à Constituição à Lei Complementar nº 105, de 2001, autorizadora da obtenção de dados bancários dos contribuintes diretamente pela Secretaria da Receita Federal do Brasil, dispensada a intervenção judicial. A decisão foi no sentido de condicionar o afastamento do sigilo bancário à ordem judicial, ficando a restrição à privacidade submetida ao crivo do Judiciário, equidistante aos interesses envolvidos. Consoante fiz ver, a privacidade do cidadão é irmã gêmea da dignidade da pessoa humana, cabendo apenas ao Judiciário mitigar essa garantia se assim entender justificado.[62] Essa óptica está resumida na seguinte ementa de acórdão da lavra do ministro Celso de Mello:

> A QUEBRA DE SIGILO NÃO PODE SER UTILIZADA COMO INSTRUMENTO DE DEVASSA INDISCRIMINADA, SOB PENA DE OFENSA À GARANTIA CONSTITUCIONAL DA INTIMIDADE. - A quebra de sigilo não pode ser manipulada, de modo arbitrário, pelo Poder Público ou por seus agentes. É que, se assim não fosse, a quebra de sigilo converter-se-ia, ilegitimamente, em instrumento de busca generalizada e de devassa indiscriminada da esfera de intimidade das pessoas, o que daria, ao Estado, em

61 STF – Pleno, ADPF 46/DF, Rel. Min. Marco Aurélio, Red. do Acórdão Min. Eros Grau, j. 5/8/2009, DJ 26/2/2010.

62 STF – Pleno, RE 389.808/PR, Rel. Min. Marco Aurélio, j. 15/12/2010, DJ 10/5/2011.

> desconformidade com os postulados que informam o regime democrático, o poder absoluto de vasculhar, sem quaisquer limitações, registros sigilosos alheios. (...)[63]

No tocante ao direito de propriedade – artigo 5º, incisos XXII a XXXI –, o Supremo tem reconhecido, de um modo geral, não se revestir de caráter absoluto em face da função social que deve cumprir ou, especificamente, da preservação do meio ambiente. Por exemplo, no Mandado de Segurança nº 25.284/DF, de minha relatoria, envolvida a criação, mediante decreto do Presidente da República, da "Reserva Extrativista Verde para Sempre", situada no Baixo Xingu e voltada a pôr fim ao desmatamento e à degradação do meio ambiente na região, indeferi a ordem pleiteada por proprietários e possuidores de terras localizadas naquela área, visando afastar a eficácia do aludido decreto. No voto, consignei que a proteção à propriedade não se sobrepõe ao interesse comum, mostrando-se legítima a desapropriação por necessidade ou utilidade pública. Fui acompanhado pelos demais ministros.[64]

Isso não significa ausência de proteção do direito de propriedade diante de interesses coletivos. A restrição ao direito só é admitida se presente justo motivo[65] e deve observar o devido processo legal.[66] O Supremo tem sido vigoroso em afirmar que mesmo "a desapropriação por interesse social visando à reforma agrária não dispensa a notificação prévia" que assegure aos "proprietários o direito de acompanhar os procedimentos preliminares para o levantamento dos dados físicos objeto da pretensão desapropriatória" e também que não é possível, em hipótese alguma, "sancionar" o proprietário de terra produtiva com desapropriação da espécie.[67]

Quanto à indenização decorrente de desapropriação, o Tribunal decidiu, na Medida Cautelar na Ação Declaratória de Inconstitucionalidade nº 2.332/DF, relator ministro Moreira Alves, ser ilegítima a fixação de juros compensatórios em até 6%, a incidirem sobre a diferença entre o preço ofertado em juízo e o definido em sentença. Consoante a maioria dos ministros, entendimento com o qual comunguei, evocando o Verbete nº 618 da Súmula do Tribunal, percentual de juros abaixo de 12% implica desrespeito à garantia constitucional da justa indenização.[68] Para preservar o mesmo princípio, o

---

63 STF – Pleno, HC 84.758/GO, Rel. Min. Celso de Mello, j. 25/5/2006, DJ 16/6/2006.

64 STF – Pleno, MS 25.284/DF, Rel. Min. Marco Aurélio, j. 17/6/2010, DJ 13/8/2010.

65 STF – Pleno, ADI-MC 2.623/ES, Rel. Min. Maurício Corrêa, j. 6/62002, DJ 14/11/2003.

66 STF – Pleno, MS 22.164/SP, Rel. Min. Celso de Mello, j. 30/10/1995, DJ 17/11/1995.

67 STF – Pleno, MS 22.193/SP, Rel. Min. Ilmar Galvão, j. 21/3/1996, DJ 29/11/1996.

68 STF – Pleno, ADI-MC 2.332/DF, Rel. Min. Moreira Alves, j. 5/9/2001, DJ 2/4/2004.

Supremo julgou inconstitucional, em outra oportunidade, norma que estabelecera prescrição extintiva da ação de indenização por desapropriação indireta, demanda de nítido caráter real. Na ocasião, ressaltei a falta de razoabilidade do ato impugnado ante a arbitrariedade veiculada.[69] O direito de propriedade pode não ser absoluto, mas a flexibilização da garantia, segundo revela a jurisprudência do Tribunal, só é possível se revestida de justificação legítima, observado o devido processo e mediante justa contrapartida aos que a sofrem.

Na difícil tarefa de ponderar valores, de conciliar compromissos constitucionais distintos, o Supremo tem buscado, como demonstram as decisões examinadas, assegurar ampla liberdade aos cidadãos em campos e situações diversas, sem deixar de dar efetividade, quando conclui pertinente, a propósitos sociais. Acredito que, para alcançar uma sociedade de livres, não só de iguais, deve-se sempre exigir mais do Estado, que esse assuma os ônus impostos pela Carta, pois o cidadão-contribuinte já suporta, tanto sob o aspecto comutativo quanto o solidário, justamente para custear as tarefas governamentais, uma das mais altas cargas tributárias do mundo.

4.2. Dignidade da pessoa humana

Assim como ocorre com as liberdades fundamentais, o Supremo vem desenvolvendo jurisprudência rica sobre aquele que é considerado o centro normativo e axiológico do sistema constitucional de direitos fundamentais: o princípio da dignidade da pessoa humana. É inegável a dificuldade de se trabalhar com esse princípio ante a circunstância de tratar-se de conceito com contornos vagos e imprecisos, de ostentar natureza polissêmica, mostrando-se problemática a definição do âmbito de proteção.[70] Mesmo assim, o Tribunal não se furta a enfrentar a temática e vem procurando expandir os sentidos normativos da dignidade da pessoa humana para obter a melhor realização do princípio no plano concreto, construindo jurisprudência valorosa de concretização dos direitos fundamentais.

O respeito à dignidade da pessoa humana, tanto na dimensão de valor intrínseco de todo ser humano, como na perspectiva da autonomia, foi uma preocupação que tive desde os primeiros anos no Supremo. Em 10 de novembro de 1994, no julgamento do *Habeas Corpus* nº 71.373/RS –cujo

---

69 STF – Pleno, ADI-MC 2.260/DF, Rel. Min. Moreira Alves, j. 14/2/2001, DJ 2/8/2002.

70 SARLET, Ingo Wolfgang. Notas sobre a dignidade da pessoa humana na jurisprudência do STF. In: SARMENTO, Daniel; SARLET, Ingo Wolfgang (Coord). *Direitos Fundamentais no Supremo Tribunal Federal:* Balanço e Crítica. Rio de Janeiro: Lumen Juris, 2011, p. 38-39.

acórdão foi por mim redigido – esteve sob análise determinação judicial de comparecimento de réu em ação de investigação de paternidade a fim de realizar exame de DNA, "sob pena de condução sob vara". O relator, ministro Francisco Rezek, indeferiu a ordem, destacando a proeminência do interesse dos supostos filhos. Divergi dessa conclusão, assentando que, entre outros princípios constitucionais, o da dignidade da pessoa humana representa obstáculo intransponível para medidas extravagantes e arbitrárias, como a da espécie. Fiz ver que não se coaduna com esse princípio a condução do investigado, mediante coerção física, ao laboratório para retirada do próprio sangue e realização do exame. A violência física autorizada significou, conforme consignei, grave ofensa à dignidade humana. A maioria do Tribunal, em concordância com os argumentos, veio a impedir que o paciente fosse conduzido para exame de DNA "debaixo de vara."[71]

Em anos recentes, o Supremo apreciou as questões talvez mais emblemáticas da própria história envolvendo o princípio da dignidade humana. Refiro-me aos casos da "pesquisa com células-tronco embrionárias", da "união homoafetiva" e do "aborto de fetos anencéfalos". Em todos esses julgados, marcados por amplas controvérsias morais, o Tribunal assentou, com forte convicção, a eficácia imediata do princípio da dignidade da pessoa humana.

Na Ação Direta de Inconstitucionalidade nº 3.510/DF, relator ministro Ayres Britto, o Procurador-Geral da República questionou a constitucionalidade do artigo 5º da denominada "Lei de Biossegurança", que havia sido aprovada por 96% dos membros do Senado e 85% da Câmara. O dispositivo legal autorizou o uso de células-tronco embrionárias em pesquisas e tratamentos de doenças graves. Interessante observar que o princípio da dignidade humana foi evocado tanto pelos que atacavam o ato quanto pelos que o defendiam. O Procurador sustentou que o uso do embrião atenta contra o direito à vida e à dignidade do "ser embrionário". As partes opostas articularam com a proteção do direito à saúde proporcionada pelas pesquisas, como uma exigência da própria dignidade da vida humana. O Tribunal julgou constitucional o dispositivo e, em meu voto, destaquei a esperança trazida pela norma àqueles que precisam do tratamento autorizado, sentimento "sem o qual a vida do homem torna-se inócua".[72]

---

[71] STF – Pleno, HC 71.373/RS, Rel. Min. Francisco Rezek, cujo acórdão redigi, j. 10/11/1994, DJ 22/11/1996.

[72] STF – Pleno, ADI 3.510/DF, Rel. Min. Ayres Britto, j. 29/5/2008, DJ 28/5/2010.

Em 5 de maio de 2011, o Supremo reconheceu a equiparação jurídica entre a união estável homoafetiva e a união estável heteroafetiva. Na Ação Direta de Inconstitucionalidade nº 4.277/DF, relator ministro Ayres Britto, estava em jogo essa equiparação de direitos ante possível obstáculo literal do artigo 226, § 3º, da Constituição, a impor o dever de proteção do Estado à "união estável entre o homem e a mulher como entidade familiar". O Tribunal, por unanimidade, afastou o óbice da literalidade, afirmando que o dispositivo não veda expressamente a equiparação entre as uniões estáveis hetero e homossexuais. Conforme assentei, nem poderia fazê-lo, sob pena de desprezo da sistemática integrativa dos princípios que expressam os direitos fundamentais e, em especial, da dignidade da pessoa humana, que corresponde à unidade de sentido desse sistema. Daí a impropriedade de uma interpretação isolada do artigo 226, § 3º. O direito à preferência sexual, como consta da ementa do julgado, é emanação direta do princípio da dignidade da pessoa humana.[73] Destaquei em meu voto, considerada a dimensão existencial do princípio:

> A dignidade da vida requer a possibilidade de concretização de metas e projetos. Daí se falar em dano existencial quando o Estado manieta o cidadão nesse aspecto. Vale dizer: ao Estado é vedado obstar que os indivíduos busquem a própria felicidade, a não ser em caso de violação ao direito de outrem, o que não ocorre na espécie.
>
> [...]
>
> Extraio do núcleo do princípio da dignidade da pessoa humana a obrigação de reconhecimento das uniões homoafetivas. Inexiste vedação constitucional à aplicação do regime da união estável a essas uniões, não se podendo vislumbrar silêncio eloquente em virtude da redação do § 3º do artigo 226. Há, isso sim, a obrigação constitucional de não discriminação e de respeito à dignidade humana, às diferenças, à liberdade de orientação sexual, o que impõe o tratamento equânime entre homossexuais e heterossexuais.

Cabe ressaltar outro aspecto metodológico. Comparando contextos históricos, o Tribunal lançou-se à necessária tarefa de fazer evoluir os sentidos das normas constitucionais na direção das grandes transformações sociais contemporâneas. O ministro Ayres Britto, relator, apontou o "avanço da Constituição de 1988 no plano dos costumes". Consignei esse aspecto quanto à modificação paradigmática no direito de família, que teria passado a ser o

[73] STF – Pleno, ADI 4.277/DF, Rel. Min. Ayres Britto, j. 5/5/2011, DJ 14/10/2011.

direito "das famílias", isto é, "das famílias plurais, e não somente da família matrimonial, resultante do casamento. Em detrimento do patrimônio, elegeram-se o amor, o carinho e a afetividade entre os membros como elementos centrais de caracterização da entidade familiar". Com isso, "alterou-se a visão tradicional sobre a família, que deixa de servir a fins meramente patrimoniais e passa a existir para que os respectivos membros possam ter uma vida plena comum. Abandonou-se o conceito de família enquanto 'instituição-fim em si mesmo', para identificar nela a qualidade de instrumento a serviço da dignidade de cada partícipe". O Tribunal compreendeu bem essa evolução e consagrou-a ao interpretar a Carta Federal.

Em 12 de abril de 2012, o Supremo examinou a Arguição de Descumprimento de Preceito Fundamental nº 54/DF, de minha relatoria, e decidiu, por maioria, que a interrupção da gravidez de fetos anencéfalos não é crime. Tratou-se de uma das mais importantes questões analisadas pelo Tribunal. A inconstitucionalidade da interpretação dos artigos 124, 126 e 128 do Código Penal no sentido da tipicidade da conduta seria uma decorrência da observância direta do princípio da dignidade da pessoa humana e dos direitos da mulher à saúde, à autodeterminação bem como à liberdade sexual e reprodutiva. A maioria reconheceu implicar ofensa à dignidade e à autonomia da mulher obrigá-la a conduzir até o fim a gestação de feto anencéfalo. Em meu voto, afastada a possibilidade de a questão "ser examinada sob os influxos de orientações morais religiosas" e afirmada a antítese entre anencefalia e vida, assentei que estavam em jogo apenas direitos de gestantes de *natimorto cerebral* – "a privacidade, a autonomia e a dignidade humana dessas mulheres". Em síntese:

> A imposição estatal da manutenção de gravidez cujo resultado final será irremediavelmente a morte do feto vai de encontro aos princípios basilares do sistema constitucional, mais precisamente à dignidade da pessoa humana, à liberdade, à autodeterminação, à saúde, ao direito de privacidade, ao reconhecimento pleno dos direitos sexuais e reprodutivos de milhares de mulheres. O ato de obrigar a mulher a manter a gestação, colocando-a em uma espécie de cárcere privado em seu próprio corpo, desprovida do mínimo essencial de autodeterminação e liberdade, assemelha-se à tortura ou a um sacrifício que não pode ser pedido a qualquer pessoa ou dela exigido.

Vale apontar que o Tribunal, assim como havia feito no caso da união estável homoafetiva, interpretou os elementos textuais e os princípios constitucionais pertinentes tendo em conta a evolução social e, na espécie, também a fático-tecnológica. Asseverei ser "de conhecimento corrente que, nas décadas de 30 e 40, a medicina não possuía os recursos técnicos necessários para identificar previamente a anomalia fetal incompatível com a vida extrauterina", o que explicaria "a ausência de dispositivo que preveja expressamente a atipicidade da interrupção da gravidez de feto anencefálico". Na atualidade, contudo, tal condição não persiste, daí a necessidade de a interpretação vir a reconhecer a impossibilidade de tipificação da conduta em razão de preceitos formulados diante de realidade absolutamente distinta e distante.

Lembrando as palavras de Padre Antonio Vieira, no Sermão da Primeira Dominga do Advento, "o tempo e as coisas não param", "inconcebível, no campo do pensar, é a estagnação, [...] "o misoneísmo, ou seja, a aversão, sem justificativa, ao que é novo". Os tempos atuais exigem "empatia, aceitação, humanidade e solidariedade para com essas mulheres", exigem o mais amplo respeito pela dignidade humana, maior fundamento da República. O Supremo tem evoluído muito na garantia da dignidade de todos. Como demonstra o tópico seguinte, essa mudança vem sendo decisiva para a afirmação de direitos fundamentais na esfera penal.

4.3. Garantias fundamentais em matéria penal

O Supremo formalizou importantes decisões, pautado, principalmente, no princípio da dignidade da pessoa humana, assegurando a defesa do indivíduo contra a ação coercitivo-penal arbitrária do Estado, em relação tanto ao conteúdo das leis penais quanto às medidas persecutórias das autoridades públicas.[74] O Tribunal tem potencializado, entre outros, o princípio da não culpabilidade, previsto no artigo 5º, inciso LVII, e a garantia da individualização da pena, versada no artigo 5º, inciso XLVI. Trata-se de campo que julgo extremamente caro para a afirmação dos direitos fundamentais no Brasil.

Evoluiu na questão da inconstitucionalidade da proibição de progressão de regime prisional nos casos de crimes hediondos. Desde os primeiros anos no Supremo, sustentei a invalidade da discriminação legal estabelecida. No julgamento do *Habeas Corpus* nº 69.657/SP – de minha relatoria, acórdão

---

[74] SARLET, Ingo Wolfgang. Notas sobre a dignidade da pessoa humana na jurisprudência do STF. In: SARMENTO, Daniel; SARLET, Ingo Wolfgang (Coord). *Direitos Fundamentais no Supremo Tribunal Federal:* Balanço e Crítica. Op. cit., p. 66: o autor afirma que a aplicação da dignidade da pessoa humana no campo penal traduz a "negação de uma redução do ser humano a objeto da ação estatal".

redigido pelo ministro Francisco Rezek –, ocorrido em 18 de dezembro de 1992, ressaltei que o artigo 2º, § 1º, da Lei nº 8.072, de 1990 – Lei dos Crimes Hediondos –, era inconstitucional porque impunha o cumprimento da pena em regime integral e necessariamente fechado, não admitida a progressividade. Apontei ofensa ao princípio da individualização da pena e à dignidade da pessoa humana, que seria "solapada pelo afastamento, por completo, de contexto revelador da esperança, ainda que mínima, de passar-se ao cumprimento da pena em regime menos rigoroso". Fui acompanhado apenas pelo ministro Sepúlveda Pertence. Os demais assentaram a ausência de inobservância aos princípios explicitados.[75]

Por maioria de um voto, o Tribunal modificou por completo essa orientação no exame do *Habeas Corpus* nº 82.959/SP, de minha relatoria. Declarou a inconstitucionalidade da regra, vindo a admitir a progressão de regime de cumprimento de pena mesmo nos casos de crimes hediondos.[76] Foi decisiva a interpretação a respeito da garantia da individualização da pena tendo em conta o princípio da dignidade da pessoa humana. Como disse o ministro Ayres Britto, "o regime das execuções penais, para permanecer fiel àquela inspiração constitucional da dignidade da pessoa humana, tem de sequenciar a conhecida garantia da individualização da pena". Em meu voto, fazendo referência a manifestações anteriores,[77] consignei aquilo que sempre defendi – o regime de progressão no cumprimento da pena está compreendido no grande todo que é a individualização preconizada e assegurada constitucionalmente.

O Supremo também alterou o entendimento no tocante à questão da execução provisória de pena ante o princípio da não culpabilidade. Já nos primeiros casos da espécie que enfrentei no Tribunal, fiz ver que a execução da pena, que não pode ser confundida com a possibilidade de prisão a título preventivo, "há de se fazer em campo que revele absoluta segurança no que tange à imputação e à condenação operadas. É preciso que se tenha, portanto, o trânsito em julgado do decreto condenatório, pois somente assim transparece constitucional o cumprimento da pena, tendo em vista o princípio da não-culpabilidade".[78] Considerada a liberdade, nunca admiti a privação desse bem elevadíssimo dos cidadãos, garantia constitucional de máxima

[75] STF – Pleno, HC 69.657/SP, Red. do Acórdão Min. Francisco Rezek, j. 18/12/1992, DJ 18/6/1993.

[76] STF – Pleno, HC 82.959/SP, de minha relatoria, j. 23/2/2006, DJ 1º/9/2006.

[77] Cito o aludido HC 69.657/SP e os HCs 76.371/SP e 77.480/SP.

[78] STF – 2ª T., RHC 71.959/RS, de minha relatoria, j. 22/11/1994, DJ 2/5/1997.

envergadura, antes da preclusão maior. Ausência de efeito suspensivo a recurso não pode autorizar execução antecipada de sentença penal, absolutamente imprópria nesse campo. Durante muitos anos, fui voto vencido na matéria.[79]

Em 5 de fevereiro de 2009, no *Habeas Corpus* nº 84.078/MG, relator ministro Eros Grau, o Tribunal evoluiu para afastar essa possibilidade. A maioria formada evocou a dignidade da pessoa humana visando potencializar o conteúdo normativo do princípio da não culpabilidade e concluir pela inconstitucionalidade da execução provisória de pena restritiva de liberdade, sendo cabível o cumprimento da sanção apenas a partir do trânsito em julgado da decisão condenatória, asseguradas as hipóteses de prisão cautelar. Conforme consta da ementa do julgado, "nas democracias, mesmo os criminosos são sujeitos de direitos. Não perdem essa qualidade, para se transformarem em objetos processuais. São pessoas, inseridas entre aquelas beneficiadas pela afirmação constitucional da sua dignidade".[80] A dignidade e a liberdade, alfim, prevaleceram.

Outro caso relevante de mudança de jurisprudência em direção à afirmação maior da liberdade e da dignidade da pessoa humana ocorreu com o tema da prisão do depositário infiel, considerados os contratos de alienação fiduciária. Sempre assentei, desde o início de minha atuação no Supremo, a inconstitucionalidade da medida. No *Habeas Corpus* nº 72.131/RJ, de minha relatoria, julgado em 23 de novembro de 1995, apontei que as exceções à proibição constitucional de prisão por dívida civil – inadimplência de obrigação alimentícia e depositário infiel, nos termos do inciso LXVII do artigo 5º – não poderiam ser elastecidas de modo a alcançar, relativamente à segunda situação, contratos outros que não fossem típicos de depósito. A interpretação deveria ser técnica e estrita, daí resultando que o contrato de alienação fiduciária não ensejaria a exceção constitucional. Além do mais, consignei a insubsistência da possibilidade da custódia ante a adesão do Brasil ao Pacto de São José da Costa Rica, que permite a prisão civil por dívida apenas se descumprida obrigação alimentar. Segundo o artigo 5º, § 2º, da Carta da República, tratados internacionais geram direitos e garantias individuais, o que impunha a superação da legislação ordinária pertinente.

Fiquei vencido, na companhia dos ministros Francisco Rezek, Carlos Velloso e Sepúlveda Pertence. A maioria formada entendeu que a alienação fiduciária em garantia configurava caso de depósito e que a aludida norma

---

79 Cf. MELLO, Marco Aurélio Mendes de Farias. *Vencedor e Vencido.* Op. cit., p. 173 e ss.

80 STF – Pleno, HC 84.078, Rel. Min. Eros Grau, j. 5/2/2009, DJ 26/2/2009.

internacional não interferia na matéria.[81] Treze anos depois, o Supremo acabou por agasalhar a tese até então vencida. Nos julgamentos do *Habeas Corpus* nº 87.585/TO, de minha relatoria,[82] do Recurso Extraordinário nº 349.703/RS, relator ministro Ayres Britto,[83] e do Recurso Extraordinário nº 466.343/SP, relator ministro Cezar Peluso,[84] todos em 3 de dezembro de 2008, o Tribunal afastou a equiparação da alienação fiduciária aos contratos de depósito e declarou a invalidade da prisão de depositário infiel ante o fato de o Brasil haver subscrito o Pacto de São José da Costa Rica, tido como norma supralegal. O conjunto de votos demonstrou a necessidade de uma interpretação que privilegiasse a proteção maior dos direitos humanos, entendimento, na espécie, que jamais cansei de defender, embora vencido no Colegiado.

Essas decisões demonstram que o Supremo tem avançado na jurisprudência a respeito das garantias dos indivíduos em matéria penal, pautado na aplicação firme do texto constitucional e dos direitos fundamentais. Isso pode ser verificado, por exemplo, em pronunciamentos nos quais coibida a duração prolongada, abusiva e desarrazoada da custódia cautelar,[85] reconhecida a inconstitucionalidade de normas que vedam a possibilidade de concessão de liberdade provisória em certos tipos penais[86] e assegurada prisão domiciliar a idoso condenado por delito hediondo.[87] Particularmente reveladora dessa tendência foi a construção do Verbete Vinculante nº 11,[88] em que se restringiu o uso de algemas aos "casos de resistência e de fundado receio de fuga ou de perigo à integridade física" do preso ou de terceiros, ressalvada a excepcionalidade, desde que motivada por escrito e suscetível de responsabilização do Estado.

Em uma das decisões que serviram de precedente ao Verbete, relativa ao *Habeas Corpus* nº 91.952/SP, de minha relatoria, versada situação em que acusado de crime contra a vida permaneceu algemado perante o Tribunal de

---

81 STF – Pleno, HC 72.131/RJ, Red. do Acórdão Min. Moreira Alves, j. 23/11/1995, DJ 1/8/2003. Cf. MELLO, Marco Aurélio Mendes de Farias. **Vencedor e Vencido.** Op. cit., p. 45 e ss.

82 STF – Pleno, HC 87.585/TO, de minha autoria, j. 3/12/2008, DJ 26/6/2009.

83 STF – Pleno, RE 349.703/RS, Rel. Min. Ayres Britto, Red. do Acórdão Min. Gilmar Mendes, j. 3/12/2008, DJ 5/6/2009.

84 STF – Pleno, RE 466.343, Rel. Min. Cezar Peluso, j. 3/12/2008, DJ 5/6/2009.

85 Cf. STF – Pleno, HC 85.237, Rel. Min. Celso de Mello, j. 17/3/2005, DJ 29/4/2005; STF – 2ª T., HC 85.988, Rel. Min. Celso de Mello, j. 4/5/2010, DJ 28/5/2010.

86 STF – Pleno, ADI 3.112/DF, Rel. Min. Ricardo Lewandowski, j. 2/5/2007, DJ 26/10/2007.

87 STF – 1ª T., HC 83.358, Rel. Min. Carlos Britto, j. 4/5/2004, DJ 4/6/2004.

88 Verbete Vinculante nº 11 da Súmula do Supremo, aprovada em 13/8/2008, DJ 22/8/2008.

Júri durante todo o julgamento, o Supremo, por unanimidade, deferiu a ordem para tornar insubsistente ato condenatório em virtude da circunstância constrangedora, injustificada e prejudicial à defesa.[89] Em meu voto, fiz ver:

> Em primeiro lugar, levem em conta o princípio da não-culpabilidade. É certo que foi submetida ao veredicto dos jurados pessoa acusada da prática de crime doloso contra a vida, mas que merecia o tratamento devido aos humanos, aos que vivem em um Estado Democrático de Direito. Segundo o artigo 1º da Carta Federal, a própria República tem como fundamento a dignidade da pessoa humana. Da leitura do rol das garantias constitucionais – artigo 5º -, depreende-se a preocupação em resguardar a figura do preso.
>
> [...]
>
> Ora, estes preceitos – a configurarem garantias dos brasileiros e dos estrangeiros residentes no país - repousam no inafastável tratamento humanitário do cidadão, na necessidade de lhe ser preservada a dignidade. Manter o acusado em audiência, com algema, sem que demonstrada, ante práticas anteriores, a periculosidade, significa colocar a defesa, antecipadamente, em patamar inferior, não bastasse a situação de todo degradante.
>
> [...]
>
> A ausência de norma expressa prevendo a retirada das algemas durante o julgamento não conduz à possibilidade de manter o acusado em estado de submissão ímpar, incapaz de movimentar os braços e as mãos, em situação a revelá-lo não um ser humano que pode haver claudicado na arte de proceder em sociedade, mas uma verdadeira fera.
>
> [...]
>
> Quanto ao fato de apenas dois policiais civis fazerem a segurança no momento, a deficiência da estrutura do Estado não autorizava o desrespeito à dignidade do envolvido. Incumbia sim, inexistente o necessário aparato de segurança, o adiamento da sessão, preservando-se o valor maior, porque inerente ao cidadão.
>
> Concedo a ordem para tornar insubsistente a decisão do Tribunal do Júri. Determino que outro julgamento seja realizado, com a manutenção do acusado sem as algemas. [...]

89 STF – Pleno, HC 91.952/SP, de minha relatoria, j. 7/8/2008, DJ 19/12/2008.

Esse trecho revela a síntese do que penso ser a observância dos direitos fundamentais no campo penal e de como garantias individuais devem operar contra a ação arbitrária do Estado. O intérprete constitucional há de ter o papel de ampliar a proteção do indivíduo perante medidas estatais injustificadas e exorbitantes, conferindo sentido maior à liberdade e à dignidade. A jurisprudência do Supremo tem evoluído nesse sentido, de forma que muitas das posições vencidas do passado vêm se tornando, hoje, vencedoras, consagrando a defesa da dignidade e da liberdade dos cidadãos contra o *exercício desmedido de poder* pelo Estado.

4.4. Igualdade

O Tribunal também possui trabalho de destaque na observância do princípio da igualdade, elemento de envergadura maior de nosso sistema constitucional. No tocante à denominada "igualdade na lei", exerce controle de validade do conteúdo da norma sob o ângulo do tratamento, em abstrato, discriminatório ou injustificadamente discriminatório dos destinatários. Quanto à "igualdade perante a lei", verifica se o processo de aplicação da norma revela-se discriminatório ou injustificadamente discriminatório. A jurisprudência se abre também para a relevante distinção entre igualdade formal e material, no sentido de a primeira exigir abstenções discriminatórias infundadas por parte do Estado, enquanto a segunda, considerada a realidade fática desigual, requer ações estatais positivas voltadas a reduzir diferenças sociais, proteger minorias e minimizar falhas históricas de distribuição de oportunidades. Essa separação é especialmente importante para casos polêmicos envolvendo representatividade política de grupos minoritários, identificação de proteção deficiente de vulneráveis e legitimidade de ações afirmativas.

No Recurso Ordinário em Mandado de Segurança nº 22.307/DF, de minha relatoria, versada a viabilidade ou não de estender a servidores civis índice de revisão de remuneração conferido diferenciadamente em favor de servidores militares pela Lei nº 8.627, de 1993, o Tribunal enfrentou caso de discriminação injustificada. Asseverei que o tratamento privilegiado estaria em desconformidade com o disposto no inciso X do artigo 37 da Carta Federal, que prevê revisão anual geral para servidores públicos "sempre na mesma data e sem distinção de índices." A norma constitucional não distingue servidores públicos civis e militares e, por isso, votei no sentido de a isonomia impor a extensão dos benefícios. Afirmei a autoaplicabilidade do inciso X do artigo 37, sob a óptica da impossibilidade de o legislador discriminar civis e militares, cabendo dar à lei questionada interpretação conforme à Constituição, para equiparar a revisão de vencimentos. A maioria dos ministros acompanhou a óptica consignada, assentando o desrespeito à isonomia a respaldar a extensão pleiteada.[90]

Outro precedente interessante em que o Supremo fez valer a isonomia, presente concessão legal de verdadeiro privilégio odioso, para usar as palavras do mestre Ricardo Lobo Torres,[91] foi o relativo ao exame da Ação Direta de Inconstitucionalidade nº 3.324/DF, de minha relatoria. Impugnou-se o artigo 1º da Lei nº 9.536, de 1997, segundo o qual a transferência de alunos regulares, para cursos afins, no âmbito do ensino superior, seria "efetivada entre instituições vinculadas a qualquer sistema de ensino, em qualquer época do ano e independente da existência de vaga", no caso de envolver estudante servidor público federal civil ou militar que foi obrigado a modificar, em razão do ofício, o "domicílio para o município onde se situa a instituição recebedora ou para a localidade mais próxima desta." Esse direito alcançava também os dependentes dos servidores. Considerada a expressão "vinculadas a qualquer sistema de ensino", a literalidade da norma permitia aos beneficiários a transferência de instituição particular para pública, encerrando privilégio injustificado. Propus fosse julgada inconstitucional a interpretação do dispositivo legal que viabilizasse mudança da espécie, devendo ser dada interpretação conforme à Constituição para assentar a possibilidade de transferência apenas entre instituições da mesma natureza. A solução foi aceita por unanimidade, ressaltada a ofensa à isonomia.[92]

Relevância maior surge do envolvimento da igualdade com o princípio democrático, que revela o dever de proteção das minorias, em específico da representatividade política desses setores da sociedade. O Supremo enfrentou o tema no julgamento da Ação Direta de Inconstitucionalidade nº 1.351/DF, de minha relatoria, versando normas legais que estabeleceram as chamadas "cláusulas de barreira" parlamentar. Trata-se de típico caso de afronta à "igualdade na lei" por discriminação injustificada e abusiva, aniquiladora de direitos de minorias, de cidadãos em condição de desigualdade real de oportunidades políticas.

---

[90] STF – Pleno, RMS 22.307/DF, de minha relatoria, j. 19/2/1997, DJ 13/6/97.

[91] TORRES, Ricardo Lobo. *Tratado de Direito Constitucional Financeiro e Tributário.* Os Direitos Humanos e a Tributação: Imunidades e Isonomia. V. III. 2ª ed. Rio de Janeiro: Renovar, 1999, p. 340: "O Estado ofende a liberdade relativa do cidadão e o princípio da isonomia quando cria, na via legislativa, administrativa ou judicial, *desigualdades fiscais* infundadas, através dos *privilégios odiosos* ou das *discriminações.*"

[92] STF – Pleno, ADI 3.324/DF, de minha relatoria, DJ 05/08/2005.

Por unanimidade, o Tribunal assentou inconstitucionais os índices de desempenho eleitoral estabelecidos na Lei nº 9.096, de 1995, segundo os quais os partidos políticos deveriam, em cada eleição para a Câmara dos Deputados, obter, no mínimo, 5% dos votos apurados, não computados os brancos e nulos, em pelo menos um terço dos Estados e ainda o mínimo de 2% do total de votos em cada unidade da Federação, para que pudessem ter direito ao pleno funcionamento parlamentar.[93] Como relator, consignei que essas cláusulas debilitavam as agremiações minoritárias e, por isso, eram inconstitucionais. Violavam o princípio do pluripartidarismo, da multiplicidade política, do qual se extrai que a Constituição não permitiu discriminar "partidos de primeira e segunda classes". Em bom vernáculo, as regras impugnadas colocavam em risco a própria diversidade e a representatividade política das minorias:

> No Estado Democrático de Direito, a nenhuma maioria, organizada em torno de qualquer ideário ou finalidade – por mais louvável que se mostre –, é dado tirar ou restringir os direitos e liberdades fundamentais dos grupos minoritários [...]. Ao contrário, dos governos democráticos espera-se que resguardem as prerrogativas e a identidade própria daqueles que, até numericamente em desvantagem, porventura requeiram mais da força do Estado como anteparo para que lhe esteja preservada a identidade cultural ou, no limite, para que continue existindo.
>
> Aliás, a diversidade deve ser entendida não como ameaça mas como fator de crescimento, como vantagem adicional para qualquer comunidade que tende a enriquecer-se com essas diferenças. O desafio do Estado moderno, de organização das mais complexas, não é elidir as minorias, mas reconhecê-las e, assim o fazendo, viabilizar meios para assegurar-lhes os direitos constitucionais.

Em outro importantíssimo julgado, sobre a "Lei Maria da Penha", esteve em jogo definir a suficiência da tutela estatal em favor da mulher agredida ante o reconhecimento de um quadro de desigualdade real de gênero, com reflexos para a autonomia e a dignidade do sexo feminino. Na Lei nº 11.340, de 2006, o Estado buscou proteger a mulher em razão de agressões no âmbito doméstico ou familiar, estabelecendo um sistema punitivo mais rigoroso para o agressor. A lei previu, porém, que as ações penais relativas

93 STF – Pleno, ADI 1.351/DF, de minha relatoria, j. 7/12/2006, DJ 29/6/2007.

aos casos de lesão corporal deveriam ser condicionadas à representação da ofendida, ou seja, a ação persecutória penal dependeria da manifestação de vontade da mulher.

Na Ação Direta de Inconstitucionalidade nº 4.424/DF, de minha relatoria, o Tribunal, por maioria, deu à lei interpretação conforme à Constituição, para assentar que a ação deveria ser incondicionada, pois sujeitar o prosseguimento da medida penal à vontade da mulher, nos casos de lesão corporal, representa desconsideração da desigualdade histórica de forças entre os sexos, resultando, em última análise, em uma proteção legal deficiente.[94] Como assentei, o caso estava "a exigir que se parta do princípio da realidade, do que ocorre no dia a dia quanto à violência doméstica", de modo que condicionar a ação à representação da ofendida "não é protegê-la, é deixá-la vulnerável, mais vulnerável ainda." Eis o ponto: o que justificou a intervenção do Supremo foi a vulnerabilidade histórica da mulher perante o homem, o quadro notório de desigualdade, o contexto de ascendência no próprio lar, de forma que cabia ao Estado proteção mais eficiente, exigida pela Carta da República, especialmente em face da ausência habitual de autonomia e de dignidade da mulher quando agredida. A interpretação constitucional teve a desigualdade como premissa para identificar a insuficiência do remédio legal criado e apontar a correção adequada para o tratamento da própria discriminação.

O já examinado precedente sobre a união estável homoafetiva deve ser considerado também uma extraordinária controvérsia constitucional e moral em torno do princípio da igualdade, assim como o quase tão paradigmático e histórico caso envolvendo a legitimidade das políticas de reserva de cotas étnico-raciais para ingresso no ensino superior público – o tema das ações afirmativas raciais. Na Arguição de Descumprimento de Preceito Fundamental nº 186/DF, relator ministro Ricardo Lewandowski, julgada em 27 de abril de 2012, o Tribunal, por unanimidade, ao julgar improcedente a arguição, assentou a constitucionalidade da política de cotas étnico-raciais da Universidade de Brasília, legitimando a discriminação positiva formalizada visando a redução de desigualdades sociais.[95] O Supremo, com os votos de todos os ministros, deixou claro como o Diploma Maior, no tocante à igualdade material, encerra um projeto de transformação social ao qual

94 STF – Pleno, ADI 4.424/DF, de minha relatoria, j. 9/2/2012, acórdão pendente de publicação (Informativo STF nº 654).

95 STF – Pleno, ADPF 186/DF, Rel. Min. Ricardo Lewandovski, j. 27/4/2012, acordão pendente de publicação.

o Estado não pode se furtar. Em meu voto, procurei destacar o propósito transformativo e dinâmico da Carta relativamente ao princípio da igualdade sob a óptica material e ante as desigualdades históricas e persistentes da sociedade brasileira:

> Do artigo 3º, nos vem luz suficiente ao agasalho de uma ação afirmativa, a percepção de que a única maneira de corrigir desigualdades é colocar o peso da lei, com a imperatividade que ela deve ter em um mercado desequilibrado, a favor daquele que é discriminado, tratado de modo desigual. Nesse preceito, são considerados como objetivos fundamentais de nossa República: primeiro, construir – prestem atenção a esse verbo – uma sociedade livre, justa e solidária; segundo, garantir o desenvolvimento nacional - novamente temos aqui o verbo a conduzir não a atitude simplesmente estática, mas a posição ativa; erradicar a pobreza e a marginalização e reduzir as desigualdades sociais e regionais; e, por último, no que interessa, promover o bem de todos, sem preconceitos de origem, raça, sexo, cor, idade e quaisquer outras formas de discriminação.
>
> Pode-se dizer, sem receio de equívoco, que se passou de uma igualização estática, meramente negativa, no que se proibia a discriminação, para uma igualização eficaz, dinâmica, já que os verbos "construir", "garantir", "erradicar" e "promover" implicam mudança de óptica, ao denotar "ação". Não basta não discriminar. É preciso viabilizar – e a Carta da República oferece base para fazê-lo – as mesmas oportunidades. Há de ter-se como página virada o sistema simplesmente principiológico. A postura deve ser, acima de tudo, afirmativa. Que fim almejam esses dois artigos da Carta Federal, senão a transformação social, com o objetivo de erradicar a pobreza, uma das maneiras de discriminação, visando, acima de tudo, ao bem de todos, e não apenas daqueles nascidos em berços de ouro?
>
> [...]
>
> É preciso chegar às ações afirmativas. A neutralidade estatal mostrou-se nesses anos um grande fracasso;
>
> [...]
>
> As normas proibitivas não são suficientes para afastar do cenário a discriminação. Deve-se contar – e fica aqui o apelo ao Congresso Nacional – com normas integrativas.
>
> [...]

> Só existe a supremacia da Carta quando, à luz desse diploma, vingar a igualdade.

A jurisprudência do Supremo no tocante à igualdade revela campo de extraordinária evolução interpretativa, vindo o Tribunal a progressivamente concretizar o princípio não apenas quanto ao rigor no controle das discriminações injustificadas formuladas pelo legislador, mas também relativamente à identificação dos casos em que deve haver discriminação positiva para a correção ou, simplesmente, redução de desigualdades reais. Com isso, o Supremo demonstra mais do que a observância adequada ao princípio. Em síntese, prova que compreende a importância da missão transformativa da Carta Federal e o papel que deve desempenhar, como intérprete-guardião, para o sucesso do projeto de construção de uma sociedade de cidadãos, linearmente, livres e iguais, como preceituam os artigos 3º, incisos I e IV, 5º, cabeça e inciso I.

4.5. Segurança jurídica

A segurança jurídica é um dos pilares do Estado de Direito e ganhou, na Constituição de 1988, disciplina ampla, de modo que o Supremo pôde observá-la nas mais variadas situações. Considerada essa amplitude, o Tribunal vem procurando fazer valer a inteligibilidade do Direito pela exigência de clareza das regras jurídicas; a confiabilidade do Direito pela estabilidade das normas no tempo, pela proibição de retroatividade, pela proteção ao direito adquirido, ao ato jurídico perfeito e à coisa julgada, bem como a calculabilidade ou previsibilidade do Direito pela aplicação estrita das regras de anterioridade e anualidade (princípio da não surpresa).[96] Os julgamentos têm sido especialmente marcantes em dois campos bem distintos: o dos processos político-eleitorais e o dos tributários.

Mesmo em temas de alta sensibilidade e repercussão político-eleitoral, o Tribunal vem cumprindo a missão de ser fiel à Carta da República ao garantir o respeito ao princípio da anualidade eleitoral, de que trata o artigo 16 dela constante, ainda quando novas regras eleitorais foram veiculadas por emenda constitucional. Esse foi o caso da de nº 58, publicada em 23 de setembro de 2009, a qual alterou o artigo 29, inciso IV, para dispor sobre novos critérios atinentes à fixação do número de vereadores. Essa modificação seguiu os

---

96 Sobre esses elementos da segurança jurídica, cf. ÁVILA, Humberto. *Segurança Jurídica*. Entre permanência, mudança e realização no Direito Tributário. São Paulo: Malheiros, 2011.

passos do próprio Supremo no famoso caso "Mira-Estrela"[97] e também do Tribunal Superior Eleitoral, que estabeleceu parâmetros para a formação das Câmaras Municipais com base na aludida decisão do Supremo.[98] Ocorre que essa Emenda, mesmo sendo de 2009, pretendeu disciplinar o resultado das eleições de 2008. Na Medida Cautelar na Ação Direta de Inconstitucionalidade nº 4.307/DF, relatora ministra Cármen Lúcia, a retroatividade foi suspensa cautelarmente por desrespeito à anualidade eleitoral.[99] Conforme assentou a relatora, citando o mestre José Afonso da Silva e o parecer do Procurador-Geral da República, a razão legal da anualidade é "evitar a alteração da regra do jogo depois que o processo eleitoral tenha sido desencadeado", coibindo o casuísmo e a deformação desse processo, que violariam, em última análise, direito fundamental do cidadão-eleitor à segurança e à certeza das regras jurídicas inerentes à disputa eleitoral.[100]

Na Ação Direta de Inconstitucionalidade nº 3.865/DF, relatora ministra Ellen Gracie, o Tribunal impôs a verticalização das coligações partidário-eleitorais alusivas a 2006, embora a Emenda Constitucional nº 52, de 8 de março daquele ano, tivesse assegurado aos partidos autonomia para formar coligações sem vínculos entre as candidaturas em âmbito nacional, estadual, distrital ou municipal. Consoante a ilustrada maioria, a aplicação imediata da emenda implicaria transgressão à anualidade eleitoral versada no mencionado artigo 16. A relatora apontou o desprezo ao direito fundamental do cidadão-eleitor à segurança jurídica e ao devido processo legal.[101] Votei vencido, na companhia do ministro Sepúlveda Pertence, mas não por desconhecer a garantia constitucional da anualidade eleitoral, e sim porque entendi que a emenda em nada inovou em relação à regência infraconstitucional da matéria. Como afirmei, em bom vernáculo, se a norma constitucional derivada "houvesse alterado alguma coisa em termos de normatividade", a questão deveria ser solucionada "sob o ângulo da eficácia do artigo 16".

Esses dois julgados têm a particularidade de opor a segurança jurídica, expressa pela anualidade eleitoral, a emendas constitucionais, o que decorre da interpretação sistêmico-teleológica do artigo 16 como revelador de cláusula pétrea, demonstrando o compromisso do Tribunal com a ordem

---

97 STF – Pleno, RE 197.917/SP, Rel. Min. Maurício Corrêa, j. 24/3/2004, DJ 7/5/2004.

98 Trata-se da Resolução TSE nº 21.702/2004, cuja constitucionalidade foi confirmada em STF – Pleno, ADI 3.345/DF, Rel. Min. Celso de Mello, j. 25/8/2005, DJ 20/8/2010.

99 STF – Pleno, ADI-MC 4.307/DF, Rel. Min. Cármen Lúcia, j. 11/11/2009, DJ 5/3/2010.

100 O mérito da ação foi julgado em 11 de abril de 2013, tendo sido confirmada, por unanimidade, a inconstitucionalidade proclamada em sede cautelar.

101 STF – Pleno, ADI 3.685/DF, j. 22/3/2006, Rel.ª Min.ª Ellen Gracie, DJ 10/8/2006.

constitucional como um todo e com a segurança do cidadão-eleitor. Mais recentemente, o Supremo deixou clara a independência institucional que apenas os grandes tribunais constitucionais possuem ao tomar decisão, por maioria, sabidamente contra o clamor da opinião pública. Conscientes do papel contramajoritário que lhes cabe, tribunais dessa envergadura devem ser fiéis à Carta, mesmo que isso provoque reações populares indesejadas. Que o texto seja então modificado pelos eleitos para tanto: aqueles que integram o Parlamento. Estou me referindo ao julgamento da denominada Lei da Ficha Limpa e a respectiva aplicação nas eleições de 2010.

O Tribunal enfrentou, além de questionamentos sobre a constitucionalidade da Lei Complementar nº 135, o tema da vigência do diploma especificamente para o processo eleitoral de 2010, quando foi publicado. Estavam em jogo mais de oito milhões de votos dados aos candidatos "fichas-sujas" nas eleições daquele ano. Porque a publicação ocorreu em 7 de junho anterior, a anualidade eleitoral apresentava-se como obstáculo à aplicação da lei nas eleições de outubro de 2010. O primeiro caso de candidato que teve registro indeferido foi examinado no Supremo em 27 de outubro de 2010, no Recurso Extraordinário nº 631.102/PA, relator ministro Joaquim Barbosa. O Plenário, composto de dez ministros, dividiu-se e o julgamento terminou empatado, tendo sido mantida a decisão do Tribunal Superior Eleitoral que implicara o afastamento do registro.[102] Em 23 de março de 2011, com a composição completa, novo recurso veio a julgamento e o ministro Luiz Fux, recém-empossado, concluiu pela observância da anualidade eleitoral, marcando o desempate e definindo que a lei não poderia ser aplicada nas eleições de 2010.[103]

Em ambos os recursos, votei em favor da incidência do artigo 16 do Diploma Maior, afastando a vigência da Lei Complementar para as eleições de 2010. Destaquei a necessidade de respeito à Carta de 1988, "à qual todos se submetem, indistintamente, inclusive o próprio povo". Em virtude dessa obediência ao texto constitucional, disse, subscrevendo votos anteriores, que nós, ministros do Supremo, não ocupamos "cadeira voltada simplesmente a atender aos anseios populares, mas cadeira voltada a preservar a Carta da República". Ante a profunda modificação que a aludida lei provocou no processo eleitoral, não se poderia cogitar da não aplicação da anualidade eleitoral, sob pena de desprezo da própria Constituição e da defesa da segurança jurídica do cidadão-eleitor.

102 STF – Pleno, RE 631.102/PA, Rel. Min. Joaquim Barbosa, j. 27/10/2010, DJ 20/6/2011.

103 STF – Pleno, RE 633.703/MG, Rel. Min. Gilmar Mendes, j. 23/3/2011, DJ 18/11/2011.

O dever constitucional de previsibilidade das alterações legislativas tem, na jurisprudência do Supremo, bastante repercussão também em matéria tributária, consideradas as anterioridades geral e nonagesimal dos artigos 150, inciso III, alíneas "b" e "c", e 195, § 6º. Nessa área, o Tribunal igualmente opôs o princípio ao constituinte derivado, dando-lhe a dimensão de cláusula pétrea. Na Ação Direta de Inconstitucionalidade nº 939/DF, relator ministro Sydney Sanches, julgou inconstitucional a Emenda Constitucional nº 3, de 1993, na parte em que instituiu o Imposto Provisório Sobre Movimentação Financeira – IPMF e afastou o dever de observância da anterioridade geral para permitir a cobrança imediata do imposto. A maioria dos ministros entendeu a anterioridade tributária como núcleo essencial da segurança jurídica, o que impede o constituinte derivado de retirar do contribuinte a garantia de não ser cobrado imposto novo ou majorado no mesmo ano de publicação da norma de criação ou aumento, salvo as exceções previstas no próprio Diploma de 1988.[104]

Destacando que os direitos e garantias fundamentais se encontram em outras normas constitucionais além do rol do artigo 5º, asseverei que a anterioridade é garantia cujas exceções foram postas de forma taxativa pelo constituinte originário, de modo que a redução do alcance do princípio importaria em violação ao artigo 60, § 4º, da Carta Federal, ou seja, transgressão de cláusula pétrea. Esse julgamento ocorreu em 1993 e jamais me desviei desse sentido maior da anterioridade tributária como expressão particular da segurança jurídica. Interpretando a norma com essa extensão, vinculei à anterioridade tributária modificação legal que promoveu majoração indireta de imposto mediante a suspensão por prazo certo e determinado de uso de créditos, até então plenamente permitidos, para apuração final do Imposto Sobre Circulação de Mercadorias e Serviços – ICMS, sendo acompanhado por unanimidade no Plenário.[105] Seguindo essa orientação, tenho insistentemente me oposto, por enquanto vencido no Colegiado, à aplicação imediata de leis que "prorrogaram" a cobrança de tributo criado para ser provisório – refiro-me à CPMF;[106] à suspensão de uso de créditos do ICMS, matéria inclusive com repercussão geral reconhecida,[107] e à alíquota majorada de

---

[104] STF – Pleno, ADI 939/DF, Rel. Min. Sydney Sanches, j. 15/12/1993, DJ 18/3/1994.

[105] STF – Pleno, ADI – MC 2.325/DF, de minha relatoria, j. 23/9/2004, DJ 6/10/2006.

[106] STF – Pleno, RE 566.032/RS, Rel. Min. Gilmar Mendes, j. 25/6/2009, DJ 23/10/2009.

[107] STF – Pleno, RE 601.967/RS, de minha relatoria, j. 9/12/2010, DJ 2/3/2011; STF – Pleno, RE 603.917/SC, Rel.ª Min.ª Rosa Weber, j. 7/4/2011, DJ 5/8/2011.

imposto antes estabelecida por prazo determinado, como ocorreu com o ICMS do Estado de São Paulo.[108]

Em relação a esse último caso, envolvendo jogo de palavras do legislador de São Paulo tentando caracterizar como "prorrogação" o que, na verdade, foi comando de última hora para mudar prazo certo e determinado de vigência de tributo majorado, fiz ver:

> O que houve na espécie – e não desconheço o artigo 150, inciso III, alínea "c", da Constituição Federal, que alude, explicitamente, à instituição e aumento de tributo? Antes de 31 de dezembro de 2005, existia diploma legal editado para viger por tempo determinado, evidentemente os contribuintes estavam convictos que, ao término, não se teria o acréscimo alusivo ao tributo. Por isso é que não é dado falar em prorrogação. O que ocorreu na espécie, atraindo incidência do preceito tal como se contém – e tendo a interpretá-lo de forma teleológica, perquirindo, no caso, o objetivo da norma, que é o de evitar solavancos, surpresas na vida gregária –, foi verdadeira criação, a instituição do tributo, e não a simples prorrogação.
>
> [...]
>
> Criação – instituição portanto – do mesmo tributo, sem se ter presente a anterioridade nonagesimal da alínea "c" do inciso III do artigo 150, porque isso ocorreu ao apagar das luzes do ano de 2005.

A segurança jurídica e as normas constitucionais que a expressam a partir da cabeça do artigo 5º, como as da irretroatividade e da anterioridade, as que protegem o direito adquirido, o ato jurídico perfeito e a coisa julgada, assim como os princípios da proteção da confiança legítima e da boa-fé objetiva, exigem que o legislador atue com previsibilidade e clareza e que a administração pública tenha uma conduta honesta, leal e coerente com os próprios comportamentos anteriores.[109] Penso ser esse o sentido maior que

---

[108] STF – Pleno, RE 584.100/SP, Relª Min.ª Ellen Gracie, j. 25/11/2009, DJ 5/2/2010.

[109] Foi com base nessas premissas que votei, no Recurso Extraordinário nº 131.741/SP, de minha relatoria, a favor da condenação da Administração Pública em indenizar contribuinte quando mudança de orientação interpretativa sobre aplicação de lei tributária, anteriormente formulada em consulta tributária, trouxer prejuízos para o consulente. Fui acompanhado pela unanimidade dos membros da Segunda Turma do Supremo. O julgado ficou assim ementado: TRIBUTÁRIO - CONSULTA - INDENIZAÇÃO POR DANOS CAUSADOS. Ocorrendo resposta a consulta feita pelo contribuinte e vindo a administração pública, via

uma interpretação constitucional adequada do princípio deve produzir – essa é a missão do Supremo em favor da segurança jurídica dos cidadãos.

4.6. Garantias fundamentais processuais

A Carta da República é rica na disciplina das garantias fundamentais do processo, revelando verdadeiro estatuto de defesa e de participação do cidadão nos processos judiciais e administrativos, tanto em matéria civil como penal, aplicáveis a litígios envolvendo particulares ou Poder Público. Pode-se falar, assim, em direitos fundamentais processuais.[110] O diploma normativo ou a prática processual que não observar algum dos princípios ou regras que compõem esse estatuto fundamental será inconstitucional. Destaco, em sequência, a jurisprudência sobre o direito de petição aos Poderes Públicos e de obtenção de certidões em repartições públicas – artigo 5º, inciso XXXIV, alíneas "a" e "b" –, a garantia de acesso ao Poder Judiciário – artigo 5º, inciso XXXV – e ao devido processo legal, marcadamente quanto aos direitos à ampla defesa e ao contraditório – artigo 5º, incisos LIV e LV.

Vê-se, na jurisprudência, que o Supremo busca assegurar o direito fundamental de petição aos órgãos públicos, de obtenção de certidões e de acesso à Justiça, afastando obstáculos do exercício dessas garantias, inclusive de ordem financeira. Por exemplo, na Ação Direta de Inconstitucionalidade nº 2.969/AM, relator ministro Ayres Britto, assentou inconstitucional, por unanimidade, lei estadual que condicionava a extração de certidões em repartições públicas ao recolhimento de taxa denominada de "segurança pública".[111] Em diferentes oportunidades, o Tribunal considerou incompatível com a Carta a fixação de taxa judiciária potencialmente elevada ou desarrazoada, por consubstanciar risco de inviabilizar o livre acesso ao Judiciário.[112]

Na Medida Cautelar na Ação Direta de Inconstitucionalidade nº 2.078/PB, relator ministro Néri da Silveira,[113] e na Ação Direta de Inconstitucio-

---

o fisco, a evoluir, impõe-se-lhe a responsabilidade por danos provocados pela observância do primitivo enfoque (j. 9/4/1996, DJ 24/5/1996).

110 SARLET, Ingo Wolfgang *et al.* **Curso de Direito Constitucional.** Op. cit., p. 699 e ss.

111 STF – Pleno, ADI 2.969/AM, Rel. Min. Ayres Britto, j. 29/3/2007, DJ 22/6/2007.

112 STF – Pleno, ADI 948/GO, Rel. Min. Francisco Rezek, j. 9/11/1995, DJ 17/3/2000; STF – Pleno, ADI-MC 1.772/MG, Rel. Min. Carlos Velloso, j. 15/4/1998, DJ 8/9/2000.

113 STF – Pleno, ADI-MC 2.078/PB, Rel. Min. Néri da Silveira, j. 5/4/2000, DJ 18/5/2001.

nalidade nº 3.826/GO, relator ministro Eros Grau,[114] contudo, o Supremo, dando interpretação gramatical à garantia constitucional, legitimou a cobrança de taxas judiciárias que não reputei razoáveis. Consoante a sempre ilustrada maioria, os atos normativos impugnados haviam estabelecido ônus proporcional, tendo alguns ministros utilizado o argumento pragmático da alternativa da justiça gratuita para afastar a arguição de inconstitucionalidade. Em ambos os julgados, ante a base econômica de apuração prevista nas leis e a consequente possibilidade de as taxas expressarem valores elevados a ponto de inibir o ingresso em juízo, votei vencido, sozinho, clamando por uma interpretação mais ampla da garantia constitucional, forte na premissa de que "o direito de acesso ao Judiciário é inerente à cidadania". Assentei, na primeira ação, que:

> Não podemos interpretar esse dispositivo [inciso XXXV do artigo 5º, da Carta] simplesmente de forma literal, ou seja, como a afastar apenas aqueles diplomas que obstaculizem, que criem um óbice intransponível ao acesso ao Judiciário. Estão envolvidas, na hipótese dos autos, leis que, de alguma forma, inibem o acesso ao Judiciário.

O direito de acesso ao Judiciário também alcança a interpretação dos casos em que a Carta condiciona o ingresso em juízo ao esgotamento prévio de procedimentos ou processos administrativos. No exame da Medida Cautelar na Ação Direta de Inconstitucionalidade nº 2.139/DF, relator ministro Octavio Gallotti, acórdão por mim redigido, fizeram-se em jogo regras da Consolidação das Leis do Trabalho – CLT que subordinavam a formalização de reclamações trabalhistas à tentativa fracassada de acordo no âmbito dos "Conselhos de Conciliação Prévia". O relator votou pela constitucionalidade, dizendo da competência do legislador ordinário para racionalizar o sistema processual, sem que isso importasse em restrição à garantia de acesso ao Poder Judiciário, e afirmando ser essa a situação discutida ante a razoabilidade das normas impugnadas.

Discordei dessa óptica, destacando-a pertinente apenas se ainda estivesse em vigor a ordem constitucional pretérita, que permitia ao legislador condicionar o ingresso em juízo ao esgotamento das vias administrativas. Consignei que a disciplina dessa garantia, com a Carta de 1988, havia ganhado contornos próprios, bastante distintos, de modo que a fase revelada

[114] STF – Pleno, ADI 3.826/GO, Rel. Min. Eros Grau, j. 12/5/2010, DJ 20/8/2010.

pela atuação da Comissão de Conciliação não poderia ser interpretada como obrigatória, assegurado o livre acesso dos trabalhadores ao Judiciário Trabalhista. A maioria do Pleno seguiu a divergência aberta por ocasião do meu voto, para conferir às normas atacadas interpretação conforme à Constituição e prestigiar a garantia de acesso à tutela jurisdicional.[115]

Em outro caso relevante, contudo, penso que essas garantias deixaram de ser adequadamente reconhecidas pelo Tribunal. No Recurso Extraordinário nº 233.582/RJ, de minha relatoria, acórdão redigido pelo ministro Joaquim Barbosa, foi arguida a inconstitucionalidade do artigo 38 do parágrafo único da Lei de Execução Fiscal, porquanto proíbe a litigância tributária simultânea em processos administrativo e judicial, importando o último em renúncia do primeiro. Ao dar provimento ao recurso, fiz ver que a restrição mostrava-se incompatível com o sistema constitucional de acesso ao Judiciário e de direito de petição.

Asseverei que a vedação de trânsito concomitante nas duas esferas implica, em última análise, "coação a obstaculizar o livre acesso ao Judiciário", "uma autêntica inibição para não ingressar em juízo", consideradas situações cotidianas em que contribuintes deverão desistir de ações judiciais previamente propostas para que recursos administrativos correlacionados, dotados de eficácia suspensiva automática da exigibilidade do crédito tributário, possam ter viabilidade procedimental. A sempre ilustrada maioria, todavia, por motivos que me pareceram mais de ordem pragmática, entendeu constitucional a limitação questionada. Falou-se em "luxo demasiado que a mesma lide seja discutida e julgada, ao mesmo tempo, por dois órgão do Estado"; em "redundância de proteção"; em "racionalização da burocracia"; em "racionalidade da dúplice proteção" e em "economia processual".[116] Ficamos vencidos eu, o ministro Ayres Britto e, segundo penso, as garantias maiores do livre acesso ao Judiciário e do direito de petição.

O Supremo tem rica coleção de julgados envolvendo a cláusula do devido processo legal, especialmente as garantias da ampla defesa e do contraditório. Consagrando esses direitos, o Tribunal formalizou os Verbetes Vinculantes nº 3 – "nos processos perante o Tribunal de Contas da União, asseguram-se o contraditório e a ampla defesa quando da decisão puder resultar anulação ou revogação de ato administrativo que beneficie o

---

115 STF – Pleno, ADI-MC 2.139/DF, Rel. Min. Octavio Gallotti, acórdão por mim redigido, j. 13/5/2009, DJ 23/10/2009.

116 STF – Pleno, RE 233.582/RJ, Red. do acórdão Min. Joaquim Barbosa, j. 13/5/2009, DJ 23/10/2009.

interessado, excetuada a apreciação da legalidade do ato de concessão inicial de aposentadoria, reforma e pensão"[117] – e nº 14 – "é direito do defensor, no interesse do representado, ter acesso amplo aos elementos de prova que, já documentados em procedimento investigatório realizado por órgão com competência de polícia judiciária, digam respeito ao exercício do direito de defesa".[118] Também anulou pauta de julgamento de extradição, por falta de intimação prévia do advogado do extraditando,[119] e reconheceu a inconstitucionalidade de norma do Regimento Interno do Conselho Nacional de Justiça na qual prevista a ciência ficta de terceiros que pudessem ser alcançados por decisão em processo administrativo em curso.[120]

Evolução jurisprudencial especialmente importante, considerada a extensão normativa dessas garantias, teve o Tribunal quanto ao tema da constitucionalidade de exigência de depósito ou de arrolamento de bens relativos ao valor total ou parcial de débitos ou multas como condição de prosseguimento de recursos administrativos. A discussão iniciou-se com o julgamento da Medida Cautelar na Ação Direta de Inconstitucionalidade nº 1.049/DF, relator ministro Celso de Mello, ocorrido em 18 de maio de 1995, versando dispositivo da Lei nº 8.212, de 1991, que exigia prova do depósito do valor de multa visando a sequência de recurso para julgamento em segunda instância administrativa no âmbito do Instituto Nacional do Seguro Social – INSS. Por maioria, o pedido de suspensão da eficácia da norma foi indeferido, vencidos o relator e eu. Apontei que o preceito mostrava-se contrário ao mandamento constitucional alusivo ao devido processo administrativo.[121]

A questão voltou à balha no Recurso Extraordinário nº 210.246/GO, relator ministro Nelson Jobim, examinado em 12 de novembro de 1997, envolvida norma trabalhista – artigo 636, § 1º, da Consolidação das Leis do Trabalho – que estabelecia depósito prévio de valor de multa aplicada pelo Ministério do Trabalho como condição de sequência de recurso administrativo protocolado pela empresa sancionada. Mais uma vez, a maioria considerou constitucional a exigência. Votei vencido, na companhia dos ministros Ilmar Galvão, Maurício Corrêa, Carlos Velloso e Néri da Silveira, por vislumbrarmos clara violação ao direito fundamental de ampla defesa.[122]

---

117 Verbete Vinculante nº 3 da Súmula do Supremo, aprovado em 30/5/2007, DJ 6/6/2007.

118 Verbete Vinculante nº 14 da Súmula do Supremo, aprovado em 2/2/2009, DJ 9/2/2009.

119 STF – Pleno, Ext-QO 1.068/AT, Rel. Min. Ricardo Lewandowski, j. 8/5/2008, DJ 27/6/2008.

120 STF – Pleno, MS 25.962/DF, de minha relatoria, j. 23/10/2008, DJ 20/3/2009.

121 STF – Pleno, ADI-MC 1.049/DF, Rel. Min. Celso de Mello, j. 18/5/1995, DJ 25/8/1995.

122 STF – Pleno, RE 210.246/GO, Rel. Min. Nelson Jobim, j. 12/11/1997, DJ 17/3/2000.

No campo do processo administrativo tributário federal, o debate teve início em 6 de outubro de 1999, com o julgamento conjunto das Medidas Cautelares nas Ações Diretas de Inconstitucionalidade nº 1.922/DF e nº 1.976/DF, relator ministro Moreira Alves, versando o § 2º do artigo 33 do Decreto nº 70.235, de 1972, que previa depósito de 30% do total de crédito tributário constituído como condição para seguimento de recurso à instância administrativa superior, o então denominado Conselho de Contribuintes. A sempre ilustrada maioria indeferiu o pedido de suspensão da eficácia do dispositivo, tendo votado vencido, conforme consta da ata de julgamento, sozinho, por não me convencer da legitimidade da medida ante a garantia constitucional da ampla defesa e em razão do que me parecia, àquela altura, verdadeira coação política contra o contribuinte para o recebimento do tributo.[123]

Em 28 de março de 2007, no julgamento do Recurso Extraordinário nº 388.359/PE, de minha relatoria,[124] o Supremo deu uma grande virada ao declarar a inconstitucionalidade do mencionado dispositivo do Decreto federal e formular o entendimento de que toda norma que institua obstáculo recursal da espécie afronta, a mais não poder, o direito fundamental de ampla defesa, divergindo, por isso, do sistema constitucional de garantias processuais do cidadão. Essa inconstitucionalidade foi definitivamente assentada, na sequência, no exame do mérito das aludidas Ações Diretas nº 1.922 e nº 1.976.[125] Também no mesmo dia, no Recurso Extraordinário nº 389.383/SP, de minha relatoria, veio a ser julgado inconstitucional óbice idêntico aplicável ao processo administrativo previdenciário.[126] Algum tempo depois, na Arguição de Descumprimento de Preceito Fundamental nº 156/DF, relatora ministra Cármen Lúcia, questionou-se a obrigatoriedade do depósito no âmbito do processo administrativo trabalhista, que acabou considerada incompatível com a Carta de 1988.[127] A óptica ainda constou do Verbete Vinculante nº 21, a prever que "é inconstitucional a exigência de depósito ou arrolamento prévios de dinheiro ou bens para admissibilidade

123 STF – Pleno, ADI-MC 1.922/DF e 1.976/DF, Rel. Min. Moreira Alves, j. 6/10/1999, DJ 24/11/2000.

124 STF – Pleno, RE 388.359/PE, de minha relatoria, j. 28/3/2007, DJ 22/6/2007.

125 STF – Pleno, ADI 1.922/DF e 1.976/DF, Rel. Min. Joaquim Barbosa, j. 28/3/2007, DJ 18/5/2007.

126 STF – Pleno, RE 389.383/SP, de minha relatoria, j. 28/3/2007, DJ 29/6/2007.

127 STF – Pleno, ADPF 156/DF, Rel.ª Min.ª Cármen Lúcia, j. 18/8/2011, DJ 28/10/2011.

de recurso administrativo."[128] A insistência mostrou-se compensadora por ver triunfar garantia que sempre entendi ferida de morte.

4.7. Direitos sociais e econômicos

Os direitos sociais e econômicos – de segunda geração, típicos do Estado Social – somaram-se aos tradicionais direitos de defesa e liberdades individuais do Estado Liberal e vinculam o Poder Público a realizar prestações positivas em favor dos que necessitam, como os serviços na área da saúde, assistência social, educação, trabalho, moradia, etc. Com esses direitos reconhecidos nas constituições, não basta a figura do Estado que, pura e simplesmente, se abstém em prol da autodeterminação individual, mas deve vingar o modelo que intervém para satisfazer as necessidades básicas da sociedade. Como fundamento último desse dever estatal, encontramos o princípio da dignidade da pessoa humana na dimensão de mínimo existencial. Nessa seara, o Judiciário, em diferentes instâncias, vem formalizando decisões sobre a execução de políticas públicas, principalmente em relação à saúde e à educação. O Supremo também desempenha papel de destaque no avanço dos direitos sociais.

O Tribunal tem feito valer o projeto constitucional de inclusão social e de vida digna sempre que constatada a omissão dos Poderes políticos ou a atuação defeituosa. Essa perspectiva mostra-se especialmente relevante no campo da saúde, considerados os artigos 6º e 196. Há atos em que determinado o fornecimento gratuito de medicamentos,[129] tratamentos médicos urgentes no exterior,[130] disponibilidade de vaga de internação em UTI, mesmo em hospital não conveniado ao SUS,[131] inclusive com sequestro de verbas públicas para o custeio dessas necessidades.[132] Foi fixada a premissa de que é direito de todo cidadão carente receber medicamentos e tratamentos médicos, cabendo aos governos fornecê-los. No âmbito da realização desses direitos, assentei que "o Estado deve assumir as funções que lhe são próprias, sendo certo, ainda, que problemas orçamentários não podem obstaculizar o implemento do que previsto constitucionalmente."[133]

[128] Verbete Vinculante nº 21 da Súmula do Supremo, aprovado em 29/10/2009, DJ 10/11/2009.

[129] STF – Pleno, Ag. Rg. na STA 175/CE, Rel. Min. Gilmar Mendes, j. 17/3/2010, DJ 30/4/2010.

[130] STF – 1ª T., RE 368.564/DF, Rel. Min. Cezar Peluso, j. 13/4/2011, DJ 10/8/2011.

[131] STF – 2ª T., AI 527.135/MG, Rel. Min. Joaquim Barbosa, j. 8/4/2005, DJ 21/6/2005.

[132] STF – 2ª T., Ag. Rg. no AI 597.182/RS, Rel. Min. Cezar Peluso, j. 10/10/2006, DJ 6/11/2006.

[133] STF – 1ª T., RE 195.192/RS, de minha relatoria, j. 22/02/2000, DJ 31/03/2000.

Essa jurisprudência teve o ponto alto com as decisões mediante as quais foi determinada a distribuição gratuita de medicamentos para tratamento do vírus HIV, o que inclusive motivou políticas públicas nesse sentido. Dediquei atenção especial ao tema. Em monografia apresentada à Sociedade Brasileira de Direito Público, intitulada "O Supremo Tribunal Federal e a Política de Fornecimento de Medicamentos para Tratamento da AIDS/HIV", a pesquisadora Mariana Gracioso Barbosa identificou, em análise quantitativa da atuação do Tribunal, que funcionei como relator, com voto vencedor ou decisão monocrática, em 22,9% dos processos, até agosto de 2005, em que fora determinado o fornecimento desses remédios – o maior percentual entre os ministros então atuantes.[134] Em diferentes pronunciamentos,[135] assentei que o direito decorria da aplicabilidade imediata do artigo 196 da Carta e que era:

> hora de atentar-se para o objetivo maior do próprio Estado, ou seja, proporcionar vida gregária segura e com o mínimo de conforto suficiente a atender ao valor maior atinente à preservação da dignidade do homem.

O Supremo também tem atuação firme no campo da educação, confirmando decisões de instâncias inferiores que implicaram a obrigação de governos municipais disponibilizarem vagas em creches[136] e instituições de educação infantil e ensino fundamental para crianças carentes.[137] Aplicando diretamente o artigo 208, incisos I e IV, da Carta da República, o Tribunal corrige omissões estatais que poderiam colocar em risco o futuro da educação de crianças carentes e demonstra estar atento ao caráter social do Diploma

---

134 BARBOSA, Mariana Gracioso. *O Supremo Tribunal Federal e a Política de Fornecimento de Medicamentos para Tratamento da AIDS/HIV.* São Paulo: SBDP, 2005, p. 31, nota de rodapé nº 48, e p. 34, gráfico 2. <http://www.sbdp.org.br/arquivos/monografia/26_Mariana%20Barbosa.pdf"> Acesso em 15/7/2013

135 AI 232.469/RS, decisão monocrática em 12/12/1998, DJ 23/2/1999; RE 244.087/RS, decisão monocrática em 14/9/1999, DJ 29/10/1999; RE 247.900/RS, decisão monocrática em 20/9/1999, DJ 27/10/1999; RE 247.352/RS, decisão monocrática em 21/9/1999, DJ 27/10/1999; STF – 2ª T., Ag. Rg. no AI 238.328/RS, j. 16/11/1999, DJ 18/2/2000, todos de minha relatoria.

136 STF – 1ª T., Ag.Rg. no AI 592.075/SP, Rel. Min. Ricardo Lewandovski, j. 19/5/2009, DJ 05/06/2009; STF – 2ª T., Ag.Rg. no RE 639.337/SP, Rel. Min. Celso de Mello, j. 23/18/2011, DJ 15/9/2011.

137 STF – 2ª T., RE 595.595/SC, Rel. Min. Eros Grau, j. 28/4/2009, DJ 29/5/2009.

Maior, definindo, assim, o verdadeiro responsável pelo ônus da realização do projeto constitucional quanto a esse aspecto: o Estado.

4.8. Proteção ao meio ambiente

Existe, por fim, relevante trabalho jurisprudencial em torno da concretização do artigo 225 da Carta Federal, que assegura o direito ao meio ambiente sadio e equilibrado. Cuida-se de direito fundamental de terceira geração, fundado a partir do valor solidariedade, de caráter coletivo ou difuso, dotado "de altíssimo teor de humanismo e universalidade",[138] que a todos pertence e também a todos obriga, daí por que encerra um verdadeiro *direito-dever fundamental*.[139] Com frequência, há o confronto com outros direitos fundamentais, tanto individuais, como o da livre iniciativa, quanto igualmente difusos, como o direito às manifestações culturais enquanto expressão da pluralidade, de que trata o artigo 215 do Diploma Maior. Cumpre ao Supremo, em consideração de valores, harmonizar esses conflitos inevitáveis.

No julgamento do já aludido Mandado de Segurança nº 25.284, de minha relatoria,[140] relativo à criação da "Reserva Extrativista Verde para Sempre", depois de afirmar que "todos têm direito ao meio ambiente ecologicamente equilibrado, bem de uso comum do povo e essencial à sadia qualidade de vida," o qual impõe "ao poder público e à coletividade o dever de defendê-lo e de preservá-lo para as presentes e futuras gerações", apontei que, presente o disposto no artigo 225, "conflito entre os interesses individual e coletivo resolve-se a favor deste último".[141] O comportamento decisório do Supremo diante da necessidade de ponderar o direito ao meio ambiente com os direitos individuais de naturezas diversas tem sido o de dar preferência ao interesse coletivo.[142] Foi com base nessa premissa que a maioria do Tribunal, na Ar-

138 BONAVIDES, Paulo. *Curso de Direito Constitucional*. 11ª ed. São Paulo: Malheiros, 2001, p. 523.

139 CRUZ, Branca Martins da. Importância da Constitucionalização do Direito ao Ambiente. In: BONAVIDES, Paulo, *et al* (Orgs.). *Estudos de Direito Constitucional em Homenagem a Cesar Asfor Rocha*. Rio de Janeiro: Renovar, 2009, p. 202.

140 STF – Pleno, MS 25.284/DF, de minha relatoria, j. 17/6/2010, DJ 13/8/2010.

141 Essa premissa não afasta a possibilidade de aplicação do princípio da insignificância nos crimes ambientais: STF – Pleno, AP 439/SP, de minha relatoria, Rev. Min. Gilmar Mendes, j. 12/6/2008, DJ 13/2/2009.

142 STF – Pleno, ADI-MC 487/DF, Rel. Min. Octavio Gallotti, j. 9/5/1991, DJ 11/4/1997; STF – Pleno, ADI 1.086/SC, Rel. Min. Ilmar Galvão, j. 7/6/2001, DJ 10/8/2001; ADI-MC 3.540/DF, Rel. Min. Celso de Mello, j. 1/9/2005, DJ 3/2/2006.

guição de Descumprimento de Preceito Fundamental nº 101/DF, relatora ministra Cármen Lúcia, assentou a proibição de importar pneus usados ou remodelados. Votei vencido, não por olvidar a relevância do direito coletivo, mas por entender, ante as dúvidas sobre os efeitos verdadeiramente nocivos da importação questionada e a restrição à livre iniciativa, que a matéria deveria ser definida exclusivamente pelo Congresso Nacional por meio de edição de lei em sentido formal e material.[143]

Tema ainda mais controvertido envolve o conflito desse direito com outros coletivos, como o do pleno exercício dos direitos culturais. O Tribunal enfrentou a problemática, pela primeira vez, no Recurso Extraordinário nº 153.531/SC, Segunda Turma, relator ministro Francisco Rezek, acórdão por mim redigido, julgado que ficou conhecido como "caso farra do boi". Na espécie, pretendia-se a proibição, no Estado de Santa Catarina, da denominada "Festa da Farra do Boi". Aqueles que defenderam a manutenção afirmaram ser uma manifestação popular, de caráter cultural, entranhada na sociedade daquela região. Os que a impugnaram anotaram a crueldade intrínseca contra os animais bovinos, que eram tratados "sob vara" durante o "espetáculo". O relator assentou a inconstitucionalidade da prática, destacando a maldade a que eram submetidos os animais. Também assim votei, asseverando não se tratar "de uma manifestação cultural que mereça o agasalho da Carta da República", mas de crueldade ímpar, onde pessoas buscam, a todo custo, "o próprio sacrifício do animal", ensejando a aplicação do inciso VII do artigo 225.[144] Controvérsia análoga foi resolvida no mesmo sentido, consideradas leis estaduais declaradas inconstitucionais porque favoreciam o costume popular denominado de "briga de galos".[145]

No âmbito da ponderação de direitos e valores, fica claro que o Tribunal vem interpretando as normas e os fatos de forma mais favorável à proteção ao meio ambiente, demostrando preocupação maior com a manutenção, em prol dos cidadãos de hoje e de amanhã, das condições ecologicamente equilibradas para uma vida mais saudável e segura.

---

143 STF – Pleno, ADPF 101/DF, Rel.ª Min.ª Cármen Lúcia, j. 24/6/2009, DJ 4/6/2012.

144 STF – 2ª T., RE 153.531/SC, Rel. Min. Francisco Rezek, acórdão por mim redigido, j. 3/6/1997, DJ 13/13/1998.

145 STF – Pleno, ADI 2.514/SC, Rel. Min. Eros Grau, j. 29/6/2005, DJ 9/12/2005; STF – Pleno, ADI 1.856/RJ, Rel. Min. Celso de Mello, j. 26/5/2011, DJ 14/10/2011.

5. CONCLUSÃO

Os direitos fundamentais são a parte mais importante do projeto constitucional de 1988, envolvidos os valores da liberdade, igualdade e dignidade, cuja concretização é a principal missão do Supremo Tribunal Federal, diga-se, bem cumprida até aqui. A interpretação constitucional tem se mostrado especialmente necessária para o sucesso dos propósitos basilares da Carta da República: revela-se tanto completa quanto complexa, tão fiel ao texto como criativa, quando adequado e exigido, adota os elementos tradicionais, mas sem desconsiderar as particularidades contemporâneas e não ignora a relevância política e social diferenciada das matérias julgadas. Situado entre votos vencidos e vencedores, tenho a honra de fazer parte, há 23 anos, de um guardião à altura do mister que lhe foi confiado.

Não poderia ser de outra forma. Sem interpretação voltada à afirmação das garantias constitucionais e à realização concreta dos direitos fundamentais, não há Estado Democrático de Direito verdadeiro. Na síntese formulada pelo mestre Paulo Bonavides, "a época constitucional que vivemos é a dos direitos fundamentais que sucede a época da separação dos poderes".[146] Significa dizer: as instituições não existem, na quadra atual, por si sós, não se bastam. São instrumentos a serviço dos direitos e garantias fundamentais. Destinam-se a assegurar esses direitos aos indivíduos e à coletividade. Se não alcançam esse fim, se permanecem inertes, omissas, então não merecem o rótulo de instituição republicana e democrática. Parabéns à sociedade brasileira pela Carta da República e ao Supremo pelos 25 anos de desempenho do papel que lhe foi atribuído.

146 BONAVIDES, Paulo. Jurisdição Constitucional e legitimidade (algumas observações sobre o Brasil). *Revista Estudos Avançados* nº 51. São Paulo: USP/Instituto de Estudos Avançados, 2004, p. 127.

2

SAÚDE SUPLEMENTAR, SEGURANÇA JURÍDICA E EQUILÍBRIO ECONÔMICO-FINANCEIRO

1. INTRODUÇÃO: O PAPEL RELEVANTE DO SETOR DE SAÚDE SUPLEMENTAR NA QUADRA ATUAL

O direito à saúde, estampado no artigo 196 da Carta Federal como direito de todos e dever do Estado[1], vem sendo proclamado como de primeira importância pela jurisprudência dos Tribunais Superiores brasileiros. Com fundamento no referido dispositivo constitucional, surgiram inúmeras decisões reconhecendo a obrigação do Estado de fornecer a assistência à saúde que se fizer necessária à conservação da vida dos indivíduos[2], matéria que

1 CF88: "Art. 196. A saúde é direito de todos e dever do Estado, garantido mediante políticas sociais e econômicas que visem à redução do risco de doença e de outros agravos e ao acesso universal e igualitário às ações e serviços para sua promoção, proteção e recuperação".

2 V., a título de exemplo, o STF, RE nº 273.834/RS, Rel. Min. Celso de Mello, DJ 24.11.2000: "O caráter programático da regra inscrita no art. 196 da Carta Política – que tem por destinatários todos os entes políticos que compõem, no plano institucional, a organização federativa do Estado brasileiro – não pode converter-se em promessa constitucional inconsequente, sob pena de o Poder Público, fraudando justas expectativas nele depositadas pela coletividade, substituir, de maneira ilegítima, o cumprimento de seu impostergável dever, por um gesto irresponsável de infidelidade governamental ao que determina a própria Lei Fundamental do Estado".

atualmente é objeto de substancial contencioso nos graus ordinários de jurisdição[3]. No modelo imaginado pelo constituinte, caberia ao Estado prestar prioritariamente os serviços de saúde, sempre de modo universal e igualitário. A quadra vivida, todavia, revela deficiências substanciais em praticamente todos os serviços públicos, de maneira que ainda não foi possível alcançar aquele propósito maior de universalização.

A esse cenário devem-se somar a crescente especialização da medicina e o incremento dos gastos alusivos a tais prestações. Embora a carga tributária brasileira esteja entre as maiores do mundo, aparentemente, os custos da medicina curativa e preventiva têm superado os limites suportáveis, mesmo dos Estados que destinam grande parte dos respectivos orçamentos à temática. Gustavo Amaral, revisando literatura especializada, aponta o aumento exponencial dos gastos com saúde pública[4]. Nos Estados Unidos, por exemplo, previra-se, em estudo datado de 2005, que 11% do Produto Interno Bruto daquele país seria gasto no setor no ano de 2035, mas, em 2010, o percentual chegou a impressionantes 17,9%[5]. Todos esses elementos – deficiência crônica no setor público, avanço vertiginoso dos tratamentos e incremento dos custos – alavancam a importância do setor de saúde suplementar, fundamental para o equacionamento do problema. Observem a definição do termo consignada por Gabriel Schulman:

> Entende-se por "saúde suplementar" a esfera de atuação dos planos de saúde. A locução denomina, por conseguinte, a prestação de serviços de saúde, realizada fora da órbita do Sistema Único, vinculada a um sistema organizado de intermediação mediante pessoas jurídicas especializadas (operadoras de planos de saúde). Em palavras mais adequadas às interfaces entre público e privado, a saúde suplementar configura a prestação privada de assistência

[3] Para um panorama a respeito da evolução jurisprudencial sobre o tema, v. GOUVÊA, Marcos Maselli. O direito ao fornecimento estatal de medicamentos. *In:* GARCIA, Emerson (coord.). *A efetividade dos direitos sociais*. 2004, p. 208-9.

[4] AMARAL, Gustavo. Saúde direito de todos, saúde direito de cada um: reflexões para a transição da práxis judiciária. In: NOBRE, Milton Augusto de Brito e SILVA, Ricardo Augusto da (coord.). *O CNJ e os desafios da efetivação do direito à saúde*, 2011, p. 90.

[5] Consoante dados do Banco Mundial. Disponível em: http://datos.bancomundial.org/indicador/SH.XPD.TOTL.ZS. Acesso em 25 de junho de 2012. Para efeitos de comparação, o Brasil gasta 9% do PIB com prestações de saúde.

médico-hospitalar na esfera do subsistema da saúde privada por operadoras de planos de saúde[6].

Um dado da realidade ajuda a aprofundar tal compreensão. Segundo informações fornecidas pela Agência Nacional de Saúde Suplementar, em dezembro de 2011, os planos privados de assistência médica respondiam pela cobertura de 47.611.636 indivíduos, ou seja, aproximadamente 25% da população brasileira[7]. Os planos exclusivamente odontológicos possuíam 17.313.217 contratos, o que corresponde a 9,1% da população brasileira. O crescimento anual médio dos segurados entre 2003 e 2011 foi de 4,8%, muito superior ao revelado por outros setores da economia. Vale ressaltar que, atualmente, é por meio das operadoras de planos de saúde que os indivíduos pertencentes às classes menos abastadas conseguem ter acesso aos mais modernos tratamentos trazidos ao Brasil.

Está na tradição do direito brasileiro o reconhecimento de certas modalidades de serviços públicos que podem ser prestados pela iniciativa privada sem necessidade de concessão ou permissão, escapando, assim, à regra do artigo 175 da Carta[8]. Incluem-se nesse caso serviços de educação e saúde. A possibilidade de prestação dos serviços de saúde de natureza suplementar por agentes privados encontra-se estampada no artigo 199 da Constituição da República[9]. A natureza híbrida desses serviços – implementados por particulares, mas voltados ao interesse público – tem fomentado controvérsias quanto à aplicação de normas de ordem pública

6 SCHULMAN, Gabriel. *Planos de saúde*. 2009, p. 201. É importante distinguir, na visão do autor citado, entre a atuação da Administração Pública por intermédio da contratação de agentes privados, prevista no artigo 197 da Carta Federal, daquela realizada por conta própria dos particulares, autorizada no artigo 199 da Lei Maior. No primeiro caso, não está em jogo o setor de saúde suplementar.

7 Segundo Luciano Tadeu Telles, "Planos privados de assistência à saúde – Aspectos polêmicos à luz da Lei nº 9.656/98", *Repertório IOB de Jurisprudência* nº 6, 2ª Quinzena de março de 2000, p. 132: "Os planos foram constituídos inicialmente para a prestação de serviços médicos de menor complexidade (...). Todavia, com o passar dos anos, além dos atendimentos simples, considerando a manifesta ineficiência dos recursos disponibilizados pelo SUS, as empresas operadoras dos planos viram-se na obrigação de ampliar sua área de atuação, oferecendo serviços complexos e, indiretamente, assumindo a função inerente inicialmente ao Estado".

8 CF88: "Art. 175. Incumbe ao Poder Público, na forma da lei, diretamente ou sob regime de concessão ou permissão, sempre através de licitação, a prestação de serviços públicos". Sobre as diversas acepções de serviço público, confira-se Alexandre dos Santos Aragão, *Curso de direito administrativo*, 2012, pp. 360-363.

9 CF88: "Art. 199. A assistência à saúde é livre à iniciativa privada".

e à edição de leis e regras regulatórias que incidem sobre tais contratos, inicialmente de cunho privado.

Feita essa breve apresentação do tema, esclareço que, neste trabalho, serão abordados os seguintes pontos específicos alusivos ao setor de saúde complementar: o equilíbrio econômico-financeiro das operadoras e dos respectivos contratos de seguro-saúde bem como a segurança jurídica nesse campo. Considerada a sensibilidade do setor na quadra atual, são assuntos relevantíssimos, que têm sido diretamente afetados pelas discussões jurídicas empreendidas. Advirto o leitor que a contribuição não tem a pretensão de esgotar o assunto.

2. SEGURANÇA JURÍDICA NA SAÚDE SUPLEMENTAR

Segundo o pensamento clássico, o Direito atua na proteção de dois valores de elevada importância para a sociedade: justiça e segurança jurídica. A vida gregária pressupõe certeza e estabilidade. Ela não convive adequadamente com sobressaltos. O Estado existe para proporcionar a todos a almejada segurança. O preço – módico – que se paga por se viver em uma sociedade que se diga democrática é o respeito irrestrito às regras estabelecidas, que, se, de um lado, suscita interpretação, de outro, a prática não pode descambar para criar-se o critério do julgador de plantão. As pessoas precisam saber quais são os efeitos advindos, por exemplo, de um contrato de compra e venda, do casamento, do nascimento de um filho, da admissão em um emprego, da assunção de um cargo público, para que possam exercer tais atividades de maneira profícua.

A Constituição Federal está no ápice da pirâmide das normas jurídicas. Esse diploma, como também toda a legislação, pouco importando a envergadura, destina-se a preservar a dignidade da pessoa humana, que engloba tanto a natural como a jurídica, já que, corporificando a pessoa jurídica, há a própria pessoa natural. Na Carta da República, dois dispositivos versam a segurança como um direito do cidadão. O primeiro é o que contempla o rol das garantias constitucionais, existindo outras em preceitos diversos do artigo 5º. O segundo é o que trata dos direitos sociais – a consubstanciar o introito do artigo 7º no tocante aos direitos sociais –, o artigo 6º.

Consoante o artigo 5º, todos mostram-se iguais perante a lei, sem distinção de qualquer natureza, garantindo-se aos brasileiros e aos estrangeiros residentes no país a inviolabilidade do direito à vida, a liberdade, a igualdade, a segurança e a propriedade, nos termos consignados. Conforme o artigo 6º, são direitos sociais a educação, a saúde, o trabalho, a moradia, o lazer, a segurança – referência, mais uma vez, à segurança, no sentido largo, a alcançar tudo o que se requer para ter uma vida em sociedade sem sobressaltos e surpresas.

A previsão desses artigos encerra um princípio que tem, como todo e qualquer princípio, tríplice função. A informadora, junto ao Legislativo, a interpretativa, perante o artífice do Direito, aquele que deve, num ato de vontade, interpretar a norma, e, por fim, acima de tudo, a normativa. Celso Antônio Bandeira de Melo ressalta que infringir um princípio é a maior transgressão que pode ocorrer relativamente à ordem jurídica, sendo muito mais grave do que a inobservância de um preceito legal.

Que condição se destaca quando se fala em segurança jurídica? A irretroatividade da norma. Conserta-se para o futuro, não para o passado, tendo em conta a regência pretérita. Bem diz José Afonso da Silva que a lei vigora, vige, e produz efeitos para o futuro. Com a edição da lei, quer-se a certeza quanto ao que pode e não pode acontecer. Como afirmado, a lei sugere interpretação, e a interpretação é um ato de vontade que deve ser norteado pela ciência e, especialmente, pela formação humanística de quem a implementa. Afirmar-se-á que a Constituição Federal só prevê a irretroatividade no tocante a matéria tributária – já que tributo novo não pode incidir sobre fato gerador anterior, descabe modificação substancial de forma retroativa – e à lei penal – não se aplica retroativamente, a não ser para beneficiar o acusado.

Será que essas duas referências, em campos realmente sensíveis – o primeiro porque abre caminho à morte civil e o segundo por envolver a liberdade de ir e vir –, esgotam os temas em relação aos quais não pode a lei dispor sobre fatos – gênero – pretéritos? A resposta é desenganadamente negativa, a menos que os dispositivos citados, que encerram o princípio da segurança jurídica, sejam olvidados.

Há uma incompatibilidade manifesta entre segurança jurídica e retroatividade de nova lei, independentemente de ser esta comum ou ordinária, no bom sentido, ou complementar ou, até mesmo, se é uma emenda constitucional, já que a emenda constitucional deve ser editada à luz do que contido na Carta Federal, considerada a redação primitiva. Isso alcança também lei de ordem pública, com preceitos imperativos.

A norma é editada para viger de forma prospectiva, ulterior, e não para reger situações que foram formalizadas segundo a legislação da época. Então, sob pena de se adotar uma visão fascista, mostra-se impróprio cogitar de razões de Estado, cujo subjetivismo é maior. Causa perplexidade, em alguns casos, a existência de cláusula polivalente, que é a da reserva do possível. Atos do Estado são sempre possíveis, no que voltados ao bem-estar dos cidadãos em geral.

Cumpre acentuar a distinção entre o que é politicamente correto e o juridicamente correto. Sendo a função primária do Poder Judiciário aplicar o Direito, incumbe ao magistrado, encarregado de resolver conflitos sociais, buscar, dentro do arsenal de ferramentas jurídicas, aquelas que permitam efetuar leitura mais consentânea com a realização da justiça, sem deixar de ter em mente que mesmo as soluções heterodoxas precisam basear-se no Direito posto. A observância decorre do fato de as operadoras de planos de saúde viverem sob o risco do que se denomina "jurisprudência paternalista".

Sob esse rótulo, estão enquadradas decisões que implicam o afastamento dos limites de cobertura previstos nos contratos privados de assistência à saúde até quando são devidamente informados ao contratante, com clareza e destaque na redação – consoante determinação do Código de Defesa do Consumidor –, e adequados à contrapartida financeira devida por este. Em tais situações, entender que as operadoras são obrigadas a prestar *qualquer coisa de que o cliente necessite* acaba por levar à ruptura do equilíbrio econômico-financeiro dos referidos contratos, situação que, embora favoreça o indivíduo que pleiteou a intervenção judicial, pode prejudicar o universo de beneficiários do plano, caso a seguradora não possua condições financeiras de arcar com os custos.

Outra modalidade de jurisprudência paternalista é aquela que insiste em rever as formas e métodos de cálculos dos contratos privados de assistência à saúde. Legislação e decisões judiciais que promovam sérias interferências no campo da saúde suplementar tendem a afetar a necessária previsibilidade que norteia o setor, além de impactarem negativamente o cálculo atuarial. Compete ao julgador, sem dúvida, respeitadas as balizas da legislação e dos contratos, encontrar a interpretação que homenageie os princípios constitucionais, entre os quais se destaca o da dignidade da pessoa humana. Para além desses limites, corre-se o risco de gerar a ruptura do sistema em razão de desequilíbrios pontuais. A rigor, cumpre ao Estado fornecer, em caráter primário, as prestações de saúde mais complexas, pois financiado por meio de tributos arrecadados de toda a sociedade.

Também cabe tratar da segurança jurídica no setor sob a óptica dos beneficiários. Sobre o ponto, há que se fazer referência às disposições do artigo 13, cabeça e incisos II e III, da Lei nº 9.656/98. A primeira norma determina a renovação automática dos contratos a partir do vencimento do prazo inicial de vigência, vedada a cobrança de taxas renovatórias. O inciso II impede a suspensão ou a rescisão unilateral do contrato, excetuados os casos de fraude ou não-pagamento por período superior a sessenta dias, consecutivos ou não, nos últimos doze meses de vigência do contrato, desde que o consumidor seja comprovadamente notificado até o quinquagésimo dia de inadimplência. Por fim, o inciso III veda a suspensão do contrato quando o titular está internado. O legislador pretendeu proteger o indivíduo dos riscos passíveis de advir da rescisão unilateral ou da suspensão dos serviços, haja vista a importância da matéria[10].

Com essas considerações, passo a analisar, ainda que de modo breve, a casuística do Supremo Tribunal Federal. São dois os questionamentos recorrentes na jurisprudência do Tribunal, segundo revelado em pesquisa no respectivo repositório. O primeiro é alusivo à competência para legislar sobre planos de saúde. Sob o pretexto de editar normas concernentes à proteção do consumidor e à saúde, os Estados da Federação têm reiteradamente interferido no âmbito dos seguros-saúde. A prática já foi inúmeras vezes afastada pelo Supremo. O outro tema é relativo à retroatividade dos parâmetros revelados pela Lei nº 9.656/98.

Na Ação Direta de Inconstitucionalidade nº 1.595-8, relator ministro Nelson Jobim, buscava-se a declaração de inconstitucionalidade da Lei nº 9.495, de 4 de março de 1997, do Estado de São Paulo, que proibiu as operadoras de saúde suplementar de impor qualquer restrição quantitativa ou qualitativa aos serviços médicos requisitados pelos beneficiários do seguro-saúde no referido Estado. Previu, além disso, o implemento de severa multa, a incidir ante cada causa de inobservância. Figurou como requerente a Confederação Nacional do Comércio, que articulou a inconstitucionalidade formal da lei, por usurpação das competências privativas da União previstas no artigo 22, incisos I e VI, da Carta Federal, quais sejam, legislar sobre direito civil, comercial e política de seguros. Apontou ainda a violação ao artigo 192, segundo o qual a disciplina dos estabelecimentos de seguro deve vir em lei complementar, e aos incisos XXXVI e LIV do

10 Importante salienta que, no paradigma clássico oitocentista, as liberdades contratuais cingiam-se a três campos: (i) o objeto do contrato ("o que contratar"), (ii) a pessoa do contratado ("quem contratar") e (iii) o prazo do contrato ("se e quando contratar"). Com a crescente legislação interventiva estatal, essas liberdades vão sendo reduzidas até chegar a zero. No caso das operadoras de saúde, como se verificou no parágrafo, as opções são bem restritas, haja vista a importância para a coletividade. Sobre a evolução de paradigmas, v. João de Matos Antunes Varella, *Das obrigações em geral*, v. I, 200, p.

artigo 5º do Diploma Maior. O relator deferiu a liminar com fundamento na primeira premissa, no que foi acompanhado pelos demais Ministros, inclusive por mim, à exceção do Ministro Celso de Mello. O acórdão ficou assim ementado:

> Constitucional. Lei estadual que estabelece universalidade da cobertura por empresas privadas nos contratos de seguro saúde. Competência da União para legislar sobre direito civil e comercial. Art. 22, I, da CF. Impossibilidade em face do negócio jurídico sinalagmático. Liminar deferida.

A concentração da competência para legislar sobre os contratos de seguro-saúde na União Federal, consoante a jurisprudência assentada do Supremo, é importante porque restringe a matéria a uma só fonte normativa, incrementando a segurança jurídica[11].

Com a superveniência da Lei nº 9.656/98, que trouxe condições mais favoráveis aos beneficiários de seguro-saúde, em especial a explicitação das condições básicas do plano de referência, houve a pretensão de fazer aplicar tais normas aos contratos que já estavam em vigor anteriormente, consoante estampado no artigo 35 do diploma, com a redação atribuída pela Medida Provisória nº 1.730-7/98. O legislador buscou compelir as operadoras do segmento a ofertar aos clientes antigos novos contratos, contemplados pelo regramento da própria Lei nº 9.656/98. O relator assim externou o entendimento adotado:

> 54. As empresas operadoras de planos de saúde, constituídas anteriormente às regras estabelecidas nas duas normas questionadas nesta ação, já atuavam no mercado como prestadoras de serviços de assistência à saúde e, por isso mesmo, ainda que não regulamentadas especificamente suas atividades, funcionavam aos olhos da Administração Pública na forma da legislação civil. Portanto, do ponto de vista da sua constituição, não se trata de empresas que não possam ter suas atividades mercantis resguardadas pela lei.
>
> 55. Assim sendo, os contratos assinados com os consumidores antes da nova legislação não podem ser modificados pelas regras ora impostas, sob pena de violação ao princípio do direito adqui-

11 Ressalvados, obviamente, os atos regulatórios provenientes de Agência Nacional de Saúde Suplementar.

> rido e também ao ato jurídico perfeito – garantias protegidas pelo mandamento constitucional (CF, artigo 5º, inciso XXXVI).
>
> 56. Por isso, § 2º do artigo 10 da Medida Provisória 1.730/98, com as alterações introduzidas pela MP 1908-18/99, quando obriga os agentes da requerente, a partir de 3 de dezembro de 1999, a submeter **os atuais consumidores**, subscritores de contratos antigos, ao chamado plano-referência, viola o inciso XXXVI do artigo 5º da Constituição Federal.

Na apreciação da medida cautelar na Ação Direta de Inconstitucionalidade nº 1.931, relator ministro Maurício Corrêa, julgado em 21 de agosto de 2003, o Supremo assentou a impossibilidade de aplicação retroativa dos parâmetros revelados pela Lei nº 9.656/98. Eis a ementa confeccionada:

> AÇÃO DIRETA DE INCONSTITUCIONALIDADE. LEI ORDINÁRIA 9656/98. PLANOS DE SEGUROS PRIVADOS DE ASSISTÊNCIA À SAÚDE. MEDIDA PROVISÓRIA 1730/98. PRELIMINAR. ILEGITIMIDADE ATIVA. INEXISTÊNCIA. AÇÃO CONHECIDA. INCONSTITUCIONALIDADES FORMAIS E OBSERVÂNCIA DO DEVIDO PROCESSO LEGAL. OFENSA AO DIREITO ADQUIRIDO E AO ATO JURÍDICO PERFEITO. 1. Propositura da ação. Legitimidade. Não depende de autorização específica dos filiados a propositura de ação direta de inconstitucionalidade. Preenchimento dos requisitos necessários. 2. Alegação genérica de existência de vício formal das normas impugnadas. Conhecimento. Impossibilidade. 3. Inconstitucionalidade formal quanto à autorização, ao funcionamento e ao órgão fiscalizador das empresas operadoras de planos de saúde. Alterações introduzidas pela última edição da Medida Provisória 1908-18/99. Modificação da natureza jurídica das empresas. Lei regulamentadora. Possibilidade. Observância do disposto no artigo 197 da Constituição Federal. 4. Prestação de serviço médico pela rede do SUS e instituições conveniadas, em virtude da impossibilidade de atendimento pela operadora de Plano de Saúde. Ressarcimento à Administração Pública mediante condições preestabelecidas em resoluções internas da Câmara de Saúde Complementar. Ofensa ao devido processo legal. Alegação improcedente. Norma programática pertinente à realização de políticas públicas. Conveniência da manutenção da vigência da norma impugnada. 5. Violação ao direito adquirido e ao ato jurídico perfeito. Pedido de inconstitucionalidade do artigo 35,

caput e parágrafos 1o e 2o, da Medida Provisória 1730-7/98. Ação não conhecida tendo em vista as substanciais alterações neles promovida pela medida provisória superveniente. 6. Artigo 35-G, caput, incisos I a IV, parágrafos 1o, incisos I a V, e 2o, com a nova versão dada pela Medida Provisória 1908-18/99. Incidência da norma sobre cláusulas contratuais preexistentes, firmadas sob a égide do regime legal anterior. Ofensa aos princípios do direito adquirido e do ato jurídico perfeito. Ação conhecida, para suspender-lhes a eficácia até decisão final da ação. 7. Medida cautelar deferida, em parte, no que tange à suscitada violação ao artigo 5º, XXXVI, da Constituição, quanto ao artigo 35-G, hoje, renumerado como artigo 35-E pela Medida Provisória 1908-18, de 24 de setembro de 1999; ação conhecida, em parte, quanto ao pedido de inconstitucionalidade do § 2º do artigo 10 da Lei 9656/1998, com a redação dada pela Medida Provisória 1908-18/1999, para suspender a eficácia apenas da expressão "atuais e". Suspensão da eficácia do artigo 35-E (redação dada pela MP 2177-44/2001) e da expressão "artigo 35-E", contida no artigo 3o da Medida Provisória 1908-18/99.

O Supremo tem, de modo uniforme e constante, rechaçado as tentativas de fazer retroagir a legislação setorial, seja em prejuízo ou em benefício dos contratantes. Conforme asseverado, as leis devem vigorar para o futuro.

Sob a sistemática da repercussão geral, há três teses pendentes de julgamento no Tribunal. No Recurso Extraordinário nº 578.801, relatora ministra Cármen Lúcia, discute-se a aplicação retroativa de leis sobre planos de saúde aos contratos firmados antes da vigência, à luz do artigo 5º, inciso XXXVI, da Constituição da República. Como visto, a matéria foi objeto de pronunciamento do Plenário, mas no campo precário e efêmero da medida acauteladora.

No Recurso Extraordinário nº 597.064, relator ministro Gilmar Mendes, versa-se o ressarcimento ao Sistema Único de Saúde – SUS das despesas com atendimento de pacientes beneficiários de planos privados de saúde, consoante determinado pelo artigo 32 da Lei nº 9.656/1998. Esse ponto, apesar de não integrar este trabalho, consiste em importante questão envolvendo o marco legal do setor de saúde suplementar. Por fim, no Recurso Extraordinário nº 630.582, relatora ministra Rosa Weber, discute-se a aplicação da Lei nº 10.741/2003 – Estatuto do Idoso – aos contratos formalizados antes da respectiva vigência, no que veda a majoração dos prêmios em razão da modificação da faixa etária.

3. EQUILÍBRIO ECONÔMICO-FINANCEIRO NA SAÚDE SUPLEMENTAR

O sistema de prestação de saúde suplementar, embora fundamente-se no artigo 199 da Carta, está regulamentado na Lei nº 9.656/1998, de cunho federal, ainda em vigor. Segundo as regras previstas no marco legal do setor de saúde suplementar, a higidez financeira das operadoras de plano de saúde mostra-se fundamental. A razão é óbvia: como os contratos de seguro-saúde envolvem situações em que o indivíduo encontra-se fragilizado, porque convalescente, seria extremamente grave a impossibilidade de obter a cobertura médica previamente contratada por falta de recursos financeiros da operadora. Na vida cotidiana, normalmente, as pessoas contribuem por longos períodos até que façam uso do plano de saúde. Seria injusto que, após tal lapso, não pudessem gozar dos benefícios advindos dessa modalidade de seguro.

Com efeito, nos termos do artigo 8º, inciso VI, da Lei nº 9.656/1998[12], um dos requisitos para autorizar as operadoras a funcionar é a viabilidade econômico-financeira dos respectivos planos de assistência à saúde. Sem isso, revela-se imprópria a citada autorização. A norma de ordem pública volta-se ao resguardo da coletividade, consoante assinalado anteriormente. Além disso, o § 4º do artigo 9º da lei autoriza o órgão regulador – a Agência Nacional de Saúde Suplementar – a promover a suspensão de planos ou produtos, caso se verifique o desequilíbrio econômico-financeiro[13].

Inequivocamente, a possibilidade de suspensão das atividades dos planos exorbita do regime atinente à iniciativa privada bem como demonstra a importância do equilíbrio econômico-financeiro das operadoras e dos planos. O artigo 22 prevê a realização de auditorias independentes sobre as contas

---

12 Art. 8º. Para obter a autorização de funcionamento, as operadoras de planos privados de assistência à saúde devem satisfazer os seguintes requisitos, independentemente de outros que venham a ser determinados pela ANS: (...) VI - demonstração da viabilidade econômico-financeira dos planos privados de assistência à saúde oferecidos, respeitadas as peculiaridades operacionais de cada uma das respectivas operadoras;

13 Art. 9º. Após decorridos cento e vinte dias de vigência desta Lei, para as operadoras, e duzentos e quarenta dias, para as administradoras de planos de assistência à saúde, e até que sejam definidas pela ANS, as normas gerais de registro, as pessoas jurídicas que operam os produtos de que tratam o inciso I e o § 1o do art. 1o desta Lei, e observado o que dispõe o art. 19, só poderão comercializar estes produtos se: (...) § 4º. A ANS poderá determinar a suspensão temporária da comercialização de plano ou produto caso identifique qualquer irregularidade contratual, econômico-financeira ou assistencial.

das operadoras de planos de saúde[14]. O resultado dessas análises é objeto de publicação, nos mesmos moldes a que estão submetidas as companhias de capital aberto. Em situações mais graves, admite-se até mesmo a intervenção nas empresas, com o propósito de contornar a má gestão. A Lei nº 9.656/98 afastou as seguradoras de saúde do regime tradicional falimentar, atualmente disciplinado pela Lei nº 11.101/2005[15], para versar, em substituição, o regime de liquidação extrajudicial[16]. Como se percebe, a legislação setorial indica grande preocupação com a saúde financeira desses agentes.

No campo regulatório, a Agência Nacional de Saúde Suplementar tem por obrigação zelar pelos aspectos econômicos-financeiros alusivos às operadoras de saúde, presentes as orientações do Conselho de Saúde Suplementar – CONSU, consoante o artigo 35-A, inciso IV, alínea "a", da Lei nº 9.656/98. A Resolução Normativa nº 227/2010, por exemplo, cuida da constituição, vinculação e custódia de ativos garantidores das provisões técnicas, às quais estão obrigadas as operadoras. A reserva objetiva assegurar a existência de liquidez e capacidade financeira para cobrir os eventuais sinistros.

A higidez financeira dessas empresas está diretamente ligada ao conceito de equilíbrio econômico-financeiro dos contratos de seguro-saúde. A noção de seguro – um contrato aleatório – pressupõe o justo equilíbrio entre o prêmio pago pelos beneficiários e a taxa de verificação de sinistros. É um cálculo de cunho atuarial que ajuda a evitar o distanciamento entre eles, sendo certo que o volume de recursos arrecadados deve ser superior aos custos decorrentes do pagamento de serviços médicos, sob pena de inviabilidade econômica da operadora e do respectivo plano. Para tanto, faz-se necessário, de um lado, que o prêmio pago pelos beneficiários seja suficiente ao funcionamento do sistema e, de outro, no caso das operadoras

---

14 Art. 22. As operadoras de planos privados de assistência à saúde submeterão suas contas a auditores independentes, registrados no respectivo Conselho Regional de Contabilidade e na Comissão de Valores Mobiliários - CVM, publicando, anualmente, o parecer respectivo, juntamente com as demonstrações financeiras determinadas pela Lei no 6.404, de 15 de dezembro de 1976.

15 Esta lei, de maneira sistemática, afastou expressamente as operadoras de plano de assistência à saúde do regime que institui. Confira-se: "Art. 2º Esta Lei não se aplica a: (...) II – instituição financeira pública ou privada, cooperativa de crédito, consórcio, entidade de previdência complementar, **sociedade operadora de plano de assistência à saúde**, sociedade seguradora, sociedade de capitalização e outras entidades legalmente equiparadas às anteriores". (negrito acrescentado)

16 É semelhante ao que ocorre com as instituições financeiras, consoante previsão do artigo 15 da Lei nº 6.024/74.

que exploram tal objeto de modo lucrativo, que proporcionem algum retorno na realização do empreendimento empresarial.

O artigo 16, inciso XI, da Lei nº 9.656/98 determina que constem, com clareza, nos contratos, os critérios de reajuste e revisão das contraprestações pecuniárias[17]. Consoante lição doutrinária já consolidada, o reajuste ocorre de modo anual e está ligado à recomposição das perdas inflacionárias[18]. A discussão, nesse ponto, é o índice aplicável, se aqueles oficiais, que medem a inflação geral, ou os específicos, que traduzem a inflação do setor médico-hospitalar[19]. Como anteriormente afirmado, o acréscimo no preço dos insumos utilizados em prestações de saúde fica, quase sempre, em patamares superiores aos dos demais produtos, daí a pertinência da questão. Novamente, a solução deve vir estampada no contrato de seguro, pois não compete ao Judiciário, por regra geral, substituir a vontade das partes na definição desse elemento essencial.

O cálculo do reajuste encontra-se disciplinado na Resolução Normativa nº 171/2008, observável nos contratos celebrados sob a égide da Lei nº 9.656/98. Para os anteriores, o percentual será estipulado pela Agência Nacional de Saúde Suplementar, a teor do § 2º do artigo 12 da referida resolução.

A segunda possibilidade de majoração em favor da operadora é a revisão técnica, resultante de aumento excepcional na sinistralidade, que poderá gerar desequilíbrios na operadora e, assim, comprometer a liquidez e solvência, requisitos necessários ao funcionamento do plano. Imagine-se situação na qual uma calamidade pública gere prejuízos de elevada monta à operadora, quando caberá modificar o prêmio cobrado para recomposição do equilíbrio atuarial. Os pressupostos alusivos à revisão devem estar previstos no contrato e sujeitam-se ao controle de abusividade pelo Poder Judiciário, realizado com fundamento no Código de Defesa do Consumidor.

Ainda a respeito do tema, cumpre a menção à problemática dos subsídios cruzados, que vem a ensejar o conflito intergeracional nos planos de saúde. O assunto entrou na ordem do dia – como visto, houve o reconhecimento da repercussão geral – com o advento do Estatuto do Idoso, mas antes já era objeto de questionamento judicial. O § 3º do artigo 15 da referida lei

17 Art. 16. Dos contratos, regulamentos ou condições gerais dos produtos de que tratam o inciso I e o § 1º do art. 1º desta Lei devem constar dispositivos que indiquem com clareza: (...) XI - os critérios de reajuste e revisão das contraprestações pecuniárias.

18 É oportuno mencionar a Lei nº 9.069/95 – Lei do Plano Real – que versa exatamente a impossibilidade de correção monetária em período inferior.

19 Sobre o tema, v. FERRON, Fabiana. *Planos privados de assistência à saúde*. 2002, pp. 83-84.

vedou a cobrança de valores diferenciados em razão da idade no caso dos planos de saúde[20]. Isso porque a tendência verificada é que as pessoas de faixa etária avançada façam maior uso dos serviços médicos, conduzindo, assim, à cobrança de prêmios mais elevados. Questiona-se exatamente essa prática, que, muitas vezes, tem por resultado a inviabilização da continuidade do indivíduo no respectivo plano. Para evitar o aumento, pode-se cogitar da cobrança de prêmios maiores de pessoas mais jovens. O problema é que uma geração estará subsidiando outra.

4. CONCLUSÕES

1. Ante a deficiência do Estado, o plano de saúde tornou-se condição básica para levar-se vida mais tranquila. Atualmente, aproximadamente 35% da população brasileira possui alguma cobertura no campo da saúde suplementar, sendo certo que o setor vem crescendo à taxa de 4,8% ao ano. A explosão no número de contratos foi acompanhada do crescimento da litigância sobre a matéria, a revelar a necessidade de um marco legal e regulatório claro, objetivo e eficiente.

2. A segurança jurídica é essencial à manutenção do mercado de seguros de saúde. Por isso, cabe ao Poder Judiciário zelar pela aplicação das normas sobre direitos do consumidor, mas sem caminhar para o paternalismo jurídico ou a equiparação entre o Sistema Único de Saúde e o setor de saúde suplementar, segmentos que, embora atuantes na mesma seara, submetem-se a regimes jurídicos próprios.

3. A viabilidade financeira das operadoras de planos de saúde é indispensável para que o funcionamento seja autorizado. Por consequência, deve-se preservar o equilíbrio econômico-financeiro dos contratos que disciplinam as obrigações atinentes às partes. Isso inclui o respeito – tanto pelas operadoras quanto pelos beneficiários – às regras alusivas aos reajustes e às revisões contratuais bem como aos limites da cobertura passíveis de negociação.

20 Art. 15. É assegurada a atenção integral à saúde do idoso, por intermédio do Sistema Único de Saúde – SUS, garantindo-lhe o acesso universal e igualitário, em conjunto articulado e contínuo das ações e serviços, para a prevenção, promoção, proteção e recuperação da saúde, incluindo a atenção especial às doenças que afetam preferencialmente os idosos. (...) § 3º É vedada a discriminação do idoso nos planos de saúde pela cobrança de valores diferenciados em razão da idade.

3

AS RESERVAS LEGAIS FLORESTAIS E O DIREITO DE PROPRIEDADE

1. INTRODUÇÃO

O tema "gestão ambiental privada" envolve a participação de indivíduos e da sociedade nas ações de proteção e preservação do meio ambiente. Importante definir quais instrumentos devem ser utilizados, assim como quais restrições devem ser suportadas, a fim de os cidadãos cumprirem a obrigação de atuar em favor de um meio ambiente ecologicamente equilibrado. Como direito de todos, a manutenção do ecossistema é também dever de todos em favor das gerações do presente e do futuro. Há essa ambivalência considerado o indivíduo como titular do direito e, ao mesmo tempo, destinatário dos deveres de proteção.

Quanto a se fazer presente essa via de mão dupla, não existe nem deve existir controvérsia. O dever geral de favorecer o meio ambiente é indisputável. A problemática reside em saber o nível de sacrifício que os indivíduos podem e devem suportar para tornar efetivo o direito: além de servir de instrumento de coerção voltado à promoção e à proteção do meio ambiente, o Direito pode oferecer reparação aos indivíduos que sofrerem determinadas restrições? A circunstância de coexistirem direitos e deveres fundamentais é suficiente para afastar essa possibilidade? A discussão revela aspecto metodológico dos mais contemporâneos: o conflito de direitos – posições – fundamentais.

Este texto ocupa-se de questão dessa natureza. Investigo a relação entre o direito-dever fundamental ao meio ambiente sadio e ecologicamente equilibrado e o direito fundamental de propriedade dos indivíduos que são, no tocante ao primeiro, concomitantemente, beneficiários e sujeitos passivos de obrigações. Restrições à exploração da propriedade em favor da segurança do meio ambiente, embora constitucionalmente permitidas, geram aos titulares algum direito de reparação? O fato de serem obrigados a participar do projeto constitucional de preservação do meio ambiente e deste serem, ao mesmo tempo, favorecidos, exclui dos proprietários o direito de obter indenizações em razão de sacrifícios impostos à exploração de imóveis e terras?

Desenvolvo o tema tendo como campo de aplicação a legislação brasileira – os "Códigos Florestais" de ontem e de hoje – acerca da constituição de *reservas legais florestais.* O texto possui a seguinte estrutura: (1) trato da noção de proteção e preservação do meio ambiente como direito-dever fundamental consagrado na Carta de 1988; (2) descrição do conceito e da evolução legislativa das reservas legais florestais, destacando as restrições sobre o exercício do direito de propriedade; (3) abordagem da constitucionalidade, em abstrato, da instituição das reservas legais; (4) realização do esforço de conciliar o dever de proteção ao meio ambiente com o direito de propriedade considerado o estabelecimento de reserva legal e a possibilidade de indenização ante as restrições estabelecidas. Por fim, (5) conclusões.

2. O DIREITO-DEVER FUNDAMENTAL AO MEIO AMBIENTE EQUILIBRADO

O artigo 225 da Carta Federal assegura o direito ao meio ambiente sadio e equilibrado. Cuida-se de direito fundamental de terceira geração, fundado a partir dos valores solidariedade e fraternidade que devem permear as relações entre os povos e indivíduos desta e das gerações vindouras, de caráter coletivo ou difuso, dotado "de altíssimo teor de humanismo e universalidade"[1], que a todos pertence e também a todos obriga, daí por que encerrar verdadeiro *direito-dever fundamental.*[2] Esse ponto é de alta importância: o direito aproveita ao ser humano considerado tanto em individualidade como

---

1 BONAVIDES, Paulo. **Curso de Direito Constitucional.** 11ª ed. São Paulo: Malheiros, 2001, p. 523.

2 CRUZ, Branca Martins da. Importância da Constitucionalização do Direito ao Ambiente. In: BONAVIDES, Paulo, *et all* (Orgs.). **Estudos de Direito Constitucional em Homenagem a Cesar Asfor Rocha.** Rio de Janeiro: Renovar, 2009, p. 202.

em coletividade, havendo de ser compreendido como bem maior, imprescindível à sobrevivência, valor ético fundamental da humanidade, de modo que a proteção não pode caber apenas ao Estado, mas a todos.

Em diferentes oportunidades, o Supremo concretizou o direito na forma em que previsto na Carta. O Tribunal, no Recurso Extraordinário nº 153.531/SC, Segunda Turma, relator ministro Francisco Rezek, acórdão por mim redigido, validou a proibição, no Estado de Santa Catarina, da denominada "Festa da Farra do Boi". Aqueles que defenderam a manutenção do evento afirmaram ser uma manifestação popular, de caráter cultural, entranhada na sociedade daquela região. Os que a impugnaram anotaram a crueldade intrínseca contra os animais bovinos, que eram tratados "sob vara" durante o "espetáculo". O relator assentou a inconstitucionalidade da prática, destacando a maldade a que eram submetidos os animais. Também assim votei, asseverando não se tratar "de uma manifestação cultural que mereça o agasalho da Carta da República", mas de crueldade ímpar, onde pessoas buscam, a todo custo, "o próprio sacrifício do animal", ensejando a aplicação do inciso VII do artigo 225.[3] Controvérsia análoga foi resolvida no mesmo sentido, consideradas leis estaduais declaradas inconstitucionais porque favoreciam o costume popular denominado de "briga de galos".[4]

Vê-se, portanto, ser comum o confronto do direito ao meio ambiente com outros direitos fundamentais igualmente difusos, como o direito às manifestações culturais enquanto expressão da pluralidade, de que trata o artigo 215 do Diploma Maior. Em ambos os casos, o comportamento decisório do Supremo foi no sentido de dar preferência ao interesse na proteção do meio ambiente. Há também decisões do Supremo envolvendo conflitos com liberdades individuais fundamentais clássicas como a livre iniciativa e o próprio direito de propriedade.

No julgamento do Mandado de Segurança nº 25.284, de minha relatoria,[5] alusivo à criação da "Reserva Extrativista Verde para Sempre", envolvidas desapropriações de inúmeras propriedades rurais, depois de afirmar que "todos têm direito ao meio ambiente ecologicamente equilibrado, bem de uso comum do povo e essencial à sadia qualidade de vida," o qual impõe "ao poder público e à coletividade o dever de defendê-lo e de preservá-lo para

[3] STF – 2ª T., RE 153.531/SC, Rel. Min. Francisco Rezek, acórdão por mim redigido, j. 3/6/1997, DJ 13/13/1998.

[4] STF – Pleno, ADI 2.514/SC, Rel. Min. Eros Grau, j. 29/6/2005, DJ 9/12/2005; STF – Pleno, ADI 1.856/RJ, Rel. Min. Celso de Mello, j. 26/5/2011, DJ 14/10/2011.

[5] STF – Pleno, MS 25.284/DF, de minha relatoria, j. 17/6/2010, DJ 13/8/2010.

as presentes e futuras gerações", apontei que, ante o disposto no artigo 225, "conflito entre os interesses individual e coletivo resolve-se a favor deste último". Defendi a possibilidade, no caso concreto, de mitigação do direito de propriedade, o qual não se revela absoluto.[6] Tal mitigação, contudo, não afastou o direito de indenização constitucionalmente assegurado aos produtores rurais que tiveram as terras desapropriadas.

Foi com base nas mesmas premissas que a maioria do Tribunal, na Arguição de Descumprimento de Preceito Fundamental nº 101/DF, relatora ministra Cármen Lúcia, assentou a proibição de importar pneus usados ou remodelados. Votei vencido, não por olvidar a relevância do direito coletivo, mas por entender, ante as dúvidas sobre os efeitos verdadeiramente nocivos da importação questionada e a restrição à livre iniciativa, que a matéria deveria ser definida exclusivamente pelo Congresso Nacional por meio de edição de lei em sentido formal e material.[7]

No âmbito da ponderação de direitos e valores, fica claro que o Tribunal vem interpretando, presentes conflitos inevitáveis, as normas e os fatos de forma mais favorável à proteção ao meio ambiente, demostrando preocupação maior com a manutenção, em prol dos cidadãos de hoje e de amanhã, das condições ecologicamente equilibradas para uma vida mais saudável e segura. Claro, mesmo preocupação de tal nível não pode implicar desprezo aos direitos fundamentais conflitantes. Ao assentar a preservação ao meio ambiente, o Tribunal deve, em alguma medida, considerar também os indivíduos e o grau de sacrifício imposto aos direitos destes. A necessidade de harmonia torna-se especialmente relevante quanto ao estabelecimento das chamadas reservas legais florestais.

3. CONCEITO E EVOLUÇÃO LEGISLATIVA DA RESERVA LEGAL FLORESTAL

A reserva legal – também denominada *reserva legal florestal* ou *reserva de biodiversidade*, assim designada para evitar confusão com a reserva de lei relacionada ao princípio da legalidade – consiste em área no interior de propriedade ou posse rural, diferente da Área de Preservação Permanente, necessária ao uso sustentável dos recursos naturais, à conservação e

---

6 Essa premissa não afasta a possibilidade de aplicação do princípio da insignificância nos crimes ambientais: STF – Pleno, AP 439/SP, de minha relatoria, Rev. Min. Gilmar Mendes, j. 12/6/2008, DJ 13/2/2009.

7 STF – Pleno, ADPF 101/DF, Rel.ª Min.ª Cármen Lúcia, j. 24/6/2009, DJ 4/6/2012.

reabilitação dos processos ecológicos, à conservação da biodiversidade e ao abrigo e proteção de fauna e flora nativas. Trata-se, portanto, de restrição ao exercício da propriedade em favor da proteção do meio ambiente.

O instrumento adentrou o Direito brasileiro sob a vigência do Decreto nº 23.793, de 23 de janeiro de 1934, primeiro Código Florestal. O Código pretérito qualificou as florestas existentes no território nacional como bens de interesse comum a todos os cidadãos, estabelecendo, a fim de protegê-las, restrição parcial ao desmatamento no tocante às florestas de propriedade privada. Previa o referido diploma:

> Art. 23. Nenhum proprietário de terras cobertas de mattas poderá abater mais de três quartas partes da vegetação existente, salvo o disposto nos arts. 23 e 31 e 52.
>
> [...]
>
> § 2º. Antes de iniciar a derrubada, com a antecedência mínima de 30 dias, o proprietario dará sciencia de sua intenção à autoridade competente, a fim de que esta determine a parte das mattas que será conservada. (***sic***)

A partir do Decreto nº 23.793, de 1934, permitiu-se o desbaste de matas privadas, limitado a três quartos da cobertura florestal, desde que cientificada a Administração Pública para delimitar a porção que deveria ser preservada. Saliento que a disciplina se mostrou restrita às florestas em propriedade privada, porquanto as florestas públicas estavam, e continuam, sujeitas a tratamento diverso.

A regência progrediu com o advento da Lei nº 4.771, de 15 de setembro de 1965 – Código Florestal de 1965 –, a qual trouxe novos limites para a derrubada de florestas de domínio privado, com percentuais variáveis segundo o bioma no qual localizadas. Importante salientar que a proteção estampada no artigo 16, com a redação então em vigor, somente se estendia às propriedades rurais onde houvesse floresta, nada constando a respeito dos demais tipos de vegetação. Eis o teor do Código, na redação original:

> Art. 1º As florestas existentes no território nacional e as demais formas de vegetação, reconhecidas de utilidade às terras que revestem, são bens de interesse comum a todos os habitantes do País, exercendo-se os direitos de propriedade, com as limitações que a legislação geral e especialmente esta Lei estabelecem.
>
> [...]

> Art. 16 As florestas de domínio privado, não sujeitas ao regime de utilização limitada e ressalvadas as de preservação permanente, previstas nos artigos 2º e 3º desta lei, são suscetíveis de exploração, obedecidas as seguintes restrições:
>
> a) nas regiões Leste Meridional, Sul e Centro-Oeste, esta na parte sul, as derrubadas de florestas nativas, primitivas ou regeneradas, só serão permitidas, desde que seja, em qualquer caso, respeitado o limite mínimo de 20% da área de cada propriedade com cobertura arbórea localizada, a critério da autoridade competente.

A Lei nº 7.803, de 18 de julho de 1989, acrescentou dois parágrafos ao artigo 16 do Código Florestal, assim o fazendo para prever a averbação da reserva legal na inscrição de matrícula do imóvel rural e estender a proteção legal às áreas de cerrado. Com a Medida Provisória nº 1.956-50, sucessivamente reeditada até a consolidação na Medida Provisória nº 2.166-66 em 24 de agosto de 2001, houve importantes modificações, incluída a majoração da reserva legal em percentuais variados, a depender do bioma em que situada a propriedade privada. Aumentou-se, assim, a restrição à liberdade de uso da terra.

No imóvel rural situado na Amazônia Legal, a área de reserva de biodiversidade foi fixada em 80%. Nas propriedades em área de cerrado na Amazônia Legal, o percentual é de 35%, sendo no mínimo 20% na propriedade específica e 15% por meio de compensação de outro terreno localizado na mesma microbacia. Por fim, 20% nas áreas assentadas em florestas ou em outras formas de vegetação bem como nos campos gerais do restante do país. Em todos os casos, o § 5º do artigo 16 confere à Administração Pública o poder de alterar os percentuais da reserva legal em até a metade, ouvidos certos órgãos e se assim indicarem os zoneamentos ecológico-econômico e o agrícola.

Importante destacar a previsão no § 6º do aludido dispositivo. Segundo a norma, a regra geral era a de não inclusão da Área de Preservação Ambiental no cálculo dos mencionados percentuais para efeito de dimensionamento da reserva legal. Contudo, tal cômputo poderia ser autorizado pela autoridade ambiental desde que o benefício não implicasse conversão de novas áreas para o uso alternativo do solo e quando a soma da vegetação nativa em área de preservação permanente e reserva legal excedesse a: oitenta por cento da propriedade rural localizada na Amazônia Legal; cinquenta por cento da propriedade rural situada nas demais regiões do País; e vinte e cinco por cento da pequena propriedade definida pelas alíneas "b" e "c" do inciso I do § 2º do artigo 1º da mesma lei. O propósito do legislador foi, claramente, o de evitar a inviabilidade econômica da exploração da terra pelo produtor rural, considerando conjuntamente os dois institutos – Área de Preservação Ambiental e reserva legal florestal – em torno do mesmo efeito protetivo.

A incidência da reserva florestal sobre determinado imóvel implica, como principal obrigação negativa, a impossibilidade de supressão da cobertura vegetal e o manejo da área somente segundo regime próprio, de caráter sustentável, a ser disciplinado por regulamento administrativo. É o disposto no § 2º do artigo 16 do Código:

> § 2º A vegetação da reserva legal não pode ser suprimida, podendo apenas ser utilizada sob regime de manejo florestal sustentável, de acordo com princípios e critérios técnicos e científicos estabelecidos no regulamento, ressalvadas as hipóteses previstas no § 3º deste artigo, sem prejuízo das demais legislações específicas.

Para o caso de a área destinada à reserva legal já ter sido desmatada, a medida provisória previu obrigações variadas de recomposição da vegetação original – incisos I a III do artigo 44. Assim, pode o proprietário ou possuidor do bem optar por (i) efetuar o plantio de espécies nativas de no mínimo 10% da área total necessária a cada três anos, o que significa a completa reconstituição de área desmatada no prazo máximo de trinta anos, (ii) conduzir a regeneração natural da reserva legal ou (iii) compensar a reserva valendo-se de outra área equivalente em importância ecológica e extensão. Em síntese, são obrigações de compensação, recomposição e regeneração de florestas privadas que foram impostas aos proprietários e possuidores rurais a partir do advento da medida provisória em questão.

A Lei nº 7.803, de 1989, assim como a Medida Provisória nº 2.166-66, de 2001, foram revogados pelo intitulado Novo Código Florestal Brasileiro – a Lei nº 12.651, de 25 de maio de 2012 –, ato envolto em muitas disputas dentro e fora do Congresso e objeto de generosos vetos da Presidência da República.[8] Não houve alterações gerais estruturais significativas, apenas pontuais, embora polêmicas.

---

8 Em polêmica atitude, realizados os vetos, a Presidente Dilma Roussef editou, no mesmo dia em que publicada a nova lei, 28 de maio de 2012, a Medida Provisória nº 571, por meio da qual disciplinou os itens obstados.

Os percentuais da reserva foram mantidos no artigo 12 do novo diploma legal, vindo a ser alvo de severas críticas por parte dos ambientalistas a previsão contida no artigo 15, por meio da qual o cômputo da Área de Preservação Ambiental no cálculo da reserva legal foi bastante facilitado. As condições quantitativas foram mantidas, porém, a inclusão não mais depende de autorização administrativa, bastando, para tanto, que o proprietário ou o possuidor tenha requerido a inclusão do imóvel no denominado Cadastro Ambiental Rural – CAR.

Quanto ao regime de proteção da reserva legal, no artigo 17, foi mantida a obrigatoriedade de conservação "com cobertura de vegetação nativa pelo proprietário do imóvel rural, possuidor ou ocupante a qualquer título, pessoa física ou jurídica, de direito público ou privado". Nos termos do § 1º deste artigo, a exploração econômica da reserva legal é admitida apenas mediante o manejo sustentável, devendo o correspondente projeto de uso ser previamente aprovado por órgão que compõe o denominado Sistema Nacional do Meio Ambiente – Sisnama. Consoante o § 2º, os procedimentos de elaboração, análise e aprovação de exploração devem ser mais simples em favor dos produtores em regime de economia familiar. O artigo 66 manteve as regras transitórias, previstas anteriormente, estabelecedoras de instrumentos de compensação ambiental para o caso de produtores não possuírem reserva nos percentuais constantes do citado artigo 12.

Foi objeto de severas críticas por parte dos ambientalistas, todavia, a dispensa contida na nova lei quanto à obrigatoriedade da averbação da reserva legal na matrícula do imóvel. A previsão agora é de faculdade, caso seja feito o registro prévio no já aludido Cadastro Ambiental Rural – CAR. É o que dispõe o artigo 18, § 4º, do Novo Código Florestal:

> Artigo 18. A área de Reserva Legal deverá ser registrada no órgão ambiental competente por meio de inscrição no CAR de que trata o art. 29, sendo vedada a alteração de sua destinação, nos casos de transmissão, a qualquer título, ou de desmembramento, com as exceções previstas nesta Lei.
>
> [...]
>
> § 4º O registro da Reserva Legal no CAR desobriga a averbação no Cartório de Registro de Imóveis.

Assim exposta a evolução legislativa, resta examinar a compatibilidade da reserva florestal com o texto constitucional. Seria tal restrição consentânea com os ditames maiores? Como passo a desenvolver no tópico seguinte, a resposta é desenganadamente positiva.

4. CONSTITUCIONALIDADE DA RESERVA LEGAL FLORESTAL

Revela-se inegável a importância da reserva legal florestal enquanto específico instrumento de proteção do meio ambiente, considerada a redação do inciso III do § 1º do artigo 225 da Carta da República. Como desenvolvido no tópico 1 deste trabalho, o constituinte impôs ao poder público e à coletividade o correlato dever de preservação e conservação dos bens ambientais. Não é preciso sequer recorrer ao conhecimento científico ou mesmo às leis sobre o tema – e não são poucas – para concluir pela necessidade dessa prática, especialmente no que se refere às diversas espécies de vegetação existentes no território nacional. Falam por si as sucessivas catástrofes naturais recentemente vividas, as quais indicam a mudança climática decorrente das condutas agressivas à natureza.

A reserva florestal dá concretude às obrigações assumidas pela República Federativa do Brasil em tratados internacionais. Entre eles, cito o comentado Protocolo de Quioto, internalizado pelo Decreto nº 5.445, de 12 de maio de 2005, no qual o Estado brasileiro se comprometeu a adotar práticas sustentáveis de manejo florestal e reflorestamento. Permitir o desmatamento desmesurado de áreas como a Floresta Amazônica, o Pantanal e o que sobrou da Mata Atlântica significa olvidar as obrigações assumidas no plano internacional.

Não há que se cogitar de os deveres listados nos incisos do § 1º do mencionado artigo 225 dirigirem-se exclusivamente ao Estado. Nas palavras do ministro Eros Grau, o direito não se interpreta em tiras. Há que se observar a cabeça do artigo 225, a direcionar a proteção do meio ambiente equilibrado também à coletividade. A tutela ambiental cabe, mutuamente, aos cidadãos em geral e ao Poder Público. Por essa razão, os bens que, apesar de privados, têm especial relevância ambiental vêm sendo qualificados pela doutrina como bens privados de interesse público, que se submetem à disciplina mais rígida de polícia, intervenção e disponibilidade.[9]

Não subsiste qualquer alegação de desproporcionalidade da extensão das medidas restritivas de proteção. Descabe ao Poder Judiciário, que não é órgão de natureza técnico-científica em matéria ambiental, analisar as necessidades e o grau de proteção do meio ambiente, salvo flagrante violação ao texto constitucional. A sintonia fina resultante da ponderação entre desenvolvimento econômico e preservação ambiental é decisão política da

9 GIANINNI, Massimo Severo Gianinni. *Diritto pubblico dell'economia.* Milão: Guiffrè, 1977, p. 130.

sociedade, a ser tomada com base em estudos científicos públicos e confiáveis, cuja realização última depende dos representantes democraticamente eleitos, e não do Poder Judiciário. Há de se privilegiar a capacidade institucional do Legislativo.

O meio ambiente tem sido qualificado como um "macrobem". Ele não se resume à água, ao ar ou à vegetação. Engloba todas as coisas em conjunto. Segundo o mestre José Afonso da Silva, são recursos ambientais "a atmosfera, as águas interiores, superficiais e subterrâneas, os estuários, o mar territorial, o solo, o subsolo e os elementos da biosfera, a fauna e a flora"[10], conforme previsto nas Leis nº 6.938, de 31 de agosto de 1981, e nº 9.985, de 18 de julho de 2000. Essa visão holística do meio ambiente justifica plenamente a ampliação qualitativa da reserva legal, para alcançar outras espécies de vegetação diversas das florestas.

O estabelecimento de reserva legal não desafia o princípio da isonomia. O território nacional possui biomas distintos e todos submetidos a diferentes graus de ação antrópica. É plausível que se queira preservar áreas ainda virgens e se permita o desenvolvimento econômico em zonas já em estado avançado de degradação ambiental. A própria Carta Federal, no mencionado § 4º do artigo 225, ressalva as partes do território que são consideradas patrimônio nacional. O princípio da isonomia reclama o tratamento igual a pessoas em situação igual, o que nitidamente não é o caso.

Aduz-se, constantemente, que o estabelecimento da reserva viola o princípio da livre iniciativa, o que não se sustenta. Sabe-se que a Constituição de 1988 condicionou a ordem econômica à defesa do meio ambiente – inciso VI do artigo 170. Por essa razão, não se pode acolher a interpretação absoluta do princípio. Trata-se de acomodação feita pelo próprio constituinte.

A oposição de direitos e interesses atrelados à segurança jurídica, materializada pelas regras de proteção ao ato jurídico perfeito, ao direito adquirido e à coisa julgada, presente o inciso XXXVI do artigo 5º do Diploma Maior, igualmente, não podem conduzir à inconstitucionalidade dessa espécie de medida protetiva. O cerne da proteção constitucional é o ato jurídico perfeito praticado e acabado no tempo. O direito adquirido não pode ser evocado, pois descabe falar em direito ao desmatamento, considerada a natureza de bem privado a encerrar interesse coletivo relativamente às florestas privadas. Entendimento contrário seria admitir a imutabilidade do regime da propriedade. No máximo, há expectativa de direito em relação à manutenção das

---

10 SILVA, José Afonso. *Direito ambiental constitucional*. São Paulo: Malheiros, 2010, p. 82.

regras então em vigor a justificar regras de transição como as que permitem a figura da "compensação ambiental". Revelando-se inequívoca a violação ao ato jurídico perfeito, a reparação dos efeitos decorrentes das mudanças no cenário jurídico resolve-se pela via da indenização.

A constitucionalidade das reservas legais encontra-se, portanto, acima de qualquer dúvida razoável. Contudo, ante o permanente silêncio legislativo, resta indagar sobre a possibilidade de alguma forma de indenização em decorrência da própria restrição em si promovida pelo estabelecimento das reservas em detrimento do exercício concreto do direito de propriedade. É dessa controvérsia, digo, residual que me ocupo no item seguinte.

5. CONCILIAÇÃO ENTRE PROPRIEDADE E PROTEÇÃO AO MEIO AMBIENTE: EXISTE UM DIREITO À INDENIZAÇÃO?

Assentada a compatibilidade da reserva florestal, em abstrato, com as garantias constitucionais citadas, cumpre proceder à conciliação entre a propriedade e a reserva. Esse esforço parte da premissa inicial de a existência do direito de propriedade não justificar a inconstitucionalidade ou mesmo a mera inadequação da medida. Foi-se o tempo em que o direito de propriedade, assim como preconizado pelo artigo 544 do Código Civil de Napoleão, era visto como o direito de gozar e dispor das coisas da maneira mais absoluta. O constituinte fez questão de deixar claro que o exercício do direito de propriedade está confinado aos limites da função social que exerce – inciso XXIII do artigo 5º da Lei Maior –, ficando vedado o uso contrário a tais fins. Restrições ao direito de propriedade podem servir à preservação ao meio ambiente e fazerem com que seja cumprida a citada "função social".

Além do mais, é de observar que as propriedades rurais estão situadas em biomas onde há expresso mandamento de preservação, presente o § 4º do artigo 225 da Carta. Daí não se poder afastar, por inconstitucionalidade, a ampliação quantitativa da reserva florestal, verificada a partir da mencionada Medida Provisória nº 1.956-50, fazendo-o sob o prisma da incompatibilidade, em abstrato, com o direito de propriedade. Penso ser possível a acomodação e é nesse ponto que entra em cena o debate sobre os limites e as possibilidades de reparação.

De acordo com a doutrina majoritária no campo do Direito Ambiental, a reserva florestal deve ser encarada como instrumento de limitação do direito de propriedade, porque serve simplesmente a adequá-la à denominada "função social ambiental", à luz do inciso XXIII do artigo 5º e do inciso III do § 1º do artigo 225 da Lei Maior.

Afirma Maria Luiza Machado Granziera: "A Reserva Legal, em face da sua finalidade protetora do meio ambiente, impõe restrições ao uso da propriedade, sem gerar indenização. A função social da propriedade rural inclui a preservação ambiental e o uso racional dos recursos naturais, conforme determina a CF/88, no art. 186, II".[11] Paulo Affonso Leme Machado consigna: "Considerada a generalidade da obrigação de instituir a Reserva Legal Florestal, não cabe indenização ao proprietário por parte do Poder Público".[12] Também José Afonso da Silva ensina: "A reserva legal de florestas não é servidão, mas simples restrição ao direito de propriedade, pelo quê não é indenizável".[13]

Segundo as concepções tradicionais, a conformação dos limites dos direitos privados – em especial os de liberdade e propriedade – é matéria afeta ao Estado, que assim age em favor da vida coletiva e da ordem pública. Tal atividade é genericamente designada *poder de polícia*, sendo definida por Hely Lopes Meirelles como "a faculdade de que dispõe a Administração Pública para condicionar e restringir o uso e gozo de bens, atividades e direitos individuais, em benefício da coletividade ou do próprio Estado".[14] O poder de polícia é manifestação da denominada supremacia do interesse público sobre o particular, instrumento em benefício da vida em comum, pois seria inadmissível o exercício de direitos de maneira a inviabilizar o convívio social.

Também é corrente o entendimento, inclusive ratificado pela jurisprudência do Supremo – Recurso Extraordinário nº 114.468/PR, da relatoria do ministro Carlos Madeira –, de que a instituição de limitações administrativas não gera o dever de indenizar. Nesse sentido proclama a doutrina de forma uníssona.[15] Assim o é por duas razões.

Primeira: as restrições administrativas alcançam, genericamente, número indeterminado de propriedades. Então, os ônus decorrentes seriam distribuídos de maneira uniforme entre a sociedade, em atenção aos imperativos da igualdade e da solidariedade social. Não há dever de indenizar

---

11 GRANZIERA, Maria Luiza Machado. *Direito ambiental*. Rio de Janeiro: Elsevier, 2009, p. 356.

12 MACHADO, Paulo Affonso Leme. *Direito ambiental brasileiro*. 18º ed. São Paulo: Malheiros, 2010, p. 803.

13 SILVA, José Afonso da. *Direito ambiental constitucional*. São Paulo: Malheiros, 2010, p. 183.

14 MEIRELLES, Hely Lopes. *Direito administrativo brasileiro*. São Paulo: Malheiros, 2010, p. 134.

15 Cf. di PIETRO, Maria Sylvia Zanella. *Direito administrativo*. São Paulo: Atlas, 2008, p. 123; CARVALHO FILHO, José dos Santos. *Manual de direito administrativo*. Rio de Janeiro: Lumen Juris, 2005, p. 610.

relativamente às limitações administrativas, "já que não são senão uma carga geral imposta a todas as propriedades", conforme anota o jurista Rafael Bielsa – citado por Maria Sylvia.

Segunda: as restrições não manietam os direitos individuais, mas tão somente lhes traçam as balizas externas de exercício, de modo a viabilizar a convivência comunitária. Essa fundamentação do poder de polícia é atribuída ao italiano Renato Alessi, citado por Celso Antônio Bandeira de Mello, ao afirmar:

> Convém desde logo observar que não se deve confundir liberdade e propriedade com direito de liberdade e direito de propriedade. Estes últimos são expressões daquelas, porém tal como admitidas em um dado sistema normativo. Por isso, rigorosamente falando, não há limitações administrativas ao direito de liberdade e ao direito de propriedade – é a brilhante observação de Alessi –, uma vez que estes simplesmente integram o desenho do próprio perfil do direito. São elas, na verdade, a fisionomia normativa dele. Há, isto sim, limitações à liberdade e à propriedade.[16]

Explico melhor a questão. É conhecido o exemplo em que se argumenta inexistir liberdade para um artista instalar-se em avenida importante, no momento de maior fluxo, a propósito de pintar um quadro, impedindo a utilização normal do bem de uso comum do povo. Descabe evocar, no referido contexto, a liberdade de expressão artística independente de licença ou censura, prevista no inciso IX do artigo 5º da Carta Federal. Na definição do direito à liberdade de expressão, não se inclui a prerrogativa de causar o caos público. Daí a inteira pertinência da atividade estatal de limitação de direitos, delineando-se os horizontes da liberdade, da propriedade e dos demais direitos fundamentais. Sob o ângulo desses últimos, há extenso debate a respeito da questão, assim retratada por Jane Reis Gonçalves Pereira:

> A necessidade de solucionar conflitos de direitos implica, naturalmente, o estabelecimento de restrições recíprocas em sua aplicação. Em situações nas quais certos direitos que seriam, a princípio, aplicáveis, apresentam-se como antagônicos, torna-se necessário promover uma acomodação hermenêutica, devendo

16 MELLO, Celso Antônio Bandeira de Mello. *Curso de direito administrativo*. São Paulo: Malheiros, 2007, p. 794.

um deles ceder, parcial ou totalmente, em favor do outro. Dessa forma, a proteção dos direitos não pode ser efetivada mediante a "prevalência absoluta ou incondicionada de alguns, mas com a afirmação da vigência debilitada de todos".[17]

Enquanto alguns apontam a necessidade de ponderação concreta entre os direitos, como é o caso de Robert Alexy[18], pressupondo a interpretação ampliativa dos enunciados normativos e a colisão entre as pretensões subjetivas, outros afirmam a necessidade de concordância prática entre os respectivos âmbitos de incidência, como o fazem Konrad Hesse e Friedrich Müller, defendendo a viabilidade de acomodação abstrata dos direitos, delimitando-os.

Independentemente da corrente que se adote quanto ao tema, há uniforme consenso no tocante a este ponto: não seria possível a vida se os direitos fossem considerados absolutos, irrestringíveis. Nesse sentido há decisões do Supremo, entre as quais cito a relativa ao Mandado de Segurança nº 25.254/DF, de minha relatoria. Em suma, como os direitos em geral e os fundamentais em particular, são assegurados em caráter conjunto e universal, é natural ocorrerem colisões – supostas ou efetivas, consoante a teoria que se adote – no exercício em situações concretas, das quais surge a necessidade de arranjo.

Quais são as implicações dessas acomodações hermenêuticas para a relação conflituosa entre o estabelecimento de reserva legal como instrumento de concreção do direito ao meio ambiente sadio e o direito de propriedade? Conforme acima descrito, a doutrina majoritária defende a qualificação das reservas legais florestais como restrições ao direito de propriedade, alegando que tais intervenções não são indenizáveis. Seria correto defender a óptica oposta: a natureza de sacrifício de direito quando da instituição da reserva florestal e o correlato direito à indenização?

Diferente dos casos de limitação administrativa ao direito de propriedade revela-se o tratamento dos denominados sacrifícios dos direitos em favor do interesse público, quando se elimina o direito, em caráter parcial ou integral. É o que acontece, relativamente à propriedade, nas servidões administrativas e desapropriações. Nessas situações, considerada a incidência específica e a retirada do direito do patrimônio jurídico do

---

[17] PEREIRA, Jane Reis Gonçalves. *Interpretação constitucional e direitos fundamentais*. Rio de Janeiro: Renovar, 2006, p. 134.

[18] ALEXY, Robert. *Teoria dos direitos fundamentais*. São Paulo: Malheiros, 2008, p. 93 e 94.

indivíduo, mostra-se devida a contrapartida pecuniária. E aqui age, uma vez mais, o imperativo de solidariedade social: se alguém faz sacrifício particular em favor do interesse da coletividade, todos devem contribuir para o ônus, o que ocorre por meio da indenização implementada pelo Poder Público.

Portanto, para definir o regime indenizatório, cumpre saber se a reserva florestal é limitação de direito – como defende doutrina majoritária – ou sacrifício de direito. Sobre a distinção entre um e outro, esclarece Luís Manuel Fonseca Pires:

> O *sacrifício de direitos*, assim entendido, consiste na *autorização legislativa* ao Estado para atingir *diretamente os direitos* consagrados no sistema jurídico e já incorporados concretamente pelos administrados, diferentemente da *conformação dos direitos* na qual se traceja e com isto se desenha o conceito e a definição de determinado valor (liberdade ou propriedade) para o direito positivo.[19]

A diferenciação não é simples. Carlos Ari Sundfeld aponta três critérios para dizer se a hipótese configura limitação ou sacrifício.[20] Primeiro: se houver transferência do bem para o patrimônio público, há de se reconhecer o direito à indenização. Segundo: o veículo de formalização – lei ou ato administrativo. Consoante o autor, somente por lei existiria possibilidade de limitação. Terceiro: generalidade. A incidência individual e particular da limitação indicaria sacrifício em favor da coletividade, atraindo a aplicação do princípio da solidariedade social e reclamando a indenização em favor da distribuição equitativa dos encargos públicos.

Excetuado o critério da transferência patrimonial do bem, definitivo e de aplicação muito singela, os demais critérios, a meu ver, não oferecem solução definitiva ao problema proposto. Ninguém há de crer que uma servidão instituída por lei não resultaria em direito à indenização, presente o prejuízo. Confiram precedentes: Agravo Regimental no Recurso Extraordinário nº 140.254/SP, da relatoria do ministro Celso de Mello, julgado em 5 de dezembro de 1995 pela Primeira Turma, e Agravo Regimental no Agravo

19 PIRES, Luís Manuel Fonseca. *Limitações administrativas à liberdade e à propriedade*. São Paulo: Quartier Latin, 2006, p. 314.

20 SUNFELD, Carlos Ari. Condicionamentos e sacrifícios de direitos – distinções. *Revista Trimestral de Direito Público*, vol. 4, p. 79-83

de Instrumento nº 145.500/SP, relator ministro Paulo Brossard, julgado em 18 de maio de 1993 pela Segunda Turma.

O critério da individualidade ou generalidade da restrição deve sofrer leitura menos restritiva do que a conferida pela doutrina. Faço a analogia com o tombamento. Embora a regra geral seja a gratuidade, as obrigações positivas e os prejuízos sofridos pelo proprietário do bem tombado são reconhecidos como indenizáveis. A possibilidade de restrição incide genericamente sobre todos os bens que possuam valor histórico, cultural, artístico ou paisagístico.

A existência de um imóvel rural que possua cobertura florestal ou outra forma de vegetação nativa é igualmente circunstância que atrai o interesse da coletividade. Em resumo, o interesse público revela-se latente sobre a propriedade, mas disso não se pode concluir pela compatibilidade de qualquer tipo de intervenção com a regra geral no sentido de não ser devida indenização.

Por essa razão, há de ser incluído outro critério: o da intensidade da restrição ao direito. Isso porque as limitações administrativas pressupõem a manutenção dos poderes do domínio com o proprietário, havendo meramente a instituição de regulamento para o respectivo exercício. Segundo o administrativista Juan Alfonso Santamaría Pastor:

> as limitações, evidentemente, não podem ser indenizáveis quando possuam alcance geral ou quando, por sua intensidade, imponham às pessoas privadas gravames que não excedam aos inconvenientes normais que impõe a vida em sociedade (*e.g.*, a obrigação de desviar em uma estrada em razão de obras). Mas o dever indenizatório se faz presente nos casos opostos de limitações singularizadas a sujeitos determinados, que suponham uma ruptura do princípio da igualdade ante às cargas públicas e que excedam os parâmetros de incômodo antes citados.[21]

Para o correto deslinde da questão, cumpre cotejar o conteúdo básico ou essencial do direito de propriedade com o regime jurídico advindo da reserva legal. Somente a partir dessa análise será possível perquirir se o gravame imposto pela reserva excede, ou não, os inconvenientes ordinários resultantes da vida em comunidade e se viola a isonomia que deve presidir a incidência coletiva das cargas públicas.

---

21 PASTOR, Juan Alfonso Santamaría. *Princípio de derecho administrativo*. Vol. 2. Madrid: Istuel, 2004, vol. 2, p. 275.

O conteúdo jurídico do direito de propriedade todos conhecem: encerra as faculdades de usar, gozar, dispor da coisa e reivindicá-la de terceiros. Segundo Caio Mário da Silva Pereira, o direito de usar "consiste na faculdade de colocar a coisa a serviço do titular, sem modificação na sua substância. O dono a emprega no seu próprio benefício, ou no de terceiro. Serve-se da coisa. Mas é claro que também pode deixar de usá-la, guardando-a ou mantendo-a inerte". Prossegue o autor, esclarecendo que o direito de gozar "realiza-se essencialmente com a percepção dos frutos, sejam os que da coisa naturalmente advêm – *quidquid nasci et renasci solet* –, como ainda frutos civis".[22]

Por fim, o direito de dispor "envolve a disposição material que raia pela destruição como a jurídica, isto é, o poder de alienar a qualquer título – doação, venda, troca; quer dizer ainda consumir a coisa, transformá-la, alterá-la; significa ainda destruí-la, mas somente quando não implique procedimento antissocial. Em suma: dispor da coisa vai dar no fato de atingir a sua substância, uma vez que no direito a esta reside a essência mesma do domínio".[23]

Notem que o § 2º do artigo 1.228 do Código Civil de 2002 veda o uso nocivo da coisa, encampando a teoria do abuso de direito, à qual eventualmente se recorre para justificar a gratuidade da reserva. A invocação é descabida, pois não se faz presente o uso abusivo do direito de propriedade: o titular do domínio rural pode pretender retirar a cobertura arbórea para plantar ou criar animais, causando, assim, efeito benéfico para a coletividade, por meio da produção de alimentos, por exemplo, ou de outros produtos primários. Não há intenção de prejudicar outrem. A reserva florestal retira do proprietário a livre disposição, o uso e o gozo plenos, proibindo, desde logo, qualquer intervenção na área de reserva. Torna o domínio artificial, porquanto submetido aos termos de regulamento administrativo, passando-se um cheque em branco à Administração Pública para disciplinar o respectivo exercício.

As normas que regem a reserva legal preveem caber à Administração Pública efetuar a demarcação específica da parcela do imóvel que será utilizada como reserva legal florestal. A antiga necessidade de averbação do gravame era mais um indício do caráter particular do ônus imposto pelo Poder Público. Fosse uma limitação genérica, abstrata, desnecessário seria individualizar as áreas dos imóveis que são alcançadas pelas proibições legais

22 PEREIRA, Caio Mário da Silva. *Instituições de direito civil*. V. 3, Rio de Janeiro: Forense, p. 77.

23 Idem. Ibidem, p. 79.

e, inclusive, fazer constar a restrição no registro público de imóveis. No mais, tenho que os proprietários de imóveis rurais podem ser considerados grupo suficientemente restrito para que não precisem arcar com os ônus integrais decorrentes da proteção ambiental, que é obrigação do poder público e de toda – ressalto – a coletividade. Se assim não fosse, haveria ruptura ao princípio da igualdade ante as cargas públicas.

Essas razões levam à conclusão de que a reserva florestal incide de maneira particularmente gravosa nas faculdades de uso, gozo e disposição, estabelecendo condicionamentos que superam a mera delimitação do âmbito de exercício do direito. A reserva pode inviabilizar completamente o uso normal da propriedade, considerada a realização do agronegócio ou mesmo de atividades rurais mais comezinhas. Tomada como exemplo, a previsão de que o titular de imóvel na região da Amazônia Legal está inviabilizado de fazer o uso livre de 80% da propriedade e ainda fica obrigado à recuperação das áreas desmatadas, mesmo que não tenha dado causa ao referido dano ambiental, implica restrição de grandeza ímpar. Transforma o domínio privado em área pública, e o proprietário em curador do interesse público, com todos os ônus daí decorrentes. Sob a óptica da intensidade e normalidade, surgem substancialmente graves as obrigações e anormais os deveres criados pelo ato atacado.

É dizer: de nada adianta ser titular de propriedade ou posse rural se quase todas as faculdades ordinariamente atribuídas ao domínio estão submetidas a condição, dependentes de aquiescência e regulamentação do Poder Público, a pretexto de disciplinar o próprio direito. Fere-se, a propósito de observar outro valor constitucional, o núcleo essencial do direito de propriedade e isso não implica tratá-lo como direito absoluto, mas preservar-lhe minimamente a essência. Nesse sentido, a limitação aos direitos pelas vias legislativa e administrativa, embora exerça importante papel de harmonização social, deve ser analisada criteriosamente pelo Judiciário para que seja afastado o excesso.

Resta clara a natureza de sacrifício de direito no caso. A Administração vale-se da roupagem da limitação, mas o que pretende, na verdade, é sacrificar o direito do administrado, em favor do interesse público. Sobre o tema, consigna Patrícia Ferreira Baptista:

> Não tem sido infreqüente, na verdade, que a Administração, por ignorância ou má-fé, se valha de medidas ou formas que ordinariamente são tidas como meras limitações para impor gravames que, na essência, representam autênticos sacrifícios de direito

> para o administrado. (...) Situações dessa ordem, por sinal, têm sucedido no âmbito do direito ambiental, ramo em que proliferam novos instrumentos de intervenção administrativa, de controvertida natureza".[24]

As formas de intervenção da Administração Pública não encontram um rol taxativo na Constituição Federal, mas possuem fundamento na função social da propriedade, no poder expropriatório que detêm todos os entes públicos e, em último grau, na supremacia do interesse público sobre os interesses privados. No caso específico da reserva florestal, há fundamento no artigo 225, cabeça, inciso III e § 4º, da Carta da República, mas os sacrifícios de direitos devem ser indenizados, se interpretados à luz dos incisos XXIII e LIV do artigo 5º da Constituição. Essa é a conclusão inescapável deste artigo.

Relembro ainda que o Supremo, no julgamento do Recurso Extraordinário nº 134.297/SP, da relatoria do ministro Celso de Mello, expressamente reconheceu o direito à indenização decorrente da instalação de estação ecológica, instituto que impõe semelhantes restrições à utilização da propriedade. Naquela ocasião, Sua Excelência fez ver:

> Entendo que o dever constitucional que incumbe ao Poder Público de proteger a flora e de adotar as medidas que visem a coibir práticas lesivas ao equilíbrio ambiental não exonera o Estado da obrigação de indenizar os proprietários cujos imóveis venham a ser afetados, em sua potencialidade econômica, pelas limitações impostas pela Administração Pública.
>
> Na realidade, atos de desapropriação, ou de apossamento administrativo, ou, como na espécie, de imposição de restrições ditadas pela lei e por atos de índole administrativa obrigam o Estado a ressarcir os prejuízos que se origem da atividade pública, quando esta importar – como no caso efetivamente importou – em esvaziamento do conteúdo econômico do direito de propriedade.
>
> A proteção jurídica dispensada às coberturas vegetais que revestem as propriedades imobiliárias não impede que os titulares destas venham a promover, dentro dos limites autorizados pelo próprio Código Florestal, o adequado e racional aproveitamento econômico das árvores nelas existentes.

24 BAPTISTA, Patrícia Ferreira. Limitações e sacrifício de direitos – o conteúdo e as conseqüências dos atos de intervenção da Administração Pública sobre a propriedade privada. *Revista de Direito da Procuradoria da Câmara Municipal do Rio de Janeiro*. 2003, p. 45.

Eis, então, o ponto: como conciliar a constitucionalidade da reserva florestal com o dever indenizatório mencionado? Mediante a técnica da interpretação conforme à Carta da República. Conquanto não seja possível extrair o dever indenizatório diretamente do conjunto de dispositivos impugnados, tal solução advém da interpretação sistemática da legislação e dos artigos constitucionais implicados. Observo que as normas jurídicas – produtos da interpretação – não devem ser confundidas com o texto respectivo, sendo este a representação linguística da vontade legislativa. A solução, portanto, resulta da interpretação conjugada dos preceitos atacados e das garantias constitucionais da propriedade e do devido processo legal na expropriação pública de bens privados.

Em resumo, a reserva florestal é um ato lícito – porquanto decorrente do poder geral do Estado de sacrificar direitos privados em favor do interesse público –, mas, ainda assim, revela-se potencial geradora de um dano anormal e específico, o que enseja o dever indenizatório estatal, que há de ser apurado no caso concreto *antes* do registro da reserva legal. Assento caber à Administração apurar os prejuízos causados ao proprietário ou detentor, até então, de situação jurídica aperfeiçoada – inciso XXXVI do artigo 5º do Diploma Maior – e efetuar a devida contrapartida financeira. Essa é a conciliação, segundo minha óptica, que realiza a Constituição como um todo.

6. CONCLUSÃO

Nossa Carta Maior não revela unicidade, mas pluralidade de direitos, posições subjetivas e propósitos que devem coexistir harmonicamente no plano das leis, das práticas administrativas e do comportamento humano. O projeto constitucional de 1988 beneficia e vincula todos, cada qual com cota própria de direitos e deveres. O meio ambiente saudável e equilibrado é aspiração de envergadura maior, a ponto de cogitar-se de uma "Constituição Ecológica", "Verde". Mas não há, nem pode haver, direitos absolutos em Cartas construídas sob bases pluralistas. O contrário seria negar a própria essência. Daí ter a constitucionalidade de reservas florestais legais como contraponto ao direito à indenização ante os sacrifícios suportados – revela-se o meio-termo entre o dever de contribuir à preservação do meio ambiente e a garantia de liberdade individual, sem a qual inexiste ao menos a sombra de um Estado Constitucional e Democrático de Direito.

4

A FORÇA NORMATIVA DO PRINCÍPIO DA PROTEÇÃO NO DIREITO CONSTITUCIONAL DO TRABALHO

1. INTRODUÇÃO

O ministro Eros Grau, no julgamento da arguição de descumprimento de preceito fundamental nº 144/DF,[1] disse: "algumas vezes me detenho, perplexo, indagando a mim mesmo como terá sido possível aos nossos juízes definir normas de decisão nos anos anteriores à década de noventa, quando ainda a distinção entre princípios e regras não havia sido popularizada". A afirmação revela a importância contemporânea dos princípios, principalmente os constitucionais, para a solução dos conflitos de nosso tempo.

Desde a introdução, no Brasil, da distinção teórica e prática entre regras e princípios e a assunção de que ambos possuem normatividade, o processo de interpretação e aplicação da ordem jurídica, particularmente a constitucional, nunca mais foi o mesmo. Cresceu em complexidade e sofisticação argumentativa. Essa mudança, em alguma medida tardia, não ocorreu em vácuo legislativo. A referência feita pelo ministro Eros Grau aos "anos anteriores à década de noventa", como período marcado pelo velho

---

1 STF – Pleno, ADPF 144/DF, relator ministro Celso de Mello, julgada em 6/8/2008, DJ de 26/2/2010.

paradigma do Direito integrado exclusivamente por regras, deixa claro que foi a entrada em vigor da Carta de 1988 a principal razão dessa *mudança genética*[2] no Direito brasileiro.

A relevância maior dos princípios no tráfego jurídico teve início com a promulgação, no fim dos anos quarenta, das constituições democráticas do pós-Segunda Guerra Mundial na Alemanha e na Itália e se afirmou com as críticas feitas, na década de setenta, pelo professor americano Ronald Dworkin[3] à Teoria do Direito formulada por Herbert Hart.[4] Dworkin realizou ataque não positivista ao que se denominou positivismo de regras (ou, para alguns, *positivismo* inclusivo) de Hart, dando início ao que muitos chamam de pós-positivismo.[5]

Pode-se afirmar que a compreensão e aplicação dos princípios, como modificação de paradigmas jurídicos, são vinculadas tanto ao início da vigência de modelo particular de constituição (constituições democráticas e materializadas) quanto à reformulação do próprio conceito de Direito e da respectiva teoria. No Brasil, essas mudanças começaram com a entrada em vigor da Constituição de 1988, mas também com a ascensão, entre os teóricos nacionais, da noção de constitucionalização do Direito ou *neoconstitucionalismo*. Motivados pelo projeto de liberdade, inclusão social e democracia da Carta da República, doutrinadores, juízes, tribunais e operadores do Direito em geral deram uma virada na direção da relevância teórica e operacional dos princípios: estes adquiriram normatividade.

A normatividade dos princípios, particularmente os do Direito Constitucional do Trabalho, é o tema deste texto. Para compreendê-lo, é necessário examinar, ainda que em linhas gerais, as transformações que ocorreram com a ascensão do constitucionalismo contemporâneo no Brasil e o paradigma correlacionado do pós-positivismo. Como estratégia didática, foco o *princípio da proteção ao trabalhador* para demonstrar a força normativa dos princípios na esfera do Direito do Trabalho. Este artigo tem a seguinte estrutura: no tópico seguinte (1), farei breve síntese da disciplina constitucional de 1988 sobre os direitos fundamentais e o avanço do constitucionalismo contemporâneo no País; na segunda parte (2), discorro sobre o novo paradigma do pós-positivismo e o correlato fenômeno da eficácia normativa dos princípios;

2 ZAGREBELSKY, Gustavo. *Il diritto mite*. Torino: Einaudi, 1992, p. 161.

3 Cf. DWORKIN, Ronald. *Taking Rights Seriously*. Cambridge: Harvard University Press, 1977.

4 Cf. HART, Herbert L. A. *O Conceito de Direito*. 3ª ed., Lisboa: FCG, 2001.

5 Sobre esses debates no âmbito da Teoria do Direito, cf. por todos, BONGIOVANNI, Giorgio. *Costituzionalismo e teoria del diritto*. 2ª ed, Roma: Laterza, 2006.

na sequência (3), abordarei os importantes desenvolvimentos teóricos sobre a distinção entre regras e princípios; depois (4), desenvolvo a aplicação atual do princípio da proteção no âmbito do Direito Constitucional do Trabalho. Por fim (5), conclusões.

2. O CONSTITUCIONALISMO CONTEMPORÂNEO E A CENTRALIDADE DOS DIREITOS FUNDAMENTAIS

O denominado Estado Constitucional de Direito se espalhou, na Europa, após a Segunda Guerra Mundial (na Itália em 1947, na Alemanha em 1949, em Portugal em 1976, na Espanha em 1978 e no Leste Europeu depois da queda do Muro de Berlim) e, na América Latina, posteriormente ao declínio dos diversos regimes ditatoriais. O movimento representou estágio evolutivo do Estado de Direito, marcado pela presença de constituições democráticas, rígidas, que reconhecem, como normas imediatamente aplicáveis, direitos fundamentais de índole liberal e social. Estes foram colocados no centro de toda a ordem jurídica estatal, representando o principal fundamento jurídico e axiológico dos novos sistemas constitucionais.

A vigência dessa nova espécie de constituição provocou transformações dos ordenamentos jurídicos, os quais passaram a ser "impregnados" por preceitos constitucionais condicionadores das atividades dos três poderes constituídos e de boa parte das relações sociais.[6] Como dito por Canotilho, referindo-se ao novo momento constitucional: é "na supremacia normativa da lei constitucional que o *primado do direito* do estado de direito encontra uma primeira e decisiva expressão".[7] O principal traço dessa supremacia constitucional está na prioridade axiológica e jurídica dos direitos fundamentais.

O conceito desses direitos, no modelo vigente de Estado Constitucional de Direito, representa definição das mais importantes. Principalmente

[6] GUASTINI, Riccardo. La 'costituzionalizzazione' dell'ordinamento italiano. *Ragion Pratica* nº 11, Ano VI. Genova: Compagnia dei Librari, 1998, p. 186-192: o autor, reportando-se ao fenômeno da "constitucionalização do ordenamento" italiano, apontou sete condições para que se possa considerar o ordenamento jurídico completamente impregnado: (1) uma constituição rígida, (2) a garantia jurisdicional da constituição (jurisdição constitucional), (3) a força vinculante dos dispositivos constitucionais, (4) a "sobre-interpretação" da constituição, (5) a aplicação direta dos dispositivos constitucionais, (6) a interpretação conforme a constituição das leis e (7) a influência da constituição sobre as relações políticas. Embora o Mestre italiano refira-se ao ordenamento italiano, suas lições são inteiramente aplicáveis a outros ordenamentos jurídicos que possuem em seu centro uma constituição *materializada* como a italiana e a brasileira.

[7] CANOTILHO, José Joaquim Gomes. *Direito Constitucional e Teoria da Constituição*. 4ª ed. Coimbra: Almedina, 2000, p. 245.

em razão da pretensão de defesa e promoção dos direitos fundamentais, o novo constitucionalismo não encontra qualquer rival na atualidade, seja como ideologia política universal, seja como Teoria do Estado. O professor espanhol Pérez Luño formulou conceito para "direitos humanos" que pode ser utilizado também para os "direitos fundamentais" e que bem demonstra a relevância dessa categoria: "(...) um conjunto de faculdades e instituições que, em cada momento histórico, concretizam as exigências da dignidade, da liberdade e da igualdade humanas, as quais devem ser reconhecidas positivamente a nível nacional e internacional".[8]

O professor espanhol aponta os valores dignidade, liberdade e igualdade como os três *eixos axiológicos* sobre os quais, em cada momento histórico e com conteúdo variável, os direitos fundamentais são reconhecidos. Adota, entre as diferentes e importantes abordagens de justificação dos direitos fundamentais (a jusnaturalista, a historicista, a contratualista, a institucionalista), a denominada ética ou *axiológica*: a justificação desses direitos não é jurídica, e sim anterior ao jurídico. Os direitos fundamentais são morais, sendo a positivação relevantíssima para o respectivo reconhecimento e garantia. Embora positivados em ordem jurídica internacional ou nacional (constitucional), os direitos fundamentais estariam alicerçados em princípios morais prévios.

Firmados em princípios morais, os direitos positivados legitimam a ordem jurídica. São máximas morais, devidamente racionalizadas em enunciados normativos, que servem de parâmetro de validade dos ordenamentos jurídicos, das ações estatais e das relações sociais. O Direito acaba por interagir com a Moral por meio dos direitos fundamentais. O constitucionalismo contemporâneo, ao incorporar o conjunto de direitos como centro axiológico das Cartas vigentes, juridicizou os valores da dignidade, liberdade e igualdade. Consoante destacou o ministro Luís Roberto Barroso, também promove legitimidade pela soberania popular, limitação do poder por meio do dever de respeito aos direitos individuais, inclusive de minorias, e incorporação, às constituições, de valores, entendidos como "conquistas sociais, políticas e éticas acumuladas no patrimônio da humanidade".[9]

---

8 PÉREZ LUÑO, Antonio-Enrique. *Derechos Humanos, Estado de Derecho y Constitución*. 2005, p. 50.

9 BARROSO, Luís Roberto. Fundamentos Teóricos e Filosóficos do novo Direito Constitucional Brasileiro. *In*: ____. *Temas de Direito Constitucional*. Tomo II. Rio de Janeiro: Renovar, 2003, pp. 11/12.

A Carta de 1988 é exemplo destacado do constitucionalismo contemporâneo. Tem, como primeiro traço essencial, a disciplina dos direitos fundamentais individuais e coletivos, negativos e positivos, refletindo a tendência das constituições modernas de centralidade dos direitos fundamentais. Nossas constituições "sempre inscreveram uma declaração dos direitos do homem brasileiro e estrangeiro residente no país",[10] mas o sistema de direitos fundamentais veio a ser o ponto alto do texto e do projeto constitucional apenas com o Diploma de 1988.[11]

A Constituição de 1988 inicia-se vinculando o Estado brasileiro à dignidade da pessoa humana e aos valores sociais do trabalho e da livre iniciativa (artigo 1º, incisos III e IV), para, em seguida, prescrever que são objetivos fundamentais a construção de sociedade livre, justa e solidária, a erradicação da pobreza e da marginalização, a redução das desigualdades sociais e regionais e a promoção do bem geral, sem quaisquer preconceitos ou discriminações (artigo 3º). No título seguinte (II), sob o rótulo de "direitos e garantias fundamentais", o constituinte detalhou inúmeros direitos e deveres individuais e coletivos (artigo 5º), assim como direitos sociais (artigo 6º).

Configurando verdadeiro sistema constitucional trabalhista, o constituinte dispôs sobre diversos direitos específicos dos trabalhadores urbanos e rurais (artigo 7º): relação de emprego protegida contra despedida arbitrária ou sem justa causa; seguro-desemprego; fundo de garantia do tempo de serviço; salário mínimo; piso salarial proporcional à extensão e à complexidade do trabalho; irredutibilidade do salário, salvo o disposto em convenção ou acordo coletivo; décimo terceiro salário; remuneração do trabalho noturno superior à do diurno; proteção do salário na forma da lei, constituindo crime a retenção dolosa; participação nos lucros, ou resultados, desvinculada da remuneração, e, excepcionalmente, participação na gestão da empresa, conforme definido em lei; salário-família pago em razão do dependente do trabalhador de baixa renda; duração do trabalho normal não superior a 8 horas diárias e 44 semanais; jornada de 6 horas para o trabalho realizado em turnos ininterruptos de revezamento, salvo negociação coletiva; repouso semanal remunerado, preferencialmente aos domingos; remuneração do serviço extraordinário superior, no mínimo, em 50% à do normal; gozo de férias anuais remuneradas com, pelo menos,

10 SILVA, José Afonso da. *Curso de Direito Constitucional Positivo.* 19ª ed., São Paulo: Malheiros, 2001, p. 174.

11 SOUZA NETO, Cláudio Pereira de; SARMENTO, Daniel. *Direito Constitucional.* Teoria, História e Métodos de Trabalho. 1ª ed. Belo Horizonte: Forum, 2012, p. 172.

1/3 a mais do que o salário normal; licença à gestante, sem prejuízo do emprego e do salário, com a duração de 120 dias; licença-paternidade; proteção do mercado de trabalho da mulher; aviso prévio proporcional ao tempo de serviço, sendo no mínimo de 30 dias; redução dos riscos inerentes ao trabalho, por meio de normas de saúde, higiene e segurança; adicional de remuneração para as atividades penosas, insalubres ou perigosas; aposentadoria; assistência gratuita aos filhos e dependentes desde o nascimento até 5 anos de idade em creches e pré-escolas; reconhecimento das convenções e acordos coletivos de trabalho; proteção em face da automação; seguro contra acidentes de trabalho; ação, quanto aos créditos resultantes das relações de trabalho, com prazo prescricional de 5 anos para os trabalhadores urbanos e rurais, até o limite de 2 anos após a extinção do contrato de trabalho; proibição de diferença de salários, de exercício de funções e de critério de admissão por motivo de sexo, idade, cor ou estado civil; proibição de qualquer discriminação no tocante a salário e critérios de admissão do trabalhador portador de deficiência; proibição de distinção entre trabalho manual, técnico e intelectual ou entre os profissionais respectivos; proibição de trabalho noturno, perigoso ou insalubre a menores de 18 anos e de qualquer trabalho a menores de 16, salvo na condição de aprendiz, a partir de 14; igualdade de direitos entre o trabalhador com vínculo empregatício permanente e o trabalhador avulso. A Carta Federal também assegura aos trabalhadores direitos associativos (artigo 8º), de greve (artigo 9º) e participativos (artigos 10 e 11).

Continua a estabelecer direitos fundamentais: de nacionalidade (artigos 12 a 13) e de participação política (artigos 14 a 17). Ainda encontram-se diversos outros dispositivos espalhados pelo texto. A Constituição de 1988 disciplinou uma série de serviços públicos obrigatórios e um verdadeiro estatuto jurídico e moral de atuação da Administração Pública direta e indireta dos diferentes níveis federativos (artigo 37).

Cuidou também de detalhar os direitos fundamentais dos cidadãos considerado o exercício do poder tributário (artigos 145, parágrafos 1º e 2º, 150 a 152), de estabelecer princípios gerais da ordem econômica (artigo 170), de disciplinar, com mais miudezas, diferentes direitos sociais (seguridade social [saúde, previdência social e assistência social], educação, cultura e desporto) (artigos 194 a 217), o direito ao desenvolvimento científico e tecnológico (artigos 218 e 219), a liberdade de imprensa e comunicação em geral (artigos 220 a 224), a proteção do meio ambiente (artigo 225), da família e de grupos vulneráveis como a criança, o adolescente, o jovem, o idoso e os índios (artigos 226 a 232). E ainda há cláusula de abertura a outros direitos e garantias "decorrentes do regime e dos princípios por ela adotados, ou dos tratados internacionais" dos quais o Brasil seja signatário (artigo 5º, § 2º).[12]

Muitos desses direitos são subjetivos de inegável aplicação imediata (artigo 5º, §1º) e exigíveis judicialmente. Outros, embora de autoaplicabilidade discutível, dirigem a criação da ordem jurídica brasileira e a definição de políticas públicas, assim como a interpretação dessa mesma ordem, vinculando os intérpretes a tomarem decisões sempre levando em conta a respectiva dimensão objetiva. No mais, tendo os direitos fundamentais sido elevados à categoria de cláusulas pétreas (artigo 60, § 4º), o Supremo acabou titular do poder incomum de controlar as ações do poder constituinte derivado.

Como voltarei a abordar, a ampla constitucionalização dos direitos dos trabalhadores, que eram normalmente veiculados na legislação infraconstitucional, não se deu por acaso, sem razão expressiva. Esses direitos ganharam atenção do constituinte e foram transformados em verdadeiro estatuto constitucional trabalhista a vincular a atuação dos três poderes e servir de vetor interpretativo quando da solução das controvérsias. O sistema revela preocupação maior com a tutela dos trabalhadores. A proteção deixou de encontrar fonte apenas na disciplina legal e adquiriu envergadura constitucional. Desse sistema extrai-se o princípio implícito, de hierarquia constitucional, de proteção ao trabalhador.

É necessário compreender, antes, o papel que esses princípios podem cumprir. A Carta de 1988, promulgada após a redemocratização do País, incorporou muitos dos direitos fundamentais, negativos e positivos, expressos por meio de princípios. Para que estes possam servir de instrumento a exigir do Estado o compromisso com o desenvolvimento da pessoa humana em bases livres e igualitárias, mostra-se necessário reconhecer a força normativa. Essa é uma das facetas importantes do constitucionalismo contemporâneo e das teorias pós-positivistas: princípios são normas jurídicas.

3. O PÓS-POSITIVISMO E A FORÇA NORMATIVA DOS PRINCÍPIOS

O surgimento do Estado Constitucional de Direito, marcado pelas modernas constituições democráticas, promoveu modificações também em relação à Teoria do Direito. Com a ascensão do constitucionalismo

---

[12] Cf. STF – Pleno, HC 87.585/TO, relator ministro Marco Aurélio, julgado em 3 de dezembro de 2008, DJ 26/06/2009.

contemporâneo e a constitucionalização dos ordenamentos jurídicos, operaram-se transformações da própria concepção do Direito, com a revisão da tradicional óptica positivista. Isso se deu porque as novas constituições incorporaram valores morais da sociedade por meio da afirmação de direitos fundamentais revelados em princípios. As constituições democráticas, dotadas de supremacia normativa e axiológica, não permitem a visão e aplicação do Direito totalmente desassociado da Moral e da Ética, ou seja, o Direito por princípios, e não apenas por regras, é necessariamente um Direito reaproximado da Ética. A nova Teoria do Direito, mais próxima da Filosofia, tem recebido o nome de *Pós-Positivismo.*

Conforme observa Carla Faralli, "o debate contemporâneo tem posto em crise as duas teses sobre as quais se apoiava o positivismo jurídico, determinado a abertura pela filosofia do direito, de um lado, ao mundo dos valores éticos-políticos e, de outro lado, ao mundo dos fatos".[13] As críticas ao positivismo jurídico formam a base da doutrina pós-positivista, que acentua a materialização do Direito (valores ético-políticos expressos nos princípios) e a importância de referência e observância de todas as circunstâncias de fato presentes para o desenlace dos conflitos intersubjetivos, impondo-se assim a construção de nova hermenêutica jurídica. O ponto principal da nova forma de interpretar e aplicar o Direito é o reconhecimento da força normativa dos postulados.

Os princípios deixaram de ser tomados como meras pautas éticas ou axiológicas, e passaram a ser considerados verdadeiras normas jurídicas. Daí a grande mudança acusada pelo ministro Eros Grau, o traço marcante do Pós-positivismo: a constatação da normatividade dos princípios, a aplicação direta e imediata destes, ao lado das regras, na solução dos casos concretos.

Na Constituição de 1988, vários dos direitos fundamentais foram assentados por meio de fórmulas vagas e imprecisas, dotadas de alta carga ética, carecedoras, em boa parte, de preenchimento normativo posterior: os princípios. A Carta possui, especialmente em relação aos direitos fundamentais, o que Oscar Vilhena qualificou de "enorme pretensão normativa", tendo vinculado substancialmente a atuação legislativa.[14] Toda a pretensão normativa da Lei Básica da República em torno dos direitos fundamentais não deixa dúvida quanto a serem os princípios autênticas normas jurídicas.

---

13 FARALLI, Carla. *La filosofia del diritto contemporânea.* Roma: Laterza, 2002, p.4.

14 VIEIRA, Oscar Vilhena. *A Constituição e sua Reserva de Justiça*. Um ensaio sobre os limites materiais ao poder de reforma. São Paulo: Malheiros, 1999, p. 130-131.

A necessária aplicação dos princípios no tráfego jurídico fez surgir novas técnicas interpretativas como caminho necessário à realização dessa espécie normativa. O Direito tornou-se permeável às concepções morais. Cresceu a relevância da participação do intérprete na construção da ordem jurídica e democrática das novas sociedades que se erguem sob o pálio do novo modelo constitucional.

Compreender todas essas transformações exige o estudo das diferenças entre regras e princípios e dos métodos contemporâneos para a solução de conflitos os envolvendo, como a ponderação, a proporcionalidade e a concordância prática.

4. A DISTINÇÃO ENTRE REGRAS E PRINCÍPIOS, A PONDERAÇÃO, A PROPORCIONALIDADE E A CONCORDÂNCIA PRÁTICA

A distinção entre regras e princípios tem sido objeto de muitas teorias, próximas e diferentes entre si, com destaque para as de Ronald Dworkin e Robert Alexy. Em comum, ambas implicam o reconhecimento como também a premissa de que regras e princípios são, igualmente, normas jurídicas.

O filósofo americano Ronald Dworkin afirmou que "a diferença entre os princípios jurídicos e as regras jurídicas é uma distinção lógica": "as regras são aplicáveis no modelo tudo-ou-nada", ao passo que "princípios têm uma dimensão que as regras não têm – a dimensão de peso ou de importância". Isso significa que as regras estão sujeitas à aplicação no modo disjuntivo, ou seja, "se os fatos que uma regra estipula ocorrem, então ou a regra é válida, e neste caso a resposta que ela fornece deverá ser aceita, ou então não é válida, e neste caso ela não contribui em nada à decisão".[15] Dessa maneira, as regras atendem perfeitamente ao método subsuntivo de interpretação e aplicação do Direito.

No entanto, Dworkin admite que nem sempre a não aplicação de certa regra deriva da invalidade, haja vista as regras comportarem exceções, que devem ser arroladas no próprio enunciado, sob pena de imprecisão e incompletude. Assim, determinada regra (geral) pode deixar de ser observada em razão de outra (de exceção) incidir sobre o caso, sem que isso represente a invalidade da primeira.

Para Dworkin, os princípios são normas que expressam "uma razão dirigida em uma direção, mas que não requerem uma decisão particular". Dessa forma, princípios podem entrar em conflito em um caso a ser decidido,

15 DWORKIN, Ronald. *Taking Rights Seriously*. Op.cit., p. 24-26.

devendo o intérprete escolher, de acordo com as circunstâncias concretas, aquele que possuir maior peso para a situação, dando-lhe prevalência sobre o outro, sem que isso signifique que este outro não consista em "princípio de nosso sistema jurídico, pois no próximo caso, quando as considerações opostas não estiverem presentes ou tiverem menor força, o princípio poderá ser decisivo".[16] Essa prática de escolha, entre princípios colidentes em um caso concreto, daquele que possui maior "força relativa", revela que os princípios possuem, como parte integrante do próprio conceito, a dimensão de peso que permite que deixem de ser observados em certas situações sem que isso represente qualquer entendimento de validade.

O jurista alemão Robert Alexy desenvolveu a mais influente teoria dos direitos fundamentais dos últimos tempos, ao menos tendo em conta a recepção no Brasil. Para Alexy, princípios são *mandamentos de otimização*: "o ponto decisivo para a distinção entre regras e princípios é que os princípios são normas que ordenam que algo seja realizado na maior medida possível, dentro das possibilidades jurídicas e reais existentes".[17] Princípios são "caracterizados pelo fato de poderem ser cumpridos em diferente grau e que a medida devida de seu cumprimento não só depende das possibilidades reais senão também das jurídicas" que venham a ser determinadas pelos princípios opostos.[18]

As regras, segundo o professor, "são normas que só podem ser cumpridas ou não": se determinada regra é válida, deve ser cumprida, "nem mais nem menos", ou seja, as regras encerram "determinações no âmbito do fático e juridicamente possível".[19]

Alexy concluiu que princípios "não contêm *mandamentos definitivos*, senão só *prima facie*", no sentido de "carecerem de conteúdo de determinação com respeito aos princípios contrapostos e às possibilidades fáticas."[20] A consideração dos princípios como *mandamentos* iniciais ajusta-se perfeitamente ao caráter restringível dos direitos fundamentais, tal como preconizado pela teoria externa e revelado em nossa realidade constitucional.

Se houver colisão entre direitos fundamentais, os princípios correspondentes podem ter os âmbitos de incidência reciprocamente restringidos, ao passo que a *flexibilização* por meio de regras não seria possível, ante o

---

16 DWORKIN, Ronald. *Taking Rights Seriously*. Op. cit., p. 27

17 ALEXY, Robert. *Teoria de los Derechos Fundamentales*. Madrid: CEPC, 2002, p. 86.

18 ALEXY, Robert. *Teoria de los Derechos Fundamentales*, ob. cit., p. 86.

19 ALEXY, Robert. *Teoria de los Derechos Fundamentales*, ob. cit., p. 87.

20 ALEXY, Robert. *Teoria de los Derechos Fundamentales*, ob. cit., p. 99.

caráter de *mandamento definitivo*. No caso de conflito de regras, a solução seria dada pela inserção de regra de exceção ou pela declaração de invalidade de, ao menos, uma delas.[21] Presente choque de princípios, para Alexy, a restrição, como solução, seria orientada por uma ponderação de princípios, apenas possível considerados os direitos fundamentais como básicos: "As colisões de princípios devem ser solucionadas de maneira totalmente distinta. Quando dois princípios entram em colisão [...], um dos princípios tem que ceder perante o outro. Porém, isto não significa declarar inválido o princípio deslocado nem que nele deva ser introduzida uma cláusula de exceção. Na verdade, o que ocorre é que, sob certas circunstâncias, um dos princípios precede ao outro. Sob outras circunstâncias, a questão da precedência pode ser solucionada de maneira inversa. Isto é o que se quer dizer quando se afirma que, nos casos concretos, os princípios têm diferente peso e que prevalece o princípio com o maior peso."[22]

Na teoria alexyana, somente no caso concreto pode-se falar de colisão de princípios, pois, no plano abstrato, os direitos fundamentais não se chocam entre si, mas convivem harmonicamente nas constituições democráticas pluralistas. A solução de conflitos entre direitos fundamentais enseja, em última análise, interpretação/observância dos princípios constitucionais, levados a efeito pela técnica de balanceamento entre todos os princípios e interesses contrapostos na situação.

Para deslindar a controvérsia, o intérprete pode utilizar a *ponderação de princípios*, auxiliada pela *proporcionalidade* e pela *concordância prática*.

A ponderação surge, no processo de aplicação do Direito, para casos mais complexos,[23] como alternativa ao modelo estático de subsunção, próprio das regras. Em conflitos concretos entre direitos fundamentais, a resposta não se encontra pronta e acabada, identificável mediante subsunção; deve ser construída pelo intérprete ante os interesses em jogo e as circunstâncias de fato. O intérprete identifica o peso maior ou menor do princípio que representa cada direito, cada posição fundamental, vindo então a formular decisão. A esse trabalho de considerar direitos e interesses em colisão e sopesar princípios dá-se o nome de *ponderação de princípios*.

21 ALEXY, Robert. *Teoria de los Derechos Fundamentales*, ob. cit., p. 88.

22 ALEXY, Robert. *Teoria de los Derechos Fundamentales*, ob. cit., p. 89.

23 TORRES, Ricardo Lobo. *Da Ponderação de Interesses ao Princípio da Ponderação. In:* ZILLES, Urbano (coord.). *Miguel Reale*. Estudos em homenagem a seus 90 anos. Porto Alegre: EDIPUCRS, 2000, p. 643.

A ponderação é feita com o auxílio do princípio formal da proporcionalidade e as máximas parciais de adequação, necessidade e proporcionalidade em sentido estrito, esta última o próprio mandado de otimização. Segundo Robert Alexy: (1) a *adequação* requer que medidas restritivas a direitos fundamentais sejam aptas a produzir a proteção do bem ou bens jurídicos que motiva as limitações; (2) a *necessidade* pressupõe a inexistência de meio de restrição do direito mais ameno para alcançar o mesmo fim; (3) e a *proporcionalidade em sentido estrito* consiste em *exame de ponderação* entre o bem ou direito restringido e o bem ou direito que se quer favorecer com a restrição.[24]

No tocante à concordância prática, o intérprete/aplicador do Direito, sob o ângulo da ponderação de princípios e considerada a unidade da Constituição, tem o dever de realizar os direitos fundamentais colidentes na *máxima medida possível*. Como ensina Konrad Hesse, "o princípio da unidade da Constituição põe a tarefa de uma otimização: a *ambos* os bens devem ser traçados limites, para que ambos possam chegar a eficácia ótima".[25] Isso significa que o intérprete precisa observar, na solução do conflito e na prática de acomodação hermenêutica, a melhor realização possível de todos os princípios conflitantes, de modo que a prevalência de um não importe a renúncia absoluta do outro. No âmbito da ponderação, a concordância prática busca harmonizar os direitos fundamentais em choque.

Em síntese, a partir da década de noventa, cresceu um movimento de transformação do modo de se conceber e operar o Direito, marcado, principalmente, pelo manejo de princípios como normas jurídicas, muitas vezes suficiente para resolver diretamente os conflitos, outras como *solução ponderada* ante as circunstâncias fáticas do caso e o envolvimento de outros princípios igualmente relevantes. Essas mudanças também chegaram ao Direito do Trabalho, como não poderia deixar de ocorrer, presente a amplíssima disciplina constitucional dos direitos dos trabalhadores promovida pela Carta da República. Recebendo os influxos desse novo constitucionalismo, o Direito do Trabalho assiste à expansão do perfil normativo daquele que talvez seja o centro gravitacional da pretensão de tutela do Direito do Trabalho: o princípio da proteção. É o tema medular deste artigo e o objeto do próximo tópico.

---

24 ALEXY, Robert. Epílogo a la Teoría de los Derechos Fundamentales. *Revista Española de Derecho Constitucional*. Vol. 66, 2002, p. 37-49.

25 HESSE, Konrad. *Elementos de Direito Constitucional da República Federal da Alemanha*. Tradução de Luís Afonso Heck. Porto Alegre: Safe, 1998, p. 66.

5. O PRINCÍPIO DA PROTEÇÃO NO DIREITO CONSTITUCIONAL DO TRABALHO

O princípio da proteção é visto como o "critério fundamental que orienta o Direito do Trabalho",[26] ou a "matriz principiológica do Direito do Trabalho", que "subsidia e alimenta todos os demais princípios que compõem o ordenamento justrabalhista brasileiro, desde sua dimensão material até a dimensão processual".[27] Como afirma Américo Plá Rodriguez, a existência do princípio é coerente com o fim da legislação trabalhista: "se o legislador se propôs a estabelecer por meio da lei um sistema de proteção do trabalhador, o intérprete desse direito deve colocar-se na mesma orientação do legislador, buscando cumprir o mesmo propósito".[28] Atuando assim, o intérprete, sem contrariar o conteúdo das leis, concretiza o objetivo do legislador trabalhista de promover a ideia de solidariedade social.

O núcleo central do princípio é a tutela preferencial do trabalhador, uma forma de compensar a desigualdade fática na relação de emprego, o que suscita saber não só sobre a validade ou pertinência dessa pretensão ante princípios opostos, como o da livre iniciativa, mas também definir o peso e a abrangência: o princípio possui envergadura constitucional? Configura máxima dirigida ao legislador a ser desenvolvido no alcance desejado e permitido em lei, ou possui aplicação imediata como critério interpretativo ou medida de ponderação para a solução de casos concretos?

A resposta a esses questionamentos depende, primeiramente, de precisar-se, com maior exatidão, o conteúdo desse princípio.

Tradicionalmente, a busca pela igualdade substancial nas relações trabalhistas é tida como a razão de ser do princípio: do ponto de vista da realidade, os trabalhadores estão em condição de inferioridade em comparação aos empregadores, cumprindo ao Direito do Trabalho oferecer proteção suficiente a equilibrar essas posições. Como anota Américo Plá Rodriguez, "o fundamento deste princípio está ligado à própria razão de ser do Direito do Trabalho", vindo o legislador a inclinar-se a "uma compensação dessa desigualdade econômica desfavorável ao trabalhador com uma proteção

---

26 RODRIGUEZ, Américo Plá. *Princípios de Direito do Trabalho.* 3ª ed. São Paulo: LTr, 2000, p. 83.

27 DELGADO, Gabriela Neves; BORGES, Lara Parreira de Faria. A revisitação do princípio da proteção pelo discurso constitucional trabalhista no Tribunal Superior do Trabalho. *In:* ____. *et al. Direito Constitucional do Trabalho: Princípios e Jurisdição Constitucional do TST.* São Paulo: LTr, 2015, p. 38.

28 RODRIGUEZ, Américo Plá. *Princípios de Direito do Trabalho.* Op. cit., p. 86.

jurídica a ele favorável".[29] Daí falar-se nesse princípio como sendo *pro operário* ou "princípio mais favorável ao trabalhador".

Mas seria legítima a defesa de princípios que propõem discriminações positivas em favor de determinado grupo – trabalhadores – em detrimento de outro – empregador –, criando razões apriorísticas e parciais para a solução de conflitos?

A história registra que a ideia de princípios que marcam visão aprioristicamente mais benéfica a uma das partes em relações jurídicas não é novidade. Por exemplo, Ezio Vanoni dá notícia da vigência, durante bom tempo, de máximas interpretativas convenientes ora ao Fisco, ora aos contribuintes. Segundo o mestre italiano, entre a Antiguidade Clássica até a Modernidade no século XIX, vigorou a noção de *in dubio contra fiscum*, segundo a qual as leis tributárias, no caso de falta de clareza dos textos e tendo em conta a tutela da propriedade, deveriam ser entendidas sempre no sentido mais favorável aos contribuintes. No mesmo período, havia parcela de estudiosos que defendia percepção contrária, ou seja, que as leis tributárias, em razão da própria natureza e função do tributo, tinham de ser interpretadas e aplicadas em favor do ente tributante, de modo a se assegurar que *todos* contribuíssem para o financiamento do cumprimento das necessidades públicas.[30] Com o advento do positivismo formalista e a força adquirida pela legalidade tributária, essas máximas interpretativas perderam propósito.

Nos Estados Unidos, em reação à chamada *Era Lochner*, período no qual a Suprema Corte foi hostil às legislações que buscavam intervir na economia para garantir maior proteção aos trabalhadores e a grupos minoritários e em situação de desvantagem social e econômica, teóricos e juízes daquela Corte passaram a defender critérios prévios de interpretação constitucional que favorecessem as classes inferiorizadas, incluída a dos trabalhadores. Na famosa decisão *Lochner*,[31] de 1905, foi julgada inconstitucional lei do Estado de Nova Iorque (*Bakeshop Act*) por meio da qual se criminalizou a exigência ou a permissão da jornada de trabalho de padeiros que excedesse a sessenta horas semanais ou à média de dez horas diárias. À época, a Corte concluiu que a lei era inconstitucional por representar interferência legislativa desnecessária, inapropriada e excessiva sobre a liberdade individual dos contratantes.

---

[29] RODRIGUEZ, Américo Plá. *Princípios de Direito do Trabalho.* Op. cit., p. 85.

[30] VANONI, Ezio. *Natura ed Interpretazione delle Leggi Tributarie.* Padova: CEDAM, 1932, p. 5-27.

[31] 198 U.S. 45 (1905).

Contra essa postura foi formulada, na festejada nota de rodapé nº 4 de *United States* v. *Carolene Products Co.*,[32] escrita pelo *justice* Harlan Fisk Stone em 1938, a ideia de estabelecer padrões diferentes de controle de constitucionalidade – mais forte ou mais fraco – a depender da matéria envolvida: assentou-se, por um lado, o abandono do controle judicial assertivo da legislação econômica regulatória e, por outro, controle mais agudo (*strict scrutiny*) de leis que ameaçassem os valores da democracia, restringissem as liberdades civis básicas ou veiculassem aparente preconceito contra "minorias discretas e insulares". Com esse novo padrão, pensado à imagem da legislação do *New Deal,* leis mais favoráveis aos trabalhadores passaram a ser vistas como proteções necessárias aos menos favorecidos e desprotegidos, em vez de interferências inconstitucionais sobre a liberdade econômica e de contratar.

Na Europa, surgiu versão própria da doutrina norte-americana, consistente em forma de hierarquização flexível de direitos ditada pela noção de *in dubio pro libertate.* De acordo com essa vertente de pensamento, na ordem de valores fixada pelas constituições democráticas, a liberdade humana ocupa posição de primazia, de modo que, diante de conflitos concretos, impera a presunção inicial de supremacia dos direitos de liberdade. Nesse sentido, liberdades individuais tem de ser interpretadas extensivamente, e as medidas limitadoras, restritivamente. Sendo assim, havendo dúvida quanto à legitimidade das restrições, deve prosperar o entendimento mais benéfico à liberdade (*in dubio pro libertate*): desenvolveu-se autêntico postulado hermenêutico da *interpretação mais favorável aos direitos fundamentais.*

Esses exemplos revelam que a observância de princípios que orientam prevalências abstratas não é algo incomum. Os modelos preferencias à liberdade e à tutela de grupos minoritários e social e economicamente mais frágeis são, inclusive, festejados e tidos como legítimas ferramentas de defesa de direitos fundamentais. Mas não se pode ignorar que existem riscos. Como bem adverte a professora Jane Reis, esses modelos apenas serão legítimos enquanto permanecerem como pautas prévias de hierarquia relativa, sendo superáveis, a depender das circunstâncias que rondam o caso concreto. Segundo a professora da UERJ: O estabelecimento, pela jurisprudência, de hierarquias axiológicas superáveis entre os diversos bens e interesses tutelados por normas constitucionais pode revelar-se um valioso instrumento de proteção aos direitos fundamentais. Contudo, essa espécie

32 304 U.S. 144, 155 (1938).

de pauta interpretativa não deve ser manejada sem acentuada dose de cautela. É que, como se disse antes, a afirmação de hierarquias constitucionais absolutas pelo Judiciário pode comprometer gravemente a operatividade dos princípios democrático e da supremacia da Constituição. Por isso, os esquemas interpretativos assentados na priorização de certos bens constitucionais devem ser sempre coordenados com a idéia de que o Parlamento precisa dispor de uma margem de liberdade de ação, a qual é decorrente do princípio da separação de poderes e do cânone democrático. Ademais, não se pode admitir que o reconhecimento da precedência em tese de determinados bens em desfavor de outros venha a assumir o caráter de verdadeira regra definitiva de solução de conflitos, de modo a estabelecer uma ordenação peremptória entre os interesses em jogo, a qual viria a incidir nas mesmas falhas e inconsistências apontadas quanto às teses que proclamam hierarquizações absolutas de direitos.[33]

Iniciando a responder as perguntas elaboradas, observo que o princípio da proteção ao trabalhador, aproximando-se da doutrina formulada nos Estados Unidos na decisão *Carolene Products*, possui legitimidade como modelo histórico de preferência apriorística dirigido à tutela dos direitos fundamentais dos mais fracos, desassistidos e hipossuficientes. E mais: adquiriu reforço de legitimidade com a Carta de 1988 na medida em que a nova ordem constitucional tem, nos direitos fundamentais, o centro de gravidade. Com a constitucionalização do Direito do Trabalho, pode-se dizer que o princípio é deduzido do próprio sistema constitucional amplo e especialíssimo dedicado, na Lei Básica da República, aos trabalhadores (artigos 7º a 11). Desse sistema de tutela extrai-se a ideia de proteção maior ao trabalhador, o que implica poder concluir pela vigência do princípio da proteção como princípio constitucional implícito.

Voltado a assegurar a dignidade humana e a promover a justiça social, o princípio da proteção possui ampla normatividade e se expressa, segundo Américo Plá Rodriguez, "sob três formas distintas: a) a regra *in dubio, pro operário*: critério que deve utilizar o juiz ou o intérprete para escolher, entre vários sentidos possíveis de uma norma, aquele que seja mais favorável ao trabalhador; b) a regra da norma mais favorável determina que, no caso de haver mais de uma norma aplicável, deve-se optar por aquela que seja mais favorável, ainda que não seja a que corresponda aos critérios clássicos de hierarquia das normas; e c) a regra da condição

33 PEREIRA, Jane Reis Gonçalves. *Interpretação Constitucional e Direitos Fundamentais*. Rio de Janeiro: Renovar, 2006, p. 252.

mais benéfica: critério pelo qual a aplicação de uma nova norma trabalhista nunca deve servir para diminuir as condições mais favoráveis em que se encontrava o trabalhador".[34]

Nas duas primeiras funções, o princípio dirige-se ao intérprete aplicador das leis trabalhistas. No primeiro caso, atua como pauta interpretativa de solução de conflitos trabalhistas. Não raramente, nas situações concretas, envolvida divergência sobre a aplicação das regras trabalhistas aos fatos das relações empregatícias, o princípio da proteção justifica solução benéfica ao trabalhador depois de ponderado com princípios como a livre iniciativa e a autonomia empresarial. Se houver dúvidas razoáveis, o princípio requer seja adotada a solução normativa, nunca contra o conteúdo da lei, mais benéfica ao trabalhador. Isso significa inspirar a interpretação e aplicação das normas trabalhistas de acordo com a natureza e as características próprias.[35] O segundo revela regra autônoma de conflito entre normas: independentemente da hierarquia, as trabalhistas mais benéficas são consideradas especiais, devendo prevalecer sobre as conflitantes. Em ambas as circunstâncias, o princípio significa realizar os direitos dos trabalhadores na medida adequada e necessária à efetivação do sistema protecionista da Carta da República.

No terceiro caso, tem-se diretriz ao legislador no sentido de impedir retrocessos legislativos quanto à proteção ao trabalhador. Serve como desdobramento específico, relativo às relações trabalhistas, do princípio geral da vedação ao retrocesso social. As duas primeiras funções são de natureza interpretativa, voltada, precipuamente, à tutela de direitos individuais dos trabalhadores. A terceira possui natureza política e informa a construção da ordem objetiva de defesa dos trabalhadores. Nas três situações, o princípio cumpre importante papel na concretização do sistema constitucional trabalhista.

Como bem advertem Gabriela Neves Delgado e Lara Parreira de Faria Borges, a amplitude do princípio da proteção significa proteger além dos direitos de matriz patrimonial, e isso "em consonância com o projeto inclusivo, democrático e abrangente de direitos fundamentais previsto pela Constituição da República de 1988". A constitucionalização do Direito do Trabalho, com a passagem da tutela do trabalhador da Consolidação das Leis do Trabalho para a Constituição, importou expandir o sentido e conteúdo tradicional dessa guarda, passando a abranger, com fundamento

34 RODRIGUEZ, Américo Plá. *Princípios de Direito do Trabalho.* Op. cit., p. 107.

35 RODRIGUEZ, Américo Plá. *Princípios de Direito do Trabalho.* Op. cit., p. 100.

principal na dignidade humana e na valoração social do trabalho (artigo 1º, incisos III e IV, da Carta da República), "direitos contratuais extrapatrimoniais vinculados a bens imateriais de titularidade dos trabalhadores como, por exemplo, os direitos da personalidade".[36] De acordo com as autoras: A abertura promovida pela Constituição de 1988 no tocante ao Princípio da Proteção é reflexo também da própria abertura e alargamento do rol de direitos fundamentais concedido aos trabalhadores. Por exemplo, é com a Constituição de 1988 que se tem uma oxigenação do discurso constitucional trabalhista para também se discutir em juízo os direitos da personalidade dos empregados. Note-se que, na lógica celetista da década de 1940, o discurso jusnaturalista predominante era restrito às discussões contratuais de direitos patrimoniais. Não havia, portanto, espaço significativo para a discussão do direito trabalhistas a bens jurídicos imateriais, como, por exemplo, o direito obreiro à afirmação identitária.[37]

Em síntese: o princípio da proteção, tradicionalmente admitido como pauta válida de tutela preferencial aos trabalhadores, adquiriu, com o fenômeno da constitucionalização do Direito do Trabalho pós-1988, especial significância normativa em defesa dos direitos fundamentais da classe, cumprindo funções tanto interpretativa como de dirigismo legislativo e alcançando, além de direitos patrimoniais, os da personalidade. No jogo de ponderação com outros princípios, a tutela preferencial do trabalhador passou a desempenhar relevantíssimo papel na afirmação da dignidade humana, da igualdade material, dos valores sociais do trabalho e na proibição de discriminações nas relações obreiras. Parafraseando o juiz constitucional italiano Zagrebelsky, a Carta de 1988 promoveu verdadeira *mudança genética* no Direito do Trabalho, e o princípio da proteção, como princípio constitucional implícito, corresponde ao núcleo duro e mais relevante dessa transformação.

---

36 DELGADO, Gabriela Neves; BORGES, Lara Parreira de Faria. A revisitação do princípio da proteção pelo discurso constitucional trabalhista no Tribunal Superior do Trabalho. *In:* ____. *et al. Direito Constitucional do Trabalho: Princípios e Jurisdição Constitucional do TST.* Op. cit., p. 38-39.

37 DELGADO, Gabriela Neves; BORGES, Lara Parreira de Faria. A revisitação do princípio da proteção pelo discurso constitucional trabalhista no Tribunal Superior do Trabalho. *In:* ____. *et al. Direito Constitucional do Trabalho: Princípios e Jurisdição Constitucional do TST.* Op. cit., p. 49.

6. CONCLUSÃO

Os direitos fundamentais são a parte mais importante do projeto constitucional de 1988, envolvidos os valores da liberdade, igualdade e dignidade. A disciplina abrangente ensejou autêntica constitucionalização do ordenamento jurídico, o que implicou o reconhecimento inequívoco da normatividade dos princípios constitucionais. O princípio da proteção, como "princípio por excelência do Direito do Trabalho",[38] recebeu os influxos desse movimento constitucional, conquistando importância maior como critério determinante da tutela preferencial dos trabalhadores. Levar a sério esse princípio significa dar atenção ao projeto constitucional de defesa e promoção da dignidade da pessoa humana, de inclusão social e de valorização social do trabalho. Viva o princípio da proteção, mais vivo do que nunca!

38 RODRIGUEZ, Américo Plá. *Princípios de Direito do Trabalho.* Op. cit., p. 97.

5

A VAQUEJADA, A INTERPRETAÇÃO CONSTITUCIONAL E O DIREITO FUNDAMENTAL AO MEIO AMBIENTE

1. INTRODUÇÃO

O tema "gestão ambiental privada" diz respeito à participação de indivíduos e da sociedade nas ações de proteção e preservação do meio ambiente. É importante definir os instrumentos que devem ser utilizados e as limitações que poderão ser impostas, para que os cidadãos cumpram com o dever de atuar em favor de meio ambiente ecologicamente equilibrado. Como direito de todos, a manutenção do ecossistema é também dever de todos, visando o bem-estar das gerações do presente e do futuro. Há essa ambivalência considerado o indivíduo como titular do direito e, ao mesmo tempo, destinatário dos deveres de proteção.

Apesar de se fazer presente essa via de mão dupla, não há nem deve haver controvérsia. O dever geral de favorecer o meio ambiente é indisputável. A problemática reside em se saber o nível de sacrifício que os indivíduos podem e devem suportar para tornar efetivo o direito: como recurso de coerção voltado à promoção e proteção do meio ambiente, o Direito pode restringir outros direitos fundamentais individuais e coletivos? A circunstância de coexistirem direitos e deveres fundamentais é suficiente para legitimar essa possibilidade? A discussão encerra aspecto metodológico dos mais contemporâneos: o conflito de direitos – posições – fundamentais.

Este texto ocupa-se de conflito dessa natureza. Desenvolvo o tema tendo como campo de aplicação a controvérsia sobre a constitucionalidade do tradicional evento da "vaquejada", debatida na ação direta de inconstitucionalidade nº 4.983/CE, de minha relatoria, na qual já proferi voto. Investigo a relação entre o direito-dever fundamental ao meio ambiente sadio e ecologicamente equilibrado e o direito fundamental de certa comunidade a manifestações culturais próprias. Seriam possíveis restrições a essas manifestações como a vaquejada, na qual envolvidos maus-tratos e até o sacrifício de animais, em favor da segurança do meio ambiente? O fato de serem obrigados a participar do projeto constitucional de preservação do meio ambiente e por este serem, ao mesmo tempo, beneficiados exclui dos indivíduos qualquer possibilidade quanto ao exercício de práticas enraizadas na tradição comunitária por colocar em risco a saúde física de animais?

No Estado Constitucional e Democrático de Direito, os poderes públicos devem nortear as ações em busca de soluções para conflitos da espécie. Em sociedade plural, não há respostas prévias absolutas. O Tribunal, por meio da interpretação constitucional metodologicamente adequada e racional, deve garantir esses direitos e justificar as escolhas. Isso é especialmente verdade quando se tem como inequívoca a alta relevância que os direitos fundamentais possuem em nosso momento constitucional.

Este artigo tem a seguinte estrutura: no tópico seguinte (1), farei uma breve síntese da disciplina constitucional de 1988 sobre os direitos fundamentais; na segunda parte (2), discorro sobre o direito ao meio ambiente; na sequência (3), abordarei alguns aspectos teóricos da interpretação constitucional; no quarto tópico (4), descrevo a visão do Supremo sobre conflitos envolvendo o direito ao meio ambiente e outros direitos fundamentais; depois (5), desenvolvo premissas e fundamentos normativos a respaldar a afirmação de inconstitucionalidade da prática denominada vaquejada, como exigência do dever fundamental de proteção ao meio ambiente. Por fim (6), conclusões.

2. OS DIREITOS FUNDAMENTAIS NA CARTA DA REPÚBLICA

O primeiro traço essencial da Constituição de 1988 é o da disciplina dos direitos fundamentais individuais e coletivos, negativos e positivos, veiculados por meio de normas-regras e de normas-princípios. O texto constitucional reflete tendência das constituições pós-regimes nazifacistas: a centralidade dos direitos fundamentais. Nossas constituições "sempre inscreveram uma declaração dos direitos do homem brasileiro e estrangeiro residente no país",[1] mas o sistema de direitos fundamentais vem a ser o ponto alto do texto e do projeto constitucional com a Constituição de 1988.[2]

A Lei Básica da República possui enorme quantidade de dispositivos, uns mais normativamente densos, outros menos, sobre objetivos e posições fundamentais que orientam e, até mesmo, limitam o conteúdo das decisões políticas das maiorias de cada tempo. São princípios e regras medulares, direitos negativos e positivos, de matrizes liberal e social, individuais e coletivos, todos exigindo do Estado o compromisso com o desenvolvimento da pessoa humana em bases livres e igualitárias.

Sem dúvida, com a Constituição Federal de 1988, o Brasil abandonou a tradição de constituição centrada na estruturação do poder estatal, mais voltada à organização e distribuição dos poderes do Estado, e apresentou modelo de constituição como norma dirigida especialmente à promoção dos direitos fundamentais e dotada de mecanismos a viabilizar a proteção desses direitos. Esse modelo, aos poucos, transformou não apenas o nosso ordenamento jurídico, mas também as nossas relações institucionais e sociais, além do próprio modo de entender o Direito.

A Lei Maior inicia vinculando o Estado brasileiro à dignidade da pessoa humana e aos valores sociais do trabalho e da livre iniciativa (artigo 1º, incisos III e IV), para, em seguida, prescrever serem objetivos fundamentais a construção de sociedade livre, justa e solidária, a erradicação da pobreza e da marginalização, a redução das desigualdades sociais e regionais e a promoção do bem geral, sem quaisquer preconceitos ou discriminações (artigo 3º). No título seguinte (II), sob o rótulo de "direitos e garantias fundamentais", o constituinte detalhou inúmeros direitos e deveres individuais e coletivos (artigo 5º), direitos sociais[3] (artigo 6º), direitos específicos dos trabalhadores urbanos e rurais (artigo 7º), inclusive associativos (artigo 8º), de greve (artigo 9º) e participativos (artigos 10 e 11), direitos da nacionalidade (artigos 12 a 13) e de participação política (artigos 14 a 17).

---

1 SILVA, José Afonso da. *Curso de Direito Constitucional Positivo*. 19ª ed., São Paulo: Malheiros, 2001, p. 174.

2 SOUZA NETO, Cláudio Pereira de; SARMENTO, Daniel. *Direito Constitucional*. Teoria, História e Métodos de Trabalho. Belo Horizonte: Forum, 2012, p. 172.

3 Sobre a discussão em torno da fundamentalidade ou não dos direitos sociais no Brasil, cf. TORRES, Ricardo Lobo. A Jusfundamentalidade dos Direitos Sociais. *Arquivos de Direitos Humanos* nº 5. Rio de Janeiro: Renovar, 2003, pp. 99/124; SARLET, Ingo Wolfgang. *A Eficácia dos Direitos Fundamentais*. 7ª ed. Porto Alegre: Livraria do Advogado, 2007, pp. 296 e ss; KRELL, Andréas Joachim. *Direitos Sociais e Controle Judicial no Brasil e na Alemanha*. Os (des)caminhos de um Direito Constitucional "Comparado". Porto Alegre: Safe, 2002.

Muitos desses direitos são de inegável aplicação imediata (artigo 5º, § 1º) e exigíveis judicialmente. Outros, embora de autoaplicabilidade discutível, dirigem a criação da ordem jurídica brasileira e a definição de políticas públicas, assim como a interpretação dessa mesma ordem, sujeitando os intérpretes a tomarem decisões sempre tendo em vista a dimensão objetiva.

Existem diversos outros dispositivos espalhados pelo texto constitucional a disciplinarem direitos fundamentais diretamente, ou a protegê-los por meio da imposição de deveres de conduta responsável aos titulares do poder público. A Constituição de 1988 versa uma série de serviços públicos obrigatórios e um verdadeiro estatuto jurídico e moral de atuação da Administração Pública direta e indireta dos diferentes níveis federativos (artigo 37). Cuidou também de detalhar os direitos fundamentais dos cidadãos considerado o exercício do poder tributário (artigos 145, parágrafos 1º e 2º, 150 a 152), de estabelecer princípios gerais da ordem econômica (artigo 170), de regulamentar com mais miudezas diferentes direitos sociais (seguridade social [saúde, previdência social e assistência social], educação, cultura e desporto) (artigos 194 a 217), o direito ao desenvolvimento científico e tecnológico (artigos 218 e 219), a liberdade de imprensa e comunicação em geral (artigos 220 a 224), a proteção do meio ambiente (artigo 225), da família, e de grupos vulneráveis como a criança, o adolescente, o jovem, o idoso e os índios (artigos 226 a 232). Há, ainda, cláusula de abertura a outros direitos e garantias "decorrentes do regime e dos princípios por ela adotados, ou dos tratados internacionais" dos quais o Brasil seja signatário (artigo 5º, § 2º).[4]

Tem-se outra nota importante sobre a disciplina dos direitos fundamentais na Constituição de 1988. Diferentemente de outras experiências, o constituinte brasileiro não se contentou em formular direitos fundamentais apenas mediante fórmulas vagas e imprecisas, carecedoras de preenchimento normativo posterior, mas, em boa parte das vezes, tratou desses direitos por meio de regras claras e detalhadas, reduzindo o campo de conformação legislativa e aumentando a densidade do parâmetro normativo de controle judicial de constitucionalidade.

A Constituição de 1988, máxime em relação aos direitos fundamentais, tem o que Oscar Vilhena qualificou de "enorme pretensão normativa", porquanto vinculou substancialmente a atuação legislativa.[5] Toda a pretensão

4 Cf. STF – Pleno, HC 87.585/TO, relator ministro Marco Aurélio, julgado em 3 de dezembro de 2008, DJ 26/06/2009.

5 VIEIRA, Oscar Vilhena. *A Constituição e sua Reserva de Justiça.* Um ensaio sobre os limites materiais ao poder de reforma. São Paulo: Malheiros, 1999, pp. 130/131.

normativa da Carta em torno dos direitos fundamentais, com grande parcela deles formalizados com forte densidade normativa, dá cores especiais às relações entre o Estado e os indivíduos e atrai a intervenção do Supremo como guardião maior do Texto e do que este possui de mais relevante: os direitos fundamentais.

O Estado passou a ser grande *devedor de direitos* em favor da sociedade como um todo, tanto negativos como positivos, o que representa estrutura formal de oportunidades para os indivíduos avançarem direitos sobre o Estado e requererem a participação ativa do Supremo nessa empreitada, dentro das mais variadas áreas do relacionamento Estado-sociedade. A disciplina dos direitos normativamente densos enseja ao Supremo controle mais rígido das ações do Estado, ao passo que, com os direitos formulados em normas vagas e imprecisas, mas dotados de alta carga axiológica e envolvidos em ambiente difuso de compromissos ideológicos,[6] o Tribunal tem a possibilidade de formalizar entendimentos caracterizados, muitas vezes, por forte justificação moral.

Com a elevação dos direitos fundamentais à categoria de cláusulas pétreas (artigo 60, § 4º), o Supremo acabou titular do poder incomum de controlar as ações do poder constituinte derivado. Não foram poucas as vezes em que o Supremo atuou nesse sentido. Sem dúvida alguma, a extensão, a profundidade e a força normativa com que os direitos fundamentais foram estabelecidos na Constituição de 1988 impõem a conclusão de que representa sistema de grandes oportunidades para a relevância da interpretação constitucional pelo Tribunal no âmbito de enfrentamento do Estado pelo cidadão.

3. O DIREITO-DEVER FUNDAMENTAL AO MEIO AMBIENTE EQUILIBRADO

Como apontado no tópico anterior, entre outros direitos fundamentais, a Carta Federal, no artigo 225, assegura ao cidadão o direito ao meio ambiente sadio e equilibrado. Cuida-se de direito fundamental de terceira geração, fundado a partir dos valores solidariedade e fraternidade, que devem permear as relações entre os indivíduos desta e das gerações vindouras, de caráter coletivo ou difuso, dotado "de altíssimo teor de humanismo e

---

6 O professor Oscar Vilhena Vieira, *Direitos Fundamentais. Uma leitura da jurisprudência do STF.* São Paulo: Malheiros, 2006, p. 11-12 e 39, fala em sincretismo entre diversas concepções de direitos, considerada a tentativa do constituinte em "compatibilizar direitos de distintas matrizes históricas e filosóficas".

universalidade",[7] que a todos pertence e também a todos obriga, daí por que encerra verdadeiro *direito-dever fundamental*.[8]

Esse ponto é de alta importância: o direito aproveita ao ser humano considerado tanto em individualidade como em coletividade, devendo ser compreendido como bem maior, imprescindível à sobrevivência, valor ético essencial da humanidade, de modo que a proteção não cabe apenas ao Estado, mas a todos.

Como também demonstrado, o direito ao meio ambiente não é o único com o traço de fundamentalidade na Constituição de 1988. Ao contrário, tem-se uma constituição compromissória, na qual consta variedade de propósitos opostos estabelecidos em normas de igual hierarquia. Livre iniciativa e proteção ao meio ambiente, por exemplo, são propósitos constitucionais de hierarquia idêntica que, frequentemente, entram em conflito em situações concretas. Nesse âmbito de antinomias, o intérprete constitucional deve partir da premissa de que cada norma jurídica há de ser interpretada levando em conta todas as demais, e não de forma isolada, presente a busca pela harmonia e integridade sistêmica.

O intérprete deve promover o diálogo entre os elementos tradicionais da interpretação, novas técnicas e as peculiaridades das normas constitucionais, buscando cumprir função harmonizante influenciada, prioritariamente, por princípios como o da "dignidade da pessoa humana, da igualdade, do Estado Democrático de Direito, da República e da Federação".[9] A fim de conseguir compatibilizar as disposições constitucionais, mesmo para dar primazia a esses princípios, a doutrina tem proposto as técnicas da ponderação e da proporcionalidade.[10] Sem dúvida, a interpretação constitucional equilibrada é elemento-chave para a solução adequada dos conflitos que envolvem direitos fundamentais e, particularmente, aquele alusivo ao meio ambiente.

---

7 BONAVIDES, Paulo. *Curso de Direito Constitucional.* 11ª ed. São Paulo: Malheiros, 2001, p. 523.

8 CRUZ, Branca Martins da. Importância da Constitucionalização do Direito ao Ambiente. In: BONAVIDES, Paulo, *et all* (Orgs.). *Estudos de Direito Constitucional em Homenagem a Cesar Asfor Rocha.* Rio de Janeiro: Renovar, 2009, p. 202.

9 SOUZA NETO, Cláudio Pereira de; SARMENTO, Daniel. *Direito Constitucional.* Teoria, História e Métodos de Trabalho. Op. cit., p. 415-416.

10 Sobre o desenvolvimento teórico da ponderação e da proporcionalidade, cf. PEREIRA, Jane Reis Gonçalves. *Interpretação Constitucional e Direitos Fundamentais.* Rio de Janeiro: Renovar, 2006; BARCELLOS, Ana Paula de. *Ponderação, Racionalidade e Atividade Jurisdicional.* Rio de Janeiro: Renovar, 2005; SILVA, Virgílio Afonso da. *Direitos Fundamentais.* Conteúdo essencial, restrições e eficácia. São Paulo: Malheiros, 2009.

4. INTERPRETAÇÃO CONSTITUCIONAL

Interpretação jurídica é atividade, inserida em amplo processo hermenêutico, dirigida à realização concreta do Direito. O intérprete realiza construção de significados, a partir de enunciados textualmente expressos ou decorrentes do sistema normativo, voltada à eficácia das normas no plano real e concreto. Interpretar vai além de compreender, é aplicar. A discussão do Direito pode ocorrer em abstrato. Há discursos descritivos e críticos sobre normas e situações jurídicas, mas interpretação jurídica verifica-se apenas diante de casos concretos e com o objetivo de conformá-los. Nessa conjuntura, os textos normativos serão alvo de *processo unitário de interpretação-aplicação*, do qual as normas serão o resultado.[11]

Conforme ensinou Gadamer, enquanto "compreender é sempre interpretar e, em consequência, a interpretação é a forma explícita da compreensão", devemos "dar um passo mais além da hermenêutica romântica, considerando como um processo unitário não só o da compreensão e interpretação, senão também o da aplicação" – "Uma lei não pode ser entendida historicamente senão que a interpretação deve concretizá-la em sua validade jurídica. [...] Compreender é sempre também aplicar."[12] As pré-compreensões do intérprete cumprem o papel inicial de conhecimento no que o autor chamou de "círculo hermenêutico",[13] porque interpretar é observar textos normativos, os valores e os fatos envolvidos, cada qual com modo e extensão própria, para a solução das controvérsias jurídicas.

Relevante destacar que a interpretação, como atividade de construção normativa, é necessidade constante e inafastável para o tráfego jurídico, afastada qualquer concepção que a limite aos denominados *casos difíceis*. Essa ideia restritiva parte do pressuposto de que apenas enunciados normativos cujos significados são equívocos exigem interpretação, ao passo que aqueles mais clara e diretamente revelados seriam *aplicados sem necessidade de interpretação*. Trata-se das *máximas interpretativas* "in claris non fit interpretatio" e "interpretatio cessat in claris". Como observa Castanheira

---

11 É necessário, como adverte Ricardo Guastini, *Teoria e ideologia de la interpretación constitucional,* Madrid: Trotta, 2008, p. 32, "distinguir entre os enunciados normativos – as 'disposições', como se costuma dizer – e as normas, entendidas como significados". Como lembra o professor italiano, muitos enunciados normativos são ambíguos, por isso "entre as duas coisas, de fato, não se dá uma correspondência biunívoca".

12 GADAMER, Hans-Georg. *Verdad y Método.* Vol. I. 10ª ed., Salamanca: Sígueme, 2003, p. 378-380.

13 GADAMER, Hans-Georg. *Verdad y Método.* Op. cit., p. 333-338.

Neves, essas máximas – e, portanto, a noção restritiva da importância da interpretação – consistem em teses absolutamente inadmissíveis, "porque é impossível mesmo a nível linguístico, porque é errada a nível exegético, sobretudo porque é inaceitável a nível normativo".[14]

Segundo o autor, a ideia restritiva é impossível, em nível linguístico ou semântico, por ser muito difícil as expressões de uso comum, principalmente quando, utilizadas em contextos jurídicos, ostentarem sentido unívoco, mesmo porque quase nunca mantêm, nesse campo, sentido comum. Uma vez inserido em texto dessa natureza, o vocábulo deixa de ser de uso comum, de fazer parte de "uma entidade puramente textual ou [de] um texto puro", e passa a compor "um texto em que se comunica ou manifesta um sentido jurídico". Esse aspecto conduz à segunda objeção do autor, a de nível exegético – se é texto jurídico, então é juridicamente que o vocábulo ou o texto em si deverá ser compreendido. Conforme explica, a "clareza" atribuída a certo texto jurídico nunca é decorrência pura e simples do texto, do sentido comum deste, mas "é ela própria já um resultado de interpretação".[15]

Castanheira Neves diz, por fim, da indispensabilidade da interpretação normativa, ante a exigência de a atividade interpretativa não resultar apenas da obscuridade de muitas leis e da urgência de superação da indeterminação dos significados dos textos legais, ou da distância comunicativa entre esses textos e os correlatos destinatários, mas, principalmente, da indispensabilidade da concreta "realização normativa do direito" diante dos casos-problema a serem solucionados. Surge o principal argumento da necessidade permanente da interpretação – é somente por essa atividade, em contexto controverso, que o Direito adquirirá *normatividade*. A interpretação é pressuposto do próprio cumprimento da finalidade do Direito e pelo Direito.[16]

Com o conjunto dessas ideias, revelada a exigência de interpretação em toda e qualquer atividade de concretização do Direito, independentemente do grau de problemática dos casos e do caráter equívoco ou inequívoco dos enunciados normativos aplicáveis, ressalte-se a importância do intérprete judicial. Há implicação institucional: o juiz será mais ou menos criativo ante a maior ou menor presença de enunciados normativos vagos e imprecisos,

---

14 NEVES, Antonio Castanheira. *O Actual Problema Metodológico da Interpretação Jurídica*. Vol. I. Coimbra: Coimbra, 2003, p. 16.

15 NEVES, Antonio Castanheira. *O Actual Problema Metodológico da Interpretação Jurídica*. Op. cit., p. 16-26.

16 NEVES, Antonio Castanheira. *O Actual Problema Metodológico da Interpretação Jurídica*. Op. cit., pp. 27/29.

mas os textos nunca se aplicam por si sós, devendo sempre ser contextualizados, consideradas as controvérsias apresentadas. Isso é particularmente relevante para o tema da interpretação constitucional e para o espaço institucional do Supremo.

Tudo o que foi dito, no tocante à interpretação jurídica em geral, é verdadeiro para a constitucional, o que inclui, em especial, destacar o papel do intérprete, o Supremo Tribunal Federal, para a realização da Constituição. A interpretação constitucional é espécie de interpretação jurídica – é a que envolve a aplicação da Constituição e da ordem jurídica conforme a ordem constitucional, tendo o Supremo a posição proeminente, mas não exclusiva, de proceder, permanentemente, a essa atividade interpretativa fundamental.[17]

Como disse o professor Canotilho,

> Interpretar as normas constitucionais significa (como toda a interpretação de normas jurídicas) compreender, investigar e mediatizar o conteúdo semântico dos enunciados linguísticos que formam o texto constitucional.
>
> A **interpretação jurídico-constitucional** reconduz-se, pois, à atribuição de um significado a um ou vários símbolos linguísticos escritos na constituição. Esta interpretação faz-se mediante a utilização de determinados critérios (ou medidas) que se pretendem objectivos, transparentes e científicos (*teoria ou doutrina da hermenêutica*).[18]

Dessa relação gênero-espécie decorre que a interpretação constitucional precisa ser realizada por meio dos elementos tradicionais – gramatical, histórico, teleológico e sistemático[19] –, observadas as particularidades que surgem em função do próprio objeto da interpretação – o texto constitucional. Isso significa que os cânones de interpretação devem governar o processo hermenêutico-constitucional, mas revelarão especificidades e complexidades ante o ambiente em que estão sendo aplicados. Em sucinta análise, o uso desses

---

17 Fala-se em *interpretação constitucional direta* para designar a aplicação imediata dos enunciados constitucionais sobre o caso concreto, e em *interpretação constitucional indireta* para referir-se à aplicação de enunciados infraconstitucionais tendo como parâmetro a constituição, o que será sempre interpretação da constituição, embora mediata.

18 CANOTILHO, JJ Gomes. *Direito Constitucional e Teoria da Constituição.* 4ª ed. Lisboa: Almedina, p. 1.170.

19 Para defesa forte dessa noção, cf. SILVA, Virgílio Afonso da. Interpretação constitucional e sincretismo metodológico. In: ____. (Org.) *Interpretação Constitucional.* 2ª ed. São Paulo: Malheiros, 2005, p. 115-143.

elementos tradicionais deverá combinar com a natureza política particular de grande parte das matérias objeto de regulação constitucional, com o caráter compromissório das normas constitucionais – às vezes veiculando interesses mesmo contraditórios –, com a presença de número elevado de enunciados que expressam princípios, objetivos e valores,[20] com a supremacia normativa e axiológica e a pretensão de efetividade das normas constitucionais, mormente as que prescrevem os direitos fundamentais.

Com relação ao elemento gramatical, as expressões semânticas do texto constitucional têm sido referências, pontos de partida e também limites de possibilidade criativa em homenagem ao valor de legitimação do Estado de Direito, principalmente, presentes regras claras e bem definidas. Sempre que se deparou com enunciados fluidos, vagos e indeterminados, em especial princípios fundamentais, o Supremo não se furtou de exercer certo grau de criatividade interpretativa quando necessário para a realização de valores constitucionais superiores.

No tocante ao elemento histórico, o Tribunal tem comparado contextos passados para identificar transformações fáticas e sociais que possam justificar interpretação evolutiva da Constituição, ainda mais se verificada dificuldade deliberativa no Parlamento sobre a matéria. Quanto ao elemento teleológico, na medida em que o intérprete aplica as normas constitucionais tendo em conta as finalidades visadas, ganha imensa importância considerados os direitos fundamentais e a pretensão de efetividade das normas que os veiculam – tais direitos devem ser realizados na maior medida possível. Presente Constituição compromissória como a brasileira, a dificuldade existirá na variedade de propósitos opostos estabelecidos em normas de igual hierarquia. É nesse âmbito de antinomias que o elemento sistemático adquire grande relevância prática. Leva a sério a unidade do sistema constitucional. Nesse ponto, integrados os elementos sistemático e teleológico, a interpretação deve cumprir a função harmonizante e buscar compatibilizar as disposições constitucionais. O esforço hermenêutico, com o uso das técnicas da ponderação e da proporcionalidade, tem sido a tônica da atuação do Supremo, visando concretizar o direito fundamental ao meio ambiente. É por meio da interpretação constitucional, utilizando velhos e novos elementos

20 Chamando a atenção para o exagero da doutrina quanto a essa característica da Constituição de 1988, fixando a premissa do texto conter muito mais regras que princípios, cf. ÁVILA, Humberto. "Neoconstitucionalismo": entre a "Ciência do Direito" e o "Direito da Ciência". In: SOUZA NETO, Cláudio Pereira de; SARMENTO, Daniel; BINENBOJM, Gustavo. (Org.) *Vinte Anos da Constituição Federal de 1988*. Rio de Janeiro: Lumen Juris, 2009, pp. 187/202.

hermenêuticos, que o Tribunal contribui para tornar realidade a promessa constitucional de meio ambiente sadio e equilibrado para as gerações de hoje e do futuro.

5. O DIREITO FUNDAMENTAL AO MEIO AMBIENTE EQUILIBRADO NA JURISPRUDÊNCIA DO STF

Em diferentes oportunidades, o Supremo enfrentou conflitos atinentes a direitos fundamentais de cujas soluções dependia a efetividade do direito ao meio ambiente, na forma em que previsto na Carta da República. Em todos os casos, promoveu complexa mas segura interpretação constitucional.

No julgamento do mandado de segurança nº 25.284, de minha relatoria,[21] relativo à criação da "Reserva Extrativista Verde para Sempre", envolvidas desapropriações de inúmeras propriedades rurais, depois de afirmar que "todos têm direito ao meio ambiente ecologicamente equilibrado, bem de uso comum do povo e essencial à sadia qualidade de vida," o qual impõe "ao poder público e à coletividade o dever de defendê-lo e de preservá-lo para as presentes e futuras gerações", apontei que, presente o disposto no artigo 225, "conflito entre os interesses individual e coletivo resolve-se a favor deste último". Defendi a possibilidade, no caso, de mitigação do direito de propriedade, o qual não se revela absoluto.[22] Tal mitigação não afastou o direito de indenização constitucionalmente assegurado aos produtores rurais que tiveram as terras desapropriadas.

Com base nas mesmas premissas, a maioria do Tribunal, na arguição de descumprimento de preceito fundamental nº 101/DF, relatora ministra Cármen Lúcia, assentou a proibição de importar pneus usados ou remodelados. Votei vencido, não por olvidar a relevância do direito coletivo, mas por entender, ante as dúvidas sobre os efeitos verdadeiramente nocivos da importação questionada e a restrição à livre iniciativa, que a matéria deveria ser definida exclusivamente pelo Congresso Nacional, por meio de edição de lei em sentido formal e material.[23]

No âmbito da ponderação de direitos e valores, fica claro que o Tribunal vem interpretando as normas e os fatos de forma mais favorável à proteção

21 STF – Pleno, MS 25.284/DF, de minha relatoria, j. 17/6/2010, DJ 13/8/2010.

22 Essa premissa não afasta a possibilidade de aplicação do princípio da insignificância nos crimes ambientais: STF – Pleno, AP 439/SP, de minha relatoria, Rel. Min. Gilmar Mendes, j. 12/6/2008, DJ 13/2/2009.

23 STF – Pleno, ADPF 101/DF, Rel. Min. Cármen Lúcia, j. 24/6/2009, DJ 4/6/2012.

ao meio ambiente, demostrando preocupação com a manutenção das condições ecologicamente equilibradas para ter-se vida mais saudável e segura. Essa orientação também se fez presente quando envolvida controvérsia de natureza análoga à da vaquejada: conflito entre os direitos ao meio ambiente e às manifestações culturais.

O Tribunal enfrentou a problemática, pela primeira vez, no recurso extraordinário nº 153.531/SC, Segunda Turma, relator ministro Francisco Rezek, apreciado em 3 de junho de 1997, acórdão por mim redigido, julgado que ficou conhecido como o caso "farra do boi". Pretendia-se a proibição, no Estado de Santa Catarina, da denominada Festa da Farra do Boi.[24] Aqueles que defenderam a permanência afirmaram ser manifestação popular, de caráter cultural, entranhada na sociedade daquela região. Os que a impugnaram anotaram a crueldade intrínseca exercida contra os bovinos, que eram tratados sob vara durante o espetáculo. O Relator consignou a inconstitucionalidade da prática, destacando a maldade a que eram submetidos os animais. Também assim votei, asseverando não se cuidar de uma manifestação cultural a merecer o agasalho da Carta da República, mas de perversidade ímpar, em que pessoas buscam, a todo custo, o próprio sacrifício do animal, ensejando a aplicação do inciso VII do artigo 225.

Da mesma maneira, foram declaradas inconstitucionais leis estaduais no que favoreciam o costume popular chamado de "briga de galos". Na ação direta de inconstitucionalidade nº 2.514/SC, relator ministro Eros Grau, julgada em 29 de junho de 2005, assentou-se inconstitucional lei do Estado de Santa Catarina por autorizar práticas que submetiam os animais à crueldade. Na ação direta de inconstitucionalidade nº 1.856/RJ, relator ministro Celso de Mello, apreciada em 26 de maio de 2011, o Tribunal voltou a julgar inconstitucional diploma – Lei nº 2.895/98 – que permitiu a competição galística. Na ocasião, o Relator destacou que o Supremo, em tema de violência contra animais, tem advertido, em sucessivos julgamentos, que a realização da prática mostra-se frontalmente incompatível com o disposto no artigo 225, § 1º, inciso VII, da Constituição da República.[25]

Os precedentes apontam a óptica hermenêutica adotada pelo Tribunal ante o conflito entre normas de direitos fundamentais, mesmo presente manifestação cultural, verificada situação a implicar inequívoca crueldade

---

24 STF – 2ª T., RE 153.531/SC, Rel. Min. Francisco Rezek, acórdão por mim redigido, j. 3/6/1997, DJ 13/13/1998.

25 STF – Pleno, ADI 2.514/SC, Rel. Min. Eros Grau, j. 29/6/2005, DJ 9/12/2005; STF – Pleno, ADI 1.856/RJ, Rel. Min. Celso de Mello, j. 26/5/2011, DJ 14/10/2011.

contra animais. Os Ministros têm considerado a necessidade de proteção ao meio ambiente ecologicamente equilibrado. Cabe indagar se esse padrão decisório – padrão de interpretação constitucional – consubstancia o rumo adequado a nortear a solução da controvérsia envolvendo a prática da vaquejada.

6. A INCONSTITUCIONALIDADE DA "VAQUEJADA"

Na ação direta de inconstitucionalidade nº 4.983/CE, de minha relatoria, tem-se paradigmático caso de conflito entre direito fundamental ao meio ambiente sadio e à manifestação cultural de determinada comunidade. O Procurador-Geral da República buscou a declaração de inconstitucionalidade da Lei nº 15.299, de 8 de janeiro de 2013, do Estado do Ceará, por meio da qual foi regulamentada a vaquejada como prática cultural e desportiva.

Os dispositivos impugnados têm a seguinte redação:

> Art. 1º. Fica regulamentada a vaquejada como atividade desportiva e cultural no Estado do Ceará.
>
> Art. 2º. Para efeitos desta Lei, considera-se vaquejada todo evento de natureza competitiva, no qual uma dupla de vaqueiro a cavalo persegue animal bovino, objetivando dominá-lo.
>
> § 1º. Os competidores são julgados na competição pela destreza e perícia, denominados vaqueiros ou peões de vaquejada, no dominar animal.
>
> § 2º. A competição deve ser realizada em espaço físico apropriado, com dimensões e formato que propiciem segurança aos vaqueiros, animais e ao público em geral.
>
> § 3º. A pista onde ocorre a competição deve, obrigatoriamente, permanecer isolada por alambrado, não farpado, contendo placas de aviso e sinalização informando os locais apropriados para acomodação do público.
>
> Art. 3º. A vaquejada poderá ser organizada nas modalidades amadora e profissional, mediante inscrição dos vaqueiros em torneio patrocinado por entidade pública ou privada.
>
> Art. 4º. Fica obrigado aos organizadores da vaquejada adotar medidas de proteção à saúde e à integridade física do público, dos vaqueiros e dos animais.
>
> § 1º. O transporte, o trato, o manejo e a montaria do animal utilizado na vaquejada devem ser feitos de forma adequada para não prejudicar a saúde do mesmo.

> § 2º. Na vaquejada profissional, fica obrigatória a presença de uma equipe de paramédicos de plantão no local durante a realização das provas.
>
> § 3º. O vaqueiro que, por motivo injustificado, se exceder no trato com o animal, ferindo-o ou maltratando-o de forma intencional, deverá ser excluído da prova.
>
> Art. 5º. Esta Lei entra em vigor na data de sua publicação.
>
> Art. 6º. Revogam-se as disposições em contrário.

O Procurador-Geral da República sustenta que, no conflito entre normas constitucionais – aquela que assegura o direito ao meio ambiente (artigo 225) e a que garante o direito às manifestações culturais enquanto expressão da pluralidade (artigo 215) –, há de ser dado maior peso à preservação do meio ambiente. Consoante articula, a lei atacada não encontra respaldo no Texto Maior, violando o disposto no artigo 225, § 1º, inciso VII, dele constante.

Disse ser a vaquejada prática considerada esportiva e cultural no Nordeste do Brasil, em que dupla de vaqueiros, montados em cavalos distintos, busca derrubar o touro, puxando-o pelo rabo dentro de área demarcada. Não refutou o caráter histórico da atividade, ligada à antiga necessidade de os fazendeiros reunirem o gado. Destacou, contudo, a transformação, com o tempo, do evento cultural em espetáculo esportivo altamente lucrativo, movimentando cerca de R$ 14 milhões por ano.

Ressaltou que, diferentemente do que acontecia no passado, os bovinos são hoje enclausurados, açoitados e instigados. Segundo aduziu, isso faz com que o boi corra quando é aberto o portão, sendo, então, conduzido pela dupla de competidores até determinada área assinalada com cal. O animal é agarrado pelo rabo, que é torcido até ele cair com as quatro patas para cima e, assim, ser finalmente dominado. Indicou laudo técnico, conclusivo, a demonstrar a presença de lesões traumáticas nos animais em fuga, inclusive a possibilidade de a cauda ser arrancada, com consequente comprometimento dos nervos e da medula espinhais, ocasionando dores físicas e sofrimento mental.

Reportou-se a estudo da Universidade Federal de Campina Grande, Paraíba, revelador de lesões e danos irreparáveis sofridos também pelos cavalos utilizados na atividade, considerado percentual relevante de ocorrência de tendinite, tenossinovite, exostose, miopatias focal e por esforço, fraturas e osteoartrite társica. Afirmou, ante os dados empíricos, implicar a vaquejada tratamento cruel e desumano às espécies animais envolvidas.

Fez referência aos precedentes do Supremo nos quais utilizada a técnica da ponderação para resolver conflitos específicos entre manifestações culturais e proteção ao meio ambiente, predominando entendimento a favor de afastar práticas de tratamento inadequado a animais, mesmo dentro de contextos culturais e esportivos. Citou os julgados que mencionei anteriormente, relativos à briga de galos e à farra do boi. Frisou que a solução adotada nesses precedentes, no sentido de prevalência da norma constitucional de preservação do meio ambiente e correspondente imposição de limites jurídicos às manifestações culturais, deve ser observada na espécie, presente a crueldade dispensada aos animais.

O Governo do Estado do Ceará defendeu a importância histórica da vaquejada. Argumentou que, ao regulamentar o esporte, teria protegido os bens constitucionais ditos violados, impondo a prática adequada do evento e estabelecendo sanções às condutas de maus-tratos aos bovinos. Afirmou obrigar a lei a adoção de medidas protetivas da integridade física e da saúde dos animais. Sustentou haver sido a vaquejada reconhecida como prova de rodeio pela Lei federal nº 10.220, de 11 de abril de 2001, e os praticantes do esporte, atletas profissionais. Aduziu cuidar-se de direito cultural, patrimônio histórico do povo nordestino, direito fundamental coletivo previsto nos artigos 215 e 216 da Carta de 1988. Ressaltou a impropriedade da defesa apriorística do meio ambiente natural em detrimento do cultural, devendo tal análise ser realizada diante do caso concreto. Destacou que a legislação questionada atende à exigência de desenvolvimento econômico sustentável. Enfatizou não se confundir a vaquejada com os casos de briga de galo e farra do boi, pois inexiste crueldade com os animais, como ocorria em tais eventos, declarados inconstitucionais pelo Supremo.

Em meio aos argumentos opostos e ao conflito horizontal de direitos fundamentais, concluí pela inconstitucionalidade da lei por meio da qual regulamentada a prática da vaquejada. Na realidade, considerei inconstitucional a própria prática.

O autor juntou laudos técnicos que demonstram as consequências nocivas à saúde dos bovinos e cavalos envolvidos na vaquejada.

Ante os dados empíricos evidenciados pelas pesquisas, surgiu indiscutível o tratamento cruel dispensado às espécies animais envolvidas. O ato repentino e violento de tracionar o boi pelo rabo, assim como a verdadeira tortura prévia, inclusive por meio de estocadas de choques elétricos, à qual é submetido o animal, para que saia do estado de mansidão e dispare em fuga a fim de viabilizar a perseguição, consubstanciam atuação a implicar descompasso com o que preconizado no artigo 225, § 1º, inciso VII, da Carta da República.

O argumento em defesa da constitucionalidade da norma, no sentido de a disciplina da prática permitir seja realizada sem ameaça à saúde dos animais, não subsiste. Tendo em vista a forma como desenvolvida, a intolerável crueldade com os bovinos mostra-se inerente à vaquejada. A atividade de perseguir animal que está em movimento, em alta velocidade, puxá-lo pelo rabo e derrubá-lo, sem os quais não mereceria o rótulo de vaquejada, configura maus-tratos. Inexiste a mínima possibilidade de o boi não sofrer violência física e mental quando submetido a tal tratamento.

Pudesse a vaquejada ser realizada sem a imposição de sofrimento e maus-tratos aos bovinos, ter-se-ia a prevalência da dimensão cultural do direito, ainda que incômodos mínimos tivessem os animais. Contudo, na prática, isso não se revela possível. É da natureza da vaquejada que haja maus-tratos. Caso não ocorressem, estaria descaracterizada a atividade como sendo cultural, "patrimônio histórico do povo nordestino". Outra atividade estaria em discussão, e não a "vaquejada".

A par de questões morais relacionadas ao entretenimento às custas do sofrimento dos animais, bem mais sérias se comparadas às que envolvem experiências científicas e médicas, a crueldade intrínseca à vaquejada não permite a prevalência do valor cultural como resultado desejado pelo sistema de direitos fundamentais da Carta de 1988. O sentido da expressão "crueldade" constante da parte final do inciso VII do § 1º do artigo 225 do Diploma Maior alcança, sem sombra de dúvida, a tortura e os maus-tratos infligidos aos bovinos durante a prática impugnada, revelando-se intolerável, a mais não poder, a conduta humana autorizada pela norma estadual atacada. No âmbito de composição dos interesses fundamentais envolvidos no processo, sem que se mostre relevante o direito da comunidade às manifestações culturais, há de sobressair a pretensão de proteção ao meio ambiente.

7. CONCLUSÃO

Nosso Diploma Maior não revela unicidade, mas pluralidade de direitos, posições subjetivas e propósitos, que devem coexistir harmonicamente no plano das leis, das práticas administrativas e do comportamento humano. O projeto constitucional de 1988 beneficia e vincula a todos, cada qual com cota própria de direitos e deveres. O meio ambiente saudável e equilibrado é aspiração de envergadura maior, a ponto de cogitar-se de uma "Constituição

Ecológica", " Verde". Mas não há e nem pode haver direitos absolutos em Cartas construídas sob bases pluralistas. O contrário seria negar a própria essência. Daí a necessidade de o Tribunal, por meio da interpretação constitucional, sopesar os valores e direitos envolvidos. Há a necessidade do confronto, da oposição. A busca deve ser pelo meio-termo entre o dever de contribuir com a preservação do meio ambiente e a garantia de liberdades individuais e de manifestações culturais. Esse tema deve ser levado a sério por meio da justificação racional e ponderada das escolhas que o Supremo faz. No caso concreto, contudo, poucas razões existem - ou nenhuma - a justificar a constitucionalidade da prática da vaquejada. Em um Estado Constitucional e Democrático de Direito, é importante que conclusões da espécie se deem mediante construção interpretativa racional, transparente e metodologicamente controlável.

6

A SEGURANÇA JURÍDICA E O SUPREMO: UMA ANÁLISE A PARTIR DE PRECEDENTES EM MATÉRIA ELEITORAL E TRIBUTÁRIA

1. INTRODUÇÃO

O regime democrático pressupõe segurança jurídica, e esta é incompatível com o afastamento de ato jurídico perfeito e acabado mediante aplicação de lei nova. A paz social baseia-se na confiança mútua e, mais do que isso – em proveito de todos, em prol do bem comum – no respeito a direitos e obrigações estabelecidos, não se mostrando consentâneo com a vida gregária, com o convívio civilizado, ignorar o pacto social, única possibilidade de entendimento. Tampouco condiz com a democracia a modificação das regras norteadoras das relações jurídicas pelo enviesado ardil de aplicar-se lei, conferindo-lhe eficácia capaz de suplantar garantias constitucionais, isso a partir de simples interpretação. Em assim não sendo, ter-se-á o caos, a babel, a unilateralidade das definições, em nada influindo os compromissos assumidos, como se a lei vigente fosse a da selva, e não a de um mundo desenvolvido.

A segurança jurídica surge como um dos pilares do Estado de Direito e ganhou, na Constituição de 1988, disciplina ampla, e o Supremo a tem observado nas mais variadas situações. O Tribunal vem buscando fazer valer a inteligibilidade do Direito pela exigência de clareza das regras jurídicas; a confiabilidade do Direito ante a estabilidade das normas no tempo, a proibição de retroatividade, a proteção ao direito adquirido, ao ato jurídico perfeito e à coisa julgada; a calculabilidade ou previsibilidade do Direito presente a aplicação estrita das regras de anterioridade e anualidade (princípio da não surpresa)[1]. Os julgamentos têm sido marcantes em dois campos bem distintos: o político-eleitoral e o tributário.

2. SEGURANÇA JURÍDICA EM MATÉRIA ELEITORAL E TRIBUTÁRIA

Mesmo em temas de alta sensibilidade e repercussão político-eleitoral, o Tribunal tem cumprido a missão de ser fiel à Constituição Federal ao garantir o respeito ao princípio da anualidade eleitoral, de que trata o artigo 16 dela constante, ainda quando novas regras eleitorais foram veiculadas por emenda constitucional. Esse foi o caso da de nº 58, publicada em 23 de setembro de 2009, a qual alterou o artigo 29, inciso IV, dispondo sobre novos critérios na fixação do número de vereadores. Essa modificação seguiu os passos do próprio Supremo no famoso caso "Mira-Estrela"[2] e também do Tribunal Superior Eleitoral, que estabeleceu parâmetros para a formação das Câmaras Municipais com base na decisão do Supremo[3]. Com essa Emenda, mesmo sendo de 2009, pretendeu-se disciplinar o resultado das eleições de 2008. Na Medida Cautelar na Ação Direta de Inconstitucionalidade nº 4.307/DF, relatora a ministra Cármen Lúcia, foi suspensa cautelarmente por desrespeito à anualidade eleitoral[4]. Conforme assentou a Relatora, citando o mestre José Afonso da Silva e o parecer do Procurador-Geral da República, a razão legal da anualidade é "evitar a alteração da regra do jogo depois que o processo eleitoral tenha sido desencadeado", coibindo o casuísmo e a deformação desse processo, que violariam, em última análise, direito fundamental do cidadão-eleitor à segurança e à certeza das regras jurídicas inerentes à disputa eleitoral.[5]

Na Ação Direta de Inconstitucionalidade nº 3.865/DF, relatora a ministra Ellen Gracie, o Tribunal tornou prevalecente a verticalização das coligações

---

1 Sobre esses elementos da segurança jurídica, cf. ÁVILA, Humberto. *Segurança Jurídica*. Entre permanência, mudança e realização no Direito Tributário. São Paulo: Malheiros, 2011.

2 STF – Pleno, RE 197.917/SP, Rel. Min. Maurício Corrêa, j. 24/3/2004, DJ 7/5/2004.

3 Trata-se da Resolução TSE nº 21.702/2004, cuja constitucionalidade foi confirmada no exame da ADI 3.345/DF, Rel. Min. Celso de Mello, j. 25/8/2005, DJ 20/8/2010.

4 STF – Pleno, ADI-MC 4.307/DF, Rel. Min. Cármen Lúcia, j. 11/11/2009, DJ 5/3/2010.

5 O mérito da ação foi julgado em 11 de abril de 2013, tendo sido confirmada, por unanimidade, a inconstitucionalidade proclamada em sede cautelar.

partidário-eleitorais alusivas a 2006, embora a Emenda Constitucional nº 52, de 8 de março daquele ano, tivesse assegurado aos partidos autonomia para formar coligações sem vínculos consideradas as candidaturas em âmbito nacional, estadual, distrital e municipal. Consoante a ilustrada maioria, a aplicação imediata da emenda implicaria transgressão à anualidade eleitoral versada no mencionado artigo 16. A Relatora apontou o desprezo ao direito fundamental do cidadão-eleitor à segurança jurídica e ao devido processo legal[6]. Votei vencido, na companhia do ministro Sepúlveda Pertence, mas não por desconhecer a garantia constitucional da anualidade eleitoral, e sim porque entendemos que a Emenda em nada inovou relativamente à regência infraconstitucional da matéria. Como afirmei, se a norma constitucional derivada "houvesse alterado alguma coisa em termos de normatividade", a questão deveria ser solucionada "sob o ângulo da eficácia do artigo 16".

Esses dois precedentes têm a particularidade de opor a segurança jurídica, expressa pela anualidade eleitoral, a emendas constitucionais, o que decorre da interpretação sistêmico-teleológica do artigo 16 como revelador de cláusula pétrea, demonstrando o compromisso do Tribunal com a ordem constitucional como um todo e com a segurança do cidadão-eleitor.

Mais recentemente, o Supremo deixou clara a independência institucional, que apenas os grandes tribunais constitucionais possuem, ao decidir, por maioria, contra o clamor da opinião pública. Conscientes do papel contramajoritário que por vezes lhes cabe, tribunais dessa envergadura devem ser fiéis à Constituição Federal, mesmo que isso provoque reações populares indesejadas. Refiro-me ao julgamento da denominada Lei da Ficha Limpa e a aplicação nas eleições de 2010.

O Tribunal enfrentou, além de questionamentos sobre a constitucionalidade da Lei Complementar nº 135, o tema da eficácia do diploma especificamente para o processo eleitoral de 2010, ano da publicação. Estavam em jogo mais de oito milhões de votos dados aos candidatos "fichas-sujas" nas eleições daquele ano. Porque a publicação ocorreu em 7 de junho anterior, a anualidade eleitoral apresentou-se como obstáculo à aplicação da lei nas eleições de outubro de 2010. O primeiro caso de candidato que teve registro indeferido foi examinado no Supremo em 27 de outubro de 2010, no Recurso Extraordinário nº 631.102/PA, relator o ministro Joaquim Barbosa. O Plenário, então composto de dez ministros, dividiu-se, e o julgamento terminou empatado, tendo sido mantida a decisão do Tribunal Superior Eleitoral

6 STF – Pleno, ADI 3.685/DF, j. 22/3/2006, Rel.ª Min.ª Ellen Gracie, DJ 10/8/2006.

que implicara o afastamento do registro[7]. Em 23 de março de 2011, com a composição completa, novo recurso veio a julgamento e o ministro Luiz Fux, recém-empossado, concluiu pela observância da anualidade eleitoral, definindo que a Lei não poderia ser aplicada nas eleições de 2010[8].

Em ambos os recursos, votei a favor da incidência do artigo 16 do Diploma Maior, afastando a vigência da Lei Complementar para as eleições de 2010. Destaquei a necessidade de respeito à Constituição Federal, "à qual todos se submetem, indistintamente, inclusive o próprio povo". Em virtude dessa obediência ao texto constitucional, disse, subscrevendo votos anteriores, que nós, Ministros do Supremo, não ocupamos "cadeira voltada simplesmente a atender aos anseios populares, mas cadeira voltada a preservar a Carta da República". Ante a profunda modificação que a Lei provocou no processo eleitoral, não se poderia cogitar da não aplicação da anualidade eleitoral, sob pena de desprezo da própria Constituição e da defesa da segurança jurídica do cidadão-eleitor.

O dever constitucional de previsibilidade das alterações legislativas tem, na jurisprudência do Supremo, bastante repercussão também em matéria tributária, consideradas as anterioridades geral e nonagesimal dos artigos 150, inciso III, alíneas "b" e "c", e 195, § 6º. Nessa área, o Tribunal igualmente opôs o princípio ao constituinte derivado, dando-lhe a dimensão de cláusula pétrea. Na Ação Direta de Inconstitucionalidade nº 939/DF, relator o ministro Sydney Sanches, julgou inconstitucional a Emenda de nº 3/1993, na parte em que instituiu o Imposto Provisório Sobre Movimentação Financeira – IPMF, impondo o dever de observância da anterioridade geral, afastada a cobrança imediata do imposto. A maioria tomou a anterioridade tributária como núcleo essencial da segurança jurídica, a impedir o constituinte derivado de retirar do contribuinte a garantia de não ser cobrado quanto a imposto novo ou majorado no mesmo ano de publicação da norma de criação ou aumento, salvo as exceções previstas na própria Constituição Federal.[9]

Destacando que os direitos e garantias fundamentais se encontram em outras normas constitucionais além do rol do artigo 5º, asseverei que a anterioridade é garantia cujas exceções foram previstas de forma taxativa, pelo constituinte originário, de modo que a redução do alcance do princípio resultaria em violação do artigo 60, § 4º, da Constituição Federal, ou seja, transgressão a cláusula pétrea. Esse julgamento ocorreu em 1993, e jamais

---

7 STF – Pleno, RE 631.102/PA, Rel. Min. Joaquim Barbosa, j. 27/10/2010, DJ 20/6/2011.

8 STF – Pleno, RE 633.703/MG, Rel. Min. Gilmar Mendes, j. 23/3/2011, DJ 18/11/2011.

9 STF – Pleno, ADI 939/DF, Rel. Min. Sydney Sanches, j. 15/12/1993, DJ 18/3/1994.

me desviei do sentido maior da anterioridade tributária como expressão particular da segurança jurídica. Interpretando a norma com essa extensão, vinculei à anterioridade tributária modificação legal que promoveu majoração indireta de imposto mediante a suspensão por prazo certo e determinado de uso de créditos, até então permitidos, para apuração final do Imposto sobre Circulação de Mercadorias e Serviços – ICMS, sendo acompanhado por unanimidade no Plenário[10]. Seguindo essa óptica, manifestei-me, insistentemente, contra a aplicação imediata de leis que "prorrogaram" a cobrança de tributo criado para ser provisório – a CPMF[11], a suspensão de uso de créditos do ICMS, matéria inclusive com repercussão geral reconhecida[12], e a alíquota majorada de imposto antes estabelecida por prazo determinado, como ocorreu com o ICMS do Estado de São Paulo.[13]

Em relação a esse último caso, envolvendo jogo de palavras do legislador de São Paulo para tentar caracterizar como "prorrogação" o que, na verdade, foi comando de última hora para mudar prazo certo e determinado de vigência de tributo majorado, fiz ver:

> O que houve na espécie – e não desconheço o artigo 150, inciso III, alínea "c", da Constituição Federal, que alude, explicitamente, à instituição e aumento de tributo? Antes de 31 de dezembro de 2005, existia diploma legal editado para viger por tempo determinado, evidentemente os contribuintes estavam convictos que, ao término, não se teria o acréscimo alusivo ao tributo. Por isso é que não é dado falar em prorrogação. O que ocorreu na espécie, atraindo incidência do preceito tal como se contém – e tendo a interpretá-lo de forma teleológica, perquirindo, no caso, o objetivo da norma, que é o de evitar solavancos, surpresas na vida gregária –, foi verdadeira criação, a instituição do tributo, e não a simples prorrogação.
>
> [...]
>
> Criação – instituição portanto – do mesmo tributo, sem se ter presente a anterioridade nonagesimal da alínea "c" do inciso III do artigo 150, porque isso ocorreu ao apagar das luzes do ano de 2005.

10 STF – Pleno, ADI – MC 2.325/DF, de minha relatoria, j. 23/9/2004, DJ 6/10/2006.

11 STF – Pleno, RE 566.032/RS, Rel. Min. Gilmar Mendes, j. 25/6/2009, DJ 23/10/2009.

12 STF – Pleno, RE 601.967/RS, de minha relatoria, j. 9/12/2010, DJ 2/3/2011; STF – Pleno, RE 603.917/SC, Rel. Min. Rosa Weber, j. 7/4/2011, DJ 5/8/2011.

13 STF – Pleno, RE 584.100/SP, Rel Min. Ellen Gracie, j. 25/11/2009, DJ 5/2/2010.

Outro precedente a merecer destaque é o resultante do recurso extraordinário nº 188.083/PR, por mim relatado no Pleno em sessão de 5 de agosto de 2015. Assentei, ante o princípio da irretroatividade, a inconstitucionalidade do § 2º do artigo 30 da Lei nº 7.799/1989, no que prevista a correção monetária das demonstrações financeiras referentes ao exercício de 1989. Consignei, sendo seguido à unanimidade, que a lei regedora de tributo há de ser editada em certo exercício para observância no subsequente. Assim revelei:

> [...] o sistema reintroduzido mediante a Lei nº 7.799/89 tem repercussão no resultado da incidência do imposto sobre a renda, dependendo, quanto à geração de saldo credor ou devedor, da relação de valores entre o ativo permanente e o patrimônio líquido. Com a sistemática, tem-se o surgimento de renda a ser tributada, de lucro a servir de base no cálculo do imposto de renda.
>
> Ainda que se potencialize a circunstância de, para efeito de se saber o imposto de renda devido, levar-se em conta o fechamento do balanço em 1989, o texto da Lei nº 7.799/89, a alcançar a correção monetária das demonstrações financeiras no período de 1º de fevereiro até 30 de junho de 1989, acabou por implicar a retroatividade vedada no artigo 150, inciso III, alínea "a", da Constituição. Em suma, a recorrente sofreu os efeitos da situação jurídica criada pela Lei nº 7.730/89, no que prevista a desindexação, com o acerto relativo ao mês de janeiro de 1989. Foi surpreendida, no mês de junho de 1989, com a modificação substancial introduzida inicialmente pela Medida Provisória nº 68 e, depois, pela Lei de conversão nº 7.799/89, implementada a retroatividade para cobrir período de disciplina diversa, quando inexistente a correção. Atos e fatos jurídicos ocorridos antes da lei em comento foram apanhados, em retroatividade que contraria até mesmo o objetivo maior da normatização, que é a segurança jurídica.
>
> [...]
>
> Conforme salientado pela melhor doutrina – Geraldo Ataliba e Roque Antônio Carrazza –, o princípio da irretroatividade da norma há de ser perquirido e preservado no âmbito da eficácia, dos resultados provocados pelas leis. Fatos anteriores à Lei nº 7.799/89, a demonstração financeira tal como resultante da lei revogada – nº 7.730, de 31 de janeiro de 1989 –, não podem ser apanhados por diploma a eles posterior, sob pena de solapar o sistema voltado à preservação da segurança jurídica.

A vida em sociedade pressupõe a segurança jurídica. Surge como primeira condição desta última a irretroatividade da lei, que é editada para viger prospectivamente, alcançando atos e fatos que venham a ocorrer. Descabe fazer tábula rasa das normas previstas no artigo 150, inciso III, alíneas "a" e "b", da Constituição Federal, garantidoras, juntamente com o princípio da anterioridade, de um mínimo de previsibilidade às relações jurídico-tributárias.

3. CONCLUSÃO

Conforme disse em diversos pronunciamentos, impõe-se, especialmente em tempos de crise, o dever de guardar regras e princípios, de garantir o respeito à Constituição Federal. Urge o restabelecimento da confiança dos brasileiros na força da Constituição, reafirmando a certeza do pleno funcionamento das instituições. A Lei das leis não há de ser tida como um documento lírico, que pode ser metamorfoseado em função dos acontecimentos e da vontade das maiorias reinantes. O que na Constituição se contém é de observância obrigatória.

A segurança jurídica e as normas constitucionais que a expressam a partir da cabeça do artigo 5º, como as da irretroatividade e da anterioridade, as que protegem o direito adquirido, o ato jurídico perfeito e a coisa julgada, assim como os princípios da proteção da confiança legítima e da boa fé objetiva, exigem que o legislador atue com previsibilidade e clareza e que a Administração Pública tenha conduta honesta, leal e coerente com a atuação anterior[14].

O Tribunal deve buscar, ao máximo, a estabilização das expectativas da sociedade, presente o sobreprincípio da segurança jurídica. Penso ser esse o sentido maior que uma interpretação constitucional adequada do princípio deve produzir – essa é a missão do Supremo em favor da segurança jurídica dos cidadãos.

---

14 Foi com base nessas premissas que votei, no Recurso Extraordinário nº 131.741/SP, de minha relatoria, a favor da condenação da Administração Pública em indenizar contribuinte quando mudança de orientação interpretativa sobre aplicação de lei tributária, anteriormente formulada em consulta tributária, trouxer prejuízos para o consulente. Fui acompanhado pela unanimidade dos membros da Segunda Turma do Supremo. O pronunciamento ficou assim ementado: TRIBUTÁRIO - CONSULTA - INDENIZAÇÃO POR DANOS CAUSADOS. Ocorrendo resposta a consulta feita pelo contribuinte e vindo a administração pública, via o fisco, a evoluir, impõe-se-lhe a responsabilidade por danos provocados pela observância do primitivo enfoque (j. 9/4/1996, DJ 24/5/1996).

* * * * * * * * * * * * * * *
* * * * * * * * * * * * * * *
* * * * * * * * * * * * * * *
* * * * * * * * * * * * * * *
* * * * * * * * * * * * * * *
* * * * * * * * * * * * * * *
* * * * * * * * * * * * * * *
* * * * * * * * * * * * * * *
* * * * * * * * * * * * * * *
* * * * * * * * * * * * * * *
* * * * * * * * * * * * * * *
* * * * * * * * * * * * * * *
* * * * * * * * * * * * * * *
* * * * * * * * * * * * * * *
* * * * * * * * * * * * * * *
* * * * * * * * * * * * * * *
* * * * * * * * * * * * * * *
* * * * * * * * * * * * * * *
* * * * * * * * * * * * * * *
* * * * * * * * * * * * * * *
* * * * * * * * * * * * * * *
* * * * * * * * * * * * * * *
* * * * * * * * * * * * * * *
* * * * * * * * * * * * * * *

PARTE 2

DIREITO ELEITORAL E DEMOCRACIA

7

FICHA-LIMPA E O SUPREMO TRIBUNAL FEDERAL – NOTAS SOBRE O JULGAMENTO DAS ADCS Nº 29 E 30 DA ADI Nº 4.578

1. INTRODUÇÃO

Com o apoio de 1,3 milhão de assinaturas, a Lei Complementar nº 135/2010 surgiu fruto de iniciativa popular e, posteriormente, acabou aprovada, a uma só voz, nas duas Casas do Legislativo Federal. E assim o foi porque constatada realidade umbilicalmente ligada à cultura nacional: a quase falência das convenções na escolha dos candidatos, em virtude de os órgãos dos Partidos não implementarem a almejada triagem, com base no perfil dos que se apresentam para concorrer a cargos eletivos. Tais aspectos, somados à pequena visibilidade dos eleitores quanto às informações relativas aos candidatos, impossibilitam o exercício pleno da democracia.

Essa Lei veio dezesseis anos após introduzidos, no § 9º do artigo 14 da Lei Fundamental, outros elementos, visando a preservar, acima de tudo, a coisa pública. Com a Emenda Constitucional de Revisão nº 4, de 1994, inseriu-se, no artigo 9º, que lei de inelegibilidade preveria exigências voltadas a proteger – vocábulo empregado pelo legislador – a probidade administrativa e a moralidade para o exercício do mandato. Então, incluiu-se algo que apresenta conceito aberto: a vida pregressa, que tem como sinônimo "idoneidade" e que, na maioria das vezes, é definida no campo administrativo[1]. Tudo se dá a partir do bom-senso, da ordem natural das coisas, da razoabilidade, da proporcionalidade, tendo em conta esse conceito aberto – o alusivo à vida pregressa, ou seja, o que vem antes, e também o referente à idoneidade.

O propósito moralizante da nova legislação – digno de elogio – não impediu que brotassem questionamentos jurídicos, os quais chegaram à Corte Constitucional brasileira. O primeiro caso envolveu a pretensão de aplicação imediata da Lei Complementar nº 135. Após precedente no qual se assentou o contrário, prevaleceu, no Supremo Tribunal Federal, o entendimento de que a norma tem impactos no processo eleitoral, daí porque não poderia valer para as eleições do ano de 2010, em razão do disposto no artigo 16 da Lei Maior[2]. A postergação da eficácia da nova lei atrasou debate ainda mais importante: a compatibilidade com os dispositivos da Carta Federal, em especial com os princípios da irretroatividade e da presunção de inocência.

O julgamento das Ações Declaratórias de Constitucionalidade nº 29 e 30 e da Ação Direta de Inconstitucionalidade nº 4.578 pelo Supremo, finalizado em 16 de fevereiro de 2012, trouxe tais temas à balha. A conclusão pela constitucionalidade integral da chamada "Lei da Ficha-Limpa" foi objeto de grande repercussão na mídia nacional, sendo inequivocamente um dos casos mais importantes examinados pelo Tribunal nos últimos anos. Do ponto de vista político, pode ser a grande virada que se espera no cenário eleitoral brasileiro – é a esperança de todos nós. Por tais razões, decidi agrupar, num todo coerente, as reflexões que veiculei em Plenário nessa memorável ocasião, certo de que a questão ainda há de repercutir no campo doutrinário.

2. OBJETO

O Conselho Federal da Ordem dos Advogados do Brasil e o Partido Popular Socialista formalizaram ações declaratórias de constitucionalidade tendo por objeto a Lei Complementar nº 135, de 4 de julho de 2000, denominada "Lei da Ficha-Limpa", autuadas sob os números 29 e 30. O ato alterou

---

1 Isso ocorre, por exemplo, quanto ao segmento da advocacia, importantíssimo na busca da justiça, assim como, presente a Carta da República, no tocante àqueles que, egressos da advocacia, devem ocupar cadeira no Tribunal Superior Eleitoral, que, nos últimos tempos, vem se mostrando rígido, devolvendo listas tríplices encaminhadas pelos Regionais quando o indicado já tenha sido acionado no Judiciário, quer no campo cível, quer no criminal.

2 Tais mudanças não puderam ser imediatamente aplicadas, em razão do entendimento do Supremo no Recurso Extraordinário nº 633.703, da relatoria do Ministro Gilmar Mendes, no sentido de que tal pretensão estaria em conflito com o artigo 16 da Carta Federal. O acórdão foi publicado em 18 de novembro de 2011.

a Lei Complementar nº 64/1990, criando outras hipóteses de inelegibilidade eleitoral. A seguir, transcrevo as inovações:

> Art. 2º A Lei Complementar nº 64, de 1990, passa a vigorar com as seguintes alterações:
>
> "Art. 1º (...)
>
> I – (...)
>
> c) o Governador e o Vice-Governador de Estado e do Distrito Federal e o Prefeito e o Vice-Prefeito que perderem seus cargos eletivos por infringência a dispositivo da Constituição Estadual, da Lei Orgânica do Distrito Federal ou da Lei Orgânica do Município, para as eleições que se realizarem durante o período remanescente e nos 8 (oito) anos subsequentes ao término do mandato para o qual tenham sido eleitos;
>
> d) os que tenham contra sua pessoa representação julgada procedente pela Justiça Eleitoral, em decisão transitada em julgado ou proferida por órgão colegiado, em processo de apuração de abuso do poder econômico ou político, para a eleição na qual concorrem ou tenham sido diplomados, bem como para as que se realizarem nos 8 (oito) anos seguintes;
>
> e) os que forem condenados, em decisão transitada em julgado ou proferida por órgão judicial colegiado, desde a condenação até o transcurso do prazo de 8 (oito) anos após o cumprimento da pena, pelos crimes:
>
> 1. contra a economia popular, a fé pública, a administração pública e o patrimônio público;
>
> 2. contra o patrimônio privado, o sistema financeiro, o mercado de capitais e os previstos na lei que regula a falência;
>
> 3. contra o meio ambiente e a saúde pública;
>
> 4. eleitorais, para os quais a lei comine pena privativa de liberdade;
>
> 5. de abuso de autoridade, nos casos em que houver condenação à perda do cargo ou à inabilitação para o exercício de função pública;
>
> 6. de lavagem ou ocultação de bens, direitos e valores;
>
> 7. de tráfico de entorpecentes e drogas afins, racismo, tortura, terrorismo e hediondos;
>
> 8. de redução à condição análoga à de escravo;
>
> 9. contra a vida e a dignidade sexual; e
>
> 10. praticados por organização criminosa, quadrilha ou bando;

f) os que forem declarados indignos do oficialato, ou com ele incompatíveis, pelo prazo de 8 (oito) anos;

g) os que tiverem suas contas relativas ao exercício de cargos ou funções públicas rejeitadas por irregularidade insanável que configure ato doloso de improbidade administrativa, e por decisão irrecorrível do órgão competente, salvo se esta houver sido suspensa ou anulada pelo Poder Judiciário, para as eleições que se realizarem nos 8 (oito) anos seguintes, contados a partir da data da decisão, aplicando-se o disposto no inciso II do art. 71 da Constituição Federal, a todos os ordenadores de despesa, sem exclusão de mandatários que houverem agido nessa condição;

h) os detentores de cargo na administração pública direta, indireta ou fundacional, que beneficiarem a si ou a terceiros, pelo abuso do poder econômico ou político, que forem condenados em decisão transitada em julgado ou proferida por órgão judicial colegiado, para a eleição na qual concorrem ou tenham sido diplomados, bem como para as que se realizarem nos 8 (oito) anos seguintes;

(...)

j) os que forem condenados, em decisão transitada em julgado ou proferida por órgão colegiado da Justiça Eleitoral, por corrupção eleitoral, por captação ilícita de sufrágio, por doação, captação ou gastos ilícitos de recursos de campanha ou por conduta vedada aos agentes públicos em campanhas eleitorais que impliquem cassação do registro ou do diploma, pelo prazo de 8 (oito) anos a contar da eleição;

k) o Presidente da República, o Governador de Estado e do Distrito Federal, o Prefeito, os membros do Congresso Nacional, das Assembleias Legislativas, da Câmara Legislativa, das Câmaras Municipais, que renunciarem a seus mandatos desde o oferecimento de representação ou petição capaz de autorizar a abertura de processo por infringência a dispositivo da Constituição Federal, da Constituição Estadual, da Lei Orgânica do Distrito Federal ou da Lei Orgânica do Município, para as eleições que se realizarem durante o período remanescente do mandato para o qual foram eleitos e nos 8 (oito) anos subsequentes ao término da legislatura;

l) os que forem condenados à suspensão dos direitos políticos, em decisão transitada em julgado ou proferida por órgão judicial colegiado, por ato doloso de improbidade administrativa que importe lesão ao patrimônio público e enriquecimento ilícito, desde a condenação ou o trânsito em julgado até o transcurso do prazo de 8 (oito) anos após o cumprimento da pena;

m) os que forem excluídos do exercício da profissão, por decisão sancionatória do órgão profissional competente, em decorrência de infração ético-profissional, pelo prazo de 8 (oito) anos, salvo se o ato houver sido anulado ou suspenso pelo Poder Judiciário;

n) os que forem condenados, em decisão transitada em julgado ou proferida por órgão judicial colegiado, em razão de terem desfeito ou simulado desfazer vínculo conjugal ou de união estável para evitar caracterização de inelegibilidade, pelo prazo de 8 (oito) anos após a decisão que reconhecer a fraude;

o) os que forem demitidos do serviço público em decorrência de processo administrativo ou judicial, pelo prazo de 8 (oito) anos, contado da decisão, salvo se o ato houver sido suspenso ou anulado pelo Poder Judiciário;

p) a pessoa física e os dirigentes de pessoas jurídicas responsáveis por doações eleitorais tidas por ilegais por decisão transitada em julgado ou proferida por órgão colegiado da Justiça Eleitoral, pelo prazo de 8 (oito) anos após a decisão, observando-se o procedimento previsto no art. 22;

q) os magistrados e os membros do Ministério Público que forem aposentados compulsoriamente por decisão sancionatória, que tenham perdido o cargo por sentença ou que tenham pedido exoneração ou aposentadoria voluntária na pendência de processo administrativo disciplinar, pelo prazo de 8 (oito) anos;

(...)

§4º A inelegibilidade prevista na alínea *e* do inciso I deste artigo não se aplica aos crimes culposos e àqueles definidos em lei como de menor potencial ofensivo, nem aos crimes de ação penal privada.

§ 5º A renúncia para atender à desincompatibilização com vistas a candidatura a cargo eletivo ou para assunção de mandato não gerará a inelegibilidade prevista na alínea *k*, a menos que a Justiça Eleitoral reconheça fraude ao disposto nesta Lei Complementar." (NR)

"Art. 15. Transitada em julgado ou publicada a decisão proferida por órgão colegiado que declarar a inelegibilidade do candidato, ser-lhe-á negado registro, ou cancelado, se já tiver sido feito, ou declarado nulo o diploma, se já expedido.

Parágrafo único. A decisão a que se refere o *caput*, independentemente da apresentação de recurso, deverá ser comunicada, de imediato, ao Ministério Público Eleitoral e ao órgão da Justiça Eleitoral competente para o registro de candidatura e expedição de diploma do réu." (NR)

"Art. 22. (...)

XIV – julgada procedente a representação, ainda que após a proclamação dos eleitos, o Tribunal declarará a inelegibilidade do representado e de quantos hajam contribuído para a prática do ato, cominando-lhes sanção de inelegibilidade para as eleições a se realizarem nos 8 (oito) anos subsequentes à eleição em que se verificou, além da cassação do registro ou diploma do candidato diretamente beneficiado pela interferência do poder econômico ou pelo desvio ou abuso do poder de autoridade ou dos meios de comunicação, determinando a remessa dos autos ao Ministério Público Eleitoral, para instauração de processo disciplinar, se for o caso, e de ação penal, ordenando quaisquer outras providências que a espécie comportar;

XV – (revogado);

XVI – para a configuração do ato abusivo, não será considerada a potencialidade de o fato alterar o resultado da eleição, mas penas a gravidade das circunstâncias que o caracterizam." (NR)

"Art. 26-A. Afastada pelo órgão competente a inelegibilidade prevista nesta Lei Complementar, aplicar-se-á, quanto ao registro de candidatura, o disposto na lei que estabelece normas para as eleições."

"Art. 26-B. O Ministério Público e a Justiça Eleitoral darão prioridade, sobre quaisquer outros, aos processos de desvio ou abuso do poder econômico ou do poder de autoridade até que sejam julgados, ressalvados os de *habeas corpus* e mandado de segurança.

§ 1º É defeso às autoridades mencionadas neste artigo deixar de cumprir qualquer prazo previsto nesta Lei Complementar sob alegação de acúmulo de serviço no exercício das funções regulares.

§ 2º Além das polícias judiciárias, os órgãos da receita federal, estadual e municipal, os tribunais e órgãos de contas, o Banco Central do Brasil e o Conselho de Controle de Atividade Financeira auxiliarão a Justiça Eleitoral e o Ministério Público Eleitoral na apuração dos delitos eleitorais, com prioridade sobre as suas atribuições regulares.

> § 3º O Conselho Nacional de Justiça, o Conselho Nacional do Ministério Público e as Corregedorias Eleitorais manterão acompanhamento dos relatórios mensais de atividades fornecidos pelas unidades da Justiça Eleitoral a fim de verificar eventuais descumprimentos injustificados de prazos, promovendo, quando for o caso, a devida responsabilização."
>
> "Art. 26-C. O órgão colegiado do tribunal ao qual couber a apreciação do recurso contra as decisões colegiadas a que se referem as alíneas *d, e, h, j, l* e *n* do inciso I do art. 1º poderá, em caráter cautelar, suspender a inelegibilidade sempre que existir plausibilidade da pretensão recursal e desde que a providência tenha sido expressamente requerida, sob pena de preclusão, por ocasião da interposição do recurso.
>
> § 1º Conferido efeito suspensivo, o julgamento do recurso terá prioridade sobre todos os demais, à exceção dos de mandado de segurança e de *habeas corpus.*
>
> § 2º Mantida a condenação de que derivou a inelegibilidade ou revogada a suspensão liminar mencionada no *caput*, serão desconstituídos o registro ou o diploma eventualmente concedidos ao recorrente.
>
> § 3º A prática de atos manifestamente protelatórios por parte da defesa, ao longo da tramitação do recurso, acarretará a revogação do efeito suspensivo."

Segundo aduziram os requerentes, no julgamento do Recurso Extraordinário nº 633.703, o relator teria suscitado vários questionamentos no tocante à constitucionalidade da Lei Complementar nº 135, causando dúvidas a respeito da respectiva aplicabilidade. Em razão disso, asseveraram existir relevante controvérsia sobre o tema, juntando decisões de distintos Tribunais Regionais para comprová-la. Aludiram especialmente ao entendimento do Tribunal Regional Eleitoral do Estado de Sergipe – segundo o qual a norma em debate não seria aplicável a fatos anteriores à vigência – em sentido diametralmente oposto ao do Tribunal Regional Eleitoral do Estado de Minas Gerais. Postularam, assim, a declaração de constitucionalidade da integralidade do diploma aludido.

A Confederação Nacional das Profissões Liberais – CNPL formalizou ação direta de inconstitucionalidade contra o artigo 2º da Lei Complementar nº 135/2010, especificamente quanto à inclusão da alínea "m" do inciso I do artigo 1º da Lei Complementar nº 64/1990, dispondo serem inelegíveis, pelo prazo de oito anos, os que forem excluídos do exercício da profissão, por decisão sancionatória do órgão profissional competente, em decorrência de infração ético-profissional, salvo se o ato houver sido anulado ou suspenso pelo Poder Judiciário.

Segundo argumentou, os conselhos profissionais são órgãos de fiscalização do exercício de profissão, motivo pelo qual as sanções que eventualmente aplicam não deveriam extravasar o universo corporativo. Sustentou que entendimento diverso conferiria poderes exorbitantes a entidades de direito privado, a ponto de viabilizar-lhes a imposição de inibições em área completamente estranha a elas. Ressaltou descaber equiparar os processos administrativo e judicial, porquanto neste são asseguradas todas as garantias do devido processo legal, o que não ocorreria naquele. Alegou existirem casos de utilização de processos disciplinares para fim de retaliação política, deturpação que, conforme salientou, será potencializada pela previsão legal.

O julgamento foi iniciado em 1º de dezembro de 2011, sessão na qual o Ministro Luiz Fux, relator, proferiu voto proclamando parcialmente procedentes as ações declaratórias e improcedente a ação direta. Sucedeu-se o pedido de vista do Ministro Dias Toffoli. A apreciação foi retomada em 15 de fevereiro de 2012. A complexidade da causa fez com que os debates não pudessem ser encerrados nessa data, tendo sido suspensos e retomados no dia seguinte. Finalmente, em 16 de fevereiro, o Plenário assentou a procedência das ações declaratórias, vencidos – em parte mínima, mas substancial, ou seja, quanto a apanhar a nova lei atos e fatos anteriores –, além de mim, os Ministros Gilmar Mendes, Celso de Mello e Cezar Peluso, e a improcedência da ação direta, vencidos os Ministros Dias Toffoli, Gilmar Mendes, Celso de Mello e Cezar Peluso, em diferentes extensões.

3. ANÁLISE DAS INELEGIBILIDADES

Houve alteração da alínea "c" do inciso I do artigo 1º da Lei Complementar nº 64/1990, elastecendo-se o prazo de inelegibilidade no caso de perda de cargos eletivos por infringência a dispositivo de constituição estadual, da Lei Orgânica do Distrito Federal ou de lei orgânica de município. Por meio de opção político-normativa, dilatou-se o período de três anos subsequentes ao término do mandato, atinente à perda do cargo, para oito. Nesse ponto, não existe dúvida quanto à constitucionalidade. Afinal, o constituinte originário não cuidou de fixar qualquer baliza nesse campo.

Na alínea "d" do inciso I do artigo 1º da Lei Complementar nº 64/1990, com a alteração introduzida pela de nº 135/2010 – no campo da representação a ser processada e julgada pela Justiça Eleitoral –, apareceu, pela primeira vez, a referência a decisão proferida por órgão colegiado. Evidentemente, partiu-se da premissa de que, em se tratando de pronunciamento de colegiado, a presunção do acerto é maior, tendo em vista a experiência dos integrantes e o concurso de ideias. Não se mostra inconstitucional, para chegar-se ao objetivo precípuo da Lei Complementar nº 135/2010 – a ocupação dos cargos eletivos por quem busque nele servir e não dele se servir –, levar-se em conta decisão proferida por órgão colegiado, embora ainda sujeita a reforma. Esta se dá, muitas vezes, em sede cujo acesso é bem afunilado – a extraordinária –, pois quase sempre o órgão colegiado está representado por um Tribunal: de Justiça ou Regional. Acrescento que essa norma valoriza a atividade dos colegiados.

Relativamente à alínea "e" do inciso I do artigo 1º da Lei Complementar nº 64/1990, a consideração do pronunciamento criminal, do título criminal condenatório, estava submetida à preclusão maior, ao trânsito em julgado. O preceito versava o período de três anos quanto à inelegibilidade, contado da observância da decisão. Elasteceu-se esse prazo para oito anos, unidade de tempo tomada em geral nos diversos dispositivos da Lei Complementar nº 135. Presente a nova redação, tem-se como móvel da inelegibilidade decisão individual transitada em julgado ou acórdão proferido por colegiado, desde a condenação até o transcurso do prazo de oito anos após o cumprimento da pena. Na lei foram fixados os parâmetros para definir-se o espaço de tempo em que o condenado por órgão colegiado, na esfera criminal, permanece inelegível.

Provém do principal rol das garantias constitucionais, o do artigo 5º, que ninguém será considerado culpado até o trânsito em julgado de sentença penal condenatória. O preceito sinaliza que, antes do trânsito em julgado de decisão em tal sentido, é vedado haver a execução da pena. O dispositivo versa consequências no campo penal, e não da inelegibilidade. Não obstaculiza a consideração – não de simples denúncia recebida pelo Juízo competente, como havia na Lei Complementar anterior à 64 –, para ter-se a inelegibilidade, de pronunciamento colegiado, que quase sempre vem à balha no campo da revisão – não se afastando, contudo, a possibilidade da atuação originária –, para saber-se se aquele que se apresenta visando a ter o nome sufragado pelos concidadãos possui, ou não, vida pregressa irreprochável, livre de dúvidas quanto à adequação do candidato para ocupar o cargo. Cabe lembrar que pregresso significa o que se passou antes, anterior, precedente, e vida pregressa, a história pessoal.

O prazo previsto na Lei – tendo em conta que muitos apostam na morosidade da Justiça – resultou de válida opção político-normativa dos representantes do povo brasileiro, Deputados Federais, e dos representantes dos Estados, os Senadores. Seria possível afirmar que o pronunciamento colegiado gera a inelegibilidade e, simultaneamente, em data posterior a essa decisão, assentar não ser ele marco temporal quanto ao período de inelegibilidade? Não. O contrário equivaleria a mitigar o tempo previsto, de forma expressa, no preceito. A questão alusiva à projeção da inelegibilidade por oito anos, após o cumprimento da pena, não assusta, por não ser nova no cenário jurídico. Vale frisar que é viável considerar o condenado reincidente, observados os cinco anos seguintes ao cumprimento da pena relativa ao crime pretérito. A definição de cinco ou oito anos ocorreu no âmbito da opção político-normativa.

Imaginemos um acórdão em 2010 que implique condenação à pena de três anos. Suponhamos que, de início, desafie recurso especial, para o Superior Tribunal de Justiça, e extraordinário – pela própria nomenclatura, e estrito senso, já que o especial também é de natureza extraordinária –, para o Supremo. Ante essa interposição simultânea[3], o extraordinário fica aguardando o esgotamento da jurisdição do Superior Tribunal de Justiça. Se, depois do julgamento do recurso especial, viesse a formalização de embargos de declaração, de embargos de divergência, de novos declaratórios, para, somente após, chegar-se ao enfrentamento da matéria no Supremo, a tramitação do processo nos dois Tribunais, de modo otimista, demoraria cinco anos. Isso tudo, cumpre consignar, no âmbito penal, em que a projeção da decisão final no tempo mostra-se importantíssima em virtude dos efeitos da prescrição. Então, durante o período de cumprimento da pena de três anos – no que, ante a redação constitucional primitiva, dá-se a suspensão dos direitos políticos – e mais oito após, haverá a inelegibilidade tal como prevista na alínea "e" do inciso I do artigo 1º da Lei Complementar nº 64/1990. Se fosse mitigada a norma aprovada pelos legisladores, cogitando-se da subtração do espaço temporal entre o pronunciamento condenatório e a data do trânsito em julgado, o que ocorreria? Onze anos (oito mais três) menos cinco – sem levar em conta argumento extremado no tocante à sanção de inelegibilidade por vinte, vinte e cinco ou trinta anos –, estaria o cidadão inelegível por apenas seis anos, quando se pode vislumbrar até a viabilidade de, em sede extraordinária, persistir a pendência nos dois Tribunais, tendo em vista a multiplicidade de recursos passíveis de serem interpostos, por

[3] A interposição simultânea veio à balha com a Carta de 1988, quando se criou o Superior Tribunal de Justiça, ferindo de morte inclusive o princípio da unidade recursal – um recurso para cada situação decisória.

dez anos. Então, no caso de condenação a três anos, restaria apenas um ano de inelegibilidade.

De qualquer forma, na maioria das vezes, apesar de ser direito da parte, fica projetada no tempo, em muito, a preclusão maior. É possível que o Ministério Público não recorra. A defesa quase sempre o faz na via afunilada de acesso à sede extraordinária, evitando o trânsito em julgado. Ato da própria parte nortearia o período referente à inelegibilidade.

Restringindo-se ao aspecto acadêmico-jurídico, verifica-se a incongruência: a um só tempo, pode-se dizer que a decisão do Colegiado provoca a inelegibilidade para, em passo seguinte, afastar-se o espaço entre esse pronunciamento e o trânsito em julgado? A detração revela-se imprópria, porque, consoante o texto legal, há prazo contínuo a partir do pronunciamento do Colegiado até oito anos após o cumprimento da pena. O legislador estabeleceu que o acusado e condenado estará inelegível, a menos que acabe absolvido posteriormente. Quanto maior a pena – presume-se prática em gravidade superior –, será também mais dilatado o período de inelegibilidade. Não existe plausibilidade em afirmar-se que o pronunciamento judicial conduz à inelegibilidade e depois, se transitar em julgado, estando selada a culpa, expungir-se o interregno entre ambos, como propôs o Ministro Luiz Fux. Não cabe endossar a postura daqueles que, repita-se, acreditam na morosidade da Justiça. Por vezes são protocolados sucessivos recursos com o intuito de projetar no tempo o trânsito em julgado da decisão, com vistas a não se observar o decreto condenatório. Adotada como o foi a opção político-normativa, o período consignado pelo legislador não implicou falta de razoabilidade. Deve-se ter em mente o objetivo precípuo: a proteção da probidade administrativa.

Qualquer crime conduz à inelegibilidade? Não. Há rol exaustivo a versar as práticas que merecem quase a excomunhão maior. Por que foi necessário aditar a Carta de 1988 para dispor sobre a moralidade acerca da vida pregressa? Porque a pessoa que comete crime contra a economia popular, a fé pública, a administração pública e o patrimônio público não pode se achar habilitada para ocupar um cargo representativo. Na Itália, depois do trânsito em julgado, a condenação por crime contra a economia popular deságua no impedimento até mesmo de votar. O eleitor decai da condição de sufragar quem quer que seja para cargo político. Evidentemente, após o cumprimento da pena, a atuação política ativa – ser eleitor – é possível, mas, enquanto isso não acontecer, os direitos políticos ficam suspensos.

Prosseguindo nos demais crimes, verificam-se aqueles contra o patrimônio privado, o sistema financeiro, o mercado de capitais e os previstos na lei que regula a falência. Se o cidadão faliu no campo privado, o que buscará no setor público? Há também os crimes contra o meio ambiente e a saúde pública, os eleitorais, para os quais a lei comine pena privativa de liberdade, de abuso de autoridade, nos casos em que houver condenação à perda do cargo ou à inabilitação para o exercício de função pública, de lavagem ou ocultação de bens, direitos e valores, de tráfico de entorpecentes e drogas afins – ao lado da corrupção, o tráfico, provavelmente, figura como o delito que mais danos causa à sociedade –, racismo, tortura, terrorismo e hediondos, de redução à condição análoga à de escravo, contra a vida e a dignidade sexual, e praticados por organização criminosa – tipo até hoje não definido –, quadrilha ou bando.

Diante desses crimes, sob o ângulo do prazo, a Lei não poderia ser considerada desarrazoada. Incumbe declarar a inconstitucionalidade somente em razão da existência de conflito frontal com o texto da Carta da República. Descabido seria entender desse modo com o fim de reduzir prazo fixado e, mediante jurisdição constitucional, estabelecer, aleatoriamente, outro lapso temporal. Não há texto que, de maneira explícita, leve à conclusão da inconstitucionalidade desse preceito. Frise-se que uma coisa é definir selada a culpa de alguém para efeitos criminais. Algo diverso é considerar contexto – no campo legislativo, não no administrativo – para assentar que o cidadão não apresenta vida pregressa – que deve mostrar-se irrepreensível – capaz de respaldar a candidatura a cargo eletivo.

A alínea "f" do inciso I do artigo 1º, alterado pela Lei Complementar nº 135/2010, apenas estampou o aumento do prazo de quatro para oito anos.

Na alínea "g", que também já constava na Lei Complementar nº 64/1990, foi inserido elemento subjetivo que atende aos interesses do próprio candidato: a previsão de, para configurar-se a inelegibilidade, a rejeição das contas ter de resultar de irregularidade insanável, além de ato doloso de improbidade administrativa.

Modificado o texto da alínea "h", alude-se novamente aos que buscaram obter vantagem por meio "de cargo na administração pública direta, indireta ou fundacional", se beneficiados eles próprios ou "terceiros". Mais uma vez, surgem a referência a decisão de Tribunal e o aumento do lapso temporal. A necessidade, nesse caso, mostrou-se maior quanto a essa dilação de três para oito anos.

Também foram incluídos preceitos novos no artigo 1º, inciso I, da Lei Complementar nº 64/1990, seguindo-se as alíneas "j" a "q".

Na alínea "k", versa-se a inelegibilidade resultante da renúncia ao mandato eletivo. Renúncia é ato de vontade, que surte efeitos pelo respectivo implemento, não depende da aquiescência de ninguém. Não se deve confundir o que previsto nesse preceito com outra regra da Constituição que obstaculiza, quando já instaurado o processo, a renúncia por parlamentar. Verifica-se a opção do legislador de apontar que os que hajam renunciado – já assuntado o colegiado que os julgaria administrativamente quanto ao resultado desse processo – para fugir à cassação, ou seja, voltando as costas à responsabilidade e ao próprio órgão a que integrado, não podem concorrer "durante o período remanescente do mandato para o qual foram eleitos e nos 8 (oito) anos subsequentes". Eis prazo que pode chegar a quase dezesseis anos. Basta considerar o mandato de Senador. Há exemplo dessa situação no cenário nacional: eleições verificadas, renúncia em 2003, candidatura e eleição subsequentes.

Na alínea "l", pela quinta vez, o legislador homenageou o pronunciamento de Tribunal, consideradas as diversas alíneas do inciso I do artigo 1º.

Na alínea "m", prevê-se a inelegibilidade dos que forem excluídos do exercício da profissão, por decisão sancionatória do órgão profissional competente, em decorrência de infração ético-profissional. Isso quer dizer que, se não está apto ao exercício da profissão, também não poderá representar o povo brasileiro. Pressupõe-se não o excepcional, o teratológico, mas o que normalmente ocorre – o procedimento correto das entidades e instituições pátrias. Com a cláusula final da referida alínea, veio a contracautela: "salvo se o ato houver sido anulado ou suspenso pelo Poder Judiciário." No rol das garantias constitucionais, vê-se que o acesso ao Judiciário é assegurado para afastar lesão a direito ou até mesmo ameaça de lesão a direito. O poder de cautela é ínsito ao Judiciário. Quem se considerar prejudicado, perseguido em órgão de classe, sempre terá a oportunidade de bater às portas do Judiciário e buscar medida acauteladora para que se suspenda a eficácia do ato e, por consequência, também a inelegibilidade.

Quanto à alínea "n" do inciso I do artigo 1º, a Justiça Eleitoral vinha glosando simulações, sem assentar, ante a ausência de previsão legal, a inelegibilidade por prazo de oito anos. O preceito, para que incida, depende de decisão que reconheça a fraude, o vício na manifestação de vontade, no que dissolvido o vínculo conjugal ou o revelador da união estável.

Segundo dispõe a alínea "o", são inelegíveis os que forem demitidos do serviço público em razão de processo administrativo – pressupondo-se o devido processo administrativo, com o contraditório e a ampla defesa – ou judicial, pelo prazo de oito anos, contado da decisão, salvo se o ato houver sido suspenso ou anulado pelo Poder Judiciário. Não precisaria sequer estar prevista essa possibilidade, porque presente na Carta Federal.

Na alínea "p", surge a inelegibilidade da pessoa física e dos dirigentes de pessoas jurídicas responsáveis por doações eleitorais assentadas ilegais em decisão transitada em julgado ou proferida por órgão colegiado da Justiça Eleitoral. Evidentemente, se o indivíduo se engaja em tentativa de macular a lisura do pleito eleitoral, natural que se lhe recaia a pecha da inelegibilidade.

Por fim, a alínea "q" estabelece serem inelegíveis, pelo prazo de oito anos, os magistrados e os membros do Ministério Público que forem aposentados compulsoriamente por decisão sancionatória – aposentadoria-sanção –, que tenham perdido o cargo por sentença, já que somente dessa forma se perde cargo vitalício, ou que hajam pedido exoneração ou aposentadoria voluntária na pendência de processo administrativo disciplinar. Ninguém requer aposentadoria ou exoneração gratuitamente, mas para fugir de algo, abrindo mão até do contraditório e da ampla defesa.

Com isso, segundo penso, ficam avaliados, em ordem, todos os preceitos inovadores da Lei Complementar nº 135/2010.

4. FICHA-LIMPA E IRRETROATIVIDADE

Os dispositivos da Lei Complementar nº 135/2010 são harmônicos com a Constituição Federal e visam à correção de rumos nessa sofrida República, nessa sofrida pátria, considerado o passado que é do conhecimento de todos. No campo de valores, entretanto, sobrepõe-se princípio mais caro, que deve ser sopesado: o alusivo à segurança jurídica.

Paga-se um preço módico por se viver em um Estado Democrático, ao alcance de todos – a observância ao arcabouço normativo, especialmente o constitucional –, e essa convivência pressupõe a estabilidade das relações jurídicas. Cabe verificar, então, a constitucionalidade da aplicação da Lei Complementar nº 135 a atos e fatos jurídicos que tenham ocorrido antes do advento do referido Diploma, que é de junho de 2010. Na seara penal, conforme a Constituição, a lei só retroage para beneficiar o acusado. No campo dos tributos, a lei que os crie ou altere entra em vigor apenas no exercício seguinte e, ainda assim, obedecido, quanto à exigibilidade do tributo, o prazo nonagesimal. Revela-se cláusula pétrea a do respeito às situações aperfeiçoadas consoante a legislação da época, inclusive no tocante às consequências jurídicas.

Eis possível problema futuro: a Lei Complementar nº 135/2010, editada quando muito próximas as eleições, foi afastada em relação a um Senador da República que renunciou em 2003, e o mandato, presente o pleito de 2010, ainda se encontra em curso. Placitada essa Lei pelo Supremo, como o foi e apenas nisso fiquei vencido, exercerá ele esse mandato, mesmo estando inelegível? Sim, porque, diante da renúncia, o que se tem? Perdura a inelegibilidade enquanto existente o mandato que deveria estar sendo exercido até oito anos após – empossado em 2003, permanece até 2010, ficando inelegível nos oito anos seguintes, será alcançado o ano 2018.

Vamos consertar o Brasil, mas vamos consertar para frente, considerada a segurança jurídica. É ela princípio basilar, medula do Estado Democrático de Direito. Não se pode cogitar de segurança jurídica quando, à mercê de novos diplomas legais, deva-se viver aos sobressaltos, aos solavancos, impondo-se sanção quanto a ato e fato pretéritos. Em vez de modificação normativa, instala-se verdadeira revolução, quando vale tudo.

Alguns argumentos veiculados durante o julgamento não se coadunam com a visão que tenho sobre os temas. A tese de que não haveria retroatividade autêntica, mas apenas "retrospectividade", não prospera. O Supremo já assentara a impossibilidade de lei alcançar fatos passados sob qualquer título ou fundamento, jurisprudência que vinha de longa data. Talvez essa fosse a única regra aplicada sem exceções ao longo da existência do Tribunal. Quanto à alegação de que o § 9º do artigo 14 da Carta Federal conteria uma cláusula de retroação, por aludir à vida pregressa, afasto-a com base em duas premissas. Primeira: cuida-se de norma produzida pelo poder constituinte derivado e jamais poderia relativizar uma cláusula pétrea. Segunda: é evidente que os fatos colhidos deveriam ser aqueles ocorridos a partir da vigência da lei que os qualificou como negativos. Na pior das hipóteses, a Lei Complementar nº 135 não deveria aplicar-se aos atos que, ao tempo em que vieram à balha, eram absolutamente lícitos, como no caso de renúncia.

O Plenário do Supremo, contudo, adotou outro entendimento. E, como é dito, por se tratar do órgão judiciário máximo da Federação, o Supremo não erra!

5. CONCLUSÃO

Em linhas gerais, essas foram as considerações expendidas por ocasião do julgamento já mencionado. O Supremo foi sensível às vozes das ruas e avançou com importante precedente na defesa da moralidade na gestão pública. A jurisdição constitucional se fez em sintonia com os anseios da sociedade e o melhor dos mundos surge quando há harmonia com a Carta Federal. O Tribunal acenou com a relativização – embora sob as vestes de argumentos juridicamente sofisticados – de importante garantia da cidadania: a irretroatividade das leis. No particular, continuo convencido da impropriedade do enfoque. No balanço entre avanços e retrocesso, é inegável que o saldo se mostrou positivo.

8

A DEMOCRACIA PARTICIPATIVA E A INCONSTITUCIONALIDADE DO FINANCIAMENTO PRIVADO DAS CAMPANHAS ELEITORAIS POR PESSOAS JURÍDICAS

1. INTRODUÇÃO

Tramita, no Supremo, a Ação Direta de Inconstitucionalidade nº 4.650/DF, da relatoria do ministro Luiz Fux, na qual o Conselho Federal da Ordem dos Advogados do Brasil busca a declaração de inconstitucionalidade dos artigos 23, § 1º, incisos I e II, 24 e 81, cabeça e § 1º, da Lei nº 9.504/97 – Lei das Eleições – e dos artigos 31, 38, inciso III, e 39, cabeça e § 5º, da Lei nº 9.096/95 – Lei Orgânica dos Partidos Políticos. A pretensão do requerente é o reconhecimento da inconstitucionalidade do modelo vigente de financiamento privado, por pessoas naturais e jurídicas, das campanhas eleitorais e dos partidos políticos. Aduz que a sistemática atual acarreta ofensa aos princípios da isonomia, democrático, republicano e da proporcionalidade considerada a proibição de proteção insuficiente.

Quanto às doações por pessoas jurídicas, o pedido é de inconstitucionalidade absoluta – visa abolir em definitivo a prática de financiamento eleitoral por empresas e congêneres. No tocante aos aportes feitos por pessoas naturais, o pleito envolve a proclamação de invalidade da disciplina atual com modulação temporal dos efeitos da decisão, mantendo-se a eficácia das normas inconstitucionais pelo prazo de 24 meses. O requerente não pede a extinção da autorização legal para doações por pessoas naturais, e sim limites quantitativos reduzidos e lineares a serem estabelecidos pelo legislador no prazo assinalado e, caso se mantenha inerte o Congresso, possa o Tribunal Superior Eleitoral suprir a lacuna normativa.

A apreciação do processo foi concluída em 17 de setembro de 2015, tendo o pedido sido julgado parcialmente procedente. O Tribunal, por maioria, assentou, nos termos do voto do relator, ministro Luiz Fux, a inconstitucionalidade dos dispositivos que autorizavam as contribuições de pessoas jurídicas às campanhas eleitorais, ficando rejeitada a proposta de modulação da eficácia do acórdão e mantido o financiamento por meio de contribuições de pessoas naturais de acordo com a legislação em vigor. Na ocasião, votei pela procedência parcial do pleito, assentando a inconstitucionalidade das doações de campanha por pessoas jurídicas e a competência exclusiva do Congresso Nacional para deliberar sobre as limitações do financiamento por pessoas naturais.

O tema é de envergadura maior, objeto de toda e qualquer discussão quando envolvidas propostas de reforma política. Há intenso debate na mídia e nas redes sociais, entre juristas e cientistas políticos. Neste artigo, busco aprofundar as reflexões do voto proferido, vinculando as conclusões adotadas à noção teórica mais desenvolvida sobre a igual participação política dos cidadãos, como núcleo essencial do regime democrático. O texto será desenvolvido segundo a estrutura a seguir delineada: no tópico (1), apresento o conceito de democracia. Em (2), discorro sobre a relação entre democracia representativa e o direito fundamental a um processo eleitoral justo e igualitário. Em (3), trato dos efeitos nocivos do poder econômico nos processos eleitorais no Brasil. Ao final, no item (4), fundamento a inconstitucionalidade do sistema de doações por pessoas jurídicas às campanhas eleitorais.

2. O QUE É DEMOCRACIA?

Democracia não é apenas o regime político mais adequado entre tantos outros, é um direito do cidadão fundado nos valores da soberania popular e do autogoverno. Conforme a pesquisa mais recente feita pela revista *The Economist*, ao menos 115 países experimentam alguma forma democrática de governo; destes, 25 possuem "democracia plena", presentes bons índices de processo eleitoral e pluralismo, funcionamento do governo, participação política, cultura política e liberdades civis.[1] Mas, afinal, o que é democracia? Quais critérios devem ser satisfeitos para afirmar-se democrático um determinado sistema político?

De acordo com Charles Tilly, a definição de democracia classifica-se em quatro principais tipos: constitucional, substantiva, procedimental e orientada ao processo. A abordagem constitucional refere-se às leis promulgadas por um regime em relação à atividade política. O foco recai nas formas constitucionais e nos arranjos legais. A definição substancial é relacionada com as condições de vida e de política promovidas por um dado regime. A questão é saber se há promoção de bem-estar humano, liberdade individual, segurança, igualdade social, deliberação pública e resolução pacífica de conflitos. O critério procedimental prende-se ao exame das eleições, do quanto são genuinamente competitivas e capazes de produzir alternância do governo e das políticas. Diferentemente desse enfoque, não existe a preocupação com o conteúdo das políticas, e sim com as trocas de poder.[2]

Por fim, e mais importante para este texto, há a definição vinculada à capacidade de o processo político satisfazer a exigência de igualdade política. O processo político, para ser democrático, deve oferecer condições para que todos se sintam igualmente qualificados a participar do processo de tomada de decisões por meio das quais a vida da comunidade será governada. Significa dizer: democracia pressupõe serem os membros da comunidade tratados como politicamente iguais. Tilly serviu-se dos cinco conceitos elaborados por Robert Dahl para identificar o caráter democrático do processo político.

O renomado cientista político norte-americano Robert Dahl, falecido recentemente, associou a democracia ao objetivo de assegurar o direito de participação igual dos cidadãos nas decisões relevantes de uma comunidade. O autor reconheceu que há muitos meios, alguns até impenetráveis, para definição de democracia. Todavia, defendeu poderem alguns critérios ser identificados como imprescindíveis para satisfazer a exigência do direito à igual participação política como elemento nuclear da democracia. Ele apontou cinco:

---

1 http://www.economist.com/

2 TILLY, Charles. *Democracy.* New York: Cambridge University Press, 2007, p. 7-8.

> 1) Participação efetiva – antes de uma política ser adotada, todos os membros da comunidade devem ter igual e efetiva oportunidade para fazer as próprias visões, relativas ao conteúdo dessa política, conhecidas dos outros membros;
>
> 2) Igualdade de voto – quando chegar o momento no qual a decisão política será finalmente tomada, todos os membros devem ter uma oportunidade igual e efetiva de votar, e todos os votos hão de ser contados como iguais;
>
> 3) Conhecimento esclarecido – dentro de limites razoáveis de tempo, cabe dar a cada membro oportunidade igual e efetiva para aprender sobre as políticas alternativas relevantes e as consequências prováveis;
>
> 4) Controle da agenda – cumpre viabilizar aos membros a decisão sobre como e quais questões devam ser colocadas na agenda política, o que assegura a mudança constante das pautas temáticas se assim escolherem;
>
> 5) Inclusão de adultos – todos ou, ao menos, a maior parte dos adultos residentes devem ter plenos direitos da cidadania implicados os quatro critérios anteriores, o que vem a ser condição inafastável para tratamento igualitário dos membros da comunidade.[3]

Conforme Dahl, cada um desses critérios é necessário a ponto de os membros serem menos politicamente iguais na medida em que tais exigências forem violadas. Se determinado grupo tiver mais oportunidades do que outros para expressar opiniões, ser ouvido, formar agendas, aprender sobre as medidas alternativas, não se poderá falar em igualdade política. Como seria possível evitar tais desvios? Robert Dahl diz que apenas se previstos mecanismos dirigidos a incentivar e assegurar a participação efetiva dos cidadãos nos assuntos de governo.

A democracia é, portanto, o regime a assegurar, na maior medida possível, a igual participação política dos membros da comunidade. Trata-se, claro, de um conceito ideal. Não se mostra viável alcançar essa igualdade na plenitude. No entanto, isso não significa a inutilidade dos critérios mencionados. Eles permanecem valiosos, como guias para formulação de desenhos constitucionais, arranjos institucionais e sistemas políticos que

---

[3] DAHL, Robert. *On Democracy.* New Haven: Yale University Press, 1996, p. 37-38.

aspirem ser democráticos, isto é, que possuam a pretensão de promover a igualdade política.[4]

Essa última está no centro da definição de democracia. Como destaca Dahl, "nenhum sistema não democrático permite aos seus cidadãos (ou sujeitos) amplo arranjo de direitos políticos. Se algum sistema político fosse assim fazer, tornar-se-ia, por definição, uma democracia".[5] Democracia é o regime no qual todos possuem oportunidades de participar nas decisões políticas de certa comunidade. Há de se ressaltar ser assim não apenas como questão de definição, mas também como condição empiricamente necessária: igualdade de participação política é condição da própria existência da democracia.

A premissa mostra-se verdadeira tanto para a ideia tradicional de democracia representativa, como para a noção contemporânea de democracia deliberativa. Na primeira, o poder é exercido apenas indiretamente pelos membros da sociedade e diretamente pelos representantes políticos eleitos. A tomada de decisões políticas – como a criação de leis –, diretamente pelos cidadãos, mantém-se inviável nas sociedades plurais e complexas contemporâneas. Assim, a soberania popular não é, necessariamente, autora das decisões fundamentais, e sim legitimadora do papel desempenhado pelos representantes escolhidos pelo voto. Na democracia representativa, essa legitimidade pressupõe a ideia de autogoverno popular, que depende da igualdade de participação política.

Contemporaneamente, o professor Jeremy Waldron tem construído bem articulada proposta para resgatar o espaço perdido pela democracia representativa, especificamente, pelo Poder Legislativo nas últimas décadas,[6] resgatando o valor do autogoverno popular atrelado ao de igual participação política. Waldron defende o direito incondicional dos cidadãos de resolverem as divergências sobre direitos e princípios entre eles mesmos ou entre os representantes, de forma que a autoridade legítima para dizer os direitos só pode ser aquela cujo procedimento privilegie a autonomia e a responsabilidade de cada pessoa: o processo legislativo.

A autoridade de dizer os direitos pertenceria ao legislador porque o único critério legítimo para a definição dessa autoridade é o de identificação de um processo decisório no qual são levadas igualmente a sério as informações de todos os que disputam o acordo de sentidos, produzindo

4 Idem, ibidem, p. 42.

5 Idem, ibidem, p. 49.

6 Cf. WALDRON, Jeremy. *The Dignity of Legislation*. New York: Cambridge University Press, 1999.

conclusões precedidas de debates norteados pelo mútuo respeito dos diferentes pontos de vista de cada participante. A proposta é construída sobre a convicção de serem a igual participação política e o autogoverno, em si mesmos, condições do desenvolvimento da personalidade humana.[7] Para Waldron, o Legislativo é a única instituição, no campo, onde há respeito a essas condições.

Segundo o autor, participação política sob iguais termos (igual voz nas decisões) e autogoverno são, em si mesmos, direitos fundamentais e, por isso, existe profunda conexão entre um procedimento que privilegie esses direitos e a essência das concepções modernas de direitos. Dignidade e autonomia individual consubstanciam valores essenciais que as pessoas, como agentes e eleitores, desenvolvem melhor em condições de autogoverno, sendo a opinião de cada uma "intitulada não apenas a ser respeitada no sentido de 'não suprimida', mas também a *somar* em qualquer tomada de decisão política que ocorra na sociedade em que vive". Seria uma "concessão à pluralidade humana".[8] Waldron defende, portanto, um vínculo entre os direitos fundamentais dos indivíduos e o respeito pelas capacidades morais de igual participação política.[9]

O processo legislativo, conforme salienta, é o único "formado e elaborado de modo que se dê igual peso às preferências e opiniões de todos".[10] Os titulares dos direitos, pelo debate, deliberação, voto e mecanismos de representação política, formularão as respostas às divergências sobre direitos e princípios. Em síntese, Jeremy Waldron vislumbra um projeto de (re) dignificação do papel da legislação como meio legítimo de autogoverno e de participação política sob bases igualitárias.

A igual participação política também está no centro do desenvolvimento da chamada democracia deliberativa. Esse modelo apresenta-se como

---

7 WALDRON, Jeremy. A Right-Based Critique of Constitutional Rights. **Oxford Journal of Legal Studies** Vol. 13 (1), 1993, p. 37: "Participação é de toda valiosa em razão da importância de se agregar diversas perspectivas e experiências quando estão sendo tomadas decisões públicas; e é valiosa também porque a mera experiência de se argumentar em circunstâncias de pluralidade humana nos ajuda a desenvolver opiniões mais interessantes e provavelmente mais válidas do que poderíamos fazer sozinhos".

8 WALDRON, Jeremy. A Right-Based Critique of Constitutional Rights. **Oxford Journal of Legal Studies** Vol. 13 (1), 1993, p. 38.

9 WALDRON, Jeremy. Judicial Review and the Conditions of Democracy. **The Journal of Political Philosophy** Vol. 6 (4), 1998, p. 341-342.

10 WALDRON, Jeremy. Introduction: Disagreements on Justice and Rights. **New York University Journal of Legislation and Public Policy** Vol. 6 (1), 2002, p. 9.

alternativo às concepções variáveis da *democracia representativa,* vinculadas aos processos de representação política. Sem negar a importância do processo popular de escolha de representantes, os partidários da democracia deliberativa sustentam não poder a democracia ser reduzida à representação política, devendo envolver "também a possibilidade efetiva de se deliberar publicamente sobre as questões a serem decididas".[11] A efetiva deliberação pública racionaliza e legitima as decisões tomadas no âmbito dos processos políticos e de gestão pública, evitando o amesquinhamento e a manipulação desses processos.

Todavia, para alcançar a legitimidade, a deliberação há de ocorrer em contexto *aberto, livre* e *igualitário,* ou seja, todos devem participar livres de qualquer coerção física ou moral, em condições de iguais possibilidades e capacidades para influenciar e persuadir. Em suma, a igual oportunidade de partição política configura pressuposto de uma deliberação justa e eficiente. Dentro da perspectiva procedimental da democracia deliberativa, defendida por autores como Jürgen Habermas,[12] cabe manter as decisões abertas no tocante ao conteúdo dos resultados, mas limitadas pela observância dos princípios que asseguram condições procedimentais de legitimidade, os quais são voltados a garantir a participação equânime dos membros da sociedade na deliberação pública.

Vê-se ser a igual oportunidade de participação política condição conceitual e empírica da democracia sob a óptica tanto representativa quanto deliberativa. Como ideal a ser sempre buscado, essa igualdade de participação política acaba revelando-se um princípio de governo a homenagear a capacidade e a autonomia do cidadão em decidir ou julgar o que é melhor para a comunidade que habita. Ao fazer isso, esse cidadão resolve o que é melhor para si mesmo, o que vem a ser condição de legitimidade de um sistema político baseado na liberdade.

3. DEMOCRACIA REPRESENTATIVA E O DIREITO FUNDAMENTAL A UM PROCESSO ELEITORAL JUSTO E IGUALITÁRIO

A participação política não se resume à eleitoral, mas deve começar por esta. São condições procedimentais da democracia a realização de eleições periódicas, com sufrágio universal e processos justos e igualitários de

---

11 SOUZA NETO, Cláudio Pereira de. Deliberação Pública, Constitucionalismo e Cooperação Democrática. *In:* BARROSO, Luís Roberto (org.). *A Reconstrução Democrática do Direito Público no Brasil.* Rio de Janeiro: Renovar, 2007, p. 44.

12 Cf. HABERMAS, Jürgen. *Facticidad y Validez.* 4ª ed. Madrid: Trotta, 2005.

escolha. A participação política é muito mais do que o ato de votar, envolve também o controle das decisões públicas pelos membros da sociedade. Criticar e fiscalizar o comportamento dos agentes políticos consistem em modos fundamentais de participação política, essenciais para a vitalidade prática da democracia. O povo que não exerce tal controle não se autogoverna. Todavia, o ponto de partida para a garantia de idêntica participação política deve ser a existência de um processo eleitoral justo e igualitário.

O cidadão brasileiro tem o direito fundamental a um sistema político verdadeiramente democrático. Democracia não é apenas o regime político mais adequado entre tantos outros, é um direito do cidadão fundado nos valores da soberania popular e do autogoverno. Mas qual espécie de democracia o povo brasileiro merece? Bastam eleições periódicas com sufrágio universal para afirmar-se vigorar, no Brasil, uma democracia como direito fundamental assentado? A resposta é desenganadamente negativa. Para mostrar-se efetiva como direito fundamental, a democracia precisa desenvolver-se por meio de um processo eleitoral justo e igualitário.

A democracia representativa pressupõe, necessariamente, a participação popular no processo político, o exercício dos direitos políticos, de cidadania, dentre os quais a participação nas eleições. Dessa forma, as eleições transformam-se em instrumento, segundo o Mestre José Afonso da Silva, mediante o qual o "povo adere a uma política e confere seu consentimento, e por conseqüência, legitima, às autoridades governamentais. É assim, o modo pelo qual o povo, nas democracias representativas, participa na formação da vontade do governo e no processo político".[13]

Se o processo eleitoral não se mostra igualitário, o consentimento não existe ou é viciado. Os representantes eleitos não são legitimados a atuar em favor da população. A representação política indireta, própria da democracia representativa, constrói-se a partir da escolha popular de quem tomará as decisões políticas, sociais e morais fundamentais. Se o procedimento de escolha revela-se corrompido, a representação democrática torna-se uma ilusão. Este é um risco real que sofre a democracia brasileira, em razão da forte influência do poder econômico sobre os resultados das eleições, e o qual, com a propositura da Ação Direta de Inconstitucionalidade nº 4.650/DF, o Conselho Federal da Ordem dos Advogados do Brasil buscou combater.

---

[13] SILVA, José Afonso. *Poder Constituinte e Poder Popular:* Estudos Sobre a Constituição. São Paulo: Malheiros Editores LTDA, 2002. p. 48.

4. A NEFASTA INFLUÊNCIA DO DINHEIRO NAS ELEIÇÕES EM PREJUÍZO DA DEMOCRACIA REPRESENTATIVA

A democracia precisa de normas que impeçam os processos eleitorais de serem subvertidos pela influência do poder econômico. Em artigo da Revista de Direitos Humanos da Universidade de Harvard, volume 26, publicada no ano de 2013, o professor da Universidade da Georgia Timothy Kuhner relata que o financiamento privado por empresas em favor de campanhas eleitorais e de partidos políticos tende a corromper as democracias em razão de quatros fatores inter-relacionados:

> (1º) O poder financeiro é distribuído desigualmente em todas as democracias; e como o poder econômico traduz-se em poder político, a igualdade política torna-se cada vez menor.
>
> (2º) Os doadores de campanhas veem o financiamento como um meio de obter acesso *a* e influência *sobre* os candidatos, agentes e partidos políticos, vindo o "dinheiro" a pautar todo o debate eleitoral.
>
> (3º) Os interesses dos financiadores ultrapassam o processo eleitoral e alcançam o processo legislativo, de modo que a formulação das leis responderá a esses interesses em detrimento da sociedade como um todo.
>
> (4º) As atividades de financiamento privado eleitoral, de maneira geral, são controladas em grau insuficiente pelo poder público, incluído o Judiciário.

Os resultados da conjunção desses fatores, prossegue o autor, surgem inquietantes: o poder financeiro acaba promovendo influências indevidas sobre as decisões políticas do país, os cidadãos médios não são levados em consideração – digo, são invisíveis – e o esforço de espírito público em obter o bem comum revela-se, na realidade, uma competição entre grupos de interesses que buscam maximizar ganhos. O sistema político mostra-se carente de transparência, dependente do dinheiro privado, vazio de ideologia partidária e marcado por um processo eleitoral injusto e corrompido. O dinheiro faz as vezes do eleitor.

O autor norte-americano não mencionou qualquer sistema específico, ressaltando serem elementos comuns a toda democracia em que verificada ausência de regulação dos financiamentos eleitorais ou mesmo quando presente regulação fraca, de baixa qualidade prática. Presentes esses fatores e consequências, não merecerá o modelo natureza de direito fundamental efetivado. Sistema político que não possibilita que o cidadão comum e a sociedade civil influenciem as decisões legislativas, derrotados que são pela força das elites econômicas, não é democrático em sentido pleno. A competição eleitoral desigual macula todo o processo político, desde a base de formação das alianças partidárias até o resultado das deliberações legislativas.

Pois bem. Qual é a relação desse sistema descrito e criticado pelo professor da Georgia com o atualmente em vigor no Brasil? Nosso sistema sofre de idênticas imperfeições e possui os mesmos resultados perturbantes? Pode-se defender que temos um modelo igualitário de eleições como componente essencial de nossa sociedade democrática? Ou nossas práticas permitem que a riqueza de poucos seja obstáculo à participação política de muitos?

Em dezembro de 2013, a revista francesa *Le Monde*, edição brasileira de número 77, trouxe como título de capa "A Democracia que temos", contendo cinco artigos que apontam fragilidades e imperfeições de nosso regime político-democrático. No artigo "A representação política no Brasil e o despotismo indireto", o professor de Teoria Política da Universidade de São Paulo Cicero Araújo aborda dificuldades concernentes à representação democrática no Brasil contemporâneo.

Relata conduta contraditória dos detentores de cargos públicos e das altas burocracias do Estado que, embora venham manifestando o desejo de "ouvir as ruas", permanecem incapazes de dar respostas firmes e concretas à cidadania reivindicatória, inclusive quanto à tão prometida e esperada Reforma Política. Há ponto fundamental: a inaptidão dos representantes políticos de viabilizar que as grandes pretensões da cidadania façam parte dos conflitos encenados na arena institucional, fomentando a alienação da sociedade relativamente à vida pública e o distanciamento, cada vez maior, entre representante e representado.

Sem comprometer-se com afirmações peremptórias, o autor enxerga o risco de nosso regime democrático ter chegado a estágio em que, mesmo assegurados direitos e liberdades, a representação política revela-se impedida de ser exercida no interesse dos representados, ficando, ao contrário, voltada exclusivamente aos interesses dos próprios representantes. Chamando esse vício de "despotismo indireto", consigna:

> No fundo, é o fracasso da ideia mesmo de representação, que só teria como funcionar em nível adequado se gerasse, nas palavras certeiras de Nadia Urbinati, "um processo contínuo de circulação entre sociedade e Estado, durante e entre os embates eleitorais."

O professor da Universidade de São Paulo pode não ter sido peremptório, mas o serei: o Brasil vive profunda crise de representatividade política marcada pelo distanciamento entre as pretensões e os anseios sociais e as ações concretas dos mandatários políticos. Os representantes fazem prevalecer, além de interesses próprios, os propósitos nada republicanos daqueles que financiaram as campanhas eleitorais que os levaram aos cargos. A causa principal desse descolamento está na forma de conduzir o processo de escolha dos representantes no Brasil. O valor da igualdade política é substituído, desde o primeiro momento, pela riqueza das grandes empresas doadoras que controlam o processo eletivo. Não vivemos uma democracia autêntica, mas uma plutocracia – sistema político no qual o poder é exercido pelo grupo mais rico, implicando a exclusão dos menos favorecidos.

Segundo dados oficiais do Tribunal Superior Eleitoral, nas eleições de 2010, um deputado federal gastou, em média, R$ 1,1 milhão, um senador, R$ 4,5 milhões, e um governador, R$ 23,1 milhões. A campanha presidencial custou mais de R$ 336 milhões. Nas eleições municipais de 2012, segundo recente contabilização do Tribunal, teriam sido gastos incríveis 6 bilhões de reais. Apontou-se que os maiores financiadores são empresas que possuem contratos com órgãos públicos. O setor líder é o da construção civil, tendo contribuído com R$ 638,5 milhões, seguido da indústria de transformação, com R$ 329,8 milhões, e do comércio, com R$ 311,7 milhões. Os dados demonstram a relevância maior e o papel decisivo do poder econômico para os resultados das eleições.

A investigação das fontes financiadoras das campanhas no Brasil dá conta de quanto "os interesses econômicos das elites influenciam as eleições e o processo das políticas públicas", consoante afirmou o cientista político David Samuels, da Universidade de Minnesota, Estados Unidos. Segundo o aludido professor, as empresas doadoras "tendem a vir de setores econômicos particularmente vulneráveis à intervenção ou regulação governamental", revelando-se interessante o fato de "candidatos para diferentes cargos receberem quantias relativamente diferentes dos distintos setores empresariais".

Exemplifica o autor: os candidatos a Presidente da República obtêm relativamente mais doações dos setores financeiros e da indústria pesada, isso porque o Chefe do Poder Executivo federal tem responsabilidade direta sobre questões de política macroeconômica como juros, tarifas e taxas de câmbio. Na disputa pelo cargo de Governador, o maior financiador é o setor da construção civil, em razão de o ganho de empreiteiras aumentar quando se tem como aliados agentes políticos responsáveis pelas decisões sobre os grandes projetos de obras públicas.[14]

Não se pode acreditar, sob pena de ingenuidade indisfarçável, que a distinção no financiamento está atrelada a questões ideológicas. A análise empírica das doações aos partidos reforça o argumento. Nas eleições de 1994 e de 1998, os considerados "partidos de direita", titulares do poder federal à época, receberam três vezes mais doações em comparação aos partidos reputados "de esquerda", como o Partido dos Trabalhadores – PT. Nas eleições de 2012, verificou-se certo equilíbrio no financiamento das campanhas, tendo sido o Partido dos Trabalhadores – PT, com pequena diferença em relação ao Partido do Movimento Democrático Brasileiro – PMDB e ao Partido da Social Democracia do Brasil – PSDB, a agremiação mais beneficiada com as doações. Evidencia-se, portanto, que o financiamento favorece os partidos maiores e detentores dos cargos eletivos.

Há mais. De acordo, novamente, com David Samuels, o número de empresas doadoras é pequeno, dado o universo empresarial brasileiro. Todavia, essa parcela menor de empresas doa muito dinheiro, o que implica a influência política por uma estrutura socioeconômica hierarquizada, cujos membros trocam "dinheiro" por futuros "serviços governamentais".

Ante o quadro, é forçoso concluir que os fatores e os resultados aventados pelo professor Timothy Kuhner, quanto ao financiamento privado das campanhas eleitorais, estão presentes no Brasil e implicam a fragilidade de nossa democracia representativa. Como denunciam o professor Daniel Sarmento e Aline Osório, em artigo inédito acerca do tema da aludida ação direta, a aplicação das regras eleitorais impugnadas:

> Tem comprometido a igualdade política entre cidadãos, possibilitando que os mais ricos exerçam influência desproporcional sobre a esfera pública. Além disso, ela prejudica a paridade de armas entre candidatos e partidos, que é essencial para o funcionamento da democracia. Não bastasse, o modelo legal vigente alimenta a promiscuidade entre agentes econômicos e a política, contribuindo para a captura dos representantes do povo por interesses econômicos dos seus financiadores, e disseminando com isso a corrupção e o patrimonialismo, em detrimento dos valores republicanos.

---

[14] SAMUELS, David. Financiamento de campanha e eleições no Brasil. In: BENEVIDES, Maria Victoria; VANNUCHI, Paulo; KERCHE, Fábio (Org.) *Reforma Política e Cidadania.* São Paulo: Instituto da Cidadania, 2003, p. 374.

Os autores destacam prática das mais nocivas à integridade do regime democrático ao ressaltarem que, "no Brasil, os principais doadores de campanha contribuem para partidos e candidatos rivais, que não guardam nenhuma identidade programática ou ideológica entre si", de forma que as doações não constituem "instrumento para expressão de posições ideológicas ou políticas, mas se voltam antes à obtenção de vantagens futuras ou à neutralização de possíveis perseguições". Há casos em que, nas eleições direcionadas ao Executivo, as empresas investem recursos em favor de todos os candidatos que possuem chances de vitória segundo pesquisas de intenção de votos. Com isso, a elite econômica brasileira, por meio de ações puramente pragmáticas, modela as decisões de governo e as políticas públicas prioritárias, além de contribuir para a debilidade ideológica de nosso sistema partidário.

5. A INCONSTITUCIONALIDADE DO FINANCIAMENTO DAS CAMPANHAS PELAS PESSOAS JURÍDICAS NO BRASIL

Revelada a influência do poder econômico no processo político, resta evidenciado que a disciplina jurídica atual do financiamento eleitoral transgride princípios fundamentais da ordem constitucional: os da democracia, da igualdade, da República e da proporcionalidade – artigos 1º, cabeça e parágrafo único, 3º, incisos I e IV, e 5º, cabeça, da Carta de 1988. Ofende os mencionados princípios constitucionais a disciplina legal a autorizar o financiamento eleitoral e de partidos políticos por pessoas jurídicas privadas. A participação política no Brasil, considerado o estágio atual de desigualdade de forças socioeconômicas, apenas pode ser elevada, do ponto de vista tanto quantitativo como qualitativo, se for limitada acentuadamente a participação daqueles que buscam cooptar o processo eleitoral por meio do "dinheiro".

A comunidade jurídica nacional não pode acreditar no patrocínio desinteressado das pessoas jurídicas. Ao contrário, deve evitar que a riqueza tenha o controle do processo eleitoral em detrimento dos valores constitucionais compartilhados pela sociedade. A pretensão formulada na Ação Direta de Inconstitucionalidade nº 4.650/DF mostra-se, a mais não poder, passo largo e indispensável para colocar um fim no monopólio financeiro das empresas e grandes corporações sobre as eleições e alcançar a equidade do processo eleitoral exigida pela Constituição de 1988.

Concluindo, estamos vivenciando momento histórico. O financiamento privado das campanhas eleitorais e dos partidos políticos é problema de grande amplitude e não tem permitido que a democracia firme-se, no Brasil, como direito fundamental plenamente conquistado. Pode ser direito de todos se tantos estão alijados do processo político? Como falar em soberania popular e autogoverno se impera uma representatividade política tão frágil? Consoante afirmou o professor Timothy Kuhner, se a democracia é um direito fundamental, então, a plutocracia, que vigora no sistema político-eleitoral brasileiro, é a violação desse direito fundamental, sendo o afastamento de transgressões dessa natureza a missão mais dignificante do Supremo como instituição republicana e democrática. O Tribunal não tem alternativa senão a de declarar a inconstitucionalidade da prática vigente.

9

A TRANSPARÊNCIA DAS INFORMAÇÕES PÚBLICAS E AS NOVAS TECNOLOGIAS COMO MEIO DE FORTALECIMENTO DA DEMOCRACIA PARTICIPATIVA

1. INTRODUÇÃO

Vivenciamos a Era da Informação, que é também a Era Digital. Ela é pós-Industrial porque não mais marcada pela forma mecânica, pela força. A quadra atual caracteriza-se pelo conhecimento dinâmico e tecnológico, por desafios promovidos pela modernidade, pelas alterações cada vez mais rápidas e profundas decorrentes do avanço da tecnologia. Como consequência direta, mudam a sociedade, os comportamentos humanos e as instituições. O Direito, nos mais variados ramos, sofre influência dessa realidade, à qual deve se ajustar e, a um só tempo, conformá-la. A relação é de reciprocidade, ainda que assimétrica, a depender da matéria e dos valores em jogo. Nesse sentido, fala-se da necessidade de uma reflexão sobre a evolução do Direito para atender à sociedade digital.[1]

Assistimos ao grande avanço da informatização, principalmente depois do surgimento da rede mundial de computadores, nos anos noventa, marco

---

[1] PINHEIRO, Patrícia. *Direito Digital*. 5ª ed. São Paulo: Saraiva, 2013, p. 48.

da evolução digital. Com a chegada da internet às residências, surgiram novos cenários sociais, educacionais e comerciais. As pessoas nunca mais se comunicaram, buscaram o conhecimento e informações, realizaram transações comerciais como antes. Tanto sob a óptica quantitativa como qualitativa, no século XXI, tem havido maior expansão dessas inovações. Sem exageros, pode-se dizer que, desde a criação do primeiro computador, nos meados da década de quarenta do século passado, a vida humana já estava fadada a ser influenciada e alterada por toda essa ascensão tecnológica.[2]

A proteção à liberdade de manifestação do pensamento, o acesso às informações e a promoção da cultura e da educação também passaram por profundas transformações de razão tecnológica. A informática revolucionou os meios de ensino e de difusão da cultura e do pensamento. O acesso aos conteúdos didáticos e às informações mais variadas, seja em razão da rede mundial de computadores, seja graças aos CD-ROMs ou similares, foi ampliado de modo extraordinário. No chamado ambiente virtual, a troca de informações e a aquisição de conteúdos didáticos, mormente mediante cópias de arquivos ocorridas em sítios especializados, até mesmo em periódicos das mais prestigiadas universidades do mundo, impõem o redimensionamento da compreensão tradicional acerca desses meios. O ensino e a exposição de ideias via digital tornaram-se parte essencial e construtiva da cultura moderna, diferente em estrutura, procedimento, velocidade e em pretensão de facilidade e amplitude de acesso relativo ao que existia antes. Não é algo do qual se possa ou se deva escapar.

Toda essa revolução chegou à política. Os processos político-eleitorais sofrem forte impacto desses recentes paradigmas comunicacionais. As redes sociais são um importante canal de diálogo entre os eleitores e entre esses e os candidatos, modificando em boa medida o perfil das eleições, já bastante impactadas pelo uso das urnas eletrônicas. As oportunidades de crítica aos governantes, elemento fundamental de qualquer democracia real, foram ampliadas com os blogues e as redes sociais digitais. Sem dúvida, os movimentos populares de junho de 2013 não teriam sido os mesmos sem a prévia articulação virtual. A política deve, hoje, dialogar, profundamente, com o que se convencionou chamar de "novas mídias".

Fala-se em "democracia digital". Sem dúvida, a revolução nesse campo tornou a comunicação mais democrática, ou seja, mais pessoas passaram a ter voz e a ser ouvidas. A internet é uma nova Ágora Ateniense. Tais tecnologias

---

[2] CARVALHO, André Castro. *Tributação de Bens Digitais:* Interpretação do art. 150, VI, d, da Constituição Federal. São Paulo: MP Editora, 2009, p. 25 e ss.

têm implicações nas formas por meio das quais as pessoas e grupos sociais se relacionam e trocam ideias sobre a dinâmica política e estatal. O jornalismo foi transformado, assim como e, correlatamente, o consumo das informações, nunca antes tão intenso, abrangente e veloz. Entre os artigos de maior circulação comunicacional, encontram-se os fatos políticos. A política está sob grande vigília com a "sociedade digital".

Este artigo, escrito em homenagem ao ministro Antonio de Pádua Ribeiro, a integrar coletânea intitulada "Cidadania, sistema político e o Estado-juiz: os desafios da democracia brasileira, no século XXI", versa aspecto importante dessa relação recentemente surgida entre a Era Digital e a política: como as atuais tecnologias podem aumentar a participação do cidadão no controle social sobre as ações púbicas. Considerada a necessidade de transparência das informações públicas, os meios digitais revelam-se instrumentos dinâmicos, céleres e de acesso relativamente fácil a boa parcela da sociedade, o que representa o fortalecimento da democracia participativa. Ao tornarem as informações públicas mais transparentes e acessíveis, as novas tecnologias fazem com que as pessoas participem mais da vida pública e fiscalizem melhor as ações dos governantes.

O texto será desenvolvido segundo a estrutura a seguir delineada: no tópico seguinte (1), apresento o conceito de democracia. Em (2), discorro sobre a importância do controle social sobre as ações públicas. Em (3), trato das transformações desse controle na Era Digital, abordando as formas legais mediante as quais os meios digitais foram utilizados para aumentar a transparência das informações públicas e incentivar a maior participação popular na vida pública brasileira. Ao final, estão as conclusões (4).

2. O QUE É DEMOCRACIA?

Democracia não é apenas o regime político mais adequado entre tantos outros, é um direito do cidadão fundado nos valores da soberania popular e do autogoverno. Conforme a pesquisa mais recente feita pela revista *The Economist*, ao menos 115 países experimentam alguma forma democrática de governo; destes, 25 possuem "democracia plena", presentes bons índices de processo eleitoral e pluralismo, funcionamento do governo, participação política, cultura política e liberdades civis.[3] Mas, afinal, o que é democracia? Quais critérios devem ser satisfeitos para afirmar-se democrático um determinado sistema político?

---

[3] http://www.economist.com/

De acordo com Charles Tilly, a definição de democracia classifica-se em quatro principais tipos: constitucional, substantiva, procedimental e orientada ao processo. A abordagem constitucional refere-se às leis promulgadas por um regime em relação à atividade política. O foco recai nas formas constitucionais e nos arranjos legais. A definição substancial é relacionada com as condições de vida e de política promovidas por um dado regime. A questão é saber se há promoção de bem-estar humano, liberdade individual, segurança, igualdade social, deliberação pública e resolução pacífica de conflitos. O critério procedimental prende-se ao exame das eleições, do quanto são genuinamente competitivas e capazes de produzir alternância do governo e das políticas. Diferentemente desse enfoque, não existe a preocupação com o conteúdo das políticas, e sim com as trocas de poder.[4]

Por fim, e mais importante para este texto, há a definição vinculada à capacidade de o processo político satisfazer a exigência de igualdade política. O processo político, para ser democrático, deve oferecer condições para que todos se sintam igualmente qualificados a participar do processo de tomada de decisões por meio das quais a vida da comunidade será governada. Significa dizer: democracia pressupõe serem os membros da comunidade tratados como politicamente iguais. Tilly serviu-se dos cinco conceitos elaborados por Robert Dahl para identificar o caráter democrático do processo político.

O renomado cientista político norte-americano Robert Dahl, falecido recentemente, associava a democracia ao objetivo de assegurar o direito de participação igual dos cidadãos nas decisões relevantes de uma comunidade. O autor reconhecia que há muitos meios, alguns até impenetráveis, para definição de democracia. Todavia, defendia poderem alguns critérios ser identificados como imprescindíveis para satisfazer a exigência do direito à igual participação política como elemento nuclear da democracia. Ele apontou cinco:

> 1) Participação efetiva – antes de uma política ser adotada, todos os membros da comunidade devem ter igual e efetiva oportunidade para fazer as próprias visões, relativas ao conteúdo dessa política, conhecidas dos outros membros;
>
> 2) Igualdade de voto – quando chegar o momento no qual a decisão política será finalmente tomada, todos os membros devem ter uma oportunidade igual e efetiva para votar, e todos os votos hão de ser contados como iguais;

4 TILLY, Charles. *Democracy.* New York: Cambridge University Press, 2007, p. 7-8.

> 3) Conhecimento esclarecido – dentro de limites razoáveis de tempo, cabe dar a cada membro oportunidade igual e efetiva para aprender sobre as políticas alternativas relevantes e as consequências prováveis;
>
> 4) Controle da agenda – cumpre viabilizar aos membros a decisão sobre como e quais questões devam ser colocadas na agenda política, o que assegura a mudança constante das pautas temáticas se assim escolherem;
>
> 5) Inclusão de adultos – todos ou, ao menos, a maior parte dos adultos residentes devem ter plenos direitos da cidadania implicados os quatro critérios anteriores, o que vem a ser condição inafastável para tratamento igualitário dos membros da comunidade.[5]

Conforme Dahl, cada um desses critérios é necessário a ponto de os membros serem menos politicamente iguais na medida em que tais exigências forem violadas. Se determinado grupo tiver mais oportunidades do que outros para expressar opiniões, ser ouvidos, formar agendas, aprender sobre as medidas alternativas, não se poderá falar em igualdade política. Como seria possível evitar tais desvios? Robert Dahl diz que apenas se previstos mecanismos dirigidos a incentivar e assegurar a participação efetiva dos cidadãos nos assuntos de governo.

A democracia é, portanto, o regime a assegurar, na maior medida possível, a igual participação política dos membros da comunidade. Trata-se, claro, de um conceito ideal. Não se mostra viável, no mundo real, alcançar essa igualdade na plenitude. No entanto, isso não significa a inutilidade dos critérios mencionados. Eles permanecem valiosos, como guias para formulação de desenhos constitucionais, arranjos institucionais e sistemas políticos que aspirem ser democráticos, isto é, que possuam a pretensão de promover a igualdade política.[6]

Essa última está no centro da definição de democracia. Como destaca Dahl, "por definição, nenhum sistema não democrático permite aos seus cidadãos (ou sujeitos) amplo arranjo de direitos políticos. Se algum sistema político fosse assim fazer, tornar-se-ia, por definição, uma democracia".[7] Democracia é o regime no qual todos possuem oportunidades de participar nas decisões políticas de certa comunidade. Há de se ressaltar ser assim não

---

5 DAHL, Robert. *On Democracy.* New Haven: Yale University Press, 1996, p. 37-38.

6 Idem, ibidem, p. 42.

7 Idem, ibidem, p. 49.

apenas como questão de definição, mas também como condição empiricamente necessária: igualdade de participação política é condição da própria existência da democracia.

A premissa mostra-se verdadeira tanto para a ideia tradicional de democracia representativa, como para a noção contemporânea de democracia deliberativa. Na primeira, o poder é exercido apenas indiretamente pelos membros da sociedade e diretamente pelos representantes políticos eleitos. A tomada de decisões políticas – como a criação de leis –, diretamente pelos cidadãos, mantém-se inviável nas sociedades plurais e complexas contemporâneas. Assim, a soberania popular não é, necessariamente, autora das decisões fundamentais, e sim legitimadora do papel desempenhado pelos representantes escolhidos pelo voto. Na democracia representativa, essa legitimidade pressupõe a ideia de autogoverno popular, que depende da igualdade de participação política.

Contemporaneamente, o professor Jeremy Waldron tem construído bem articulada proposta para resgatar o espaço perdido pela democracia representativa, especificamente, pelo Poder Legislativo nas últimas décadas,[8] resgatando o valor do autogoverno popular atrelado ao de igual participação política. Waldron defende o direito incondicional dos cidadãos de resolverem as divergências sobre direitos e princípios entre eles mesmos ou entre os representantes, de forma que a autoridade legítima para dizer os direitos só pode ser aquela cujo procedimento privilegie a autonomia e a responsabilidade de cada pessoa: o processo legislativo.

A autoridade de dizer os direitos pertenceria ao legislador porque o único critério legítimo para a definição dessa autoridade é o de identificação de um processo decisório no qual são levadas igualmente a sério as informações de todos os que disputam o acordo de sentidos, produzindo conclusões precedidas de debates norteados pelo mútuo respeito dos diferentes pontos de vista de cada participante. A proposta é construída sobre a convicção de serem a igual participação política e o autogoverno, em si mesmos, condições do desenvolvimento da personalidade humana.[9] Para Waldron, o Legislativo é a única instituição, no campo, onde há respeito a essas condições.

---

8 Cf. WALDRON, Jeremy. *The Dignity of Legislation*. New York: Cambridge University Press, 1999.

9 WALDRON, Jeremy. A Right-Based Critique of Constitutional Rights. *Oxford Journal of Legal Studies* Vol. 13 (1), 1993, p. 37: "Participação é de toda valiosa em razão da importância de se agregar diversas perspectivas e experiências quando estão sendo tomadas decisões públicas; e é valiosa também porque a mera experiência de se argumentar em circuns-

Segundo o autor, participação política sob iguais termos (igual voz nas decisões) e autogoverno são, em si mesmos, direitos fundamentais e, por isso, existe profunda conexão entre um procedimento que privilegie esses direitos e a essência das concepções modernas de direitos. Dignidade e autonomia individual consubstanciam valores essenciais que as pessoas, como agentes e eleitores, desenvolvem melhor em condições de autogoverno, sendo a opinião de cada uma "intitulada não apenas a ser respeitada no sentido de 'não suprimida', mas também a *somar* em qualquer tomada de decisão política que ocorra na sociedade em que vive". Seria uma "concessão à pluralidade humana".[10] Waldron defende, portanto, um vínculo entre os direitos fundamentais dos indivíduos e o respeito pelas capacidades morais de igual participação política.[11]

O processo legislativo, conforme salienta, é o único "formado e elaborado de modo que se dê igual peso às preferências e opiniões de todos".[12] Os titulares dos direitos, pelo debate, deliberação, voto e mecanismos de representação política, formularão as respostas às divergências sobre direitos e princípios. Em síntese, Jeremy Waldron vislumbra um projeto de (re) dignificação do papel da legislação como meio legítimo de autogoverno e de participação política sob bases igualitárias.

A igual participação política também está no centro do desenvolvimento da chamada democracia deliberativa. Esse modelo apresenta-se como alternativo às concepções variáveis da *democracia representativa*, vinculadas aos processos de representação política. Sem negar a importância do processo popular de escolha de representantes, os partidários da democracia deliberativa sustentam não poder a democracia ser reduzida à representação política, devendo envolver "também a possibilidade efetiva de se deliberar publicamente sobre as questões a serem decididas".[13] A efetiva deliberação pública racionaliza e legitima as decisões tomadas no âmbito dos processos

tâncias de pluralidade humana nos ajuda a desenvolver opiniões mais interessantes e provavelmente mais válidas do que poderíamos fazer sozinhos".

10 WALDRON, Jeremy. A Right-Based Critique of Constitutional Rights. *Oxford Journal of Legal Studies* Vol. 13 (1), 1993, p. 38.

11 WALDRON, Jeremy. Judicial Review and the Conditions of Democracy. *The Journal of Political Philosophy* Vol. 6 (4), 1998, p. 341-342.

12 WALDRON, Jeremy. Introduction: Disagreements on Justice and Rights. *New York University Journal of Legislation and Public Policy* Vol. 6 (1), 2002, p. 9.

13 SOUZA NETO, Cláudio Pereira de. Deliberação Pública, Constitucionalismo e Cooperação Democrática. *In:* BARROSO, Luís Roberto (org.). *A Reconstrução Democrática do Direito Público no Brasil.* Rio de Janeiro: Renovar, 2007, p. 44.

políticos e de gestão pública, evitando o amesquinhamento e a manipulação desses processos.

Todavia, para alcançar a legitimidade, a deliberação há de ocorrer em contexto *aberto, livre* e *igualitário,* ou seja, todos devem participar livres de qualquer coerção física ou moral, em condições de iguais possibilidades e capacidades para influenciar e persuadir. Em suma, a igual oportunidade de partição política configura pressuposto de uma deliberação justa e eficiente. Dentro da perspectiva procedimental da democracia deliberativa, defendida por autores como Jürgen Habermas,[14] cabe manter as deliberações abertas quanto ao conteúdo dos resultados, mas limitadas pela observância dos princípios que asseguram condições procedimentais de legitimidade, os quais são voltados a garantir a participação equânime dos membros da sociedade na deliberação pública.

Vê-se ser a igual oportunidade de participação política condição conceitual e empírica da democracia sob a óptica tanto representativa como deliberativa. Como ideal a ser sempre buscado, essa igualdade de participação política acaba revelando-se um princípio de governo a homenagear a capacidade e a autonomia do cidadão em decidir ou julgar o que é melhor para a comunidade que habita. Ao fazer isso, esse cidadão resolve o que é melhor para si mesmo, o que vem a ser condição de legitimidade de um sistema político baseado na liberdade.

3. DEMOCRACIA PARTICIPATIVA, CONTROLE SOCIAL SOBRE AS DECISÕES PÚBLICAS E A IMPORTÂNCIA DO DIREITO FUNDAMENTAL À INFORMAÇÃO

A participação política não se resume à eleitoral. São condições procedimentais da democracia a realização de eleições periódicas, com sufrágio universal e caracterizadas por processos justos e igualitários de escolha. Todavia, participação política é muito mais do que o ato de votar. Envolve o controle das decisões públicas pelos membros da sociedade. Criticar e fiscalizar o comportamento dos agentes políticos consistem em modos fundamentais de participação política, essenciais para a vitalidade prática da democracia. Povo que não exerce tal controle não se autogoverna.

Como argutamente apontou a professora Ana Paula de Barcellos, não obstante a dificuldade da definição do que seja democracia, existem

[14] Cf. HABERMAS, Jürgen. *Facticidad y Validez.* 4ª ed. Madrid: Trotta, 2005.

conteúdos mínimos que podem ser reconhecidos independentemente da concepção adotada: um deles é o de "controle social" – o exercido diretamente pelos membros da sociedade sobre a atuação dos agentes públicos.[15] Esse controle, segundo afirma a professora carioca, pode recair sobre a juridicidade dos atos dos agentes públicos e ser realizado mediante ações populares, denúncias ao Ministério Público, representações perante os Tribunais de Contas, etc. Em última análise, o exercício do controle social faz parte do que se pode chamar de democracia participativa – defeitos da democracia representativa são combatidos diretamente pelos destinatários do governo. A democracia participativa busca reduzir a distância entre democracia e representatividade eleitoral.

Ao lado de mecanismos de democracia direta como o referendo, o plebiscito, a iniciativa legislativa popular, o *recall* e o veto popular, a democracia participativa possui a relevante dimensão de controle popular do exercício do poder. O controle revela-se como essencial para o combate à corrupção política e aos déficits de representatividade. Para o efetivo exercício desse controle, os cidadãos, além de motivados a tomar parte nas decisões fundamentais, devem estar devidamente informados. Como destacou o professor Daniel Sarmento, "não é exagero afirmar que o controle do poder tem no direito à informação o seu instrumento mais poderoso. A transparência proporcionada pelo acesso à informação é o melhor antídoto para a corrupção, para as violações de direitos humanos, para a ineficiência governamental".[16]

A professora Ana Paula ressalta que três fatores podem reduzir o controle social sobre as decisões públicas: (i) o desinteresse da população no tocante aos assuntos políticos da nação, causado, principalmente, pela falta de tempo das sociedades contemporâneas, especialmente em centros urbanos; (ii) a indiferença decorrente da impressão de a participação não mudar em nada o quadro adverso, ou seja, a percepção de as ações voltadas para controlar os agentes públicos não produzirem resultados práticos, criando-se círculo vicioso: menos controle social, mais desinteresse por falta de resultados práticos; mais desinteresse por falta de resultados práticos, menos controle

---

15 BARCELLOS, Ana Paula de. Papéis do Direito Constitucional no fomento do controle social democrático: algumas propostas sobre o tema da informação. *Revista de Direito de Estado* nº 12, Rio de Janeiro: Renovar, p. 80.

16 SARMENTO, Daniel. Liberdades Comunicativas e "Direito ao Esquecimento" na ordem constitucional brasileira. Parecer. http://www.migalhas.com.br/arquivos/2015/2/art20150213-09.pdf.

social; (iii) e, para o que importa neste artigo, o descaso é fomentado pela falta de informações sobre as questões públicas.[17]

A professora questiona como poderá ser exercido o controle social se a população desconhece a política pública ou a prioridade escolhida. Como saber se os objetivos foram alcançados se não são divulgadas informações a respeito das metas prometidas e dos resultados almejados? Para Ana Paula, o Direito, máxime o Constitucional, deve fomentar o controle social ao prescrever a difusão das *informações* sobre as ações públicas.[18] O Direito deve promover a transparência das informações. Sem dúvida, quanto menos se tiver acesso a elas, menor será o monitoramento, haja vista aumentar o desinteresse em razão do elevado custo pessoal para obter esses dados. O conhecimento acerca do que pode e deve ser controlado é condição de exercício do controle social. Assim, a transparência das informações públicas revela-se essencial para a efetiva participação política dos governados, o que implica privilegiar o próprio princípio democrático. A participação democrática requer, em síntese, um sistema abrangente e acessível de informações sobre as ações públicas.

Na Carta de 1988, artigo 5º, inciso XXXIII, consta que "todos têm direito a receber dos órgãos públicos informações de seu interesse particular, ou de interesse coletivo ou geral, que serão prestadas no prazo da lei, sob pena de responsabilidade, ressalvadas aquelas cujo sigilo seja imprescindível à segurança da sociedade e do Estado." Como correspondente ao direito fundamental às informações públicas, o constituinte estabeleceu, no artigo 37, § 3º, inciso II, o dever de legislar acerca das formas de participação do cidadão na Administração Pública direta e indireta, sendo assegurado o acesso às informações relativas a atos de governo. Há, assim, o direito fundamental à informação e o dever constitucional de publicidade dos atos de governo. Caso o legislador deixe de promover os meios necessários ao cumprimento dessas regras, estará protegendo de forma insuficiente o direito de igual participação política dos cidadãos e violando, por ação legislativa deficiente, o direito fundamental à democracia.

---

17 BARCELLOS, Ana Paula de. Papéis do Direito Constitucional no fomento do controle social democrático: algumas propostas sobre o tema da informação. *Revista de Direito de Estado* nº 12, Rio de Janeiro: Renovar, p. 80-83.

18 Idem, ibidem, p. 86: "caso as informações sejam de fácil acesso e compreensão para o público, o custo de se informar e exercer alguma forma de controle social diminuirá sensivelmente."

O Poder Público deve, portanto, proporcionar à sociedade o conhecimento dos atos de gestão da coisa pública. Isso significa incumbir ao Estado não apenas abster-se de impedir o acesso às informações, mas também buscar levar as informações à sociedade, tomar providências no sentido de tornar públicos os atos de governo e, assim, fomentar o controle social. Como observa a professora Ana Paula, não cabe ao Estado assegurar que todos acessem as informações – até porque nem todos estão realmente interessados –, mas promover as melhores condições para que isso seja possível.[19] Ao Estado cumpre produzir acesso real da sociedade aos dados, ou seja, criar as condições necessárias para que todos os interessados possam ter acesso e que os inicialmente desinteressados passem a se sentir motivados a tanto. O Estado deve estimular a igual participação política de todos ao incentivar o controle social sobre os atos de governo.

Nesse ponto, há o contato entre o dever do Estado em despertar, nos membros da sociedade, a vontade de acesso às informações sobre o agir estatal e os novos meios de comunicação próprios da Era Digital. A revolução tecnológica tem modificado a forma como o Poder Público pode cumprir o dever de publicidade e, correlatamente, promover o direito fundamental da sociedade brasileira às informações sobre os atos de gestão da coisa pública. Os novos instrumentos digitais vêm potencializando a transparência das informações públicas. O legislador brasileiro, como apontado no tópico seguinte, tem ficado atento às possibilidades de uma "democracia digital".

4. VIVEMOS UMA "DEMOCRACIA DIGITAL"?

A igualdade de participação política do cidadão está no centro do conceito e da prática da democracia, ao passo que o acesso às informações alusivas à gestão da coisa pública é essencial como fator de incentivo e possibilidade dessa participação sob a forma de controle social sobre os atos de governo. Daí derivar a equação segundo a qual quanto maior for a transparência dessas informações, maior poderá ser a participação social na governança contemporânea. A transparência revela-se, assim, requisito imprescindível da democracia, valor necessário para aproximar o cidadão dos atos estatais. Essa transparência tem sido também digital: a comunicação entre política e cidadania vem sendo levada a efeito, contemporaneamente, por meios digitais, o que tem robustecido a democracia participativa. O ambiente digital, utilizado tanto pelos cidadãos para comunicarem entre si,

19 Idem, ibidem, p. 96.

como pelo Poder Público para veicular informações, fortalece os processos democráticos. Essa conexão de valores, práticas e utilidades pode denominar-se "democracia digital".

A transparência digital envolve dois aspectos: a transparência da gestão de governo e os meios digitais de transmissão de informações e de comunicação. No que se refere ao controle social dos atos de gestão pública como forma de participação cidadã, importa o quanto a tecnologia favorece a maior transparência pública. Relevante se faz a análise de como os governos dos diferentes níveis federativos têm usado as novas ferramentas tecnológicas, sobretudo a internet, para tornar mais transparentes e acessíveis as informações sobre a coisa pública e, com isso, aumentar o nível de participação e controle popular quanto ao desenvolvimento político do país.

Sem dúvida, a internet e outras ferramentas digitais contribuem em muito para a inclusão política da sociedade brasileira. As novas tecnologias proporcionam, em razão de características próprias, facilidades que reduzem custos naturais do engajamento político dos cidadãos. Esses mecanismos possuem vantagens de tempo e espaço, derrubando certas limitações quanto à comunicação e ao acesso às informações. Permitem a transmissão de uma quantidade maior de informações se comparado aos meios mecânicos tradicionais. Além do mais, oferecem maior comodidade e interatividade aos destinatários, implicando ganhos de conveniência da participação política popular. Essas vantagens são inerentes às mudanças estruturantes nas formas de comunicação e informação promovidas pela revolução digital.

Por certo que o sucesso dessa revolução depende do nível de acesso da população brasileira à internet. Assim como a distribuição de renda, o Brasil possui desigualdades também nesse campo. Tal quadro precisa ser reduzido. Segundo dados do Comitê Gestor da Internet do Brasil, 97% dos domicílios de classe A possuem acesso à rede digital, enquanto nas classes D e E o índice é de irrisórios 6%. No geral, 40% dos domicílios do Brasil têm acesso à internet. O aspecto negativo é que tal desigualdade não só reproduz, mas pode aprofundar a desigualdade social e, igualmente, a desigualdade da participação política do cidadão. Promover o acesso mais linear à internet revela-se, inequivocamente, necessário para aumentar a qualidade da democracia participativa. Políticas públicas se fazem imprescindíveis nesse sentido.

A democracia digital vem ganhando corpo com o trabalho dos legisladores pátrios, destacando-se a Lei nº 12.527, de 18 de novembro de 2011. Esse diploma legal, regulamentando o acesso às informações versado no inciso XXXIII do artigo 5º da Carta República, estabeleceu os procedimentos a serem observados pela União, Estados, Distrito Federal e Municípios com o fim de garantir o acesso concernente a dados sobre a gestão da coisa pública. No artigo 3º, incisos IV e V, foram previstos, como diretrizes para cumprimento da lei, o fomento ao desenvolvimento da cultura de transparência na Administração Pública e o desenvolvimento do controle social da Administração Pública. No § 2º do artigo 8º da aludida lei, foi determinado, para o fim de divulgação das informações, que os "órgãos e entidades públicas deverão utilizar todos os meios e instrumentos legítimos de que dispuserem, sendo obrigatória a divulgação em sítios oficiais da rede mundial de computadores". Especificamente sobre isso, eis a redação do § 3º do dispositivo:

> Art. 8º. [...]
>
> § 3º Os sítios de que trata o § 2º deverão, na forma de regulamento, atender, entre outros, aos seguintes requisitos:
>
> I - conter ferramenta de pesquisa de conteúdo que permita o acesso à informação de forma objetiva, transparente, clara e em linguagem de fácil compreensão;
>
> II - possibilitar a gravação de relatórios em diversos formatos eletrônicos, inclusive abertos e não proprietários, tais como planilhas e texto, de modo a facilitar a análise das informações;
>
> III - possibilitar o acesso automatizado por sistemas externos em formatos abertos, estruturados e legíveis por máquina;
>
> IV - divulgar em detalhes os formatos utilizados para estruturação da informação;
>
> V - garantir a autenticidade e a integridade das informações disponíveis para acesso;
>
> VI - manter atualizadas as informações disponíveis para acesso;
>
> VII - indicar local e instruções que permitam ao interessado comunicar-se, por via eletrônica ou telefônica, com o órgão ou entidade detentora do sítio; e
>
> VIII - adotar as medidas necessárias para garantir a acessibilidade de conteúdo para pessoas com deficiência, nos termos do art. 17 da Lei nº 10.098, de 19 de dezembro de 2000, e do art. 9º da Convenção sobre os Direitos das Pessoas com Deficiência, aprovada pelo Decreto Legislativo nº 186, de 9 de julho de 2008.

A partir dessa disciplina, a União, o Distrito Federal, os Estados, os Municípios, as autarquias, as fundações e empresas públicas, bem como as sociedades de economia mista passaram a disponibilizar número expressivo de informações em sítios bem elaborados e acessíveis, criando novo foro de investigação e controle em favor da sociedade. Trata-se dos denominados "portais da transparência", nos quais se viabilizou aos cidadãos elementos sobre a atuação dos agentes públicos e políticos, permitindo-lhes participar ativamente do controle da gestão pública. A Lei nº 12.527/2011 e a previsão do meio digital para divulgação das informações têm sido de extrema relevância no fomento, na sociedade brasileira, das ideias de interação política por meio do controle social.

Com medidas dessa natureza, a fiscalização do cidadão brasileiro na administração da coisa pública foi ampliada: não é mais um momento puramente eleitoral, mas também de monitoramento contínuo dos atos dos gestores públicos, o que significa a participação de forma permanente na própria aplicação dos recursos públicos. A revolução digital tem possibilitado ao eleitor acompanhar, diariamente, o exercício do mandato pelos representantes políticos, em verdadeira supervisão das decisões por meio das quais são governados. A democracia participativa na Era Digital é, assim, alargada em vias de consolidação – vivenciamos, e por que não, uma "democracia digital".

5. CONCLUSÃO

A democracia possui, na igual participação política, o núcleo conceitual e pragmático. Nenhum sistema político será totalmente democrático enquanto não prover instrumentos hábeis a fomentar e permitir a igual participação política dos cidadãos. A legitimidade desse sistema depende da existência de incentivos reais ao controle social da gestão pública, os quais só se fazem presentes na medida em que os cidadãos possuem acesso às informações sobre os atos de governo e de uso do dinheiro público. A participação política do cidadão tem, no acesso à informação, condição procedimental. Sem o acesso, o cidadão não se sentirá motivado nem habilitado a exercer controle social sobre as ações dos representantes políticos, ficando enfraquecida a democracia. As novas ferramentas tecnológicas de comunicação, especialmente a internet, têm permitido maior e melhor acesso da sociedade a esses dados. Os chamados portais da transparência, previstos na Lei nº 12.527/2011, são o principal exemplo dessa evolução. Com isso, a Era Digital, no Brasil, viabilizou o aumento da transparência das informações públicas e o fortalecimento da democracia participativa.

PARTE 3

CONTROLE DE CONSTITUCIONALIDADE

10

CINCO ANOS DE REPERCUSSÃO GERAL: REFLEXÕES NECESSÁRIAS

1. INTRODUÇÃO

As últimas reformas aprovadas no Congresso Nacional trouxeram a esperança de um processo civil mais célere e eficiente. Com a criação da repercussão geral, não aconteceu de maneira diversa. Por ocasião da promulgação da Emenda Constitucional nº 45, de 2004, a introdução, no artigo 102, § 3º, da Carta da República[1], veio imbuída de um consenso sobre a necessidade de prover o Supremo de mecanismos para permitir filtragem mais efetiva do elevado número de recursos extraordinários e agravos de instrumento. Tal circunstância, parecia senso comum à época, era fator que implicava sobrecarga aos Ministros e dificultava o julgamento de temas de gravidade e relevância maior.

---

1 Art. 102. Compete ao Supremo Tribunal Federal, precipuamente, a guarda da Constituição, cabendo-lhe:

[...]

§ 3º No recurso extraordinário o recorrente deverá demonstrar a repercussão geral das questões constitucionais discutidas no caso, nos termos da lei, a fim de que o Tribunal examine a admissão do recurso, somente podendo recusá-lo pela manifestação de dois terços de seus membros

Aprovada a emenda constitucional, a doutrina, inicialmente, buscou ressaltar certas similaridades e diferenças entre o instituto da repercussão geral e o da arguição de relevância, então previsto no § 1º do artigo 119 da Emenda Constitucional nº 1, de 1969, com a redação dada pela Emenda Constitucional nº 7, de 1977[2]. Igualmente, destacou semelhanças e distinções entre a repercussão geral, o *writ of certiorari* e a *Verfassungsbeschwerde*, consubstanciando os dois últimos institutos mecanismos de acesso à Suprema Corte americana e ao Tribunal Constitucional alemão, respectivamente. Não será esta a finalidade do artigo, o qual inicia e encerra as referências históricas e de direito comparado neste parágrafo. Tenho por objetivo mostrar como o Supremo moldou o instituto da repercussão geral nestes primeiros anos e expor algumas reflexões a respeito do quadro formado. Alfim, prezado leitor, espero que o artigo lhe traga algum conhecimento sobre as nuances do mencionado instituto bem como o incentive a estudar, refletir e formular críticas próprias.

2. PROCEDIMENTO RELACIONADO À PRIMEIRA FASE DO JULGAMENTO

A repercussão geral foi disciplinada pela Lei nº 11.418, de 2006, mediante a qual acabaram incluídos os artigos 543-A e 543-B no Código de Processo Civil. Segundo os preceitos, na análise do extraordinário, será considerada a existência, ou não, de questões relevantes do ponto de vista econômico, político ou social que ultrapassem os interesses subjetivos da causa, também cabendo ao Supremo dispor, no respectivo Regimento Interno, sobre as regras para o processamento.

---

2 Art. 119. Compete ao Supremo Tribunal Federal:

III - julgar, mediante recurso extraordinário, as causas decididas em única ou última instância por outros tribunais, quando a decisão recorrida:

a) contrariar dispositivo desta Constituição ou negar vigência de tratado ou lei federal;

b) declarar a inconstitucionalidade de tratado ou lei federal;

c) julgar válida lei ou ato do governo local contestado em face da Constituição ou de lei federal; ou

d) der à lei federal interpretação divergente da que lhe tenha dado outro Tribunal ou o próprio Supremo Tribunal Federal.

§ 1º As causas a que se fere o item III, alíneas *a* e *d*, deste artigo, serão indicadas pelo Supremo Tribunal Federal no regimento interno, que atenderá à sua natureza, espécie, valor pecuniário e relevância da questão federal.

Foi por meio da Emenda nº 21, de 3 de maio de 2007, que se promoveu a alteração dos artigos 322 e seguintes do Regimento Interno do Tribunal. Desde então, todo recurso extraordinário interposto contra decisão cuja intimação ocorreu após a publicação do mencionado ato deve apresentar preliminar formal e fundamentada atinente à existência de repercussão geral das questões constitucionais debatidas. Não existe possibilidade de demonstração implícita, mesmo nas hipóteses em que há presunção legal do cumprimento dos requisitos necessários à configuração do instituto. Assim, ainda quando o recorrente busca impugnar pronunciamento contrário a verbete de súmula ou à jurisprudência dominante do Tribunal, nos termos do artigo 543, § 2º, do Código de Processo Civil, ou cuida de tema no qual já reconhecida a repercussão geral, caberá a ele, no tópico voltado à sustentação da preliminar, argumentar nesse sentido.

Para o exame do envolvimento ou não de matéria que supera os interesses subjetivos das partes do processo, criou-se o denominado Plenário Virtual, tema no qual fiquei vencido. Nos termos do artigo 324 do Regimento Interno, recebida a manifestação do relator, os demais Ministros encaminhar-lhe-ão, por meio eletrônico, no prazo comum de vinte dias, manifestação sobre a questão.

A meu ver, a exigência de celeridade não confere margem ao colhimento dos votos no ambiente virtual, haja vista estar em jogo o próprio acesso ao Tribunal Constitucional. Trata-se de verdadeiro julgamento sobre a admissibilidade do recurso, o que implica a necessidade de ato público e deliberação colegiada, a possibilitar o efetivo debate entre os magistrados sobre o preenchimento ou não dos requisitos indispensáveis à configuração do instituto.

Durante a elaboração das novas regras regimentais, também fiquei vencido no tocante à possibilidade de concordância implícita dos Ministros com a manifestação do relator acerca da existência ou não de repercussão geral. Conforme o § 1º do artigo 324, decorrido o prazo de vinte dias sem votos suficientes, reputar-se-á presente a repercussão geral se o relator houver votado nesse sentido. Não obstante, vem da própria Carta Federal que toda decisão deve ser minimamente fundamentada, o que exclui, na minha óptica, a adesão, pelo silêncio, ao que veiculado pelo relator. À época, afirmei que a previsão poderia servir de estímulo à ausência de pronunciamento. Ao contrário dos que viam, no afastamento da cláusula, a projeção indefinida, no tempo, da definição da relevância, considerava a porta aberta, o gancho, para que, simplesmente, se cruzassem os braços e não houvesse o voto dos demais Ministros. Acredito ser a discussão de relevância maior, porquanto o gesto omissivo pode implicar o sobrestamento, por tempo indeterminado, de milhares de processos em trâmite no país até o exame definitivo da matéria de fundo do recurso pelo Tribunal.

No ponto, de forma a elucidar a controvérsia, façamos breve comparação. Em âmbito concentrado, a determinação para o sobrestamento de processo cujo objeto envolva tema em apreciação no Supremo exige a manifestação expressa da maioria absoluta dos Juízes do Tribunal. Eis o teor do artigo 21 da Lei nº 9.868, de 1999:

> O Supremo Tribunal Federal, por decisão da maioria absoluta de seus membros, poderá deferir pedido de medida cautelar na ação declaratória de constitucionalidade, consistente na determinação de que os juízes e os Tribunais suspendam o julgamento dos processos que envolvam a aplicação da lei ou do ato normativo objeto da ação até seu julgamento definitivo.

Segundo ainda o respectivo parágrafo único, deferida a liminar, o Supremo deve proceder ao julgamento definitivo no prazo de cento e oitenta dias, sob pena de perda de eficácia. O texto revela que a paralisação da prestação jurisdicional ordinária pelo Tribunal Constitucional demanda atenção maior e exige celeridade na obtenção da solução de mérito. Não obstante, nada disso se requer no sistema instituído com a repercussão geral. Não se impõe sequer convencimento expresso da maioria absoluta, já que a concordância dos juízes pode ser implícita. Prazo para a perda de eficácia da medida também não há, ao menos inexiste previsão legal explícita. Com a sobrecarga da pauta do Plenário – a respeito do que me pronunciarei a seguir –, a discussão assume grande relevância, pois a óptica de poucos Ministros relativamente à repercussão geral é passível de obstaculizar a jurisdição, naquela matéria, em todo país e por largo período de tempo. Desse modo e a salvo a efetivação de medidas acauteladoras, a repercussão geral, um instituto criado para conferir celeridade ao processo, pode, em virtude da maneira como observado, acabar por produzir efeitos contrários e atrasar o julgamento definitivo das demandas levadas ao Poder Judiciário.

Continuo convencido da inadequação da regra a autorizar a concordância implícita, preceito do qual também decorrem consequências graves nos casos em que o relator, no Plenário Virtual, assenta a existência de matéria infraconstitucional. Segundo o § 2º do artigo 324 do Regimento Interno, com a redação dada pela Emenda nº 47, de 2012, quando o relator declara que a matéria é infraconstitucional, a ausência de pronunciamento dos demais membros no prazo de vinte dias importará conclusão sobre a

falta de repercussão geral, desde que alcançada a maioria de dois terços. Agora, o gesto omissivo resulta em negativa de acesso do jurisdicionado ao Supremo, ao passo que, na Constituição, exige-se a motivação de qualquer decisão, mais ainda quando se dá em prejuízo de quem a requer. A par desse aspecto, sobressai o peso desproporcional atribuído ao voto do relator mediante o Regimento Interno. Na hipótese, se outro Ministro entender tratar-se de controvérsia constitucional, e não meramente legal, precisará da concordância de dois terços dos demais, e não apenas do apoio da maioria, para superar a óptica do relator sobre a matéria. Em síntese, o simples fato de colocar-se um determinado extraordinário no Plenário Virtual modifica o quórum necessário para a definição a respeito da ocorrência de matéria legal ou infraconstitucional. Elucido: um extraordinário monocraticamente inadmitido, considerada a existência de controvérsia legal, pode vir a ter o respectivo agravo regimental provido, na Turma, por maioria, não se exigindo concordância de dois terços dos respectivos membros.

Se o relator conclui possuir o tema caráter legal, o recurso extraordinário, a meu ver, não deve sequer ser submetido ao crivo do "plenário eletrônico". Isso porque, no artigo 543-A do Código de Processo Civil, previu-se competir ao Supremo, em ato irrecorrível, não conhecer do apelo quando a questão constitucional nele versada padecer da falta de repercussão geral. Em outras palavras, requisito para levar o recurso extraordinário à apreciação do Plenário Virtual é o entendimento do relator acerca da existência de prévia controvérsia de natureza constitucional. Ao revés, evidenciado o caráter meramente legal, incumbe-lhe decidir monocraticamente (artigo 557 do Código de Processo Civil). Conduz-se o recurso à sistemática voltada ao exame da repercussão geral quando, segundo o próprio relator, há impossibilidade lógica de esta existir, haja vista tratar-se de debate infraconstitucional. Cabe a análise alusiva à repercussão geral somente se não for caso de inadmissibilidade do recurso por outra razão (artigo 323 do Regimento Interno do Supremo).

Merece menção o procedimento especial criado para, em sede de repercussão geral, reafirmar a jurisprudência do Tribunal. O Supremo considerou aplicar-se o regime às controvérsias constitucionais já pacificadas, cujos julgados sucessivos ensejaram a formação de súmula ou de entendimento prevalecente. Consignou a necessidade, nessas situações, de pronunciamento expresso do Plenário no tocante aos efeitos da repercussão geral reconhecida, de modo a possibilitar aos tribunais de origem a retratação ou a declaração de prejudicialidade dos recursos sobre o mesmo tema. Nesse contexto, veio a inserir, no Regimento Interno, mediante a Emenda nº 42, de 2010, o artigo

323-A, segundo o qual o julgamento de mérito de questões com repercussão geral, nos casos de reafirmação da jurisprudência dominante do Tribunal, também poderá acontecer por meio eletrônico. Há de se destacar a possibilidade, sempre latente, de os demais Ministros discordarem do voto do relator quanto à reafirmação da jurisprudência do Supremo, hipótese em que o exame da matéria de fundo do recurso deverá ocorrer dentro do procedimento tradicional de tramitação, ouvindo-se o Ministério Público Federal e solicitando-se oportunamente a inclusão do tema na pauta do Plenário. Interessante notar a relativa frequência com que a discordância vem sendo manifestada, o que acaba acarretando o sobrestamento, nas instâncias ordinárias, da apreciação de diversas questões antes consideradas pacificadas. Nesse sentido, um instituto que, em princípio, foi criado para trazer maior segurança jurídica e celeridade aos processos, em virtude da forma como aplicado, consigno mais uma vez, pode ter consequências inversas.

Vale ressaltar não ser indispensável o uso do procedimento relativo ao exame da repercussão geral para buscar efeito vinculante às decisões nas quais se afirma a existência de matéria legal ou que, ante a reiteração, resultaram em entendimento predominante na Corte. Lembro que, na mesma Emenda Constitucional nº 41/2003, foi prevista a possibilidade de edição de verbete a integrar a súmula, fenômeno no qual percebo algumas vantagens. Primeiro, a elaboração de proposta para edição de súmula ou cancelamento de súmula vinculante não paralisa o andamento, na jurisdição ordinária, de processos a versarem a matéria. Segundo, há manifestação de eventuais interessados no procedimento dirigido à edição de súmula (artigo 354-B do Regimento Interno do Supremo), ao passo que, naquele destinado à análise da repercussão geral, não se permite nem mesmo a sustentação oral. Além disso, o crivo concernente à intervenção de interessados é prerrogativa exclusiva do relator (artigo 323, § 3º, do Regimento Interno do Supremo). Considerado o efeito geral e vinculante decorrente tanto da negativa de repercussão geral quanto da edição de verbete de súmula, cabe à Corte, a meu ver, adotar procedimento mais aberto à participação da sociedade civil. Terceiro, a sistemática atinente à edição de verbete vinculante não é necessariamente menos célere, na medida em que, no Regimento Interno do Supremo, prevê-se o uso do denominado Plenário Virtual para essa finalidade.

3. REPERCUSSÃO GERAL E SOBRESTAMENTO DE PROCESSOS

Quando se voltam os olhos para um processo específico com tema determinado, o sobrestamento de outros, em curso na jurisdição ordinária, até que o Supremo proceda ao exame definitivo da questão parece algo plenamente razoável e compatível com a segurança jurídica. Por certo, o prosseguimento das ações em diversos casos pode provocar danos às partes e abrir margem à prolação de decisões contraditórias, em prejuízo da segurança da prestação jurisdicional.

Preocupa-me, no entanto, o efeito sistêmico provocado pelo reconhecimento, em série, da existência de repercussão geral nos mais diferentes assuntos. Penso por quanto tempo o julgamento definitivo das matérias ficará sobrestado e a jurisdição ordinária paralisada, o que me faz indagar se o instituto tem cumprido o papel para o qual foi criado. Digo isso, em especial, porque o elevado número de agravos de instrumento e recursos extraordinários anteriormente interpostos pode vir a ser substituído pela formalização de reclamações.

Embora ainda não tenha conclusão sobre o sucesso do instituto, vejo a necessidade de discussão. A importância do debate assume envergadura maior porquanto tramita, no Congresso Nacional, proposta de emenda à Carta Federal voltada à criação de requisito semelhante para a admissibilidade do recurso especial protocolado perante o Superior Tribunal de Justiça. O quadro atual induz-me a refletir sobre o eventual efeito causado por trinta e três Ministros colocando recursos especiais no dito Plenário Virtual, com possibilidade de concordância implícita ao voto do relator, quórum de dois terços para a recusa da relevância da questão federal e a consequente suspensão dos processos judiciais nas instâncias ordinárias. O prognóstico faz-me imaginar o dia em que os juízes de primeiro e segundo graus cruzarão os braços à espera da solução definitiva a ser dada pelos tribunais superiores nos mais diferentes temas.

Nesse sentido, cumpre ressaltar já haver notícia da suspensão de processos judiciais em curso na primeira instância, sob a justificativa de coincidência entre a matéria controvertida e o tema submetido ao Supremo em sede de repercussão geral. O chamado sobrestamento vertical, a meu ver, encontra-se em descompasso com o § 1º do artigo 543-B do Código de Processo Civil, consoante o qual o sobrestamento do processo, no tribunal de origem, deve ocorrer somente após a interposição do recurso extraordinário. Parece-me ainda que a suspensão no primeiro grau produz efeitos contrários à celeridade processual, finalidade almejada com a criação da repercussão geral. Isso porque, após o pronunciamento do Supremo acerca do mérito, a ação paralisada ainda percorrerá longo caminho até o trânsito em julgado da sentença proferida. Se o exame da questão jurídica impuser a prévia instrução probatória, haverá razão maior para que o ato de sobrestamento acarrete atraso, em vez de prestação jurisdicional eficiente.

Hoje, existem no Supremo trezentos e oito extraordinários com repercussão geral admitida e apreciação de fundo pendente. Já há mais recursos extraordinários a tramitar dentro do novo sistema do que a capacidade atual do Tribunal de examiná-los nos anos vindouros, mesmo que, no colegiado virtual, não se declare a repercussão geral de qualquer matéria em futuro próximo. No primeiro semestre de 2012, foi analisado o mérito de apenas cinco recursos com repercussão geral assentada. Outros 17 aguardam inclusão em pauta. O ritmo de reconhecimento, quando comparado ao de julgamento, leva a prever o colapso do sistema.

Em junho deste ano, encaminhei ofício à Presidência do Supremo, no qual destaquei ser inequívoco que o tempo em Plenário não vem sendo suficiente para enfrentar o volume de trabalho, a despeito do intenso labor dos Ministros que o compõem. O resíduo na pauta, à época, era de 711 processos. Segundo estatística do próprio Tribunal, pelo menos 267.514 estariam sobrestados nos tribunais federais e estaduais, aguardando o Supremo pronunciar-se quanto ao mérito das matérias. Vale salientar que a maioria dos tribunais não respondeu ao questionário enviado. Consideradas as omissões, pressupõe-se que esse número seja substancialmente mais elevado. Ainda nesse campo, incumbe ressaltar que, conforme informações constantes da página eletrônica do Supremo, ocorreu a devolução de 73.669 processos desde 2007, início da vigência do sistema.

De fato, consoante notícias presentes no sítio eletrônico, houve diminuição em 58% no estoque de processos bem como redução, em 68%, na distribuição do número de recursos no Supremo. No entanto, cabe aos magistrados e aos doutrinadores, ao avaliar os dados, saber diferençar efetiva prestação jurisdicional de simples decréscimo da quantidade de recursos no acervo do Tribunal Constitucional. Boa parte desses processos apenas aguarda solução definitiva em outra localidade – tribunais de origem – na medida em que são devolvidos e ficam sobrestados os extraordinários múltiplos a tratar de temas com repercussão geral já reconhecida.

Em relação ao assunto, vale lembrar que surgiu controvérsia quanto à possibilidade de baixa dos recursos extraordinários interpostos antes do início da vigência do sistema da repercussão geral, em 3 de maio de 2007. Defendo que, uma vez assentada, em certo processo, a repercussão geral do tema veiculado, impõe-se a devolução à origem apenas daqueles cuja intimação para apresentação do recurso haja ocorrido após a data na qual as regras regimentais entraram em vigor. A lei nova não alcança os atos processuais já praticados. A ilustre maioria, entretanto, entendeu aplicável o disposto no artigo 543-B do Código de Processo Civil até mesmo aos recursos protocolados contra acórdãos publicados antes da adoção da sistemática da repercussão geral. Foi o que ficou decidido nas questões de ordem suscitadas no Agravo de Instrumento nº 715.423/RS e no Recurso Extraordinário nº 540.410/RS.

Diversos processos anteriores ao início da vigência das regras relativas à repercussão geral foram baixados aos tribunais de origem, havendo o Supremo autorizado os colegiados locais a observar, quanto a esses recursos e aos eventuais agravos de instrumento, os mecanismos de sobrestamento, retratação e prejudicialidade previstos. Em meu Gabinete, tais processos acabaram sobrestados. O mero retorno, cumpre realçar, não significou prestação jurisdicional definitiva, pois, em várias situações, o Supremo ainda não julgou a matéria de fundo. Quando isso ocorrer, incumbirá aos tribunais, no tocante aos processos devolvidos, dizer da possível adequação entre a decisão recorrida e o precedente formalizado. Na ocasião própria, farei essa análise de modo monocrático, provendo o recurso ou a ele negando seguimento.

Em caso de questionamento da parte interessada impugnando o acerto da observância do pronunciamento à situação concreta, vejo, sob a óptica da celeridade, ao menos uma vantagem para os processos não baixados. Estes já estão no Supremo. Não voltaram ao tribunal local para, eventualmente, serem remetidos mais uma vez à Corte Constitucional.

4. A OBSERVÂNCIA DO PRECEDENTE

Com o início dos julgamentos de mérito dos recursos extraordinários com repercussão geral reconhecida, vieram à balha controvérsias a respeito da correta observância das decisões do Supremo pelos Tribunais, além da discussão acerca da medida cabível para tanto. Na questão de ordem suscitada no Agravo de Instrumento nº 760.358/SE, de relatoria do ministro Gilmar Mendes, o Colegiado assentou:

> Questão de Ordem. Repercussão Geral. Inadmissibilidade de agravo de instrumento ou reclamação da decisão que aplica entendimento desta Corte aos processos múltiplos. Competência do Tribunal de origem. Conversão do agravo de instrumento em agravo regimental.
>
> 1. Não é cabível agravo de instrumento da decisão do tribunal de origem que, em cumprimento do disposto no § 3º do art. 543-B, do CPC, aplica decisão de mérito do STF em questão de repercussão geral.

> 2. Ao decretar o prejuízo de recurso ou exercer o juízo de retratação no processo em que interposto o recurso extraordinário, o tribunal de origem não está exercendo competência do STF, mas atribuição própria, de forma que a remessa dos autos individualmente ao STF apenas se justificará, nos termos da lei, na hipótese em que houver expressa negativa de retratação.
>
> 3. A maior ou menor aplicabilidade aos processos múltiplos do quanto assentado pela Suprema Corte ao julgar o mérito das matérias com repercussão geral dependerá da abrangência da questão constitucional decidida. 4. Agravo de instrumento que se converte em agravo regimental, a ser decidido pelo tribunal de origem.

Entendimento na mesma linha foi adotado nas Reclamações nº 7.547 e nº 7.569/SP, ambas da relatoria da ministra Ellen Gracie. Novamente, veio a ser determinado o envio do processo ao tribunal local para o processamento da medida formalizada como agravo dito interno.

A conclusão da ilustre maioria, a meu ver, é equivocada. No exame do Agravo Regimental no Agravo de Instrumento nº 757.843/DF, relator ministro Cezar Peluso, fiz ver:

> Presidente, a divergência é por outro motivo: ou admitimos, no caso de alegar-se erronia na observância do pronunciamento do Supremo na repercussão geral, o agravo ou a reclamação, que entendo mais adequada, ou teremos que admitir, estou trazendo um caso ao Plenário, já o liberei para julgamento, o mandado de segurança.
>
> Agora, o que não posso conceber é que, diante de um erro, a não ser que se transforme todos os tribunais do país em supremos, não se tenha o acesso a este Tribunal, no que esse erro implica, em si, brecar a subida do processo.

Tive a oportunidade de manifestar-me em sentido semelhante na apreciação do Agravo Regimental na Reclamação nº 9.155/SP, a saber:

> Presidente, no caso, peço vênia ao relator para divergir. O instituto da repercussão geral não pode criar mais um recurso no sistema Judiciário. O que ocorreu na espécie? E precisaríamos, para chegar à conclusão sobre a procedência ou não do inconformismo, analisar as razões, a causa de pedir da reclamação.
>
> Houve contra o crivo negativo do juízo primeiro de admissibilidade no Superior Tribunal de Justiça a interposição de agravo.

> Então, o Presidente do Tribunal entendeu que esse recurso estaria prejudicado, ante a adoção de entendimento, pelo Supremo, sob a óptica da repercussão geral, relativamente à matéria.
>
> Pergunta-se: a erronia dessa decisão desafia regimental para o colegiado do Superior Tribunal de Justiça? A meu ver, não. A erronia desafia, se realmente procedente, o acolhimento do pedido formulado na reclamação, tendo em conta a usurpação da competência do Supremo.
>
> Por isso, admito a reclamação e, de início, provejo o agravo para que tenha curso, já que não sei qual é a causa de pedir dela constante, no que não se teria a sintonia entre o entendimento adotado pelo Supremo na repercussão geral e o ato do Presidente do Superior Tribunal de Justiça.
>
> Em síntese, o que assento é que, no caso de se observar de forma errônea o que decidido pelo Supremo sob a óptica da repercussão geral, cabível é a reclamação.

Considero adequada a reclamação voltada a questionar o acerto do ato do tribunal de origem, não sendo possível que, diante de eventual erro, negue-se ao jurisdicionado o acesso ao Supremo. Lembro que uma das razões da introdução do instituto da repercussão geral no Direito brasileiro foi exatamente a necessidade de produzir meios mais efetivos para uniformizar a jurisprudência e impedir decisões contraditórias, eventos a implicar descompasso com os princípios da igualdade e da segurança jurídica, além de revelar ineficaz a unicidade do Direito no território nacional.

III
A EFICÁCIA DO RECURSO EXTRAORDINÁRIO

1. INTRODUÇÃO

Mesmo antes da instituição da repercussão geral e da súmula vinculante, podia-se afirmar que os pronunciamentos do Plenário do Supremo em controle difuso, embora não tivessem os efeitos equiparados aos daqueles formalizados em controle concentrado, ficavam longe de restringirem-se às partes. Isso porque, em virtude de regras legais e regimentais, os precedentes já vinculavam os órgãos fracionários do próprio Tribunal, valendo para os casos concretos a tratar da mesma matéria constitucional, sem falar-se na suspensão da execução da norma pelo Senado Federal.

2. O CENÁRIO PÓS-CONSTITUIÇÃO DE 1988

Ainda assim, desde a promulgação da Constituição de 1988, parte da doutrina veio a defender a ampliação do alcance dos efeitos e a modificação da natureza das decisões proferidas em controle difuso. Precedentes do Supremo, alguns com a ressalva do meu entendimento pessoal, apontam nesse sentido. Em igual direção também são as últimas medidas legislativas e regimentais aprovadas.

O § 3º do artigo 475 do Código de Processo Civil, incluído pela Lei nº 10.352, de 2001, estabelece não se sujeitar ao reexame necessário a sentença fundada na jurisprudência do Plenário do Supremo, mesmo que não formalizado verbete. O preceito revela a importância maior que o legislador buscou conferir aos atos do Tribunal, a possibilitar à decisão prolatada em controle difuso certa produção de efeitos extrapartes.

3. A JURISPRUDÊNCIA DO STF

O Pleno, ao julgar o Recurso Extraordinário nº 298.694/SP, em 6 de agosto de 2003, assentou a possibilidade de confirmação do ato recorrido por fundamento constitucional diverso daquele no qual se alicerçou o acórdão impugnado e cuja inadequação à espécie se defende no extraordinário. Primeiro, considerou a reforma do acórdão descabida quando possível mantê-lo por outro preceito constitucional e, a partir de então, veio a alterar a orientação jurisprudencial segundo a qual o extraordinário admitido ante a alínea "a" do inciso III do artigo 102 da Carta da República somente era conhecido para ser provido. Tal decisão contribuiu sobremaneira com o fomento do debate acerca da viabilidade, no extraordinário, da causa de pedir aberta.

No julgamento do Recurso Extraordinário nº 172.058, de minha relatoria, o Tribunal entendeu que, uma vez alicerçado o recurso na alínea "b" do referido dispositivo, a atuação do Supremo não se restringe aos limites da lide, pois atua na qualidade de guardião maior da Constituição. Ao proferir o voto, consignei:

> Esclareço que a razão de ser deste voto abrangente, embora a lide envolva tão-somente a situação jurídica de sociedade por quota de responsabilidade limitada, está na circunstância de a Corte de origem haver declarado a inconstitucionalidade do artigo 35, tantas vezes referido, como um todo, ou seja, no que nele residem três normas diversas sobre a disciplina – é certo, sob a mesma inspiração – do desconto na fonte relativamente ao sócio cotista, ao acionista e ao titular da empresa individual. Assim, os limites da lide não revelam os parâmetros da atuação desta Corte, porque foram excedidos na prolação do acórdão atacado. Cabe, ultrapassada a barreira do conhecimento do extraordinário, avançar, em atuação condizente com a atividade precípua que a Constituição Federal impõe ao Supremo – de Guarda Maior dela própria. Indaga-se: o que ocorrerá a não se entender dessa forma? Limitada a apreciação à parte envolvida na lide – desconto na fonte quanto aos cotistas – permanecerá sem o crivo do Supremo Tribunal Federal o provimento do Tribunal Regional Federal no que declarada,

também, a inconstitucionalidade do artigo quanto ao acionista e ao titular da empresa individual. Cumpre, na espécie, construir, atento o Plenário ao princípio da razoabilidade.

Em 17 de dezembro de 2003, foi aprovada a já hoje revogada Emenda Regimental nº 12, mediante a qual se regulamentou o procedimento atinente ao extraordinário interposto nos juizados especiais federais, instituídos pela Lei nº 10.259, de 12 de julho de 2001. Pela primeira vez em controle difuso, previu-se a possibilidade de o relator, antes de apreciar o fundo da questão, determinar o sobrestamento, na origem, de todos os processos a versarem idêntico tema, prática que ficava sujeita ao referendo do Pleno. Por meio do mesmo ato, inaugurou-se, em âmbito difuso, a intervenção de terceiros interessados no desfecho da controvérsia. Uma vez decidido o mérito, competia ao Supremo elaborar súmula sobre a matéria constitucional debatida, enviando cópia do verbete correspondente ao Superior Tribunal de Justiça, aos tribunais regionais federais, a todos os juizados especiais federais e às turmas recursais e de uniformização. É de reparar que os termos do artigo 12, § 9º, da mencionada Lei dos Juizados Especiais Federais e da própria emenda regimental já revelavam a pretensão de conferir à decisão tomada no controle difuso eficácia contra todos, na medida em que se autorizava aos tribunais e aos juizados o exercício do juízo de retratação ou a declaração do prejuízo do recurso interposto. Na lei, entretanto, não havia atribuição de caráter vinculante ao pronunciamento.

No julgamento do Agravo Regimental no Agravo de Instrumento nº 375.011-0, em 5 de outubro de 2004, a ministra Ellen Gracie, relatora, consignou a preocupação com a indispensabilidade da presença dos requisitos formais para o exame do extraordinário, que podem impedir o próprio Supremo de observar, em processos específicos, precedentes nos quais proclamada a inconstitucionalidade ou a constitucionalidade de normas jurídicas. Fez ver a possibilidade de flexibilização do requisito do prequestionamento, nos casos cujo tema de fundo já tenha sido definido pelo Pleno, de modo a prestigiar a uniformidade entre decisões. Na ocasião, apesar da ausência de prequestionamento, a Segunda Turma veio a prover o recurso interposto.

Há outras manifestações do Plenário que indicam a aproximação entre o controle difuso e o concentrado. No exame do Recurso Extraordinário nº 197.917/SP, relator ministro Maurício Corrêa, quando ficou assentada a inconstitucionalidade de lei municipal a prever número de vereadores desproporcional à população do respectivo município, admitiu-se a modulação de efeitos da declaração incidental de inconstitucionalidade, considerado o princípio da segurança jurídica. Idêntico entendimento prevaleceu na apreciação do *Habeas Corpus* nº 82.959, de minha relatoria. O Tribunal concluiu que a declaração incidental de inconstitucionalidade do § 1º do artigo 2º da Lei nº 8.072, 1990, a revelar a proibição da progressão de regime, não produziria qualquer efeito em relação às penas já extintas. No ponto, tenho como incabível a possibilidade de modulação de efeitos, mesmo no exercício do controle concentrado. No julgamento da Ação Direta de Inconstitucionalidade nº 2.415, de relatoria do ministro Ayres Brito, consignei:

> Quanto aos efeitos, a denominada modulação, fico com a doutrina tradicional. Lei ou ato normativo gênero que se mostre conflitante com a Constituição é ato, já ressaltava Rui Barbosa, írrito; é ato que, sob pena de não reconhecermos rigidez à Constituição Federal, não merece ser chancelado justamente por aquele que tem como dever precípuo guardá-la – o Supremo Tribunal Federal.
>
> Precisamos conceber, Presidente, a cultura, em termos de verdadeira fúria legiferante. Precisamos conceber que temos, no cenário jurídico, normativo, cinco mil, quinhentos e setenta Câmaras de Vereadores. Precisamos ter presente que há a competência normativa, jungida a princípios constantes da Carta de 1988, de vinte e sete Estados, e que existem no ente Central, que é a União, duas Casas que editam diplomas legais: a Câmara dos Deputados e o Senado Federal.
>
> [...]
>
> Quando se relativiza a pretexto de ter-se situações constituídas, mas que não se mostraram aperfeiçoadas, segundo o figurino constitucional, a decisão do Tribunal, estimulam-se aqueles que apostam na passagem do tempo, estimula-se algo que, no Brasil, reconheço, passa a ter, às vezes, força superior à da própria Constituição Federal, que é o fato consumado. Vamos deixar as coisas como estão, porque não convém, e voltamos ao subjetivismo da conveniência, alterar as situações que surgiram ante o ato conflitante, e, em sã consciência, creio que hoje é a visão unânime do Supremo, a mais não poder, com a Constituição Federal.
>
> [...]
>
> Não podemos adotar uma postura que, como disse, acabe estimulando aqueles que apostam na morosidade da Justiça e editam, sim, ante conveniências reinantes, atos discrepantes da Constituição Federal, porque até que o Supremo venha a exercer crivo e, portanto,

> a impor a glosa, esses atos surtirão efeitos, pouco importando que os interessados em afastá-los da ordem jurídica, da vida nacional, tenham recorrido ao Supremo em tempo hábil, imediatamente após, como ocorreu na espécie, a edição dos atos!
>
> Receio muito, Presidente, que o modernismo, encerrado na modulação, acabe por estimular as inúmeras casas legislativas do Brasil até mesmo presente a cultura de potencializar-se, como disse, interesses reinantes a editar diplomas conflitantes com a Carta da República. E aí ficará, com a chancela do Tribunal, o dito pelo não dito, o errado, em termos de consequências, transformado em algo correto. Com isso, mitiga-se, esvazia-se, a importância da Lei Maior, a qual todos, indistintamente, se submetem, pouco importando se pessoas naturais ou jurídicas, se Poderes, inclusive o Supremo, encarregado, como está na própria Constituição Federal, de implementar a observância cogente dos diversos preceitos nela contidos.
>
> [...]

Com a vinda à balha da repercussão geral e da súmula vinculante, o processo de evolução em âmbito difuso acelerou-se, haja vista o efeito contra todos e o caráter impositivo das teses veiculadas mediante ambos os institutos. Nessa linha, o debate sobre a viabilidade da causa de pedir aberta, já vigente o sistema da repercussão geral, veio novamente a surgir na análise do Recurso Extraordinário nº 630. 147/DF, a tratar da constitucionalidade da Lei Complementar nº 135, de 2010, conhecida como "Lei da Ficha Limpa". Na ocasião, mais uma vez defendi que, superados os óbices necessários ao conhecimento do extraordinário, o Supremo deve proceder ao exame da constitucionalidade. Fiz ver:

> Em que fase estamos e em que fase surgiu a questão do desrespeito ao devido processo legislativo, do abandono do sistema bicameral? Na fase de julgamento de fundo do extraordinário, tanto que o relator se pronunciou pelo desprovimento. Decidimos dessa forma por unanimidade nos Embargos Declaratórios no Recurso Extraordinário nº 219.934, relatora Ministra Ellen Gracie. Votaram nesse caso o Ministro Sepúlveda Pertence, o Ministro Celso de Mello, eu próprio, o Ministro Joaquim Barbosa, a Ministra relatora, o Ministro Gilmar Mendes, o Ministro Cezar Peluso, Vossa Excelência, e o Ministro Carlos Ayres Britto. Constou da Ementa:
>
> [...]

> 2. Ao Supremo Tribunal Federal, como guardião maior da Constituição, incumbe declarar a inconstitucionalidade de lei, sempre que esta se verificar, ainda que *ex officio*, em razão do controle difuso, independente de pedido expresso da parte.
>
> É a distinção que faço, Presidente: impossibilidade de conhecer do extraordinário por conflito entre a norma e a Carta da República, quando esse conflito não foi analisado na origem, e, ultrapassada a barreira de conhecimento do extraordinário, quando o Tribunal, então, julga a causa, proceder a esse mesmo exame.

A experiência vem demonstrando, dia após dia, e mesmo presentes eventuais divergências entre os Ministros do Supremo, a crescente sobreposição entre os sistemas de controle difuso e concentrado, antes separados por rígidos conceitos e dogmas pela doutrina e jurisprudência tradicionais. Em ambos os sistemas, a meu ver, o Tribunal Constitucional deve ter como foco o cumprimento da missão precípua de guardião maior da Carta Federal, desde que superados os óbices ao conhecimento do extraordinário.

É também essa sobreposição que torna difícil compreender a distinção feita pela ilustre maioria sobre o cabimento da reclamação, com base na diferenciação entre teses vinculantes formalizadas a partir de julgamentos alusivos a ações diretas ou de apreciação de extraordinários colocados no sistema da repercussão geral.

4. CONSIDERAÇÕES FINAIS

Revela-se intuitivo que, para observar um precedente em lide específica, é necessário, antes, comparar o caso ou casos paradigmas com aquele sob julgamento, analisando se as circunstâncias fáticas e jurídicas são similares ou se algo distingue os processos. Mostra-se clara a ausência de identidade exata, mas a questão não é esta. Reside em avaliar a existência ou a inexistência de fatos materialmente relevantes, particularidades entre o pronunciamento modelo formalizado pelo Tribunal e a controvérsia submetida ao crivo do órgão judicial.

Nesse contexto, a decisão sobre o mérito da repercussão geral não significa o fim de todo o debate, sobretudo considerados os processos futuros. Com definição de mérito, dar-se-á o início de um ciclo no qual se buscará saber se o que assentado deve repercutir ou não na situação em exame. Concluir de maneira oposta significa pressupor que o Direito é estático, e não dinâmico.

Possuindo o precedente a finalidade de orientar a solução em controvérsias parecidas, presentes ou futuras, haverá sempre a possibilidade de a parte arguir o envolvimento de outras matérias ou de particularidades fáticas diversas. Na óptica do Poder Judiciário, a observação do pronunciamento no processo específico acontece sob a dialógica segurança jurídica e igualdade, de um lado, e justiça ao caso concreto, de outro. Na óptica do advogado, a prática ocorre sempre em benefício ou prejuízo do respectivo representado.

Ante o quadro, indago se a repercussão geral realmente virá a implicar aceleração da tramitação processual ou simplesmente importará a introdução formal de outra técnica jurídica no ordenamento brasileiro, já conhecida nos sistemas de *common law* como *distinguishing*.

A ilustre maioria, até agora, entende não caber medida alguma, no Supremo, voltada a questionar a similitude entre o precedente e o caso concreto. Como ressaltei, acredito ser a tese incompatível com a missão do guardião maior da Constituição Federal. Vejo ainda contradição considerada essa óptica e a viabilidade de apresentar a reclamação para questionar o acerto da tomada de pronunciamentos formalizados em controle concentrado, especialmente ante a crescente sobreposição de sistemas. A resistência dos colegas é compreensível, pois, em última análise, pode haver a substituição de uma crise por outra. A primeira consubstanciada no elevado número de recursos extraordinários e agravos. A segunda na grande quantidade de reclamações.

Mesmo assim, reitero, a visão da maioria, com todo o respeito, está em desarmonia com a Carta de 1988. Devo lembrar que precedentes dos quais se pretende extrair eficácia geral, abstrata e vinculante necessitam de atualização, sendo preciso instituir algum mecanismo processual destinado a impedir a cristalização da jurisprudência. Cito como exemplo o Verbete nº 691 da Súmula do Supremo, que, apesar de não impositivo, veio a ter, após pouco tempo de formalização, a observância mitigada. O próprio Tribunal, atualmente, afasta-o em certos casos. Aliás, se existe dificuldade até mesmo em editar verbete em matéria penal, o que se dirá no tocante à adequação e competência dessa ação maior que é o *habeas corpus*.

A repercussão geral, no ordenamento jurídico brasileiro, fez-se acompanhada da esperança de celeridade e de eficiência na tramitação processual. A experiência e as controvérsias originadas a partir do instituto revelam não haver soluções mágicas. Em um país que retornou ao Estado Democrático de Direito há apenas vinte e dois anos e ainda possui demandas por Justiça fortemente reprimidas, é cedo para fechar as portas do Supremo ao jurisdicionado. Nunca fui um bom advogado em causa própria e sei da elevada demanda que implica manter plenamente aberto o acesso à jurisdição constitucional. Desfecho contrário, entretanto, não se coaduna com a Carta da República.

12

CONTROLE DE CONSTITUCIONALIDADE DO PROCESSO LEGISLATIVO ANTE OS PRINCÍPIOS DEMOCRÁTICO E DA SEPARAÇÃO DE PODERES

1. INTRODUÇÃO

A Constituição Federal de 1988, batizada de "Constituição Cidadã", aproxima-se de completar 30 anos de vida – assim se espera. Grande marco histórico, responsável por profundas transformações políticas e sociais, precisa ser valorizada, protegida, concretizada. Mudou não só o direito constitucional brasileiro, transformou as relações entre o Estado e os cidadãos e o papel institucional do Supremo, com importante repercussão na dinâmica de controles recíprocos dos Poderes da República. O princípio da separação tem sido um dos aspectos mais relevantes da prática da Constituição.

Recente julgado revelou capítulo paradigmático da história desse princípio. Refiro-me ao Mandado de Segurança nº 32.033/DF, no qual envolvidos os limites do controle, pelo Tribunal, da constitucionalidade de projetos de lei. Esteve em jogo definir o espaço que o Supremo pode ocupar no sistema democrático de poderes separados, considerada a liberdade de deliberação política dos membros do Congresso Nacional e a possível transgressão de direitos fundamentais na fase de elaboração das leis e dos atos normativos.

Senador da República o impetrou, ante a tramitação de Projeto de Lei Ordinária - na Câmara, nº 4.470, de 2012, no Senado, nº 14, de 2013 - que visou alterar as Leis nº 9.096/1995 e nº 9.504/1997, versando: "a migração partidária que ocorrer durante a legislatura não importará a transferência de recursos do fundo partidário e do horário de propaganda eleitoral no rádio e na televisão." As restrições alcançariam a criação de novos partidos. O impetrante pediu, liminarmente, fosse sustada a tramitação do Projeto. No mérito, buscou o arquivamento. Alegou violação ao devido processo legislativo e "abuso de poder legislativo" consideradas as restrições pretendidas à propaganda eleitoral e ao financiamento partidário, relativamente às novas agremiações. Articulou com a existência de direito líquido e certo, porque integrante do Congresso Nacional, de "não participar da produção de atos casuisticamente concebidos para aniquilar direitos fundamentais de grupos políticos minoritários e que visivelmente conspurcam, desde sua tramitação, os mandamentos centrais derivados do texto da Carta Política". Segundo asseverou, a proposta conflita com o direito fundamental de criação de partido político e desrespeita o princípio do pluralismo político (artigos 1º, inciso V, e 17, cabeça e § 3º, da Carta da República), tal como definidos na Ação Direta de Inconstitucionalidade nº 4.430, relator o ministro Dias Toffoli, julgada em 29 de junho de 2012. Apontou o projeto legislativo como uma reação ao que fora decidido pelo Supremo.

Em 24 de abril de 2013, o Relator deferiu a medida acauteladora, determinando a suspensão da tramitação do Projeto de Lei até o julgamento de mérito do mandado de segurança. Afirmou haver precedentes do Tribunal quanto à legitimidade ativa dos parlamentares para provocar esse controle por meio de mandado de segurança e à possibilidade de controle de constitucionalidade prévio dos atos legislativos. Destacou que o controle tem sido admitido em situações excepcionais, quando "há flagrante desrespeito ao devido processo legislativo e aos direitos fundamentais", o que seria o caso revelado na impetração referida.

O argumento central dos que se opuseram à pretensão do impetrante e à liminar implementada foi o de que não cabe ao Supremo realizar controle de constitucionalidade do processo legislativo sob o ângulo do conteúdo do projeto de lei, ou seja, é inviável o Tribunal realizar controle material preventivo da constitucionalidade de lei ainda não formalizada.

Fiquei vencido, na honrosa companhia da ministra Cármen Lúcia, quanto à inadmissibilidade do mandado de segurança.

No mérito, a maioria - ministros Teori Zavascki, Rosa Weber, Luiz Fux, Cármen Lúcia, Ricardo Lewandowski, Joaquim Barbosa e eu próprio

– concordou com essa óptica e votou indeferindo a ordem, revogando a medida acauteladora. O Relator e os ministros Dias Toffoli e Celso de Mello votaram pela concessão da segurança.

O resultado desse julgamento, alcançado no dia 20 de junho de 2013, e os debates travados são de grande relevância para os contornos do arranjo político-institucional estabelecido na Constituição Federal, para a própria democracia brasileira e para a afirmação do papel que o Supremo pode e deve cumprir em favor desse princípio político tão caro à Assembleia Constituinte de 1987/88.

Este texto volta-se a justificar o acerto da aludida decisão, principalmente, sob o ângulo do princípio da separação de poderes. No fundo, abordo o tema do controle de constitucionalidade do processo legislativo na jurisprudência do Supremo e destaco a impossibilidade de esse controle ser exercido em função da discordância quanto ao conteúdo dos projetos de lei.

No tópico seguinte (1), abordo a origem e a relevância contemporânea do princípio da separação de poderes. Depois (2), trato da jurisprudência do Supremo concernente ao controle de constitucionalidade do processo legislativo. Na sequência (3), assento o porquê de o Tribunal não poder exercer esse controle em razão de suposto vício material de inconstitucionalidade, em observância do princípio da separação de poderes. Depois (4), consigno aspecto que sobressaiu no julgamento do Mandado de Segurança nº 32.033, qual seja, o dever de o Supremo aceitar o diálogo com o Congresso Nacional sobre os significados do texto constitucional como exigência da própria separação de poderes. Por fim (5), vêm as conclusões.

2. O PRINCÍPIO ESTRUTURANTE DA SEPARAÇÃO DE PODERES

O mundo já presenciou e ainda presencia governos autoritários e, mesmo, tirânicos nos quais o poder é concentrado nas mãos de uma única pessoa ou grupo político. É uma das grandes verdades da história a afirmação segundo a qual onde houver concentração de poderes em uma única pessoa, grupo ou órgão estatal, imperará o arbítrio e a negação de direitos individuais e coletivos. É preciso haver uma desconfiança antropológica: permitir a absoluta concentração de poder no homem é oportunizar o arbítrio.

Aristóteles, a partir dos sistemas de governo da Grécia antiga, foi o primeiro a prestigiar uma divisão substancial entre as funções do Estado. Para o filósofo, o Estado realizava os fins por meio de três funções distintas: deliberativa (legislativa), executiva e judiciária. Essa visão era essencialmente substancial das funções do Estado, não tendo Aristóteles apontado, àquela época, o ideal de delimitar a execução dessas tarefas considerada uma divisão de natureza orgânica do Estado.

Nos estados absolutistas, autoritários por essência, era observada a distinção das funções do Estado, sem que, contudo, houvesse a divisão sob o ângulo orgânico. No caso do absolutismo, coube a Montesquieu, no século XVIII, sinalizar o princípio da divisão dos poderes do Estado[1] como meio de combate ao arbítrio estatal. Partindo da premissa de que todo aquele que tem o poder tende a abusar, pregou a atribuição de cada uma das funções, referidas por Aristóteles, a órgãos distintos (poderes), os quais as exerceriam de forma autônoma e independente: é necessário que "aquele que faz as leis nem julgue nem execute, que aquele que executa nem julgue e nem faça as leis, e que aquele que julga nem faça as leis nem as execute".[2] A concentração de poder é inimiga das garantias e liberdades individuais.[3]

A noção de divisão dos poderes do Estado encontra a primeira razão de ser na necessidade de limitar o poder. É preciso haver freios e contrapesos, dividindo-se as tarefas do Estado entre os Poderes Legislativo (função legislativa), Administrativo (função administrativa) e Judiciário (função jurisdicional), que, órgãos estatais independentes, completam-se e limitam-se harmoniosa e mutuamente. Como magistralmente afirmou Seabra Fagundes, é de se falar em "três fases da atividade estatal, que se completam e que a esgotam em extensão"[4], implementadas no âmbito de três órgãos também distintos.

A separação de poderes é princípio que dirige a estrutura do poder estatal: é *princípio estruturante*. Visa um sistema de governo marcado pelo equilíbrio entre os órgãos autônomos que exercem as funções estatais, baseado em controle recíproco a evitar o abuso de poder. Cada qual encontra

---

1 Muitos levantam suspeitas sobre essa *paternidade,* levando em conta as obras anteriores do próprio Aristóteles, de Bolinbroke e, principalmente, de John Locke. Sobre o tema, cf. GRAU, Eros Roberto. *O direito posto e o direito pressuposto*. 4ª ed. São Paulo: Malheiros, p. 226; BASTOS, Celso Ribeiro. *Curso de Teoria do Estado e Ciência Política*. 2ª ed. São Paulo: Saraiva, 1989, p. 74. Por outro lado, é uníssona a opinião de que Montesquieu foi quem melhor sistematizou a separação de poderes àquela época.

2 BANDEIRA DE MELLO, Celso Antônio. *Discricionariedade e Controle Judicial*. 2ª ed. São Paulo: Malheiros, 2001, p. 12.

3 MONTESQUIEU. *Espírito das Leis*. São Paulo: Saraiva, 1987, p. 165: "Estaria tudo perdido se um mesmo homem, ou um mesmo corpo de príncipes ou nobres, exercesse esses três poderes: o de fazer as leis, o de executar as resoluções públicas e o de julgar os crimes ou demandas dos particulares"

4 FAGUNDES, Seabra. *O Controle dos Atos Administrativos pelo Poder Judiciário*. 5ª ed. Rio de Janeiro: Forense, 1979, p. 5.

limites de atuação na autonomia e independência dos demais; essa é a lógica estruturante do princípio da separação de poderes.[5]

O ideal histórico de Montesquieu, que inspirou os fundadores dos Estados Unidos na construção de um governo democrático, de poderes separados e harmônicos, foi o da moderação entre os poderes, no que as pretensões de um seriam limitadas e ponderadas pelas atribuições dos demais; o poder controlaria o próprio poder, sendo a vontade estatal última uma resultante conjugada das ponderações dos três órgãos estatais, em contrapartida à concentração de poder própria dos estados absolutistas.[6]

Reside na ausência de hierarquia entre as esferas do poder estatal a garantia de liberdade: o respeito recíproco à independência e autonomia dos órgãos estatais é condição filosófica, teórica e jurídica para prevenir o arbítrio estatal em detrimento das liberdades individuais. Como pontuou Geraldo Ataliba, o princípio da separação dos poderes representa "fórmula suprema de expressão e garantia do princípio republicano, em sua dupla face de contenção do poder e manutenção dos órgãos que o exercem, equilibradamente"[7].

Esse papel garantista foi versado na *Declaração dos Direitos do Homem*, de 1789, no artigo 16, segundo o qual "toda sociedade em que não esteja assegurada a garantia dos direitos, **nem estabelecida a separação dos poderes**, não tem Constituição".[8] Na Constituição Federal, o princípio vem logo no artigo 2º – "São Poderes da União, independentes e harmônicos entre si, o Legislativo, o Executivo e o Judiciário" – e estabelecido, no artigo 60, § 4º, inciso III, como cláusula pétrea, garantia constitucional imodificável por meio de deliberação do constituinte derivado.

5 GRAU, Eros Roberto. *O direito posto e o direito pressuposto*. Op. cit., p. 233-234. No mesmo sentido: "A essência dessa doutrina consiste em estabelecer um mecanismo de equilíbrio e recíproco controle a presidir o relacionamento entre os três órgãos supremos do Estado: o Poder Legislativo, o Poder Executivo e o Poder Judiciário." (BASTOS, Celso Ribeiro. *Curso de Teoria do Estado e Ciência Política*. Op. cit., p. 77).

6 GRAU, Eros Roberto. *O direito posto e o direito pressuposto*. Op. cit., p. 233; HANS KELSEN observa que "a significação histórica do princípio chamado 'separação de poderes' encontra-se precisamente no fato de que ele opera antes contra uma concentração que a favor de uma separação de poderes." (KELSEN, Hans. *Teoria Geral do Direito e do Estado*. São Paulo: Martins Fontes, 2000, p. 365).

7 ATALIBA, Geraldo. *República e Constituição*. 2ª ed. São Paulo: Malheiros, 2001, p. 49.

8 *"Toute societé dans laquelle la garantie des droit n'est pas assurée, ni la séparation des pouvoirs determinée, n'a point de constitution" ("Déclaration des droit de l'homme", 26/08/1789).*

Contemporaneamente, além de limite à atuação dos poderes, o princípio sugere a atuação coordenada em torno de objetivo comum: a realização ótima dos direitos fundamentais. Além de não amesquinhar a independência e a autonomia dos demais poderes, cada um deve, na medida do possível, buscar o diálogo institucional como fórmula de construção de soluções para casos dramáticos.

É de destacar que o princípio da separação de poderes requer parcimônia do Judiciário e, particularmente, do Supremo quando do controle de constitucionalidade das leis. A fim de não restringir em demasia a atuação do legislador, o Tribunal deve apenas proclamar a nulidade das leis se manifestamente contrárias à Constituição. O que dizer então quando ainda não há lei, e sim projeto de lei; quando o legislador ainda se encontra no estágio de deliberação e votação da eventual e futura lei?

3. A JURISPRUDÊNCIA DO SUPREMO QUANTO AO CONTROLE DE CONSTITUCIONALIDADE DO PROCESSO LEGISLATIVO

Em diferentes classificações se enquadram as formas de controle de constitucionalidade das leis e dos atos normativos. No tocante à conduta impugnada, pode haver controle da ação ou da *omissão* inconstitucional – o sistema brasileiro admite ambos, tendo o Supremo evoluído no manejo do mandado de injunção para o controle da omissão legislativa inconstitucional.[9] Quanto à espécie de norma constitucional violada, cabe o controle por vício *formal* ou *material* – a jurisprudência do Tribunal é rica em aceitar tanto o caso de vício de procedimento como de conteúdo. No que concerne à finalidade do controle, tem-se sistema misto – concreto, por via de exceção, e abstrato, mediante ação direta. Há um modelo misto em relação ao órgão de controle – difuso, similar ao sistema norte-americano,[10] e concentrado, de feição europeia.[11]

---

9 STF – Pleno: Mandados de Injunção nº 670-9/ES, nº 708-0/DF e nº 712-8/PA, julgados em 25 de outubro de 2007, Diário da Justiça de 30 de outubro de 2008.

10 A Constituição do Império não estabeleceu o controle judicial de constitucionalidade das leis, tampouco o então Supremo Tribunal de Justiça afirmou esse poder para si, como havia feito algum tempo antes a Suprema Corte de *Marshall*. Apenas com o advento da República, sob a influência intelectual do grande jurista Rui Barbosa, foi finalmente estabelecido o controle judicial de constitucionalidade das leis federais e estaduais no modelo que vigorava nos Estados Unidos, incidental e difuso. O Supremo Tribunal Federal foi criado na República Velha pela Constituição Provisória de 22 de junho de 1890, tendo, entre outras competências, a de revisão, em grau de recurso, das decisões de Tribunais

Interessa, especialmente para este estudo, a classificação que leva em conta o momento de exercício do controle de constitucionalidade – por esse critério, o controle faz-se repressivo ou preventivo, envolvendo este último a validade constitucional do processo legislativo.[12]

O controle judicial repressivo é o típico modelo adotado no Brasil, realizado depois de concluído o processo legislativo e presente a lei ou ato normativo dito inconstitucional. A forma repressiva pode ser levada a efeito tanto por todos os juízes e tribunais no exercício do controle difuso como pelo Supremo em sede concentrado-abstrata, além do controle atribuído aos Tribunais de Justiça considerada Constituição estadual.

O controle preventivo, implementado antes da edição de uma lei ou emenda constitucional, mostra-se excepcional. O Supremo admite ser instado a atuar mediante mandado de segurança formalizado por parlamentar que tem a legitimidade ativa reconhecida, "com a finalidade de coibir atos praticados no processo de aprovação de leis e emendas constitucionais que não se compatibilizam com o processo legislativo constitucional".[13] Im-

federais e estaduais que versassem sobre a validade das leis ou dos atos dos Governos em face da Constituição.

11 A Constituição de 1934, que chamou o Supremo de "Corte Suprema", ao lado de ter mantido a competência recursal do Tribunal no controle difuso de constitucionalidade, criou a chamada "representação interventiva", que foi considerada o "embrião da ação direta de inconstitucionalidade no Brasil" (VIEIRA, Oscar Vilhena. *Supremo Tribunal Federal.* Jurisprudência Política. 1ª ed. São Paulo: RT, 1994, p. 76). Esse instrumento ganhou novos contornos com a Constituição de 1946, tendo sido aproximado do moderno controle abstrato de constitucionalidade. Porém, apenas no Governo Militar, foi criado, enfim, o controle, via ação direta, de constitucionalidade de lei federal e estadual. A Emenda Constitucional nº 16, de 26 de novembro de 1965, alterou a Constituição de 1946, cujo artigo 101, inciso I, alínea "k", passou a dispor que compete originariamente ao Supremo processar e julgar "representação contra inconstitucionalidade de lei ou ato de natureza normativa, federal ou estadual, encaminhada pelo Procurador-Geral da República." Não foi prevista a eficácia vinculante das decisões de inconstitucionalidade nessa sede e o acesso à jurisdição constitucional concentrada era muito restrito, estabelecido exclusivamente em favor do Procurador-Geral da República. Isso não foi modificado com a Constituição de 1967/69. Esse sistema acabou ampliado com a Carta de 1988, especialmente quanto ao elenco de atores que podem deflagrar os processos (artigo 103). Diz-se que a atual Constituição promoveu a "*desmonopolização* da iniciativa para a deflagração do controle abstrato de constitucionalidade"(BINENBOJM, Gustavo. A Democratização da Jurisdição Constitucional e o Contributo da Lei nº 9.868/99. In: *Temas de Direito Administrativo e Constitucional.* Rio de Janeiro: Renovar, 2008, p. 155).

12 Sobre esse critério, cf. NOVELINO, Marcelo. *Manual de Direito Constitucional.* 8ª ed. São Paulo: Método, 2013, p. 234-237.

13 STF – Pleno, Mandado de Segurança nº 24.642/DF, relator o ministro Carlos Velloso, julgado em 18 de fevereiro de 2004.

portante sublinhar que apenas esses atores políticos possuem legitimidade para tal impetração contra a suposta violação do devido processo legislativo constitucional.[14]

Em relação a proposta de emenda constitucional - PEC, o Supremo entende possível realizar o controle, no âmbito de mandado de segurança impetrado por parlamentar, em função de vício de procedimento ou de possível inconstitucionalidade do próprio conteúdo da proposta, ou seja, concernente, nesse último caso, à validade material dos projetos legislativos, consideradas propostas que veiculem temas que a Carta veda sejam deliberados, por violarem cláusula pétrea.

No tocante aos projetos de lei, o Tribunal apenas admite o controle do processo legislativo em razão de eventuais vícios de procedimento. Não aceita, e nunca aceitou, o uso do mandado de segurança, por parlamentar, para impugnar projetos de lei ante suposta inconstitucionalidade de conteúdo. Jamais reconheceu que a formalização da impetração, nesse caso, pudesse vir a configurar verdadeiro pedido de controle judicial de constitucionalidade material antecipado, sucedâneo de ação direta de inconstitucionalidade, mas dirigido a ato normativo ainda em formação. Muito diferente do que afirmam alguns, a jurisprudência do Supremo, em consonância com o disposto no texto constitucional, não encerra a viabilidade de os agentes políticos impugnarem a tramitação de projetos de lei por ofensa a princípios constitucionais e direitos fundamentais.

Em duas oportunidades, implementei liminar para suspender a tramitação de processos legislativos, mas nenhum dos casos envolveu projeto de lei e controle do conteúdo da proposta.

No Mandado de Segurança nº 21.754/RJ, tendo por objeto ato da Mesa do Congresso Nacional, que prosseguiu com sessão de leitura do Projeto de Resolução nº 3/1993, versando os trabalhos de revisão constitucional de que tratava o artigo 3º das Disposições Constitucionais Transitórias, os impetrantes alegaram ausência do quórum regimental exigido para apreciação. Postularam fosse sustada a tramitação do Projeto ante o vício procedimental. Deferi medida acauteladora por entender não se cuidar de pedido de modificação de ato interno do Congresso, mas de preservar o cumprimento

---

[14] No Mandado de Segurança nº 24.576/DF, em 27 de junho de 2003, a relatora, ministra Ellen Gracie, julgou inadmissível a impetração por falta de legitimidade ativa de não parlamentar que impugnou proposta de emenda constitucional relativa à chamada Reforma da Previdência. O mesmo ocorreu no Mandado de Segurança nº 24.593/DF, relator o ministro Maurício Corrêa, julgado em 31 de julho de 2003.

do Regimento Interno deste último. Consignei a competência do Supremo para verificar, em determinado quadro, o atendimento às normas internas que regulam o processo legislativo. Assentei que a deliberação no tocante à conveniência e à oportunidade, considerados os atos de qualquer das Casas Parlamentares ou decorrentes da atividade conjunta, faz-se no estrito campo político, ficando excluída a atuação judicante, mas, quanto ao cumprimento objetivo das regras do Regimento Interno, a intangibilidade da ordem jurídica justificaria a intervenção do Supremo.

Na situação, foram demonstrados, a partir das notas taquigráficas da sessão legislativa, a falta de quórum e o vício do processo. Em 7 de outubro de 1993, no julgamento colegiado de agravo interposto, destaquei que não estava em jogo o controle do "conteúdo de ato praticado sob o ângulo da conveniência e da oportunidade", o que não seria admissível, mas a transgressão de norma regimental. A sempre ilustre maioria julgou inadequado o mandado de segurança, dizendo configurada a necessidade de interpretação do Regimento Interno e desautorizada a via utilizada ante a natureza interna da deliberação do Congresso. O acórdão foi redigido pelo ministro Francisco Rezek.

No Mandado de Segurança nº 22.503/DF, os impetrantes buscaram infirmar ato do Presidente da Mesa da Câmara dos Deputados relacionado à Proposta de Emenda à Constituição nº 33-A/1995, versando o Sistema de Previdência Social. Apontaram vício de procedimento consubstanciado na coincidência entre a autoria e a relatoria de emenda aglutinativa – na ocasião, o relator, então deputado Michel Temer, assumiu, em Plenário, ter sido um dos autores da proposta de emenda. Sustentaram que esta incluía dispositivos já rejeitados e novas proposições. Pediram fosse liminarmente suspensa a tramitação do processo legislativo em face dos diferentes vícios formais. Ressaltei não se estar diante de discussão de atos "interna corporis", de procedimento circunscrito ao âmbito da conveniência política, da discricionariedade parlamentar. Tratava-se, sim, de desprezo ao processo legislativo, até mesmo no tocante ao arcabouço constitucional. Fiz ver a ausência de envolvimento do "mérito do que contido em proposta de emenda constitucional, a conveniência e oportunidade de estabelecer-se certo regramento, mas sim a tramitação daquela". Assentei a violação do artigo 60, § 5º, da Carta e de normas do Regimento Interno do Congresso, configurada lesão ao devido processo legislativo a autorizar o implemento da liminar.

Submetida a decisão ao Pleno do Supremo, a maioria concluiu pela inadequação do mandado de segurança relativamente ao questionamento alusivo às normas regimentais, porque se mostraria indispensável a interpretação do Regimento Interno, ato de natureza "interna corporis" do Congresso e imune à análise judiciária. Admitiu a impetração quanto à suposta ofensa ao mencionado artigo 60, § 5º, mas indeferiu a ordem. O ministro Maurício Corrêa redigiu o acórdão.

Vale notar que, nos casos citados, não se fez em jogo controle prévio de projeto de lei nem do conteúdo das propostas legislativas. Ambas as impetrações tiveram por causa supostos vícios do processo legislativo consideradas propostas de revisão ou modificação do texto constitucional.[15] Não servem, portanto, de precedentes para defesa de controle prévio de conteúdo de projetos de leis. Ao contrário, mesmo se restringindo os mandados de segurança a impugnar apontados vícios de procedimento, a maioria julgou-os com cautela e ampla deferência ao campo de deliberação parlamentar, inclusive não admitindo a impetração acerca da aplicação das normas regimentais. Fiquei vencido por vislumbrar transgressão às regras disciplinadoras do processo legislativo, mas sempre consignando a visão contrária ao controle judicial prévio do conteúdo dos atos praticados no âmbito da conveniência política.

Além desses casos, envolvida impugnação em decorrência de problemas procedimentais, há também precedentes do Supremo em que se admitiu o controle do conteúdo das propostas de emenda à Constituição. Como se sabe, nosso sistema jurídico permite o controle de constitucionalidade de emendas constitucionais, e o Supremo o vem exercendo em proteção das cláusulas pétreas do artigo 60, § 4º.[16] Com idêntico propósito, o Tribunal

---

[15] Outros exemplos podem ser citados: Mandado de Segurança nº 20.452/DF, relator o ministro Aldir Passarinho, julgado em 7 de novembro de 1984 – formalizado contra proposta de emenda constitucional, a chamada "Emenda Dante de Oliveira", em que fora arguido vício do processo legislativo em razão de não ter sido observado o quórum constitucional de aprovação. A impetração foi admitida e indeferida a ordem. Mandado de Segurança nº 24.642/DF, relator o ministro Carlos Velloso, julgado em 18 de fevereiro de 2004 – formalizado contra proposta de emenda constitucional versando o limite máximo de remuneração de servidores. Foram afirmados vícios procedimentais considerado o artigo 60, § 2º, da Constituição, alegada votação em turno único. O Pleno admitiu a impetração e indeferiu a ordem.

[16] Entre outras, STF – Pleno: Ação Direta de Inconstitucionalidade nº 939/DF, relator o ministro Sydney Sanches, julgada em 15 de dezembro de 1993, Diário da Justiça de 18 de março de 1994 (o caso do IPMF – Emenda Constitucional nº 3/93); Ação Direta de Inconstitucionalidade nº 1.946/DF, relator o ministro Sydney Sanches, julgada em 3 de abril de 2003, Diário da Justiça de 16 de maio seguinte (Benefícios de Previdência – Emenda Constitucional nº 20/98); Ação Direta de Inconstitucionalidade nº 3.105/DF, redator do acórdão o ministro Cezar Peluso, julgada em 18 de agosto de 2004, Diário da Justiça de 18 de fevereiro de 2005 (a contribuição dos Inativos – Emenda Constitucional nº 41/03); Ação Direta de Inconstitucionalidade nº 3.685/DF, relatora a ministra Ellen Gracie, julgada

atua no controle sobre as propostas de emenda em andamento se verificada possível ofensa às cláusulas pétreas. Nessa situação, o parlamentar tem o direito subjetivo de não participar de um processo legislativo viciado na própria origem, ante a ilegitimidade do processamento.

O aludido § 4º proíbe a deliberação de proposta de emenda constitucional tendente a abolir (inciso I) a forma federativa de Estado, (inciso II) o voto direto, secreto, universal e periódico, (inciso III) a separação dos poderes e (inciso IV) os direitos e garantias individuais. Consideradas essas vedações taxativas, o Supremo deve examinar o conteúdo das propostas visando concluir se tendem a implicar ofensa às matérias previstas nos preceitos constitucionais. O Tribunal, considerada essa limitação dirigida ao constituinte derivado, possui jurisdição sobre o processo legislativo correspondente, podendo exercer o controle de constitucionalidade no tocante ao conteúdo das propostas de emenda constitucional. No ponto, a Constituição Federal autoriza claramente o exercício de poder pelo Supremo.

Isso ficou assentado no Mandado de Segurança nº 20.257/DF, redator do acórdão o ministro Moreira Alves, julgado em 8 de outubro de 1980. Nesse "leading case", Sua Excelência – a quem não me canso de render homenagem –, ainda sob a égide da ordem constitucional anterior, fez ver:

> Não admito mandado de segurança para impedir tramitação de projeto de lei ou proposta de emenda constitucional com base na alegação de que seu conteúdo entra em choque com algum princípio constitucional. E não admito porque, nesse caso, a violação à Constituição só ocorrerá depois de o projeto se transformar em lei ou de a proposta de emenda vir a ser aprovada. Antes disso, nem o Presidente da Casa do Congresso, ou deste, nem a Mesa, nem o Poder Legislativo estão praticando qualquer inconstitucionalidade, mas estão, sim, exercitando seus poderes constitucionais referentes ao processamento da lei em geral. A inconstitucionalidade, nesse caso, não será quanto ao processo da lei ou da emenda, mas, ao contrário será da própria lei ou da própria emenda, razão por que só poderá ser atacada depois da existência de uma ou de outra.

em 22 de março de 2006, Diário da Justiça de 10 de agosto imediato (Verticalização das coligações partidárias – Emenda Constitucional nº 52/06); Medida Cautelar na Ação Direta de Inconstitucionalidade nº 3.395/DF, relator o ministro Cezar Peluso, julgada em 5 de abril de 2006, Diário da Justiça de 10 de novembro subsequente (Competência da Justiça do Trabalho – Emenda Constitucional nº 45/04); Ação Direta de Inconstitucionalidade nº 4.307/DF, relatora a ministra Cármen Lúcia, julgada em 11 de novembro de 2009, Diário da Justiça de 5 de março de 2010 (Número de vereadores – Emenda Constitucional nº 58/09).

> Diversa, porém, são as hipóteses como a presente, em que a vedação constitucional se dirige ao próprio processamento da lei ou da emenda, vedando a sua apresentação (como é o caso previsto no parágrafo único do artigo 57) ou a sua deliberação (como na espécie). Aqui, a inconstitucionalidade diz respeito ao próprio andamento do processo legislativo, e isso porque a Constituição não quer – em face da gravidade dessas deliberações, se consumadas – que sequer cheque à deliberação, proibindo-a, taxativamente. A inconstitucionalidade, neste caso, já existe antes de o projeto ou de a proposta se transformarem em lei ou em emenda constitucional, porque o próprio processamento já desrespeita, frontalmente, a Constituição.

Em outras situações, o Supremo tem admitido a impetração contra propostas de emenda, aduzida violação a cláusulas pétreas na linha defendida pelo ministro Moreira Alves.[17] Nenhum desses precedentes, muito menos o aludido "leading case", todavia, revela jurisprudência favorável ao controle de constitucionalidade de projetos de lei em virtude de arguição de inconstitucionalidade do conteúdo. A conclusão deve ser exatamente a oposta, porque não há poder outorgado ao Tribunal pela Constituição Federal.

O voto do ministro Moreira Alves não deixa dúvida de que o Supremo não admitiu, como ainda não admite, controle prévio de constitucionalidade de projeto de lei, quanto ao conteúdo, por ofensa a princípios constitucionais. Sob a égide do Diploma Maior anterior, era possível impetrar mandado de segurança para obstaculizar a deliberação quando a Constituição assim determinava, como fazia em relação às normas sobre o processo legislativo. O que mudou com a Constituição de 1988? Foi ampliado o rol de matérias que não podem ser objeto de deliberação por emenda constitucional, as chamadas cláusulas pétreas, versadas no citado artigo 60, § 4º. Trata-se, como já dito, de situação taxativa em que autorizado o controle de constitucionalidade

---

17 Alguns exemplos: Mandado de Segurança nº 22.972/PI, relator o ministro Néri da Silveira, julgado em 18 de dezembro de 1997 – impetrado contra proposta de emenda constitucional que buscava instituir o parlamentarismo no Brasil, tendo sido sustentado tratar-se de matéria vedada para deliberação, ante a violação de cláusula pétrea. O relator admitiu a impetração e indeferiu a liminar. O Colegiado ainda não julgou a ação. Mandado de Segurança nº 24.645/DF, relator o ministro Celso de Mello, julgado em 21 de novembro de 2003 – formalizado contra proposta de emenda constitucional versando a "Reforma Tributária", havendo sido apontada matéria vedada para deliberação por transgressão de cláusula pétrea. O relator indeferiu a liminar e depois assentou prejudicada ação por perda de objeto, tendo em vista restringir-se o pedido a suspender o processo na Câmara e este já se encontrar no Senado.

prévio. O Constituinte originário expressamente excluiu certas matérias da revisão ou reforma constitucional, atraindo a intervenção judicial no caso de descumprimento por parte do poder constituinte derivado.

Relativamente aos processos legislativos ordinários, não há previsão a permitir o controle de constitucionalidade do conteúdo dos projetos de lei, ainda que sob o argumento de desrespeito a princípios constitucionais ou a direitos fundamentais. Os projetos de lei apenas são impugnáveis, via mandado de segurança impetrado por parlamentar, quando e se verificada a inobservância de dispositivos regimentais, legais ou constitucionais que disciplinam o processo legislativo. O sistema constitucional continua a ser de "todo avesso" a essa possibilidade, considerada "hipótese excepcionalíssima"[18] até mesmo diante de emendas constitucionais.

O Tribunal restringe o controle prévio de constitucionalidade das leis aos parâmetros normativos superiores acerca do processo legislativo. É possível controlar esse último se versar tema que a Constituição exclui do campo passível de deliberação, mas se mostra inadequada a formalização da ação mandamental para exame da validade do conteúdo de projeto de lei que trate de matéria que a Carta da República permite seja apreciada pelo Congresso. O desenvolvimento político ordinário dos princípios constitucionais é questão livre à análise parlamentar, afastado o controle prévio, ficando a legitimidade constitucional de eventual lei sujeita ao controle repressivo pelo Supremo.

Não impressiona a afirmação da Procuradoria da República, quanto à atividade do Congresso, "se não se pode o mais – deliberação por meio de emenda à Constituição –, não se pode o menos – deliberação por meio de projeto de lei", feita no paradigmático Mandado de Segurança nº 32.033, na tentativa de explicitar a extensão da viabilidade do controle prévio de emenda, por afronta a cláusula pétrea, aos projetos de lei. A objeção textual, no sentido da falta de previsão constitucional expressa, por si só, basta. No entanto, há mais: uma razão de caráter ontológico. O processo de aprovação de emendas corresponde ao momento de reforma do texto constitucional, de modificação dos parâmetros de validade de toda ordem jurídica nacional. Em se tratando dos riscos de alteração da Constituição, é necessário que o controle sobre essa atividade seja reforçado considerados os aspectos fundantes da ordem constitucional e a defesa da identidade do pacto originário. No tocante aos projetos de lei, os poderes políticos interpretam e aplicam a Constituição

---

18 STF – Pleno, Mandado de Segurança nº 23.047/DF, relator o ministro Sepúlveda Pertence, julgado em 11 de fevereiro de 1998.

no tráfego cotidiano. Isso não implica mudança do texto constitucional, apenas o desenvolvimento legislativo do conteúdo normativo da Carta – o desenvolvimento político do projeto constitucional.

Visitados os precedentes do Supremo, apenas em uma das impetrações analisadas, a de nº 24.138, a pretensão esteve voltada contra projeto de lei. Consta no extrato de ata do julgamento, ocorrido em 28 de novembro de 2002, terem estado ausentes eu próprio e os ministros Sepúlveda Pertence, Celso de Mello e Nelson Jobim. Na oportunidade, não houve debate e decisão quanto à admissibilidade do instrumental, sendo indeferida a ordem ante o risco de comprometimento do amplo modelo de controle repressivo de constitucionalidade, que vigora entre nós, e do sistema de divisão de poderes estabelecido na Constituição. Não há, portanto, como afirmar que essa espécie de controle seja uma prática reconhecida pelo Tribunal.

Carece o Supremo de competência para exercer controle prévio de constitucionalidade material de lei futura. Por esse motivo, no Mandado de Segurança nº 32.033, assentei a impropriedade da via eleita, tendo preconizado a extinção do processo sem apreciação do mérito. O caso era de impossibilidade da atuação jurisdicional relativa a atividade parlamentar ainda não encerrada.

4. A IMPOSSIBILIDADE DO CONTROLE DE CONSTITUCIONALIDADE DO CONTEÚDO DOS PROJETOS DE LEI ANTE O PRINCÍPIO DA SEPARAÇÃO DE PODERES

A inadmissibilidade do mandado de segurança nessas situações, presente o argumento da inviabilidade de exercício de controle judicial de constitucionalidade do conteúdo dos projetos de lei, é uma exigência da estrutura de um Estado que pretenda ser constitucional e democrático, linearmente.

Ante razões de política constitucional, o Constituinte foi sábio em restringir o controle de constitucionalidade material prévio aos processos de reforma constitucional, dimensionando e delimitando o sistema de jurisdição constitucional à luz do princípio de separação de poderes. Em razão da ausência de norma constitucional indicativa de expressa proibição ao processamento de projetos de lei sobre matérias tidas como violadoras de princípios e direitos fundamentais, é estreme de dúvida que, se admitida a plena discussão sobre a constitucionalidade desses projetos no âmbito de mandado de segurança, ficará ameaçado o princípio de divisão de poderes. O uso dessa via, sempre extrema e, por isso, necessariamente excepcional, não pode ser banalizado.

Considerada a disciplina constitucional de todo abrangente sobre as cláusulas pétreas, em especial acerca dos direitos fundamentais e da organização da Federação, incluída a distribuição de competências legislativas, é de se refletir o que revelaria, para o sistema político nacional e a indispensável harmonia entre os poderes, a possibilidade de intervenção precoce do Supremo na atuação do Congresso sempre que envolvidos esses temas. Suficiente é pensar no volume de ações diretas com pedido de declaração de inconstitucionalidade de leis e de atos normativos por violação a direitos fundamentais e a regras de organização do estado federativo. Em prevalecendo a possibilidade de controle, esse número passaria a representar os mandados de segurança impetrados contra projetos de leis que, presumidamente, violem essas cláusulas pétreas, de modo a lançar o Supremo dentro do processo legislativo ordinário, tornando-o um dos partícipes da deliberação, com autêntico poder de veto prévio.

Ter-se-ia a absoluta inversão do sistema de controles recíprocos estruturado pelo Constituinte originário. Pensando essa amplitude da disciplina constitucional primária acerca dos direitos fundamentais e da repartição, tanto sob a óptica vertical como horizontal, das competências legislativas e administrativas, além de outros temas envolvendo o § 4º do artigo 60 da Constituição Federal, pode-se afirmar que o Supremo viria a desempenhar primordialmente o papel de censor do processo legislativo ordinário, e não das leis e atos normativos já produzidos pelos poderes políticos. Não haveria limite para a interferência do Tribunal no tocante aos trabalhos legislativos em desenvolvimento, podendo qualquer Ministro, individualmente, mediante liminar, exercer veto sobre todo o Congresso Nacional quanto ao que pode ou não deliberar.

O processo democrático cotidiano de atuação parlamentar teria, em cada um dos Ministros do Supremo, um árbitro ao qual seria permitido paralisá-lo, contra a vontade dos próprios titulares, em razão do conteúdo das decisões legislativas ainda em andamento. Em síntese, se vingasse a tese defendida quanto à possibilidade do controle prévio dos projetos de lei, mesmo que tivesse o propósito de assegurar maior proteção às cláusulas pétreas, ficaria ferida de morte aquela que visa garantir e dar eficácia às demais e a toda ordem constitucional – a da separação de poderes.

Essa espécie de intervenção judicial não tem por objetivo proteger o devido processo legislativo, mas impedir o debate parlamentar legítimo, ainda que sob a alegação de afronta a cláusulas pétreas. Tal pretensão, considerados os princípio democrático e da separação de poderes, deve ser exercida apenas depois de encerrado o processo legislativo e por meio da via judicial repressiva adequada, como prevê o texto da Constituição. Ao Supremo não cabe obstaculizar a deliberação parlamentar – a mais democrática das práticas institucionais – relativamente a um tema porque discorda do conteúdo de eventual lei, uma vez aprovada. Antes de encerrado o processo legislativo ordinário, o Tribunal não está autorizado, mediante mandado de segurança ou qualquer outra medida, a julgar questão de fundo de projeto em tramitação.

No Mandado de Segurança nº 32.033, o impetrante, em momento algum, arguiu vício na tramitação do processo legislativo. Ao contrário, a todo tempo, sustentou que a irregularidade advinha do conteúdo do projeto, da matéria de fundo. A única justificativa apresentada para a inviabilidade da tramitação do projeto de lei impugnado foi a de não poderem ser objeto de deliberação e de disposição pela maioria parlamentar propostas passíveis de prejudicar "direitos fundamentais de determinados grupos políticos minoritários [...], retirando-lhes, de forma anti-isonômica, prerrogativas que, nos termos do já decidido por este Supremo Tribunal Federal, integram a própria ideia de democracia constitucional, de pluralismo político e de liberdade material de criação partidária".

Não articulou, foi fácil constatar, qualquer argumento de ofensa ao devido processo legislativo a respaldar a admissibilidade do mandado de segurança, apenas premissas e fundamentos que somente poderiam ser lançados contra lei já formalizada, por meio do controle de constitucionalidade repressivo. A tentativa de uso do mandado de segurança como instrumento de controle prévio e abstrato de constitucionalidade material mostrou-se inequívoco.

Por todos esses motivos, tanto de ordem textual quanto ligados ao princípio da separação de poderes, assentei inadmissível o mandado de segurança ante a impossibilidade de o Supremo exercer, no caso, interferência sobre a atuação parlamentar na forma como requerida pelo impetrante e, vencido, no que fui acompanhado pela Ministra Cármen Lúcia, passei ao mérito, indeferindo a ordem.

5. O SUPREMO DEVE ACEITAR O DIÁLOGO COM O CONGRESSO NACIONAL

No caso discutido, a sempre ilustrada maioria admitiu o curso do mandado de segurança. No mérito, votei pelo indeferimento da ordem por acreditar que o Legislativo pode dar interpretação à Constituição diferente da fixada pelo Supremo. Assim concluí porque entendo que o diálogo entre os poderes em torno da interpretação da Carta é a forma mais equilibrada de desenvolvimento prático da separação de poderes.

O impetrante articulou com a afronta aos direitos fundamentais de liberdade de criação partidária e ao princípio do pluralismo político (artigos 1º, inciso V, e 17, cabeça e § 3º, da Constituição Federal), tal como definidos na Ação Direta de Inconstitucionalidade nº 4.430, relator o ministro Dias Toffoli, julgada em 29 de junho de 2012 (acórdão pendente de publicação). Em síntese, tendo esse precedente como fundamento relevante, sustentou não ser aceitável a edição de lei que confira interpretação ao texto constitucional diversa da formalizada pelo Tribunal. Essa óptica alcança, inegavelmente, a vinculação do Poder Legislativo ao que decidido pelo Supremo em sede de controle abstrato e concentrado de constitucionalidade.

Acontece que esse não é o entendimento que prevalece atualmente. Na Ação Direta de Inconstitucionalidade nº 3.772/DF, redator do acórdão o ministro Ricardo Lewandowski, apreciada em 29 de outubro de 2008, o Tribunal admitiu a possibilidade de o legislador alterar interpretação constitucional anterior.

Em várias ocasiões,[19] o Supremo havia assentado que a expressão "funções de magistério", prevista no § 5º do artigo 40 da Carta Federal, para efeito de cômputo de tempo de aposentadoria especial relativa à carreira de professor, estaria estrita a "funções de docência exercidas em sala de aula". Chegou mesmo a editar o Verbete nº 726 da Súmula, a revelar que, "para efeito de aposentadoria especial de professores, não se computa o tempo de serviço prestado fora de sala de aula".[20] Assim, o profissional "professor" não poderia contar, para a aposentadoria especial na carreira, o tempo de atividade de caráter administrativo na área de educação, como a de diretor de escola ou de coordenador escolar, sendo válido apenas o tempo de ensino propriamente dito – em sala de aula.

Posteriormente, veio à balha a Lei federal nº 11.301/2006, segundo a qual "funções de magistério", para efeito de concessão de aposentadoria especial aos professores, deveriam ser compreendidas como as "exercidas

---

19 Entre outras, STF – Pleno: Ação Direta de Inconstitucionalidade nº 152/MG, relator o ministro Ilmar Galvão, julgada em 18 de março de 1992, Diário da Justiça de 24 de abril seguinte; Ação Direta de Inconstitucionalidade nº 122/DF, relator o ministro Paulo Brossard, julgada em 18 de março de 1992, Diário da Justiça de 16 de junho imediato; Ação Direta de Inconstitucionalidade nº 2.253/ES, relator o ministro Maurício Corrêa, julgada em 25 de março de 2004, Diário da Justiça de 7 de maio subsequente.

20 STF – Verbete nº 726, Sessão Plenária de 26 de novembro de 2003, Diário da Justiça de 11 de dezembro de 2003.

por professores e especialistas em educação no desempenho de atividades educativas", incluídas, "além do exercício da docência, as de direção de unidade escolar e as de coordenação e assessoramento pedagógico." Ao expandir o sentido da expressão constitucional "funções de magistério", de modo a alcançar "serviços educacionais prestados fora de sala de aula" - direção, coordenação e assessoramento pedagógico –, o legislador ordinário, a toda evidência, procurou reverter a interpretação constitucional anteriormente consolidada pelo Supremo.

A lei foi impugnada por meio da citada Ação Direta de Inconstitucionalidade nº 3.772. O autor – o Procurador-Geral da República – sustentou que a norma implicou inobservância dos precedentes do Supremo, inclusive do Verbete nº 726. O Tribunal recusou os argumentos e reconheceu a superação, mediante lei ordinária, da interpretação anterior do artigo 40, § 5º, do Diploma Maior, modificando, ele mesmo, a orientação antecedente quanto ao tema. Enfrentou os significados constitucionais com o legislador ordinário e permitiu que a Constituição Federal fosse desenvolvida e concretizada também na arena parlamentar, exatamente como deve ocorrer em uma democracia real.

Essa postura foi defendida no exame da Ação Direta de Inconstitucionalidade nº 2.797, relator o ministro Sepúlveda Pertence, julgada em 15 de setembro de 2005. Consignei mostrar-se a direção correta a ser tomada, haja vista o precedente da Ação Direta de nº 3.772. Em que pese a maior importância dos princípios constitucionais em jogo no Mandado de Segurança nº 32.033, comparados à questão de fundo da aludida ação direta, ainda assim inexistia motivo para mudança de orientação no tocante ao enfoque interpretativo nesses casos. A aplicação do artigo 102, § 2º, da Carta de 1988, quanto ao alcance subjetivo da eficácia das decisões do Supremo, deve ser linear, não podendo ser diferenciada conforme a matéria julgada – a depender do envolvimento de princípios constitucionais e de direitos fundamentais, estendendo-se os efeitos ao Legislativo em certas situações. A Constituição Federal não prevê tal eficácia, muito menos a discriminação.

No julgamento da Ação Direta de Inconstitucionalidade nº 2.797/DF, estava em jogo a Lei nº 10.628/2002, a desafiar a interpretação anterior do Supremo sobre o tema da "extensão do foro especial por prerrogativa de função para depois do exercício da função pública". Num primeiro momento, o Tribunal entendeu ser o foro especial por prerrogativa de função próprio em relação aos atos praticados durante o exercício da função pública, inclusive se o acusado tivesse deixado o cargo público antes do início do inquérito ou da ação penal. Essa óptica constava do Verbete nº

394.[21] Num segundo momento, examinando o Inquérito nº 687,[22] concluiu que a solução era incompatível com a interpretação mais límpida que o princípio da isonomia impunha e, desse modo, por unanimidade, cancelou o referido Verbete e passou a recusar o foro privilegiado para ex-exercentes de funções públicas.

Depois, o legislador federal tentou reverter a situação constituída pela nova decisão do Supremo e, com isso, restaurar o Verbete nº 394. A Lei nº 10.628/2002 introduziu o § 1º ao artigo 84 do Código de Processo Penal, estabelecendo expressamente que "a competência especial por prerrogativa de função, relativa a atos administrativos do agente, prevalece, ainda que o inquérito ou a ação judicial sejam iniciados após a cessação do exercício da função pública".

O ministro Sepúlveda Pertence, relator, qualificou a postura do legislador como "desconcerto institucional" e defendeu a inconstitucionalidade *formal* da lei. Afirmou que, além de fundamentos puramente dogmáticos, "razões de alta política institucional" são impostas ao Tribunal para "repelir a usurpação pelo legislador de sua missão de intérprete final da Lei Fundamental". Exercício legislativo dessa espécie, argumentou, deve ser encarado como pretensão de inverter a leitura da Constituição feita pelo órgão da jurisdição constitucional.

Na ocasião, votei pela inconstitucionalidade formal, mas não por entender defeso ao legislador superar decisões do Supremo, editando leis que alterem a interpretação anterior do Tribunal. Conclui que as competências originária e recursal do Supremo são previstas de forma exaustiva na Constituição, de modo a impossibilitar, ante a rigidez, o elastecimento ou o encurtamento – por isso disse do vício formal – desse rol mediante lei. Assim, não havia como assentar a viabilidade de o legislador inovar o campo de atuação do Supremo, como ocorria com a norma então impugnada. Consignei não se tratar de mera interpretação da Lei Fundamental.

O ministro Eros Grau discordou da conclusão no sentido da inconstitucionalidade formal da lei e da fundamentação desenvolvida para defender

21 Verbete nº 394 (editado sob a égide da Carta de 1946): "Cometido o crime durante o exercício funcional, prevalece a competência especial por prerrogativa de função, ainda que o inquérito ou a ação penal sejam iniciados após a cessação daquele exercício."

22 STF – Pleno, Questão de Ordem no Inquérito nº 687, relator o ministro Sydney Sanches, julgado em 25 de agosto de 1999, publicado no Diário da Justiça de 9 de novembro de 2001.

que o legislador ordinário não pode ter a capacidade de interpretação da Constituição excluída mediante decisões do Supremo.

É exigência da separação de poderes, da democracia e das prerrogativas do Legislativo a possibilidade do debate acerca da interpretação da Constituição, sendo vedado apenas deliberar sobre aquelas matérias que a própria Carta exclui taxativamente e no âmbito dos processos de reforma constitucional (artigo 60, § 4º). Sabedor da relevância dos momentos de alteração do texto constitucional, o Constituinte originário impôs restrições severas ao processo legislativo, inclusive abrindo margem ao controle de constitucionalidade prévio de conteúdo. Fora as situações taxativas de proibição textual de deliberar, específicas quanto aos processos de reforma e revisão da Constituição, o conteúdo dos projetos legislativos não pode sofrer censura judicial prévia, em respeito à independência dos poderes e ao devido processo político-legislativo. Separação de poderes exige modéstia judicial quanto ao tema.

Ante essas considerações, concluí que o legislador poderia deliberar sobre o tema mesmo que o conteúdo do projeto de lei estivesse em confronto direto com interpretação constitucional anterior realizada pelo Supremo. Trata-se de prestigiar o papel do Congresso como um intérprete da Constituição, assim como o é o Tribunal. Descabe paralisar a marcha dos processos legislativos em razão da existência de decisões anteriores em sentido diverso, ainda que tomadas em sede de controle concentrado e abstrato de constitucionalidade. A ausência de efeito vinculante, além de fundar-se em argumento textual, é decorrência do próprio projeto de diálogo institucional que se pode extrair da separação de poderes como princípio estrutural da Constituição.

6. CONCLUSÕES

Durante o Seminário "25 Anos da Constituição Federal de 1988", realizado pelo Conselho Federal da Ordem dos Advogados do Brasil em 12 de junho de 2013, após aludir à sabatina do ministro Luís Roberto Barroso na caminhada para ocupar cadeira no Supremo, considerada a aposentadoria do ministro Carlos Ayres Britto, com a mestria de sempre e sob o título "Ativismo Judicial e seus Limites", Afonso da Silva – José, o pai, o varão – ressaltou que, na Comissão de Constituição, Justiça e Cidadania do Senado Federal, o tema foi a tônica predominante em todas as arguições.

No tópico "Abuso no exercício da função jurisdicional", com inexcedível orgulho no que pôde citar outro Afonso da Silva – Virgílio, o filho –, veiculou:

> É nessa forma de interpretação ilegítima ou de ativismo judicial distorcido que se encaixam algumas das interferências judiciais no processo legislativo. Grave nesse sentido são as interferências na tramitação de matéria legislativa por decisão monocrática por via de concessão de medida cautelar, como se deu no caso da distribuição do percentual do produto de petróleo (decisão do Min. Luiz Fux), o bloqueio pelo Min. Gilmar Mendes da tramitação do projeto de lei em debate no Senado sobre as regras de acesso dos partidos políticos à TV e ao fundo partidário e a decisão inusitada do Min. Dias Toffoli exigindo explicação da Câmara dos Deputados acerca do que estava sendo discutido na CCJ, como se a Câmara devesse dar alguma satisfação ao magistrado ou mesmo ao Poder Judiciário a esse respeito. As observações de Virgílio Afonso da Silva sobre a decisão do Min. Gilmar Mendes servem para os outros casos.
>
> "Já a decisão do ministro Gilmar Mendes, ... é algo que parece não ter paralelo na história do STF e na experiência internacional. Ao bloquear o debate sobre as novas regras partidárias, Gilmar Mendes simplesmente decidiu que o Senado não poderia deliberar sobre um projeto de lei porque ele, Gilmar Mendes, não concorda com o teor do projeto. Em termos muito simples, foi isso o que aconteceu. Embora em sua decisão ele procure mostrar que o STF tem o dever de zelar pelo 'devido processo legislativo', sua decisão não tem nada a ver com essa questão. Os precedentes do STF e as obras de autores brasileiros e estrangeiros que o ministro cita não têm relação com o que de fato decidiu. Sua decisão foi, na verdade, sobre a questão de fundo, não sobre o procedimento."

E arrematou, com a sabedoria do estudioso, do experiente jurista:

> Vamos concluir, voltando ao já novo Ministro, Luís Roberto Barroso, que nos oferece uma síntese expressiva dos fundamentos e limites do ativismo judicial em seu Curso de Direito Constitucional Contemporâneo:
>
> "A ideia de ativismo judicial está associada a uma participação mais ampla e intensa do Judiciário na concretização dos valores e fins constitucionais, com maior interferência no espaço de atuação dos outros dois poderes. A postura ativista se manifesta por meio de diferentes condutas, que incluem: (i) a aplicação direta da Constituição a situações não expressamente contempladas em seu texto e independentemente de manifestação do legislador; (ii) a declaração de inconstitucionalidade de atos normativos emanados

do legislador, com base em critérios menos rígidos que os de patente e ostensiva violação da Constituição; (iii) a imposição de condutas ou de abstenções ao Poder Público, notadamente em matéria de políticas públicas. 'Sobre esse último caso, podemos lembrar a interferência no campo da saúde, fornecimento de medicamentos, internação etc. Enfrenta ele a questão sempre suscitada, em favor da autocontenção judicial, qual seja a de que os membros do Poder Legislativo e o Chefe do Poder Executivo são agentes públicos eleitos, investidos em seus cargos pela vontade popular, enquanto a atividade criadora do Judiciário e, sobretudo, sua competência para invadir atos dos outros Poderes, devem ser confrontadas como argumento da falta de justo título, e, então, mostra que esse justo título, o fundamento de uma jurisprudência criadora, está no fato de que a Constituição desempenha dois grandes papéis: a) assegurar o jogo democrático, propiciando a participação política ampla e o governo da maioria; b) mas, como a democracia não se resume ao princípio majoritário, o outro papel da Constituição consiste em proteger valores e direitos fundamentais, mesmo que contra a vontade circunstancial de quem tem mais voto."

No paradigmático julgamento do Mandado de Segurança nº 32.033/DF, estava envolvido o tema do "ativismo judicial" do Supremo. Tivesse a maioria confirmado a liminar e deferido a ordem, penso que haveria praticado ativismo sem precedente na história do Tribunal. Então, por tudo e para prevalência da independência e harmonia entre os poderes, defendi que o Supremo, na postura de Supremo, de guarda maior da amada Constituição Federal, deveria reservar a atuação, se fosse o caso, ao controle repressivo de constitucionalidade, encerrado o devido processo legislativo, que tem como atores não juízes, mas os representantes do povo brasileiro – os Deputados Federais – e os dos Estados – os Senadores da República – e o Chefe do Executivo nacional. Alfim, essa foi a óptica que prevaleceu para o bem do princípio da separação de poderes.

13

JUÍZO DE ADMISSIBILIDADE DO RECURSO EXTRAORDINÁRIO NO NOVO CÓDIGO DE PROCESSO CIVIL

1. INTRODUÇÃO

O Direito Processual Civil possui expressões e vocábulos com sentido próprio. O desejável domínio exige a pureza da linguagem, especialmente no manejo dos meios excepcionais de impugnação. Assim ocorre quanto ao recurso extraordinário, envolvidos a admissibilidade e o mérito.

Na primeira, dá-se a verificação dos requisitos extrínsecos e intrínsecos do recurso, para que se possa apreciar o mérito. Como ensina Barbosa Moreira[1], "os pressupostos intrínsecos relacionam-se com a própria existência do direito de recorrer. Por sua vez, os pressupostos extrínsecos são os atinentes ao exercício daquele direito".

Compõem o rol de pressupostos de admissibilidade do recurso extraordinário, intrínsecos, o (i) cabimento, a (ii) legitimidade recursal, o (iii) interesse recursal e a (iv) inexistência de fato extintivo ou impeditivo do

---

1 BARBOSA MOREIRA, José Carlos. *O novo processo civil brasileiro*. 28ª ed. Rio de Janeiro, 2010. p. 116.

direito de recorrer[2]; e, como extrínsecos, a (i) tempestividade, o (ii) preparo e a (iii) regularidade formal.

Tendo em vista o perfil diferenciado do recurso extraordinário, destacam-se requisitos especiais: (i) decisão de única ou última instância, (ii) prequestionamento, (iii) reexame de questão constitucional e (iv) repercussão geral.

2. PRESSUPOSTOS INTRÍNSECOS

2.1. Cabimento

As normas primárias do recurso extraordinário estão no artigo 102, inciso III, alíneas "a", "b", "c" e "d", da Constituição Federal.

2.1.1. Legitimidade recursal

A legitimidade recursal é a pertinência subjetiva para impugnar decisão judicial mediante recurso. Está prevista no artigo 966, cabeça, do Código de Processo Civil de 2015. O recurso pode ser interposto pela parte vencida, pelo terceiro prejudicado e pelo Ministério Público, como parte ou fiscal da ordem jurídica.

O rol é taxativo.

Reconhecer como investidos de legitimidade os que participaram do processo implica considerar verdadeiro que a legitimação estende-se aos litisconsortes e terceiros.

A figura do terceiro interessado tem, no novo diploma processual, espaço relevante[3]. O Código de Processo Civil de 2015 expressamente lhe

---

2 Luiz Guilherme Marinoni e Daniel Mitidiero afirmam que a "inexistência de fato extintivo do direito de recorrer" é requisito intrínseco, e a "inexistência de fato impeditivo do direito de recorrer" é requisito extrínseco; outros estudiosos não fazem a mesma distinção. O exame aprofundado deste interessante debate doutrinário não é fundamental para o estudo realizado neste ensaio. Importa a clara distinção feita por Marinoni e Mitidiero, ao lecionarem que: "os pressupostos de admissibilidade recursal reputam-se intrínsecos quando concernem à existência, ou não, do poder de recorrer. São considerados extrínsecos, ao contrário, quando atinem ao modo de exercer esse poder". (MARINONI, Luiz Guilherme. MITIDIERO, Daniel. *Repercussão geral no recurso extraordinário.* 3ª ed. São Paulo, 2012. p. 38 e 39).

3 Art. 138. O juiz ou o relator, considerando a relevância da matéria, a especificidade do tema objeto da demanda ou a repercussão social da controvérsia, poderá, por decisão irrecorrível, de ofício ou a requerimento das partes ou de quem pretenda manifestar-se, solicitar

confere legitimidade para interpor recurso extraordinário de ato judicial relativo a incidente de demandas repetitivas[4].

2.1.2. *Interesse recursal*

Faz-se ligado ao binômio utilidade e necessidade, também presente no ajuizamento da ação.

A utilidade do recurso relaciona-se à ideia de sucumbência, ou seja, à existência de situação jurídica desfavorável acarretada por decisão judicial.

Então é ônus processual – meio sem o qual não se pode reverter o quadro decisório. Já as contrarrazões surgem como simples faculdade. Vale dizer: a ausência não implica prejuízo direto para a parte recorrida, não repercutindo na análise dos pressupostos de recorribilidade – matéria a ser abordada, pelo órgão julgador, de ofício.

A admissibilidade do recurso extraordinário pressupõe impugnação específica, abrangente, considerados os fundamentos da decisão atacada. A exceção é aberta em se tratando de pronunciamento com capítulos autônomos, isso considerada a recorribilidade parcial[5].

2.1.3. *Inexistência de fato extintivo do direito de recorrer*

Não deve haver fato impeditivo ou extintivo do direito de recorrer. No tocante ao primeiro, pode-se indicar a existência de multa vinculada ao recolhimento para ter-se a admissão do recurso. Relativamente ao segundo, destaca-se, entre outras situações processuais, a renúncia quer expressa, quer implícita, mediante a prática de ato incompatível com a vontade de recorrer.

---

ou admitir a participação de pessoa natural ou jurídica, órgão ou entidade especializada, com representatividade adequada, no prazo de 15 (quinze) dias de sua intimação.

§ 1º A intervenção de que trata o *caput* não implica alteração de competência nem autoriza a interposição de recursos, ressalvadas a oposição de embargos de declaração e a hipótese do § 3º.

§ 2º Caberá ao juiz ou ao relator, na decisão que solicitar ou admitir a intervenção, definir os poderes do *amicus curiae*.

§ 3º O *amicus curiae* pode recorrer da decisão que julgar o incidente de resolução de demandas repetitivas.

4 Art. 138. [...]

§ 3º O *amicus curiae* pode recorrer da decisão que julgar o incidente de resolução de demandas repetitivas.

5 Verbete nº 283 da Súmula do Supremo: "É inadmissível o recurso extraordinário, quando a decisão recorrida assenta em mais de um fundamento suficiente e o recurso não abrange todos eles".

2.2. Pressupostos extrínsecos

2.2.1. Oportunidade

O recurso extraordinário deverá ser protocolado no prazo de 15 dias úteis a contar da data da intimação da decisão. Se houver feriado local, deve-se demonstrar a respectiva ocorrência. Essa regra é aplicável a todos os recursos, consoante o preceituado no § 6º do artigo 1.003 do Código de Processo Civil de 2015: "o recorrente comprovará a ocorrência de feriado local no ato de interposição do recurso".

O Supremo, por longo período, entendeu ser intempestivo recurso formalizado antes de publicado o acórdão recorrido. Cândido Rangel Dinamarco critica a óptica adotada pelo Tribunal:

> No caso de decisões tomadas pelos órgãos colegiados de um tribunal (câmara, turma, seção, plenário *etc.*), a mera pronúncia de votos em sessão de julgamento não dá corpo ainda a um julgamento acabado, porque os votos são pronunciados oralmente sem serem reduzidos a termo ou registrado em ata o teor de cada um. Por isso, e como *verba volant*, a formação do ato processual *acórdão* só se consuma quando este é lavrado e impresso em papel, sendo então registrado e levado aos autos. Apenas depois de realizadas tais providências, com o concurso dos serviços auxiliares do tribunal, é que a decisão dos órgãos colegiados se considera *publicada*. Mas, realizadas as providências de lavratura, assinatura, registro e juntada aos autos, o julgamento reputa-se acabado e, portanto, *existente*, não sendo adequado afirmar que um recurso interposto antes da publicação pela imprensa caísse no vazio por voltar-se contra um ato juridicamente inexistente. Realizadas tais providências, o julgamento do tribunal já existe perante o direito; ele já será então, a partir daí, *um autêntico ato do processo*[6].

Sempre sustentei essa visão. Recentemente, o Plenário alterou a jurisprudência, afastando a intempestividade relativamente a recursos protocolados antes da publicação do acórdão. Fê-lo porquanto a ciência do julgado ocorre por outros meios, além do ficto decorrente da publicação.

Outra questão polêmica diz respeito à interrupção do prazo para interposição do extraordinário quando protocolados embargos de declaração.

---

6 DINAMARCO, Cândido Rangel. Tempestividade dos recursos. *Revista Dialética de Direito Processual*, n. 16, p. 9-23, jul/2004.

Os tribunais vinham concluindo, equivocadamente, que a formalização do recurso, antes do julgamento dos declaratórios, obrigava o recorrente a, publicado o acórdão decorrente dos embargos, ainda que desprovidos, proceder à ratificação.

Sob esse enfoque, seria imperioso aguardar-se a publicação do ato mediante o qual examinados os embargos de declaração para, então, protocolar-se o extraordinário.

O Código de Processo Civil de 2015 veio a pacificar o tema, conforme o preceito do artigo 1.024, § 5º – "[s]e os embargos de declaração forem rejeitados ou não alterarem a conclusão do julgamento anterior, o recurso interposto pela outra parte antes da publicação do julgamento dos embargos de declaração será processado e julgado independentemente de ratificação".

2.2.2. Preparo

O preparo consiste no pagamento antecipado das despesas relativas ao processamento do recurso, demonstrado no prazo de interposição, salvo nos casos de isenção. Assim dispõem os artigos 57 e seguintes do Regimento Interno do Supremo, sob pena de deserção.

De acordo com o artigo 59 do aludido Regimento, serão devidas custas nos processos da competência originária ou recursal. Quanto ao extraordinário, o inciso I do artigo 57 do mesmo ato normativo versa que o preparo será feito no tribunal de origem, perante as secretarias e no prazo previsto na lei processual.

Além das custas do recurso extraordinário, requer-se, ainda, a demonstração do recolhimento do porte de remessa e retorno, despesas relacionadas com o traslado do processo do tribunal de origem ao Supremo e, após o julgamento, a devolução, exceto em se tratando de processo eletrônico – artigo 1.007, § 3º, do Código de Processo Civil[7].

Os principais problemas alusivos ao preparo dizem respeito à comprovação, pois não basta o recolhimento – para fins de admissibilidade do recurso. É necessária a demonstração no prazo recursal.

Ainda não se discutiu, com profundidade, a exigência ante a garantia constitucional segundo a qual o direito de petição é gratuito – artigo 5º, inciso XXXIV, alínea "a", da Carta Federal.

---

[7] Art. 1.007. [...]

§ 3º : É dispensado o recolhimento do porte de remessa e de retorno no processo em autos eletrônicos.

2.2.3. Regularidade formal

O pressuposto da regularidade formal impõe ao recorrente a observância de formalidades exigidas pela legislação de regência para a formalização de determinado recurso. Como bem demonstra Barbosa Moreira,

> Como os atos processuais em geral, a interposição de recurso deve observar determinados preceitos de forma. São variáveis, no sistema do Código de Processo Civil, as formalidades prescritas para os diferentes recursos. Às vezes, descreve a lei com certa riqueza de pormenores as características de que se tem de revestir o ato de interposição [...]; noutros casos, as indicações são mais sucintas[8].

O Código de Processo Civil de 2015 descreve, no artigo 1.029, as exigências formais do extraordinário – "o recurso extraordinário e o recurso especial, nos casos previstos na Constituição da República, serão interpostos perante o presidente ou o vice-presidente do tribunal recorrido, em petições distintas", devendo conter: (i) a exposição do fato e do direito; (ii) a demonstração do cabimento do recurso protocolado; e (iii) as razões do pedido de reforma da decisão recorrida.

Nos termos do artigo 321 do Regimento Interno do Supremo, o recorrente deve indicar a alínea do inciso III do artigo 102 da Lei Fundamental que respalda o pedido recursal, e, se for a alínea "a", deverá mencionar, também, o dispositivo constitucional tido por violado. Quando a base do recurso extraordinário for a alínea "b", é necessário que o recorrente instrua a petição com cópia do acórdão formalizado no incidente de inconstitucionalidade[9], salvo se o inteiro teor já constar no processo.

A petição deve conter data e assinatura de advogado com instrumento de mandato – procuração – no processo ou apresentado no prazo recursal, exceto quando se tratar de procurador com mandato legal – advogados públicos, defensores públicos e membros do Ministério Público.

Eventuais vícios de representação ou falta de assinatura da petição recursal não conduzem à imediata negativa de seguimento do recurso,

---

8 BARBOSA MOREIRA, José Carlos. *O juízo de admissibilidade no sistema dos recursos civis.* Rio de Janeiro: Borsoi, 1968. p. 103.

9 Conferir: Agravo regimental no recurso extraordinário nº 141.988, relator ministro Sepúlveda Pertence, Primeira Turma, julgado em 5 de maio de 1992, Diário da Justiça de 22 de maio de 1992.

especialmente considerado o artigo 932, parágrafo único, bem como o 1.029, § 3º, ambos do novo Código de Processo Civil.

O juízo negativo de admissibilidade por falta de regularidade formal, quer no órgão de origem, quer no imediato, será cabível apenas se decorrido, sem saneamento, o prazo de cinco dias.

3. JURISPRUDÊNCIA DEFENSIVA

A parte deve estar atenta à corrida de obstáculos que é a admissibilidade do recurso.

Ante a avalanche de processos, teve o legislador processual presente a jurisprudência, condenável, chamada de defensiva. Deu-se preponderância a mecanismos direcionados ao julgamento de mérito. As normas instrumentais visam a segurança jurídica, saber o que pode ou não ocorrer na tramitação processual, descabendo surpreender a parte.

O acesso ao Supremo pela via recursal extraordinária exige realmente mecanismos de filtragem, mas nada justifica a postura defensiva por parte do órgão julgador.

Medidas acauteladoras voltadas à sequência, tanto quanto possível, do recurso foram adotadas. A primeira, prevista no artigo 1.007, § 2º, diz respeito à previsão expressa de prazo – 5 dias – para a complementação do preparo, independentemente da espécie recursal. A segunda, verdadeira novidade, contida no § 4º do mesmo artigo, impõe ao relator o dever-poder de intimar o recorrente para, considerada a inexistência de comprovação de preparo, recolher o valor de forma dobrada.

Na mesma linha, a terceira, disposta no § 7º do artigo 1.007, preceitua que o relator deve intimar o recorrente para manifestar-se quando verificado equívoco no preenchimento da guia de recolhimento, ou se restar dúvida quanto à feitura do preparo.

O § 3º do artigo 1.029 do Código de Processo Civil de 2015 prevê que "o Supremo Tribunal Federal ou o Superior Tribunal de Justiça poderá desconsiderar vício formal de recurso tempestivo ou determinar sua correção, desde que não o repute grave".

Seguem-se outras inovações pedagógicas, como a regra a determinar que o relator intime o recorrente para corrigir a guia de custas mal preenchida, em vez de concluir pela deserção (artigo 1.007, § 7º); a que dispensa a reiteração do pedido para julgar o recurso caso haja interposição de embargos de declaração pela outra parte (artigo 1.024, § 5º); e a que estabelece que o relator, antes de considerar inadmissível o recurso, deve conceder o prazo de 5 dias ao recorrente para que sane vício, complemente as razões ou a documentação exigível (artigo 932, parágrafo único).

Teresa Arruda Alvim Wambier afirma que uma das finalidades que balizaram a reestruturação do sistema recursal, na proposta de um novo Código de Processo Civil, foi a necessidade de "fazer o processo render", no sentido de proporcionar resultados tanto para si quanto para a sociedade. Entende que se deve "proporcionar o máximo de aproveitamento da atividade do poder Judiciário, vista como um todo". A autora critica a construção de "jurisprudência defensiva", que acarreta a inadmissibilidade de recursos por causas "cuja existência e qualificação jurídica é duvidosa, ou seja: causas tidas como de inadmissibilidade que, na verdade, não o são"[10].

Em síntese, o novo Código de Processo Civil trouxe mudanças com o propósito de afastar o formalismo excessivo.

4. PRESSUPOSTOS ESPECIAIS

4.1. Decisão de única ou última instância

Exige-se, sim, o esgotamento da jurisdição na origem, bem como que a decisão, de turma recursal ou tribunal, haja implicado o julgamento do conflito de interesse, da causa.

4.2. Prequestionamento

Eis um requisito de recorribilidade pouco compreendido pelas partes. O prequestionamento nada mais é do que o debate e a decisão prévios da matéria explorada nas razões do extraordinário, afastada, no entanto, a necessidade de ter-se na decisão proferida menção a artigo, parágrafo, inciso ou alínea deste ou daquele diploma legal ou constitucional. Isso foi decidido pelo Pleno do Supremo no julgamento do recurso extraordinário nº 128.519/DF, Pleno, de minha relatoria, Diário da Justiça de 8 de março de 1991 (caso Sarney – chapa Senado). Eis a ementa do julgado que tive a honra de redigir:

> RECURSO EXTRAORDINÁRIO – PREQUESTIONAMENTO – ALCANCE DO INSTITUTO. A exigência do prequestionamento não decorre de simples apego à determinada forma. A razão de ser esta na necessidade de proceder a cotejo para, somente então,

---

10 WAMBIER, Teresa Arruda Alvim. Recursos como uma forma de fazer "render" o processo no Projeto 166/2010. *Revista de Processo*, n. 189, 2010. p. 276.

assentar-se o enquadramento do recurso no permissivo legal. Diz-se prequestionado determinado tema quando o órgão julgador haja adotado entendimento explicito a respeito, contando a parte sequiosa de ver o processo guindado à sede extraordinária com remédio legal para compeli-lo a tanto – os embargos declaratórios. A persistência da omissão sugere hipótese de vício de procedimento. Configura-se deficiência na entrega da prestação jurisdicional, o que tem contorno constitucional, pois à garantia de acesso ao judiciário há que ser emprestado alcance que afaste verdadeira incongruência, ou seja, o enfoque de que, uma vez admitido, nada mais e exigível, pouco importando a insuficiência da atuação do estado-juiz no dirimir a controvérsia. Impor para configuração do prequestionamento, além da matéria veiculada no recurso, a referência ao número do dispositivo legal pertinente, extravasa o campo da razoabilidade, chegando às raias do exagero e do mero capricho, paixões que devem estar ausentes quando do exercício do ofício judicante.

RECURSO EXTRAORDINÁRIO – VIOLAÇÃO À LEI. Tanto vulnera a lei o provimento judicial que implica exclusão do campo de aplicação de hipótese contemplada, como o que inclui exigência que se lhe mostra estranha.

RECURSO EXTRAORDINÁRIO – VIOLAÇÃO À LEI – REGISTRO DE CANDIDATOS AO SENADO – SUPLENTES – PARÁGRAFO 3º DO ARTIGO 45 DA CONSTITUIÇÃO FEDERAL. Este dispositivo legal não disciplina o registro dos candidatos. Vulnera-o decisão que o tem como pertinente para, de forma peremptória, indeferir o registro de chapa em que apresentado apenas um suplente, pouco importando que a diligência objetivando a complementação respectiva esteja prevista em diploma legal de cunho ordinário. O desrespeito a este não serve a manutenção do esvaziamento dos direitos e garantias constitucionais explícitos e dos que decorrem dos princípios inseridos na lei maior.

(Recurso extraordinário nº 128.519, relator ministro Marco Aurélio, Tribunal Pleno, julgado em 27 de setembro de 1990, Diário da Justiça de 8 de março de 1991)

O princípio da causalidade – nada acontece sem uma causa – revela a razão de ser do prequestionamento. Definir-se infringido texto da lei ou da Constituição Federal direciona a proceder-se a cotejo. Logo, não havendo o órgão de origem, prolator da decisão atacada, adotado entendimento sob certo ângulo, o fenômeno físico do cotejo fica inviabilizado. Fundamento judicial não se presume, devendo estar explicitado na decisão proferida. Resumindo, surge insuficiente a interposição de embargos declaratórios. Uma vez protocolados e persistindo a omissão, deve a parte articular a transgressão ao devido processo legal, por ausente o aperfeiçoamento da prestação jurisdicional, e pleitear a declaração de nulidade do julgamento para que outro ocorra.

Por isso, quanto a recurso de natureza extraordinária, mostra-se distanciado da organicidade do Direito o disposto no artigo 1.025 do Código de Processo Civil, segundo o qual "consideram-se incluídos no acórdão os elementos que o embargante suscitou, para fins de pré-questionamento, ainda que os embargos de declaração sejam inadmitidos ou rejeitados, caso o tribunal superior considere inexistentes erro, omissão contradição ou obscuridade".

A queima de fase processual é imprópria. Não se julga matéria pela primeira vez, em sede extraordinária, ainda que de ordem pública.

4.3. Repercussão geral

4.3.1. Contextualização

Para Luiz Fux "inspirado no *writ of certiorari* norte-americano, o instituto [repercussão geral] foi criado como ferramenta para a redução da sobrecarga de recursos submetidos à apreciação do Supremo Tribunal Federal, cingindo-os aos casos de maior relevância jurídica, política, social e econômica. Com isso, esperava-se racionalizar e otimizar a prestação jurisdicional da Suprema Corte brasileira; objetivos esses potencializados pela sistemática de julgamento por amostragem de pretensões repetitivas (introduzida pela Lei nº 11.418/2006)"[11].

Concluindo, a repercussão geral revela-se como verdadeiro filtro considerado o acesso ao Supremo.

É instrumento qualitativo que tem o propósito de seleção, escolha, a critério do Supremo, de matérias diferenciadas do ponto de vista econômico, político, social ou jurídico.

---

[11] FUX, Luiz. Prefácio. In. FUX, Luiz, FREIRE, Alexandre, DANTAS, Bruno. *Repercussão geral da questão constitucional*. Rio de Janeiro: Forense, 2014.

4.3.2. *Repercussão geral: aspectos legislativos, doutrinários e jurisprudenciais*

A regência da repercussão geral, como elemento qualificador das questões constitucionais a serem julgadas pelo Supremo, foi inserida pela Emenda Constitucional nº 45, de 2004, ao introduzir o § 3º no artigo 102 da Lei Fundamental, dispondo que "no recurso extraordinário o recorrente deverá demonstrar a repercussão geral das questões constitucionais discutidas no caso, nos termos da lei, a fim de que o Tribunal examine a admissão do recurso, somente podendo recusá-lo pela manifestação de dois terços de seus membros".

A disciplina legal da repercussão geral surgiu com a Lei nº 11.418/2006, incluindo os artigos 543-A e 543-B no Código de Processo Civil de 1973.

O Código de Processo Civil de 2015 veiculou poucas alterações na compreensão do instituto, dando ênfase à caracterização nas situações de possível quadro de instabilidade da jurisprudência.

A disciplina da repercussão geral estampa algumas diretrizes: (i) envolve "questões relevantes do ponto de vista econômico, político, social ou jurídico, que ultrapassem os interesses subjetivos da causa"[12]; (ii) a necessidade, para a admissibilidade do extraordinário, de o recorrente argumentar, em preliminar do recurso, a existência de repercussão geral[13]; (iii) cabimento no plano jurídico, caso, na decisão recorrida, contrariar-se verbete de Súmula ou jurisprudência dominante do Supremo ou reconhecer-se a inconstitucionalidade de tratado ou de lei federal[14]; (iv) quando interposto recurso extraordinário do ato por meio do qual se julgar o mérito do incidente de

12 Art. 1.035. [...]

§ 1º Para efeito de repercussão geral, será considerada a existência ou não de questões relevantes do ponto de vista econômico, político, social ou jurídico que ultrapassem os interesses subjetivos do processo.

13 Art. 1.035. [...]

§ 2º O recorrente deverá demonstrar a existência de repercussão geral para apreciação exclusiva pelo Supremo Tribunal Federal.

14 Art. 1.035. [...]

§ 3º Haverá repercussão geral sempre que o recurso impugnar acórdão que:

I - contrarie súmula ou jurisprudência dominante do Supremo Tribunal Federal;

II – (dispositivo revogado pela Lei nº 13.256, de 2016)

III - tenha reconhecido a inconstitucionalidade de tratado ou de lei federal, nos termos do art. 97 da Constituição Federal.

resolução de demandas repetitivas[15]; e, por fim, (v) a irrecorribilidade do pronunciamento do Colegiado do Supremo quando este deixar de reconhecer a repercussão geral[16];

Inexiste campo para aspectos relacionados à discricionariedade – oportunidade e conveniência. A decisão sobre a configuração ou não da repercussão geral é judicial – exigindo fundamentação suficiente a demonstrar a avaliação dos fatores atinentes à relevância e à transcendência da questão constitucional.

Expondo algumas considerações críticas, Humberto Theodoro Júnior afirma que a repercussão geral é o mesmo que a antiga arguição de relevância, devendo o recorrente demonstrar que o resultado do exame do recurso influenciará várias demandas pelo país[17].

Salutar é a lição de Arruda Alvim, ao apontar a violação à coisa julgada[18] como merecedora de repercussão, justamente ante a importância do instituto para o ordenamento. Aponta, ainda, questões como vida, liberdade, matérias

15 Art. 987. Do julgamento do mérito do incidente caberá recurso extraordinário ou especial, conforme o caso.

§ 1º O recurso tem efeito suspensivo, presumindo-se a repercussão geral de questão constitucional eventualmente discutida.

16 Art. 1.035. O Supremo Tribunal Federal, em decisão irrecorrível, não conhecerá do recurso extraordinário quando a questão constitucional nele versada não tiver repercussão geral, nos termos deste artigo.

17 "Em outras palavras, o novo requisito da repercussão geral é o mesmo da antiga relevância, cuja configuração se dá quando o reflexo da questão decidida não se restrinja ao âmbito do processo em que está sendo debatida. O interesse em jogo, por isso, será 'maior fora da causa do que, propriamente, dentro dela', ou seja, o conceito de relevância da questão constitucional está, no dizer de Doroeste Baptista, relacionado com a importância para o público, em contraste com a importância para as partes interessadas". (THEODORO JÚNIOR, Humberto. O poder de controle do cabimento do recurso extraordinário referente ao requisito da repercussão geral (CF, art. 102, § 3.º). In: MEDINA, José Miguel Garcia; CRUZ, Luana Pedrosa de Figueiredo; CERQUEIRA, Luiz Otávio Sequeira de; GOMES JUNIOR, Luiz Manoel (Coord.) *Os poderes do juiz e o controle das decisões judiciais*. Estudos em homenagem à Profa. Teresa Arruda Alvim Wambier. São Paulo: RT, 2008. p. 933-934).

18 "Entre nós se formava diretrizes no STF, a maioria delas relacionadas com lei federal, diante então, da ampla competência do STF, no sistema passado, quando se modificou o sistema constitucional, com a supressão da possibilidade de relevância da questão federal. Parece-nos terem sido as seguintes as diretrizes principais: [...] b) violação à coisa julgada, tema esse que, pelo seu só enunciado, demonstra a sua relevância (repercussão geral)" (ARRUDA ALVIM, José Manoel. A EC 45 e o instituto da repercussão geral. In: WAMBIER, Teresa Arruda Alvim; WAMBIER, Luiz Rodrigues; GOMES JUNIOR, Luiz Manoel; FISCHER, Octavio Campos; FERREIRA, William Santos (Coord.). *Reforma do Judiciário. Primeiras reflexões sobre a Emenda Constitucional n. 45/2004*. São Paulo: RT, 2005. p. 92).

relativamente às quais a jurisprudência seja instável, e as que alcancem elevado número de pessoas[19]. Humberto Theodoro Júnior assinala a repercussão geral da questão que envolva instituto básico de nosso direito[20].

Portanto, a repercussão geral pode estar configurada tendo em vista a relevância do tema, como no caso de debates doutrinários sobre determinado instituto jurídico ou de divergência jurisprudencial que se apresente importante, e, também, nas situações em que somente haja transcendência da causa, como nas controvérsias tributárias e ambientais.

É permitido afirmar que, para a admissibilidade do recurso extraordinário, a questão constitucional deve ser "qualificada"[21] por uma das características aqui descritas.

Mesmo entendendo a repercussão geral como instituto com a função de reduzir o número de recursos que chegam ao Supremo, deve-se

---

19 "O que se quer dizer é que essa frase não há de ter, exclusivamente, uma significação estritamente jurídica, mas compreender também a repercussão econômica, social, etc., ainda que sempre referenciadas ao texto constitucional. O que o texto prescreve é que passa a ser necessária, para que possa vir a ser admitido e julgado um recurso extraordinário que a repercussão da matéria discutida em geral, i.e., que diga respeito a um grande espectro de pessoas e um largo seguimento social, uma decisão sobre assunto constitucional impactante, sobre tema constitucional muito controvertido, em relação a decisão que contrarie orientação do STF; que diga respeito à vida, à liberdade, à federação, à invocação do princípio da proporcionalidade (em relação à aplicação de Texto Constitucional) etc., ou, ainda, outros valores conectados ao Texto Constitucional que se alberguem debaixo da expressão repercussão geral". (ARRUDA ALVIM, José Manoel. Idem, p. 63).

20 "A relevância jurídica pode ser divisada quando esteja em jogo 'o conceito ou a noção de um instituto básico de nosso direito', havendo necessidade de evitar que uma decisão forme precedente perigoso ou inconveniente, como, v.g., em relação ao direito adquirido e outros valores constitucionais muito importantes para a prevalência da interpretação legítima da Constituição que o STF pretende realizar". (THEODORO JÚNIOR, Humberto. O poder de controle do cabimento do recurso extraordinário referente ao requisito da repercussão geral (CF, art. 102, § 3.º). In: MEDINA, José Miguel Garcia; CRUZ, Luana Pedrosa de Figueiredo; CERQUEIRA, Luiz Otávio Sequeira de; GOMES JUNIOR, Luiz Manoel (Coord.) *Os poderes do juiz e o controle das decisões judiciais*. Estudos em homenagem à Profa. Teresa Arruda Alvim Wambier. São Paulo: RT, 2008. p. 934-935). Nesse sentido (para preservar institutos importantes como o direito adquirido): MEDINA, José Miguel Garcia; WAMBIER, Teresa Arruda Alvim. *Recursos e ações autônomas de impugnação*. Processo Civil Moderno. São Paulo: RT, 2008. v. 2, p. 228.

21 Expressão adotada por José Miguel Garcia Medina. Conferir: MEDINA, José Miguel Garcia. Variações recentes sobre os recursos extraordinário e especial. Breves considerações. In: FUX, Luiz; NERY JUNIOR, Nelson; WAMBIER, Teresa Arruda Alvim (Coord.). *Processo e Constituição*. Estudos em homenagem ao Professor José Carlos Barbosa Moreira. São Paulo: RT, 2006. p. 1.052.

estar sensível a outro objetivo, relacionado à condição do Tribunal como órgão de cúpula, a saber, o aprimoramento da qualidade dos respectivos julgamentos.

5. CONCLUSÃO

Fica evidenciada, então, a repercussão geral como elemento "político" do recurso extraordinário[22], com ênfase da política institucional adotada pelo Supremo, presentes a atividade jurisdicional e a sociedade brasileira.

Embora possa a repercussão geral ter cunho político, é certo que, formalmente, ela faz parte dos requisitos de admissibilidade[23] do recurso extraordinário.

Ainda assim, a repercussão deve ser analisada de forma secundária[24], isto é, após a análise dos pressupostos gerais – intrínsecos e extrínsecos – e

[22] "A admissibilidade em função da presença da repercussão geral será informada por um critério principalmente político, ainda que com os parâmetros referenciais do § 3.º do art. 102 da CF/88" (ARRUDA ALVIM, José Manoel. A EC 45 e o instituto da repercussão geral. In: WAMBIER, Teresa Arruda Alvim; WAMBIER, Luiz Rodrigues; GOMES JUNIOR, Luiz Manoel; FISCHER, Octavio Campos; FERREIRA, William Santos (Coord.). *Reforma do Judiciário*. Primeiras reflexões sobre a Emenda Constitucional n. 45/2004. São Paulo: RT, 2005. p. 64).

[23] Nesse sentido: "O que fundamenta, iniludivelmente, é o interesse na concreção na unidade do Direito: é a possibilidade que se adjudica à Corte Suprema de 'clarifier ou orienter le droit' em função ou a partir de determinada questão levada ao seu conhecimento. Daí a oportunidade e o inteiro acerto de instituir-se a repercussão geral da controvérsia constitucional afirmada no recurso extraordinário como requisito de admissibilidade desse". (MARINONI, Luiz Guilherme; MITIDIERO, Daniel. *Repercussão geral no recurso extraordinário*. São Paulo: RT, p. 17). "No que concerne ao interesse transindividual nos julgamentos do STF, que transcende, portanto, o interesse subjetivo das partes, as mudanças mais significativas dizem respeito à adoção da súmula de efeitos vinculantes e à inserção do instituto da repercussão geral do recurso extraordinário ora analisada, concernente à sua inadmissão, mesmo tratando-se de hipótese prevista no inc. III do art. 102 da CF, fundada em eventual não repercussão geral". (LAMY, Eduardo de Avelar. Repercussão geral no recurso extraordinário: a volta da arguição de relevância? In: WAMBIER, Teresa Arruda Alvim; WAMBIER, Luiz Rodrigues; GOMES JUNIOR, Luiz Manoel; FISCHER, Octavio Campos; FERREIRA, William Santos (Coord.). *Reforma do Judiciário*. Primeiras reflexões sobre a Emenda Constitucional n. 45/2004. São Paulo: RT, 2005. p. 174).

[24] "Se a repercussão geral é requisito de recurso extraordinário, ao que tudo indica deve ser entendido por questões discutidas aquelas de estirpe constitucional que foram prequestionadas e constam da decisão recorrida. Será, portanto, relevante, aquilo que foi objeto de prequestionamento, não havendo como escapar dessa exigência" (JORGE, Flávio Cheim; SARTÓRIO, Elvio Ferreira. O recurso extraordinário e a demonstração da repercussão geral. In: WAMBIER, Teresa Arruda Alvim; WAMBIER, Luiz Rodrigues; GOMES

dos específicos, como cabimento e regularidade formal – existência e demonstração de prequestionamento e de a matéria ser eminentemente de Direito. Somente depois de atendidas essas exigências é que se analisará, em colegiado, a repercussão geral da questão discutida.

JUNIOR, Luiz Manoel; FISCHER, Octavio Campos; FERREIRA, William Santos (Coord.). *Reforma do Judiciário. Primeiras reflexões sobre a Emenda Constitucional n. 45/2004*. São Paulo: RT, 2005. p. 185).

14

A RECLAMAÇÃO NO CÓDIGO DE PROCESSO CIVIL DE 2015 E A JURISPRUDÊNCIA DO SUPREMO

1. INTRODUÇÃO

Recebi do Ministro Bruno Dantas, do Tribunal de Contas da União, o honroso convite para participar de obra coletiva intitulada "Questões Relevantes sobre Recursos, Ações de Impugnação e Mecanismos de Uniformização da Jurisprudência – Após o Primeiro Ano de Vigência do Novo CPC", em homenagem à estimada Professora Doutora Teresa Arruda Alvim. Não poderia iniciar o texto sem, antes, consignar breve registro sobre a atuação da estimada acadêmica no campo do novo processo civil brasileiro. Livre-docente pela Pontifícia Universidade Católica de São Paulo e notável advogada, a homenageada foi relatora da comissão de juristas responsáveis pela elaboração do anteprojeto do Código de Processo Civil, que resultou na Lei nº 13.105, de 16 de março de 2015, publicada no dia imediato. Apresentou relevantes contribuições direcionadas à remodelação do sistema recursal e ao desenho do sistema de pronunciamentos vinculantes. A atuação firme à frente do distinguido time de estudiosos desaguou na vinda de uma codificação moderna, na qual emprestada ênfase à segurança jurídica, à adoção de soluções uniformes para casos semelhantes.

A novidade legislativa tardava. Mostrava-se necessária a atualização processual considerada a superveniência da Constituição de 1988, a prever o cabimento da reclamação para garantir a autoridade das decisões de tribunais e assegurar a observância da competência destes, presente, inclusive, a ampliação do rol dos processos objetivos, que passou a englobar a ação declaratória de constitucionalidade e a arguição de descumprimento de preceito fundamental, cujas decisões são dotadas de eficácia vinculante. Esta também veio a ser atribuída a determinados verbetes da Súmula do Supremo, a partir da Emenda nº 45/2005. O quadro impunha a disciplina do instituto da reclamação. Daí os artigos 988 a 993 do Código de Processo Civil de 2015.

Consideradas as limitações de espaço, cabe abordagem da reclamação constitucional perante o Supremo e aspectos a ela relacionados, surgidos com o novo diploma processual. De início, há de ser ressaltada a construção jurisprudencial do instituto da reclamação, mencionando os casos mais relevantes julgados pelo Tribunal. Em seguida, discorrerei sobre a disciplina da medida no novo diploma, para, na sequência, suscitar – sem a pretensão de exauri-las – duas importantes questões concernentes à: (i) adequação da reclamação com a finalidade de controlar a observância, pelos demais tribunais, da sistemática da repercussão geral; e (ii) possibilidade do manuseio da medida tendo como base a tese da eficácia transcendental dos motivos determinantes de acórdão de processo objetivo.

2. A RECLAMAÇÃO NA JURISPRUDÊNCIA DO SUPREMO ANTES DO CÓDIGO DE PROCESSO CIVIL DE 2015

Apesar da recente normatização no Código, o Supremo vem há muito se debruçando sobre a reclamação. Na sessão de 31 de outubro de 1984, ao apreciar a representação nº 1.092-9, ainda sob o ângulo da Carta anterior, lembrou o Ministro Djaci Falcão o surgimento do instituto a partir de "uma construção pretoriana do mais elevado alcance, constituindo um desdobramento das atribuições conferidas constitucionalmente ao Supremo Tribunal, para que pudesse cumprir, integralmente, a sua missão, preservando, de modo eficaz, a competência e a autoridade dos seus julgados, como órgão 'de superposição a todos os juízes e tribunais do país'." Consoante destacou Sua Excelência, a reclamação acabou prevista no Regimento Interno do Supremo, a partir de emenda proposta pelo Ministro Ribeiro da Costa, aprovada em 2 de outubro de 1957, com a finalidade de "preservar a integridade de sua competência ou assegurar a autoridade de seu julgado", tendo sido mantida nos textos seguintes, inclusive o atual, de 27 de outubro de 1980, nos artigos 156 a 162.

Na jurisprudência recente, os contornos da reclamação vieram a ser, passo a passo, esclarecidos. Na ação direta de inconstitucionalidade nº 2.212/CE, relatora a ministra Ellen Gracie, apreciada em 2 de outubro de 2003, o Colegiado admitiu a previsão do instituto no âmbito estadual. Quanto à natureza jurídica, consignou advir a reclamação do direito de petição, presente o disposto no artigo 5º, inciso XXXIV, da Carta de 1988, consistindo, como fiz ver naquela ocasião, em procedimento voltado a preservar a competência do Tribunal ou a autoridade dos próprios atos. No julgamento da ação direta de inconstitucionalidade nº 2.480, relator o ministro Sepúlveda Pertence, ocorrido em 2 de abril de 2007, reiterou a óptica quanto à possibilidade do manuseio da reclamação no campo estadual com base na teoria dos poderes implícitos.

O alcance da medida foi potencializado no exame do agravo regimental na reclamação nº 1.880/SP, da relatoria do ministro Maurício Corrêa, ocorrido em 7 de novembro de 2002, quando, ante releitura dos artigos 13 da Lei nº 8.038/1990 e 156 do Regimento Interno, o Supremo passou a acolher a reclamação tendo como parâmetro decisão proferida em processo objetivo, formalizada por qualquer interessado – legitimado, ou não, à deflagração do controle concentrado de normas. Acabou superado o entendimento segundo o qual não seria possível supor, no âmbito de conflito subjetivo de interesses, contrariedade a óptica revelada em processo de índole abstrata.

Relativamente à oportunidade, o Tribunal editou, em 26 de novembro de 2003, o verbete nº 734 da Súmula, a versar inviável o manuseio da reclamação como sucedâneo de ação rescisória, quando operado o trânsito em julgado em momento anterior ao do protocolo da medida. No tocante ao interesse, reputou inadequada a apresentação com o objetivo de impugnar ato do próprio Supremo – agravo regimental na reclamação nº 4.174, julgado em 27 de novembro de 2007, relator o ministro Carlos Ayres Britto. Voltou à matéria em 2013, assentando, na apreciação do agravo regimental na reclamação nº 8.660, de minha relatoria, imprópria a utilização da reclamação para questionar o descumprimento de decisão proferida em caso ainda em curso no Tribunal. Entendeu-se que, observado o princípio da instrumentalidade, a situação se resolveria mediante a arguição do desrespeito no curso do próprio processo no qual praticado o ato tido por olvidado.

No campo dos legitimados ativos, reconheceu, em 24 de fevereiro de 2011, ao examinar a reclamação nº 7.358, relatora a ministra Ellen Gracie, a possibilidade de Ministério Público estadual formalizar a medida no Supremo, afastando o monopólio da Procuradoria-Geral da República.

Criada a partir de construção jurisprudencial, a reclamação veio a contar com a disciplina do legislador. Foi previsto, nos artigos 7º e 8º da Lei nº 11.417, de 19 de dezembro de 2006, o uso em face de contrariedade a enunciado da Súmula dotado de eficácia maior. Com a superveniência do Código de 2015, o regramento foi ampliado.

3. SÍNTESE DA DISCIPLINA DA RECLAMAÇÃO DE ACORDO COM A LEI Nº 13.105/2015

Ao lado da preservação da competência, o exame a ser realizado na reclamação faz-se mediante o cotejo entre o ato impugnado e o paradigma apontado como violado. Não se confunde com a análise recursal, voltada à aferição do acerto, ou não, do entendimento lançado no pronunciamento recorrido. Descabe utilizá-la como sucedâneo de recurso ou, até mesmo, de incidente de uniformização de jurisprudência. O rito é assemelhado ao do mandado de segurança, uma vez vedada a dilação probatória e necessária a instrução da inicial com prova documental alusiva à alegação.

Quanto ao requisito da adequação, presente o artigo 988 do Código, volta-se a: (a) preservar a competência de tribunal (inciso I); (b) salvaguardar a autoridade de decisões de tribunal (inciso II); (*c*) garantir a submissão a verbete de súmula dotado de eficácia vinculante (inciso III, primeira parte); (*d*) assegurar o respeito a decisão do Supremo proferida em controle concentrado de validade de normas (inciso III, segunda parte); ou (*e*) garantir a observância de precedente resultante do julgamento de incidente de resolução de demandas repetitivas ou de competência (inciso IV).

No plano constitucional, a competência do Supremo está delimitada no artigo 102, mostrando-se cabível a reclamação sempre que órgão judiciário avançar sobre as atribuições do Tribunal ou desrespeitar julgado que haja formalizado. Quanto à garantia da autoridade das próprias decisões, o inciso II do artigo 988 disciplina os casos de desrespeito a atos praticados em processos de natureza subjetiva, pressupondo-se que o reclamante tenha integrado a relação processual formada tanto na origem como no paradigma.

O inciso III versa as situações de afronta a enunciados dotados de eficácia vinculante – previstos no artigo 103-A da Constituição Federal e na Lei nº 11.417/2006 –, cuja edição pressupõe controvérsia de índole constitucional e reiteradas decisões sobre a matéria. Contempla a ofensa a pronunciamentos em processos objetivos, incluída a ação direta de inconstitucionalidade, a declaratória de constitucionalidade e a arguição de descumprimento de preceito fundamental. Em qualquer caso, tem-se como requisito a anterioridade do paradigma em relação ao ato impugnado, porquanto só se pode descumprir o existente. Está compreendida a possibilidade de a violação partir de ato da Administração Pública, valendo notar a necessidade de esgotamento da via administrativa para o acesso ao Supremo por meio da via excepcional da reclamação.

No inciso IV, está previsto o manuseio da reclamação para assegurar a observância de decisão tomada em incidente de solução de demandas repetitivas ou ligada ao tema competência. A redação originária[1] do Código continha disciplina diversa. Mediante a Lei nº 13.256/2016, que veio a modificar o texto antes mesmo da própria eficácia, a referência a verbete vinculante foi deslocada do inciso IV para o III. Além disso, foi excluída, como regra geral, a possibilidade de formalização de reclamação contra ato praticado por qualquer órgão judiciário ante a contrariedade a acórdão decorrente da apreciação de casos repetitivos em recursos especial e extraordinário (artigo 928, inciso II). A adequação da medida, nessa situação, ficou condicionada ao exaurimento das instâncias ordinárias (artigo 988, § 5º, inciso II). Em síntese, com a derrogação, deixou-se de ter o cabimento indistinto da reclamação para atacar quaisquer decisões proferidas no julgamento de casos repetitivos (gênero). Relativamente ao campo de atuação do Supremo, ficou permitido arguir, em caráter excepcional, o desrespeito a acórdão formalizado em recurso extraordinário submetido ao regime da repercussão geral, inclusive quando envolvidos casos repetitivos.

4. A RECLAMAÇÃO E A JURISPRUDÊNCIA DO SUPREMO APÓS O NOVO CÓDIGO: DUAS QUESTÕES RELEVANTES

Considerado o regramento atual, destaco dois aspectos importantes surgidos a partir da vigência do novo diploma processual. O primeiro concerne à problemática do controle de atos praticados pelos demais Tribunais na observância de entendimento adotado pelo Supremo sob o ângulo da

---

1 Art. 988. Caberá reclamação da parte interessada ou do Ministério Público para:

[...]

III – garantir a observância de decisão do Supremo Tribunal Federal em controle concentrado de constitucionalidade;

IV – garantir a observância de enunciado de súmula vinculante e de precedente proferido em julgamento de casos repetitivos ou em incidente de assunção de competência.

[...]

§ 5º É inadmissível a reclamação proposta após o trânsito em julgado da decisão.

[...]

repercussão geral. O segundo diz respeito à adequação da medida quando envolvido o alegado desrespeito não da parte dispositiva, mas dos chamados motivos determinantes de decisão proferida em controle concentrado.

Relativamente à primeira questão, o Tribunal, em momento anterior ao da vinda do novo diploma, assentou óptica no sentido da impropriedade da reclamação voltada a aferir a ocorrência de eventual erro decorrente da aplicação, pelos demais tribunais, da sistemática da repercussão geral, ante a multiplicidade de casos idênticos. Esse foi o enfoque revelado no julgamento das reclamações nº 7.569 e nº 7.547, ambas da relatoria da ministra Ellen Gracie, acórdãos publicados no Diário da Justiça eletrônico de 10 de dezembro de 2009, bem assim no pronunciamento na questão de ordem no agravo de instrumento nº 760.358, publicado em 12 de fevereiro de 2010. Embora não tenha divergido na ocasião, acabei evoluindo. Passei a assentar a necessidade de ter-se instrumental para questionar o acerto ou desacerto da observância de decisão do Supremo prolatada sob o ângulo da repercussão geral, ante a impossibilidade de mitigar pronunciamentos e negar jurisdição.

O legislador encampou a preocupação. Apesar de alterar a redação originária do Código, antes mesmo da eficácia, mediante a Lei nº 13.256/2016, no que suprimido o cabimento indistinto da reclamação contra ato de qualquer órgão judiciário em conflito com entendimento adotado sob a sistemática da repercussão geral, passou a admiti-la para controlar a observância das teses firmadas pelo Supremo nos casos idênticos represados nas instâncias inferiores, uma vez comprovado o esgotamento da via ordinária (artigo 988, § 5º, inciso II). O exaurimento ocorre com a interposição e o julgamento do agravo interno no âmbito do Tribunal de origem (artigos 1.021, 1.030, inciso I, § 2º, e 1.042, parte final).

No tocante à transcendência, o Tribunal vem, há muito, debatendo o alcance da chamada eficácia vinculante. Entre os registros históricos, destaco a questão de ordem suscitada na ação declaratória de constitucionalidade nº 1, apreciada na sessão realizada em 27 de outubro de 1993, voltada à análise de validade da Emenda nº 3, de 1993, na parte alusiva à instituição da ação declaratória pelo Poder Constituinte derivado. Ao dirimi-la, o relator, ministro Moreira Alves, consignou:

> [...] De feito, se a eficácia *erga omnes* que também possuem suas decisões de mérito lhe dá a mesma eficácia que têm as decisões de mérito das ações diretas de inconstitucionalidade (e – note-se – é em virtude dessa eficácia *erga omnes* que esta Corte, por ser

> alcançada igualmente por ela, não pode voltar atrás na declaração que nela fez anteriormente), do efeito vinculante que lhe é próprio resulta:
>
> a) – se os demais órgãos do Poder Judiciário, nos casos concretos sob o seu julgamento, não respeitarem a decisão prolatada nessa ação, a parte prejudicada poderá valer-se do instituto da reclamação para o Supremo Tribunal Federal, a fim de que este garanta a autoridade dessa decisão; e
>
> b) – essa decisão (e isso se restringe ao dispositivo dela, não abrangendo – como sucede na Alemanha – os seus fundamentos determinantes, até porque a Emenda Constitucional n. 3 só atribui efeito vinculante à própria decisão definitiva de mérito), essa decisão, repito, alcança os atos normativos de igual conteúdo daquele que deu origem a ela, mas que não foi seu objeto, para o fim de, independentemente de nova ação, serem tidos como constitucionais ou inconstitucionais, adstrita essa eficácia aos atos normativos emanados dos demais órgãos do Poder Judiciário e do Poder Executivo, uma vez que ela não alcança os atos editados pelo Poder Legislativo.

Transcorrido o tempo, a jurisprudência firmou-se no sentido do descabimento da tese da eficácia transcendental dos fundamentos determinantes, presente o julgamento de processos objetivos. A óptica está sintetizada no acórdão da reclamação nº 3.014, Pleno, relator o ministro Carlos Ayres Britto, publicado no Diário da Justiça de 20 de maio de 2010.

O legislador, ao editar o novo diploma processual, reacendeu o debate. Passou a prever a adequação da reclamação em virtude da observância errônea de tese jurídica ou o desrespeito, quando evocada a ofensa a verbete vinculante ou decisão proferida em sede de controle concentrado, incidente de resolução de demandas repetitivas ou de assunção de competência – artigo 988, incisos III e IV e § 4º, do Código de Processo Civil de 2015.[2]

---

[2] Art. 988. Caberá reclamação da parte interessada ou do Ministério Público para:

[...]

III – garantir a observância de enunciado de súmula vinculante e de decisão do Supremo Tribunal Federal em controle concentrado de constitucionalidade;

IV – garantir a observância de acórdão proferido em julgamento de incidente de resolução de demandas repetitivas ou de incidente de assunção de competência;

[...]

§ 4º As hipóteses dos incisos III e IV compreendem a aplicação indevida da tese jurídica e sua não aplicação aos casos que a ela correspondam.

Constato algo relevante. Da leitura do Código de 1973, verifica-se a ausência de menção ao termo "tese jurídica". Estranha até pouco tempo ao regramento processual, a expressão conta, na codificação de 2015, com nove referências, todas vinculadas ao julgamento de casos repetitivos ou a conteúdo de verbete dotado de eficácia vinculante. Considerada a parte relacionada à atuação do Supremo, indague-se: com a publicação do novo diploma, ante a alusão a "tese jurídica", ficou permitida a utilização da reclamação considerados os fundamentos determinantes de acórdão de processo objetivo?

A resposta é negativa. A fixação de tese jurídica é própria a processos envolvendo conflitos subjetivos. No campo do controle abstrato, tem-se apenas a verificação da compatibilidade de norma com a Constituição, ficando consignado, no dispositivo, a conclusão, único elemento acobertado pelo manto da coisa julgada. A reclamação possui caráter excepcional e o exame nela realizado, até mesmo em virtude das limitações do rito, não se confunde com aquele efetuado, pelo Supremo, nos processos objetivos.

Concluído o julgamento das ações diretas de inconstitucionalidade nº 4.697 e nº 4.762, em 6 de outubro de 2016, ambas da relatoria do ministro Luiz Edson Fachin, surgiu, por iniciativa do ministro Luís Roberto Barroso, discussão sobre a pertinência da definição de tese, que acabou não enunciada nos mencionados processos. A leitura dos debates revela a complexidade do tema. Tive a oportunidade de consignar impertinente a adoção de tese em processos objetivos, porquanto, diferentemente dos recursos extraordinários, aqueles se fazem direcionados ao Poder Legislativo, o qual não é alcançado pela eficácia vinculante das decisões proferidas em controle concentrado. Embora tenha admitido a fixação, o saudoso ministro Teori Zavascki ponderou que esta não poderia ultrapassar a conclusão, ou seja, a procedência, ou não, do pedido formulado relativamente à validade do dispositivo questionado.

O debate justificou-se na imprecisão terminológica quanto à extensão do conceito de tese jurídica. Além de não constar como elemento essencial da sentença no artigo 489 do Código, não se sabe se estaria situado no âmbito dos motivos ou no da conclusão, considerados os processos objetivos. Soma-se outro dado relevante. A tomada de votos no Colegiado não ocorre a partir de cada causa de pedir veiculada. Tem-se a agregação de fundamentos, a partir do entendimento de cada integrante, sendo possível a adoção do mesmo resultado mediante razões distintas. Nessa situação, fica prejudicada a identificação, sob o ângulo da maioria formada, do denominador comum.

Em síntese, nada mudou quanto ao alcance das decisões proferidas em sede de controle concentrado de validade de normas sob o ângulo da Constituição Federal, especialmente o disposto no artigo 102, § 2º.[3] A interpretação do novo texto legal deve ocorrer em conformidade com o Diploma Maior, e não o contrário. A eficácia vinculante dos pronunciamentos formalizados em processos objetivos está limitada à parte dispositiva do acórdão.

5. CONCLUSÃO

Não são poucos os desafios a partir do Código de Processo Civil de 2015, considerada a aplicação nos diversos graus de jurisdição. Quanto à atuação do Supremo, a disciplina é específica. Restringido, cada vez mais, o acesso ao Tribunal pela via do recurso extraordinário, as atenções voltam-se à conformação da reclamação como mecanismo de preservar a competência do Supremo e garantir a autoridade das próprias decisões. Desenhado cenário de vinculação a precedentes, ao Tribunal caberá a relevante missão de seguir definindo – como sempre o fez – o alcance do instituto, presentes as balizas constitucionais e legais.

3 § 2º As decisões definitivas de mérito, proferidas pelo Supremo Tribunal Federal, nas ações diretas de inconstitucionalidade e nas ações declaratórias de constitucionalidade produzirão eficácia contra todos e efeito vinculante, relativamente aos demais órgãos do Poder Judiciário e à administração pública direta e indireta, nas esferas federal, estadual e municipal.

15

SUPREMO E POLÍTICAS PÚBLICAS: ENTRE DIREITOS FUNDAMENTAIS E DEMOCRACIA

1. INTRODUÇÃO

O Doutor Marcus Vinícius Furtado Coelho, Presidente da Comissão Nacional de Estudos Constitucionais, do Conselho Federal da Ordem dos Advogados do Brasil, honrou-me com o convite para participar de obra coletiva, intitulada "O Futuro das Instituições: Direito e Democracia", em homenagem ao eminente Professor Doutor José Afonso da Silva. A colaboração deve começar por breve registro quanto ao homenageado. Decano dos constitucionalistas brasileiros, é um dos principais juristas pátrios de todos os tempos. Professor titular aposentado da Faculdade de Direito da Universidade de São Paulo, é autor de celebradas obras, principalmente, de Direito Constitucional. De especial importância para este artigo-homenagem, tem-se o clássico livro "Aplicabilidade das Normas Constitucionais", cuja 1ª edição é de 1967, estando, hoje, na 8ª edição, do ano de 2012.

O título da coletânea é instigante: o Futuro das Instituições: Direito e democracia. Abordo prognóstico institucional, estrito, mas de relevância: qual é o futuro da atuação do Supremo considerados direitos fundamentais e democracia? Como pode o Tribunal contribuir para a efetividade das normas constitucionais que versam direitos fundamentais – tema caro ao homenageado –, sem maltratar o princípio democrático? Eis um grande desafio!

Em palestra proferida no Estado de Goiás, o então presidente do Supremo, ministro Ricardo Lewandowski, deu importante pista sobre o tema. Disse Sua Excelência que, no século XXI, a missão do Poder Judiciário é "ajudar a pensar em políticas públicas para melhorar o país: Essa era uma ideia impensável algum tempo atrás, mas hoje alguns juízes participam da formulação dessas políticas, especialmente na proteção das minorias desprotegidas".[1] Sem dúvida, a fim de dar efetividade às normas constitucionais sobre os direitos fundamentais e, especificamente, às relativas aos direitos sociais, o Poder Judiciário – particularmente o Supremo – tem, nos últimos anos, intervido na formulação e implementação de políticas públicas. É um ponto dramático: numa democracia, juízes podem interferir em políticas públicas, ainda que para tutelar direitos fundamentais?

Defendo que sim, observadas as seguintes diretrizes: para assegurar a aplicação das normas constitucionais sobre direitos fundamentais, notadamente na dimensão da proteção do mínimo existencial em que envolvidos os direitos sociais, sem nunca descuidar-se das objeções da reserva do orçamento e das capacidades institucionais. Para justificar a tese e festejar a autoridade intelectual do homenageado, o artigo terá a seguinte estrutura: no tópico 2, constará breve síntese da tese do Professor José Afonso da Silva acerca da aplicabilidade das normas constitucionais. No 3, a abordagem da legitimação da intervenção judicial: a tutela do mínimo existencial. Nos itens 4 e 5, a discussão dos relevantes óbices teóricos, de importante repercussão prática, à intervenção judicial, quais sejam, os da reserva do possível e as capacidades institucionais. Depois, no 6, a menção a dois importantes casos sobre direitos fundamentais, nos quais busquei, na condição de relator, o equilíbrio entre a garantia da efetividade das normas constitucionais sobre direitos fundamentais, legitimando a interferência judicial sobre políticas públicas, e o respeito às prerrogativas democráticas dos outros Poderes, consideradas as objeções mencionadas: o caso do fornecimento dos medicamentos de alto custo e o do sistema carcerário brasileiro. Ao final, estarão as conclusões.

2. A APLICABILIDADE DAS NORMAS CONSTITUCIONAIS SEGUNDO JOSÉ AFONSO DA SILVA

O Professor José Afonso da Silva é autor de uma das principais e mais clássicas obras do Direito Constitucional brasileiro, "Aplicabilidade das Normas Constitucionais", na qual apresentou divisão tricotômica das

---

1 Conjur, 30/10/2015: http://www.conjur.com.br/2015-out-30/elaborar-politicas-publicas--papel-judiciario-dizlewandowski. <Acesso em 26/1/2016>

normas, tendo como critério a eficácia e a aplicabilidade dos dispositivos: (i) normas constitucionais de eficácia plena e aplicabilidade imediata, (ii) normas constitucionais de eficácia contida e aplicabilidade imediata, porém sujeitas a restrições legislativas futuras, e (iii) normas de eficácia limitada.[2]

Para o mestre, as primeiras correspondem aos comandos constitucionais certos e definidos, com normatividade suficiente à aplicação imediata independentemente da intermediação legislativa. Nesse caso, os enunciados normativos teriam recebido do constituinte carga suficiente. Sendo de aplicabilidade imediata, o Judiciário, notadamente o Supremo, pode intervir em situações que violem essas normas, sem cogitar de perigo de usurpação da competência dos poderes políticos. São exemplos as que conferem competências aos entes federativos ou definem atribuições aos Poderes do Estado.

Quanto às normas constitucionais de eficácia contida e aplicabilidade imediata, sujeitas a restrições legislativas futuras, são comandos com normatividade suficiente à aplicação imediata, mas com a possibilidade de legislação futura vir a limitar a eficácia. Isso significa que o constituinte dotou-as de normatividade suficiente para a aplicação, abrindo margem ao legislador para, no âmbito da regulamentação, reduzir a eficácia normativa. O Judiciário pode intervir para assegurar o cumprimento dos comandos constitucionais, devendo, se impugnada a regulação legal, enfrentar a adequação e razoabilidade das restrições porventura impostas. O julgador deverá examinar se a disciplina legal, a propósito de limitar a aplicabilidade do enunciado constitucional, importou na própria negativa dos direitos previstos, avaliando se foi ou não mantido intacto o núcleo essencial dos direitos e interesses tutelados. Exemplo é a norma relativa à liberdade do exercício de atividade profissional (artigo 5º, inciso XIII), segundo a qual "é livre o exercício de qualquer trabalho, ofício ou profissão, atendidas as qualificações profissionais que a lei estabelecer".

Por fim – e o que mais interessa a este artigo –, há as normas de eficácia limitada, que seriam as constitucionais de princípio institutivo e de princípio programático, sem normatividade suficiente à aplicação imediata, sendo necessária a complementação legislativa, para dar concretude ao dispositivo constitucional. Falta-lhes, de acordo com José Afonso, normatividade

---

2 SILVA, José Afonso da. *Aplicabilidade das Normas Constitucionais*. 4ª ed. São Paulo: Malheiros, 2000, p. 88 et seq. Para uma sistematização das posições da doutrina sobre a eficácia das normas constitucionais, cf. SARLET, Ingo Wolfgang. *A Eficácia dos Direitos Fundamentais*. 7ª ed. Porto Alegre: Livraria do Advogado, 2007.

para a aplicação integral imediata, mostrando-se dependentes de ulterior desenvolvimento legislativo para que possam tornar-se realidade concreta.

Dentro dessa categoria encontram-se as denominadas *normas de princípio programático*, ou seja, aquelas a consistirem em objetivos do Estado. Veiculam obrigações ao Estado, sem dispor sobre os meios a serem empregados ou os resultados a serem alcançados. Em apertada síntese, tratam de programas a serem implementados por meio de políticas públicas, como ocorre, por exemplo, nos campos do direito à alimentação, à saúde, à educação. O mestre assim delineou as características básicas dessas normas:

> I – São normas que têm por objeto a disciplina dos interesses econômico-sociais, tais como: realização da justiça social e existência digna; valorização do trabalho; desenvolvimento econômico; repressão ao abuso do poder econômico; assistência social, intervenção do Estado na ordem econômica, amparo à família; combate à ignorância; estímulo à cultura, à ciência e à tecnologia.
>
> II – São normas que não tiveram força suficiente para se desenvolver integralmente, sendo acolhidas, em princípio, como programa a ser realizado pelo Estado, por meio de leis ordinárias ou de outras providências.
>
> III – São normas de eficácia reduzida, não sendo operantes relativamente aos interesses que lhes constituem objeto específico e essencial, mas produzem importantes efeitos jurídicos [...].[3]

Os direitos sociais são da espécie de normas constitucionais de eficácia que requerem a formulação e implementação de políticas públicas para a integral aplicação: surgem como de eficácia limitada. Há relação direta e funcional entre a aplicação integral das normas de eficácia limitada relativa a direitos sociais e a implementação de políticas públicas. Ante tal quadro, é de se perguntar: pode o Judiciário intervir para assegurar a observância de normas constitucionais que, por estrutura, dependem da atuação legislativa posterior? Embora seja obrigação do Estado, é possível o Judiciário controlar a constitucionalidade dessas políticas públicas na medida em que as normas constitucionais correspondentes não versam meios nem especificam resultados? Sob quais fundamentos essa intervenção é viável ante a manifesta discricionariedade legislativa sinalizada pela natureza de eficácia limitada das normas constitucionais em jogo?

---

3 SILVA, José Afonso da. *Aplicabilidade das Normas Constitucionais.* Op. cit., p. 150-151.

Cabível é a intervenção judicial sobre a formulação e implementação de políticas públicas, notadamente pelo Supremo, em situações excepcionais e observadas diretrizes: tutela do mínimo existencial; consideração efetiva pelas objeções da reserva do orçamento e das capacidades institucionais. Senão, vejamos.

3. O DEVER DE TUTELA DO MÍNIMO EXISTENCIAL

Ante razões vinculadas ao princípio democrático, o Supremo deve proceder de forma moderada, ao efetuar o controle de constitucionalidade dos atos dos poderes políticos. É verdade ainda maior em se tratando da possibilidade de controle de políticas públicas, envolvidos direitos sociais. Leve-se em conta que o parâmetro desse controle são normas de eficácia limitada. Para ser legítima, a atuação do Tribunal, antes de tudo, deverá estar pautada em fundamento de alta relevância constitucional. Há de buscar-se a máxima efetividade dos direitos sociais fundamentais quando em jogo a dimensão do mínimo existencial.

A evolução dos direitos fundamentais está intimamente ligada ao progresso das Constituições, desde os modelos liberais do século XVIII, passando pelas Constituições sociais do início do século XX, e alcançando as democráticas promulgadas a partir do fim da Segunda Grande Guerra. A afirmação constitucional dos direitos sociais mostra-se etapa das mais relevantes da caminhada dos direitos.

A positivação progressiva dos direitos fundamentais está associada à evolução do papel do Estado – do Liberal ao Social, chegando ao Democrático – perante os indivíduos e a sociedade. Busca-se modelo de organização político-constitucional no qual, em equilíbrio, a atuação do Poder Público, de um lado, deve ser contida em nome de liberdades essenciais do homem e, de outro, revela-se imprescindível para a satisfação de certas necessidades sociais. Antes, falava-se em direitos contra o Estado. Hoje, tem-se direitos por meio do Estado.

Não se trata de escalada de rompimentos, e sim de complementações de direitos. Quando se faz referência a "gerações de direitos", não se está a afirmar que o surgimento de uma nova representou o fim da anterior. O processo é cumulativo e ruma sempre a partir de bases fundamentais: dignidade humana, liberdade, igualdade e solidariedade. Daí não ter ocorrido ruptura do Estado Liberal. Este precisou acomodar-se também como Estado Social, para dar conta de novas demandas, o que inclui realizar prestações positivas, de conteúdo social e econômico, em favor de significativa parcela da sociedade, especificamente das camadas pobres, mais frágeis e necessitadas.

Nesse contexto de reafirmação de liberdades atrelada à busca por igualdade material e justiça social, vieram à balha os direitos socioeconômicos, classificados como de segunda geração, impondo ao Estado realizar prestações positivas na área da saúde, assistência social, educação, trabalho, alimentação, moradia.

Estão reconhecidos na Constituição de 1988, inicialmente no artigo 6º:

> Art. 6º São direitos sociais a educação, a saúde, a alimentação, o trabalho, a moradia, o transporte, o lazer, a segurança, a previdência social, a proteção à maternidade e à infância, a assistência aos desamparados, na forma desta Constituição.

Nos artigos 194 a 217 da Carta da República, foram disciplinados a seguridade social – saúde, previdência social e assistência social –, a educação, cultura e desporto. A saúde pública foi tratada nos artigos 196 a 200, prevendo-se, o primeiro, ser a saúde "direito de todos e dever do Estado, garantido mediante políticas sociais e econômicas que visem à redução do risco de doença e de outros agravos e ao acesso universal e igualitário às ações e serviços para sua promoção, proteção e recuperação".

Os dispositivos encerram normas constitucionais de eficácia limitada. O desenvolvimento da dimensão objetiva desses direitos fica a cargo de políticas públicas.

Consoante a clássica lição do professor Ricardo Lobo Torres, o direito ao mínimo existencial não possui positivação autônoma na Carta de 1988, mas pode ser extraído de inúmeras normas constitucionais contidas nos artigos 1º, 3º, 5º e 6º. Trata-se de direito implícito, pré-constitucional, pré-estatal, inerente à vida humana digna e fundamentado na liberdade. A observância do mínimo existencial assegura, segundo o autor, a existência da pessoa humana em condições dignas para o exercício da liberdade, da felicidade, da igualdade e dos direitos em geral. Em síntese, o direito ao mínimo existencial consiste no "direito às condições mínimas de existência humana digna que não pode ser objeto de intervenção do Estado na via dos tributos (= imunidade) e que ainda exige prestações estatais positivas".[4]

[4] TORRES, Ricardo Lobo. *O Direito ao Mínimo Existencial*. Rio de Janeiro: Renovar, 2009, p. 35-36.

Os direitos sociais, segundo o mestre da Universidade do Estado do Rio de Janeiro, são plenamente fundamentais na dimensão do mínimo existencial. Destinam-se à cobertura dos riscos da existência, como a falta de saúde, incapacidade laboral, desemprego, pobreza, miséria. Revelando-se a dificuldade de indivíduos ou de grupos de indivíduos à existência digna, estará configurada a dimensão de mínimo existencial dos direitos sociais. Os "direitos sociais máximos", de acordo com o autor, hão de ser obtidos na via do exercício da cidadania reivindicatória e da prática orçamentária, a partir do processo democrático. Configurada ameaça ao mínimo existencial em casos individualizados, com violação da dignidade humana e ausência de condições, os direitos sociais apresentam-se como plenamente judicializáveis, merecedores de amplas garantias institucionais, independentemente de reservas orçamentárias.[5]

Como fundamento último do dever estatal relativo aos direitos sociais, tem-se o princípio da dignidade da pessoa humana na dimensão de mínimo existencial. Nessa seara, o Judiciário, em diferentes instâncias, vem formalizando decisões sobre a execução de políticas públicas, principalmente em relação à saúde e à educação. O Supremo, presentes direitos fundamentais e democracia, tem desempenhado papel de destaque.

Faz valer o projeto constitucional de inclusão social e de vida digna sempre que constatada a omissão dos poderes políticos ou a atuação deficiente. Essa perspectiva mostra-se especialmente relevante no campo da saúde, considerados os artigos 6º e 196. Há atos em que determinado o fornecimento gratuito de medicamentos, tratamentos médicos urgentes no exterior,[6] disponibilidade de vaga de internação em UTI, mesmo em hospital não conveniado ao SUS,[7] inclusive com sequestro de verbas públicas para o custeio dessas necessidades.[8] Foi fixada a premissa de ser direito de todo cidadão carente receber medicamentos e tratamentos médicos, cabendo aos governos fornecê-los. No âmbito da realização desses direitos, assentei que "o Estado deve assumir as funções que lhe são próprias, sendo certo, ainda, que problemas orçamentários não podem obstaculizar o implemento do que previsto constitucionalmente."[9]

5 TORRES, Ricardo Lobo. *O Direito ao Mínimo Existencial*. Op. cit., p. 53-54.

6 STF – 1ª T., RE 368.564/DF, Rel. Min. Cezar Peluso, j. 13/4/2011, DJ 10/8/2011.

7 STF – 2ª T., AI 527.135/MG, Rel. Min. Joaquim Barbosa, j. 8/4/2005, DJ 21/6/2005.

8 STF – 2ª T., Ag. Rg. no AI 597.182/RS, Rel. Min. Cezar Peluso, j. 10/10/2006, DJ 6/11/2006.

9 STF – 1ª T., RE 195.192/RS, de minha relatoria, j. 22/02/2000, DJ 31/03/2000.

Essa jurisprudência teve o ponto alto com as decisões mediante as quais foi determinada a distribuição gratuita de medicamentos para tratamento do vírus HIV, o que inclusive motivou políticas públicas nesse sentido. Dediquei atenção especial ao tema. Em monografia apresentada à Sociedade Brasileira de Direito Público, intitulada "O Supremo Tribunal Federal e a Política de Fornecimento de Medicamentos para Tratamento da AIDS/HIV", a pesquisadora Mariana Gracioso Barbosa identificou, em análise quantitativa da atuação do Tribunal, que funcionei como relator, com voto vencedor ou decisão monocrática, em 22,9% dos processos, até agosto de 2005, nos quais determinado o fornecimento desses remédios – o maior percentual entre os Ministros então atuantes.[10] Em diferentes pronunciamentos,[11] assentei decorrer o direito da aplicabilidade imediata do artigo 196 da Carta, considerada a dimensão do mínimo existencial, e que era:

> [...] hora de atentar-se para o objetivo maior do próprio Estado, ou seja, proporcionar vida gregária segura e com o mínimo de conforto suficiente a atender ao valor maior atinente à preservação da dignidade do homem.

O Supremo também tem atuação firme no campo da educação, confirmando decisões de instâncias inferiores que implicaram a obrigação de governos municipais disponibilizarem vagas em creches[12] e instituições de educação infantil e ensino fundamental para crianças carentes.[13] Aplicando diretamente o artigo 208, incisos I e IV, da Carta da República, o Tribunal corrigiu omissões estatais a colocarem em risco o futuro da educação de crianças carentes, negando-lhes as prestações mínimas nesse campo. Com isso, demonstrou estar atento ao caráter social do Diploma Maior,

---

10 BARBOSA, Mariana Gracioso. *O Supremo Tribunal Federal e a Política de Fornecimento de Medicamentos para Tratamento da AIDS/HIV*. São Paulo: SBDP, 2005, p. 31, nota de rodapé nº 48, e p. 34, gráfico 2. <http://www.sbdp.org.br/arquivos/monografia/26_Mariana%20Barbosa.pdf"> Acesso em 15/7/2013

11 AI 232.469/RS, decisão monocrática em 12/12/1998, DJ 23/2/1999; RE 244.087/RS, decisão monocrática em 14/9/1999, DJ 29/10/1999; RE 247.900/RS, decisão monocrática em 20/9/1999, DJ 27/10/1999; RE 247.352/RS, decisão monocrática em 21/9/1999, DJ 27/10/1999; STF – 2ª T., Ag. Rg. no AI 238.328/RS, j. 16/11/1999, DJ 18/2/2000, todos de minha relatoria.

12 STF – 1ª T., Ag.Rg. no AI 592.075/SP, Rel. Min. Ricardo Lewandowski, j. 19/5/2009, DJ 05/06/2009; STF – 2ª T., Ag.Rg. no RE 639.337/SP, Rel. Min. Celso de Mello, j. 23/18/2011, DJ 15/9/2011.

13 STF – 2ª T., RE 595.595/SC, Rel. Min. Eros Grau, j. 28/4/2009, DJ 29/5/2009.

definindo o verdadeiro responsável pelo ônus da realização do projeto constitucional: o Estado.

Paradigma de decisão mediante a qual o Tribunal interveio na ação estatal em matéria de políticas públicas foi a formalizada pela Primeira Turma no Recurso Extraordinário nº 440.028/SP, de minha relatoria. Impugnou-se acórdão do Tribunal de Justiça do Estado de São Paulo em que se negou provimento a apelação do Ministério Público, o qual buscava, por meio de ação civil pública, obrigar a Administração a realizar obras e melhorias em específico prédio público, para assegurar acessibilidade aos portadores de necessidades especiais. O Tribunal de origem, apesar da relevância do pleito, entendeu não caber impor tal dever ao Estado sem prévios estudos voltados ao exame da possibilidade de as obras alcançarem toda a rede pública, não apenas determinada edificação.

No extraordinário, o Ministério Público do Estado de São Paulo arguiu violação dos artigos 227, § 2º, e 244 da Carta da República. Sustentou não se cuidar de ato discricionário do Poder Público, e sim do dever de cumprir mandamento previsto na Constituição Federal. Segundo aduziu, a conveniência e a oportunidade nas ações administrativas funcionam como verdadeiras justificativas da inércia estatal.

Assentei possuir razão, a mais não poder, o recorrente. E assim concluí por estarem presentes, no caso concreto, os três requisitos a viabilizarem o controle jurisdicional: a natureza constitucional da política pública reclamada, a existência de correlação entre ela e os direitos fundamentais, bem como a prova de haver omissão ou prestação deficiente pela Administração Pública, ausente motivo razoável para tal comportamento. Votei no sentido do dever do Estado em tornar efetivo o direito subjetivo público de adequação dos edifícios e áreas públicas visando possibilitar a livre locomoção de portadores de necessidades especiais. À unanimidade, a Primeira Turma seguiu o entendimento, ficando assim resumido o julgamento:

> PRÉDIO PÚBLICO – PORTADOR DE NECESSIDADE ESPECIAL – ACESSO. A Constituição de 1988, a Convenção Internacional sobre Direitos das Pessoas com Deficiência e as Leis nº 7.853/89 – federal –, nº 5.500/86 e nº 9.086/95 – estas duas do Estado de São Paulo – asseguram o direito dos portadores de necessidades especiais ao acesso a prédios públicos, devendo a Administração adotar providências que o viabilizem.[14]

[14] STF – 1ª Turma, RE 440.028/SP, Rel. Min. Marco Aurélio, j. 29/10/2013, DJ 26/11/2013.

Em todos os casos citados, o Supremo interferiu nas políticas públicas correspondentes, determinando ao Estado o cumprimento de prestações positivas em favor dos necessitados, tendo como alicerce último o dever de tutela do mínimo existencial. Constatada a presença da fundamentalidade dos direitos nesse nível, há de reconhecer a possibilidade de intervenção judicial, não obstante envolvida norma constitucional de caráter programático. Contudo, a atuação do Supremo não deve ser levada a efeito sem quaisquer balizas.

4. A OBJEÇÃO DA RESERVA DO POSSÍVEL

É comum os Poderes Públicos, diante de demandas judiciais envolvendo a prestação de direitos sociais, argumentarem a falta de recursos disponíveis para cumprir as obrigações, afirmando serem limitados. É a evocação da reserva do possível. Confundem esta última e disponibilidade financeira, de forma que melhor seria considerar a reserva do possível como reserva do orçamento: as prestações aos direitos sociais estão limitadas não pura e simplesmente pela disponibilidade de recursos financeiros, e sim ante previsões orçamentárias. Sob essa óptica, a reserva do possível é compreendida como orçamento.

O conceito foi criado pelo Tribunal Constitucional alemão para limitar a judicialização dos direitos sociais que, segundo entendeu, não seriam fundamentais. O conceito equivale à "reserva democrática", no sentido dos direitos sociais dependerem, para a efetivação, dos processos decisórios das maiorias parlamentares acerca das políticas públicas. Vem a significar "reserva orçamentária" se a prestação pública for incluída no orçamento. Os direitos sociais, então, dependeriam da "soberania orçamentária do legislador", o que levaria, a princípio, a obstar a intervenção do Judiciário. Estarem subordinados à reserva do possível significa, portanto, para os direitos sociais, que a implementação depende da previsão de políticas públicas nas leis e da reserva no orçamento. Daí ser passível de crítica a confusão feita entre pura disponibilidade financeira – algo como uma "reserva do possível fática" – e a verdadeira reserva do possível como "reserva do orçamento", de natureza jurídica.

A reserva do possível, nesses termos, deve ser levado a sério. Contudo, o argumento cede à tutela do mínimo existencial. Mesmo na falta de previsão orçamentária, o Judiciário poderá impor que sejam tomadas medidas para a garantia do mínimo existencial, haja vista representar conjunto de direitos como condições da própria liberdade e da existência digna. Daí não poder ser oposta a discricionariedade orçamentária do Legislador e do Executivo aos deveres de tutela do mínimo existencial. O direito à moradia, por exemplo, é direito social previsto no artigo 6º da Constituição Federal, subordinado às políticas públicas e à reserva do possível. Todavia, no tocante à moradia em favor dos sem-teto e dos indigentes, constitui prestação positiva de proteção do mínimo existencial, sendo possível a judicialização da situação e a intervenção judicial para impor prestações estatais positivas.

Mesmo um autor como Ricardo Lobo Torres, que prestigia enfaticamente o processo democrático e as escolhas orçamentárias como os meios legítimos para realização dos direitos sociais, entende viável a judicialização das alocações orçamentárias, se destinada à satisfação do mínimo existencial, do núcleo essencial dos direitos sociais. A dimensão objetiva dos direitos sociais há de ser realizada por meio de políticas públicas e orçamentárias, a cargo do Legislativo e do Executivo, relativas à universalização e racionalidade das prestações estatais positivas. Todavia, revelada a dimensão do mínimo existencial, a judicialização desses serviços estatais mostra-se plenamente justificada, independentemente da existência de reserva orçamentária.

Nesse sentido, o Pleno, apreciando o Recurso Extraordinário nº 592.581/RS, da relatoria do ministro Ricardo Lewandowski, a envolver obras emergenciais em estabelecimentos prisionais, assentou, sob o ângulo da repercussão geral, não caber tomar a reserva orçamentária para afastar a intervenção judicial quando em jogo o dever de assegurar condições minimamente dignas de existência. Segundo a óptica adotada, "é lícito ao Judiciário impor à Administração Pública obrigação de fazer", "para dar efetividade ao postulado da dignidade da pessoa humana", "não sendo oponível à decisão o argumento da reserva do possível nem o princípio da separação dos Poderes".

Então, quando envolvido o mínimo existencial, como levar a sério o argumento da reserva do possível? Conforme apontei, o dever de tutela do mínimo existencial legitima a intervenção judicial sobre políticas públicas. Não obstante, o argumento da reserva do possível, ainda que não se preste a afastar o controle judicial voltado à garantia do mínimo existencial, impõe cautela e rigor ao Tribunal na identificação dos casos. Em respeito ao princípio democrático da reserva do possível, o Supremo tem o ônus de apenas afastá-lo quando, de forma manifesta e bem fundamentada, conclui presente situação de proteção ao mínimo existencial. É o que propus em voto no caso do fornecimento de medicamentos de alto custo, ausente na lista oficial de dispensação.

5. A OBJEÇÃO DAS CAPACIDADES INSTITUCIONAIS

Outra importante objeção à intervenção judicial sobre políticas públicas é o das capacidades institucionais. Trata-se de investigar, sob uma perspectiva empírica, qual órgão se apresenta mais capacitado para fazer escolhas envolvendo a concretização de normas constitucionais. Não estando presente enunciados constitucionais claros e específicos ou em se tratando de normas constitucionais programáticas, juízes devem ser deferentes aos legisladores e administradores, evitando controlar atos de expertise dos outros Poderes.

A alocação de tarefas decisórias entre as diferentes instituições deve obedecer o critério da melhor posição sobre a matéria: muitas vezes, como ocorre no caso das políticas públicas, o Legislador é que possui mais tempo, melhores informações e mestria própria para avançar as promessas da Constituição de acordo com a realidade social circundante. Em síntese: em *condições de incerteza*, geradas por enunciados normativos ambíguos e programáticos e variáveis empíricas mutantes, juízes devem adotar postura judicial modesta. Isso é particularmente importante para os casos de intervenção sobre políticas públicas voltadas a assegurar direitos sociais: envolvidas normas programáticas, nas quais os meios estão à disposição dos poderes políticos, e presentes prognósticos de caráter empírico, é o Legislador, e não o Judiciário, a instituição melhor capacitada para decidir.

O tema das capacidades institucionais, assim como o da objeção da reserva do possível, é importante balizador da intervenção judicial sobre políticas públicas. É mais uma objeção que deve ser levada a sério. Contudo, como argumentei no importante caso do sistema carcerário brasileiro, há de se atentar para as situações de vazio de políticas públicas eficientes a implicar violação de direitos na dimensão do mínimo existencial. É impertinente levar em conta formulações teóricas nos casos em que a própria atuação estatal deficiente é o fator apontado como a gerar e agravar a transgressão sistêmica e sistemática de direitos fundamentais. A intervenção judicial é reclamada ante a incapacidade demonstrada pelas instituições legislativas e administrativas.

Não obstante, mais uma vez, o argumento, embora não sirva para afastar a atuação judicial, impõe ônus: a intervenção judicial deve ser equilibrada, cabendo ao Judiciário pedir auxílio dos demais Poderes na formulação e implementação das medidas. O juiz deve buscar o diálogo, sem ser passivo, em torno da solução dos problemas de ofensa a direitos gerados pela deficiência de políticas públicas.

6. O SUPREMO E AS POLÍTICAS PÚBLICAS

O Supremo pode intervir na formulação e implementação de políticas públicas, ainda que envolvidas normas constitucionais de eficácia limitada (normas programáticas), desde que legitimado pelo dever de proteção do mínimo existencial e leve a sério as objeções da reserva do orçamento e das capacidades institucionais. Descrevo dois casos paradigmáticos – do fornecimento dos medicamentos de alto custo e do sistema carcerário brasileiro – nos quais busquei, como relator dos processos, equilibrar a efetividade dessa proteção com as prerrogativas democráticas e técnicas dos outros Poderes.

6.1. O caso do fornecimento dos medicamentos de alto custo

No Recurso Extraordinário nº 566.471/RN – julgamento iniciado em 27 de setembro de 2016 e interrompido em 28 de setembro seguinte –, é enfrentado, sob o ângulo da repercussão geral, o difícil tema da existência ou não do dever do Estado de fornecer medicamento de alto custo, a quem dele necessita, que esteja fora das políticas públicas de dispensação de remédios.

O Estado do Rio Grande do Norte havia recusado fornecer à paciente o medicamento *Sildenafil 50 mg*, destinado ao tratamento das enfermidades "miocardiopatia isquêmica" e "hipertensão arterial pulmonar". Segundo entendeu, o alto custo e a ausência de previsão no Programa de Dispensação de Medicamentos seriam motivos suficientes para a recusa. Contra tal negativa, a cidadã prejudicada ingressou com a medida judicial.

O Tribunal de Justiça, confirmando a sentença mediante a qual proclamada a procedência do pedido, consignou a imprescindibilidade do remédio para o procedimento terapêutico, assim como a incapacidade financeira da paciente e da família para adquiri-lo. Concluiu pela afronta a direitos constitucionalmente protegidos, assentando o dever da Administração Pública de fornecer o medicamento. O acórdão foi assim resumido:

> CONSTITUCIONAL. AÇÃO DE OBRIGAÇÃO DE FAZER. TUTELA ANTECIPADA. PRELIMINAR DE NULIDADE DA SENTENÇA. LITISCONSÓRCIO PASSIVO NECESSÁRIO. TRANSFERÊNCIA PARA O MÉRITO. FORNECIMENTO DE MEDICAMENTO DE ALTO CUSTO. RECUSA DO ESTADO EM FORNECÊ-LO. IMPOSSIBILIDADE. AFRONTA A DIREITOS ASSEGURADOS PELA CONSTITUIÇÃO FEDERAL. OBRIGAÇÃO DO ESTADO APELANTE EM PROMOVER O

> FORNECIMENTO DE MEDICAMENTO IMPRESCINDÍVEL AO TRATAMENTO DE SAÚDE DA APELADA. MANUTENÇÃO DA SENTENÇA DE 1º GRAU. PRECEDENTES DESTA EGRÉGIA CORTE. RECURSO CONHECIDO E IMPROVIDO.

No extraordinário, o Estado alegou que a decisão judicial atacada, ao atender a um único indivíduo, comprometeria política de universalização do serviço de fornecimento de medicamentos, prejudicando os cidadãos em geral; debilitaria investimentos nos demais serviços de saúde e em outras áreas, como segurança e educação; violaria a reserva do possível e a legalidade orçamentária; bem como não encontraria base constitucional, ante o caráter programático das normas sobre saúde.

Os argumentos desenvolvidos no recurso revelam as objeções às quais fiz referência nos tópicos anteriores – a reserva do possível e a falta de expertise do Judiciário quanto à formulação e à implementação de políticas públicas –, assim como o caráter programático da norma constitucional reveladora do direito à saúde. Já os fundamentos do acórdão recorrido e as razões do extraordinário retratam as perplexidades decorrentes de decisões dessa natureza, que venho destacando: teria o Tribunal usurpado as competências do Executivo e do Legislativo? Ou a relevância constitucional do direito envolvido e as circunstâncias concretas legitimavam a atuação judicial interventiva? Quais os limites e as possibilidades da interferência judicial presentes os deveres positivos do Estado quanto aos direitos fundamentais de segunda geração – os direitos socioeconômicos? A circunstância de a universalização do direito à saúde depender da formulação e execução de políticas públicas exclui a competência do Poder Judiciário em casos como o da espécie? É possível a fixação de critérios objetivos capazes de racionalizar os milhares de litígios sobre a matéria espalhados por todo o país?

No voto, assim como faço neste artigo, defendi a possibilidade de o Judiciário, notadamente o Supremo, intervir e obrigar o Estado a fornecer medicamento de alto custo, necessário à saúde de paciente reconhecidamente hipossuficiente. Assim fiz ver, por entender estar envolvido direito na dimensão do mínimo existencial:

> As impugnações feitas pelo Estado do Rio Grande Norte devem ser analisadas levando-se em conta a fundamentalidade do mínimo existencial e a implicação desse reconhecimento com o direito à saúde.

Surge sempre a controvérsia sobre definir o nível possível de tutela judicial voltada a obrigar o Estado a realizar os serviços necessários.

A expressão literal do artigo 196 da Constituição Federal, no qual previsto o instrumento das políticas públicas como meio para assegurar o acesso universal e igualitário ao direito à saúde, tem sido utilizada pelos órgãos públicos como fundamento para contestar a atuação judicial voltada a exigir o fornecimento de medicamentos e a prestação de serviços de saúde em geral. O Estado do Rio Grande do Norte apresenta objeções de ordem organizacional, administrativa e financeira, inclusive a reserva do possível e a legalidade orçamentária, para sustentar a inviabilidade de decisões em tal sentido, porque as ações nesse campo submetem-se ao planejamento pelo Estado, dentro das limitações de financiamento próprias.

Não há dúvida de que esses serviços dependem de políticas públicas, nas quais devem constar as diretrizes para assegurar o acesso universal a medicamentos indispensáveis. Por isso, Ricardo Lobo Torres falou em "direitos sociais máximos", a serem alcançados por meio de escolhas políticas e orçamentárias materializadas na formulação e implementação de políticas públicas. Problema maior surge quando omissões ou falhas na execução do que foi formulado implicam a impossibilidade de obtenção de medicamento por paciente que não possui condição financeira de acesso, indispensável a tratamento integral de saúde, necessário à própria existência digna. Em síntese, a situação é potencializada quando configurada violação ao mínimo existencial ante a institucionalização incompleta ou deficiente do direito à saúde.

Sabe-se que há, no País, a Política Nacional de Medicamentos, com a elaboração de listas daqueles a serem distribuídos aos que necessitem, destacando-se o Programa de Medicamentos de Dispensação em Caráter Excepcional, referente aos remédios de alto custo ou excepcionais. Espera-se que essas políticas cheguem, progressivamente, à distribuição universal e ao uso racional dos medicamentos. Entretanto, não se discute o controle jurisdicional do mérito amplo dessas políticas, e sim a tutela judicial de situações especiais, quando não alcançadas por essas políticas. Não cabe ao Poder Judiciário formular políticas públicas, mas pode e deve corrigir injustiças concretas. Em casos do tipo, não se admite a alegação alusiva ao caráter puramente programático das normas constitucionais versando o direito à saúde.

> Verificada transgressão ao mínimo existencial, o direito individual à saúde revela-se imponderável frente aos mais relevantes argumentos de ordem administrativa, como o do comprometimento de políticas de universalização da prestação aos demais cidadãos e de investimentos em outras áreas. Objeções de cunho administrativo, de primazia da *expertise* da Administração Pública, não podem subsistir ante violações ao mínimo existencial. Argumentos, genéricos, ligados ao princípio estruturante da separação de Poderes não possuem sentido prático em face de casos de inequívoca transgressão a direitos fundamentais. Não se trata – deve-se reiterar – de defender ampla intervenção judicial nas políticas públicas em matéria de direito à saúde, pois essas existem, estão em desenvolvimento, dirigidas à universalização dos serviços. Cuida-se de assentar a validade da atuação judicial subsidiária em situações concretas não alcançadas pelas políticas públicas pertinentes, mas nas quais necessária a tutela do mínimo existencial. A intervenção é mínima, casual, excepcional, mas indispensável.

Como destaquei na parte final do trecho acima, a intervenção deve ser excepcional. E por quê? Justamente porque as objeções democráticas e técnicas levantadas, embora não sejam aptas a afastar a possibilidade de intervenção judicial em favor do mínimo existencial, servem como ônus a obrigar o julgador a fixar critérios racionais e de rígida observância quanto à identificação desses momentos indispensáveis de tutela do mínimo existencial.

Por essa razão, afirmei consistir a principal utilidade do julgamento na possibilidade de o Tribunal, sob a óptica da repercussão maior, definir os critérios de configuração do dever estatal de tutela do mínimo existencial – entendido como condição de fundamentalidade do direito individual de receber os medicamentos do Estado. Competiria ao Supremo densificar normativamente esses requisitos.

Buscando definir esses critérios de forma objetiva, desenvolvi a seguinte fundamentação:

> Dos pronunciamentos mencionados e dos aportes teóricos desenvolvidos sobre o tema, surge que a delimitação há de ocorrer em torno de dois elementos: a imprescindibilidade do medicamento para a concretização do direito à saúde – elemento objetivo do mínimo existencial – e a incapacidade financeira de aquisição – elemento subjetivo do dever estatal de tutela do mínimo existencial. A identificação conjunta, nos casos sob análise, desses dois

elementos – um substancial quanto ao mínimo existencial, o outro relativo ao dever estatal de tutela desse mínimo –, com as nuances próprias a serem desenvolvidas a seguir, implicará a configuração do mínimo existencial passível de tutela mediante intervenção judicial, independentemente do alto custo dos remédios ou de esses não constarem em listas elaboradas no âmbito da Política Nacional de Medicamentos ou do Programa de Medicamentos de Dispensação em Caráter Excepcional.

A imprescindibilidade estará configurada quando provado, em processo e por meio de laudo, exame ou indicação médica lícita, que o estado de saúde do paciente reclama o uso do medicamento de alto custo, ausente dos programas de dispensação do governo, para o procedimento terapêutico apontado como necessário ao aumento de sobrevida ou à melhoria da qualidade de vida, condições da existência digna do enfermo.

[...]

O outro elemento, este de caráter subjetivo, é a incapacidade financeira. O dever de tutela estatal do mínimo existencial estará definitivamente configurado se provada a ausência de capacidade financeira para aquisição de medicamento reconhecidamente adequado e necessário ao tratamento de saúde do indivíduo. Essa óptica encontra-se em conformidade com as decisões do Supremo. Não há dificuldades quanto a esse ponto. A controvérsia está em definir: "incapacidade financeira de quem?" Relativamente a isso, é preciso dar um passo além, uma contribuição a mais a ser oferecida por este julgamento.

O Tribunal de origem assentou a impossibilidade de a paciente e a família arcarem com o valor do medicamento. Diante do quadro, percebe-se ser viável incluir, no tocante ao tema deste recurso, a discussão quanto aos deveres de solidariedade familiar. Pode-se cogitar de um dever subsidiário do Estado em relação aos membros da família do paciente? A resposta é afirmativa.

A realização do direito à saúde pelo Estado está incluída em um projeto mais amplo de justiça redistributiva: a sociedade como um todo, por meio do pagamento de impostos e de específicas contribuições sociais, financia serviços públicos no campo dos direitos sociais – programas de educação, moradia, alimentação, trabalho, saúde, previdência e assistência social – em benefício, principalmente, dos mais necessitados. A solidariedade social é o princípio que governa essas práticas políticas.

> No entanto, na busca do equilíbrio entre as facetas liberal e social do Estado, há de se entender o dever estatal de fornecimento de medicamentos de alto custo, fora dos programas estatais de distribuição universal – mantendo-se, em atitude minimalista, restrito ao tema do recurso –, como subsidiário ao dever legal de alimentos da família. A solidariedade social, manifestada pelo custeio tributário dos serviços públicos, deve ser observada de forma sucessiva, neste caso, ao dever de solidariedade familiar, fundado na Constituição e disciplinado no Código Civil.

A ideia desenvolvida foi a de atribuir à família solidária o ônus do dever de custeio de medicamento não previsto em política pública, cabendo ao Estado essa obrigação apenas se e na medida em que não puder suportar, financeiramente, sem prejuízo ao próprio sustento, tal encargo.

Na família contemporânea, não "há direitos sem responsabilidades". A igualdade e a autonomia dos integrantes pressupõem a reciprocidade, a solidariedade entre si. Essa concepção fica muito clara no artigo 229 da Constituição Federal, segundo o qual "os pais têm o dever de assistir, criar e educar os filhos menores, e os filhos maiores têm o dever de ajudar e amparar os pais na velhice, carência ou enfermidade". Dessa forma, assim como o dever de todos em custear os direitos sociais mediante impostos e contribuições, a solidariedade familiar possui base constitucional. Inexiste hierarquia formal entre esses diferentes deveres de solidariedade. Cabe ao intérprete realizar uma acomodação. Por ser específico, o dever familiar precede o estatal, custeado por toda a sociedade por meio dos tributos. O Estado deve atuar subsidiariamente – exclusiva ou complementarmente, a depender do nível de capacidade financeira da família solidária. Com tais fundamentos, formulei a seguinte tese para a repercussão geral:

> O reconhecimento do direito individual ao fornecimento, pelo Estado, de medicamento de alto custo, não incluído em Política Nacional de Medicamentos ou em Programa de Medicamentos de Dispensação em Caráter Excepcional, depende da comprovação da imprescindibilidade – adequação e necessidade –, da impossibilidade de substituição do fármaco e da incapacidade financeira do enfermo e dos membros da família solidária, respeitadas as disposições sobre alimentos dos artigos 1.694 a 1.710 do Código Civil.

Com a proposta, sem enfraquecer a proteção do mínimo existencial, busquei densificar o dever estatal de tutela, levando a sério a objeção democrática da reserva do possível, colocando o dever do Estado como subsidiário, ausente política pública específica, perante a incapacidade financeira da família solidária, e não apenas em relação à do indivíduo. Trata-se de manusear direito fundamental e democracia, com preocupação com a efetividade do primeiro, mas responsabilidade com a integridade do segundo.

6.2. O caso do sistema carcerário nacional

Na Arguição de Descumprimento de Preceito Fundamental nº 347/DF, de minha relatoria, o pedido envolveu a problemática da responsabilidade do Poder Público de realizar melhorias em penitenciárias ou construir novas com a finalidade de reduzir o déficit de vagas. Vai além: versa a interpretação e a aplicação das leis penais e processuais de modo a minimizar a crise carcerária, a implantação da forma eficiente de aproveitamento dos recursos orçamentários que compõem o Fundo Penitenciário Nacional – FUNPEN e o dever de elaboração, pela União, Estados e Distrito Federal, de planos de ação voltados a racionalizar o sistema prisional e acabar com a ofensa a direitos fundamentais dos presos sujeitos às condições de superlotação carcerária, acomodações insalubres e falta de acesso a direitos básicos, como saúde, educação, alimentação saudável, trabalho, assistência jurídica, indispensáveis a uma vida minimamente digna.

Busca-se obter do Supremo o reconhecimento do fato de o sistema prisional brasileiro caracterizar-se como o denominado "estado de coisas inconstitucional", ante a violação massiva de direitos fundamentais dos detentos, resultante de ações e omissões dos Poderes Públicos da União, dos Estados e do Distrito Federal. Postula-se seja determinada a adoção de providências, de conteúdo e natureza diversos, para afastar lesões a preceitos fundamentais.

Na apreciação da medida cautelar, o Supremo, por maioria, deferiu-a parcialmente para determinar aos juízes e tribunais que, observados os artigos 9.3 do Pacto dos Direitos Civis e Políticos e 7.5 da Convenção Interamericana de Direitos Humanos, realizem, em até 90 dias, audiências de custódia, viabilizando o comparecimento do preso perante a autoridade judiciária no prazo máximo de 24 horas, contados do momento do recolhimento, e à União que libere o saldo acumulado do Fundo Penitenciário Nacional para a finalidade para a qual foi criado, abstendo-se de realizar novos contingenciamentos. Contra o voto que proferi, indeferiu-se a liminar quanto ao pedido para restringir a aplicação de prisões preventivas, fator determinante para a superlotação carcerária. O acórdão foi assim resumido:

> CUSTODIADO - INTEGRIDADE FÍSICA E MORAL - SISTEMA PENITENCIÁRIO - ARGUIÇÃO DE DESCUMPRIMENTO DE PRECEITO FUNDAMENTAL - ADEQUAÇÃO. Cabível é a arguição de descumprimento de preceito fundamental considerada a situação degradante das penitenciárias no Brasil.
>
> SISTEMA PENITENCIÁRIO NACIONAL - SUPERLOTAÇÃO CARCERÁRIA - CONDIÇÕES DESUMANAS DE CUSTÓDIA - VIOLAÇÃO MASSIVA DE DIREITOS FUNDAMENTAIS - FALHAS ESTRUTURAIS - ESTADO DE COISAS INCONSTITUCIONAL - CONFIGURAÇÃO. Presente quadro de violação massiva e persistente de direitos fundamentais, decorrente de falhas estruturais e falência de políticas públicas e cuja modificação depende de medidas abrangentes de natureza normativa, administrativa e orçamentária, deve o sistema penitenciário nacional ser caraterizado como "estado de coisas inconstitucional".
>
> FUNDO PENITENCIÁRIO NACIONAL - VERBAS - CONTINGENCIAMENTO. Ante a situação precária das penitenciárias, o interesse público direciona à liberação das verbas do Fundo Penitenciário Nacional.
>
> AUDIÊNCIA DE CUSTÓDIA - OBSERVÂNCIA OBRIGATÓRIA. Estão obrigados juízes e tribunais, observados os artigos 9.3 do Pacto dos Direitos Civis e Políticos e 7.5 da Convenção Interamericana de Direitos Humanos, a realizarem, em até noventa dias, audiências de custódia, viabilizando o comparecimento do preso perante a autoridade judiciária no prazo máximo de 24 horas, contado do momento da prisão.

O volume e a relevância dos assuntos concernentes ao sistema prisional sempre trazidos ao Supremo demonstram a importância do tema na agenda do Tribunal. Não é por menos que o ex-ministro da Justiça José Eduardo Cardozo comparou as prisões brasileiras às masmorras medievais. A analogia não poderia ser melhor. Trata-se de um dos mais sérios problemas de direitos humanos enfrentados pelo Brasil. Há relação de causa e efeito entre atos comissivos e omissivos dos Poderes Públicos da União, dos Estados e do Distrito Federal e o quadro de transgressão a direitos. O afastamento do estado de inconstitucionalidade só é possível mediante mudança significativa do comportamento do Poder Público, considerados atos de natureza normativa, administrativa e judicial, e o Supremo não tem ficado indiferente a essa necessidade.

Ante tal quadro, o que pode o Tribunal fazer? Cabe a ele intervir em políticas públicas atinentes a tema tão dramático, de difícil solução, que envolve aspectos técnicos e orçamentários tão estranhos ao respectivo cotidiano? Mais uma vez, respondi afirmativamente, fundado no dever de tutela do mínimo existencial. Todavia, proponho, levando bastante a sério o argumento das capacidades institucionais, que o Supremo atue em diálogo com os outros Poderes, com o objetivo de formulação e implementação das políticas públicas necessárias.

Como é público e notório, a situação do sistema penitenciário brasileiro é vexaminosa. Dados da Comissão Parlamentar de Inquérito da Câmara dos Deputados (2007-2009) e do Conselho Nacional de Justiça – CNJ revelam o cenário de horror. Segundo investigações realizadas, a população carcerária, maioria pobres e negros, alcançava, em maio de 2014, 711.463 detentos, incluídos 147.397 em regime domiciliar, para 357.219 vagas disponíveis. Sem levar em conta o número de presos em domicílio, o déficit é de 206.307, subindo para 354.244, se computado. A deficiência de vagas poderia ser muito pior não fossem os 373.991 mandados de prisão sem cumprimento. Tendo em vista o número total, até mesmo com as custódias domiciliares, o Brasil possui a terceira maior população carcerária do mundo, depois dos Estados Unidos e da China. Presentes apenas o número de detentos em presídios e delegacias, o País fica em quarto lugar, após a Rússia.

Grande parte deles está sujeita às seguintes condições: superlotação dos presídios, torturas, homicídios, violência sexual, celas sujas e insalubres, proliferação de doenças infectocontagiosas, comida imprestável, falta de água potável, de produtos higiênicos básicos, de acesso à assistência judiciária, à educação, à saúde e ao trabalho, bem como amplo domínio dos cárceres por organizações criminosas, insuficiência do controle quanto ao cumprimento das penas, discriminação social, racial, de gênero e de orientação sexual. Com o déficit prisional ultrapassando a casa das 206 mil vagas, salta aos olhos o problema da superlotação, que pode ser a origem de todos os males. No Relatório Final da Comissão Parlamentar de Inquérito da Câmara dos Deputados, formalizado em 2009, concluiu-se ser a superlotação, talvez, a mãe dos demais vícios do sistema carcerário. Cadeias abarrotadas ocasionam insalubridade, doenças, motins, rebeliões, mortes, degradação da pessoa humana. A Comissão encontrou, nos presídios e delegacias, por todo o País, homens amontoados como lixo humano, dormindo sem camas ou colchões, em redes suspensas no teto, dentro das paredes, em pé, em banheiros, corredores, pátios, barracos ou contêineres. Muitas vezes, precisam se revezar para dormir.

As penitenciárias e delegacias não oferecem espaço, muito menos condições salubres mínimas. Segundo relatórios do Conselho Nacional de Justiça, não possuem instalações adequadas à existência humana. Estruturas hidráulicas, sanitárias e elétricas precárias e celas imundas, sem iluminação e ventilação, representam perigo constante e risco à saúde, ante a exposição a agentes causadores de infecções diversas. As áreas de banho e sol dividem o espaço com esgotos abertos. Os presos não têm acesso a água, para banho e hidratação, ou a alimentação de mínima qualidade, que, muitas vezes, chega a eles estragada. Em alguns casos, comem com as mãos ou em sacos plásticos. Também não recebem material de higiene básica, como papel higiênico, escova de dentes ou, para as mulheres, absorvente íntimo. Em cadeia pública feminina em São Paulo, as detentas utilizam miolos de pão para a contenção do fluxo menstrual.

O quadro não é exclusivo desse ou daquele presídio. A situação mostra-se similar em todas as unidades da Federação, devendo ser reconhecida a falência do sistema prisional brasileiro. Diante de tais situações, a conclusão deve ser única: nas penitenciárias do País, ocorre violação generalizada de direitos fundamentais no tocante à dignidade, à higidez física e à integridade psíquica. A superlotação carcerária e a precariedade das celas, mais do que inobservância, pelo Estado, da ordem jurídica, configuram tratamento degradante, ultrajante e indigno a pessoas que se encontram sob custódia. As penas privativas de liberdade aplicadas convertem-se em penas cruéis e desumanas. Os presos tornam-se lixo, a receberem o pior tratamento possível, sendo-lhes negado todo e qualquer direito à existência minimamente segura e salubre.

Nesse contexto, diversos dispositivos, contendo normas nucleares do programa objetivo de direitos fundamentais da Constituição Federal, são ofendidos: o princípio da dignidade da pessoa humana (artigo 1º, inciso III); a proibição de tortura e tratamento desumano ou degradante (artigo 5º, inciso III); a vedação da aplicação de penas cruéis (artigo 5º, inciso XLVII, alínea "e"); o dever estatal de viabilizar o cumprimento da pena em estabelecimentos distintos, de acordo com a natureza do delito, a idade e o sexo do apenado (artigo 5º, inciso XLVIII); a garantia à integridade física e moral (artigo 5º, inciso XLIX); e os direitos a saúde, educação, alimentação, trabalho, previdência e assistência social (artigo 6º) e judiciária (artigo 5º, inciso LXXIV).

O quadro é revelador de total indignidade dos presos. Em voto, apontei que a responsabilidade pelo estágio ao qual chegamos não pode ser atribuída a um único e exclusivo Poder, mas aos três – Legislativo, Executivo e

Judiciário; não só os da União, como também os dos Estados e do Distrito Federal. Há, na realidade, problemas tanto de formulação e implementação de políticas públicas quanto de interpretação e aplicação da lei penal. Falta coordenação. O quadro inconstitucional de desrespeito generalizado e contínuo aos direitos fundamentais dos presos é diariamente agravado em virtude de ações e omissões, falhas estruturais dos Poderes Públicos, sobressaindo a sistemática inércia e incapacidade das autoridades em superá-lo.

Verifica-se situação de fracasso das políticas legislativas, administrativas e orçamentárias. Há defeito generalizado e estrutural de políticas públicas, e nada é feito pelo Executivo e Legislativo para transformar o quadro. A ausência de medidas legislativas, administrativas e orçamentárias eficazes representa, segundo desenvolvi em voto, falha estrutural a gerar tanto a violação sistemática dos direitos quanto a perpetuação e o agravamento da situação. A inércia não é de uma única autoridade pública do Legislativo ou do Executivo de uma particular unidade federativa, e sim do funcionamento deficiente do Estado como um todo. Os Poderes, órgãos e entidades federais e estaduais, em conjunto, vêm se mantendo incapazes, manifestando verdadeira falta de vontade em buscar superar ou reduzir o quadro objetivo de inconstitucionalidade. Falta sensibilidade legislativa e motivação política do Executivo.

Diante de tais circunstâncias, revela-se, a mais não poder, não só a legitimidade, mas também a necessidade de atuação do Supremo. Qual papel pode o Tribunal desempenhar para viabilizar a correção de rumos? Qual a medida da intervenção? Eis o ponto principal!

Sem dúvida, há dificuldades quanto à perspectiva de o Supremo atuar de maneira atípica, excepcional, interferindo em políticas públicas e escolhas orçamentárias. Controvérsias teóricas não são aptas a afastar o convencimento no sentido de que a verificação de estarem atendidos os pressupostos do estado de coisas inconstitucional[15] resulta na possibilidade de o Tribunal tomar parte, na adequada medida, em decisões primariamente políticas, sem que se possa cogitar de afronta ao princípio democrático da separação de poderes. A violação de direitos fundamentais, alcançando a transgressão à dignidade da pessoa humana e ao próprio mínimo existencial, justifica a atuação mais assertiva do Tribunal.

---

15 Sobre o "Estado de Coisas Inconstitucional", cf. CAMPOS, Carlos Alexandre de Azevedo Campos. *Estado de Coisas Inconstitucional.* Salvador: Juspodivm, 2016. Elaborei o prefácio do aludido livro.

Há mais: apenas o Supremo mostra-se capaz, ante a situação descrita, de superar os bloqueios políticos e institucionais que vêm impedindo o avanço. Cumpre ao Tribunal retirar os demais Poderes da estagnação, catalisar os debates e novas políticas públicas, coordenar as ações e monitorar os resultados. Isso é o que se aguarda do Supremo, e não se pode pretender que se abstenha de intervir, em nome do princípio democrático, quando os canais políticos se apresentem obstruídos, sob pena de chegar-se a um somatório de inércias injustificadas. Bloqueios da espécie traduzem-se em barreiras à efetividade da própria Constituição e dos Tratados Internacionais sobre Direitos Humanos.

Repita-se: a intervenção judicial mostra-se legítima presente padrão elevado de omissão estatal, considerada a situação de violação generalizada de direitos fundamentais. Verificada a paralisia dos poderes políticos, argumentos idealizados do princípio democrático fazem pouco sentido prático.

No caso dos presos, os bloqueios ou desacordos políticos encontram razões tanto na sub-representação parlamentar como na impopularidade desses indivíduos. A primeira decorre do fato de os condenados criminalmente ficarem impedidos de votar e serem votados. Têm os direitos políticos suspensos enquanto perdurarem os efeitos da sentença condenatória transitada em julgado (artigo 15, inciso III, da Constituição Federal). Não gozam, então, de representação política direta.

A segunda é ainda mais problemática, configurando os detentos minoria socialmente desprezada. Conforme apontou Ana Paula de Barcellos, os cidadãos livres acreditam, recusando a dimensão ontológica da dignidade humana, que o criminoso perde o direito à vida digna ou mesmo à condição humana, não sendo titular de quaisquer direitos fundamentais.[16] Com tais conceitos disseminados, a opinião pública não aceita seja dada prioridade, no tocante aos gastos públicos, à melhoria das instalações prisionais. Muitos até acreditam que as condições desumanas das penitenciárias consubstanciam retribuição aos crimes praticados.

Em síntese, o desprestígio dos presos faz com que os políticos, salvo raríssimas exceções, não reivindiquem recursos públicos a serem aplicados em um sistema carcerário voltado ao oferecimento de condições de existência digna. A opinião pública está no coração da estrutura democrático-parlamentar. Ignorá-la pode significar não só o fracasso das políticas que defendem, mas também das tentativas de reeleição a cargos no Legislativo e no

[16] BARCELLOS, Ana Paula de. Violência urbana, condições das prisões e dignidade humana. *Revista de Direito Administrativo* nº 254, 2010 (Biblioteca Digital Fórum de Direito Público).

Executivo. Essa preocupação é tanto maior quanto mais envolvida matéria a atrair a atenção especial do público. Questões criminais são capazes de gerar paixões em um patamar que outros temas e áreas do Direito não conseguem. A sociedade não tolera mais a criminalidade e a insegurança pública, e isso implica ser contrária à preocupação com a tutela das condições dignas do encarceramento.

Essa rejeição tem como consequência direta bloqueios políticos, os quais permanecerão se não houver intervenção judicial. Pode-se prever a improbabilidade de os poderes políticos, por si sós, tomarem a iniciativa de enfrentar tema de tão pouca estima popular. Em casos assim, bloqueios costumam ser insuperáveis.

No tocante à alegação das capacidades institucionais superiores do Legislativo e do Executivo comparadas às do Judiciário, há de se atentar para as falhas estruturais ante o vazio de políticas públicas eficientes. É impertinente levar ao extremo, no caso examinado, tais formulações teóricas, uma vez que é a própria atuação estatal deficiente o fator apontado como a gerar e agravar a transgressão sistêmica e sistemática de direitos fundamentais. A intervenção judicial é reclamada devido à incapacidade demonstrada pelas instituições legislativas e administrativas, o que torna o argumento comparativo sem sentido empírico.

Contudo, cabe aqui a defesa de uma intervenção judicial equilibrada, inclusive quando há envolvimento de escolhas orçamentárias, sem que isso possa ser visto como fator de afronta às capacidades institucionais dos outros Poderes. O Supremo não pode substituir-se ao Legislativo e ao Executivo na consecução de tarefas próprias. O Tribunal deve superar bloqueios políticos e institucionais sem afastar esses Poderes dos processos de formulação e implementação das soluções necessárias. Precisa agir em diálogo com os outros Poderes e com a sociedade. Cumpre ao Supremo catalisar ações e políticas públicas, coordenar a atuação dos órgãos do Estado na adoção dessas medidas e monitorar a eficiência das soluções. Como fiz ver em meu voto:

> Não lhe incumbe, no entanto, definir o conteúdo próprio dessas políticas, os detalhes dos meios a serem empregados. Em vez de desprezar as capacidades institucionais dos outros Poderes, deve coordená-las, a fim de afastar o estado de inércia e deficiência estatal permanente. Não se trata de substituição aos demais Poderes, e sim de oferecimento de incentivos, parâmetros e objetivos indispensáveis à atuação de cada qual, deixando-lhes o estabelecimento

> das minúcias. Há de se alcançar o equilíbrio entre respostas efetivas ao desrespeito a direitos e as limitações institucionais versadas na Carta da República.
>
> Ao Supremo cumpre interferir nas escolhas orçamentárias e nos ciclos de criação, implementação e avaliação de políticas públicas, mas sem detalhá-las. Deve formalizar ordens flexíveis, com margem de criação legislativa e de execução a serem esquematizadas e avançadas pelos outros Poderes, cabendo-lhe reter jurisdição para monitorar a observância da decisão e o sucesso dos meios escolhidos. Ao atuar assim, reservará aos Poderes Executivo e Legislativo o campo democrático e técnico de escolhas sobre a forma mais adequada para a superação do estado de inconstitucionalidade, vindo apenas colocar a máquina estatal em movimento e cuidar da harmonia dessas ações. Como destaca a doutrina colombiana, o Tribunal não chega a ser um elaborador de políticas públicas, e sim um coordenador institucional, produzindo um efeito desbloqueador.
>
> Esse é, enfim, o papel que deve desempenhar o Supremo em favor da superação do quadro de inconstitucionalidade do sistema prisional: retirar as autoridades públicas do estado de letargia, provocar a estruturação de novas políticas públicas, aumentar a deliberação política e social sobre a matéria e monitorar o sucesso da implementação das providências escolhidas, assegurando, assim, a efetividade prática das soluções propostas. Ordens flexíveis sob monitoramento previnem a supremacia judicial e, ao mesmo tempo, promovem a integração institucional.

Uma vez mais, coerente com as premissas que lanço neste artigo, propus a atuação firme do Tribunal na tutela do mínimo existencial, mas levando a sério objeções, como a das capacidades institucionais feitas em face do controle judicial de políticas públicas. Defendi a atuação do Supremo observados direito fundamental e democracia, assegurando o primeiro e respeitando o segundo, sempre!

7. CONCLUSÃO

Os direitos fundamentais são a parte mais importante do projeto constitucional de 1988, envolvidos os valores da liberdade, igualdade e dignidade, cuja concretização é a principal missão do Supremo, diga-se, bem cumprida até aqui. A interpretação constitucional tem-se mostrado especialmente necessária para o sucesso dos propósitos basilares da Constituição Federal:

revela-se tanto completa quanto complexa, tão fiel ao texto como criativa, quando adequado e exigido, adota os elementos tradicionais, mas sem desconsiderar as particularidades contemporâneas e não ignora a relevância política e social diferenciada das matérias julgadas. Atento a tamanha amplitude de possibilidades hermenêuticas, o guardião tem estado à altura do mister que lhe foi confiado.

Sendo assim, o Tribunal não pode fechar os olhos aos casos de transgressão a direitos fundamentais, surgindo a possibilidade de controlar políticas públicas para a defesa intransigente do mínimo existencial. O Supremo deve cumprir a missão que lhe é própria para acabar com o fracasso das políticas públicas existentes, respeitando, sim, os princípios democrático e da separação de poderes, mas nunca se apequenando a ponto de fazer parte das tragédias diárias de violação de direitos fundamentais.

16

A MODULAÇÃO DOS EFEITOS DA DECISÃO: ANÁLISE E CRÍTICA AO INSTITUTO

1. INTRODUÇÃO

O ministro Raul Araújo Filho, do Superior Tribunal de Justiça, juntamente com o juiz federal Cid Marconi, do Tribunal Regional Federal da 5ª Região, e o professor Tiago Asfor Rocha honraram-me com o convite para participar de obra coletiva, intitulada "Temas Atuais e Polêmicos na Justiça Federal". Como o título bem noticia, o trabalho objetiva acompanhar e problematizar as recentes alterações legislativas e os entendimentos dos Tribunais Superiores, a impactarem a jurisprudência da Justiça Federal.

Nesse sentido, nunca é demais destacar, a modificação mais significativa observada seja a ainda recente vigência de novo Código de Processo Civil, o da Lei nº 13.105/2015. O estatuto, aplicado desde 16 de março de 2016, trouxe perplexidades, dúvidas, angústias a serem compartilhadas por todos aqueles que lidam cotidianamente com a legislação instrumental, a encerrar liberdade em sentido maior – saber o que pode ocorrer na tramitação de um processo. Os artífices do Direito necessitarão de lições que sistematizem e esclareçam as regras processuais, como hão de ser observadas. É chegada a hora de renovar os ensinamentos e buscar o exame do Diploma, sempre à luz dos ditames presentes na Constituição Federal, a Lei das leis.

Entre as diversas inovações trazidas pela legislação processual, destaco a normatizada a partir do disposto nos parágrafos 3º e 4º do artigo 927[1] do citado Código, a prever a possibilidade de o Supremo e os demais Tribunais Superiores conferirem, ante superação de entendimento jurisprudencial, aos pronunciamentos formalizados efeitos prospectivos.

Confesso que a chamada modulação dos efeitos da decisão, medida elogiada pela doutrina e acolhida na legislação e jurisprudência, causa-me estranheza, de modo a entender necessária a realização de profunda reflexão acerca dos alcances e possibilidades do instituto.

2. A modulação dos efeitos da decisão e a jurisprudência do Supremo

O instituto da modulação temporal dos efeitos das decisões foi estabelecido, inicialmente, no artigo 27 da Lei nº 9.868, de 1999, a versar a ação direta de inconstitucionalidade e a declaratória de constitucionalidade, e repetido no artigo 11 da Lei nº 9.882, de 1999, considerada a arguição de descumprimento de preceito fundamental. Segundo a sistemática, uma vez assentada a inconstitucionalidade de lei ou ato normativo, o Pleno, por maioria de dois terços, poderá restringir os efeitos do pronunciamento, determinar a eficácia apenas depois do trânsito em julgado, ou fixar outro momento, quando as "razões de segurança jurídica ou de excepcional interesse social" assim exigirem.

Apesar de previsto para o controle concentrado, o Tribunal já utilizava a modulação em processos subjetivos. Com a vigência do Código de Processo Civil, o instituto veio a ser regulamentado nos parágrafos 3º e 4º do artigo 927, nos quais estabelecida a possibilidade de modulação dos efeitos da decisão quando verificada alteração no entendimento reiterado dos Tribunais Superiores ou superação de precedente formulado em demanda repetitiva. A redação dos dispositivos, além de positivar prática já adotada em certos julgamentos do Supremo, fez surgir a possibilidade de serem conferidos efeitos prospectivos a ato formalizado pelo Supremo não apenas quando seja

---

1 Art. 927 [...]

§ 3º Na hipótese de alteração de jurisprudência dominante do Supremo Tribunal Federal e dos tribunais superiores ou daquela oriunda de julgamento de casos repetitivos, pode haver modulação dos efeitos da alteração no interesse social e no da segurança jurídica.

§ 4º A modificação de enunciado de súmula, de jurisprudência pacificada ou de tese adotada em julgamento de casos repetitivos observará a necessidade de fundamentação adequada e específica, considerando os princípios da segurança jurídica, da proteção da confiança e da isonomia.

declarada a inconstitucionalidade da norma, mas também quando assentada a constitucionalidade.

Conforme venho pronunciando-me, a modulação surge extravagante.

Ainda sob o ângulo das Leis nº 9.868, de 1999, e nº 9.882, de 1999, ressaltei o risco do instituto. Ao manter a eficácia de lei inconstitucional por determinado período de tempo, o Supremo torna a Constituição Federal documento flexível. Ante o princípio da supremacia, a inconstitucionalidade mostra-se vício congênito, no nascimento da lei. Lei inconstitucional é natimorta. Surge uma contradição em termos. Se for inconstitucional, não pode ter eficácia, porque não é válida, descabendo chamá-la de lei.

A prática continuada pelo Supremo acaba por estimular a edição de normas inconstitucionais, encorajando aqueles que acreditam na morosidade da Justiça e no famoso "jeitinho" brasileiro. Gera algo que, do ponto de vista da "moralidade constitucional", é inaceitável: a figura da "inconstitucionalidade útil". Governantes e legisladores não receiam criar "leis inconstitucionais" porquanto, de algum modo, delas retirarão utilidade.

Em especial quando se encontra em jogo imposição tributária declarada inconstitucional, o ente tributante apela a argumentos de natureza econômica, flertando com a quebra do Estado, gênero, como se não houvesse justiça no pedido realizado pelo contribuinte de reaver valor recolhido em contrariedade ao Diploma Maior. O resultado é pior, o enriquecimento sem causa por parte do Estado, em detrimento dos contribuintes, no que já arcam com grande carga tributária. Ao modular os efeitos das decisões proferidas, em vez de controlar e afastar normas contrárias à Constituição, o Supremo incentiva a produção e contradiz a missão maior – o de guardião da legitimidade constitucional – que recebeu da Carta da República. Nesse sentido, apontando os riscos do uso abusivo da modulação, leciona o professor Humberto Ávila, na obra Teoria da Segurança Jurídica:

> Constata-se, igualmente, uma ausência de análise da aparência de legalidade da medida: quando o Tribunal deixa de examinar se havia aparência de constitucionalidade no momento da prática de ato posteriormente havido como inconstitucional, corre o risco de manter a eficácia de atos que foram praticados sabidamente contra a Constituição. Ao fazê-lo, o Tribunal está encorajando a prática futura de novas inconstitucionalidades. Preserva a segurança jurídica no passado, incentivando a insegurança jurídica em maior medida no futuro. É importante ter em conta, sempre, que, se é verdade que a decisão de manter efeitos de atos inválidos tem a

> finalidade de evitar efeitos negativos para a segurança jurídica, a própria decisão de manter tais efeitos também provoca os mesmos efeitos negativos. Como observa Tamanaha, a manutenção de efeitos para atos contrários ao Direito igualmente produz efeitos que se contrapõem aos princípios do Estado de Direito e da segurança jurídica, como estimular o descumprimento dos contratos e a falta de manutenção da palavra, aumentar a incerteza com relação ao cumprimento de leis e contratos, encorajar práticas econômicas inaceitáveis, aumentar a ineficiência econômica, entre outros fatores.

E continua o autor:

> [...] a mesma segurança jurídica que pode ser usada para manter leis contrárias à Constituição com a finalidade de proteger a confiança de alguns que confiaram na validade de leis cuja constitucionalidade era presumida também pode ser utilizada com o fim de proteger a confiança de outros que confiaram na aplicação da consequência prevista para o descumprimento das leis contrárias à Constituição; a mesma segurança jurídica que pode ser utilizada para manter contratos inválidos com o objetivo de preservar a boa-fé das partes que atuaram acreditando na sua validade também pode ser usada com o fim de proteger a confiança das partes que confiaram na aplicação das consequências previstas para os casos de invalidade. Em suma, a manutenção de atos ou de efeitos de atos inválidos com base na segurança jurídica é ambígua.

O acionamento irrestrito ao instituto pode acarretar verdadeira quebra na observância da organicidade do Direito. Articula-se com a preservação da segurança jurídica, quando, na verdade, potencializa-se o conflito, conferindo ao Supremo papel que a ele institucionalmente não compete. Pretende-se proteger situações tidas por consolidadas, a partir de norma contrária à Constituição Federal.

Melhor seria se a inconstitucionalidade fosse a exceção, com governantes e legisladores buscando, na tarefa de edição de atos normativos, guardar as balizas, os ditames constitucionais. Nesse cenário, ao cidadão caberia a obediência às leis, considerada a presunção – como não deveria deixar de ser – de constitucionalidade. Infelizmente, não é isso o que ocorre. Todavia, descabe partir para o excesso da modulação, que tende a potencializar esse estado de coisas, o desrespeito ao Diploma Maior, com insegurança quanto ao parâmetro normativo a ser observado.

A quadra é estranha. Tem-se assistido a algo que foge à normalidade, à organicidade do próprio Direito, no qual a Constituição é o ápice da pirâmide normativa. O Tribunal vem implementando a modulação de forma alargada. No intuito de ser pragmática, a sempre ilustrada maioria olvida princípio caro à democracia: o do devido processo legal. O abuso da modulação tem transformado o Supremo em Congresso Nacional na tarefa de reescrever a Constituição Federal. Não é dado esquecer que, ao avançar e extravasar certos limites, lança-se um bumerangue. Inúmeras decisões demonstram isso.

Quando do julgamento do recurso extraordinário de nº 556.664/PR, no qual o Supremo declarou a inconstitucionalidade dos artigos 45 e 46 da Lei nº 8.212/1991, ante a exigência de lei complementar para disciplinar prescrição e decadência tributárias, fixou-se a modulação dos efeitos do julgamento para assentar a legitimidade dos recolhimentos que houvessem sido efetuados dentro da sistemática glosada e que não constituíssem objeto de ação ajuizada até aquela data. Divergi da solução, no que fiquei vencido, justamente por não concordar com a pretensa surpresa do Estado tributante quanto ao resultado do crivo. A matéria não era nova, no tocante à necessidade de lei complementar para alcançar-se a disciplina, já contando com inúmeros precedentes nesse sentido. Surgiu impróprio articular-se com a segurança jurídica. E pior, considerado o fato de estabelecer matéria tributária, campo no qual, conforme já dito, locupleta-se o Estado, em detrimento do contribuinte, em prejuízo à Carta Maior.

Na ação direta de inconstitucionalidade nº 4.481/PR, relator o ministro Luís Roberto Barroso, o Supremo assentou a invalidade de norma estadual a conceder benefícios fiscais sem convênio interestadual prévio – em síntese, lei local a promover a chamada "guerra fiscal do ICMS" –, por afronta ao artigo 155, § 2º, inciso XII, alínea "g", da Constituição. Apesar de a jurisprudência do Tribunal, há quase vinte e cinco anos, no sentido da inconstitucionalidade dessa prática legislativa, a maioria decidiu pela modulação, sob o argumento de a lei já ter vigorado por oito anos. Mais uma vez, votei vencido, lamentando estar "ficando muito fácil editar diplomas legais à margem da Constituição Federal, porque depois, em passo seguinte, há o concerto do Supremo; concerto não com 's', concerto com 'c'. Dá-se, naquele período, o dito pelo não dito, salva-se a lei em detrimento da Carta da República, como se esta tivesse ficado em suspenso no período, não vigorasse no território nacional".

Nas ações diretas de inconstitucionalidade nº 4.357/DF e nº 4.425/DF, acórdãos redigidos pelo ministro Luiz Fux, a maioria decidiu pela modulação dos efeitos da declaração de inconstitucionalidade da Emenda

Constitucional nº 62, de 2009, versado o regime de pagamentos mediante precatórios, inclusive quanto ao fator de correção de débitos. Na ocasião, adverti que a modulação, ao arrepio da isonomia, criaria credores diferentes: os que teriam créditos corrigidos consoante cláusula proclamada inconstitucional, porque aquém da inflação, e os que teriam créditos corrigidos, como deve ser para que não haja a perda do poder aquisitivo da moeda, por indexador diverso.

Já no recurso extraordinário com agravo nº 709.212/DF, a versar a redução do prazo prescricional para cobrança de valores não pagos a título de FGTS, a maioria assentou necessária a modulação para atribuir efeitos prospectivos à declaração de inconstitucionalidade do artigo 23, § 5º, da Lei nº 8.036/1990 e do 55 do Decreto nº 99.684/1990, considerada a evolução jurisprudencial do Supremo quanto à temática – verdadeira antecipação jurisprudencial a agora expressamente prevista contida nos mencionados parágrafos 3º e 4º do artigo 927 do Novo Código de Processo Civil. O recurso, formalizado pelo empregador, foi desprovido, em verdadeira vitória de Pirro: ganhou, mas não levou. Criou-se um nada jurídico, como se tivesse prevalecido não a óptica no sentido da procedência do inconformismo da parte cuja pretensão foi atendida pelo Judiciário, mas a improcedência. Ocorreu a mitigação da decisão do Supremo, como se houvesse duas regências, uma anterior ao julgamento e outra posterior; como se existissem duas Constituições Federais, uma anterior ao julgamento e outra posterior; como se estivessem presentes disciplinas diversas. Compus a corrente minoritária, reforçando mais uma vez o entendimento: ou bem a lei editada pelo legislador mostra-se afinada com a Constituição Federal, ou não se mostra. Afirmei não poder, simplesmente, concluir que a eficácia da Lei Maior estivera, até então, latente.

Vê-se que a prática tem se mostrado corriqueira, multiplicando-se os exemplos.

Se por um lado a modulação dos efeitos da decisão que declara a inconstitucionalidade de normas joga a favor do mal legislador, por outro, conferir efeitos prospectivos ao reconhecimento da constitucionalidade da lei, ainda quando ocorrida mudança jurisprudencial, coloca em risco a quebra da isonomia relativizando a presunção de constitucionalidade das leis. Incentiva-se a desobediência a norma legal, levando-se à insegurança jurídica. Cria-se a percepção de a norma, positivada em nosso ordenamento, não valer enquanto não referendada pelo Supremo.

Constata-se que a questão não é nova. Tendo sido versada pelo Supremo, ainda antes da vigência da Lei nº 13.105, de 2015.

A ausência de disciplina própria não impediu a leitura alargada do estabelecido no artigo 27 da Lei nº 9.868/1999, lei especial, disciplinadora do controle concentrado de constitucionalidade[2]. Sempre defendi pressupor o preceito, explícito ao versar a eficácia de decisão constitutiva, atuação do Tribunal, em um primeiro passo, como legislador negativo. A incidência reclama declaração de inconstitucionalidade de lei ou ato normativo. Dessa forma pronunciei-me quando do julgamento do recurso extraordinário nº 353.657/PR, por mim relatado, em que se concluiu pela impossibilidade de creditamento do imposto sobre produto industrializado decorrente da aquisição de insumos submetidos à alíquota zero. Afastei a proposta de modulação, sendo acompanhado pela maioria do Pleno, ao argumento de que:

> Na espécie, em momento algum, declarou-se a inconstitucionalidade de lei ou ato normativo. Jamais figurou, no ordenamento jurídico pátrio, o creditamento, pela alíquota final, de valor que o contribuinte não recolheu a título de imposto sobre produtos industrializados em operação anterior isenta, não tributada ou sujeita à alíquota zero. Até aqui o que se tem é o pronunciamento do Plenário do Supremo sobre a inexistência do direito ao crédito, e isso se fez a partir de interpretação conferida, como já consignado, à Constituição Federal, mais precisamente ao artigo 153, § 3º, inciso II, nela contido, que a União sempre apontou como infringido.
>
> Em síntese, pressupondo a aplicação analógica moldura semelhante à que disciplinada pela norma em relação à qual se pretende a extensão, não há campo para chegar-se ao implemento respectivo. Conclusão diversa implica não o acionamento da analogia mas a atuação do Supremo como se legislador fosse e pudesse empreender, sem a atuação do Congresso Nacional, na ordem jurídica, dispositivo viabilizador da limitação de eficácia do julgado, pouco importando a existência pretérita de lei dispondo em certo sentido.
>
> Busquem a razão de ser do artigo 27 da Lei nº 9.868/99. Outra não é senão a presunção de legitimidade constitucional do ato normativo, a gerar a confiança dos cidadãos em geral no que nele previsto. Declarada a inconstitucionalidade de lei ou ato normativo e presentes, como pedagogicamente está no preceito,

[2] Art. 27. Ao declarar a inconstitucionalidade de lei ou ato normativo, e tendo em vista razões de segurança jurídica ou de excepcional interesse social, poderá o Supremo Tribunal Federal, por maioria de dois terços de seus membros, restringir os efeitos daquela declaração ou decidir que ela só tenha eficácia a partir de seu trânsito em julgado ou de outro momento que venha a ser fixado.

> motivos de segurança jurídica ou de excepcional interesse social, aí sim pode o Supremo fixar a eficácia do que decidido, mantidas as situações jurídicas que teriam sido estabelecidas a partir da lei ou do ato normativo – na espécie, iniludivelmente, inexistente – proclamado inconstitucional. O preceito que se quer aplicar por analogia, mesmo ausente a lacuna quanto ao direito questionado e objeto de decisão, pressupõe, sempre e sempre, pronunciamento no sentido da inconstitucionalidade de lei ou ato normativo, reconhecimento do conflito do que disciplinado com a Constituição Federal, e, neste caso, tem-se, sem o questionamento sequer de lei específica – inimaginável, portanto, o envolvimento de declaração de inconstitucionalidade -, a incidência do Diploma Maior no que viabilizado o crédito apenas quando cobrado certo valor na operação anterior, quando o contribuinte desembolsa quantitativo a título de tributo.

Na questão de ordem a envolver a modulação quando da apreciação, pelo Tribunal, do recurso extraordinário nº 377.457/PR, paradigma da controvérsia relativa a incidência da contribuição COFINS consideradas sociedades profissionais, foi ela suscitada ante existência de jurisprudência no âmbito do Superior Tribunal de Justiça. Assentei não conceber a relativização da lei, por entender não ter o Tribunal esse poder apenas por estar em posição na qual pode errar por último. Continuei: "assim como não admito – por entender que se mostra até um incentivo à criação de tributo à margem da futura Constituição Federal – o empréstimo de eficácia futura à declaração de inconstitucionalidade, também não admito que, no caso de glosa, como a que ocorreu, à pretensão do contribuinte, venha-se a dizer que a lei ordinária placitada pelo Plenário, alterando a lei complementar, não vigorou no território nacional até aqui."

Na mesma linha, cumpre citar o julgamento do recurso extraordinário nº 723.651/PR, por mim relatado, no qual se discutia a constitucionalidade da incidência do imposto sobre produtos industrializados, em relação a automóveis importados por pessoa natural para uso próprio. Assentada a legitimidade da pretensão da União para cobrar o tributo, ventilou-se, inclusive com remissão à disciplina do novo diploma processual, a possibilidade de modulação dos efeitos da decisão. Sustentou-se a ocorrência de superação de jurisprudência. Deixei de acolher a proposta, sendo acompanhado pela maioria dos integrantes do Pleno. Defendi, concluindo, "se chegarmos à modulação, reconheceremos a constitucionalidade da incidência do tributo, o acerto do que decidido pelo Regional Federal da 4ª Região, mas reformaremos o acórdão para dar o dito pelo não dito, e assim se conta a história do País, não se avançando culturalmente. É o famoso 'jeitinho brasileiro'. Há precedentes do Supremo? Sim. Mas a Constituição Federal submete, inclusive, o Supremo."

A tônica do Tribunal, todavia, parece caminhar em outra linha, colecionados casos em que se declara a constitucionalidade da norma, mas afasta-se a aplicação justamente para resguardar o interesse daquele que a ela se contrapõe.

Como exemplo da estranheza dos tempos, cabe rememorar o debate ocorrido na ocasião do julgamento do mandado de segurança nº 26.604/DF, relatora a ministra Cármen Lúcia. O tema de fundo, de importância maior para a funcionalidade da democracia representativa, envolvia a perda de mandato por parlamentar após a desfiliação do partido em que eleito. Assentou-se, considerado o ordenamento jurídico, a necessidade de observância da chamada fidelidade partidária. A maioria do Pleno, contudo, fixou efeitos prospectivos a pretexto da segurança jurídica, procedendo com a modulação – em mandado de segurança impetrado pelo partido político – ante a evolução jurisprudencial quanto à temática. Na oportunidade, fiquei vencido, mas não sem deixar de externar o inconformismo com a quadra vivida:

> Não vejo como chegar-se a essa fixação temporal. E digo mais: segurança jurídica existe quando esta Corte faz prevalecer a Constituição Federal, sem qualquer temperamento, diploma que deve sempre estar no ápice da pirâmide das normas jurídicas, mesmo porque resposta a consulta não consubstancia norma jurídica. Na resposta, o Tribunal Superior Eleitoral não criou, não extinguiu, não modificou qualquer direito; atuou examinando o arcabouço normativo, principalmente o constitucional, e, então, assentou o alcance quanto à vinculação, quanto ao que apontei como casamento indissolúvel de candidato e partido durante a legislatura.
>
> É certo que o fato consumado, no Brasil, às vezes ganha a apoteose. Somente deve ganhar ênfase se harmônico, afinado, com a ordem jurídica. É este o preço que se paga por viver em um Estado Democrático; o preço que se paga por viver em um Estado de Direito, estando ao alcance de todos: o respeito irrestrito às regras estabelecidas. A Lei nº 9.868/99 prevê - e até aqui, para mim, utilizando uma expressão do ministro Francisco Rezek, o preceito ainda não é palatável - a denominada modulação, e não se pode, princi-

palmente em processo a revelar conflito de interesses subjetivos, a partir dela, implementar o que seria o direito alternativo. De qualquer modo, a norma exige o atendimento de requisitos para ter-se essa modulação, muito embora esteja convencido de que a lei que surja no cenário jurídico em conflito com a Constituição Federal é írrita, não produzindo efeitos. O primeiro requisito é a declaração de inconstitucionalidade de ato normativo, e não ouvi qualquer voto mencionando a inconstitucionalidade de certo preceito de lei - ao contrário, os votos foram no sentido de entender válidas as normas que estabelecem a vinculação e que versam a existência dos partidos políticos. O segundo é o *quorum* de dois terços, o pronunciamento de oito Ministros fixando vigência para a eficácia da declaração de inconstitucionalidade.

Na semana passada, em situação concreta relativa a alimentos, relativa à fonte de sustento de cidadãos, declarada a inconstitucionalidade de um diploma do Estado de Minas, não se chegou à modulação, mas se chegará a essa mesma modulação neste processo subjetivo!

Não podemos transformar o mandado de segurança em ação simplesmente declaratória. Daí sempre haver imaginado que ou bem se concede, ou se indefere a ordem.

Há mais. Creio que se ganha em avanço com este julgamento, tendo presente que é estabelecida a vinculação partido/eleitor – beneficiando toda a sociedade. Ocorre que os partidos que impetraram os mandados de segurança terão uma vitória de Pirro e, repito, considerada a mesma legislatura. Constatamos, tive o cuidado de contar, vinte e três parlamentares litisconsortes passivos e, ante o termo inicial fixado pela maioria para a vigência do que indiretamente é a vigência da Constituição Federal, ou seja, a data da resposta do Tribunal Superior Eleitoral à consulta, apenas um parlamentar ficará, não chegando a ser bode expiatório, na corda bamba - porque ainda haverá procedimento administrativo -, alcançado pela decisão.

Isso, para mim, resulta no surgimento de verdadeira casta. Ter-se-á na mesma legislatura, e em que pese à existência das mesmas normas constitucionais, das mesmas normas legais, deputados sujeitos a enfoques diversificados quanto à filiação. Aqueles que mudaram de partido, em demonstração de infidelidade, antes de 27 de março de 2007 contarão com verdadeiro *bill* de indenidade, ficando salvos da guilhotina. Esse único deputado – não sei quem é, penso que é jurisdicionado sob a relatoria da ministra Cármen

> Lúcia – estará sujeito à desqualificação - não falo em perda de mandato, porque não há essa perda, já que o mandato continuará a existir presente o partido político.

A conclusão adotada, na linha do que agora preconizado pelo novo Código, no artigo 927, implicou a mitigação do pronunciamento do Supremo, revelando, uma vez mais, a necessidade de atenção e parcimônia na observância ao instituto, presente a possibilidade de criação de injustiças. Corre-se o risco de punir quem acreditou na validade da norma e portou-se de acordo com ela, recorrendo, até mesmo, ao Judiciário na busca da defesa dos respectivos direitos.

3. CONCLUSÃO

Como adiantei na introdução, este texto tem por objetivo revelar o olhar crítico ao instituto da modulação temporal dos efeitos das decisões de constitucionalidade ou inconstitucionalidade das leis. As mesmas críticas que historicamente faço ao instituto no tocante à previsão contida nas Leis nº 9.868, de 1999, e nº 9.882, de 1999, devem servir de alerta ao alcance do Código de Processo Civil, nas situações de superação da jurisprudência consolidada.

Não há como deixar de pagar um preço, a meu ver, módico, por viver-se num Estado Democrático de Direito, que é a observância irrestrita dos ditames legais e constitucionais, a menos que se diga que a Constituição não é rígida, mas flexível, passível de ser colocada em segundo plano.

A modulação tem sido elastecida, e o Código de Processo Civil vem potencializar o quadro. Deveria ser, se tanto, exceção, mas está alargada. Peca-se na observância quanto à organicidade do Direito. Talvez a Constituição Federal não seja boa o suficiente para aqueles incumbidos de guardá-la, de modo que lanço este artigo como a cobrar reflexão aos riscos inerentes ao instituto. Não me canso de repetir: "vivemos uma quadra muito estranha, de abandono de parâmetros, de colocação de princípios inerentes ao Estado Democrático de Direito em segundo plano, quadra em que o dito passa pelo não dito, o certo por errado e vice-versa." Onde vamos parar? É a pergunta que cabe fazer.

17

A INTERPRETAÇÃO DA CONSTITUIÇÃO FEDERAL PELO SUPREMO NOS 30 ANOS DE VIGÊNCIA DA CARTA DE 1988: A CONCRETIZAÇÃO DOS DIREITOS FUNDAMENTAIS E A INFLUÊNCIA DO JUDICIÁRIO NA CULTURA BRASILEIRA RECENTE

1. INTRODUÇÃO

A Constituição de 1988 completa três décadas de vigência. Ulysses Guimarães, no discurso do histórico 5 de outubro, afirmou que a nação queria mudar, que deveria mudar, que mudaria. E mudou. O Supremo tem sido protagonista nessa mudança, interpretando o texto aprovado pelos representantes do povo e demonstrando à população o papel da Justiça no avanço da sociedade.

Dizem que sou progressista, mas não é bem assim. No Supremo, enquadro-me no papel do juiz que interpreta a norma, que entende que a atividade judicante se mostra, acima de tudo, vinculada ao Direito positivo. Progressista é a Constituição Federal, a qual, aos 30 anos, revela potencial ainda jovem. A análise do Texto Maior, principiologicamente garantista, a versar o avanço no campo dos direitos do cidadão, brasileiro, levará o leitor a conclusão semelhante.

Para Ulpiano, popular jurista romano, fazer Justiça implica dar a cada um o que lhe pertence. O conceito, apesar da simplicidade, não é unívoco. Aplicá-lo nunca foi tarefa livre de questionamentos profundos, diários, a exigir intensa dedicação intelectual e emocional, e o trabalho não se torna mais simples com a crescente complexidade das sociedades modernas – a brasileira é vívido exemplo disso.

As constituições do período histórico do pós-guerra trouxeram os novos tribunais de controle de constitucionalidade, etapa importante na melhoria dos processos institucional e civilizatório pelos quais passam as democracias. Consubstanciaram soluções na busca de meio-termo, de equilíbrio entre extremos formados por um Direito sem moral ou princípios normativos, de um lado, e de uma moral sem Direito, de outro. Hoje, é nesses tribunais que os direitos são legitimamente interpretados. É dali, em boa parte dos casos, que a Justiça é administrada ao jurisdicionado.

A decisão da maioria, diria Dworkin,[1] não é justa nem valiosa em si, pois não existe nada que possua valor inerente num processo que permita a grande número de pessoas impor a própria vontade a um número menor. Só há valor e Justiça, no pronunciamento da maioria, se algumas circunstâncias e limites são observados, entre eles a igualdade entre os participantes do processo político e o respeito aos direitos fundamentais. A um Supremo Tribunal, cabe, delimitadas as balizas no Texto Maior, assegurar esses perímetros. É o que tenho testemunhado, de posição privilegiada, nos últimos 27 anos. Passo a dar breve exposição.

Este artigo possui a seguinte estrutura: no tópico seguinte (1), tem-se breve síntese da disciplina constitucional de 1988 sobre os direitos fundamentais e o avanço do constitucionalismo contemporâneo no País, além de relato de algumas decisões do Supremo a título de exemplo; na segunda parte (2), comentários sobre a influência do Judiciário na determinação da juridicidade de uma cultura; por fim (3), breve conclusão.

2. O ESPÍRITO DA CARTA DE 1988: A CONSAGRAÇÃO DOS DIREITOS FUNDAMENTAIS

O denominado Estado Constitucional de Direito se espalhou, na Europa, após a Segunda Guerra Mundial (na Itália em 1947, na Alemanha em 1949, em Portugal em 1976, na Espanha em 1978 e no Leste Europeu depois da

1 Cf. DWORKIN, Ronald. *Taking Rights Seriously*. Cambridge: Harvard University Press, 1977.

queda do Muro de Berlim) e, na América Latina, posteriormente ao declínio dos diversos regimes ditatoriais.

O movimento representou estágio evolutivo do Estado de Direito, marcado pela presença de constituições democráticas, rígidas, que reconhecem, como normas imediatamente aplicáveis, direitos fundamentais de índole liberal e social. Estes foram colocados no centro de toda a ordem jurídica estatal, representando o principal fundamento jurídico e axiológico dos novos sistemas constitucionais. A Constituição de 1988 foi elaborada sob esse signo.

Em todos os lugares regidos pelo novo constitucionalismo, a interpretação dos textos fundamentais tem sido tarefa desafiadora aos juízes constitucionais, reunidos em colegiados. A empreitada revela novas fronteiras às sociedades – no caso brasileiro, ainda bem, afiançadas em princípios humanísticos.

A vigência dessa nova espécie de constituição provocou transformações dos ordenamentos jurídicos, os quais passaram a ser "impregnados" por preceitos constitucionais condicionadores das atividades dos três poderes constituídos e de boa parte das relações sociais.[2] Como dito por Canotilho, referindo-se ao novo momento constitucional, é "na supremacia normativa da lei constitucional que o primado do direito do estado de direito encontra uma primeira e decisiva expressão".[3] O principal traço dessa supremacia constitucional está na prioridade dos direitos fundamentais.

A Constituição de 1988 inicia-se vinculando o Estado brasileiro à dignidade da pessoa humana e aos valores sociais do trabalho e da livre iniciativa (artigo 1º, incisos III e IV), para, em seguida, prever que são objetivos fundamentais a construção de sociedade livre, justa e solidária, a erradicação da pobreza e da marginalização, a redução das desigualdades

---

2 GUASTINI, Riccardo. La 'costituzionalizzazione' dell'ordinamento italiano. *Ragion Pratica* nº 11, Ano VI. Genova: Compagnia dei Librari, 1998, p. 186-192: o autor, reportando-se ao fenômeno da "constitucionalização do ordenamento" italiano, apontou sete condições para que se possa considerar o ordenamento jurídico completamente impregnado: (1) uma constituição rígida, (2) a garantia jurisdicional da constituição (jurisdição constitucional), (3) a força vinculante dos dispositivos constitucionais, (4) a "sobre-interpretação" da constituição, (5) a aplicação direta dos dispositivos constitucionais, (6) a interpretação conforme a constituição das leis e (7) a influência da constituição sobre as relações políticas. Embora o Mestre refira-se ao ordenamento italiano, suas lições são inteiramente aplicáveis a outros ordenamentos jurídicos que possuem, no centro, uma constituição materializada como a italiana e a brasileira.

3 CANOTILHO, José Joaquim Gomes. *Direito Constitucional e Teoria da Constituição*. 4ª ed. Coimbra: Almedina, 2000, p. 245.

sociais e regionais e a promoção do bem geral, sem quaisquer preconceitos ou discriminações (artigo 3º). No título seguinte (II), sob o rótulo de "direitos e garantias fundamentais", o constituinte detalhou inúmeros direitos e deveres individuais e coletivos (artigo 5º), assim como direitos sociais (artigo 6º) e assegurou aos trabalhadores direitos associativos (artigo 8º), de greve (artigo 9º) e participativos (artigos 10 e 11).

Mas o epicentro do sistema constitucional está mesmo no princípio da dignidade da pessoa humana. É nesse campo que o Supremo proferiu decisões polêmicas, de constitucionalidade patente, como as relativas a pesquisas com células-tronco e à equiparação jurídica entre a união estável homoafetiva e a heteroafetiva. Sob minha relatoria, o Tribunal concluiu pela atipicidade da interrupção da gravidez de fetos anencefálicos. No voto, afastei a possibilidade de a questão "ser examinada sob os influxos de orientações morais religiosas" e, afirmada a antítese entre anencefalia e vida, assentei estarem em jogo apenas direitos de gestantes de natimorto cerebral – "a privacidade, a autonomia e a dignidade humana dessas mulheres". Nesses exemplos, o Supremo consagrou a dignidade da pessoa humana.

Em matéria penal, apesar dos desdobramentos mais recentes, a história conta que o Tribunal tem, nas últimas três décadas, jurisprudência garantista. Em processo de que fui relator, o Supremo julgou constitucional a "Lei Maria da Penha", diploma legal a prever penas mais duras para aqueles que cometem violência doméstica contra a mulher, implementando ajustes para que as ações penais relativas aos casos de lesão corporal pudessem ser incondicionadas à representação da ofendida, uma vez que a dependência da manifestação de vontade da agredida revela, na maior parte dos casos, uma proteção insuficiente ante o quadro de desigualdade e vulnerabilidade histórica da mulher perante o homem. Foi assim também quando se assegurou a progressão de regime prisional mesmo no caso de crimes hediondos e se declarou inconstitucional a prisão de depositário infiel. A linha do tempo demonstra que o Supremo evolui: nesses dois últimos exemplos, fui voto vencido na década de noventa, mas a corrente mudou no século XXI.

A exceção recente ficou por conta da involução no entendimento acerca da execução provisória da pena. Precipitá-la importa em antecipação de culpa, por serem indissociáveis. Ainda assim, apesar da clareza do texto, o Pleno, no *habeas corpus* nº 126.292, por maioria, subverteu o que revela a Constituição.

Tal decisão, à qual, aliás, seguiu-se entendimento consentâneo no dito Plenário Virtual, por ocasião da análise do agravo em recurso extraordinário nº 964.246, não é obstáculo ao acesso ao Judiciário para afastar lesão a direito, revelado, no caso, em cláusula pétrea - ninguém será considerado culpado até o trânsito em julgado de sentença penal condenatória - incisos XXXV e LVII do artigo 5º da Lei Fundamental. E assim o é justamente por ter a Constituição o centro que tem. A lógica do Texto é rica!

Nessa matéria, como em todas as demais, ressalto a importância de leitura positivista e literal da Constituição. É também por isso, e por conhecer a história da Casa, que confio que o Tribunal reestabelecerá a melhor leitura da Constituição. Não pode haver, no Supremo, compromisso com o erro.

A disputa, nesse ponto, há de revelar a força da Constituição na defesa da liberdade, da igualdade e da dignidade dos cidadãos. Quem diverge filia-se a uma interpretação demasiado extensa do Texto Maior: enxerga o que não está positivado em lugar algum, subverte o norte constitucional.

O legislador fez da Carta de 1988 um verdadeiro livro de direitos, e o Supremo tem desenvolvido, nos últimos trinta anos, papel de verdadeiro guardião do seu núcleo. Claro que ainda há muito por realizar. Existem promessas pendentes, especialmente no campo social, que, talvez, nunca sejam satisfeitas. Alguns compromissos e institutos foram inadequadamente estabelecidos na origem, ocasionando a elaboração de emendas constitucionais destinadas à atualização ou ao aperfeiçoamento. Mas celebrar três décadas de um texto ungido em tantos direitos, mesmo sob os olhos de um governo de exceção, é, por si só, uma vitória do povo brasileiro. A jurisprudência do Supremo tem influenciado decisivamente a sociedade brasileira.

3. O JUDICIÁRIO NA DETERMINAÇÃO DA JURIDICIDADE DE UMA CULTURA

Qualquer análise dos últimos anos de julgamentos pelo Supremo deve passar pela popularização do acesso às opiniões do Judiciário. A TV Justiça, inaugurada quando estive na Presidência do Tribunal, tem papel fundamental nesse novo tempo. No lugar de entronizar decisões-paradigma ou casos-difíceis, o Supremo se mostrou aberto e moderno.

Os julgamentos de questões e casos polêmicos, transmitidos para a população pela TV, tem gerado grande expectativa. A influência do Judiciário na determinação da juridicidade de uma cultura, na institucionalização das liberdades individuais e na preservação da estabilidade do ordenamento jurídico provoca novas discussões. As decisões passaram a ser analisadas também em função do contexto, verificando-se a importância e impacto regulatório em concretas condições sociais, econômicas, políticas e culturais[4].

Daí a necessidade de centrar-se num exemplo positivista. Se o Supremo é hoje tão visto, não pode implementar, a toda hora, nova jurisprudência. Precisa ensinar pelo exemplo, dizer o direito à população de forma clara e constante.

Tem-se um só Texto Constitucional. É possível evoluir em pensamentos e posições, mas não há como extrair dele, a cada novo julgado, sentido distinto. Basta ver, a título de exemplo, a controvérsia em relação ao princípio da proporcionalidade. Existem ópticas diferentes quanto à observância de um só princípio no próprio Supremo[5]. É preciso ser técnico e rígido na leitura.

O sentido das palavras que emaram do legislador é apenas um e essa é uma lição importante para a sociedade brasileira. É preciso repeti-la sempre e sempre. A rigidez dogmática pode, nesse ponto, auxiliar nas percepções de realização da Justiça, garantindo ao cidadão o sentimento de estabilidade na prestação jurisdicional e de menos espaço para o subjetivismo decisório, o que contribui para a proximidade da população considerado o Judiciário.

Em lugar de decisões distantes da realidade brasileira, um tribunal constitucional precisa investir em padrões mais afeitos à comunicação com a sociedade. A linguagem tem papel fundamental nisso.

Não se olvida que a Constituição sugere questionamentos filosóficos, mas é necessário racionalizá-los para que o jurisdicionado bem compreenda os próprios direitos. Nesse ponto, o Supremo tem papel fundamental na relação entre os mecanismos constitucionais e a identidade cultural brasileira.

O combate à criminalidade é modelar: não se há de fazê-lo a ferro e fogo, mas sim mediante política criminal adequada. O próprio cidadão brasileiro não pode ser inimigo do Estado e vice-versa[6]. É impróprio flexibilizar o

---

4 Víctor Gabriel Rodríguez bem observou que a cobertura da mídia da AP 470, em verdade, deveria ocorrer a mais tempo, justamente por que "as decisões dos grandes tribunais sempre trouxeram consequências mais intensas ao contexto social do que muitas discussões e conchavos parlamentares, que tradicionalmente ocupam a atenção da cobertura jornalística". "A politização do julgamento". In: *Jornal Valor Econômico*, 04.10.2012.

5 MARIN, Gustavo de Carvalho. *Verificação da proporcionalidade na interpretação do direito penal: análise da aplicação pelo Supremo Tribunal Federal entre 2011 e 2012*. Dissertação de Mestrado na Universadade de São Paulo. São Paulo, USP, 2015.

6 Ver mais em SAAD-DINIZ, Eduardo; SILVEIRA, Renato de Mello Jorge. *Inimigo e pessoa no direito penal*. São Paulo: LiberArs, 2012.

texto constitucional em prol de investigações, como se tem feito nos casos de quase infinitas monitorações telefônicas. Nos momentos atuais, vem sendo atribuição do Supremo estabelecer o diálogo com a nação. O que, a princípio, pode parecer uma defesa da sociedade, sob o manto da segurança, facilmente degringola para posições extravagantes.

O processo tem etapas e o Judiciário está organizado em patamares diversos. Há os porquês disso. As decisões judiciais não podem ser baseadas em emoções nem se pautarem pelo processo midiático, sob pena de injustiças, execração pública de quem pode ser inocente, destruição da honra e da vida privada[7]. Quando está diante dos holofotes da TV Justiça, o Tribunal tem papel pedagógico. Deve ter presente que a nova juridicidade na cultura brasileira exige padrões humanísticos, como a preservação do estado de não culpabilidade de acusados.

As interações nesse campo, se bem gestadas, podem significar novos patamares de civilidade nas próximas três décadas no País. Torço para tanto e cumpro, com desassombro, a função que me confiou a Constituição Federal.

4. CONCLUSÃO

O Supremo vem fazendo a parte que lhe cabe. Não fossem as decisões paradigmáticas do Tribunal, a Constituição poderia ter falhado no propósito de materializar a democracia e assegurar direitos fundamentais. Não menosprezo, com isso, a participação dos Poderes Executivo e Legislativo. O desenvolvimento e a complementação do texto constitucional por meio dos órgãos políticos são condições da própria existência do projeto como um processo democrático. Apenas ressalto o papel de intérprete-guardião que o Tribunal desempenha.

O Tribunal tem contribuído de maneira decisiva para a formação de uma nova cultura, para a consagração de padrões éticos e de integridade na sociedade brasileira. Com esse fim, é preciso ler, diuturnamente, a Constituição, observando-se o Direito Positivo e, com isso, guardando-se a segurança jurídica. A publicidade das decisões mostra-se fundamental na consolidação desse novo cenário. Conta-se com uma sadia Lei das Leis, mas deve-se tê-la como guia.

7 Ver mais em RODRÍGUEZ, Víctor Gabriel, *Tutela da Intimidade*: perspectivas da atuação penal na sociedade da informação. São Paulo: Atlas, 2008.

PARTE 4
DIREITO PENAL

18

O SUPREMO E O SISTEMA CARCERÁRIO NACIONAL

1. INTRODUÇÃO

O Brasil tem muitos problemas sociais. Há diversas áreas em que os direitos fundamentais não são efetivados. Trata-se de espaços em que a Carta da República é implementada apenas parcialmente. A forma como se lida com os presos no País é um dos, senão o mais destacado, casos de inobservância à Constituição de 1988. Recolhidos e tratados como animais, os detentos sofrem violações diárias de direitos humanos, em claro desrespeito à própria dignidade. O sistema carcerário nacional é uma questão dramática. As condições das prisões brasileiras fazem do sistema criminal um modelo perverso e agudo de transgressão às normas constitucionais e desprezo a direitos fundamentais básicos.

Em um Estado Constitucional e Democrático de Direito, os poderes públicos devem nortear as ações visando o princípio da dignidade humana. Isso é especialmente verdadeiro quando se trata da formulação e da operação do sistema criminal, tema discutido na presente coletânea, uma homenagem a René Ariel Dotti, Professor Titular de Direito Penal da Universidade Federal do Paraná, autor de diversos livros sobre matéria penal. Para compor esta obra, atendendo a convite que muito me honrou, apresento artigo versando a inconstitucionalidade das condições trágicas do sistema prisional brasileiro.

O texto terá a estrutura a seguir delineada: no tópico 2, explicito o envolvimento da agenda do Supremo com os problemas do sistema carcerário nacional. No item seguinte (3), descrevo a situação vexaminosa das penitenciárias. Depois, abordarei questões teóricas e práticas relacionadas (4) aos direitos fundamentais violados, (5) à responsabilidade do Poder Público e (6) ao possível papel que o Supremo pode cumprir para, ao menos, reduzir o estado de inconstitucionalidade. Cabe ressaltar que as considerações a serem desenvolvidas têm origem em estudo realizado por mim para confecção do voto apresentado na Medida Cautelar na Arguição de Descumprimento de Preceito Fundamental nº 347/DF, de minha relatoria. Por fim (7), trarei conclusões.

2. O SISTEMA PRISIONAL BRASILEIRO E A AGENDA DO SUPREMO

O tema das condições inconstitucionais das prisões brasileiras tem estado na ordem do dia do Supremo.

No Recurso Extraordinário nº 580.252/MS, da relatoria do ministro Teori Zavascki, o Tribunal decidirá se o Estado deve indenizar, por meio de reparação pecuniária, presos que sofrem danos morais por cumprirem pena em estabelecimentos com condições degradantes. O relator votou pela responsabilidade estatal, sendo acompanhado pelo ministro Gilmar Mendes. Em voto-vista, o ministro Luís Roberto Barroso também assentou o dever de indenizar, apontando, contudo, o cabimento da remição de dias de pena, em vez de pagamento em pecúnia. O exame foi interrompido por pedido de vista da ministra Rosa Weber.

O Conselho Federal da Ordem dos Advogados do Brasil formalizou a Ação Direta de Inconstitucionalidade nº 5.170/DF, da relatoria da ministra Rosa Weber, versando o mesmo tema. O pedido é de emprestar interpretação conforme à Constituição aos artigos 43, 186 e 927 do Código Civil, a fim de ser declarada a responsabilidade civil do Estado pelos danos morais causados aos detentos submetidos a condições sub-humanas, insalubres, degradantes ou de superlotação carcerária.

No Recurso Extraordinário nº 641.320/RS, relator ministro Gilmar Mendes, o Tribunal reconheceu a repercussão geral da matéria relativa ao direito de o condenado, estando em regime semiaberto, poder cumprir a pena em regime aberto ou prisão domiciliar, quando ausente acomodação adequada no sistema carcerário. Para subsidiar o julgamento, o Relator designou audiência pública. Conforme notícia do sítio do Supremo, Sua Excelência declarou ter assistido a relatos que deram conta dos problemas graves do sistema prisional brasileiro, vindo a concluir só haver três formas de alcançar soluções para evitar a falência do referido sistema: comprometimento federativo, alocação de recursos financeiros e integração institucional.

O julgamento do recurso teve início em 2 de dezembro de 2015. O Relator votou no sentido de, em não havendo vagas no regime semiaberto, caber ao juiz providenciá-las mediante a ordem de soltura antecipada de sentenciados do regime, os quais ficariam em liberdade monitorada eletronicamente, com uso, por exemplo, de tornozeleira eletrônica. No caso de falta de vagas no regime aberto, seriam aplicadas penas restritivas de direito. O ministro Edson Fachin acompanhou o Relator, tendo sido suspensa a apreciação em razão de pedido de vista do ministro Teori Zavascki.

Na Ação Direta de Inconstitucionalidade nº 5.356/MS, relator ministro Luiz Edson Fachin, impugna-se lei estadual por meio da qual foi estabelecida a obrigação de instalar bloqueadores de sinais de radiocomunicação nos estabelecimentos prisionais.

Tem-se o Recurso Extraordinário nº 592.581/RS, da relatoria do ministro Ricardo Lewandowski, no qual o Tribunal assentou, sob o ângulo da repercussão geral, a possibilidade de o Poder Judiciário obrigar a União e os Estados a realizarem obras em presídios para garantir a integridade física dos detentos, independentemente de dotação orçamentária, se constatado o desrespeito à dignidade da pessoa humana e a inobservância do mínimo existencial dos presos.

Na Arguição de Descumprimento de Preceito Fundamental nº 347/DF, de minha relatoria, o pedido envolve a problemática da responsabilidade do Poder Público de realizar melhorias em penitenciárias ou construir novas com a finalidade de reduzir o déficit de vagas. Vai além: versa a interpretação e a aplicação das leis penais e processuais de modo a minimizar a crise carcerária, a implantação da forma eficiente de aproveitamento dos recursos orçamentários que compõem o Fundo Penitenciário Nacional – FUNPEN e o dever de elaboração, pela União, Estados e Distrito Federal, de planos de ação voltados a racionalizar o sistema prisional e acabar com a ofensa a direitos fundamentais dos presos sujeitos às condições de superlotação carcerária, acomodações insalubres e falta de acesso a direitos básicos, como saúde, educação, alimentação saudável, trabalho, assistência jurídica, indispensáveis a uma vida minimamente digna e segura.

Busca-se obter do Supremo o reconhecimento do fato de o sistema prisional brasileiro caracterizar-se como o denominado "estado de coisas inconstitucional", ante a violação massiva de direitos fundamentais dos detentos, resultante de ações e omissões dos Poderes Públicos da União, dos Estados e do Distrito Federal, consideradas a superlotação carcerária e as condições degradantes das prisões. Postula-se seja determinada a adoção de providências, de conteúdo e natureza diversos, para afastar lesões a preceitos fundamentais.

Na apreciação da medida cautelar, o Supremo, por maioria, deferiu-a, parcialmente, para determinar aos juízes e tribunais que, observados os artigos 9.3 do Pacto dos Direitos Civis e Políticos e 7.5 da Convenção Interamericana de Direitos Humanos, realizem, em até 90 dias, audiências de custódia, viabilizando o comparecimento do preso perante a autoridade judiciária no prazo máximo de 24 horas, contados do momento do recolhimento, e à União que libere o saldo acumulado do Fundo Penitenciário Nacional para a finalidade para a qual foi criado, abstendo-se de realizar novos contingenciamentos. Contra o voto que proferi, indeferiu-se a medida quanto ao pedido para restringir a aplicação de prisões preventivas, fator determinante para a superlotação carcerária. O acórdão foi assim resumido:

> CUSTODIADO – INTEGRIDADE FÍSICA E MORAL – SISTEMA PENITENCIÁRIO – ARGUIÇÃO DE DESCUMPRIMENTO DE PRECEITO FUNDAMENTAL – ADEQUAÇÃO. Cabível é a arguição de descumprimento de preceito fundamental considerada a situação degradante das penitenciárias no Brasil.
>
> SISTEMA PENITENCIÁRIO NACIONAL – SUPERLOTAÇÃO CARCERÁRIA – CONDIÇÕES DESUMANAS DE CUSTÓDIA – VIOLAÇÃO MASSIVA DE DIREITOS FUNDAMENTAIS – FALHAS ESTRUTURAIS – ESTADO DE COISAS INCONSTITUCIONAL – CONFIGURAÇÃO. Presente quadro de violação massiva e persistente de direitos fundamentais, decorrente de falhas estruturais e falência de políticas públicas e cuja modificação depende de medidas abrangentes de natureza normativa, administrativa e orçamentária, deve o sistema penitenciário nacional ser caraterizado como "estado de coisas inconstitucional".
>
> FUNDO PENITENCIÁRIO NACIONAL – VERBAS – CONTINGENCIAMENTO. Ante a situação precária das penitenciárias, o interesse público direciona à liberação das verbas do Fundo Penitenciário Nacional.

> AUDIÊNCIA DE CUSTÓDIA – OBSERVÂNCIA OBRIGATÓRIA. Estão obrigados juízes e tribunais, observados os artigos 9.3 do Pacto dos Direitos Civis e Políticos e 7.5 da Convenção Interamericana de Direitos Humanos, a realizarem, em até noventa dias, audiências de custódia, viabilizando o comparecimento do preso perante a autoridade judiciária no prazo máximo de 24 horas, contado do momento da prisão.

O volume e a relevância dos assuntos concernentes ao sistema prisional trazidos ao Supremo demonstram a importância do tema à agenda do Tribunal. Não é por menos que o ex-ministro da Justiça José Eduardo Cardozo comparou as prisões brasileiras às masmorras medievais. A analogia não poderia ser melhor. Trata-se de um dos mais sérios problemas de direitos humanos que o Brasil enfrenta. Há relação de causa e efeito entre atos comissivos e omissivos dos Poderes Públicos da União, dos Estados e do Distrito Federal e o quadro de transgressão de direitos. O afastamento do estado de inconstitucionalidade só é possível mediante mudança significativa do comportamento do Poder Público, considerados atos de natureza normativa, administrativa e judicial, e o Supremo não tem ficado indiferente a essa necessidade.

3. A SITUAÇÃO VEXAMINOSA DO SISTEMA PENITENCIÁRIO BRASILEIRO

Dados da Comissão Parlamentar de Inquérito da Câmara dos Deputados (2007-2009) e do Conselho Nacional de Justiça – CNJ revelam o cenário de horror quanto ao sistema penitenciário brasileiro.

Segundo investigações realizadas, a população carcerária, maioria de pobres e negros, alcançava, em maio de 2014, 711.463 detentos, incluídos 147.397 em regime domiciliar, para 357.219 vagas disponíveis. Sem levar em conta o número de presos em domicílio, o déficit é de 206.307, subindo para 354.244, se computado. A deficiência de vagas poderia ser muito pior não fossem os 373.991 mandados de prisão sem cumprimento. Tendo em vista o número total, até mesmo com as custódias domiciliares, o Brasil possui a terceira maior população carcerária do mundo, depois dos Estados Unidos e da China. Presentes apenas o número de detentos em presídios e delegacias, o País fica em quarto lugar, após a Rússia.

Grande parte deles está sujeita às seguintes condições: superlotação dos presídios, torturas, homicídios, violência sexual, celas imundas e insalubres, proliferação de doenças infectocontagiosas, comida imprestável, falta de água potável, de produtos higiênicos básicos, de acesso à assistência judiciária, à educação, à saúde e ao trabalho, bem como amplo domínio dos cárceres por organizações criminosas, insuficiência do controle quanto ao cumprimento das penas, discriminação social, racial, de gênero e de orientação sexual.

Com o déficit prisional ultrapassando a casa das 206 mil vagas, salta aos olhos o problema da superlotação, que pode ser a origem de todos os males. No Relatório Final da Comissão Parlamentar de Inquérito da Câmara dos Deputados, formalizado em 2009, concluiu-se que a superlotação é, talvez, a mãe dos demais vícios do sistema carcerário. Cadeias abarrotadas ocasionam insalubridade, doenças, motins, rebeliões, mortes, degradação da pessoa humana. A comissão parlamentar de inquérito encontrou, nos presídios e delegacias, por todo o País, homens amontoados como lixo humano, dormindo sem camas ou colchões, em redes suspensas no teto, dentro das paredes, em pé, em banheiros, corredores, pátios, barracos ou contêineres. Muitas vezes, precisam se revezar para repousar.

As penitenciárias e delegacias não oferecem espaço, muito menos condições salubres mínimas. Segundo relatórios do Conselho Nacional de Justiça, não possuem instalações adequadas à existência humana. Estruturas hidráulicas, sanitárias e elétricas precárias e celas imundas, sem iluminação e ventilação, representam perigo constante e risco à saúde, ante a exposição a agentes causadores de infecções diversas. As áreas de banho e sol dividem o espaço com esgotos abertos. Os presos não têm acesso a água, para banho e hidratação, ou a alimentação de mínima qualidade, que, muitas vezes, chega a eles estragada. Em alguns casos, comem com as mãos ou em sacos plásticos. Também não recebem material de higiene básica, como papel higiênico, escova de dentes ou, para as mulheres, absorvente íntimo. Em cadeia pública feminina em São Paulo, as detentas utilizam miolos de pão para a contenção do fluxo menstrual.

Além da falta de acesso a trabalho, educação ou qualquer outra forma de ocupação do tempo, os presos convivem com as barbáries promovidas entre si. São constantes os massacres, homicídios, violências sexuais, decapitação, estripação e esquartejamento. Sofrem com a tortura policial, espancamentos, estrangulamentos, choques elétricos, tiros com bala de borracha.

Quanto aos grupos vulneráveis, há relatos de travestis sendo forçados à prostituição. Esses casos revelam a ausência de critério de divisão por celas, o que alcança também os relativos a idade, gravidade do delito e natureza temporária ou definitiva da penalidade.

O sistema como um todo surge com número insuficiente de agentes penitenciários, que ainda são mal remunerados, não recebem treinamento adequado nem contam com equipamentos necessários ao desempenho das próprias atribuições.

O quadro não é exclusivo desse ou daquele presídio. A situação mostra-se similar em todas as unidades da Federação, devendo ser reconhecida a inequívoca falência do sistema prisional brasileiro.

4. A VIOLAÇÃO DE DIVERSOS DIREITOS FUNDAMENTAIS E O AUMENTO DA CRIMINALIDADE

Diante de tais situações, a conclusão deve ser única: nas penitenciárias do País, ocorre violação generalizada de direitos fundamentais no tocante à dignidade, à higidez física e à integridade psíquica. A superlotação carcerária e a precariedade das celas, mais do que inobservância, pelo Estado, da ordem jurídica, configuram tratamento degradante, ultrajante e indigno a pessoas que se encontram sob custódia. As penas privativas de liberdade aplicadas convertem-se, em nossos presídios, em penas cruéis e desumanas. Os presos tornam-se lixo, a receberem o pior tratamento possível, sendo-lhes negado todo e qualquer direito à existência minimamente segura e salubre. Daí o acerto do ex-ministro da Justiça José Eduardo Cardozo, na comparação com as masmorras medievais.

Nesse contexto, diversos dispositivos, contendo normas nucleares do programa objetivo de direitos fundamentais da Constituição Federal, são ofendidos: o princípio da dignidade da pessoa humana (artigo 1º, inciso III); a proibição de tortura e tratamento desumano ou degradante (artigo 5º, inciso III); a vedação da aplicação de penas cruéis (artigo 5º, inciso XLVII, alínea "e"); o dever estatal de viabilizar o cumprimento da reprimenda em estabelecimentos distintos, de acordo com a natureza do delito, a idade e o sexo do apenado (artigo 5º, inciso XLVIII); a garantia à integridade física e moral (artigo 5º, inciso XLIX); e os direitos a saúde, educação, alimentação, trabalho, previdência e assistência social (artigo 6º) e judiciária (artigo 5º, inciso LXXIV).

Há afronta a outros preceitos, igualmente reconhecedores dos direitos dos presos: o Pacto Internacional dos Direitos Civis e Políticos, a Convenção contra a Tortura e outros Tratamentos e Penas Cruéis, Desumanos e Degradantes e a Convenção Americana de Direitos Humanos.

Também a legislação interna é transgredida: a Lei nº 7.210/1984 – Lei de Execução Penal –, em que são assegurados diversos desses direitos, inclusive o alusivo à cela individual salubre e com área mínima de seis metros quadrados, e a Lei Complementar nº 79/1994, por meio da qual foi criado o Fundo Penitenciário Nacional – FUNPEN, cujos recursos estão sendo contingenciados pela União, impedindo a formulação de políticas públicas ou a melhoria das existentes e contribuindo para o agravamento do quadro.

Importa destacar que a violação dos direitos fundamentais dos detentos repercute além das situações subjetivas, produzindo mais violência contra a própria sociedade. Segundo as palavras da professora Ana Paula de Barcellos, o tratamento desumano conferido aos presos não é um problema deles apenas: a sociedade livre recebe os reflexos dessa política sob a forma de mais violência.[1]

Os cárceres brasileiros não servem à ressocialização. É incontestável que implicam o aumento da criminalidade, transformando pequenos delinquentes em monstros do crime. A prova da ineficiência do sistema como política de segurança pública está nas altas taxas de reincidência. E o que é pior: o reincidente passa a praticar delitos ainda mais graves. Segundo dados do Conselho Nacional de Justiça, essa taxa fica em torno de 70% e alcança, na maioria, presos provisórios que passaram, ante o contato com outros, mais perigosos, a integrar facções criminosas.

A situação é assustadora: dentro dos presídios, ofensas sistemáticas a direitos humanos; fora deles, crescimento da criminalidade e da insegurança social.

5. A RESPONSABILIDADE DO PODER PÚBLICO

A responsabilidade pelo estágio ao qual chegamos não pode ser atribuída a um único e exclusivo Poder, mas aos três – Legislativo, Executivo e Judiciário; não só os da União, como também os dos Estados e do Distrito Federal. Há, na realidade, problemas tanto de formulação e implementação de políticas públicas quanto de interpretação e aplicação da lei penal. Falta coordenação institucional. O quadro inconstitucional de violação generalizada e contínua dos direitos fundamentais dos presos é diariamente agravado em virtude de ações e omissões, falhas estruturais dos poderes públicos, sobressaindo a sistemática inércia e incapacidade das autoridades em superá-lo.

---

1 BARCELLOS, Ana Paula de. Violência urbana, condições das prisões e dignidade humana. *Revista de Direito Administrativo* nº 254, 2010 (Biblioteca Digital Fórum de Direito Público).

Apesar de muitos dos direitos inobservados serem assegurados na Lei nº 7.210/1984 – Lei de Execução Penal – e na Lei Complementar nº 79/1994 – Lei do Fundo Penitenciário Nacional – assiste-se à omissão das autoridades no cumprimento das obrigações estabelecidas em favor dos presos. Verifica-se situação de fracasso das políticas legislativas, administrativas e orçamentárias. Há defeito generalizado e estrutural de políticas públicas, e nada é feito pelos Poderes Executivo e Legislativo para transformar o quadro.

A estagnação configura-se não apenas quando escassa a legislação, mas também se inexistente tentativa de mudança da conjuntura, uma vez identificada a insuficiência da tutela conferida pelas normas vigentes. Este é o cenário legislativo dos direitos dos presos: as leis, versando-os, simplesmente não "pegaram", não se concretizaram em proteção efetiva. É possível citar, por exemplo, o fato de, mesmo instalada a mencionada Comissão Parlamentar de Inquérito na Câmara dos Deputados, constatadas as inconstitucionalidades decorrentes do sistema carcerário e notificadas diversas autoridades, não terem sido envidados esforços para modificá-lo.

A ausência de medidas legislativas, administrativas e orçamentárias eficazes representa falha estrutural a gerar tanto a violação sistemática dos direitos quanto a perpetuação e o agravamento da situação. A inércia, como dito, não é de uma única autoridade pública do Legislativo ou do Executivo de uma particular unidade federativa, e sim do funcionamento deficiente do Estado como um todo. Os poderes, órgãos e entidades federais e estaduais, em conjunto, vêm se mantendo incapazes e manifestando verdadeira falta de vontade em buscar superar ou reduzir o quadro objetivo de inconstitucionalidade. Faltam sensibilidade legislativa e motivação política do Executivo.

É possível apontar a responsabilidade do Judiciário no que 41% desses detentos, aproximadamente, estão sob custódia provisória. Pesquisas demonstram que, julgados, a maioria alcança a absolvição ou a condenação a penas alternativas, surgindo, assim, o equívoco da chamada cultura do encarceramento.

Constata-se a manutenção de elevado número de presos para além do tempo de pena fixado, evidenciada a inadequada assistência judiciária. Não é por menos que os mutirões carcerários do Conselho Nacional de Justiça tiveram como resultado a libertação, desde 2008, de dezenas de milhares de presos que já haviam cumprido a reprimenda. Os reclusos, muitas vezes, sequer possuem informações sobre os processos criminais. É certo que o Judiciário e a Defensoria Pública contam com quantidade insuficiente de integrantes e de Varas de Execuções Penais, implicando o recolhimento acima do que determinado judicialmente. O desprezo aos direitos processuais dos presos agrava ainda mais o problema da superlotação carcerária.

A responsabilidade do Poder Público é sistêmica, revelado amplo espectro de deficiência nas ações estatais. Tem-se a denominada falha estatal estrutural. As leis existentes, porque não observadas, deixam de conduzir à proteção dos direitos fundamentais dos detentos. O Executivo e o Legislativo, titulares do condomínio legislativo sobre as matérias relacionadas, não se comunicam. As políticas públicas em vigor mostram-se incapazes de reverter o estado de inconstitucionalidade. O Judiciário, ao implementar número excessivo de prisões provisórias, coloca em prática a cultura do encarceramento, que, repita-se, agrava a superlotação carcerária e não diminui a insegurança social.

Em síntese, assiste-se ao mau funcionamento estrutural e histórico do Estado. Ante o quadro, a solução, ou conjunto de soluções, para ganhar efetividade, deve possuir alcance orgânico de mesma extensão, ou seja, precisa envolver a atuação coordenada e mutuamente complementar do Legislativo, do Executivo e do Judiciário, dos diferentes níveis federativos, e não apenas de um único órgão ou entidade.

Refiro-me ao que a doutrina vem designando de litígio estrutural, no que evidencia a necessidade de outras políticas públicas ou correção daquelas que não alcançam os objetivos desejados, alocação de recursos orçamentários, ajustes nos arranjos institucionais, novas interpretações e aplicações das leis penais, enfim, um amplo conjunto de mudanças estruturais, envolvida uma pluralidade de autoridades públicas.

A vontade política de um único órgão ou poder não servirá para resolver o quadro de inconstitucionalidade. A eliminação ou a redução dos problemas dependem da coordenação de medidas de diferentes naturezas e oriundas da União, dos Estados e do Distrito Federal: intervenções legislativas, executivas, orçamentárias e interpretativas (Judiciário). A solução requer ações orquestradas, a passagem do concerto (com C) institucional para o conserto (com S) do quadro inconstitucional.

Importante identificar qual papel pode o Supremo desempenhar para viabilizar esse novo arranjo.

6. O POSSÍVEL PAPEL DO SUPREMO

O desrespeito a direitos fundamentais no sistema carcerário não é tema campeão de audiência, de agrado da opinião pública. Ao contrário, trata-se de pauta impopular, envolvendo grupo não simplesmente estigmatizado, mas cuja dignidade humana é tida por muitos como perdida. Em que pese a atenção que este Tribunal deve voltar a reivindicações sociais majoritárias, não se pode esquecer da missão de defesa de minorias, do papel contramajoritário em reconhecer direitos daqueles que a sociedade repudia e os poderes políticos esquecem.

Na Arguição de Descumprimento de Preceito Fundamental nº 347/DF, de minha relatoria, o requerente disse estar configurado o denominado, pela Corte Constitucional da Colômbia, "estado de coisas inconstitucional". Segundo as decisões desse Tribunal, há três pressupostos principais: situação de violação generalizada de direitos fundamentais; inércia ou incapacidade reiterada das autoridades públicas em modificar a situação; superação das transgressões a exigir a atuação não apenas de um órgão, e sim de uma pluralidade de autoridades (Corte Constitucional da Colômbia, *Sentencia* SU-559, de 6 de novembro de 1997; *Sentencia* T-068, de 5 de março de 1998; *Sentencia* SU 250, de 26 de maio de 1998; *Sentencia* T-590, de 20 de outubro de 1998; *Sentencia* T 525, de 23 de julho de 1999; *Sentencia* T-153, de 28 de abril de 1998; *Sentencia* T 025, de 22 de janeiro de 2004).

A formulação da tese do requerente trouxe-me à memória passagem do voto do ministro Aliomar Baleeiro, proferido, em 23 de agosto de 1967, como relator, no Recurso Extraordinário nº 62.731, originário do antigo Estado da Guanabara, envolvida a constitucionalidade da disciplina da purgação da mora em contratos de locação comercial por meio do Decreto-Lei nº 322, de 7 de abril de 1967. O Presidente da República havia formalizado o ato com base na faculdade, versada no artigo 58, inciso I, da Carta de 1967, de disciplinar assuntos de segurança nacional por esse instrumento. Ante a dificuldade em definir todos os casos que poderiam ser alcançados pelo conceito de segurança nacional, o ministro Aliomar Baleeiro disse: "por exclusão, podemos dizer o que é segurança nacional[...]: bola de futebol não é segurança nacional, batom de moça não é segurança nacional, cigarro de maconha não é segurança nacional". Locação também não seria segurança nacional. Sua Excelência assentou uma zona de certeza negativa do conceito para concluir pela inconstitucionalidade do uso do decreto-lei a versar locação, no que foi acompanhado pela maioria.

O raciocínio lógico do ministro Aliomar Baleeiro vale para o sistema carcerário e a afirmação do "estado de coisas inconstitucional", apenas sendo preciso considerar o sentido inverso. Ante os pressupostos formulados pela Corte Constitucional da Colômbia para apontar a configuração do referido estado, não seria possível indicar, com segurança, entre os muitos problemas de direito enfrentados no Brasil, como saneamento básico, saúde pública, violência urbana, todos que se encaixariam nesse conceito. Todavia, as dificuldades em se definir o alcance maior do termo não impedem, tendo em conta a situação relatada, seja consignada uma zona de certeza positiva: o sistema carcerário brasileiro enquadra-se na denominação de "estado de coisas inconstitucional."

Independentemente de rótulos, importa esclarecer quais implicações, presentes os limites de atuação do Supremo, surgem a partir do reconhecimento de se encontrarem satisfeitos os pressupostos desse estado de coisas. Qual papel o Supremo está legitimado a desempenhar ante o estágio elevadíssimo de inconstitucionalidades?

Com relação aos problemas causados pela chamada cultura do encarceramento, do número de prisões provisórias decorrente de possíveis excessos na forma de interpretar-se e aplicar-se a legislação penal e processual, cabe ao Tribunal exercer função típica de racionalizar a concretização da ordem jurídico-penal, de modo a minimizar o quadro, em vez de agravá-lo.

Há dificuldades quanto à perspectiva de o Supremo atuar de maneira atípica, excepcional, interferindo em políticas públicas e escolhas orçamentárias. Controvérsias teóricas não são aptas a afastar o convencimento no sentido de que a verificação de estarem atendidos os pressupostos do estado de coisas inconstitucional resulta na possibilidade de o Tribunal tomar parte, na adequada medida, em decisões primariamente políticas, sem que se possa cogitar de afronta ao princípio democrático da separação de poderes.

A violação de direitos fundamentais, alcançando a transgressão à dignidade da pessoa humana e ao próprio mínimo existencial, justifica a atuação mais assertiva do Tribunal. Trata-se de entendimento pacificado, como revelado no julgamento do aludido Recurso Extraordinário nº 592.581/RS, da relatoria do ministro Ricardo Lewandowski, no qual assentada a viabilidade de o Poder Judiciário obrigar a União e os Estados a realizarem obras em presídios para garantir a integridade física dos presos, independentemente de dotação orçamentária. Inequivocadamente, a efetivação desse direito é elemento de legitimidade do Poder Público em geral.

Há mais: apenas o Supremo mostra-se capaz, ante a situação descrita, de superar os bloqueios políticos e institucionais que vêm impedindo o avanço, o que significa cumprir ao Tribunal retirar os demais Poderes da estagnação, catalisar os debates e novas políticas públicas, coordenar as ações e monitorar os resultados. Isso é o que se aguarda do Supremo, e não se pode exigir que se abstenha de intervir, em nome do princípio democrático, quando os canais políticos se apresentem obstruídos, sob pena de chegar-se a um somatório de inércias injustificadas. Bloqueios da espécie traduzem-se em barreiras à efetividade da própria Constituição e dos Tratados Internacionais sobre Direitos Humanos.

Repita-se: a intervenção judicial mostra-se legítima presente padrão elevado de omissão estatal, diante da situação de violação generalizada de direitos fundamentais. Verificada a paralisia dos poderes políticos, argumentos idealizados do princípio democrático fazem pouco sentido prático.

No caso dos presos, os bloqueios ou desacordos políticos encontram razões tanto na sub-representação parlamentar como na impopularidade desses indivíduos. A primeira decorre do fato de os condenados criminalmente ficarem impedidos de votar e serem votados. Têm os direitos políticos suspensos enquanto perdurarem os efeitos da sentença condenatória transitada em julgado (artigo 15, inciso III, da Constituição Federal). Não gozam, então, de representação política direta.

A segunda é ainda mais problemática, configurando os detentos minoria socialmente desprezada. Conforme apontou Ana Paula de Barcellos, os cidadãos livres acreditam, recusando a dimensão ontológica da dignidade humana, que o criminoso perde o direito à vida digna ou mesmo a condição humana, não sendo titular de quaisquer direitos fundamentais.[2] Com tais conceitos disseminados, a opinião pública não aceita seja dada prioridade, no tocante aos gastos públicos, à melhoria das instalações prisionais. Muitos até acreditam que as condições desumanas das penitenciárias consubstanciam retribuição aos crimes praticados.

Em síntese, o desprestígio dos presos faz com que os políticos, salvo raríssimas exceções, não reivindiquem recursos públicos a serem aplicados em um sistema carcerário voltado ao oferecimento de condições de existência digna. A opinião pública está no coração da estrutura democrático-parlamentar. Ignorá-la pode significar não só o fracasso das políticas que defendem, mas também das tentativas de reeleição a cargos no Legislativo e no Executivo. Essa preocupação é tanto maior quanto mais envolvida matéria a atrair a atenção especial do público. Questões criminais são capazes de gerar paixões em um patamar que outros temas e áreas do Direito não conseguem.

---

[2] BARCELLOS, Ana Paula de. Violência urbana, condições das prisões e dignidade humana. *Revista de Direito Administrativo* nº 254, 2010 (Biblioteca Digital Fórum de Direito Público).

A sociedade não tolera mais a criminalidade e a insegurança pública, e isso implica ser contrária à preocupação com a tutela das condições dignas do encarceramento.

Essa rejeição tem como consequência direta bloqueios políticos, que permanecerão se não houver intervenção judicial. Pode-se prever a improbabilidade de os poderes políticos, por si sós, tomarem a iniciativa de enfrentar tema de tão pouca estima popular. Em casos assim, bloqueios costumam ser insuperáveis.

Comparem com a saúde pública: há defeitos estruturais sérios nesse campo, mas tem-se vontade política em resolvê-los. Não existe um candidato que não paute a campanha eleitoral, entre outros temas, na melhoria do sistema. Todos querem ser autores de propostas que elevem a qualidade dos serviços. Deputados lutam pela liberação de recursos financeiros em favor da população das respectivas bases e territórios eleitorais. A saúde pública sofre com déficits de eficiência, impugnados judicialmente por meio de um sem-número de ações individuais, mas não corre o risco de piora significativa em razão da ignorância política ou do desprezo social. A matéria possui apelo democrático, ao contrário do sistema prisional.

O repúdio popular faz com que o tema relativo à melhoria do sistema prisional enfrente o que os cientistas políticos chamam de ponto cego legislativo (*legislative blindspot*): o debate parlamentar não o alcança. Legisladores e governantes temem os custos políticos decorrentes da escolha por esse caminho, acarretando a incapacidade da democracia parlamentar e dos governos popularmente eleitos de resolver graves problemas de direitos fundamentais. A história revela vários exemplos de agentes políticos haverem acionado cortes constitucionais, visando encontrar soluções de casos moralmente controvertidos e impopulares e, assim, evitar choques com a opinião púbica. Os poderes majoritários apostam no perfil contramajoritário das cortes constitucionais ou supremas: condenadas judicialmente a atuar, autoridades públicas se escudam no Estado de Direito e no consectário dever de observar ordens judiciais para implementar aquilo que teriam feito voluntariamente se não receassem as consequências políticas.

Não se quer dizer com isso que o Tribunal não deva atenção à opinião pública. Mesmo o Judiciário não pode prescindir da confiança popular acerca da legitimidade das decisões que produz. Juízes e Tribunais devem evitar que o público perca a fé na instituição Judiciário e no sistema de justiça penal. A credibilidade moral da justiça criminal é relevante como fator de respeito difuso às leis e às instituições e de prevenção a iniciativas de justiça com as próprias mãos. Consoante ressaltei na apreciação do 26º Agravo Regimental na Ação Penal nº 470, da relatoria do ministro Joaquim Barbosa, com acórdão redigido pelo ministro Luís Roberto Barroso, publicado no Diário da Justiça de 17 de fevereiro de 2014, é sempre salutar a harmonia entre os pronunciamentos do Tribunal e os anseios legítimos – não os ilegítimos – da sociedade na busca de rumos. O Direito – afirmei à época – é, acima de tudo, bom senso e está ao alcance do próprio leigo, de forma que os Ministros devem ter presente a percepção da sociedade em relação ao Supremo.

Todavia, essa atenção não pode implicar desprezo aos princípios e regras da Carta Federal. A opinião pública não possui diploma de bacharel em Direito. Como destaquei no julgamento no qual o Supremo assentou a aplicação da anualidade eleitoral à Lei da Ficha-Limpa – Lei Complementar nº 135/2010 –, apesar de ser muito bom quando há coincidência entre o convencimento do juiz e o anseio popular, o magistrado não pode se deixar impressionar se a necessária observância da Constituição pressupor rumo diverso do desejado pela opinião pública. A cadeira vitalícia de Ministro do Supremo assegura a atuação segundo a ciência e a consciência possuídas, com insulamento político e social suficiente para diferenciar anseios sociais legítimos da influência opressiva da opinião pública contra princípios e direitos fundamentais da ordem constitucional (Recurso Extraordinário nº 633.703/DF, relator ministro Gilmar Mendes, apreciado em 23 de março de 2011).

Isso significa que se atua, no Supremo, por meio de códigos distintos perante a opinião pública, comparados aos dos Poderes Legislativo e Executivo. Deve-se rejeitar o populismo judicial, ainda mais consideradas as esferas de liberdade e dignidade dos indivíduos, sempre envolvidas nos processos penais. Juízes e Tribunais devem buscar credibilidade popular, mas mediante os motivos juridicamente adequados das decisões. No sistema carcerário brasileiro, conforme já consignado, são violados diversos preceitos constitucionais: o da dignidade da pessoa humana e vários direitos sociais no patamar do mínimo existencial. Promove-se, indiretamente, o aumento da criminalidade. Tanto do ponto de vista liberal da dignidade inerente a todos os seres humanos quanto sob o ângulo utilitarista da maximização do bem-estar dos membros da sociedade, a atitude certa é a de buscar soluções para a tragédia diária dos cárceres brasileiros, pouco importando a opinião majoritariamente contrária.

Em síntese, a solução das graves ofensas a direitos fundamentais dos presos, decorrentes da falência do sistema prisional, presentes políticas públicas ineficientes e de resultados indesejados, não consegue avançar nas arenas políticas ante a condição dos detentos, de grupo social minoritário, impopular e marginalizado. Nesse cenário de bloqueios políticos insuperáveis, fracasso de representação, pontos cegos legislativos e temores de custos políticos, a intervenção do Supremo, na medida correta e suficiente, não pode sofrer qualquer objeção de natureza democrática.

No tocante ao possível óbice atinente à separação de Poderes, à alegação das capacidades institucionais superiores do Legislativo e do Executivo comparadas às do Judiciário, há de se atentar para as falhas estruturais ante o vazio de políticas públicas eficientes. É impertinente levar em conta, no caso examinado, tais formulações teóricas, uma vez que é a própria atuação estatal deficiente o fator apontado como a gerar e agravar a transgressão sistêmica e sistemática de direitos fundamentais. A intervenção judicial é reclamada devido à incapacidade demonstrada pelas instituições legislativas e administrativas, o que torna o argumento comparativo sem sentido empírico. Daí por que a intervenção judicial equilibrada, inclusive quando há envolvimento de escolhas orçamentárias, não pode ser indicada como fator de afronta às capacidades institucionais dos outros Poderes, se o exercício vem se revelando desastroso.

Nada do que foi afirmado autoriza, todavia, o Supremo a substituir-se ao Legislativo e ao Executivo na consecução de tarefas próprias. O Tribunal deve superar bloqueios políticos e institucionais sem afastar esses Poderes dos processos de formulação e implementação das soluções necessárias. Precisa agir em diálogo com os outros Poderes e com a sociedade. Cabe ao Supremo catalisar ações e políticas públicas, coordenar a atuação dos órgãos do Estado na adoção dessas medidas e monitorar a eficiência das soluções.

Não lhe incumbe, no entanto, definir o conteúdo próprio dessas políticas, os detalhes dos meios a serem empregados. Em vez de desprezar as capacidades institucionais dos outros Poderes, deve coordená-las, a fim de afastar o estado de inércia e deficiência estatal permanente. Não se trata de substituição aos demais Poderes, e sim de oferecimento de incentivos, parâmetros e objetivos indispensáveis à atuação de cada qual, deixando-lhes o estabelecimento das minúcias. Há de se alcançar o equilíbrio entre respostas efetivas ao desrespeito a direitos e as limitações institucionais versadas na Carta da República.

Ao Supremo cumpre interferir nas escolhas orçamentárias e nos ciclos de criação, implementação e avaliação de políticas públicas, mas sem detalhá-las. Deve formalizar ordens flexíveis, com margem de criação legislativa e de execução a serem esquematizadas e avançadas pelos outros Poderes, cabendo-lhe reter jurisdição para monitorar a observância da decisão e o sucesso dos meios escolhidos. Ao atuar assim, reservará aos Poderes

Executivo e Legislativo o campo democrático e técnico de escolhas sobre a forma mais adequada para a superação do estado de inconstitucionalidade, vindo apenas colocar a máquina estatal em movimento e cuidar da harmonia dessas ações. Como destaca a doutrina colombiana, o Tribunal não chega a ser um elaborador de políticas públicas, e sim um coordenador institucional, produzindo um efeito desbloqueador.[3]

Esse é, enfim, o papel que deve desempenhar o Supremo em favor da superação do quadro de inconstitucionalidade do sistema prisional: retirar as autoridades públicas do estado de letargia, provocar a estruturação de novas políticas públicas, aumentar a deliberação política e social sobre a matéria e monitorar o sucesso da implementação das providências escolhidas, assegurando, assim, a efetividade prática das soluções propostas. Ordens flexíveis sob monitoramento previnem a supremacia judicial e, ao mesmo tempo, promovem a integração institucional cogitada pelo ministro Gilmar Mendes, formuladas que são no marco de um constitucionalismo cooperativo.

7. CONCLUSÃO

O Tribunal não pode fechar os olhos para a tragédia diária dos cárceres brasileiros. A violação sistemática e sistêmica da dignidade da pessoa humana e do mínimo existencial dos presos envergonha o Brasil, país democrático e signatário de diversos tratados internacionais de direitos humanos. A tolerância a esse quadro leva a Nação a entrar em contradição consigo mesma. Superar ou minimizar esse estado de inconstitucionalidade torna-se tarefa do Judiciário, máxime do Supremo, ante a situação de inércia dos outros poderes. Surge, inclusive, possível a judicialização do orçamento, sobretudo se considerado o fato de que recursos legalmente previstos para o combate aos problemas relatados vêm sendo contingenciados, anualmente, em valores muito superiores aos efetivamente realizados. O Supremo deve cumprir a missão que lhe é própria para acabar com o fracasso das políticas públicas existentes. Não pode se apequenar a ponto de fazer parte da tragédia revelada.

3 GRAVITO, César Rodríguez; FRANCO, Diana Rodríguez. *Cortes y Cambio Social.* Cómo la Corte Constitucional transformó el desplazamiento forzado en Colombia. Bogotá: Dejusticia, 2010, p. 39.

19

GARANTIAS CONSTITUCIONAIS E COMBATE À CORRUPÇÃO NO BRASIL: O SUPREMO TRIBUNAL FEDERAL E O PRINCÍPIO DA PRESUNÇÃO DE NÃO CULPABILIDADE

1. INTRODUÇÃO

O professor Alencar Margraf honrou-me com o convite para participar de obra coletiva a versar a problemática do "Combate à Corrupção na América Latina", a qual conta com a valiosa participação de reconhecidos magistrados e acadêmicos de todo o continente. Cuida-se de iniciativa louvável ante a quadra de profunda crise ética e civilizacional vivida, a alcançar não apenas o Brasil, mas o conjunto dos países latino-americanos.

No âmbito doméstico, é verdade, a imprensa, investigativa e esclarecedora, a Polícia, o Ministério Público e o Judiciário vêm funcionando a contento no sentido da imposição de rígidos freios inibitórios aos agentes públicos e políticos, fazendo-os compreender que o exercício do cargo visa servir à coletividade, e não a si próprios. Se, de um lado, é possível afirmar que os tempos são alvissareiros, uma vez que a impunidade, outrora habitual, está a revelar-se, dia após dia, coisa do passado, de outro, agigantam-se tentativas de flexibilizar garantias tão arduamente conquistadas e consagradas na Lei das leis, a Constituição Federal, sob os aplausos sedutores da maioria, potencializados pelo forte patrulhamento vivenciado.

Em época de abandono a princípios, de perda de parâmetros, de inversão de valores, de escândalos de toda ordem, cumpre ser fiel, a mais não poder, aos ditames constitucionais. Considerado o cenário de normalidade democrática, descabe, ainda que movido pelas mais sinceras e elogiáveis intenções, atuar à margem do Direito posto, da Constituição Federal. Eis um exemplo: como ignorar o que expressamente consignado no texto constitucional, ao dispor, no artigo 5º, inciso LVII, que "ninguém será considerado culpado até o trânsito em julgado de sentença penal condenatória"? Apesar da clareza da previsão, a estabelecer direito fundamental dos cidadãos, o princípio da presunção de não culpabilidade vem sendo relegado nos Tribunais do País, incluído o Supremo.

Este artigo volta-se ao estudo do referido princípio mediante a análise histórica da jurisprudência nas últimas décadas. No tópico seguinte (1), aborda-se a razão de ser e as balizas da presunção de não culpabilidade. Em seguida (2), a jurisprudência do Supremo desde a promulgação da Constituição de 1988 até o julgamento, pelo Plenário, do *habeas corpus* nº 84.078, relator ministro Eros Grau. Na sequência (3), tem-se comentários sobre o acórdão formalizado, também pelo Colegiado Maior, no *habeas corpus* nº 126.292, relator ministro Teori Zavascki, e as decisões prolatadas nas ações declaratórias de constitucionalidade nº 43 e nº 44.

2. O PRINCÍPIO DA PRESUNÇÃO DE NÃO CULPABILIDADE

Convém prestar esclarecimento de natureza semântica: considerar alguém não culpado é o mesmo que tê-lo como inocente. Nas palavras de Gustavo Henrique Badaró:

> Não há diferença de conteúdo entre presunção de inocência e presunção de não culpabilidade. As expressões 'inocente' e 'não culpável' constituem somente variantes semânticas de um idêntico conteúdo. É inútil e contraproducente a tentativa de apartar ambas as ideias – se é que isto é possível –, devendo ser reconhecida a equivalência de tais fórmulas. Procurar distingui-las é uma tentativa inútil do ponto de vista processual. Buscar tal diferenciação apenas serve para demonstrar posturas reacionárias e um esforço vão de retorno a um processo penal voltado

> exclusivamente para a defesa social, que não pode ser admitido em um Estado Democrático de Direito.[1]

Entre os princípios fundamentais do Estado de Direito construídos a partir do pensamento jusnaturalista do Iluminismo, nos séculos XVII e XVIII, destaca-se o da submissão à jurisdição, segundo o qual toda culpa deve ser definida em juízo. Trata-se de consectário lógico e necessário do reconhecimento do monopólio do exercício do poder outorgado ao Estado e da proibição de realizar justiça pelas próprias mãos.

Da regra maior de submissão à jurisdição decorre, segundo Luigi Ferrajoli, a ideia de que "é a prova da culpa – ao invés da de inocência, presumida desde o início – que forma o objeto do juízo"[2]. É o corolário da finalidade racional estabelecida para o processo: presume-se a inocência até prova contrária revelada em sentença definitiva. O princípio remonta ao direito romano, tendo sido reafirmado na modernidade após a inversão sofrida a partir das práticas inquisitivas adotadas durante a Idade Média.

Consubstancia verdadeira exigência de civilidade, expressão do respeito à dignidade humana, a demonstrar a opção do Estado em favor da tutela da imunidade dos inocentes, ainda que ao custo da impunidade de algum culpado. O objetivo maior do sistema criminal é, antes de tudo, que nenhum inocente seja tido como culpado, mostrando-se suficiente, para tranquilizar a sociedade, que os culpados sejam, na maioria, punidos. A razão dessa escolha, continua Ferrajoli, é explicitada por Francesco Carrara, em resposta àqueles que bradam contra "a escandalosa impunidade" oriunda de tal opção:

> Escândalo verdadeiro seria ver os tribunais condenarem sempre; e juízes que, absolvendo, parecessem cometer um pecado; que estremecessem como por febre, e suspirassem como por infortúnio ao confirmar a absolvição, sem tremer, nem suspirar ao condenar. Escândalo verdadeiro, pois que com isso criaria profundas raízes no povo a ideia segundo a qual os juízes criminais se sentam em suas mesas para condenar e não para administrar a justiça imparcial. Isso destruiria toda a confiança na justiça humana, fazendo reconhecer como razão da condenação não o fato de ser compro-

---

1 BADARÓ, Gustavo Henrique. *Processo Penal*. 3ª edição. São Paulo: Editora Revista dos Tribunais, 2015, p. 57.

2 FERRAJOLI, Luigi. *Direito e Razão – Teoria do garantismo penal*. Trad.: Ana Paula Zomer, Fauzi Hassan Choukr, Juarez Tavares e Luiz Flávio Gomes. São Paulo: Revista dos Tribunais, 2002, p. 441.

> vadamente culpado, mas o ser acusado. As sentenças absolutórias são a confirmação do contrário. Elas honram a magistratura e reforçam a fé nas sentenças condenatórias; [...] consolidam nos cidadãos a opinião da própria segurança.[3]

Fixadas as balizas históricas do instituto, cumpre delimitar o alcance prático do direito fundamental extraível da locução segundo a qual "ninguém será considerado culpado até o trânsito em julgado de sentença penal condenatória".

Do princípio da não culpabilidade – ou da presunção de inocência –, decorrem duas regras, uma probatória e uma de tratamento.

Da primeira, extrai-se ideia básica: sobre o órgão acusatório recai o ônus de provar a culpa do acusado, ao qual não cabe qualquer carga no tocante à inocência. Em caso de dúvida, deve o juiz absolvê-lo, seguindo a multissecular máxima *in dubio pro reo*. Da segunda, resulta a percepção de que "toda medida que se aplique, mediante lei, ao réu, no curso do processo, e que não possa ser justificada ou explicada por outra causa jurídica, senão por um juízo de culpabilidade, ofende a garantia constitucional", conforme assentou o ministro Cezar Peluso no julgamento do *habeas corpus* nº 84.078.

A disposição normativa é clara ao estabelecer o marco processual antes do qual o réu não pode ser tratado como culpado: o trânsito em julgado da sentença penal condenatória. Não há elasticidade semântica possível nem dúvidas sobre o fato de ser a execução da pena o que define, por excelência, uma condenação criminal. A conjugação de ambas as constatações revela a existência de apenas duas espécies de prisão, diferenciadas ante a natureza jurídica, os motivos que as fundamentam e o momento no qual podem ser determinadas: a processual, aplicável aos réus – presumidamente inocentes – durante o curso do processo, nos termos da legislação processual penal (flagrante[4], temporária[5] e preventiva[6]), e a que materializa certa pena privativa de liberdade, a ser imposta aos definitivamente condenados.

---

3 CARRARA, Francesco. *Programma de Dirito Criminale – parte generale*, pp. 276-277, *apud* FERRAJOLI, Luigi. *Direito cit.*, p. 499.

4 As situações de prisão em flagrante estão previstas no artigo 302 do Código de Processo Penal.

5 A prisão temporária é regulamentada pela Lei nº 7.960/1989.

6 Os casos de prisão preventiva estão previstos no artigo 312 do Código de Processo Penal.

Não obstante a singeleza da conclusão, resultante da interpretação da norma que positiva o direito fundamental à presunção de não culpabilidade, o Plenário do Supremo demorou não menos do que duas décadas para alcançá-la e, após observá-la por mais de sete anos, veio a involuir há cerca de dois anos. Sinal dos tempos estranhos vivenciados.

3. A JURISPRUDÊNCIA DO SUPREMO DESDE A CONSTITUIÇÃO DE 1988 ATÉ O JULGAMENTO DO *HABEAS CORPUS* Nº 84.078

A possibilidade de imposição de prisão logo após julgamento de recurso de apelação – sem qualquer fundamentação quanto à necessidade da medida cautelar – era largamente reconhecida pelos tribunais país afora. Respaldavam-se tais decisões na inexistência de efeito suspensivo dos recursos especiais e extraordinário.[7]

É dizer, interpretava-se a Constituição Federal a partir da legislação ordinária, o que dava origem a terceira espécie de prisão: a decorrente de acórdão condenatório formalizado em segundo grau, sem natureza cautelar. Previsão no mesmo sentido encontrava-se em vários artigos do Código de Processo Penal.[8] O entendimento era adotado pelo Plenário do Supremo:

> Habeas corpus. Sentença condenatória mantida em segundo grau. Mandado de prisão do paciente. Invocação do art. 5º, inciso LVII, da Constituição. Código de Processo Penal, art. 669. A ordem de prisão, em decorrência de decreto de custódia preventiva, de sentença de pronúncia ou de decisão de órgão julgador de segundo grau, é de natureza processual e concerne aos interesses de garantia de aplicação da lei penal ou de execução da pena imposta, após o devido processo legal. Não conflita com o art. 5º, inciso LVII, da

---

7 Artigo 27, §2º, da Lei nº 8.038/ 1990: "Os recursos extraordinário e especial serão recebidos no efeito devolutivo".

8 Por exemplo: "Art. 393. São efeitos da sentença condenatória recorrível: I – ser o réu preso ou conservado na prisão, assim nas infrações inafiançáveis, como nas afiançáveis enquanto não prestar fiança" (revogado pela Lei nº 12.403, de 2011); "Art. 594. O réu não poderá apelar sem recolher-se à prisão, ou prestar fiança, salvo se for primário e de bons antecedentes, assim reconhecido na sentença condenatória, ou condenado por crime de que se livre solto" (redação dada pela Lei nº 5.941, de 1973; revogado pela Lei nº 11.719, de 2008); "Art. 669. Só depois de passar em julgado, será exeqüível a sentença, salvo: I - quando condenatória, para o efeito de sujeitar o réu a prisão, ainda no caso de crime afiançável, enquanto não for prestada a fiança; II - quando absolutória, para o fim de imediata soltura do réu, desde que não proferida em processo por crime a que a lei comine pena de reclusão, no máximo, por tempo igual ou superior a oito anos."

> Constituição. De acordo com o §2º do art. 27, da Lei nº 8.038/1990, os recursos extraordinário e especial são recebidos no efeito devolutivo. Mantida, por unanimidade, a sentença condenatória, contra a qual o réu apelara em liberdade, exauridas estão as instâncias ordinárias criminais, não sendo, assim, ilegal o mandado de prisão que órgão julgador de segundo grau determina se expeça contra o réu. Habeas corpus indeferido.
>
> (*Habeas corpus* nº 68.726, relator ministro Néri da Silveira, julgado pelo Plenário em 28 de junho de 1991, ausentes eu próprio e os ministros Sydney Sanches e Celso de Mello).

> HABEAS CORPUS. PACIENTE RECOLHIDO À PRISÃO ANTES DO TRÂNSITO EM JULGADO DA DECISÃO CONDENATÓRIA. PRETENDIDO DIREITO DE RECORRER EM LIBERDADE (...).
>
> Contra decisão condenatória, proferida em única instância, por Tribunal estadual, cabe apenas recurso de índole extraordinária, sem efeito suspensivo, que não impede o cumprimento do mandado de prisão. Precedentes do STF.
>
> (*Habeas corpus* nº 69.964, relator ministro Ilmar Galvão, julgado pelo Plenário em 18 de dezembro de 1992)

Nesta última oportunidade, fui voto vencido pela concessão da ordem, na honrosa companhia do ministro Sepúlveda Pertence, no que assentei a impossibilidade de determinar-se a prisão, antes do trânsito em julgado, caso inexistente fundamentação cautelar, vedada constitucionalmente a antecipação da execução da pena.

O ministro Sepúlveda Pertence, na mesma ocasião, evidenciou a perplexidade:

> [...] Mas, Senhor Presidente, quando se trata de prisão que tenha por título sentença condenatória recorrível, de duas, uma: ou se trata de prisão cautelar, ou de antecipação do cumprimento da pena.
>
> Ora, não nego, que ainda que o réu tenha respondido ao processo em liberdade, a superveniência de sentença condenatória, somada às circunstâncias do caso, possa aconselhar seu recolhimento à prisão, a título de medida cautelar. Mas, como toda medida cautelar, ela há de ser fundamentada; fundamentada na necessidade cautelar da prisão. Senão, Senhor Presidente, a privação de liberdade será, de fato, antecipação de execução de pena. E antecipação de execução

> da pena, de um lado, com a regra constitucional de que ninguém será considerado culpado antes que transite em julgado a condenação, são coisas, data venia, que 'hurlent de se trouver ensemble'.
>
> Creio que não é mais possível continuar brincando de que nada mudou, com o advento da Constituição. Por isso, dou a mão à palmatória, porque estou quase certo de já ter votado no sentido de que nada mudou, no ponto: estou absolutamente convencido de que mudou e de que não é mais possível fingir que tudo continua a mesma coisa.

Durante toda a década de 1990, a jurisprudência seguiu no mesmo sentido e sempre externei divergência.

A virada do século trouxe mudanças significativas na Primeira Turma, a qual passou a formalizar decisões pela inconstitucionalidade da execução da pena antes do trânsito em julgado da condenação:

> PENA – EXECUÇÃO – APELAÇÃO – DESPROVIMENTO – EFEITO. Enquanto subordinado a condição, podendo vir a ser alterado em julgamento de recurso, descabe a execução do pronunciamento judicial condenatório, pouco importando haja este sido confirmado mediante o desprovimento de apelação.
>
> (*Habeas corpus* nº 84.587, de minha relatoria, julgado em 19 de outubro de 2004)

Na semana seguinte ao julgamento da impetração acima, o ministro Eros Grau, relator do *habeas corpus* nº 84.078, proferiu, na Primeira Turma, contundente voto afirmando a convicção de dever a óptica até então assentada pelo Supremo ser revista à luz do princípio da não culpabilidade. Aludiu à jurisprudência no sentido da impossibilidade de execução antecipada das penas restritivas de direitos. O ministro Carlos Ayres Britto propôs a remessa do processo ao Plenário, ante a divergência entre as duas Turmas, o que foi aceito.

A Primeira Turma ora decidia de uma forma, ora de outra, revelando insegurança jurídica e causando perplexidade e perda de confiança no Judiciário:

> PRINCÍPIO DA NÃO-CULPABILIDADE – RAZÃO DE SER –ALCANCE. O princípio da não-culpabilidade – inciso LVII do artigo 5º da Constituição Federal – decorre da ordem natural das coisas, sobrepondo-se, em termos de valores, ao pragmatismo, a

> presunções, tendo em conta pronunciamento judicial passível de modificação na via recursal.
>
> PENA -CUMPRIMENTO - DECRETO CONDENATÓRIO - AUSÊNCIA DE IMUTABILIDADE - RECURSO - EFEITO. A relação entre o princípio da não-culpabilidade e o recurso sem efeito suspensivo, presente a execução da pena, é de dependência, superpondo-se a garantia de natureza constitucional à disciplina processual comum relativa aos efeitos do recurso.
>
> PENA - EXECUÇÃO -PREMISSA. Condição inafastável à execução da pena, sempre de contorno definitivo, é a preclusão, na via da recorribilidade, do decreto condenatório. Vale dizer, sem título judicial condenatório coberto pela coisa julgada formal e material, descabe dar início à execução da pena, pouco importando tenha o recurso apenas o efeito devolutivo.
>
> (*Habeas corpus* nº 85.209, de minha relatoria, julgado em 17 de novembro de 2005)

> HABEAS CORPUS. CONSTITUCIONAL. PROCESSUAL PENAL. CONDENAÇÃO PELO CRIME DE ATENTADO VIOLENTO AO PUDOR. EXECUÇÃO PROVISÓRIA DA PENA: POSSIBILIDADE. PRECEDENTES. NÃO-CONFIGURAÇÃO DE REFORMATIO IN PEJUS. HABEAS CORPUS DENEGADO. 1. A jurisprudência deste Supremo Tribunal Federal é firme no sentido de ser possível a execução provisória da pena privativa de liberdade, quando os recursos pendentes de julgamento não têm efeito suspensivo. 2. Não configurada, na espécie, reformatio in pejus pelo Tribunal de Justiça do Paraná. A sentença de primeiro grau concedeu ao Paciente "o benefício de apelar" em liberdade, não tendo condicionado a expedição do mandado de prisão ao trânsito em julgado da decisão condenatória. 3. Habeas corpus denegado.
>
> (*Habeas corpus* nº 91.675, relatora ministra Cármen Lúcia, julgado em 4 de setembro de 2007)

Insisti, quando deste último julgamento, na impossibilidade de execução precoce da pena, consignando:

> No campo penal, se, por isso ou aquilo – e não podemos julgar nem o especial nem o extraordinário na via do *habeas corpus* –, vier a ser reformado o decreto condenatório, quem devolverá a esse paciente que respondeu solto ao processo – esse dado, para mim, é importante – a liberdade de ir e vir?

Antes do exame do *habeas corpus* nº 84.078 pelo Plenário, este apreciou, em 7 de novembro de 2007, o recurso extraordinário nº 482.006, ocasião na qual declarou, a uma só voz, a inconstitucionalidade do artigo 2º da Lei nº 2.364/1961 do Estado de Minas Gerais, que conferiu nova redação à de nº 869/1952 para autorizar a diminuição de vencimentos de servidores públicos processados criminalmente. Concluiu que a redução colidia "com o disposto nos arts. 5º, LVII, e 37, XV, da Constituição, que abrigam, respectivamente, os princípios da presunção de inocência e da irredutibilidade de vencimentos". Sinal de que os tempos, felizmente, tinham mudado.

Em abril de 2008, o ministro Eros Grau proferiu voto no citado *habeas corpus*. Após pedido de vista do ministro Menezes Direito, o julgamento foi retomado em fevereiro do ano seguinte. O Plenário, por maioria de votos, alterou o enfoque, em decisão histórica, cuja ementa merece transcrição:

> HABEAS CORPUS. INCONSTITUCIONALIDADE DA CHAMADA "EXECUÇÃO ANTECIPADA DA PENA". ART. 5º, LVII, DA CONSTITUIÇÃO DO BRASIL, DIGNIDADE DA PESSOA HUMANA. ART. 1º, III, DA CONSTITUIÇÃO DO BRASIL.
>
> 1. O art. 637 do CPP estabelece que "[o] recurso extraordinário não tem efeito suspensivo, e uma vez arrazoados pelo recorrido os autos do traslado, os originais baixarão à primeira instância para a execução da sentença". A Lei de Execução Penal condicionou a execução da pena privativa de liberdade ao trânsito em julgado da sentença condenatória. A Constituição do Brasil de 1988 definiu, em seu art. 5º, inciso LVII, que "ninguém será considerado culpado até o trânsito em julgado de sentença penal condenatória".
>
> 2. Daí que os preceitos veiculados pela Lei n. 7.210/84, além de adequados à ordem constitucional vigente, sobrepõem-se, temporal e materialmente, ao disposto no art. 637 do CPP.
>
> 3. A prisão antes do trânsito em julgado da condenação somente pode ser decretada a título cautelar.
>
> 4. A ampla defesa, não se a pode visualizar de modo restrito. Engloba todas as fases processuais, inclusive as recursais de natureza extraordinária. Por isso a execução da sentença após o julgamento do recurso de apelação significa, também, restrição do direito de defesa, caracterizando desequilíbrio entre a pretensão estatal de aplicar a pena e o direito, do acusado, de elidir essa pretensão.
>
> 5. Prisão temporária, restrição dos efeitos da interposição de recursos em matéria penal punição exemplar, sem qualquer contemplação, nos "crimes hediondos" exprimem muito bem o

sentimento que EVANDRO LINS sintetizou na seguinte assertiva: "Na realidade, quem está desejando punir demais, no fundo, no fundo, está querendo fazer o mal, se equipara um pouco ao próprio delinqüente".

6. A antecipação da execução penal, ademais de incompatível com o texto da Constituição, apenas poderia ser justificada em nome da conveniência dos magistrados -- não do processo penal. A prestigiar-se o princípio constitucional, dizem, os tribunais [leia-se STJ e STF] serão inundados por recursos especiais e extraordinários e subseqüentes agravos e embargos, além do que "ninguém mais será preso". Eis o que poderia ser apontado como incitação à "jurisprudência defensiva", que, no extremo, reduz a amplitude ou mesmo amputa garantias constitucionais. A comodidade, a melhor operacionalidade de funcionamento do STF não pode ser lograda a esse preço.

7. No RE 482.006, relator o Ministro Lewandowski, quando foi debatida a constitucionalidade de preceito de lei estadual mineira que impõe a redução de vencimentos de servidores públicos afastados de suas funções por responderem a processo penal em razão da suposta prática de crime funcional [art. 2° da Lei n. 2.364/61, que deu nova redação a Lei n. 869/52], o STF afirmou, por unanimidade, que o preceito implica flagrante violação do disposto no inciso LVII do art. 5o da Constituição do Brasil. Isso porque -- disse o relator -- "a se admitir a redução da remuneração dos servidores em tais hipóteses, estar-se-ia validando verdadeira antecipação de pena, sem que esta tenha sido precedida do devido processo legal, e antes mesmo de qualquer condenação, nada importando que haja previsão de devolução das diferenças, em caso de absolvição". Daí porque a Corte decidiu, por unanimidade, sonoramente, no sentido do não recebimento do preceito da lei estadual pela Constituição de 1.988, afirmando de modo unânime a impossibilidade de antecipação de qualquer efeito afeto à propriedade anteriormente ao seu trânsito em julgado. A Corte que vigorosamente prestigia o disposto no preceito constitucional em nome da garantia da propriedade não a deve negar quando se trate da garantia da liberdade, mesmo porque a propriedade tem mais a ver com as elites; a ameaça às liberdades alcança de modo efetivo as classes subalternas.

8. Nas democracias mesmo os criminosos são sujeitos de direitos. Não perdem essa qualidade, para se transformarem em objetos processuais. São pessoas, inseridas entre aquelas beneficiadas pela

afirmação constitucional da sua dignidade (art.1°, III, da Constituição do Brasil). É inadmissível a sua exclusão social, sem que sejam consideradas, em quaisquer circunstâncias, as singularidades de cada infração penal, o que somente se pode apurar plenamente quando transitada em julgado a condenação de cada qual.

Ordem concedida.

4. O JULGAMENTO DO *HABEAS CORPUS* Nº 126.292 E AS AÇÕES DECLARATÓRIAS DE CONSTITUCIONALIDADE Nº 43 E Nº 44

A jurisprudência do Supremo manteve-se no sentido da inconstitucionalidade da execução provisória da pena até o julgamento, pelo Plenário, do *habeas corpus* nº 126.292, relator ministro Teori Zavascki, em fevereiro de 2016. Na impetração, atacava-se acórdão de Tribunal de Justiça mediante o qual determinada, ante o desprovimento de apelação da defesa, a expedição de mandado de prisão, sem motivação no tocante à cautelaridade da medida extrema. O Relator implementou a liminar para afastar a custódia. A Procuradoria-Geral da República opinou pela concessão da ordem.

Para a surpresa de toda a comunidade jurídica, a ordem foi indeferida, em acórdão com a seguinte ementa:

> CONSTITUCIONAL. *HABEAS CORPUS*. PRINCÍPIO CONSTITUCIONAL DA PRESUNÇÃO DE INOCÊNCIA (CF, ART. 5º, LVII). SENTENÇA PENAL CONDENATÓRIA CONFIRMADA POR TRIBUNAL DE SEGUNDO GRAU DE JURISDIÇÃO. EXECUÇÃO PROVISÓRIA. POSSIBILIDADE. 1. A execução provisória de acórdão penal condenatório proferido em grau de apelação, ainda que sujeito a recurso especial ou extraordinário, não compromete o princípio constitucional da presunção de inocência afirmado pelo artigo 5º, inciso LVII da Constituição Federal. 2. Habeas corpus denegado.

Na oportunidade, assentei:

> Presidente, não vejo uma tarde feliz, em termos jurisdicionais, na vida deste Tribunal, na vida do Supremo.
>
> Há pouco, concluímos, considerada maioria escassa, por diferença de um voto, no sentido do não cabimento do *habeas corpus* contra ato de membro do Tribunal. Revelei preocupação quanto à re-

produção dessa óptica nos Tribunais Superiores, nos vinte e sete Tribunais de Justiça e nos cinco Tribunais Regionais Federais. Já, agora, com o voto de integrantes que buscam sempre a preservação da jurisprudência, revemos jurisprudência, que poderia dizer até mesmo recente, para admitir o que ressalto em votos na Turma como execução precoce, temporã, açodada da pena, sem ter-se a culpa devidamente formada.

Esses dois pronunciamentos esvaziam o modelo garantista, decorrente da Carta de 1988. Carta – não me canso de dizer – que veio a tratar dos direitos sociais antes de versar, como fizeram as anteriores, a estrutura do Estado. Carta apontada como cidadã por Ulisses Guimarães, um grande político do Estado-país, que é São Paulo, dentro do próprio País.

Tenho dúvidas se, mantido esse rumo, quanto à leitura da Constituição pelo Supremo, poderá continuar a ser tida como Carta cidadã.

Admito que a quadra é de delinquência maior, tendo em conta, até mesmo, o crescimento demográfico desenfreado, ocorrido nos últimos quarenta e cinco anos. [...] Reconheço, mais, que a Justiça é morosa, que o Estado, em termos de persecução criminal, é moroso. Reconheço, ainda, que, no campo do Direito Penal, o tempo é precioso, e o é para o Estado-acusador e para o próprio acusado, implicando a prescrição da pretensão punitiva, muito embora existam diversos fatores interruptivos do prazo prescricional.

Reconheço que a época é de crise. Crise maior. Mas justamente, em quadra de crise maior, é que devem ser guardados parâmetros, princípios e valores, não se gerando instabilidade, porque a sociedade não pode viver aos sobressaltos, sendo surpreendida.

[...]

Presidente, o acesso aos Tribunais de Brasília ainda está pendente. Por que, em passado recente, o Tribunal assentou a impossibilidade, levando inclusive o Superior Tribunal de Justiça a rever jurisprudência pacificada, de ter-se a execução provisória da pena? Porque, no rol principal das garantias constitucionais da Constituição de 1988, tem-se, em bom vernáculo, que "ninguém será considerado culpado antes do trânsito em julgado da sentença condenatória".

O preceito, a meu ver, não permite interpretações. Há uma máxima, em termos de noção de interpretação, de hermenêutica, segundo a qual, onde o texto é claro e preciso, cessa a interpretação, sob pena de se reescrever a norma jurídica, e, no caso, o preceito constitucional. Há de vingar o princípio da autocontenção. Já disse, nesta bancada, que, quando avançamos, extravasamos os limites que são próprios ao Judiciário, como que se lança um bumerangue e este pode retornar e vir à nossa testa. Considerado o campo patrimonial, a execução provisória pode inclusive ser afastada, quando o recurso é recebido não só no efeito devolutivo, como também no suspensivo. Pressuposto da execução provisória é a possibilidade de retorno ao estágio anterior, uma vez reformado o título.

Indaga-se: perdida a liberdade, vindo o título condenatório e provisório – porque ainda sujeito a modificação por meio de recurso – a ser alterado, transmudando-se condenação em absolvição, a liberdade será devolvida ao cidadão? Àquele que surge como inocente? A resposta, Presidente, é negativa.

Caminha-se – e houve sugestão de alguém, grande Juiz que ocupou essa cadeira – para verdadeira promulgação de emenda constitucional. Tenho dúvidas se seria possível até mesmo uma emenda, ante a limitação do artigo 60 da Carta de 1988 quanto aos direitos e garantias individuais. O ministro Cezar Peluso cogitou para, de certa forma, esvaziar um pouco a morosidade da Justiça, da execução após o crivo revisional, formalizado por Tribunal – geralmente de Justiça ou Regional Federal – no julgamento de apelação. Mas essa ideia não prosperou no Legislativo. O Legislativo não avançou. Porém, hoje, no Supremo, será proclamado que a cláusula reveladora do princípio da não culpabilidade não encerra garantia, porque, antes do trânsito em julgado da decisão condenatória, é possível colocar o réu no xilindró, pouco importando que, posteriormente, o título condenatório venha a ser reformado.

O passo, Presidente, é demasiadamente largo e levará [...] a um acréscimo considerável de impetrações, de habeas corpus, muito embora também seja dado constatar que o esvaziamento dessa ação nobre, no que vinga a autodefesa, considerada a grande avalanche de processos, e se busca uma base, seja qual for, para o não conhecimento da ação – nomenclatura, esta, que se refere a recursos –, considerados os pressupostos de recorribilidade.

Peço vênia para me manter fiel a essa linha de pensar sobre o alcance da Carta de 1988 e emprestar algum significado ao princípio da não culpabilidade. Qual é esse significado, senão evitar que se execute, invertendo-se a ordem natural das coisas – que direciona a apurar para, selada a culpa, prender –, uma pena, a qual não é, ainda, definitiva. E, mais, não se articule com a via afunilada, para ter-se a reversão, levando em conta a recorribilidade extraordinária, porque é possível caminhar-se, como se caminha no Superior Tribunal de Justiça e no Supremo Tribunal Federal, para o provimento do recurso especial ou do recurso extraordinário.

Em setembro do mesmo ano, o Plenário enfrentou novamente o tema, ao apreciar o pedido de implemento de medida acauteladora em duas ações declaratórias de constitucionalidade, de nº 43 e nº 44, cujo objeto é o artigo 283, cabeça, do Código de Processo Penal, com a seguinte redação:

> Art. 283. Ninguém poderá ser preso senão em flagrante delito ou por ordem escrita e fundamentada da autoridade judiciária competente, em decorrência de sentença condenatória transitada em julgado ou, no curso da investigação ou do processo, em virtude de prisão temporária ou prisão preventiva.

Na condição de relator, apresentei voto pela procedência do pedido liminar. Ressaltei a peculiaridade da situação, observando que a pretensão veiculada nas iniciais é a declaração de constitucionalidade de dispositivo que reproduz o previsto na Constituição Federal:

> Não vivêssemos tempos estranhos, o pleito soaria teratológico; mas, infelizmente, a pertinência do requerido nas iniciais surge inafastável.
>
> Ao editar o dispositivo em jogo, o Poder Legislativo, mediante a Lei nº 12.403/2011, limitou-se a concretizar, no campo do processo, garantia explícita da Lei Maior, adequando-se à compreensão então assentada pelo próprio Supremo Tribunal Federal.
>
> Evidencia-se a repercussão negativa do entendimento assentado na apreciação do *habeas corpus* nº 126.292: reverteu-se a compreensão da garantia que embasou a própria reforma do Código de Processo Penal. Revela-se quadro lamentável, no qual o legislador alinhou-se ao Diploma Básico, enquanto este Tribunal afastou-se dele.

Reportei-me ao julgamento da arguição de descumprimento de preceito fundamental nº 347, de minha relatoria, com acórdão publicado no Diário da Justiça de 19 de fevereiro de 2016, no qual o Plenário reconheceu o "estado de coisas inconstitucional" do sistema penitenciário brasileiro. Teci considerações sobre a função institucional do Superior Tribunal de Justiça, a atuar como verdadeira Corte de Cassação em matéria penal, intérprete definitivo da legislação federal. No campo metajurídico, em reforço às premissas lançadas sobre a importância do Superior, referi-me aos dados apresentados pela Defensoria Pública do Estado de São Paulo, a qual obteve êxito, ao menos parcial, em fevereiro de 2015, em 54% dos recursos especiais interpostos, índice que atingiu 65% no mês seguinte; os mesmos percentuais verificados quanto aos *habeas corpus*, na razão de 48% em 2015 e de 49% em abril de 2016.

Fiquei vencido, na companhia dos ministros Dias Toffoli – em parte –, Rosa Weber, Ricardo Lewandowski, Celso de Mello e da Constituição Federal, tendo o resultado se repetido, em novembro seguinte, quando do exame, sob a sistemática da repercussão geral e no denominado Plenário Virtual, do recurso extraordinário com agravo nº 964.246, relator ministro Teori Zavascki.

Vencido, mas não convencido! Sigo cumprindo meu dever, implementando medidas liminares em *habeas corpus* para suspender a execução provisória da pena, fazendo ver:

> Não se pode potencializar o decidido pelo Pleno no *habeas corpus* nº 126.292, por maioria, em 17 de fevereiro de 2016. Precipitar a execução da pena importa antecipação de culpa, por serem indissociáveis. Conforme dispõe o inciso LVII do artigo 5º da Constituição Federal, "ninguém será considerado culpado até o trânsito em julgado de sentença penal condenatória", ou seja, a culpa surge após alcançada a preclusão maior. Descabe inverter a ordem do processo-crime – apurar para, selada a culpa, prender, em verdadeira execução da sanção.
>
> O Pleno, ao apreciar a referida impetração, não pôs em xeque a constitucionalidade nem colocou peias à norma contida na cabeça do artigo 283 do Código de Processo Penal, segundo a qual "ninguém poderá ser preso senão em flagrante delito ou por ordem escrita e fundamentada da autoridade judiciária competente, em decorrência de sentença condenatória transitada em julgado ou, no curso da investigação ou do processo, em virtude de prisão temporária ou prisão preventiva". Constrição provisória concebe-se cautelarmente, associada ao flagrante, à temporária ou à preventiva, e não a título de pena antecipada. A redação do preceito remete à Lei nº 12.403, de 4 de maio de

2011, revelando ter sido essa a opção do legislador. Ante o forte patrulhamento vivenciado nos dias de hoje, fique esclarecido que, nas ações declaratórias de constitucionalidade nº 43 e nº 44, nas quais questionado o mencionado dispositivo, o Pleno deixou de implementar liminar.

A execução provisória pressupõe garantia do Juízo ou a viabilidade de retorno, alterado o título executivo, ao estado de coisas anterior, o que não ocorre em relação à custódia. É impossível devolver a liberdade perdida ao cidadão.

O fato de o Tribunal, no denominado Plenário Virtual, atropelando os processos objetivos acima referidos, sem declarar, porque não podia fazê-lo em tal campo, a inconstitucionalidade do artigo 283 do aludido Código, e, com isso, confirmando que os tempos são estranhos, haver, em agravo que não chegou a ser provido pelo Relator, ministro Teori Zavascki - agravo em recurso extraordinário nº 964.246, formalizado, por sinal, pelo paciente do habeas corpus nº 126.292 –, a um só tempo, reconhecido a repercussão geral e "confirmado a jurisprudência", assentada em processo único - no citado habeas corpus –, não é obstáculo ao acesso ao Judiciário para afastar lesão a direito, revelado, no caso, em outra cláusula pétrea - segundo a qual "ninguém será considerado culpado até o trânsito em julgado de sentença penal condenatória" - incisos XXXV e LVII do artigo 5º da Carta da República.

Ao tomar posse neste Tribunal, há 27 anos, jurei cumprir a Constituição Federal, observar as leis do País, e não a me curvar a pronunciamento que, diga-se, não tem efeito vinculante. De qualquer forma, está-se no Supremo, última trincheira da Cidadania, se é que continua sendo. O julgamento virtual, a discrepar do que ocorre em Colegiado, no verdadeiro Plenário, o foi por 6 votos a 4, e o seria, presumo, por 6 votos a 5, houvesse votado a ministra Rosa Weber, fato a revelar encontrar-se o Tribunal dividido. A minoria reafirmou a óptica anterior - eu próprio e os ministros Celso de Mello, Ricardo Lewandowski e Dias Toffoli. Tempos estranhos os vivenciados nesta sofrida República! Que cada qual faça a sua parte, com desassombro, com pureza d'alma, segundo ciência e consciência possuídas, presente a busca da segurança jurídica. Esta pressupõe a supremacia não de maioria eventual - conforme a composição do Tribunal –, mas da Constituição Federal, que a todos, indistintamente, submete, inclusive o Supremo, seu guarda maior. Em época de crise, impõe-se observar princípios, impõe-se a resistência democrática, a resistência republicana. De qualquer forma, há sinalização de a matéria vir a ser julgada, com a possibilidade, conforme noticiado pela imprensa, de um dos que formaram na corrente majoritária – e o escore foi de 6 a 5 – vir a evoluir.

5. CONCLUSÃO

O Supremo tem encontro marcado com a controvérsia atinente à execução da pena após a formalização de acórdão condenatório em sede de apelação. Em 4 de dezembro de 2017, liberei as ações declaratórias de constitucionalidade nº 43 e nº 44 para inserção, visando o julgamento de mérito, na pauta do Plenário. Tem-se nova ação declaratória de constitucionalidade, a de nº 54, liberada, em 19 de abril de 2018, objetivando a apreciação de pedido de liminar, ante a evolução na manifestação do ministro Gilmar Mendes, no exame do *habeas corpus* nº 152.752, relator ministro Edson Fachin, julgado em 4 de abril de 2018.

A esperança é que o Plenário volte ao entendimento consagrado, em 5 de fevereiro de 2009, no julgamento do *habeas corpus* nº 84.078, ou, ao menos, adote solução intermediária para que a execução da pena privativa de liberdade fique condicionada a decisão do Superior Tribunal de Justiça, conforme consignei na apreciação dos pedidos de concessão de medida acauteladora nas ações declaratórias de constitucionalidade nº 43 e nº 44.

Certo de não poder a Constituição Federal ser tida como um documento lírico, cujo conteúdo possa vir a ser metamorfoseado ao sabor dos acontecimentos e da vontade das maiorias, aguarda-se que o Supremo, última trincheira da cidadania, não falte à Nação em momento tão crucial da história de nossa jovem República. Somente assim avançar-se-á culturalmente no âmbito do tão necessário combate à corrupção.

* * * * * * * * * * * * * * *
* * * * * * * * * * * * * * *
* * * * * * * * * * * * * * *
* * * * * * * * * * * * * * *
* * * * * * * * * * * * * * *
* * * * * * * * * * * * * * *
* * * * * * * * * * * * * * *
* * * * * * * * * * * * * * *
* * * * * * * * * * * * * * *
* * * * * * * * * * * * * * *
* * * * * * * * * * * * * * *
* * * * * * * * * * * * * * *
* * * * * * * * * * * * * * *
* * * * * * * * * * * * * * *
* * * * * * * * * * * * * * *
* * * * * * * * * * * * * * *
* * * * * * * * * * * * * * *
* * * * * * * * * * * * * * *
* * * * * * * * * * * * * * *
* * * * * * * * * * * * * * *
* * * * * * * * * * * * * * *
* * * * * * * * * * * * * * *
* * * * * * * * * * * * * * *
* * * * * * * * * * * * * * *

PARTE 5
DIREITO ADMINISTRATIVO

20
O COMÉRCIO DE PRODUTOS DE CONVENIÊNCIA POR DROGARIAS

1. INTRODUÇÃO

No mês de maio de 2013, o então Procurador-Geral da República, Roberto Gurgel, formalizou ações diretas de inconstitucionalidade, a envolverem leis estaduais, e uma arguição de descumprimento de preceito fundamental, contra lei do Município de Várzea Grande, Estado do Mato Grosso do Sul, todas versando a permissão do comércio de artigos de conveniência por farmácias e drogarias. Os processos são os seguintes:

– Ação Direta de Inconstitucionalidade nº 4.948/RR, relator ministro Gilmar Mendes, Lei nº 762/2010, do Estado de Roraima;

– Ação Direta de Inconstitucionalidade nº 4.949/RJ, relator ministro Ricardo Lewandowski, Lei nº 4.663/2005, do Estado do Rio de Janeiro;

– Ação Direta de Inconstitucionalidade nº 4.950/RO, relatora ministra Cármen Lúcia, Lei nº 2.248/2010, do Estado de Rondônia;

– Ação Direta de Inconstitucionalidade nº 4.951/PI, relator ministro Teori Zavascki, Lei nº 5.465/2005, do Estado do Piauí;

– Ação Direta de Inconstitucionalidade nº 4.952/PB, relator ministro Luiz Fux, Lei nº 7.668/2004, do Estado da Paraíba;

– Ação Direta de Inconstitucionalidade nº 4.953/MG, relator ministro Gilmar Mendes, Lei nº 18.679/2009, do Estado de Minas Gerais;

– Ação Direta de Inconstitucionalidade nº 4.954/AC, de minha relatoria, Lei nº 2.149/2009, do Estado do Acre;

– Ação Direta de Inconstitucionalidade nº 4.955/CE, relator ministro Dias Toffoli, Lei nº 14.588/2009, do Estado do Ceará;

– Ação Direta de Inconstitucionalidade nº 4.956/AM, relator ministro Dias Toffoli, Lei nº 63/2009, do Estado do Amazonas;

– Ação Direta de Inconstitucionalidade nº 4.957/PE, relatora ministra Cármen Lúcia, Lei nº 14.103/2010, do Estado de Pernambuco;

– Arguição de Descumprimento de Preceito Fundamental nº 273/MT, relator ministro Celso de Mello, Lei nº 2.774/2005, do Município de Várzea Grande, Estado de Mato Grosso.

Em síntese, o Ministério Público Federal arguiu revelarem as normas impugnadas inconstitucionalidade formal e material. Quanto ao primeiro aspecto, sustentou haver ocorrido usurpação da competência da União para legislar sobre normas gerais de proteção e de defesa da saúde, estabelecida no artigo 24, inciso XII, § 1º e § 2º, da Carta de 1988. Quanto ao exercício

da competência legislativa da União, aludiu à Lei federal nº 5.991, de 17 de dezembro de 1973, regulamentada pelo Decreto nº 74.170, de 1974, que teria disposto de modo abrangente sobre o controle sanitário do comércio de drogas, medicamentos, insumos farmacêuticos e correlatos, não havendo deixado espaço de conformação ao legislador estadual para editar atos de caráter geral acerca do tema.

Reportou-se à Lei nº 9.782, de 1999, que conferiu à Agência Nacional de Vigilância Sanitária a atribuição de normatizar, controlar e fiscalizar produtos, substâncias e serviços de interesse para a saúde e de autorizar o funcionamento de farmácias e drogarias. Mencionou a Resolução nº 328, de 1999, com a redação dada pela Resolução nº 173, de 2003, ambas da referida Agência Nacional, a proibir expressamente a venda de artigos de conveniência como condição para o funcionamento de farmácias e drogarias. Evocou instruções normativas da Agência nas quais consta rol taxativo dos produtos permitidos para exposição e comercialização nesses estabelecimentos – drogas, medicamentos, insumos farmacêuticos e similares.

Aduziu que os produtos correlatos passíveis de comercialização, por definição legal, são apenas os relacionados à defesa e proteção da saúde individual ou coletiva, bem como à higiene pessoal ou de ambientes, ou aqueles destinados a diagnósticos e análises. Argumentou que a normas questionadas extrapolam esses parâmetros, porquanto autorizam o comércio de produtos como cartões telefônicos e recarga para celular, bebidas lácteas, cereais, chocolates e achocolatados, sorvetes, doces, salgados, picolés, refrigerantes, energéticos, biscoitos, assim como a prestação de serviços de fotocopiadora, de recebimento de contas de água, luz, telefone e valores de boletos em geral.

Alegou que a competência legislativa dos Estados e do Distrito Federal deve ser apenas a de regulamentação de produtos afins como estabelecidos pela norma federal, não lhes sendo permitido ampliar essa definição. Citou precedentes do Supremo em que delimitada a competência legislativa suplementar dos Estados e do Distrito Federal – Ações Diretas de Inconstitucionalidade nº 2.396/MS, julgada em 8 de maio de 2003, e nº 3.645/PR, apreciada em 31 de maio de 2006, ambas da relatoria da ministra Ellen Gracie.

No tocante à arguição de inconstitucionalidade material, apontou violação ao direito à saúde, previsto nos artigos 6º, cabeça, e 196 do Diploma Maior. Destacou a importância da limitação do funcionamento de farmácias e drogarias ao comércio de produtos farmacêuticos e correlatos, pois a descaracterização desses estabelecimentos como local específico de cuidados com a saúde poderia prejudicar a percepção da população quanto ao papel que devem desempenhar e, com isso, induzir o uso indiscriminado de remédios e a prática de automedicação, aumentando os riscos de intoxicação.

Na Ação Direta de Inconstitucionalidade nº 4.954/AC, de minha relatoria, versada a Lei nº 2.149/2009, do Estado do Acre, votei no sentido da improcedência do pedido, assentando a constitucionalidade da autorização legal, pelos estados e pelo Distrito Federal, do comércio de produtos de conveniência por farmácias e drogarias. Os demais Ministros do Tribunal votaram no mesmo sentido. O julgado tornou-se o caso pioneiro da matéria, vindo o entendimento a ser adotado, posteriormente, nas mencionadas Ações Diretas de Inconstitucionalidade nº 4.948/PR, nº 4.949/RJ, nº 4.951/RO, nº 4.953/MG, nº 4.955/CE e nº 4.956/AM.

Neste artigo, apresento as premissas e os fundamentos do voto que proferi na referida Ação Direta de Inconstitucionalidade nº 4.954/AC. O texto terá a estrutura a seguir delineada: no tópico (2), abordo as razões de não haver a inconstitucionalidade formal consideradas as regras constitucionais de competência legislativa da União, dos estados e do Distrito Federal. Na sequência (3), aponto os motivos da improcedência dos argumentos quanto à inconstitucionalidade material. Ao final (4), a conclusão.

2. DA AUSÊNCIA DE INCONSTITUCIONALIDADE FORMAL: A COMPETÊNCIA DOS ESTADOS E DO DISTRITO FEDERAL PARA LEGISLAR SOBRE A MATÉRIA

O Procurador-Geral da República arguiu, ante o disposto no artigo 24, inciso XII, § 1º e § 2º, da Carta Federal, ter o legislador do Estado do Acre – Lei nº 2.149, de 30 de setembro de 2009 –, usurpado a competência da União para dispor sobre normas gerais de proteção e de defesa da saúde, ao disciplinar o comércio de artigos de conveniência em farmácias e drogarias. A premissa mostrou-se incompatível com o regime de divisão de competências legislativas encerrado na Constituição, revelando óptica a desaguar no amesquinhamento do Poder Legislativo dos Estados e do Distrito Federal.

O sistema de distribuição de competências materiais e legislativas, privativas, concorrentes e comuns, entre os três entes da Federação, tal como estabelecido na Carta de 1988 e tendo em vista a aplicação do princípio da predominância do interesse, é marcado pela complexidade, não sendo incomum acionar o Supremo visando solucionar problemas de coordenação e sobreposição de atos legislativos, especialmente, federais e estaduais. A harmonia do sistema federativo encontra no Tribunal momento exegético determinante, com destaque para os conflitos surgidos ante o condomínio legislativo previsto no artigo 24 da Carta – a competência da União para dispor acerca de normas gerais sobre as matérias nele arroladas (§ 1º), e a concorrente dos estados e do Distrito Federal para, em caráter suplementar, fazer observar a realidade própria de cada unidade federativa (§ 2º).

O inciso XII do aludido artigo 24 versa a competência concorrente entre a União e os estados no campo da proteção e defesa da saúde. Cumpre ao ente central editar normas gerais e diretrizes fundamentais, e aos locais, as suplementares, em face do que estabelecer o Legislativo federal. O Procurador-Geral apontou ter a União exercido a competência geral, relativa ao tema, por meio da Lei nº 5.991, de 1973, segundo a qual o "comércio de drogas, medicamentos e de insumos farmacêuticos é privativo" de farmácias e drogarias.

Eis a controvérsia definida pelo Supremo nas ações diretas: os estados e o Distrito Federal podem autorizar, mediante lei e em observância ao que disposto no mencionado Diploma federal, a comercialização dos chamados "artigos de conveniência" pelos aludidos estabelecimentos sem que isso represente invasão da esfera de ação legislativa da União? Consignei ser a resposta afirmativa, e isso por dois motivos sucessivos: primeiro, porque a norma impugnada não cuida de proteção e defesa da saúde, e sim de local de venda de certos produtos; segundo, porquanto, ainda que se entenda existente disciplina relativa à saúde, deu-se no campo suplementar, descabendo cogitar da edição de normas gerais pelo Estado do Acre.

Ao autorizar a venda de "artigos de conveniência" por farmácias e drogarias, o legislador estadual não tratou da saúde, e sim do comércio local. Não estando em jogo operações de venda interestadual, em relação às quais incumbe à União a disciplina – artigo 22, inciso VIII, da Carta –, e inexistindo norma constitucional específica a respeito da regulação do comércio de artigos de conveniência, remanesce a competência dos estados para legislar sobre o tema – artigo 25, § 1º, da Constituição –, sendo permitido aos municípios disporem de forma complementar, caso imprescindível diante de peculiaridades e interesses locais, em observância a normas federais e estaduais.

Daí a insubsistência do alegado conflito no âmbito da competência concorrente prevista no inciso XII do artigo 24, por faltar elemento objetivo imprescindível – normatização sobre proteção e defesa da saúde. Autorizar a venda de produtos lícitos, de consumo comum e rotineiro, em farmácias e drogarias não versa o tema. Diferente seria se a norma estadual regulasse a comercialização de medicamentos, drogas e insumos farmacêuticos, porque mercadorias terapêuticas, em outros estabelecimentos além dos especializados, farmácias e drogarias.

Deve o Supremo realizar interpretação harmonizante. Não pode, como "Tribunal da Federação", potencializar conceitos e critérios constitucionais de rateio de atribuições normativas de modo a ampliar as possíveis áreas de sobreposição e conflito legislativo e material entre os três níveis de governo. A interpretação há de ser estrita, única forma de assegurar, linearmente, os espaços de autonomia política a ser exercida, em cada ente, de maneira coordenada, considerados os interesses predominantes. Não sendo revelada disciplina expressa e inequívoca quanto à saúde, cumpre afastar como pertinentes os parâmetros constitucionais do inciso XII do artigo 24.

Ainda que a conclusão fosse no sentido de haver norma estadual a versar proteção e defesa da saúde, não conduziria a assentar a ocorrência de invasão da competência da União, porquanto o Estado do Acre teria atuado no campo suplementar.

Por meio da Lei nº 5.991, de 17 de dezembro de 1973, regulamentada pelo Decreto nº 74.170, de 1974, a União estabeleceu normas gerais sobre o controle sanitário do comércio de drogas, medicamentos, insumos farmacêuticos e correlatos, nada dispondo acerca da venda de bens de conveniência por farmácias e drogarias. Ao contrário do afirmado na peça inicial do processo, a disciplina federal não se mostrou abrangente a ponto de excluir, em relação ao legislador estadual, margem política para editar atos dessa natureza e com tal conteúdo. Em outra oportunidade, já tinha consignado que a competência concorrente não compele os Estados à edição de diplomas legais repetindo literalmente o que porventura se contenha na legislação federal (Medida Cautelar na Ação Direta de Inconstitucionalidade nº 1.278/SC, de minha relatoria, julgada em 18 de maio de 1995). Sem proibição expressa, não se pode cogitar de regramento prévio da matéria pelo diploma federal, surgindo espaço à atuação suplementar.

A par desse aspecto, à circunstância de constar, no artigo 5º, cabeça, da Lei nº 5.991, de 1973, ser privativo das farmácias e drogarias o comércio de drogas, medicamentos e de insumos farmacêuticos não corresponde a proibição de esses estabelecimentos comercializarem outros produtos. Por meio da norma federal, procurou-se garantir, tendo em vista a segurança da saúde do consumidor e como diretriz essencial, que esses produtos sejam vendidos apenas por estabelecimentos especializados, nos quais atua profissional habilitado – o farmacêutico. Contudo, isso não autoriza interpretação no sentido de a especialização necessária excluir a possibilidade de farmácias e drogarias comercializarem bens diversos. Na realidade, tal entendimento implicaria situação inversa à alegada nas ações diretas – a de invasão de competência dos estados pela União, haja vista norma com esse conteúdo, ao entrar em pormenores, vir a extrapolar o campo de normas gerais, princípios e questões fundamentais.

Admitir que a União, a despeito de editar normas gerais, regule situações particulares, esgotando o tema legislado, implica esvaziamento do poder dos estados de legislar supletivamente. O Supremo não estaria preservando regras de convivência entre os entes, mas permitindo que um – o central – sufoque a autonomia política de outros – estados e Distrito Federal. Ausente normatização oposta às diretrizes gerais estabelecidas em lei federal, deve-se prestigiar a autonomia dos entes estaduais.

Quanto ao argumento da proibição por meio da Resolução RDC nº 328, de 1999, com a redação dada pela Resolução RDC nº 173, de 2003, da Agência Nacional de Vigilância Sanitária, verifica-se inovação infralegal na ordem jurídica que não pode ser oposta ao exercício legislativo dos estados, sob pena de afronta ao princípio da legalidade. A circunstância de a Lei federal nº 9.782, de 1999, mediante a qual foi criada a Agência, ter instituído amplo espaço de atuação regulatória em favor da autarquia não a torna titular de atribuição tipicamente legislativa, de modo a poder expedir atos de hierarquia eventualmente superior às leis estaduais.

Não há, portanto, incompatibilidade da norma impugnada com o comando constitucional a conferir à União o poder legislativo quanto às normas gerais. Mesmo se admitido estar em jogo disciplina sobre saúde, deve-se reconhecer ter o Estado do Acre atuado, exclusivamente, no âmbito normativo suplementar, prevendo situações específicas sem discrepância com o exercício concreto, e anterior, da competência geral pela União, ausente, portanto, a inconstitucionalidade formal aduzida.

3. DA AUSÊNCIA DE INCONSTITUCIONALIDADE MATERIAL: A RESTRIÇÃO DESPROPORCIONAL ÀS ATIVIDADES ECONÔMICAS DAS FARMÁCIAS E DROGARIAS PRETENDIDA PELA PROCURADORIA GERAL DA REPÚBLICA

Sob o ângulo do vício material, também inexiste inconstitucionalidade. Alegou o Procurador-Geral violação ao direito à saúde, previsto nos artigos 6º, cabeça, e 196 do Diploma Maior. Segundo sustentou, a limitação do funcionamento de farmácias e drogarias ao comércio de produtos farmacêuticos e correlatos é de relevância fundamental à preservação da saúde, vindo a descaracterização desses estabelecimentos a prejudicar a percepção da população quanto ao papel que devem desempenhar e, com isso, induzir o uso indiscriminado de remédios e a prática de automedicação, aumentando os riscos de intoxicação.

Em última análise, pretendeu o Procurador-Geral da República impor restrições à atividade comercial das farmácias e drogarias como forma de proteger o direito à saúde da população em geral e, em particular, daqueles que vierem a adquirir medicamentos e produtos farmacêuticos nesses estabelecimentos localizados no Estado do Acre. Ora, como se trata de limitação à liberdade fundamental do exercício de atividades econômicas, tais medidas, para serem legítimas, devem, acima de qualquer dúvida razoável, revelar-se adequadas, necessárias e proporcionais em sentido estrito, o que não se verifica no caso.

Qualquer intervenção estatal que se configure excessiva implica afronta ao sobreprincípio do Estado de Direito – artigo 1º da Carta – e ao princípio do devido processo legal na dimensão substantiva – artigo 5º, inciso LIV, da Constituição. Assim, são excessivos os atos estatais, considerada a adequação entre meio e fins, que imponham “obrigações, restrições e sanções em medida superior àquelas estritamente necessárias ao atendimento do interesse público".[1] Na ação analisada, o pedido formulado na inicial revelava medida restritiva de direitos inapta a atingir o fim público visado, desnecessária, ante a possibilidade de o propósito buscado ser alcançado por meios menos onerosos às liberdades fundamentais envolvidas, e desproporcional, por promover desvantagens que superam, em muito, eventuais vantagens.

A restrição pretendida afigurava-se inadequada pelo simples fato de não haver implicação lógica entre proibir a venda de produtos de conveniência em farmácias e drogarias – o meio – e a prevenção do uso indiscriminado de medicamentos – o fim. Inexiste qualquer suporte empírico capaz de legitimar a alegação do Procurador-Geral da República no sentido de a circunstância de farmácias e drogarias dedicarem-se exclusivamente à venda de medicamentos, produtos farmacêuticos e correlatos promover ou disseminar a consciência ou o sentimento dos malefícios da prática do automedicamento. Tal dificuldade decorre da própria inviabilidade de demonstrar os riscos à saúde promovidos pela autorização legal atacada. Trata-se de consequência difícil de ser demonstrada na prática e que, mesmo em abstrato, não escapa a dúvidas minimamente razoáveis.

Ainda que se admitisse a adequação ínfima da medida, seria desnecessária em razão de haver meios menos onerosos hábeis a alcançar o propósito almejado. O controle da venda de remédios mediante receita médica e quanto ao volume destes, assim como políticas de informação e campanhas de conscientização revelam-se aptos – diga-se, muito mais aptos – a alcançar o objetivo buscado pelo requerente sem que representem limitações ao exercício da livre iniciativa. A par desse aspecto, a própria lei impugnada, nos artigos 2º e 3º, estabelece condições relativas à disposição, à exposição e ao manuseio dos artigos de conveniência capazes de torná-los inconfundíveis com os medicamentos comercializados no mesmo local. Vê-se que tais meios tanto levam aos resultados visados como mantêm incólumes os direitos fundamentais das empresas envolvidas, ao contrário do que ocorre com a proibição ventilada, a qual implicaria obstáculo mais gravoso ao exercício de atividades econômicas por farmácias e drogarias.

Alfim, o Procurador-Geral da República, sob a óptica do controle material, articulou com restrição desproporcional em sentido estrito. Destaquei que as desvantagens em cercear as atividades econômicas do

---

[1] ÁVILA, Humberto. *Teoria dos Princípios. Da definição à aplicação dos princípios jurídicos.* 3ª ed. São Paulo: Malheiros, p. 110.

segmento comercial, considerados os efeitos negativos, principalmente, no tocante à disponibilidade de empregos e à comodidade oferecida à população, revelam-se muito superiores às vantagens, relativas ao campo da saúde, cujo alcance sequer se mostra abstrato ou empiricamente viável. Na realidade, prevalecendo o argumento do Procurador nesse ponto, ao Poder Público estaria permitido, envolvidos os direitos fundamentais como conjunto harmônico de normas constitucionais, restringi-los mais do que os promover, o que não se coaduna com a quadra contemporânea do constitucionalismo brasileiro.

Consignada a desproporcionalidade da pretensão do Procurador-Geral, veio o Supremo a assentar a constitucionalidade material das normas impugnadas.

4. CONCLUSÃO

As decisões do Tribunal vieram a retratar o conteúdo do federalismo brasileiro, assegurando o estrito cumprimento das regras de competência legislativa e a correlata distribuição de oportunidades de normatização entre os entes. Ao bloquear a maximização do poder legislativo da União visada pelo Procurador-Geral, veio a proteger a liberdade de conformação dos estados e do Distrito Federal, impedindo que a Federação se torne ainda mais assimétrica.

* * * * * * * * * * * * * * *
* * * * * * * * * * * * * * *
* * * * * * * * * * * * * * *
* * * * * * * * * * * * * * *
* * * * * * * * * * * * * * *
* * * * * * * * * * * * * * *
* * * * * * * * * * * * * * *
* * * * * * * * * * * * * * *
* * * * * * * * * * * * * * *
* * * * * * * * * * * * * * *
* * * * * * * * * * * * * * *
* * * * * * * * * * * * * * *
* * * * * * * * * * * * * * *
* * * * * * * * * * * * * * *
* * * * * * * * * * * * * * *
* * * * * * * * * * * * * * *
* * * * * * * * * * * * * * *
* * * * * * * * * * * * * * *
* * * * * * * * * * * * * * *
* * * * * * * * * * * * * * *
* * * * * * * * * * * * * * *
* * * * * * * * * * * * * * *
* * * * * * * * * * * * * * *
* * * * * * * * * * * * * * *

PARTE 6

DIREITO TRIBUTÁRIO

21

INTERPRETAÇÃO CONSTITUCIONAL E CONTROVÉRSIAS TRIBUTÁRIAS

1. INTRODUÇÃO

O Estado não prescinde dos recursos tributários, obtidos de pessoas naturais e jurídicas, para satisfazer as necessidades públicas assim como alcançar fins sociopolíticos. Segundo Aliomar Baleeiro, revela-se "o traço da economia coativa" – os tributos são "meios ordinários e normais de manutenção do Estado e de seu sistema de serviços públicos" e podem servir de "instrumento de intervenção ou regulação pública".[1] A tributação, além de mostrar-se inerente ao funcionamento estatal típico, custeando atividades básicas, é mecanismo de transformação social e econômica voltada à redistribuição de bens e oportunidades. O tributo se faz onipresente.

Mesmo imprescindíveis e irrenunciáveis, os tributos não podem, na atual quadra evolutiva do constitucionalismo democrático, ser livre e indiscriminadamente criados e exigidos. No Estado Constitucional e Democrático de Direito, o poder estatal – em destaque, o tributário – sofre limitações em favor do autoconsentimento e da liberdade geral dos cidadãos/contribuintes. Este é o ponto de encontro – e de tensão – entre "Tributação, Democracia

---

1 BALEEIRO, Aliomar. *Uma Introdução à Ciência das Finanças*. 15ª ed. Rio de Janeiro: Forense, 2001, p. 157 e 190.

e Liberdade". O tributo é uma necessidade sim. Porém, deve ser consentido pelos obrigados e observar direitos e garantias fundamentais destes, sob pena de revelar-se insanavelmente ilegítimo.

Cumpre, em última oportunidade, ao juiz constitucional o relevante papel de assegurar que as exigências tributárias estejam em consonância com o princípio democrático e os direitos fundamentais. O objetivo deste artigo é demonstrar, considerados alguns julgamentos importantes do Supremo, como o Tribunal vem decidindo e como penso deva decidir para prevalecer uma tributação democrática, com observância das liberdades. Abordarei a interpretação constitucional como instrumento de solução de controvérsias envolvendo os elementos que compõem o Sistema Constitucional Tributário: regras de competência tributária, princípios constitucionais tributários e imunidades tributárias. Consoante será argumentado, o equilíbrio entre "Tributação, Democracia e Liberdade" requer sejam variados e harmonizados os métodos de interpretação conforme a natureza desses elementos e conflitos.

O texto terá a estrutura a seguir delineada: nos tópicos 2 e 3, desenvolverei alguns aspectos teóricos da interpretação constitucional aplicada ao Sistema Constitucional Tributário. Depois, descreverei decisões do Supremo Tribunal Federal sobre (4) competências tributárias, (5) princípios constitucionais tributários e (6) imunidades tributárias. Cabe ressaltar que não apresentarei rol exaustivo de decisões, o que não seria possível em trabalho da espécie. Mencionarei julgados que reputo, por diferentes motivos, mais representativos. Por fim (7), estarão as conclusões.

2. A INTERPRETAÇÃO CONSTITUCIONAL

Interpretação jurídica é a atividade, inserida em amplo processo hermenêutico, dirigida à realização concreta do Direito. O intérprete constrói, como ato de vontade e de inspiração humanística, significados a partir de enunciados textualmente expressos ou decorrentes do sistema normativo, visando a aplicação das normas no plano real e concreto. Há discursos descritivos e críticos sobre normas e situações jurídicas, mas interpretação jurídica apenas se dá diante de casos concretos e com o propósito de conformá-los. Nessa seara, os textos normativos serão o objeto de um *processo unitário de interpretação-aplicação*, do qual as normas serão o resultado.[2]

2 É necessário, como adverte Ricardo Guastini, *Teoria e ideologia de la interpretación constitucional*, Madrid: Trotta, 2008, p. 32, "distinguir entre os enunciados normativos – as 'disposições', como se costuma dizer – e as normas, entendidas como significados".

Revela-se, além do mais, a exigência de interpretação em toda e qualquer atividade de concretização do Direito, independentemente do grau de problemática dos casos e do caráter equívoco ou inequívoco das normas aplicáveis. Advém, assim, uma implicação institucional: o juiz será mais ou menos criativo ante a maior ou a menor presença de enunciados normativos vagos e imprecisos, mas os textos nunca se aplicam por si sós, havendo sempre a necessidade de contextualização consideradas as controvérsias apresentadas. Essas perspectivas ganham ainda mais relevo tendo em conta a "interpretação constitucional", o que inclui, em especial, destacar o papel do Supremo Tribunal Federal, para a realização do Diploma Maior. A interpretação constitucional é espécie de interpretação jurídica - possuindo o Supremo a posição proeminente, mas não exclusiva, de exercer, como necessidade permanente, essa atividade.

Dessa relação gênero-espécie decorre também que a interpretação constitucional deve ser realizada por meio dos elementos tradicionais - gramatical, histórico, teleológico e sistemático[3] -, observadas, no entanto, as particularidades que surgem em função do próprio objeto da interpretação - o texto constitucional. Isso significa que os cânones tradicionais de interpretação devem governar o processo hermenêutico da Carta, mas revelarão especificidades e complexidades ante o ambiente em que estão sendo observados. O uso desses elementos tradicionais há de combinar-se com a natureza política particular de grande parte das matérias objeto de regulação; com o aludido caráter compromissório das normas constitucionais, às vezes veiculando interesses mesmo contraditórios; com a presença de um número elevado de enunciados que expressam princípios, objetivos e valores; com a supremacia normativa e axiológica e a pretensão de efetividade dos preceitos, mormente os que prescrevem os direitos fundamentais.

Relativamente ao aspecto gramatical, as expressões semânticas do texto constitucional têm sido referência, ponto de partida e também limite de possibilidade criativa, em homenagem ao valor de legitimação do Estado de Direito, principalmente presentes regras claras e bem definidas. No entanto, sempre que se deparou com enunciados vagos e indeterminados,

---

Conforme lembra o professor italiano, muitos enunciados normativos são ambíguos, por isso "entre as duas coisas, de fato, não se dá uma correspondência biunívoca".

3 Para uma defesa forte dessa noção, cf. SILVA, Virgílio Afonso da. Interpretação constitucional e sincretismo metodológico. In: ____. (Org.) *Interpretação Constitucional*. 2ª ed. São Paulo: Malheiros, 2005, p. 115-143.

destacadamente envolvendo princípios fundamentais, o Supremo não se furtou a exercer certo grau de criatividade interpretativa, realizando valores superiores.

Sob o ângulo histórico, o Tribunal tem levado em conta contextos passados para identificar desigualdades enraizadas e transformações fáticas e sociais a justificarem uma interpretação evolutiva do Diploma Maior, ainda mais se verificada dificuldade deliberativa no Parlamento sobre a matéria.

Quanto ao elemento teleológico, ao passo que o intérprete aplica as normas com base nas finalidades visadas, ganha imensa importância considerados os direitos fundamentais e a pretensão de efetividade das normas que os veiculam – esses direitos devem ser realizados na maior medida possível. Porém, com uma Carta compromissória como a brasileira, a dificuldade existirá na variedade de objetivos opostos, estabelecidos em normas de igual hierarquia. Livre iniciativa e proteção ao meio ambiente, por exemplo, são propósitos constitucionais de mesma hierarquia formal que, frequentemente, entram em conflito em situações concretas.

É nesse âmbito de antinomias que o aspecto sistemático adquire maior relevância prática, porquanto calcado na unidade do sistema constitucional. Segundo esse elemento, "cada norma jurídica deve ser interpretada com consideração de todas as demais, e não de forma isolada", presente a busca pela harmonia e integridade sistêmica. Nesse ponto, combinados os elementos sistemático e teleológico, a interpretação deve cumprir função harmonizante, influenciada, prioritariamente, por princípios como o da "dignidade da pessoa humana, da igualdade, do Estado Democrático de Direito, da República e da Federação".[4] Visando compatibilizar as disposições constitucionais, mesmo para dar primazia a esses princípios, a doutrina tem proposto as técnicas da ponderação e da proporcionalidade, utilizadas em algumas oportunidades pelo Supremo.

Na sequência, apresento a análise teórica das possibilidades de uso desses métodos interpretativos em relação à estrutura normativa do Sistema Constitucional Tributário e considerada a tarefa do juiz, por meio da interpretação constitucional, de assegurar seja a tributação democrática e condizente com as liberdades básicas do cidadão-contribuinte.

---

4 SOUZA NETO, Cláudio Pereira de; SARMENTO, Daniel. *Direito Constitucional*. Teoria, História e Métodos de Trabalho. Belo Horizonte: Fórum, 2012, p. 415-416.

3. A INTERPRETAÇÃO DO SISTEMA CONSTITUCIONAL TRIBUTÁRIO

A interpretação de normas constitucionais versada matéria tributária configura o momento mais relevante da dinâmica impositiva dos tributos, e isso por um motivo especial: é uníssona, na doutrina nacional, a compreensão quanto à importância dessas normas como simultâneo ponto de partida e limite formal e material de toda a ordem jurídico-tributária. A tradição quanto à previsão de um conjunto extenso e ordenado de dispositivos constitucionais em matéria tributária vem de longe, tendo encontrado o ápice na Carta de 1988.[5] Daí ser correto dizer que a solução das controvérsias tributárias mais relevantes envolve, necessariamente, a interpretação direta ou indireta da Constituição.[6]

Ante o princípio invencível da supremacia da constituição, assim como a particularidade de termos uma Carta bastante generosa, detalhista, com extenso rol de regras e princípios sobre os tributos, é preciso definir quando e como utilizar cada um dos métodos de interpretação, acima descritos, devidamente ajustados à natureza constitucional das normas envolvidas, para resolver os litígios tributários. As soluções, a serem alcançadas em última análise pelo Supremo, consistirão nos alicerces do Sistema Tributário Nacional. A premissa fundamental é a da necessidade de o intérprete variar e harmonizar o método a depender do elemento do Sistema Constitucional Tributário.

Como se sabe, a Constituição de 1988 funda e vincula a ordem normativa tributária a partir da previsão de três elementos estruturais: a repartição de competências tributárias – artigos 144, 147, 148, 149, 149-A, 153, 154, 155, 195, 239 e 240; os princípios conformadores do poder tributário – artigos 145, § 1º, 150, incisos I a V, 151, 152, 153, § 2º, inciso I, § 3º, incisos I e II, § 4º, inciso I, 155, § 2º, inciso I, e 156, § 1º, inciso I; e as imunidades tributárias – artigos 149, § 2º, inciso I, 150, inciso VI, 153, § 3º, inciso III, § 4º, inciso II, 155, § 2º, inciso X, 156, § 2º, inciso I, e

---

5 Sobre a Carta de 1946, cf. BALEEIRO, Aliomar. *Limitações Constitucionais ao Poder de Tributar.* 1ª ed. Rio de Janeiro: Forense, 1951. Sobre a Carta pretérita, cf. ATALIBA, Geraldo. *Sistema Constitucional Tributário Brasileiro.* São Paulo: RT, 1968. Quanto à Constituição de 1988, cf. COELHO, Sacha Calmon Navarro. *Comentários à Constituição de 1988. Sistema Tributário.* 9ª ed. Rio de Janeiro: Forense, 2005; ÁVILA, Humberto. *Sistema Constitucional Tributário.* 5ª ed. São Paulo: Saraiva, 2012.

6 Fala-se em *interpretação constitucional direta* para designar a aplicação imediata dos enunciados constitucionais sobre o caso concreto e em *interpretação constitucional indireta* para referir-se à aplicação de enunciados infraconstitucionais tendo como parâmetro a constituição, o que será sempre interpretação da constituição, embora mediata.

195, § 7º.[7] Esses dispositivos, a depender do elemento estrutural, possuem redação mais ou menos vaga e conteúdo que vai desde a mera definição de competência legislativa até a expressão de liberdade fundamental. Será essa diversidade o motivo a implicar e o critério a orientar a alternância do método interpretativo.

Por meio do primeiro elemento – a repartição de competências tributárias –, atento ao princípio federativo, o constituinte distribuiu entre os entes federados "autorizações" para instituição de tributos. No segundo aspecto, o constituinte impôs, sob a forma de princípios mais ou menos densos, condições formais e materiais ao exercício legítimo das "autorizações". O terceiro elemento versa "proibições de tributar" – pessoas e bens imunes ao poder tributário, ou seja, fora do alcance possível do exercício das competências tributárias em razão dos valores constitucionais que representam. São essas características e funções particulares de cada elemento que devem servir como base decisiva para a definição do método interpretativo adequado.

Mediante a delimitação das competências tributárias, o constituinte tanto buscou conferir autonomia financeira aos diferentes entes da Federação quanto manifestou o primeiro momento da vontade soberana do povo em matéria tributária. Daí por que cuidar para o cumprimento dessas regras exatamente como estabelecidas significa não só impedir que determinado ente invada esfera de atuação legislativa reservada a outro, mas também assegurar a observância do consentimento do povo soberano relativamente à formulação dos tributos em nível constitucional, proporcionando maior segurança aos cidadãos no tocante às obrigações tributárias que deverão satisfazer. Trata-se de conferir efetividade a autodeterminação coletiva manifestada quando poder constituinte e como condição de uma sociedade livre. Do ponto de vista democrático e da liberdade como segurança jurídica, revela-se a necessidade de se dar a tais regras interpretação estrita, de modo que prevaleçam apenas as obrigações tributárias que o povo explícita e claramente consentiu.

Com relação aos princípios e imunidades tributárias, normas voltadas a limitar o poder de tributar, o constituinte homenageou valores políticos, morais, culturais e sociais essenciais, não permitindo que o exercício tributário oprima certos direitos fundamentais expressivos de segurança jurídica,

---

7 Consoante importante doutrina reconhece, a disciplina constitucional da repartição das receitas tributárias entre os entes federativos revela matéria própria do Direito Financeiro, e não especificamente tributária.

liberdade, justiça e isonomia, ou que os entes tributem pessoas, bens, serviços ou situações ligadas a esses valores. Não ocorrerá exercício legítimo de competência tributária quando afrontar os propósitos fundamentais encerrados nos princípios constitucionais tributários. Onde houver regra constitucional de imunidade, não poderá ocorrer exercício da competência tributária e isso em razão de uma seleção de motivos fundamentais.

Consideradas as causas que conduziram o constituinte a limitar o poder de tributar por meio dos princípios e das imunidades, revela-se, a mais não poder, a necessidade de o intérprete, ao solucionar controvérsias envolvendo tais valores, investigar os fins constitucionais em jogo, fazendo-o por meio da apreciação sistemática e teleológica das normas aplicáveis, de modo que esses institutos cumpram o papel a eles determinado na Carta Maior. Ante essas razões, diferente da escolha feita pela interpretação estrita das regras de competência tributária, adoto a óptica teleológica para a aplicação dos princípios e das imunidades tributárias, sem me descuidar, todavia, tanto dos limites semânticos dos dispositivos constitucionais quanto do dever de harmonizar essas normas com o sistema constitucional como um todo. Há de se conjugar o elemento finalístico com o sistemático, presente o conjunto normativo e axiológico.

Fixadas essas premissas, cumpre examinar como e se o Supremo vem adotando a linha metodológica defendida, alternando e harmonizando a interpretação estrita e a teleológica, tendo o sistema constitucional como referência e de acordo com a natureza dos conflitos tributários – se presentes questionamentos acerca de competência tributária, princípio ou imunidade tributária.

4. REGRAS DE COMPETÊNCIA TRIBUTÁRIA

Como muitas das regras de competência tributária foram estabelecidas pelo constituinte a partir da descrição de materialidades econômicas, não apenas delimitando o poder tributário entre os entes federados, mas prevendo, de antemão, os fatos geradores e as bases de cálculo possíveis dos tributos a serem instituídos, tem sido comum a impugnação de leis sob o argumento de haverem prescrito incidências sobre manifestações econômicas para além da previsão constitucional. Trata-se do confronto entre os fatos descritos em leis como tributáveis e os relatos constitucionais desses fatos nas regras de competência tributária. De modo geral, o Supremo, adotando a óptica defendida neste artigo, tem formulado interpretações estritas das autorizações constitucionais de tributar e, assim, não vem permitindo seja o campo de ação do legislador tributário expandido por vontade própria e exclusiva.

Demonstro, a seguir, essa postura decisória mediante a análise de três casos dos quais fui relator: a exigência do Imposto sobre Serviços – ISS em locação de bens móveis; a cobrança de contribuição previdenciária sobre a remuneração de administradores, autônomos e avulsos antes da Emenda Constitucional nº 20, de 1998; a previsão de incidência da Cofins na totalidade das receitas auferidas pelos contribuintes antes da aludida emenda constitucional.

4.1. ISS e serviços de locação

No Recurso Extraordinário nº 116.121/SP, relator ministro Octavio Gallotti, acórdão por mim redigido,[8] estava em jogo definir se o Imposto sobre Serviços – ISS, da competência dos municípios, poderia ser exigido em face das atividades de locação de bens móveis, no caso concreto, "guindastes". O relator votou pela incidência, utilizando-se de um *argumento de exclusão*. Asseverou não ocorrer a "transferência da propriedade do bem material, pois o bem locado é restituído ao dono", de maneira a ser excluída a incidência do Imposto sobre a Circulação de Mercadorias e Serviços – ICMS. Como o legislador complementar – prosseguiu o ministro Octavio Gallotti – "não desejou que a locação de bens móveis deixasse de ser onerada", acabou por incluí-la "no campo de incidência do único imposto (ISS) que poderia abranger a referida atividade".

Divergi por entender, ante o disposto no artigo 156, inciso III, da Carta de 1988, não ser possível confundir noções tão diversas: "a relativa à prestação de serviços, em si, e a inerente à locação de bem móvel". Conforme consignei, a previsão constitucional do imposto, à qual deve ser dada interpretação estrita, revela pressupor a incidência a prestação de serviços e não o contrato de locação. Chamei a atenção para o fato de o conceito de serviço – assim como o de locação – ser originário do Código Civil, tendo essa definição adquirido natureza constitucional quando encampada pelo constituinte no artigo 156, inciso III. Daí ter afirmado o caráter puramente pedagógico do artigo 110 do Código Tributário Nacional, a prever que o legislador tributário "não pode alterar a definição, o conteúdo e o alcance

---

8 STF – Pleno, Recurso Extraordinário nº 116.121/SP, relator ministro Octavio Gallotti, acórdão por mim redigido, julgado em 11 de outubro de 2000, Diário da Justiça de 25 de maio de 2011.

de institutos, conceitos e formas de direito privado, utilizados, expressa ou implicitamente, pela Constituição Federal".

Ausente previsão constitucional de incidência do imposto sobre locações, haja vista a necessária interpretação estrita da correspondente regra de competência tributária, e não podendo o legislador tributário alargar o conceito constitucional de serviço, caberia concluir pela inconstitucionalidade de quaisquer normas que prevejam tal cobrança. Essa orientação foi, ao final, vencedora, vindo a ser consolidada por meio da edição do Verbete Vinculante nº 31 da Súmula do Supremo[9]: "é inconstitucional a incidência do Imposto sobre Serviços de Qualquer Natureza – ISS sobre operações de locação de bens móveis". Prevaleceu a noção constitucional estrita de serviços em favor da manifestação do povo soberano na Carta Maior.

4.2. Contribuição previdenciária e folha de salários

No campo do custeio da Seguridade Social, existem importantes julgamentos envolvendo controvérsias da espécie. Interessa, particularmente, o decidido no Recurso Extraordinário nº 166.772/RS, de minha relatoria, quando o Supremo examinou a inconstitucionalidade parcial do artigo 3º, inciso I, da Lei nº 7.787, de 1989, o qual estabeleceu a exigência da contribuição social, prevista no artigo 195, inciso I, da Carta,[10] sobre as remunerações de "empresários, trabalhadores avulsos e autônomos". A questão era saber, presente previsão constitucional de incidência sobre "folha de salários", se o tributo poderia recair nos valores pagos àqueles que não guardavam vínculo empregatício com o contribuinte-empregador. Votei pela inconstitucionalidade, fazendo ver:

> Então, cabe perquirir sobre o alcance do inciso I do artigo 195, no que cogita das contribuições sociais devidas pelos empregadores incidentes sobre a "folha de salários". Questiona-se [...] se a alusão a contribuição devida pelos empregadores, tendo em vista a folha de salários, engloba o que pago a administradores e autônomos. De início, lanço a crença na premissa de que o conteúdo político de uma Constituição não pode levar quer

---

9 Aprovada em 4 de fevereiro de 2010, Diário Oficial da União de 17 de fevereiro de 2010.

10 Artigo 195. A seguridade social será financiada por toda a sociedade, de forma direta e indireta, nos termos da lei, mediante recursos provenientes dos orçamentos da União, dos Estados, do Distrito Federal e dos Municípios, e das seguintes contribuições sociais:
I – dos empregadores, incidente sobre a folha de salários, o faturamento e o lucro"

> ao desprezo do sentido vernacular das palavras utilizadas pelo legislador constituinte, quer ao técnico, considerados institutos consagrados pelo Direito.
>
> [...]
>
> Realmente, a flexibilidade dos conceitos, o câmbio do sentido destes, conforme os interesses em jogo, implicam insegurança incompatível com o objetivo da própria Carta que, realmente, é um corpo político, mas o é ante os parâmetros que encerra e estes não são imunes ao real sentido dos vocábulos, especialmente os de contornos jurídicos.
>
> [...]
>
> O inciso I do artigo 195 cuida não de remuneração, não de folha de pagamentos, mas de folha de salários. Creio que ninguém ousa caminhar no sentido da aplicação do que se contém, sob o ângulo do salário, a consubstanciar garantia, no artigo 7º da Constituição Federal, a administradores e autônomos.
>
> [...]
>
> Descabe dar a uma mesma expressão – salário – utilizada pela Carta relativamente a matérias diversas, sentidos diferentes conforme os interesses em questão. [...] Considere-se que, na verdade, a lei ordinária mesclou institutos diversos ao prever a contribuição. [...] Desconheceu-se que salário e remuneração não são expressões sinônimas.[11]

Com apoio nesses fundamentos, assentei a inconstitucionalidade da exigência tendo por base de cálculo remunerações pagas a administradores e autônomos no que extrapolava o preceito constitucional materialmente limitado pela expressão "folha de salários". Consignei ser possível tal previsão, revelada nova fonte de custeio da Seguridade Social, tão somente se veiculada por lei complementar, conforme previsto no § 4º do artigo 195 da Carta de 1988. A maioria do Tribunal acompanhou-me no voto, tendo sido ressaltada a necessidade de observar o sentido estrito do termo "folha de salários" como forma de consagrar a segurança em favor dos contribuintes de se sujeitarem apenas a incidências tributárias previamente autorizadas na Carta Maior.

---

11 STF – Pleno, Recurso Extraordinário nº 166.772/RS, de minha relatoria, julgado em 12 de maio de 1994, publicado no Diário da Justiça de 16 de dezembro de 1994.

4.3. Cofins e conceito de faturamento

Uma das maiores fontes de litígio tributário, verificada após a entrada em vigor da Carta de 1988, tem sido a disciplina infraconstitucional da base de cálculo da Cofins, assim como havia sido com o tributo que lhe antecedeu – o Finsocial. A controvérsia esteve sempre presente considerada a amplitude conceitual da grandeza econômica tributável buscada por diferentes leis federais ante a leitura técnica e estrita da expressão "faturamento" constante do artigo 195, inciso I, da Constituição, estabelecida como limite material da regência da contribuição.

Inicialmente, no Recurso Extraordinário nº 150.755/PE, relator ministro Carlos Velloso, acórdão redigido pelo ministro Sepúlveda Pertence, o Tribunal assentou a constitucionalidade da contribuição ao Finsocial, exigida das empresas exclusivamente prestadoras de serviços, desde que a expressão "receita bruta", contida no artigo 28 da Lei nº 7.738, de 1989, como base de cálculo do tributo, fosse interpretada de modo a compatibilizá-la com a "noção corrente de faturamento", qual seja, a de "receita bruta de venda de mercadorias, de serviços e de mercadorias e serviços", que teria sido a encampada pelo constituinte no artigo 195, inciso I, da Carta. No caso concreto, estava envolvida exclusivamente a receita de venda de serviços.[12]

Essa orientação foi confirmada no julgamento da Ação Declaratória de Constitucionalidade nº 1/DF,[13] relator ministro Moreira Alves, ocasião em que o Supremo declarou a constitucionalidade da Lei Complementar nº 70, de 1991, que havia criado a Cofins para suceder o Finsocial e estabelecido, expressamente, como base de cálculo da contribuição, "o faturamento mensal, assim considerado a receita bruta das vendas de mercadorias, de mercadorias e serviços e de serviço de qualquer natureza". Posteriormente, no ano de 1998, por meio da Lei nº 9.718, o legislador tributário ampliou a base de incidência ao determinar, no § 1º do artigo 3º da aludida lei, que faturamento equiparava-se à receita bruta compreendida como "a totalidade das receitas auferidas pela pessoa jurídica, sendo irrelevantes o tipo de atividade por ela exercida e a classificação contábil adotada para as receitas". Faturamento, segundo o novo conceito legal, não mais se restringia à "receita bruta de venda de mercadorias, de serviços e de mercadorias e serviços", mas revelava toda e qualquer receita auferida.

---

12 STF – Pleno, RE 150.755/PE, Rel. Min. Carlos Velloso, acórdão redigido pelo Min. Sepúlveda Pertence, j. 18/11/1992, DJ 20/8/1993.

13 STF – Pleno, ADC 1/DF, Rel. Min. Moreira Alves, j. 1º/12/1993, DJ 16/16/1995.

A disciplina foi impugnada como inconstitucional, haja vista ter sido publicada a aludida Lei nº 9.718 em 28 de novembro de 1998, ainda sob a vigência da redação original do artigo 195, inciso I, da Carta, o qual previa pura e simplesmente o "faturamento" como grandeza econômica a suportar o tributo. Apenas em 16 de dezembro de 1998, veio à balha a Emenda Constitucional nº 20, que, entre outros, alterou o mencionado inciso I para ampliar a base de incidência ao estabelecer a possibilidade de a contribuição recair em "receita ou faturamento".[14] Novamente, incumbia ao Supremo elucidar se a lei ordinária poderia ter ampliado o conceito de faturamento previamente adotado pelo constituinte, cujo sentido, conforme as apontadas decisões do Tribunal, era restrito à receita bruta decorrente de venda de mercadorias e serviços. Havia mais: seria necessário definir se emenda constitucional superveniente, no caso, a de nº 20, poderia tornar válido o que supostamente teria nascido inconstitucional.

Nos Recursos Extraordinários nº 390.840/MG, nº 357.950/RS, nº 358.273/RS, todos de minha relatoria, e nº 346.084/PR, relator ministro Ilmar Galvão, acórdão por mim redigido,[15] o Supremo proclamou a inconstitucionalidade do mencionado § 1º do artigo 3º da Lei nº 9.718, de 1998, afastando a base de incidência da Cofins nele prevista. Consignou a impossibilidade de validação superveniente pela Emenda Constitucional nº 20, de 1998, assentando a inconstitucionalidade originária insuperável da norma impugnada. Uma vez mais, fiz ver a inviabilidade de a lei tributária alterar a definição, o conteúdo e o alcance de consagrados institutos, conceitos e formas de direito privado utilizados expressa ou implicitamente na Carta para distribuição das competências tributárias, consoante dispõe a norma pedagógica do artigo 110 do Código Tributário Nacional.

No caso, tal requisito normativo não havia sido observado ante a jurisprudência consolidada do Supremo, considerada a redação do artigo 195, inciso I, da Carta, anterior à referida Emenda Constitucional nº 20, no sentido de tomar as expressões receita bruta e faturamento como sinônimas tão

---

[14] Redação do artigo 195, inciso I, após a Emenda Constitucional nº 20/98:

Art. 195 – [...]

I – do empregador, da empresa e da entidade a ela equiparada na forma da lei, incidentes sobre:

a) a folha de salários e demais rendimentos do trabalho pagos ou creditados, a qualquer título, à pessoa física que lhe preste serviço, mesmo sem vínculo empregatício;

b) a receita ou o faturamento;

c) o lucro;

[15] Julgados em 9 de novembro de 2005, acórdãos publicados em 15 de agosto de 2006.

somente se jungidas à venda de mercadorias, de serviços ou de mercadorias e serviços. Criticando a prática legislativa atacada, asseverei:

> O passo mostrou-se demasiadamente largo, olvidando-se, por completo, não só a Lei Fundamental como também a interpretação desta já proclamada pelo Supremo Tribunal Federal. Fez-se incluir no conceito de receita bruta todo e qualquer aporte contabilizado pela empresa, pouco importando a origem, em si, e a classificação que deva ser levada em conta sob o ângulo contábil.
>
> [...]
>
> A hierarquia das fontes legais, a rigidez da Carta, a revela-la documento supremo, conduz à necessidade de as leis hierarquicamente inferiores observarem-na, sob pena de transmudá-la, com nefasta inversão de valores.

O conjunto de decisões revela estar o Supremo atento, quando da interpretação estrita das normas de competência tributária e do exame rígido de compatibilidade das leis com estas, às decisões soberanas do constituinte na matéria, garantindo que prevaleça o autoconsentimento constitucional do povo quanto à tributação, assim como a segurança dos contribuintes em apenas serem alcançados por exigências tributárias previamente autorizadas no Texto Constitucional.

5. PRINCÍPIOS CONSTITUCIONAIS TRIBUTÁRIOS

Os princípios constitucionais são normas com pretensão de assegurar valores prestigiados pela sociedade como liberdade, igualdade, justiça e solidariedade.[16] São positivados na Constituição para alcançarem esses fins. Daí serem, na dicção de Humberto Ávila, "normas imediatamente finalísticas", "para cuja aplicação demandam uma avaliação da correlação entre o estado de coisas a ser promovido e os efeitos decorrentes da conduta havida como necessária à sua promoção".[17] Ante tais caraterísticas, tem-se a necessidade de interpretar os princípios constitucionais e, particularmente, os tributários, sob a óptica teleológica, ou seja, levando em conta as finalidades visadas

[16] TORRES, Ricardo Lobo. *Tratado de Direito Constitucional Financeiro e Tributário*. Valores e Princípios Constitucionais Tributários. Volume II. 1ª ed. Rio de Janeiro: Renovar, 2005, p. 273: "os valores se concretizam em princípios"

[17] ÁVILA, Humberto. *Teoria dos Princípios*. Da definição à aplicação dos princípios jurídicos. 5ª ed. São Paulo: Malheiros, 2006, p. 167.

pelo constituinte e com o propósito de torná-las realidade concreta. O Supremo tem oscilado quanto a tal prática hermenêutica e não cumprido, em momentos importantes, a função de realizar, no plano da vida, os valores positivados como princípios constitucionais tributários.

5.1. Anterioridade tributária

A anterioridade tributária é expressão do valor liberdade na medida em que consubstancia manifestação do sobreprincípio da segurança jurídica, um dos pilares do Estado de Direito. Ao aplicar o aludido princípio tributário, o Supremo deve zelar pela estabilidade das normas no tempo, assegurando a calculabilidade ou previsibilidade do Direito Tributário a impedir "surpresas danosas" à confiança legítima dos contribuintes.[18] A interpretação dos artigos 150, inciso III, alíneas "b" e "c", e 195, § 6º, da Carta, presentes as anterioridades geral e nonagesimal, deve fazer-se voltada a esse fim, revelado controle efetivo das alterações legislativas tributárias em favor da liberdade e segurança dos contribuintes.

O Tribunal opôs o princípio ao constituinte derivado, dando-lhe a dimensão de cláusula pétrea. Na Ação Direta de Inconstitucionalidade nº 939/DF, relator ministro Sydney Sanches, julgou inconstitucional a Emenda Constitucional nº 3, de 1993, na parte em que instituiu o Imposto Provisório sobre Movimentação Financeira – IPMF e acabou por olvidar a exigência de observar-se a anterioridade geral, ao permitir a cobrança imediata do imposto. A maioria dos Ministros entendeu a anterioridade tributária como núcleo essencial da segurança jurídica, a impedir o constituinte derivado de retirar do contribuinte a garantia de não ser cobrado imposto novo ou majorado no mesmo ano de publicação da norma de criação ou aumento, salvo as exceções originárias previstas no Diploma de 1988.[19]

Destacando que os direitos e garantias fundamentais se encontram em outras normas constitucionais além do rol do artigo 5º, asseverei que a anterioridade é garantia cujas exceções foram postas de forma taxativa pelo constituinte originário, de modo que a redução do alcance do princípio implicava violação ao artigo 60, § 4º, da Carta Federal, ou seja, transgressão de cláusula pétrea. Esse julgamento ocorreu em 1993 e jamais me desviei

---

[18] Sobre esses elementos da segurança jurídica, cf. ÁVILA, Humberto. *Segurança Jurídica*. Entre permanência, mudança e realização no Direito Tributário. São Paulo: Malheiros, 2011.

[19] STF – Pleno, Ação Direta de Inconstitucionalidade nº 939/DF, relator ministro Sydney Sanches, julgada em 15 de dezembro de 1993, Diário da Justiça de 18 de março de 1994.

desse sentido maior da anterioridade tributária como expressão particular da segurança jurídica. Interpretando, teleologicamente, a norma com essa extensão, ao votar na Medida Cautelar na Ação Direta de Inconstitucionalidade nº 2.325/DF, de minha relatoria, vinculei à anterioridade tributária modificação legal que promoveu majoração indireta de imposto mediante a suspensão por prazo certo e determinado de uso de créditos, até então plenamente permitidos, para apuração final do Imposto sobre a Circulação de Mercadorias e Serviços - ICMS, sendo acompanhado por unanimidade no Plenário.[20]

Seguindo essa orientação, tenho insistentemente me oposto, por enquanto vencido no Colegiado, à aplicação imediata de leis que "prorrogaram" a cobrança de tributo criado para ser provisório - refiro-me à CPMF[21] e à alíquota majorada de imposto antes estabelecida por prazo determinado, como ocorreu com o ICMS do Estado de São Paulo.[22] Em relação a esse último caso, envolvendo jogo de palavras do legislador de São Paulo tentando caracterizar como "prorrogação" o que, na verdade, foi comando de última hora para mudar prazo certo e determinado de vigência de tributo majorado, fiz ver:

> O que houve na espécie - e não desconheço o artigo 150, inciso III, alínea "c", da Constituição Federal, que alude, explicitamente, à instituição e aumento de tributo? Antes de 31 de dezembro de 2005, existia diploma legal editado para viger por tempo determinado, evidentemente os contribuintes estavam convictos que, ao término, não se teria o acréscimo alusivo ao tributo. Por isso é que não é dado falar em prorrogação. O que ocorreu na espécie, atraindo incidência do preceito tal como se contém - e tendo a interpretá-lo de forma teleológica, perquirindo, no caso, o objetivo da norma, que é o de evitar solavancos, surpresas na vida gregária -, foi verdadeira criação, a instituição do tributo, e não a simples prorrogação.
>
> [...]

20 STF – Pleno, Medida Cautelar na Ação Direta de Inconstitucionalidade nº 2.325/DF, de minha relatoria, julgada em 23 de setembro de 2004, Diário da Justiça de 6 de outubro de 2006.

21 STF – Pleno, Recurso Extraordinário nº 566.032/RS, relator ministro Gilmar Mendes, julgado em 25 de junho de 2009, Diário da Justiça de 23 de outubro de 2009.

22 STF – Pleno, Recurso Extraordinário nº 584.100/SP, relatora ministra Ellen Gracie, julgado em 25 de novembro de 2009, Diário da Justiça de 5 de fevereiro de 2010.

> Criação – instituição portanto – do mesmo tributo, sem se ter presente a anterioridade nonagesimal da alínea "c" do inciso III do artigo 150, porque isso ocorreu ao apagar das luzes do ano de 2005.

Penso que o Supremo, nesses últimos casos, não manteve a abordagem finalística própria do princípio, consagrada nas Ações Diretas de Inconstitucionalidade nº 939/DF e nº 2.325/DF, falhando em assegurar, plenamente, a liberdade e a segurança dos contribuintes em face da imprevisibilidade típica dos executivos e legisladores pátrios, sempre ávidos em elevar, a qualquer custo, a arrecadação tributária.

5.2. Princípio da Capacidade Contributiva

A capacidade contributiva é o mais importante princípio estruturante do Sistema Constitucional Tributário. Desenvolvido, desde Adam Smith, pela Ciência das Finanças,[23] foi positivado em importantes constituições democráticas, como a italiana (artigo 53) e a espanhola (artigo 31.1), e ganhou desenvolvimento jurisprudencial a partir do princípio da igualdade em países como a Alemanha e Portugal.[24] Limite à imposição fiscal, revela direito fundamental à tributação justa – aquela baseada em critérios de justiça e igualdade, na tributação exclusiva de fatos que denotem riqueza, na progressividade, na generalidade com observância da imunidade do mínimo existencial e na mais completa vedação de privilégios odiosos.

Essas foram, sem dúvida, as finalidades que nortearam o constituinte quando da previsão do princípio na Carta de 1988 – artigo 145, § 1º. Cumpre ao Supremo interpretá-lo de modo a alcançá-las, conformando, na medida do possível, o Sistema Tributário Nacional ao ideal de justiça material e igualdade, de respeito ao direito de propriedade e à liberdade de exercício de profissões e de atividades econômicas, sem impedir que sejam concretizadas políticas redistributivas. No entanto, como demonstram casos paradigmáticos, penso não estar o Tribunal realizando tal tarefa.

---

23 WAGNER, Adolfo. *La Scienza delle Finanze*. Torino: UTET, 1891, pp. 882/947; LEROY-BEAULIEU. *Trattato di Scienza delle Finanze*. Torino: UTET, 1906, pp. 223/305; RICCA SALERMO, Giuseppe. *Scienza delle Finanze*. Firenze: G. Barbèra, 1890, pp. 40/83; SHIRRAS, G. Findlay. *The Scienze of Public Finance*. Londres: Macmillam & Co., 1924, pp. 121/149.

24 Sobre o princípio no Direito Comparado, cf. UCKMAR, Victor. *Principi comuni di diritto costituzionale tributario*. 2ª ed. Padova: CEDAM, 1999.

No Recurso Extraordinário nº 586.482/RS, relator ministro Dias Toffoli, o Supremo enfrentou o tema da incidência ou não da Cofins e da contribuição ao PIS sobre as vendas inadimplidas.[25] O recorrente buscou ver excluídos da base de cálculo das contribuições valores alusivos a vendas a prazo inadimplidas. Alegou, entre outros, a violação ao princípio da capacidade contributiva ante a ausência de exteriorização de riqueza em virtude do não recebimento do preço pactuado. Aduziu não haver substrato econômico a autorizar a tributação.

A partir de motivos exclusivamente formais, vinculados ao regime de apuração dos tributos e ao aspecto temporal dos fatos geradores correspondentes, a maioria do Tribunal manteve a exigência das contribuições mesmo em face de receitas não auferidas. Votei vencido, na companhia do ministro Celso de Mello, lembrando ser o princípio da capacidade contributiva extensivo às contribuições. Asseverei derivar desse princípio a ideia de que a incidência tributária pressupõe "vantagem, aporte de riqueza". Citando Alfredo Augusto Becker, apontei que a simples potencialidade de ingresso de receitas não pode fundamentar a capacidade contributiva, não sendo justo o contribuinte, o qual já está a arcar com o prejuízo do inadimplemento, ter que recolher tributo sobre ingressos que não ocorreram.

Poucos meses antes do julgamento acima, o Tribunal havia apreciado recurso, de minha relatoria, envolvendo tema ainda mais relevante a desafiar a concretização do princípio da capacidade contributiva.[26] Tratou-se de questionamento acerca da possibilidade de o Supremo, ante a omissão do legislador, determinar a correção monetária das tabelas de Imposto de Renda e das correspondentes faixas de isenção e dedução do imposto. A atualização monetária desses valores havia sido extinta com a Lei nº 9.250, de 1995, sendo arguida a ofensa ao princípio da capacidade contributiva.

Levando em conta os efeitos nefastos da inflação sobre o poder aquisitivo dos contribuintes e a disponibilidade de renda para oferecimento à tributação, consignei ter a ausência de atualização monetária implicado a inobservância da exigência do imposto segundo a capacidade econômica do contribuinte, "chegando-se, por via oblíqua, à majoração do tributo com desprezo ao figurino que lhe é próprio". Revelei o pior: a inércia atacada fez com que o imposto alcançasse "os menos afortunados", aqueles carentes de

[25] STF – Pleno, Recurso Extraordinário nº 586.482/RS, relator ministro Dias Toffoli, julgado em 23 de novembro de 2011, Diário da Justiça de 19 de junho de 2012.

[26] STF – Pleno, Recurso Extraordinário nº 388.312/MG, relatora ministra Cármen Lúcia, julgado em 1º de agosto de 2011, Diário da Justiça de 11 de outubro de 2011.

capacidade contributiva, deslocando-os da situação de isenção e de proteção do mínimo existencial para a de subordinação ao tributo sem que se verificasse real acréscimo de renda ou de poder aquisitivo, piorando ainda mais a débil distribuição de riqueza.

Fui voto isolado, tendo a sempre ilustrada maioria assentado, na linha desenvolvida pela ministra Cármen Lúcia, a impossibilidade de o Supremo substituir-se ao legislador e autorizar a correção monetária da tabela progressiva do imposto, apesar do silêncio legislativo que tornou a Carta, quanto ao princípio da capacidade contributiva, "um documento lírico".

Acredito que essas decisões não têm viabilizado que o princípio cumpra a finalidade essencial de atuar como norma fundamental de justiça tributária. Presente quando exteriorizada riqueza, a capacidade contributiva pode ser compreendida como justificativa da própria tributação, do dever fundamental de contribuição. No entanto, é, ao mesmo tempo, medida dos tributos, garantia de liberdade enquanto limite da imposição e exigência de imunidade do mínimo existencial. Para alcançar esses últimos propósitos, a interpretação teleológica do princípio precisa ser reforçada pelo Tribunal.

6. IMUNIDADES TRIBUTÁRIAS

Segundo a melhor doutrina de José Souto Maior Borges, as imunidades servem a "assegurar certos princípios fundamentais ao regime, a incolumidade de valores éticos e culturais consagrados pelo ordenamento constitucional positivo e que se pretende manter livres das interferências ou perturbações da tributação".[27] Não atuam, todavia, isoladamente. As regras de imunidade devem ser vistas como elementos de um sistema harmônico e integrado de normas e propósitos constitucionais. Assim, cabe interpretá-las em função do papel que cumprem em favor dos valores prestigiados por esse sistema e das demais normas que o compõem.

Os precedentes do Supremo relativos às imunidades das alíneas "a", "b" e "d" do inciso VI do artigo 150 da Carta, adiante abordados, têm deixado clara a atenção do Tribunal com as funções políticas e sociais dessas normas, revelando-se prática de interpretação teleológica para a solução das controvérsias surgidas e buscando-se sempre a melhor realização dos valores protegidos. É de se ressaltar, porém, a necessidade de essas interpretações não se descuidarem da harmonia sistêmica.

---

27 BORGES, José Souto Maior. *Teoria Geral da Isenção Tributária*. 3ª ed. São Paulo: Malheiros, 2011, p. 221.

6.1. O alcance da imunidade recíproca às empresas públicas

A imunidade recíproca, versada na alínea "a" do mencionado preceito constitucional, tem em vista a relevância do princípio federativo e da isonomia entre os entes políticos – artigo 1º, cabeça, da Carta. O dispositivo proíbe União, estados, Distrito Federal e municípios de instituírem impostos sobre o patrimônio, a renda e os serviços uns dos outros, com o propósito, consoante Roque Carrazza, de evitar que determinada pessoa política impeça outra de cumprir objetivos institucionais em razão de dificuldades econômicas geradas pela incidência de impostos. Se não existisse a regra de imunidade, diz o tributarista, poderia haver um estado de sujeição em vez de isonomia entre os entes federados.[28]

Pautado nesse propósito nuclear, o Supremo tem interpretado amplamente os parágrafos 2º e 3º do artigo 150 da Carta, vindo a maioria do Pleno a assegurar, no Recurso Extraordinário nº 601.392/PR, o alcance da imunidade recíproca inclusive a empresa pública, no caso, os Correios, que realize atividades, simultaneamente, em regime de exclusividade e de concorrência.[29]

Manifestei-me contrariamente à extensão da imunidade, assim como os ministros Joaquim Barbosa, Luiz Fux, Cármen Lúcia e Cezar Peluso, ante a vedação constitucional de tratamento diferenciado em comparação às empresas do setor privado, considerados os princípios da livre iniciativa e da livre concorrência – artigo 173, § 2º, do Diploma Maior. Não se trata de negar validade ao método teleológico à matéria, mas de conjugá-lo ao elemento sistemático. A interpretação finalística da imunidade deve buscar a orientação valorativa na própria Constituição, presente o conjunto normativo e axiológico.

Assim, a atividade interpretativa de cada imunidade em particular, sob pena de transgressão à própria Carta, não pode ser estrita a ponto de inviabilizar que o objetivo protecionista seja satisfeito, nem tão ampla de modo a promover privilégios odiosos e desmedidos em detrimento de outros bens e valores, olvidando-se a Carta como um todo. A interpretação dever ser teleológica e sistematicamente adequada, de maneira que a norma de

28 CARRAZZA, Roque Antonio. *Curso de Direito Constitucional Tributário*. 26ª ed. São Paulo: Malheiros, 2010, p. 761-762.

29 STF – Pleno, Recurso Extraordinário nº 601.392/PR, relator ministro Joaquim Barbosa, acórdão redigido pelo ministro Gilmar Mendes, julgado em 28 de fevereiro de 2013, Diário da Justiça de 5 de junho de 2013.

imunidade alcance o máximo de efetividade em harmonia com os demais valores de nosso sistema constitucional.

6.2. Imunidade dos templos de qualquer culto

A imunidade prevista na alínea "b" do artigo 150, inciso VI, da Constituição, que faz referência aos "templos de qualquer culto", objetiva assegurar e estimular a liberdade de crença e a prática de cultos religiosos, direitos fundamentais consagrados expressamente pela Carta de 1988 no artigo 5º, inciso VI. O Diploma Maior busca impedir obstáculos de ordem econômico-financeira ao exercício dessas liberdades fundamentais. Considerado esse propósito e afastada a interpretação literal, deve ser implementada aplicação do preceito voltada a proteger da imposição fiscal quaisquer bens e serviços vinculados às atividades essenciais das entidades religiosas.

O Supremo tem adotado essa perspectiva na interpretação do § 4º do artigo 150 da Carta, assentando que a imunidade não se restringe aos imóveis destinados especificamente ao exercício do culto, mas a todo patrimônio, renda e serviços vinculados, ainda que indiretamente e de forma complementar, voltados à manutenção das entidades religiosas. O Pleno assim decidiu no Recurso Extraordinário nº 325.822/SP, relator ministro Ilmar Galvão, acórdão redigido pelo ministro Gilmar Mendes, julgado em 18 de dezembro de 2002.

Controvérsia mais complexa surgiu quando da definição sobre o alcance da imunidade à exploração de cemitério por entidade religiosa e assistencial. Há de se ressaltar ser tal atividade passível de desenvolvimento por particular com finalidade lucrativa.[30] No Recurso Extraordinário nº 578.562/BA,[31] relator ministro Eros Grau, o Tribunal, por unanimidade, reconheceu a imunidade sob o argumento, conforme consta da ementa do acórdão, de os cemitérios consubstanciarem extensões de entidades religiosas, considerados locais de culto religioso, e os serviços fúnebres, religiosos.

---

[30] Há, inclusive, recurso pendente de exame definitivo no qual pessoa natural busca imunidade tributária relativa ao IPTU no tocante à área explorada comercialmente como cemitério. Constam cinco votos, inclusive o meu, em sentido contrário à pretensão, e um favorável, do ministro Carlos Britto, tendo o ministro Celso de Mello pedido vista: STF – Pleno, Recurso Extraordinário nº 544.815/SP, relator ministro Joaquim Barbosa, julgamento iniciado em 21 de maio de 2008. Consignei, no caso, a impossibilidade da imunidade ante a circunstância de o requerente atuar no campo econômico, com claro propósito lucrativo.

[31] STF – Pleno, Recurso Extraordinário nº 578.562/BA, relator ministro Eros Grau, julgado em 21 de maio de 2008, Diário da Justiça de 12 de setembro de 2008.

Não discrepei dessa orientação, mas, fiel à necessidade de harmonizar finalidade e sistema, também destaquei, como havia feito o relator, a circunstância de estar presente instituição sem fins lucrativos. Consignei:

> Interpreto os preceitos contidos nos artigo 150 da Constituição Federal de forma sistemática, teleológica. Não chego a afirmar que todo e qualquer cemitério está equiparado a templo de qualquer culto. Não. Disse bem o relator que o caso tem peculiaridades e, a meu ver, essas peculiaridades permitem a mesclagem da alínea "b" e da alínea "c" do inciso VI do artigo 150 da Constituição Federal. Refiro-me, quanto a esta última alínea, às entidades de assistência social-gênero. E vejo, no caso, uma sociedade que diga respeito a um cemitério, sem fins lucrativos e também que atenda aos demais requisitos da lei, como entidade de assistência social.

No Recurso Extraordinário nº 562.351/RS,[32] relatado pelo ministro Ricardo Lewandowski no Plenário, envolvido o alcance do termo "templos de qualquer culto" às lojas maçônicas, defendi ser equivocada a premissa fixada pelo relator, acompanhada pela ilustrada maioria, no sentido de as imunidades deverem sofrer "interpretação restritiva". Apontei ser cabível a metodologia apenas em controvérsias a versar isenção, favores fiscais do Estado, e não às imunidades tributárias, por decorrerem "diretamente das liberdades". Asseverei que negar à maçonaria o abrigo da mencionada alínea "b" do inciso VI do artigo 150 implicaria redução teleológica da norma, incompatível até mesmo com a expressão literal considerado o figurino constitucional. No mais, sob a óptica teleológica e sistemática, afirmei que tal conclusão consistiria em violação ao sistema de liberdades da Carta, formulado pelo constituinte calcado no pluralismo, a impedir o Poder Judiciário de adotar uma definição ortodoxa de religião a excluir a maçonaria. Incumbiria ao Tribunal reconhecer os "inequívocos elementos de religiosidade na prática maçônica", a natureza de culto quanto aos "rituais de elevação espiritual" pelos maçons praticados, inequivocamente "dentro do escopo protetivo da Constituição de 1988". Fui voto vencido, isolado.

As imunidades tributárias visam proteger liberdades fundamentais, como, no caso, a religiosa. No entanto, excluindo-se, em um sistema

---

32 STF – Pleno, Recurso Extraordinário nº 562.351/RS, relator ministro Ricardo Lewandowski, julgado em 4 de setembro de 2012, Diário da Justiça de 14 de dezembro de 2012.

marcado pela generalidade e universalidade da tributação, certas pessoas do alcance do ônus fiscal, faz-se necessário o cuidado de evitar que a consagração da liberdade de uns se dê em detrimento da liberdade de outros, criando-se uma estrutura tributária desigual, na qual certos privilégios acabam por implicar máculas à livre iniciativa e à concorrência. Harmonizar tributação e liberdade, nessas situações, requer o equilíbrio adequado entre os elementos teleológico e sistemático da interpretação constitucional contemporânea.

6.3. A imunidade dos livros, jornais e periódicos e o possível alcance aos chamados "livros eletrônicos"

A imunidade estabelecida na alínea "d" do inciso VI do artigo 150 da Carta, considerados os livros, jornais e periódicos e o papel destinado à impressão destes, visa promover a educação, garantir o princípio da liberdade de manifestação do pensamento e da expressão da atividade intelectual, artística, científica e de comunicação, facilitando e estimulando a circulação de ideias, o direito de informar e de ser informado e a própria liberdade de imprensa. Ante esses propósitos, a imunidade se apresenta como essencial ao próprio desenvolvimento da democracia e da cidadania participativa e reivindicatória, além da cultura.

Trata-se de imunidade de inegável relevância político-democrática. A definição interpretativa do alcance dessa norma constitucional deve guardar relação mais do que íntima com a compreensão das funções políticas e sociais que a imunidade cumpre em favor da difusão das ideias, da educação, da cultura, da democracia e da cidadania. São esses os propósitos que o Supremo há de ter em conta quando da solução de controvérsias tributárias envolvendo a presente imunidade.

Em breve, nos Recursos Extraordinários nº 595.676/RJ, de minha relatoria, e nº 330.817/RJ, relator ministro Dias Toffoli, o Supremo irá dirimir, sob o ângulo da repercussão geral, conflito dos mais contemporâneos: o alcance ou não dessa imunidade no comércio de bens e materiais eletrônicos – incluídos os chamados "livros eletrônicos" – que funcionam didática e informativamente em auxílio aos ou no lugar dos livros e periódicos impressos em papel. As questões postas são: apenas os meios tradicionais de ensino e informação gozam da imunidade ou os componentes e dispositivos eletrônicos, quando desempenham papel didático e informativo complementar ou substitutivo, também são abrangidos pela norma constitucional? Os limites semânticos do dispositivo constitucional devem ser ampliados para que a imunidade cumpra efetivamente os fins a que se destina considerada a flagrante evolução tecnológica nos campos da informação e da educação? Ausente manifestação do constituinte derivado, pode o Supremo fazer evoluir os significados da Carta de modo a compatibilizar a aludida imunidade ao estágio contemporâneo da revolução digital?

De um lado, a interpretação literal, mais direta e imediata do enunciado constitucional, favorece, de início, o alcance restrito da regra de imunidade, excluídos da abrangência os ditos elementos eletrônicos. De outro, a interpretação sistêmico-teleológica do dispositivo aponta em sentido diverso, no da conclusão pela imunidade quanto aos mecanismos eletrônicos que veiculem informações e conteúdos didáticos juntos ou em substituição aos livros e periódicos impressos. As técnicas e métodos de interpretação explorados neste artigo serão decisivos para a solução de conflito que, de tão relevante, representará mais do que mera controvérsia tributária, revelará momento no qual o Supremo julgará o próprio limite do papel que pode cumprir como agente de modernização da Carta ante a inevitabilidade do avanço dos fatos e da vida.

7. CONCLUSÃO

A democracia é um bem em si mesmo, regime político no qual prevalece o argumento do autogoverno – a ideia de autodeterminação coletiva como condição de uma sociedade livre. A liberdade é condição da democracia – onde não houver liberdade, imperará o arbítrio, antítese da ideia de Estado Democrático de Direito. Nas democracias modernas, de um lado, o governo é exercido por meio de representantes políticos em função de uma necessidade prática de delegação desse poder em nome dos representados (democracia representativa). De outro, o próprio sistema político deve limitar o poder delegado a esses representantes, de forma a impedir que o governo se torne tirânico. Essa é a síntese dialética entre democracia e constitucionalismo.

Em se tratando da atividade tributária do Estado brasileiro, essas balizas foram impostas na Constituição por meio da delimitação das competências tributárias e do estabelecimento de princípios e de imunidades tributárias. Assegurar o equilíbrio entre Tributação, Democracia e Liberdade requer do juiz constitucional preocupação com esses elementos estruturais do Sistema Constitucional Tributário, tarefa que, segundo exposto neste artigo, deve ser realizada pelo Supremo por meio da interpretação atenta à necessidade de variar e harmonizar os métodos hermenêuticos conforme a natureza da norma constitucional envolvida e do conflito correspondente. Consoante minha óptica, o Tribunal já deu passos importantes nesse sentido, mas ainda é preciso evoluir bastante na defesa da democracia e das liberdades fundamentais contra um Estado – sócio despreocupado com os riscos do negócio – sempre em busca de arrecadar mais e mais.

22

QUESTÕES JURÍDICAS NA ERA DIGITAL – O SUPREMO E A CONTROVERTIDA IMUNIDADE TRIBUTÁRIA DO "LIVRO ELETRÔNICO"

1. INTRODUÇÃO

Que papel deve ser desempenhado pelo juiz constitucional do século XXI? Essa é a questão de fundo a ser respondida, segundo sugere o título da coletânea de estudos e artigos – "O Juiz Constitucional: Estado e Poder no Século XXI" – elaborada, no âmbito do Programa de Pós-Graduação da Faculdade de Direito da Universidade de São Paulo – USP, para homenagear o ministro Ricardo Lewandowski, Presidente do Supremo Tribunal Federal. Não poderia revelar-se maior a pertinência temática, considerado o homenageado, o qual personifica a figura do juiz que pensa o Estado, o Poder, as instituições sob a óptica do constitucionalismo contemporâneo.

O juiz constitucional do século XXI enfrenta as grandes questões morais, políticas e sociais do tempo em que vive. Desafios no campo da bioética, a envolver o aborto, a clonagem, a fertilização *in vitro*, a eutanásia, as pesquisas com célula tronco; na seara do reconhecimento das opções sexuais, da transexualidade e do direito à identidade própria; em matéria ambiental; em temas relacionados aos processos eleitorais e o dever moral de implementar uma democracia inclusiva, entre outros. A solução de casos dessa natureza exige a atuação moderna e modernizante do juiz constitucional. Requer interpretação construtiva a revelar normas jurídicas dentro dos marcos textuais da Carta da República.

Dificuldades também surgem ante as rápidas e radicais transformações das circunstâncias sobre as quais as leis e a Constituição devem ser aplicadas, resultantes da revolução tecnológica em andamento e cujos limites ninguém pode imaginar. Nesses casos, em que a passagem do tempo traz mudanças extraordinárias e, para muitos, até incompreensíveis, ao juiz constitucional cabe adaptar-se e, ao mesmo tempo, adaptar o material normativo que se lhe apresenta, visando encontrar as soluções mais justas. O juiz constitucional do século XXI há de saber dialogar com essas novas ferramentas, sob pena de aproximar-se, sim, de um juiz do século XX, do começo do século XX.

Abordo, neste artigo, um dos temas mais complexos, controvertidos e importantes – ficando na interseção entre as áreas do Direito Tributário, Constitucional e a aludida "Revolução Digital" – em discussão no Supremo Tribunal Federal: a vigência, ou não, da imunidade tributária do denominado "livro eletrônico". Cuida-se de definir se consta, na Carta de 1988, delimitação negativa, por meio de regra de imunidade, do exercício de competência tributária sobre a produção e a comercialização dos livros digitais e congêneres, presente preocupação voltada a bens fundamentais de nosso sistema constitucional: a proteção à liberdade de manifestação do pensamento, o acesso às informações e a promoção da cultura e da educação.

A matéria é versada em dois recursos extraordinários pendentes de apreciação definitiva, sob o ângulo da repercussão geral, no Supremo: o de nº 595.676/RJ, de minha relatoria, a veicular questão mais restrita, mas cujas premissas são as mesmas do litígio relativo ao "livro eletrônico", e o de nº 330.817/RJ, relator ministro Dias Toffoli, específico quanto ao "livro eletrônico". Este texto reproduz o voto que proferi, como relator, no julgamento do primeiro processo e terá a estrutura a seguir delineada: no tópico (1), descrevo o ambiente em que travado o debate relativo ao tema, no (2), menciono as balizas jurídicas da controvérsia. No (3), aponto a correlação entre a realidade digital contemporânea e os meios de ensino e informação. No (4), trato das funções políticas e sociais das imunidades tributárias previstas nas alíneas "a", "b", "c" e "e" do artigo 150, inciso VI, da Carta, segundo os precedentes do Supremo. No (5), discorro sobre essas funções e julgados em relação à imunidade preconizada na alínea "d" do aludido preceito constitucional. Então, com base nas premissas fixadas, no (6), demonstro minha óptica a respeito do alcance da imunidade ao "livro eletrônico", propósito central deste estudo. Ao final, no (7), lanço as conclusões.

2. O "AMBIENTE" DO DEBATE

Diante das controvérsias legais próprias da chamada era digital, os juízes e tribunais, mais do que resolver problemas de ordem jurídica, devem enfrentar desafios promovidos pela modernidade, pelas alterações cada vez mais rápidas e profundas decorrentes do avanço da tecnologia. Como consequência direta dessa evolução, mudam a sociedade e os comportamentos humanos. O Direito, a Constituição e o Supremo Tribunal Federal, como "guarda da Carta", não podem ficar alheios às transformações, sob pena de assistirem passivamente à inocuidade das normas constitucionais ante o avanço dos fatos.

O Direito sofre influência dessa realidade, à qual deve se ajustar e, a um só tempo, conformá-la. A relação é de reciprocidade, ainda que assimétrica, a depender da matéria e dos valores em jogo. Nesse sentido se fala da necessidade, e é o que enfrentamos, de uma "reflexão sobre a evolução do Direito para atender à sociedade digital".[1]

No século XX, a humanidade presenciou o grande avanço da informatização, principalmente depois do surgimento da rede mundial de computadores, nos anos noventa, marco da evolução digital. Com a chegada da internet às residências, novos cenários sociais, educacionais e comerciais surgiram – as pessoas nunca mais se comunicaram, buscaram o conhecimento e informações ou realizaram transações comerciais como antes. Tanto sob a óptica quantitativa como qualitativa, no século XXI, tem havido maior expansão dessas inovações. Na realidade, e sem exageros, pode-se dizer que, desde a criação do primeiro computador, nos meados da década de quarenta do século passado, a vida humana já estava fadada a ser influenciada e transformada por toda essa ascensão tecnológica.[2]

Até mesmo a política está submetida ao forte impacto desses recentes paradigmas comunicacionais. As redes sociais são um importante canal de diálogo entre os eleitores e entre esses e os candidatos, modificando em boa medida o perfil das eleições, já bastante impactadas pelo uso das urnas eletrônicas. As oportunidades de crítica aos governantes, elemento fundamental de qualquer democracia real, foram ampliadas de modo extraordinário com os blogues e as redes sociais digitais. Fala-se hoje em "democracia digital". Sem dúvida, os "movimentos populares de junho de 2013", ocorridos,

---

1 PINHEIRO, Patrícia. *Direito Digital*. 5ª ed. São Paulo: Saraiva, 2013, p. 48.

2 CARVALHO, André Castro. *Tributação de Bens Digitais*: Interpretação do art. 150, VI, d, da Constituição Federal. São Paulo: MP Editora, 2009, p. 25 e ss.

principalmente, nas grandes cidades do Brasil, não teriam sido os mesmos sem a prévia articulação virtual.

A capacidade institucional dos órgãos judiciais tem sido constantemente colocada à prova ante toda essa evolução tecnológica que resultou, conforme já consignado, em profundas mudanças sociais e comportamentais, portanto, jurídicas.[3] Novas modalidades de litígios surgem a todo tempo. Discussões envolvendo o direito à informação e a liberdade de pensamento, de um lado, e o direito à privacidade e à honra, de outro, foram verdadeiramente reinauguradas na era digital. Controvérsias relacionadas ao intrincado mundo das empresas virtuais, dos serviços e comércio eletrônicos, repercutindo a necessidade de proteção à figura do "consumidor *online*", à propriedade intelectual e aos direitos autorais presentes as novas mídias eletrônicas, aos limites comportamentais dos trabalhadores no ambiente de trabalho quanto ao acesso à internet, entre muitas outras, fazem parte do cenário judicial contemporâneo. O próprio aperfeiçoamento, no Judiciário, do processo eletrônico vem sendo um desafio.

O Direito Tributário tem, particularmente, oferecido momentos desafiadores. Não é incomum o enfrentamento, na seara das relações entre o Fisco e os contribuintes, de questões duvidosas que aparecem em função dos avanços tecnológicos de nossos dias e da necessidade de oferecer respostas no tocante à maneira correta de tributação das novas práticas envolvidas. Cabe destacar as inúmeras demandas atinentes ao uso das chamadas "notas fiscais eletrônicas" – NFe e dos mecanismos de "escrituração fiscal digital" – EFD. Paradigmáticos têm sido os conflitos federativos concernentes à titularidade de competências tributárias tanto em virtude de dúvidas acerca da caracterização de operações virtuais como prestação de serviços ou circulação de mercadorias, quanto em razão do problema da territorialidade, de todo complexo ante a forma virtual de comércio.

Esse é o contexto de transformações que deu margem ao debate relativo à chamada imunidade tributária do denominado "livro eletrônico", versada diretamente no Recurso Extraordinário nº 330.817/RJ, da relatoria do ministro Dias Toffoli, e cujos fundamentos decisivos compõem a discussão travada, sob o ângulo da repercussão geral, no Recurso Extraordinário nº 595.676/RJ, de minha relatoria. Seguem as balizas da controvérsia, assim como as premissas e razões teóricas em virtude das quais estou convencido da extensão da imunidade ao "livro eletrônico".

---

3 PINHEIRO, Patrícia. *Direito Digital*. Op. cit., p. 48.

3. AS BALIZAS DA CONTROVÉRSIA

Segundo o estabelecido no artigo 150, inciso VI, alínea "d", da Constituição Federal, é vedado à União, aos Estados, ao Distrito Federal e aos Municípios instituir impostos sobre "livros, jornais, periódicos e o papel destinado a sua impressão". Cabe definir o alcance dessa norma de imunidade tributária, encerrada no aludido dispositivo, no tocante ao comércio de "bens e materiais eletrônicos" que cumprem função didática e informativa, em auxílio ou em substituição aos livros e periódicos impressos em papel. Apenas os meios tradicionais de ensino e informação, veiculados em papel, gozam da imunidade ou os bens e componentes eletrônicos, quando desempenham função didática e informativa complementar ou autônoma, também são abrangidos pela norma constitucional? Essa é a pergunta a ser respondida pelo Supremo.

De um lado, a interpretação literal, mais direta e imediata do referido enunciado constitucional, favorece, de início, o alcance restrito da regra de imunidade, excluídos da abrangência os ditos elementos ou bens eletrônicos. De outro, a interpretação sistêmico-teleológica do dispositivo aponta em sentido diverso, na direção da conclusão de imunidade quanto aos bens e componentes eletrônicos que veiculem informações e conteúdos didáticos junto com os livros e periódicos impressos ou em substituição a esses.

O Tribunal terá de escolher um desses dois caminhos hermenêuticos para trilhar. Essa definição deve ser precedida da compreensão adequada da razão das imunidades tributárias no sistema constitucional brasileiro, especificamente a dos livros, jornais e periódicos, e da interpretação da norma do aludido artigo 150, inciso VI, alínea "d", orientada a esses objetivos e presente a citada evolução tecnológica. O Supremo não pode ignorar toda a realidade transformadora da era digital relativamente aos meios de ensino e comunicação.

4. A REALIDADE DIGITAL E OS MEIOS DE ENSINO E INFORMAÇÃO

A informática revolucionou os meios de ensino e de difusão da cultura e do pensamento. O acesso aos conteúdos didáticos e às informações mais variadas, seja em razão da rede mundial de computadores, seja graças aos CD-ROMs ou similares, foi ampliada de forma extraordinária. No chamado "ambiente virtual", a troca de informações e a aquisição de conteúdos didáticos, mormente via cópias de arquivos realizadas em sites especializados, até mesmo em periódicos das mais prestigiadas universidades do mundo, impõem o redimensionamento da compreensão tradicional acerca desses meios. O ensino e a exposição de ideias via digital tornaram-se parte essencial e construtiva da cultura moderna – diferente em estrutura, procedimento, velocidade e em pretensão de facilidade e amplitude de acesso relativo ao que existia antes. Não é algo do qual se possa ou deva escapar.

Nada disso significa abandono por completo dos livros ou das mídias impressas. Em vez de exclusão de formas, presencia-se, ao menos até a quadra atual, fenômeno de integração ou de complementação de meios. A difusão de ideias e a profusão da cultura ainda ocorrem por vias tradicionais, mas não mais apenas por elas. O invento de Gutemberg, mantendo utilidade e relevância, vem agora acompanhando e integrando os meios digitais e os elementos eletrônicos. Mostra-se impossível saber se um dia a transição completa ocorrerá.[4] Certo apenas é que, na quadra atual, em vez de extremos de modelos, vivemos momento em que, ou idênticos conteúdos didáticos e informativos são simultânea e separadamente veiculados por livros, jornais, bem como periódicos impressos e digitais, ou são divulgados mediante um conjunto integrado de elementos impressos e eletrônicos que se complementam.

Essa situação ainda não se fazia presente em 1988, quando da promulgação da Carta Federal. À época, o legislador constituinte não poderia antever tamanha evolução tecnológica. Conforme registra André Castro Carvalho, somente dez anos depois, teve início a propagação mundial dos chamados *e-books*, crescendo, a partir de então, de modo expressivo e contínuo, a utilização das ferramentas digitais na propagação do ensino e das informações em geral.[5] É estreme de dúvida, ante a variedade de usos desse processo – desde a maior capacidade de concentração de informações até a vantagem fundamental de proteção ao meio ambiente, passando pelo menor custo de aquisição –, tratar-se de avanço sem a mínima chance de retrocesso!

Daí se ter a necessidade de aperfeiçoamento interpretativo da nova e irreversível realidade digital quanto aos campos da informação, da comunicação e da educação. A interpretação necessária à solução da controvérsia versada neste texto há de ser modernizante, sem afastar-se do que preconizado na Constituição. Nesse desafio hermenêutico ao qual é lançado, o Supremo deve adentrar o tema discutido, desempenhando o papel de

---

4 RIBEIRO, Ricardo Lodi. A imunidade do livro eletrônico e o pluralismo metodológico na interpretação do art. 150, VI, d, CF. *Revista Trimestral de Direito Civil*, Vol. 46, abril/junho de 2011, p. 249.

5 CARVALHO, André Castro. *Tributação de Bens Digitais*: Interpretação do art. 150, VI, d, da Constituição Federal. Op. cit., p. 27.

intérprete contemporâneo na medida do possível. Isso significa que precisa compreender as funções políticas e sociais das imunidades tributárias e, particularmente, da relativa aos livros, jornais e periódicos, tendo em conta as transformações próprias do mundo contemporâneo e, especificamente no caso concreto, as modificações operadas pela chamada era digital.

5. AS FUNÇÕES POLÍTICAS E SOCIAIS DAS IMUNIDADES TRIBUTÁRIAS SOB A ÓPTICA DO SUPREMO

As principais imunidades do Sistema Tributário Nacional estão previstas na Seção II – Das Limitações ao Poder de Tributar – do Título VI – Da Tributação e do Orçamento –, mais precisamente no inciso VI do artigo 150 da Constituição Federal:

> Art. 150. Sem prejuízo de outras garantias asseguradas ao contribuinte, é vedado à União, aos Estados, ao Distrito Federal e aos Municípios:
>
> [...]
>
> VI - instituir impostos sobre: (Vide Emenda Constitucional nº 3, de 1993)
>
> a) patrimônio, renda ou serviços, uns dos outros;
>
> b) templos de qualquer culto;
>
> c) patrimônio, renda ou serviços dos partidos políticos, inclusive suas fundações, das entidades sindicais dos trabalhadores, das instituições de educação e de assistência social, sem fins lucrativos, atendidos os requisitos da lei;
>
> d) livros, jornais, periódicos e o papel destinado a sua impressão.
>
> e) fonogramas e videofonogramas musicais produzidos no Brasil contendo obras musicais ou literomusicais de autores brasileiros e/ou obras em geral interpretadas por artistas brasileiros bem como os suportes materiais ou arquivos digitais que os contenham, salvo na etapa de replicação industrial de mídias ópticas de leitura a laser. (Incluída pela Emenda Constitucional nº 75, de 15.10.2013)

Essas normas visam proteger valores políticos, morais, culturais e sociais essenciais, não permitindo que os entes tributem certas pessoas, bens, serviços ou situações ligadas a esses valores. Onde há regra constitucional de imunidade, não poderá haver exercício da competência tributária e isso em razão de uma seleção de motivos fundamentais.

Consoante José Souto Maior Borges, as imunidades servem a "assegurar certos princípios fundamentais ao regime, a incolumidade de valores éticos e culturais consagrados pelo ordenamento constitucional positivo e que se pretende manter livres das interferências ou perturbações da tributação".[6] Como disse Humberto Ávila, "a causa justificativa da imunidade é facilitar, por meio da exclusão de encargos tributários, a consecução de finalidades que devem ser atingidas pelo próprio Estado".[7] Nesse sentido, é também a opinião de Aires Fernandino Barreto:

> [...] o exame das situações descritas pelo constituinte, no art. 150 da C.F., como imunes à tributação por via de impostos, revela que essas situações representam valores privilegiados, protegidos, consagrados pela ordem constitucional e, de conseguinte, impõe a conclusão no sentido de que essas imunidades constituem uma forma de assegurar, de garantir a eficácia jurídica dos princípios constitucionais que consagram a proteção a tais valores.[8]

As regras de imunidade apresentam-se como elementos de um sistema harmônico e integrado de normas e propósitos constitucionais, cabendo interpretá-las em função do papel que cumprem em favor dos valores prestigiados por esse sistema. Isso se refere, especialmente, para as imunidades previstas no mencionado artigo 150, inciso VI, considerados os impostos.

Os precedentes do Supremo, no tocante às imunidades das alíneas "a", "b" e "c" do aludido inciso VI,[9] têm deixado clara a atenção do Tribunal com as funções políticas e sociais dessas normas, revelando-se prática de interpretação teleológica para a solução das controvérsias surgidas e buscando-se sempre a melhor realização dos valores protegidos. Como afirmado pelo ministro Sepúlveda Pertence, no Recurso Extraordinário nº 237.718, da relatoria de Sua Excelência, julgado em 29 de março de 2001, a linha jurisprudencial do Tribunal vem sendo "decisivamente inclinada à interpretação teleológica das normas de imunidade tributária, de modo

---

6 BORGES, José Souto Maior. *Teoria Geral da Isenção Tributária*. 3ª ed. São Paulo: Malheiros, 2011, p. 221.

7 ÁVILA, Humberto. *Sistema Constitucional Tributário*. 5ª ed. São Paulo: Saraiva, 2012, p. 273.

8 BARRETO, Aires Fernandino. Imunidades Tributárias: Limitações Constitucionais ao Poder de Tributar. 2ªed. São Paulo: Dialética, 2001, p. 34.

9 Por se tratar de norma muito recente, ainda não há julgados do Supremo relativos à imunidade prevista na alínea "e". Os precedentes quanto à imunidade da alínea "d", objeto deste texto, serão abordados no tópico seguinte.

a maximizar-lhes o potencial de efetividade, como garantia ou estímulo à concretização dos valores constitucionais que inspiram limitações ao poder de tributar."

A imunidade recíproca, versada na alínea "a" do preceito constitucional, tem em vista a relevância do princípio federativo e da isonomia entre os entes políticos – artigo 1º, cabeça, da Carta. O dispositivo proíbe União, estados, Distrito Federal e municípios de instituírem impostos sobre o patrimônio, a renda e os serviços uns dos outros, com o propósito, consoante Roque Carrazza, de evitar que determinada pessoa política impeça outra de cumprir objetivos institucionais em razão de dificuldades econômicas geradas pela incidência de impostos. Se não existisse a regra de imunidade, diz o tributarista, poderia haver um estado de sujeição em vez de isonomia entre os entes federados.[10] Esse propósito nuclear orienta a interpretação de modo que a imunidade seja assegurada até o ponto que a tributação não represente restrição à autonomia política dos entes. O intérprete deve levar em conta o fim maior da norma – a salvaguarda da Federação, princípio estruturante de nossa ordem política e constitucional – e, a partir dessa premissa, definir a abrangência da imunidade.

Sob essa óptica, o Supremo tem interpretado amplamente os parágrafos 2º e 3º do artigo 150 da Carta, assegurando o alcance da imunidade recíproca, por exemplo, ao Instituto Nacional de Colonização e Reforma Agrária – INCRA quanto à absorção, para si, de unidade agroindustrial – Primeira Turma, Recurso Extraordinário nº 242.827/PE, relator ministro Menezes Direito, julgado em 2 de setembro de 2008 – e a empresa pública que realize atividades, simultaneamente, em regime de exclusividade e de concorrência – Recurso Extraordinário nº 601.392/PR, Repercussão Geral, relator ministro Joaquim Barbosa, acórdão redigido pelo ministro Gilmar Mendes, julgado em 28 de fevereiro de 2013, no qual fiquei vencido, na companhia do relator e dos ministros Luiz Fux, Cármen Lúcia e Cezar Peluso.

A imunidade prevista na alínea "b" do preceito, que faz referência aos "templos de qualquer culto", objetiva assegurar e estimular a liberdade de crença e a prática de cultos religiosos, direitos fundamentais consagrados expressamente pela Constituição de 1988 no artigo 5º, inciso VI. A Carta busca impedir obstáculos de ordem econômico-financeira ao exercício dessas liberdades fundamentais. Considerado esse propósito e afastada a interpretação literal, deve ser implementada aplicação do preceito voltada

---

[10] CARRAZZA, Roque Antonio. *Curso de Direito Constitucional Tributário*. 26ª ed. São Paulo: Malheiros, 2010, p. 761-762.

a proteger da imposição fiscal quaisquer bens e serviços vinculados às atividades essenciais das entidades religiosas.

O Supremo tem adotado essa perspectiva na interpretação do § 4º do artigo 150, assentando que a imunidade não se restringe aos imóveis destinados especificamente ao exercício do culto, mas a todo patrimônio, renda e serviços vinculados, ainda que indiretamente e de forma complementar, à manutenção das entidades religiosas. O Pleno assim decidiu no Recurso Extraordinário nº 325.822/SP, relator ministro Ilmar Galvão, acórdão redigido pelo ministro Gilmar Mendes, julgado em 18 de dezembro de 2002:

> 1. Recurso extraordinário. 2. Imunidade tributária de templos de qualquer culto. Vedação de instituição de impostos sobre o patrimônio, renda e serviços relacionados com as finalidades essenciais das entidades. Artigo 150, VI, "b" e § 4º, da Constituição. 3. Instituição religiosa. IPTU sobre imóveis de sua propriedade que se encontram alugados. 4. A imunidade prevista no art. 150, VI, "b" da Constituição Federal, deve abranger não somente os prédios destinados ao culto, mas, também, o patrimônio, a renda e os serviços "relacionados com as finalidades essenciais das entidades nelas mencionadas". 5. O § 4º do dispositivo constitucional serve de vetor interpretativo das alíneas "b" e "c" do inciso VI do art. 150 da Constituição Federal. Equiparação entre as hipóteses das alíneas referidas. 6. Recurso extraordinário provido.

A alínea "c" trata da imunidade referente ao patrimônio, renda ou serviços dos partidos políticos e fundações, das entidades sindicais dos trabalhadores e das instituições de educação e de assistência social, sem finalidade lucrativa. Como descrito por Humberto Ávila, a norma tem em conta o "dever do Estado em garantir o processo democrático, em erradicar a pobreza e promover o desenvolvimento social".[11] O constituinte objetivou estimular a criação de partidos políticos e de entidades sindicais, assegurando-lhes autonomia financeira e favorecendo o pleno exercício da democracia representativa – artigo 1º, parágrafo único, da Carta –, da liberdade política – artigo 17 – e da liberdade sindical – artigo 8º. Buscou também incentivar a iniciativa privada no auxílio ao Estado para cumprimento dos deveres e das funções sociais previstas nos artigos 6º, 196 – saúde –, 203 – assistência social – e 205 – educação. A definição do âmbito normativo da imunidade não pode ser alheia a esses fins políticos e sociais, de extrema relevância,

---

11 ÁVILA, Humberto. *Sistema Constitucional Tributário*. Op. cit., p. 273.

visados pela Constituição, de tal forma que interpretação a considerar essas conexões valorativas será sempre mais pertinente.

Em face do alcance adequado do § 4º do aludido artigo 150, o Supremo tem decidido que essa espécie de imunidade não se limita às atividades típicas das instituições de educação e de assistência social, mas abrange todas as atividades desempenhadas pelas entidades desde que os rendimentos sejam empregados nos respectivos fins institucionais. Esse é o sentido do Verbete nº 724 da Súmula do Tribunal, de 26 de novembro de 2003, consignando a inexigibilidade do Imposto sobre Propriedade Territorial Urbana em relação aos imóveis alugados a terceiros pelas entidades de educação e assistência social quando a renda for destinada às finalidades essenciais:

> Ainda quando alugado a terceiros, permanece imune ao IPTU o imóvel pertencente a qualquer das entidades referidas pelo art. 150, VI, "c", da Constituição, desde que o valor dos aluguéis seja aplicado nas atividades essenciais de tais entidades.

A imunidade estabelecida na alínea "e", incluída, no inciso VI do artigo 150 da Constituição, pela Emenda nº 75, de 15 de outubro de 2013, implica a desoneração de impostos em face de fonogramas e videofonogramas produzidos no Brasil nos quais contidas obras musicais ou literomusicais de autores brasileiros, ou obras em geral interpretadas por artistas brasileiros, alcançados ainda os suportes materiais ou arquivos digitais que os conte nham. Sendo recente, a norma ainda não suscitou controvérsias a serem solucionadas pelo Supremo no exercício da interpretação constitucional. Não obstante, a redação do preceito, a revelar a abrangência da imunidade aos "arquivos digitais" que surjam como suportes materiais das obras musicais ou literomusicais, por si só, demonstra a importância de reconhecer atualidade à interpretação das imunidades de modo a prestigiar as novas e modernas tecnologias por meio das quais são exercidas as liberdades de expressão e artística.

Os precedentes, acima examinados quanto às imunidades previstas nas alíneas "a", "b" e "c" do aludido inciso VI, representam, de modo inequívoco, a linha metodológica do Tribunal – a interpretação teleológica das imunidades. É importante destacar a necessidade permanente de compatibilizar a abordagem finalística das imunidades com o conjunto normativo e axiológico que é a Constituição. Com a Carta compromissória que temos, existe uma variedade de objetivos opostos, estabelecidos em normas de igual hierarquia. Nesse âmbito de antinomias potenciais, o elemento sistemático adquire relevância prática junto ao teleológico. Sob tal perspectiva, "cada norma jurídica deve ser interpretada com consideração de todas as demais, e não de forma isolada", presente a busca pela harmonia e integridade sistêmica da Constituição. Combinados os elementos sistemático e teleológico, a interpretação deve cumprir função harmonizante, influenciada, prioritariamente, por princípios como o da "dignidade da pessoa humana, da igualdade, do Estado Democrático de Direito, da República e da Federação".[12]

Por esse motivo, tenho me manifestado contrariamente à extensão da imunidade recíproca a empresas públicas e a sociedades de economia mista ante a vedação constitucional de tratamento diferenciado em comparação às empresas do setor privado, considerados os princípios da livre iniciativa e da livre concorrência – artigo 173, § 2º, da Carta –, como fiz ver no mencionado Recurso Extraordinário nº 601.392/PR. Não se trata de negar validade ao método teleológico quanto à matéria, mas de conjugá-lo ao elemento sistemático. A interpretação finalística da imunidade deve buscar a orientação valorativa na própria Constituição, presente o conjunto normativo e axiológico. Assim, a atividade interpretativa de cada imunidade em particular, sob pena de transgressão à própria Carta, não pode ser estrita a ponto de inviabilizar que o objetivo protecionista seja satisfeito, nem tão ampla de modo a promover privilégios odiosos e desmedidos em detrimento de outros bens e valores, ignorando a Carta como um todo. A interpretação deve ser teleológica e sistematicamente adequada, de modo que a norma de imunidade alcance o máximo de efetividade em acordo harmônico com os demais valores de nosso sistema constitucional. Essa é a primeira diretriz metodológica que deve orientar a solução do caso concreto.

6. A IMUNIDADE DOS LIVROS, JORNAIS E PERIÓDICOS NA VISÃO DO SUPREMO

A postura hermenêutica do Supremo alusiva às normas de imunidade das alíneas "a", "b" e "c" do inciso VI do artigo 150, acima demonstradas, vem sendo a mesma adotada para a norma da alínea "d" do preceito constitucional, ou seja, em relação à imunidade dos livros, jornais e periódicos. O dispositivo visa promover a educação, garantir o princípio da liberdade de manifestação do pensamento e da expressão da atividade intelectual, artística, científica e de comunicação, facilitando e estimulando a circulação de ideias, o direito de informar e de ser informado e a própria liberdade de imprensa.

12 SOUZA NETO, Cláudio Pereira de; SARMENTO, Daniel. *Direito Constitucional*. Teoria, História e Métodos de Trabalho. Belo Horizonte: Fórum, 2012, p. 415-416.

Considerados esses propósitos, a imunidade se apresenta como essencial ao desenvolvimento da cultura, da democracia e da cidadania participativa e reivindicatória. A relevância político-democrática dessa imunidade foi bem expressa nas palavras do ministro Celso de Mello, no julgamento da Ação Cautelar nº 2.559/RJ, da relatoria de Sua Excelência, medida acauteladora referendada pela Segunda Turma em 14 de junho de 2010:

> É preciso ter presente, na análise do tema em exame, que a garantia da imunidade estabelecida pela Constituição, em favor dos livros, dos jornais, dos periódicos e do papel destinado à sua impressão (CF, art. 150, VI,"d"), reveste-se de significativa importância de ordem político-jurídica, destinada a preservar e a viabilizar o próprio exercício das liberdades de manifestação do pensamento, de acesso à cultura e de informação jornalística, valores em função dos quais essa prerrogativa de índole constitucional foi prevista, instituída e assegurada.
>
> Não se pode desconhecer, nesse contexto, que as imunidades tributárias de natureza política destinam-se a conferir efetividade e a atribuir concreção a determinados direitos e garantias fundamentais reconhecidos e assegurados às pessoas e às instituições. Constituem, por isso mesmo, expressões que traduzem significativas garantias de ordem instrumental, vocacionadas, na especificidade dos fins a que se dirigem, a proteger o exercício da liberdade de expressão intelectual e da liberdade de informação.

A definição interpretativa do alcance da norma constitucional deve guardar relação mais do que íntima com a compreensão da função política e social que a imunidade cumpre em favor da difusão das ideias, da educação, da cultura, da democracia e da cidadania. Deve-se ter presente que a norma objetiva proteger não simplesmente o livro, jornal ou periódico como "suportes físicos de ideias e comunicação", mas o valor intrínseco do conteúdo veiculado, de natureza educacional, informativa, expressiva do pensamento individual ou coletivo. O meio é secundário, importando, precipuamente, promover e assegurar o direito fundamental à educação, à cultura, à informação, à participação política dos cidadãos. O Supremo tem compreendido bem a distinção e aplicado a norma de imunidade valendo-se dessa diretriz.

No Recurso Extraordinário nº 183.403/SP, de minha relatoria, julgado em 7 de novembro de 2000, a Segunda Turma assentou o alcance da imunidade às denominadas "apostilas" – "veículo de transmissão de cultura simplificado". Na ocasião, fiz ver "que o preceito constitucional, no que voltado ao implemento da educação e da cultura, alcança tanto o livro quanto a apostila, porquanto têm o mesmo objetivo, ou seja, a veiculação de mensagem, a comunicação do pensamento". Destaquei que incumbe dar "a maior eficácia possível ao Texto Constitucional, postura básica quando se vive em um Estado Democrático de Direito" e que o objetivo precípuo da norma de imunidade "realmente não é outro senão o estímulo, em si, à cultura, pouco importando que, no preceito, não se aluda, de forma expressa, a apostilas que, em última análise, podem ser tidas como a simplificação de um livro". Defendi o abandono "da interpretação meramente verbal, gramatical", e o emprego do método teleológico.

No Recurso Extraordinário nº 199.183/SP, de minha relatoria, julgado em 17 de abril de 1998, a Segunda Turma assentou a extensão da imunidade tributária às listas telefônicas ainda que presentes anúncios e publicidades. Ressaltei que, embora ausente o caráter noticioso, discursivo, literário, poético ou filosófico, a inegável utilidade pública das informações oferecidas pelas listas telefônicas justificaria o gozo do direito. O Tribunal, em 25 de maio de 2004, no Recurso Extraordinário nº 221.239/SP, também concluiu pela imunidade relativamente aos "álbuns de figurinhas". A ministra Ellen Gracie, relatora, observou que desoneração da espécie seria maneira de estimular o público infantil a se familiarizar com meios de comunicação impressos, atendendo à finalidade almejada pela Carta. Segundo Sua Excelência, "não cabe ao aplicador da norma constitucional em debate afastar este benefício fiscal, instituído para proteger direito tão importante ao exercício da democracia, por força de um juízo subjetivo acerca da qualidade cultural ou do valor pedagógico destinado ao público infanto-juvenil".

As decisões revelam proposta interpretativa teleológica bem assentada quanto aos produtos acabados. No tocante aos insumos e à previsão normativa concernente ao "papel destinado à impressão", o Supremo encontra-se em processo de evolução hermenêutica. Nos Recursos Extraordinários nº 174.476/SP e nº 190.761/SP, julgados em 26 de setembro de 1996, relator ministro Maurício Corrêa, acórdãos por mim redigidos, a maioria do Plenário consignou que a norma de imunidade alcança não só o papel utilizado diretamente na confecção dos bens referidos, mas também insumos como os filmes e papéis fotográficos.

Votando com a maioria, após ter ressaltado a ênfase constitucional da liberdade de imprensa, o fundamento político e cultural da alínea "d" do inciso VI do artigo 150, e o dever de resguardar princípios, ideias ou postulados essenciais ao regime político, asseverei que o preceito constitucional merecia interpretação que permitisse atingir, de "forma plena, o objetivo visado, que outro não é senão afastar procedimentos que, de algum modo, possam inibir a produção material e intelectual de livros, jornais e periódicos". Apontei que interpretação literal da parte final do preceito, a revelar exaustiva a redação, "redundaria no esvaziamento da regra constitucional", principalmente se considerado que a "impressão de livros, jornais e periódicos faz-se não apenas mediante o uso de papel em que grafadas as matérias, mas a partir de uma gama de outros produtos". Ressaltei:

> Abandone-se, na espécie, a tentação ligada ao literalismo, perquirindo-se o objetivo maior da norma constitucional, isso diante da impossibilidade, e, diria mesmo, da inconveniência de o legislador ser casuísta. [...] A alusão ao papel, destinado à impressão, outro sentido não tem senão o de exemplificar um dos itens que entram na produção do bem. Os demais também estão abrangidos pela imunidade tributária, sob pena de tornar-se restrita a imunidade, desconhecendo-se o objetivo precípuo que, há de ser incansavelmente repetido, é o de verdadeiro estímulo à veiculação de notícias e ideias, tal como inerente ao próprio Estado Democrático de Direito.

No Recurso Extraordinário nº 203.859/SP, relator ministro Carlos Velloso, acórdão redigido pelo ministro Maurício Corrêa, julgado em 11 de dezembro de 1996, a maioria do Pleno entendeu que a imunidade abrange filmes e papéis fotográficos, mas não a "solução alcalina" utilizada para impressão de livros, jornais e periódicos. Fiquei vencido, na companhia do relator e do ministro Celso de Mello, tendo sustentado, como havia feito três meses antes, nos Recursos Extraordinários nº 174.476/SP e nº 190.761/SP, que a imunidade deve alcançar "todo e qualquer produto que seja consumido na confecção" desses bens, incluída a referida solução química. De qualquer forma, foi confirmada a interpretação ampla da expressão "papel", vindo o Tribunal, em sucessivas decisões, a concluir pelo alcance quanto ao "papel fotográfico, papel telefoto, filmes fotográficos, sensibilizados, não impressionados, para imagens monocromáticas, papel fotográfico para fotocomposição por *laser*" – Recursos Extraordinários nº 178.863/SP, relator ministro Carlos Velloso, julgado pela Segunda Turma em 25 de março de 1997, e nº 203.706/SP, relator ministro Moreira Alves, apreciado pela Primeira Turma em 25 de novembro de 1997. Nesse sentido, em 24 de setembro de 2003, foi aprovado o Verbete nº 657 da Súmula do Supremo, segundo o qual "a imunidade prevista no art. 150, VI, 'd', da Constituição Federal abrange os filmes e papéis fotográficos necessários à publicação de jornais e periódicos".

Seguindo esses precedentes e tendo em conta os limites então assentados no tocante às possibilidades semânticas da expressão "papel", as Turmas do Tribunal excluíram da incidência da norma de imunidade: tintas especiais utilizadas na impressão de jornais – Segunda Turma, Recurso Extraordinário nº 273.308/SP, relator ministro Moreira Alves, julgado em 22 de agosto de 2000 –, máquinas, peças e equipamentos usados no parque gráfico – Segunda Turma, Agravo Regimental no Recurso Extraordinário nº 195.576/SP, de minha relatoria, examinado em 22 de maio de 1998, quando ressalvei a óptica pessoal –, tiras plásticas para amarração de jornais – Primeira Turma, Agravo Regimental no Recurso Extraordinário nº 208.638/RS, relator ministro Sepúlveda Pertence, apreciado em 2 de março de 1999 –, serviços de composição gráfica necessários à confecção do produto final – Primeira Turma, Recurso Extraordinário nº 230.782/SP, relator ministro Ilmar Galvão, julgado em 13 de junho de 2000 –, serviços de distribuição, transporte ou entrega dos produtos – Primeira Turma, Agravo Regimental no Recurso Extraordinário nº 530.121/PR, relator ministro Ricardo Lewandowski, examinado em 9 de novembro de 2010, ocasião em que votei vencido, consignando o direito à imunidade.

Decisão mais recente da Primeira Turma do Supremo demonstra, todavia, que o tema está ganhando novo rumo interpretativo, considerado, especificamente, o conjunto de bens indispensáveis à produção dos veículos informativos e educacionais. No julgamento do Recurso Extraordinário nº 202.149/RS, relator ministro Menezes Direito, acórdão por mim redigido, o Colegiado assentou, em 26 de abril de 2011, que a imunidade abrange não apenas o papel, mas todo e qualquer bem e insumo empregado na produção, inclusive máquinas e chapas de impressão. Estava em jogo recurso da União contra acórdão por meio do qual o Tribunal Regional Federal da 4ª Região havia reconhecido imunidade quanto ao Imposto de Importação e ao Imposto sobre Produtos Industrializados alusivos à importação de "peças sobressalentes para equipamentos de preparo e acabamento de chapas de impressão *offset* para jornais". O relator, forte nos precedentes do Supremo, acima mencionados, dava provimento ao extraordinário para declarar que a imunidade não alcança essa espécie de insumos – peças sobressalentes –, tendo sido acompanhado pelo ministro Ricardo Lewandowski.

Abrindo a divergência, votei, como venho fazendo desde a primeira vez em que enfrentei a matéria, anotando que a imunidade discutida "apanha todo e qualquer insumo e mesmo ferramenta indispensável à edição desses veículos de comunicação". Afirmei a necessidade de conferir interpretação teleológica ao artigo 150, inciso VI, alínea "d", destacando o propósito normativo de viabilizar, sem ônus maiores, a divulgação de ideias e a comunicação, do que deve resultar a conclusão no sentido de ser a expressão "e do papel", contida na parte final do preceito, "simplesmente exemplificativa". Fui acompanhado pelos ministros Carlos Ayres Britto e Cármen Lúcia, tendo sido formada maioria na direção de evoluir no entendimento do Tribunal, ampliando a abrangência da imunidade para insumos fora do alcance semântico da expressão "papel". Essa óptica ficou bem expressa no voto-desempate da ministra Cármen Lúcia:

> À força da interpretação compreensiva dos eminentes Ministros Ayres Britto e Marco Aurélio, que potencializaram a abrangência da imunidade discutida sob o fundamento de tê-lo como um instrumento de estímulo à circulação de informações e de cultura, alinho-me exatamente em homenagem a não apenas ao princípio da liberdade de imprensa – que fica muito mais assegurada segundo estes fundamentos – sem embargo de, no voto do Ministro Menezes Direito, ter ele homenageado o princípio da segurança jurídica.
>
> Entretanto, essas mudanças sobre os insumos foram ao pouco se transformando, verificando exatamente as novas condições para apresentação do que se considera hoje a imprensa e os instrumentos necessários a que os livros e outras publicações possam ser feitas.

Como bem destacado por Sua Excelência, envolvida a interpretação teleológica e sistemática da norma constitucional, cabe aos Ministros do Supremo Tribunal Federal perceber as transformações relacionadas com os insumos necessários para as novas formas com as quais a imprensa, livros e periódicos se apresentam à sociedade na quadra atual e, atentos a essas mudanças, evoluir na interpretação do artigo 150, inciso VI, alínea "d", da Carta, no tocante tanto aos produtos como aos insumos. Essa perspectiva mostra-se inafastável, principalmente ante a extraordinária evolução tecnológica, e requer o que pode ser considerada uma interpretação modernizante da Constituição.

7. A INTERPRETAÇÃO DO ARTIGO 150, INCISO VI, ALÍNEA "D", DA CARTA, ANTE A REVOLUÇÃO DA "ERA DIGITAL" – A IMUNIDADE DO CHAMADO "LIVRO ELETRÔNICO"

Consideradas todas as premissas desenvolvidas ao longo deste texto, tem-se o momento de definição do alcance da imunidade tributária relativamente aos chamados "livros eletrônicos". Revela-se, a mais não poder, que a interpretação a ser dada pelo Supremo deve ser aquela que assegure a mais ampla abrangência da norma imunizante ante o novo "cenário digital" das práticas de ensino e comunicação.

Interpretação jurídica é a atividade, inserida em amplo processo hermenêutico, dirigida à realização concreta do Direito. O intérprete constrói, como ato de vontade e de inspiração humanística, significados a partir de enunciados textualmente expressos ou decorrentes do sistema normativo, visando a aplicação das normas no plano real e concreto. Interpretar vai além do compreender, consiste em aplicar. A discussão do Direito pode ocorrer em abstrato. Há discursos descritivos e críticos sobre normas e situações jurídicas, mas interpretação jurídica apenas se dá diante de casos concretos e com o propósito de conformá-los. Isso é exatamente verdade no tocante à interpretação da Constituição, espécie de interpretação jurídica. Como afirmou Jorge Miranda:

> A interpretação constitucional não é de natureza diferente da que se opera noutras áreas. Como toda a interpretação jurídica, está estreitamente conexa com a aplicação do Direito; não se destina à enunciação abstracta de conceitos, destina-se à conformação da vida pela norma.[13]

A tarefa de conformar o dia a dia à Constituição verifica-se em reciprocidade, em diálogo. As normas nela constantes devem ser aplicadas aos fatos da vida, mas o intérprete há de observar o contexto cuja regulação configura o fim da norma e, sensibilizado ou mesmo influenciado por esse, definir a extensão e o conteúdo da aplicação. As normas também precisam se conformar aos fatos sociais e políticos. Assim, em busca de equilíbrio entre a realidade e o texto normativo, a interpretação constitucional não pode olhar apenas para o passado, mas também para o presente e o futuro, visando que a concretização da Lei Maior não resulte em retrocessos sociais indesejados quanto aos valores por ela própria prestigiados.

A abordagem teleológica e sistemática da imunidade discutida deve, portanto, conformar a Constituição de 1988 à evolução tecnológica vivida já nesta segunda década do século XXI. Há de ser essa a interpretação do texto constitucional, mas do texto que se pretende compatibilizar com as transformações operadas pelos meios eletrônicos, magnéticos e digitais

---

[13] MIRANDA, Jorge. *Manual de Direito Constitucional*. Constituição. Tomo II. 5ª ed. Coimbra: Coimbra, 2003, p. 288.

relativamente aos campos da educação, cultura e informação. A evolução interpretativa do preceito constitucional, revelada com cores fortes no mencionado Recurso Extraordinário nº 202.149/RS, julgado pela Primeira Turma, deve avançar ainda mais, observando as novas dimensões dos meios de ensino e comunicação, sob pena de ter-se uma Constituição ultrapassada. O impacto tecnológico implicou a ampliação dos conceitos de livro, imprensa e revistas periódicas, fenômeno ao qual o Supremo não pode ficar alheio.

Ignorar essa realidade coloca em risco a própria efetividade da Constituição. Tendo em vista o uso progressivo, cada vez maior, de meios digitais e magnéticos em substituição aos tradicionais livros e jornais, não evoluir na interpretação significará "reduzir, dia após dia, o alcance da imunidade em referência".[14] Considerada a realidade fático-tecnológica, pode-se dizer que negar a imunidade aos novos formatos de transmissão de educação, cultura e informação resulta, hoje, em amesquinhar a norma constitucional e, amanhã, em esvaziá-la por completo.

Ainda mais grave, essa perda gradativa de efetividade não concerne apenas à norma de imunidade em si, mas aos valores sociais, éticos e políticos cuja proteção e promoção são, verdadeiramente, o propósito constitucional. Há o perigo de enfraquecimento dos direitos fundamentais que serviram de razão última para a instituição da imunidade pelo constituinte desde 1946. O risco é destacado por Ricardo Lodi Ribeiro, referindo-se à liberdade de imprensa, o que se mostra observável quanto aos demais valores em jogo:

> No caso em questão, o âmbito da norma se revela pela necessidade de harmonizar a intenção reguladora do legislador histórico, a liberdade de expressão e de difusão de informações, com os desafios da sociedade atual. Nesse contexto, as estruturas normativas são extraídas do advento da cultura cibernética, caracterizada por um ambiente em que a veiculação de informações e de opinião já não se faz exclusivamente pelos meios tradicionais impressos, que, gradualmente, vão perdendo importância em relação aos mecanismos virtuais. Negar essa realidade é contrariar a *natureza das coisas*. Nesse ambiente, restringir a liberdade de imprensa aos

---

14 MOSQUERA, Roberto Quiroga; NOVELLO, Guilherme Lautenschlaeger. Imunidade dos Livros Eletrônicos e a Extensão do Art. 150, VI, *d*, da Constituição Federal. In: PISCITELLI, Tathiane. *O Direito Tributário na prática dos Tribunais Superiores:* Sistema Tributário Nacional e Código Tributário Nacional em debate. São Paulo: Saraiva, 2013, p. 37.

> meios impressos é reduzir, todos os dias um pouco mais, o campo dessa liberdade, na medida em que, gradualmente, as publicações impressas deixarão de existir.[15]

Eis então a segunda e essencial diretriz que deve orientar a definição da matéria discutida – a interpretação teleológica e sistematicamente adequada da norma de imunidade deve ser evolutiva, prospectiva, modernizante. O futuro é difícil de prever e, obviamente, pior de controlar. Existem, todavia, algumas zonas de certeza, prognósticos possíveis. A não interrupção do avanço tecnológico e digital da educação, da cultura e da mídia, a exigir evolução dos sentidos das normas constitucionais, habita esse espaço. Essa é a perspectiva de solução da controvérsia.

Dessa forma, revela-se estreme de dúvidas que, estando envolvidos bens e componentes eletrônicos que não só acompanham o material de ensino, mas o complementam para fins didáticos, há de ser reconhecida a imunidade. Do mesmo modo, se presente elemento eletrônico ou digital que cumpra, de forma autônoma, função didática ou informativa, como ocorre com os "livros eletrônicos", a norma constitucional imunizante deve incidir plenamente.

A extensão da imunidade tributária em favor desses elementos e bens eletrônicos ou digitais justifica-se, a mais não poder, em razão de constituírem, tal como os veículos em papel, material de conteúdo educativo ou informativo. A circunstância de esses elementos revestirem forma eletrônica ou digital não conduz a negar a validade constitucional dessa conclusão, considerado o alcance interpretativo que o Supremo deve conferir ao aludido preceito na atual quadra.

Cabe afastar a interpretação literal como método isolado para a solução de casos tão complexos quanto o ora abordado, podendo servir como ponto de partida à utilização dos demais métodos segundo os valores envolvidos e imanentes à norma.[16] Ante os conceitos tradicionais de livro, jornal e periódico, vinculados à forma em papel, o emprego exclusivo do método literal não resolve a controvérsia com segurança e pode contribuir para a estagnação da Carta.

---

15 RIBEIRO, Ricardo Lodi. A imunidade do livro eletrônico e o pluralismo metodológico na interpretação do art. 150, VI, d, CF. *Revista Trimestral de Direito Civil*, Vol. 46, abril/junho de 2011, p. 260.

16 RIBEIRO, Ricardo Lodi. A imunidade do livro eletrônico e o pluralismo metodológico na interpretação do art. 150, VI, d, CF. *Revista Trimestral de Direito Civil*, Vol. 46, abril/junho de 2011, p. 240.

Mesmo como limite da interpretação, a expressão literal do enunciado constitucional não impede o progresso dos sentidos na direção da conclusão assentada. Sobre esse argumento, Ives Gandra, distinguindo quatro regras de imunidade previstas no dispositivo da Carta de 1988, três no tocante aos produtos acabados, a quarta relativamente ao insumo, afirma:

> O constituinte claramente cuidou de quatro hipóteses de imunidades, a saber:
>
> 1) livros;
>
> 2) periódicos;
>
> 3) jornais; e
>
> 4) papel de imprensa.
>
> Não está escrito, no texto constitucional, que os livros, os jornais e os periódicos só serão imunes quando forem confeccionados de papel.
>
> Fosse esta a sua intenção, o constituinte teria escrito "livros, jornais, periódicos de papel, assim como o papel destinado à sua impressão".
>
> O fato de o constituinte ter considerado que as hipóteses são quatro, separando o papel dos veículos, tem sua razão de ser.[17]

Comungo dessa opinião. Nada ocorre sem uma causa, e o constituinte diferenciou, propositalmente, a imunidade dos produtos, dos meios de veicular a educação, a cultura e a informação, daquela dos insumos, de modo que, não sendo textual e expressamente exigido que esses veículos sejam imunes apenas quando revestirem forma em papel, tem-se como possível o sentido que resulte no alcance da norma constitucional aos livros, jornais e periódicos em formato digital ou eletrônico e, com a mesmíssima razão, às publicações mistas, integradas por partes impressas e componentes eletrônicos ou digitais como um todo didático ou informativo. Deve-se rejeitar qualquer oposição a essa óptica sob o pretexto de um "silêncio eloquente" da Constituição. A ausência de previsão expressa do formato eletrônico ou digital desses meios pode ser explicada pela realidade tecnológica em 1988. Sem dúvida, imunizar veículos nesse formato inovador não podia ser preocupação do constituinte.

17 MARTINS, Ives Gandra da Silva. Aspectos referentes a imunidade dos livros eletrônicos, assim como das obrigações que estão tais bens e serviços desvinculados de controle pela Ancine e Condocine. *Revista Dialética de Direito Tributário – RDDT* nº 180. São Paulo: Dialética, 2010, p. 162.

Prosseguindo com a atividade interpretativa, cabe afirmar que o sentido normativo, acima referido, não se mostra possível apenas conforme os limites do texto. É o mais teleológica e sistematicamente adequado segundo os propósitos normativos e o conjunto axiológico da Carta, muito bem assentados em anos de pronunciamentos do Tribunal sobre a imunidade questionada, além de ser o melhor historicamente situado ante a revolução digital, que permanece em constante progresso. Fixada a premissa da finalidade didática dos bens e componentes eletrônicos, a abordagem sistêmico-teleológica da imunidade, marcante na jurisprudência do Supremo, não permite outra definição senão a do alcance da imunidade.

Ainda que se parta de premissa fática diversa, qual seja, a caracterização dos elementos e bens eletrônicos como insumos, a conclusão pela imunidade se mantém. Conforme fiz ver no mencionado Recurso Extraordinário nº 202.149/RS, a referência a "papel", na cláusula final do preceito constitucional, é meramente exemplificativa. Isso quer dizer que, apenas quando destinado à confecção de produtos imunes, o papel goza da imunidade, e não que insumos de naturezas diversas, qualificados pela mesma utilidade e destinação, não sejam alcançados pela norma constitucional.

A interpretação desenvolvida, em última análise, é reforçada por decisão recente do constituinte derivado que, ao incluir a alínea "e" no inciso VI do artigo 150 do Diploma Maior – Emenda nº 75/2013 –, não se limitou a imunizar de impostos os fonogramas e videofonogramas produzidos no Brasil, veiculadas obras musicais ou literomusicais, e sim estendeu a desoneração aos arquivos digitais que os contenham. Cada um, por meio de atuação própria – o Supremo, em interpretação constitucional, e o constituinte derivado, mediante emenda constitucional –, deve contribuir para a constante atualização da Carta da República perante o contexto social e político do qual faz parte.

8. CONCLUSÃO

Assegurar o alcance da imunidade de que trata a alínea "d" do inciso VI do artigo 150 da Constituição Federal de 1988 ao "livro eletrônico" mostra-se a única construção de significados que privilegia nosso sistema constitucional de valores e propósitos, exigida do intérprete incumbido de manter a Carta viva diante do avanço dos fatos. Mudanças sociais e políticas requerem alterações constitucionais, que podem advir da interpretação do Supremo, quando assim o for permitido e o sistema o reclamar. Acredito ser esse o verdadeiro tema envolvido – o momento de o Supremo aprofundar a interpretação teleológica e sistemática que tem historicamente empregado quanto às imunidades tributárias e contribuir para a adequação do texto constitucional à incontestável revolução digital vivenciada, que a passagem do tempo nos trouxe e contra a qual não devemos lutar.

O papel do juiz constitucional do século XXI é impedir que a Carta da República torne-se "coisa do passado", "peça de museu". Ele deve ser instrumental, ao lado dos outros dois poderes constituídos, direcionado à modernização dos significados constitucionais, de modo que a Lei Maior possa sempre servir à sociedade, à estabilidade institucional, à democracia. Mais uma vez, afirmo a pertinência temática desta coletânea considerado o homenageado, o ministro Ricardo Lewandowski – exemplo de juiz atento às circunstâncias e necessidades próprias do tempo em que vive!

23

INTERPRETAÇÃO CONSTITUCIONAL E CUSTEIO DA SEGURIDADE SOCIAL

1. INTRODUÇÃO

Em conhecida passagem doutrinária, o professor Ricardo Lobo Torres fez crítica à interpretação realizada pelo Supremo quanto ao alcance dos enunciados constitucionais versando as regras de competência tributária para instituição de contribuições de seguridade social, comparada à praticada para dirimir controvérsias acerca dos deveres do Estado relativos aos serviços de seguridade social e aos direitos sociais em geral. De acordo com o professor titular da UERJ, o Supremo estaria sendo incoerente ao mostrar-se radicalmente liberal e positivista quando aprecia a constitucionalidade desses tributos e, ao mesmo tempo, paternalista e ativista ao julgar os gastos públicos favoravelmente aos cidadãos. Para Ricardo Lobo Torres:

> Não se pode simultaneamente adotar o positivismo na vertente da receita e o pós-positivismo no da despesa pública; nem é possível se aderir à interpretação legal e à restrição ao trabalho do juiz no que concerne aos tributos e à interpretação generosa e ao ativismo judicial nos gastos públicos; muito menos é sustentável

> a prática do liberalismo radical na tributação e do paternalismo e do intervencionismo estatal nas benesses e na entrega de bens públicos.[1]

Não obstante a autoridade intelectual do crítico, neste artigo pretendo desafiar tal conclusão. Demonstrar que não há incoerência do Supremo, mas, ao contrário, tem-se, por parte do Guardião, a devida adequação ao objeto de tutela: a Carta da República. Após analisar as decisões do Tribunal nos dois grupos de casos, aduzirei que as diferenças metodológica e de postura institucional decorrem dos próprios comandos constitucionais, que prescrevem normas de natureza distinta no que concerne, de um lado, às autorizações para criação das contribuições sociais (regras jurídicas) e, de outro, aos deveres estatais no campo social e, em particular, na área da seguridade social (princípios jurídicos). O Tribunal não faz mais do que aplicar estrita e coerentemente a Constituição de 1988 como os textos correspondentes exigem que o seja: às regras e aos princípios, o Supremo confere, a cada qual, tratamento interpretativo próprio segundo as particulares estruturas normativas e funções constitucionais.

O artigo terá a estrutura a seguir delineada: nos tópicos 2 e 3, serão desenvolvidos alguns aspectos teóricos da interpretação constitucional em geral e a aplicada ao Sistema Constitucional Tributário e aos direitos fundamentais. Depois, serão lançadas decisões do Supremo sobre (4) as regras de competência tributária relativas às contribuições de seguridade social em particular e (5) os deveres do Estado quanto aos direitos sociais. Cabe ressaltar que não será apresentado rol exaustivo de decisões, o que surgiria inviável em trabalho da espécie. Dar-se-á a menção a julgados que reputo, por diferentes motivos, mais representativos do que se pretende argumentar. Por fim (6), as conclusões em sentido contrário à crítica doutrinária aludida.

2. A INTERPRETAÇÃO CONSTITUCIONAL

Interpretação jurídica é a atividade, inserida em amplo processo hermenêutico, dirigida à realização concreta do Direito. O intérprete constrói, como ato de vontade e de inspiração humanística, significados a partir de enunciados textualmente expressos ou decorrentes do sistema normativo, visando a aplicação das normas no plano real e concreto. Há discursos

---

1 TORRES, Ricardo Lobo. A Constituição Financeira nos seus 20 Anos. In: SARMENTO, Daniel (Org.). *Filosofia e Teoria Constitucional Contemporânea*. Op. cit., p. 847-848:

descritivos e críticos sobre normas e situações jurídicas, mas interpretação jurídica apenas se dá diante de casos concretos e com o propósito de conformá-los. Nessa seara, os textos normativos serão o objeto de um *processo unitário de interpretação-aplicação*, do qual as normas serão o resultado.[2]

Revela-se a exigência de interpretação em toda e qualquer atividade de concretização do Direito, independentemente do grau de problemática dos casos e do caráter equívoco ou inequívoco das normas observáveis. Advém uma implicação institucional: o juiz será mais ou menos criativo ante a maior ou a menor presença de enunciados normativos vagos e imprecisos, mas os textos nunca se aplicam por si sós, havendo sempre a necessidade de contextualização consideradas as controvérsias apresentadas. Essas perspectivas ganham ainda mais relevo tendo em conta a "interpretação constitucional", o que inclui destacar o papel do Supremo para a realização do Diploma Maior. A interpretação constitucional é espécie de interpretação jurídica – possuindo o Supremo a posição proeminente, mas não exclusiva, de exercer, como necessidade permanente, essa atividade.

Dessa relação gênero-espécie decorre também que a interpretação constitucional deve ser realizada por meio dos elementos tradicionais – gramatical, histórico, teleológico e sistemático[3] –, presentes as peculiaridades que surgem em função do próprio objeto da interpretação – o texto constitucional. Isso significa que os cânones tradicionais de interpretação devem governar o processo hermenêutico da Carta, mas revelarão especificidades e complexidades ante o ambiente em que estão sendo observados. O uso desses elementos tradicionais há de combinar-se com a natureza política particular de grande parte das matérias objeto de regulação; com o caráter compromissório das normas constitucionais, às vezes veiculando interesses mesmo contraditórios; com a presença de número elevado de enunciados que expressam princípios, objetivos e valores; com a supremacia normativa e axiológica e a pretensão de efetividade dos preceitos, mormente os que prescrevem os direitos fundamentais.

2 É necessário, como adverte Ricardo Guastini – *Teoria e ideologia de la interpretación constitucional*, Madrid: Trotta, 2008, p. 32 –, "distinguir entre os enunciados normativos – as 'disposições', como se costuma dizer – e as normas, entendidas como significados". Conforme lembra o professor italiano, muitos enunciados normativos são ambíguos, por isso, "entre as duas coisas, de fato, não se dá uma correspondência biunívoca".

3 Para uma defesa forte dessa noção, cf. SILVA, Virgílio Afonso da. Interpretação constitucional e sincretismo metodológico. In: ____. (Org.) *Interpretação Constitucional*. 2ª ed. São Paulo: Malheiros, 2005, p. 115-143.

Relativamente ao aspecto gramatical, as expressões semânticas do texto constitucional têm sido referência, ponto de partida e também limite de possibilidade criativa, em homenagem ao valor de legitimação do Estado de Direito, principalmente consideradas regras claras e bem definidas. Sempre que se deparou com enunciados vagos e indeterminados, destacadamente envolvendo princípios fundamentais, o Supremo não se furtou a exercer certo grau de criatividade interpretativa, realizando valores superiores.

Sob o ângulo histórico, o Tribunal tem levado em conta contextos passados para identificar desigualdades enraizadas e transformações fáticas e sociais a justificarem uma interpretação evolutiva do Diploma Maior, ainda mais se verificada dificuldade deliberativa no Parlamento sobre a matéria.

Quanto ao elemento teleológico, ao passo que o intérprete aplica as normas com base nas finalidades visadas, ganha imensa importância tendo em vista os direitos fundamentais e a pretensão de efetividade das normas que os veiculam – esses direitos devem ser realizados na maior medida possível. Porém, com uma Carta compromissória como a brasileira, a dificuldade existirá na variedade de objetivos opostos, estabelecidos em normas de igual hierarquia. Livre iniciativa e proteção ao meio ambiente, por exemplo, são propósitos constitucionais de mesma hierarquia formal que, frequentemente, entram em conflito em situações concretas.

É nesse âmbito de antinomias que o aspecto sistemático adquire maior relevância prática, porquanto calcado na unidade do sistema constitucional. Segundo esse elemento, "cada norma jurídica deve ser interpretada com consideração de todas as demais, e não de forma isolada", presente a busca pela harmonia e integridade sistêmica. Nesse ponto, combinados os elementos sistemático e teleológico, a interpretação deve cumprir função harmonizante, influenciada, prioritariamente, por princípios como o da "dignidade da pessoa humana, da igualdade, do Estado Democrático de Direito, da República e da Federação".[4] Visando compatibilizar as disposições constitucionais, mesmo para dar primazia a esses princípios, a doutrina tem proposto as técnicas da ponderação e da proporcionalidade, utilizadas em algumas oportunidades pelo Supremo.

Do exposto, algumas conclusões já podem ser assentadas: o juiz constitucional deverá ser menos criativo ante tipos de enunciados normativos mais determinados e precisos, expressando, normalmente, regras jurídicas,

---

4 SOUZA NETO, Cláudio Pereira de; SARMENTO, Daniel. *Direito Constitucional.* Teoria, História e Métodos de Trabalho. Belo Horizonte: Fórum, 2012, p. 415-416.

como aquelas que veiculam disposições sobre competências (as regras de estrutura sobre a qual falava Bobbio); diferentemente, poderá e, muitas vezes, deverá ser mais criativo ante tipos de enunciados normativos mais vagos, indeterminados e imprecisos, expressando, normalmente, princípios jurídicos, como aqueles que estabelecem direitos fundamentais, incluídos os direitos sociais. Como apontei, os "textos nunca se aplicam por si sós", ocorrendo sempre a intermediação do intérprete, que deverá pautar a própria conduta de acordo com máximas interpretativas.

Segue a análise teórica das possibilidades de uso desses métodos interpretativos em relação à estrutura normativa do Sistema Constitucional Tributário e dos direitos sociais, considerada a tarefa do juiz do Supremo, por meio da interpretação constitucional, de assegurar, de um lado, a tributação democrática e condizente com as liberdades básicas do cidadão-contribuinte e, de outro, o cumprimento, pelo Estado, dos deveres de promoção e tutela de direitos.

3. A INTERPRETAÇÃO DO SISTEMA CONSTITUCIONAL TRIBUTÁRIO E DOS DIREITOS SOCIAIS

A interpretação de normas constitucionais versada matéria tributária configura o momento mais relevante da dinâmica impositiva dos tributos, e isso por um motivo especial: é uníssona, na doutrina nacional, a compreensão quanto à importância dessas normas como simultâneo ponto de partida e limite formal e material de toda a ordem jurídico-tributária. A tradição quanto à previsão de um conjunto extenso e ordenado de dispositivos constitucionais em matéria tributária vem de longe, tendo encontrado o ápice na Carta de 1988.[5] Daí ser correto dizer que a solução das controvérsias tributárias mais relevantes envolve, necessariamente, a interpretação direta ou indireta da Diploma Maior.[6]

5 Sobre a Carta de 1946, cf. BALEEIRO, Aliomar. *Limitações Constitucionais ao Poder de Tributar.* 1ª ed. Rio de Janeiro: Forense, 1951. Sobre a Carta pretérita, cf. ATALIBA, Geraldo. *Sistema Constitucional Tributário Brasileiro.* São Paulo: RT, 1968. Quanto à Constituição de 1988, cf. COELHO, Sacha Calmon Navarro. *Comentários à Constituição de 1988.* Sistema Tributário. 9ª ed. Rio de Janeiro: Forense, 2005; ÁVILA, Humberto. *Sistema Constitucional Tributário.* 5ª ed. São Paulo: Saraiva, 2012.

6 Fala-se em *interpretação constitucional direta* para designar a aplicação imediata dos enunciados constitucionais sobre o caso concreto e em *interpretação constitucional indireta* para referir-se à aplicação de enunciados infraconstitucionais tendo como parâmetro a constituição, o que será sempre interpretação da constituição, embora mediata.

Ante o princípio invencível da supremacia da constituição, assim como a particularidade de termos uma Carta bastante generosa, detalhista, com extenso rol de regras e princípios sobre os tributos, é preciso definir quando e como utilizar cada um dos métodos de interpretação, acima descritos, devidamente ajustados à natureza constitucional das normas envolvidas, para resolver os litígios tributários. As soluções, a serem alcançadas, em última análise, pelo Supremo, consistirão nos alicerces do Sistema Tributário Nacional. A premissa fundamental é a da necessidade de o intérprete variar e harmonizar o método a depender do elemento do Sistema Constitucional Tributário.

Como se sabe, a Constituição de 1988 funda e vincula a ordem normativa tributária a partir da previsão de três elementos estruturais: a repartição de competências tributárias – artigos 144, 147, 148, 149, 149-A, 153, 154, 155, 195, 239 e 240; os princípios conformadores do poder tributário – artigos 145, § 1º, 150, incisos I a V, 151, 152, 153, § 2º, inciso I, § 3º, incisos I e II, § 4º, inciso I, 155, § 2º, inciso I, e 156, § 1º, inciso I; e as imunidades tributárias – artigos 149, § 2º, inciso I, 150, inciso VI, 153, § 3º, inciso III, § 4º, inciso II, 155, § 2º, inciso X, 156, § 2º, inciso I, e 195, § 7º.[7] Esses dispositivos, a depender do elemento estrutural, possuem redação mais ou menos vaga e conteúdo que vai desde a mera definição de competência legislativa até a expressão de liberdade fundamental. Será essa diversidade o motivo a implicar e o critério a orientar a alternância do método interpretativo.

Por meio do primeiro elemento – a repartição de competências tributárias –, o constituinte, atento ao princípio federativo, distribuiu entre os entes federados "autorizações" para instituição de tributos. No segundo aspecto, o constituinte impôs, sob a forma de princípios mais ou menos densos, condições formais e materiais ao exercício legítimo das "autorizações". O terceiro elemento versa "proibições de tributar" – pessoas e bens imunes ao poder tributário, ou seja, fora do alcance possível do exercício das competências tributárias em razão dos valores constitucionais que representam. São essas características e funções particulares de cada elemento que devem servir como base decisiva para a definição do método interpretativo adequado.

Interessa, considerado este artigo, o primeiro grupo de normas. Mediante a delimitação das competências tributárias, o constituinte tanto buscou conferir autonomia financeira aos diferentes entes da Federação quanto

---

7 Consoante importante doutrina reconhece, a disciplina constitucional da repartição das receitas tributárias entre os entes federativos revela matéria própria do Direito Financeiro, e não especificamente tributária.

manifestou o primeiro momento da vontade soberana do povo em matéria tributária. Daí por que cuidar para o cumprimento dessas regras exatamente como estabelecidas significa não só impedir que determinado ente invada esfera de atuação legislativa reservada a outro, mas também assegurar a observância do consentimento do povo soberano relativamente à formulação dos tributos em nível constitucional, proporcionando maior segurança aos cidadãos no tocante às obrigações tributárias que deverão satisfazer. Trata-se de conferir efetividade à autodeterminação coletiva manifestada quando do poder constituinte e como condição de uma sociedade livre. Do ponto de vista democrático e da liberdade como segurança jurídica, revela-se a necessidade de dar-se a tais regras interpretação estrita, de modo que prevaleçam apenas as obrigações tributárias que o povo explícita e claramente consentiu. Este é um ponto decisivo!

Com relação aos enunciados sobre direitos fundamentais, notadamente os sociais, o constituinte adotou fórmulas normativas bem diferentes comparadas às regras de estrutura tributária. Nas democracias contemporâneas, as Constituições disciplinam, fundamental e primariamente, a distribuição de direitos, deveres e prerrogativas entre o Estado e a sociedade. No Brasil, a Carta Federal "representa o coroamento do processo de transição do regime autoritário em direção à democracia",[8] responsável pela constitucionalização do ordenamento jurídico brasileiro[9] e pelo início do "mais longo período de estabilidade institucional da história republicana do país".[10]

8 SARMENTO, Daniel. A Assembleia Constituinte de 1987/1988 e a Experiência Constitucional Brasileira sob a Carta de 88. In: *Por um Constitucionalismo Inclusivo*: História Constitucional Brasileira, Teoria da Constituição e Direitos Fundamentais. Rio de Janeiro: Lumen Juris, 2010, p. 102.

9 GUASTINI, Riccardo. La 'costituzionalizzazione' dell'ordinamento italiano. *Ragion Pratica* nº 11, Ano VI. Genova: Compagnia dei Librari, 1998, p. 185: o autor italiano, embora tenha considerado o conceito mais sugestivo que preciso, denominou esse fenômeno de "constitucionalização do ordenamento (jurídico)" e apontou sete condições para que se considere um ordenamento jurídico completamente constitucionalizado: (1) uma constituição rígida, (2) a garantia jurisdicional da constituição (jurisdição constitucional), (3) a força vinculante das normas constitucionais, (4) a "sobreinterpretação" da constituição, (5) a aplicação direta das normas constitucionais, (6) a interpretação das leis conforme à constituição e (7) a influência da constituição sobre as relações políticas. Acredito que as sete condições são preenchidas pelo caso brasileiro.

10 Como leciona o ministro Luís Roberto Barroso, a Constituição de 1988 foi "capaz de promover, de maneira bem sucedida, a travessia do Estado brasileiro de um regime autoritário, intolerante e, por vezes, violento para um Estado democrático de direito" e tem assim "propiciado o mais longo período de estabilidade institucional da história republicana do país." (Neoconstitucionalismo e constitucionalização do direito [O triunfo tardio do direi-

Sob o ângulo estrutural, trata-se de *constituição abrangente* e *compromissória*: é longa e analítica, tanto em razão de incorporar várias matérias quanto por discipliná-las com alto grau de detalhamento e especificidade, o que não consubstancia "a cristalização de uma ideologia política pura e ortodoxa, resultando antes do compromisso possível entre as diversas forças políticas e grupos de interesse que se fizeram representar na Assembleia Constituinte".[11] A Lei Maior reflete o pluralismo social existente em nossa sociedade.

Entre os principais elementos dessa engenharia constitucional abrangente e compromissória, o mais importante é a previsão de amplo catálogo de direitos fundamentais. Esses direitos são veiculados, em parte, por meio de regras definitivas, mas, majoritariamente, mediante enunciados normativos vagos e indeterminados – os princípios.

O primeiro traço essencial do Diploma de 1988 é o da disciplina dos direitos fundamentais individuais e coletivos, negativos e positivos, estampados em normas-regras e normas-princípios. Seguindo tendência das constituições pós-regimes nazifascistas, o texto adota a centralidade dos direitos fundamentais. Nossas Cartas "sempre inscreveram uma declaração dos direitos do homem brasileiro e estrangeiro residente no país",[12] mas o sistema de direitos fundamentais veio a ser o ponto alto apenas no projeto constitucional de 1988.[13]

A Carta atual possui enorme quantidade de dispositivos, uns mais, outros menos normativamente densos, sobre objetivos e posições que orientam e mesmo limitam o conteúdo das decisões políticas das maiorias de cada tempo. São princípios e regras essenciais, direitos negativos e positivos, de matrizes liberal e social, individuais e coletivos, todos exigindo do Estado o compromisso com o desenvolvimento da pessoa humana em bases livres e igualitárias.

Sem dúvida, o Brasil abandonou a tradição de Constituição centrada na estruturação do poder estatal, mais voltada à organização e distribuição dos poderes do Estado, e apresentou modelo de norma dirigida especialmente à promoção dos direitos fundamentais e dotada de mecanismos que visam

---

to constitucional no Brasil]. In: *Temas de Direito Constitucional*. Tomo IV. Rio de Janeiro: Renovar, 2009, p. 63-64).

11 SOUZA NETO, Cláudio Pereira de; SARMENTO, Daniel. *Direito Constitucional*. Teoria, História e Métodos de Trabalho. Op. cit., p. 170-171.

12 SILVA, José Afonso da. *Curso de Direito Constitucional Positivo*. Op. cit., p. 174.

13 SOUZA NETO, Cláudio Pereira de; SARMENTO, Daniel. *Direito Constitucional*. Teoria, História e Métodos de Trabalho. Op. cit., p. 172.

protegê-los. Esse padrão, aos poucos, transformou não apenas o ordenamento jurídico, mas também as relações institucionais e sociais, além do próprio modo de entender o direito.[14]

Logo no início, há a vinculação do Estado brasileiro à dignidade da pessoa humana e aos valores sociais do trabalho e da livre iniciativa (artigo 1º, incisos III e IV). Em seguida, encontram-se os objetivos fundamentais: a construção de uma sociedade livre, justa e solidária, a erradicação da pobreza e da marginalização, a redução das desigualdades sociais e regionais e a promoção do bem geral, sem quaisquer preconceitos ou discriminações (artigo 3º). No próximo título (II), "direitos e garantias fundamentais", o constituinte detalhou inúmeros direitos e deveres individuais e coletivos (artigo 5º), direitos sociais[15] (artigo 6º), direitos específicos dos trabalhadores urbanos e rurais (artigo 7º), inclusive associativos (artigo 8º), de greve (artigo 9º) e participativos (artigos 10 e 11), direitos da nacionalidade (artigos 12 e 13) e de participação política (artigos 14 a 17).

Muitos desses direitos são subjetivos, de inegável aplicação imediata (artigo 5º, § 1º) e exigíveis judicialmente. Outros, embora de autoaplicabilidade discutível, norteiam a criação do arcabouço jurídico brasileiro e a definição de políticas públicas, assim como a interpretação dessa mesma ordem, impondo a tomada de decisões que levem em conta a dimensão objetiva.

Há diversos dispositivos espalhados pelo texto constitucional disciplinando direitos fundamentais diretamente ou protegendo-os por meio da imposição de deveres de conduta responsável aos titulares do Poder Público. A Carta de 1988 estabeleceu uma série de serviços obrigatórios e um verdadeiro estatuto jurídico e moral de atuação da Administração Pública direta e indireta dos diferentes níveis federativos (artigo 37).

Cuidou de detalhar os direitos fundamentais dos cidadãos em face do exercício do poder de tributar (artigos 145, parágrafos 1º e 2º, e 150 a 152),

---

14 Cf. BARROSO, Luís Roberto. A Reconstrução Democrática do Direito Público no Brasil. In: BARROSO, Luís Roberto (org.). *A Reconstrução Democrática do Direito Público no Brasil.* Rio de Janeiro: Renovar, 2007, p. 1-39; TEPEDINO, Gustavo. Premissas Metodológicas para a Constitucionalização do Direito Civil. In: *Temas de Direito Civil.* 2ª ed. Rio de Janeiro: Renovar, p. 1-22.

15 Sobre a discussão em torno da fundamentalidade ou não dos direitos sociais no Brasil, cf. TORRES, Ricardo Lobo. A Jusfundamentalidade dos Direitos Sociais. *Arquivos de Direitos Humanos* nº 5. Rio de Janeiro: Renovar, 2003, p. 99-124; SARLET, Ingo Wolfgang. *A Eficácia dos Direitos Fundamentais.* 7ª ed. Porto Alegre: Livraria do Advogado, 2007, p. 296 e ss; KRELL, Andréas Joachim. *Direitos Sociais e Controle Judicial no Brasil e na Alemanha.* Os (des)caminhos de um Direito Constitucional "Comparado". Porto Alegre: Safe, 2002.

de estabelecer princípios gerais da ordem econômica (artigo 170), de disciplinar com miudezas diferentes direitos sociais – seguridade social [saúde, previdência social e assistência social], educação, cultura e desporto (artigo 194 a 217) –, o direito ao desenvolvimento científico e tecnológico (artigos 218 e 219), à liberdade de imprensa e comunicação em geral (artigo 220 a 224), à proteção do meio ambiente (artigo 225), da família e de grupos vulneráveis como a criança, o adolescente, o jovem, o idoso e os índios (artigo 226 a 232). Há cláusula de abertura a outros direitos e garantias "decorrentes do regime e dos princípios por ela adotados, ou dos tratados internacionais" dos quais o Brasil seja signatário (artigo 5º, § 2º).

A Carta tem o que Oscar Vilhena qualifica de "enorme pretensão normativa", havendo vinculado substancialmente a atuação legislativa.[16] Essa visão em torno dos direitos fundamentais, muitos formalizados com densidade, dá cores especiais às relações entre o Estado e os indivíduos e atrai a intervenção do Supremo como guardião maior do Diploma Maior e do que este possui de mais relevante: os direitos fundamentais.

O Estado passou a ser grande *devedor de direitos* em favor dos indivíduos e da sociedade como um todo, tanto negativos quanto positivos, o que representa estrutura formal de oportunidades para os indivíduos avançarem e requererem a participação ativa dentro das mais variadas áreas do relacionamento Estado-sociedade. Com a disciplina dos direitos normativamente, o Tribunal tem a prerrogativa de monitorar as ações do Estado, ao passo que, relativamente aos direitos veiculados em normas vagas e imprecisas – mas todos repletos de alta carga axiológica e envolvidos em ambiente difuso de compromissos ideológicos –,[17] pode formular entendimentos dotados de forte justificação moral.

Por meio dessas normas sobre direitos fundamentais e sociais, o constituinte homenageou valores políticos, morais, culturais e sociais essenciais, exigindo do Estado comportamentos negativos e positivos em favor da segurança jurídica, liberdade, justiça e isonomia. Considerado o conteúdo desses direitos, revela-se, a mais não poder, a necessidade de o intérprete, ao solucionar controvérsias envolvendo tais valores, investigar os fins constitucionais em

---

16 VIEIRA, Oscar Vilhena. *A Constituição e sua Reserva de Justiça*. Um ensaio sobre os limites materiais ao poder de reforma. São Paulo: Malheiros, 1999, p. 130-131.

17 O professor Oscar Vilhena Vieira – *Direitos Fundamentais*. Uma leitura da jurisprudência do STF. São Paulo: Malheiros, 2006, p. 11-12 e 39 – fala em sincretismo entre diversas concepções de direitos considerada a tentativa do constituinte em "compatibilizar direitos de distintas matrizes históricas e filosóficas".

jogo, fazendo-o por meio da apreciação sistemática e teleológica das normas aplicáveis, de modo que os propósitos manifestados na Carta Maior sejam alcançados na maior medida possível. Ante essas razões, diferente da escolha feita pela interpretação estrita das regras de competência tributária, é correto adotar a óptica teleológica para a observância dos princípios que expressam direitos fundamentais, inclusive os sociais, sem descuidar dos limites semânticos dos dispositivos constitucionais nem do dever de harmonizar normas com o sistema constitucional como um todo. Há de se conjugar o elemento finalístico com o sistemático, presente o conjunto normativo e axiológico.

Fixadas essas premissas, cumpre examinar se o Supremo vem se revelando incoerente quanto à função que desempenha ao alternar, como acusa o professor Ricardo Lobo Torres, a interpretação estrita e a teleológica tendo em vista a natureza dos conflitos e dos direitos em jogo – presentes questionamentos acerca de competência tributária relativa às contribuições de seguridade social ou de gastos públicos envolvendo os direitos sociais.

4. REGRAS DE COMPETÊNCIA TRIBUTÁRIA

Como muitas das regras de competência tributária foram estabelecidas pelo constituinte a partir da descrição de materialidades econômicas, não apenas delimitando o poder tributário entre os entes federados mas também dispondo, de antemão, sobre os fatos geradores e as bases de cálculo possíveis dos tributos a serem instituídos, tem sido comum a impugnação de leis sob o argumento de haverem prescrito incidências sobre manifestações econômicas para além da disciplina constitucional. Trata-se do confronto entre os fatos descritos em leis como tributáveis e as previsões constitucionais desses fatos nas regras de competência tributária. De modo geral, o Supremo tem formulado interpretações estritas das autorizações constitucionais de tributar, não permitindo seja o campo de ação do legislador tributário expandido por vontade própria e exclusiva.

No campo do custeio da Seguridade Social, existem importantes julgamentos. Interessa o decidido no recurso extraordinário nº 166.772/RS, de minha relatoria, quando o Tribunal examinou a inconstitucionalidade parcial do artigo 3º, inciso I, da Lei nº 7.787/1989, o qual estabeleceu a exigência da contribuição social, prevista no artigo 195, inciso I, da Carta,[18]

[18] Artigo 195. A seguridade social será financiada por toda a sociedade, de forma direta e indireta, nos termos da lei, mediante recursos provenientes dos orçamentos da União, dos Estados, do Distrito Federal e dos Municípios, e das seguintes contribuições sociais:

I – dos empregadores, incidente sobre a folha de salários, o faturamento e o lucro" sobre as remunerações de "empresários, trabalhadores avulsos e autônomos". A questão era saber, presente previsão constitucional de incidência sobre "folha de salários", se o tributo poderia recair nos valores pagos àqueles que não guardavam vínculo empregatício com o contribuinte-empregador. Votei pela inconstitucionalidade, fazendo ver:

> Então, cabe perquirir sobre o alcance do inciso I do artigo 195, no que cogita das contribuições sociais devidas pelos empregadores incidentes sobre a "folha de salários". Questiona-se [...] se a alusão a contribuição devida pelos empregadores, tendo em vista a folha de salários, engloba o que pago a administradores e autônomos. De início, lanço a crença na premissa de que o conteúdo político de uma Constituição não pode levar quer ao desprezo do sentido vernacular das palavras utilizadas pelo legislador constituinte, quer ao técnico, considerados institutos consagrados pelo Direito.
>
> [...]
>
> Realmente, a flexibilidade dos conceitos, o câmbio do sentido destes, conforme os interesses em jogo, implicam insegurança incompatível com o objetivo da própria Carta que, realmente, é um corpo político, mas o é ante os parâmetros que encerra e estes não são imunes ao real sentido dos vocábulos, especialmente os de contornos jurídicos.
>
> [...]
>
> O inciso I do artigo 195 cuida não de remuneração, não de folha de pagamentos, mas de folha de salários. Creio que ninguém ousa caminhar no sentido da aplicação do que se contém, sob o ângulo do salário, a consubstanciar garantia, no artigo 7º da Constituição Federal, a administradores e autônomos.
>
> [...]
>
> Descabe dar a uma mesma expressão – salário – utilizada pela Carta relativamente a matérias diversas, sentidos diferentes conforme os interesses em questão. [...] Considere-se que, na verdade, a lei ordinária mesclou institutos diversos ao prever a contribuição. [...] Desconheceu-se que salário e remuneração não são expressões sinônimas.[19]

[19] STF – Pleno, recurso extraordinário nº 166.772/RS, de minha relatoria, julgado em 12 de maio de 1994, acórdão publicado no Diário da Justiça de 16 de dezembro de 1994.

Com apoio nesses fundamentos, assentei a inconstitucionalidade da exigência tendo por base de cálculo remunerações pagas a administradores e autônomos no que extrapolava o preceito constitucional materialmente limitado pela expressão "folha de salários". Consignei possível tal previsão, revelada nova fonte de custeio da Seguridade Social, tão somente se veiculada por lei complementar, conforme versado no § 4º do artigo 195 da Lei Fundamental. A maioria do Tribunal acompanhou-me no voto, tendo sido ressaltada a necessidade de observar o sentido estrito do termo "folha de salários" como forma de consagrar a segurança em favor dos contribuintes de se sujeitarem apenas a incidências tributárias previamente autorizadas no Diploma Maior.

A mesma óptica metodológica foi adotada em controvérsia envolvendo a Cofins – Contribuição para o Financiamento da Seguridade Social. Uma das maiores fontes de litígio tributário, verificada após a entrada em vigor da Carta de 1988, tem sido infraconstitucional a disciplina da base de cálculo da Cofins, assim como havia sido com o tributo que lhe antecedeu – o Finsocial – Contribuição ao Fundo de Investimento Social. Fez-se a controvérsia observada a amplitude conceitual da grandeza econômica tributável buscada por diferentes leis federais ante a leitura técnica e estrita da expressão "faturamento" constante do artigo 195, inciso I, da Constituição, estabelecida como limite material da regência da contribuição.

No recurso extraordinário nº 150.755/PE, relator o ministro Carlos Velloso, acórdão redigido pelo ministro Sepúlveda Pertence, o Supremo assentou a constitucionalidade da contribuição ao Finsocial, exigida das empresas exclusivamente prestadoras de serviços, desde que a expressão "receita bruta", contida no artigo 28 da Lei nº 7.738/1989, como base de cálculo do tributo, fosse interpretada de modo a compatibilizá-la com a "noção corrente de faturamento", qual seja, a de "receita bruta de venda de mercadorias, de serviços e de mercadorias e serviços", que teria sido a encampada pelo constituinte no artigo 195, inciso I, do Texto Maior. No caso concreto, estava envolvida exclusivamente a receita de venda de serviços.[20]

Essa orientação foi confirmada no julgamento da ação declaratória de constitucionalidade nº 1/DF,[21] relator o ministro Moreira Alves, ocasião

20 STF – Pleno, recurso extraordinário nº 150.755/PE, relator o ministro Carlos Velloso, acórdão redigido pelo ministro Sepúlveda Pertence, julgado em 18 de novembro de 1992, Diário da Justiça de 20 de agosto de 1993.

21 STF – Pleno, ação declaratória de constitucionalidade nº 1/DF, relator o ministro Moreira Alves, julgado em 1º de dezembro de 1993, Diário da Justiça de 16 de junho de 1995.

em que o Tribunal declarou a constitucionalidade da Lei Complementar nº 70/1991, que havia criado a Cofins para suceder o Finsocial e estabelecido, expressamente, como base de cálculo da contribuição, "o faturamento mensal, assim considerado a receita bruta das vendas de mercadorias, de mercadorias e serviços e de serviço de qualquer natureza". Posteriormente, no ano de 1998, por meio da Lei nº 9.718, o legislador tributário ampliou a base de incidência ao determinar, no § 1º do artigo 3º da aludida lei, que faturamento equiparava-se à receita bruta compreendida como "a totalidade das receitas auferidas pela pessoa jurídica, sendo irrelevantes o tipo de atividade por ela exercida e a classificação contábil adotada para as receitas". Faturamento, segundo o novo conceito legal, não mais se restringia à "receita bruta de venda de mercadorias, de serviços e de mercadorias e serviços", mas revelava toda e qualquer receita auferida.

A disciplina foi impugnada como inconstitucional, haja vista ter sido publicada a aludida Lei nº 9.718 em 28 de novembro de 1998, ainda sob a vigência da redação original do artigo 195, inciso I, da Lei Básica da República, o qual previa pura e simplesmente o "faturamento" como grandeza econômica a suportar o tributo. Apenas em 16 de dezembro de 1998 veio à balha a Emenda Constitucional nº 20, que, entre outros, alterou o mencionado inciso I para ampliar a base de incidência ao estabelecer a possibilidade de a contribuição recair em "receita ou faturamento".[22] Novamente, incumbia ao Supremo elucidar se a lei ordinária poderia ter ampliado o conceito de faturamento previamente adotado pelo constituinte, cujo sentido, conforme as apontadas decisões do Tribunal, era restrito à receita bruta decorrente de venda de mercadorias e serviços. Havia mais: seria necessário definir se emenda constitucional superveniente, no caso, a de nº 20, poderia tornar válido o que supostamente teria nascido inconstitucional.

Nos recursos extraordinários nº 390.840/MG, nº 357.950/RS, nº 358.273/RS, todos de minha relatoria, e nº 346.084/PR, relator o ministro Ilmar Galvão, acórdão por mim redigido,[23] o Supremo proclamou a

---

22 Redação do artigo 195, inciso I, após a Emenda Constitucional nº 20/98:

Art. 195 – [...]

I – do empregador, da empresa e da entidade a ela equiparada na forma da lei, incidentes sobre:

a) a folha de salários e demais rendimentos do trabalho pagos ou creditados, a qualquer título, à pessoa física que lhe preste serviço, mesmo sem vínculo empregatício;

b) a receita ou o faturamento;

c) o lucro;

23 Julgados em 9 de novembro de 2005, acórdãos publicados em 15 de agosto de 2006.

inconstitucionalidade do mencionado § 1º do artigo 3º da Lei nº 9.718/1998, afastando a base de incidência da Cofins nele prevista. Consignou a impossibilidade de validação superveniente pela Emenda Constitucional nº 20/1998, assentando a inconstitucionalidade originária insuperável da norma impugnada. Uma vez mais, fiz ver a inviabilidade de a lei tributária alterar a definição, o conteúdo e o alcance de consagrados institutos, conceitos e formas de direito privado utilizados expressa ou implicitamente na Carta para distribuição das competências tributárias, consoante dispõe a norma pedagógica do artigo 110 do Código Tributário Nacional.

No caso, tal requisito normativo não havia sido observado ante a jurisprudência consolidada do Supremo, considerada a redação do artigo 195, inciso I, da Carta, anterior à referida Emenda, no sentido de tomar as expressões receita bruta e faturamento como sinônimas tão somente se jungidas à venda de mercadorias, de serviços ou de mercadorias e serviços. Criticando a prática legislativa atacada, asseverei:

> O passo mostrou-se demasiadamente largo, olvidando-se, por completo, não só a Lei Fundamental como também a interpretação desta já proclamada pelo Supremo Tribunal Federal. Fez-se incluir no conceito de receita bruta todo e qualquer aporte contabilizado pela empresa, pouco importando a origem, em si, e a classificação que deva ser levada em conta sob o ângulo contábil.
>
> [...]
>
> A hierarquia das fontes legais, a rigidez da Carta, a revela-la documento supremo, conduz à necessidade de as leis hierarquicamente inferiores observarem-na, sob pena de transmudá-la, com nefasta inversão de valores.

O conjunto de decisões revela estar o Supremo atento, quando da interpretação estrita das normas de competência tributária e do exame rígido de compatibilidade das leis com estas, às decisões soberanas do constituinte na matéria, garantindo que prevaleça o autoconsentimento constitucional do povo quanto à tributação, assim como a segurança dos contribuintes em apenas serem alcançados por exigências tributárias previamente autorizadas no Texto Constitucional.

Não se trata de voluntarismo o Supremo estar dando peso maior e apriorístico ao elemento literal quando da interpretação das normas de competência tributária. Essa é, na perspectiva que defendo, a postura metodológica própria e mais adequada ao material interpretado: ante a natureza de regra dos enunciados constitucionais em questão, ou seja, ante a fórmula normativa escolhida pelo constituinte – disposições determinadas e conceituais –, o Supremo deve adotar postura de interpretação estrita, atento aos vocábulos e expressões semânticas que dão forma às atribuições constitucionais do exercício do poder tributário.

5. DIREITO SOCIAIS

Os princípios constitucionais são normas com pretensão de assegurar valores prestigiados pela sociedade como liberdade, igualdade, justiça e solidariedade.[24] São positivados na Constituição para alcançarem esses fins. Daí serem, na dicção de Humberto Ávila, "normas imediatamente finalísticas", "para cuja aplicação demandam uma avaliação da correlação entre o estado de coisas a ser promovido e os efeitos decorrentes da conduta havida como necessária à sua promoção".[25] Ante tais caraterísticas, tem-se a necessidade de interpretar os princípios constitucionais sob a óptica preponderantemente teleológica, ou seja, levando em conta as finalidades visadas pelo constituinte e com o propósito de torná-las realidade concreta. No campo dos direitos sociais, mormente disciplinados como princípios jurídicos e finalidades a serem alcançadas pelo Estado na melhor medida possível, o Supremo tem buscado assegurar, no plano da vida, os valores positivados pelo constituinte.

Com efeito, em relação aos direitos sociais e econômicos – de segunda geração, típicos do Estado Social –, que vinculam o Poder Público a realizar prestações positivas em favor dos que necessitam, não basta a figura do Estado que, pura e simplesmente, se abstém em prol da autodeterminação individual. Deve vingar o modelo que intervém para satisfazer as necessidades básicas da sociedade. Como fundamento último desse dever estatal, encontramos o princípio da dignidade da pessoa humana na dimensão de mínimo existencial. Nessa seara, o Judiciário, em diferentes instâncias, vem formalizando decisões sobre a execução de políticas públicas, principalmente em relação à saúde e à educação. O Supremo, titular da palavra final sobre esses litígios, vem desempenhando papel de destaque no avanço desses direitos.

O Tribunal tem feito valer o projeto constitucional de inclusão social e de vida digna sempre que constatada a omissão dos Poderes políticos ou

---

24 TORRES, Ricardo Lobo. *Tratado de Direito Constitucional Financeiro e Tributário.* Valores e Princípios Constitucionais Tributários. Volume II. 1ª ed. Rio de Janeiro: Renovar, 2005, p. 273: "os valores se concretizam em princípios"

25 ÁVILA, Humberto. *Teoria dos Princípios.* Da definição à aplicação dos princípios jurídicos. 5ª ed. São Paulo: Malheiros, 2006, p. 167.

a atuação defeituosa. Essa perspectiva mostra-se especialmente relevante no campo da saúde, considerados os artigos 6º e 196, serviço público que compõe, ao lado da previdência e da assistência social, os deveres de Seguridade Social. Há atos em que determinado o fornecimento gratuito de medicamentos,[26] tratamentos médicos urgentes no exterior,[27] disponibilidade de vaga de internação em UTI, mesmo em hospital não conveniado ao SUS,[28] inclusive com sequestro de verbas públicas para o custeio dessas necessidades.[29] Foi fixada a premissa de que é direito de todo cidadão carente receber medicamentos e tratamentos médicos, cabendo aos governos fornecê-los.

Essa jurisprudência teve o ponto alto com as decisões mediante as quais foi determinada a distribuição gratuita de medicamentos para tratamento do vírus HIV, o que, inclusive, motivou políticas públicas nesse sentido. Dediquei atenção especial ao tema. Em monografia apresentada à Sociedade Brasileira de Direito Público, intitulada "O Supremo Tribunal Federal e a Política de Fornecimento de Medicamentos para Tratamento da AIDS/HIV", a pesquisadora Mariana Gracioso Barbosa identificou, em análise quantitativa da atuação do Tribunal, que funcionei como relator, com voto vencedor ou decisão monocrática, em 22,9% dos processos, até agosto de 2005, em que fora determinado o fornecimento desses remédios – o maior percentual entre os ministros então atuantes.[30] Em diferentes pronunciamentos,[31] assentei que o direito decorria da aplicabilidade imediata do artigo 196 da Carta e que era:

[26] STF – Pleno, agravo regimental na suspensão de tutela antecipada nº 175/CE, relator o ministro Gilmar Mendes, julgado em 17 de março de 2010, Diário da Justiça de 30 de abril de 2010.

[27] STF – Primeira Turma, recurso extraordinário nº 368.564/DF, relator o ministro Cezar Peluso, julgado em 13 de abril de 2011, Diário da Justiça de 10 de agosto de 2011.

[28] STF – Segunda Turma, agravo de instrumento nº 527.135/MG, relator o ministro Joaquim Barbosa, julgado em 8 de abril de 2005, Diário da Justiça de 21 de junho de 2005.

[29] STF – Segunda Turma, agravo regimental no agravo de instrumento nº 597.182/RS, relator o ministro Cezar Peluso, julgado em 10 de outubro de 2006, Diário da Justiça de 6 de novembro de 2006.

[30] BARBOSA, Mariana Gracioso. *O Supremo Tribunal Federal e a Política de Fornecimento de Medicamentos para Tratamento da AIDS/HIV*. São Paulo: SBDP, 2005, p. 31, nota de rodapé nº 48, e p. 34, gráfico 2.
<http://www.sbdp.org.br/arquivos/monografia/26_Mariana%20Barbosa.pdf"> Acesso em 15 de julho de 2013

[31] Agravo de instrumento nº 232.469/RS, decisão monocrática em 12 de dezembro de 1998, Diário da Justiça de 23 de fevereiro de 1999; recurso extraordinário nº 244.087/RS, decisão monocrática em 14 de setembro de 1999, Diário da Justiça de 29 de outubro de 1999; recurso extraordinário nº 247.900/RS, decisão monocrática em 20 de setembro de 1999, Diário da Justiça de 27 de outubro de 1999; recurso extraordinário nº 247.352/RS,

hora de atentar-se para o objetivo maior do próprio Estado, ou seja, proporcionar vida gregária segura e com o mínimo de conforto suficiente a atender ao valor maior atinente à preservação da dignidade do homem.

Nas controvérsias da espécie, sempre mantive óptica linear: "o Estado deve assumir as funções que lhe são próprias, sendo certo, ainda, que problemas orçamentários não podem obstaculizar o implemento do que previsto constitucionalmente."[32] Não tenho motivos para mudar o entendimento: defendo a máxima efetividade dos direitos sociais fundamentais, incluído o direito à saúde, particularmente se estiver em jogo a dimensão do mínimo existencial.

No importante e recente caso do custeio pelo Estado de medicamentos de alto custo – recurso extraordinário nº 566.471/RN, pendente de apreciação final –, apoiado no princípio da dignidade da pessoa humana e do dever estatal de prover as condições básicas de saúde aos que dela necessitam e não podem alcançar por conta própria, e utilizando lições do próprio mestre Ricardo Lobo Torres, fiz ver, na qualidade de relator, o seguinte:

> Nesse contexto de reafirmação de liberdades atrelada à busca por igualdade material e justiça social, vieram à balha os direitos socioeconômicos, classificados como direitos de segunda geração, impondo ao Estado realizar prestações positivas na área da saúde, assistência social, educação, trabalho, alimentação, moradia. Esses direitos sociais foram reconhecidos na Constituição de 1988, inicialmente, no artigo 6º: "São direitos sociais a educação, a saúde, a alimentação, o trabalho, a moradia, o transporte, o lazer, a segurança, a previdência social, a proteção à maternidade e à infância, a assistência aos desamparados, na forma desta Constituição".
>
> Nos artigos 194 a 217 da Carta da República, foram disciplinados com miudezas a seguridade social [saúde, previdência social e assistência social], a educação, cultura e desporto. A saúde pública foi tratada nos artigos 196 a 200, consignando-se, no primeiro, ser

decisão monocrática em 21 de setembro de 1999, Diário da Justiça de 27 de outubro de 1999; STF – Segunda Turma, agravo regimental no agravo de instrumento nº 238.328/RS, julgado em 16 de novembro de 1999, Diário da Justiça de 18 de fevereiro de 2000, todos de minha relatoria.

32 STF – Primeira Turma, recurso extraordinário nº 195.192/RS, de minha relatoria, julgado em 22 de fevereiro de 2000, Diário da Justiça de 31 de março de 2000.

a saúde "direito de todos e dever do Estado, garantido mediante políticas sociais e econômicas que visem à redução do risco de doença e de outros agravos e ao acesso universal e igualitário às ações e serviços para sua promoção, proteção e recuperação". A saúde, nela englobado o acesso a medicamentos, constitui bem vinculado à dignidade do homem. É verdade que o desenvolvimento da dimensão objetiva do direito à saúde deve ficar a cargo de políticas públicas. Todavia, os traços de fundamentalidade, inalienabilidade, essencialidade e plena judicialização desses direitos estarão sempre presentes na dimensão do mínimo existencial. O direito à saúde como direito ao mínimo existencial é direito fundamental.

Consoante a clássica lição do professor Ricardo Lobo Torres, o direito ao mínimo existencial não possui positivação autônoma na Carta de 1988, mas pode ser extraído de inúmeras normas constitucionais contidas nos artigos 1º, 3º, 5º e 6º. Trata-se de direito implícito, na realidade, pré-constitucional, pré-estatal, inerente à condição humana digna e fundamentado na liberdade. A observância do mínimo existencial assegura, segundo o autor, a existência da pessoa humana em condições dignas, condições iniciais para o exercício da liberdade, da felicidade, da igualdade e dos direitos humanos em geral. Em síntese, o direito ao mínimo existencial consiste no "direito às condições mínimas de existência humana digna que não pode ser objeto de intervenção do Estado na via dos tributos (= imunidade) e que ainda exige prestações estatais positivas" (TORRES, Ricardo Lobo. O Direito ao Mínimo Existencial. Rio de Janeiro: Renovar, 2009, p. 35-36).

[...]

Não há dúvida de que esses serviços dependem de políticas públicas, nas quais devem constar as diretrizes para assegurar o acesso universal a medicamentos indispensáveis. Por isso, Ricardo Lobo Torres falou em "direitos sociais máximos", a serem alcançados por meio de escolhas políticas e orçamentárias materializadas na formulação e implementação de políticas públicas. Problema maior surge quando omissões ou falhas na execução do que foi formulado implicam a impossibilidade de obtenção de medicamento por paciente que não possui condição financeira de acesso, indispensável a tratamento integral de saúde, necessário à própria existência digna. Em síntese, a situação é potencializada quando configurada violação ao mínimo existencial ante a institucionalização incompleta ou deficiente do direito à saúde.

[...]

> Verificada transgressão ao mínimo existencial, o direito individual à saúde revela-se imponderável frente aos mais relevantes argumentos de ordem administrativa, como o do comprometimento de políticas de universalização da prestação aos demais cidadãos e de investimentos em outras áreas. Objeções de cunho administrativo, de primazia da expertise da Administração Pública, não podem subsistir ante violações ao mínimo existencial. Argumentos, genéricos, ligados ao princípio estruturante da separação de Poderes não possuem sentido prático em face de casos de inequívoca transgressão a direitos fundamentais. Não se trata - deve-se reiterar - de defender ampla intervenção judicial nas políticas públicas em matéria de direito à saúde, pois essas existem, estão em desenvolvimento, dirigidas à universalização dos serviços. Cuida-se de assentar a validade da atuação judicial subsidiária em situações concretas não alcançadas pelas políticas públicas pertinentes, mas nas quais necessária a tutela do mínimo existencial. A intervenção é mínima, casual, excepcional, mas indispensável. A tese da reserva do possível - como reserva fática ou como legalidade orçamentária - não merece prosperar. Mesmo um autor como Ricardo Lobo Torres, que prestigia enfaticamente o processo democrático e as escolhas orçamentárias como os meios legítimos para realização dos direitos sociais, entende viável a judicialização das alocações orçamentárias, se destinada à satisfação do mínimo existencial, do núcleo essencial dos direitos sociais. A dimensão objetiva dos direitos sociais, incluído o à saúde, deve ser realizada por meio de políticas públicas e orçamentárias, a cargo do Legislativo e do Executivo, relativas à universalização e racionalidade das prestações estatais positivas. Todavia, revelada a dimensão do mínimo existencial em casos particulares, a judicialização desses serviços estatais mostra-se plenamente justificada, independentemente de reserva orçamentária.

Não se trata de voluntarismo interpretativo do Supremo, ao dar peso maior e apriorístico ao elemento teleológico quando da interpretação dos princípios constitucionais que fundamentam o dever do Estado nas prestações de saúde, campo da Seguridade Social, e o direito de todos no âmbito do mínimo existencial. Na perspectiva que defendo, essa é a única postura metodológica adequada: ante a natureza de princípios dos enunciados constitucionais envolvidos, ou seja, considerada a fórmula normativa escolhida pelo constituinte - disposições indeterminadas e finalísticas -, o Tribunal deve adotar uma postura de interpretação progressista, atento aos objetivos fundamentais que dão forma e conteúdo aos deveres positivos do Estado em relação aos direitos sociais.

Ante as caraterísticas particulares dos direitos fundamentais, incluídos os sociais na dimensão do mínimo existencial, o Supremo mostra coerência ao adotar a óptica preponderantemente teleológica, dando importância maior aos fins perseguidos pelo constituinte: como disse anteriormente, "no plano da vida", o Supremo busca assegurar "os valores positivados pelo constituinte".

6. CONCLUSÃO

Vivemos a era da democracia constitucional: regime político no qual prevalece o argumento do autogoverno – a ideia de autodeterminação coletiva como condição de uma sociedade livre –, mas que está sujeito a limitações previamente estabelecidas em cartas constitucionais, especialmente, nas disposições sobre direitos fundamentais. A liberdade é condição da democracia – onde não houver liberdade, imperará o arbítrio, antítese da ideia de Estado Democrático de Direito. Nas democracias modernas, de um lado, o governo é exercido por meio de representantes políticos em função de uma necessidade prática de delegação desse poder em nome dos representados (democracia representativa). De outro, o próprio sistema político deve limitar o poder delegado a esses representantes, de forma a impedir que o governo se torne tirânico ou inerte em demasia (constitucionalismo). Essa é a síntese dialética entre democracia e constitucionalismo. Tirania e paralisia estatais são extremos a serem combatidos.

Na quadra atual, cabe ao Judiciário combater esses extremos, seja bloqueando medidas estatais hostis aos direitos fundamentais, seja impondo comportamentos positivos ao Estado em favor desses direitos. Em última análise e oportunidade, cabe ao Supremo essa atuação: de bloqueio e de catalisador. Os dois papéis estão envolvidos em ambos os campos de litígios versados neste artigo: o Tribunal deve bloquear exercícios ilegítimos de competência tributária e, ao mesmo tempo, impor ao Estado o cumprimento de deveres positivos em favor da efetividade dos direitos sociais no Brasil.

A crítica do professor Ricardo Lobo Torres, exposta na introdução deste artigo, sugere que o Supremo, no desempenho dessas duas funções, deva adotar postura metodológica e institucional linear: a coerência dependeria dessa linearidade comportamental. Defendo que o Tribunal, ao contrário, acabaria por romper a coerência com o Texto Constitucional e as finalidades do constituinte se adotasse essa postura uniforme. Acredito, a mais não poder, que a efetividade ou validade material da Constituição depende de o Supremo saber diferenciar o modo de interpretar e aplicar os comandos constitucionais de acordo com as correspondentes estruturas semânticas e finalidades políticas e sociais.

Regras de competência tributária das contribuições e os princípios veiculadores de direitos fundamentais e sociais possuem estruturas normativas e funções políticas bastante distintas. As primeiras são enunciados normativos determinados e precisos e buscam delimitar o exercício do poder tributário no campo do custeio da seguridade social, ao passo que os segundos são enunciados normativos indeterminados e finalísticos que visam impor ao Estado comportamentos positivos em favor da liberdade, da dignidade e da tutela do mínimo existencial. Estruturas e funções normativas tão diversas não podem atrair posturas interpretativas e institucionais lineares. Caso assim fosse, o Supremo viria sempre a acertar em um campo e a equivocar-se no outro: adotando a interpretação literal e a postura positivista e liberal, o Tribunal defenderia bem os contribuintes contra as investidas inconstitucionais do poder de tributar, mas deixaria desprotegidos os cidadãos que verdadeiramente precisam das prestações positivas do Estado relativas aos direitos sociais; se optasse sempre pela interpretação teleológica e a postura pós-positivista e paternalista, tutelaria os direitos dos cidadãos às prestações sociais, mas não seria capaz de bloquear as medidas arbitrárias no campo da tributação pelas contribuições de Seguridade Social.

Sem atentar para as diferenças entre os materiais constitucionais a serem interpretados, o Supremo estará sempre cumprindo o papel de "meio Guardião": o copo estará invariavelmente meio cheio ou meio vazio, a depender das preferências ideológicas de cada um. A interpretação constitucional é, inevitavelmente, criativa, mas essa criatividade deve ser natural observada a natureza dos litígios e das normas constitucionais complexas a serem aplicadas, e não alimentada pela falta de coerência metodológica do intérprete. Não se defende o uso seletivo, voluntarioso, dos elementos de interpretação para produzir o resultado ao qual o julgador é favorável ante razões pessoais. Ao contrário, são sustentados dois pontos essenciais para uma democracia constitucional: o intérprete há de estar atento às diferentes estruturas e funções dos comandos constitucionais; e essas diferenças estruturais e teleológicas devem nortear distinções comportamentais e metodológicas por parte do Supremo, de forma que a postura linear seria recusar o papel de juiz constitucional em um Estado Constitucional e Democrático de Direito: fazer valer a Carta Maior exatamente como ela exige que seja feito.

PARTE 7

DISCURSOS, PALESTRAS E HOMENAGENS

DISCURSO DE POSSE NA PRESIDÊNCIA DO TSE

Serei breve, como convém em solenidades com a presença de pessoas cujo tempo é escasso. Aos integrantes do Tribunal, em suas diversas fases, aos integrantes da Justiça Eleitoral, como um grande todo, responsáveis, em última análise, pela intangibilidade do voto, transfiro a homenagem que é prestada por tantos que vieram testemunhar esta posse, do titular e do Vice-Presidente do Tribunal Superior Eleitoral, e também pelos que acompanham, quer mediante a internet, quer por meio da TV Justiça, esta sessão solene. O reconhecimento da instituição a todos.

De volta ao TSE, constato a arte dos desígnios insondáveis. Jamais imaginei, muito menos busquei, uma terceira passagem, chegando, novamente, à Presidência e, o melhor, sucedendo a dedicada ministra Cármen Lúcia.

Recordo-me das anteriores, especificamente em 1996 e 2006, e as considerarei ao atuar mais uma vez. Na década de 90, ocorreram as primeiras eleições informatizadas. Dez anos após, deu-se um alerta sobre a concretude do Direito, presente quadra de perda de parâmetros, de abandono de freios inibitórios na vida pública nacional. Ressaltei, como continuo a fazê-lo, a necessidade de observância estrita das normas de regência. Infelizmente, o avanço cultural ainda não se mostrou satisfatório. Por isso, adotar o minimalismo judicial põe em risco o equilíbrio na disputa, dá lugar ao império da esperteza e compromete a vontade real do eleitor.

Ontem, falei em advertência aos homens públicos. Hoje, dirijo minhas melhores forças aos concidadãos, conclamando-os a acreditarem, individualmente, na dimensão possuída, no poder que detêm, porque integrados em um Estado Democrático de Direito, vivendo em uma República. É sabença geral que o poder pertence ao povo, sendo exercido pelos representantes escolhidos. Então, estes devem ser os vocacionados a servir ante o cargo ocupado, jamais o utilizando com finalidade econômico-financeira pessoal.

Caríssimos eleitores, o voto é o maior indicativo do estágio democrático experimentado por uma nação, tanto que é logo extirpado quando o autoritarismo se instala. O voto, como instrumento de manifestação da vontade de um povo, há de ser genuinamente livre, decorrente de convicções e de expectativas sobre o futuro do país. Nunca pode estar atrelado ao cabresto ideológico, às promessas vãs, aos interesses particulares e momentâneos.

Eis a figura central de todo o processo de escolha: o eleitor, e não o candidato. O eleitor, sim, é insubstituível no ato de votar. Cabe-lhe aprovar ou rejeitar a atuação do parlamentar e do administrador anteriormente eleitos. Cabe-lhe sinalizar ao político o necessário agir com fidelidade de propósito. Cabe-lhe a decisão final quanto ao país que queremos ter.

A verdadeira revolução não é fruto da tecnologia, mas da ética. Já passou a hora de amadurecer e abandonar a superada ideia de que os problemas brasileiros não são nossos e não dependem, para serem resolvidos, do povo, mas tão só do governo. Urge sair do marasmo, participar com responsabilidade e assumir o papel reservado a cada um de nós. Que os eleitores entendam o quanto vale cada voto: vale o Brasil inteiro!

O direito ao voto torna-se um dever em face da grandiosidade do bem jurídico protegido – o País. Assim como o poder familiar é direito e obrigação – conferindo aos pais a gerência da vida e os cuidados essenciais ao desenvolvimento da criança –, o voto confere ao eleitor uma licença para a escolha dos ocupantes de cargos políticos.

Os eleitos exercerão os mandatos em plenitude, inclusive sobre os que se recusam a votar. Em jogo está o Brasil, gigante em dimensões, riquezas e problemas. Podemos atuar em prol da democracia, do desenvolvimento, da redução das disparidades econômicas. Como, então, abdicar de tão sublime direito? Se o motivo é o descontentamento com a quadra vivida, relembremos ser a urna o lugar de protesto social por excelência!

É preciso avançar culturalmente, deixar de lado a apatia, a acomodação. A hora se aproxima. Convoco todos os cidadãos brasileiros a comparecerem às urnas nas eleições de 2014 e a expressarem, pelo voto livre, de forma pacífica e ordeira, o que desejam para o futuro da Nação.

Descabe apoiar a bandalheira, o quebra-quebra dos encapuzados, o enfrentamento às autoridades. Mostram-se inviáveis a paralisação das atividades, o fechamento de vias públicas, o desatino, quando se tem à disposição o mais eficaz instrumento de modificação da realidade social e política, o voto! Sim, a vontade do povo é soberana, mas deve ser depositada nas urnas e não incendiada nas lixeiras das ruas.

A Justiça Eleitoral não se limita a viabilizar as eleições, a realizar a contagem dos votos e a proclamar o vencedor. Mantém-se atenta aos desvios de conduta do candidato e do ocupante do cargo público eletivo, trabalhando ininterruptamente, e não apenas no período das eleições. Incumbe-lhe, a partir do Direito posto, de normas imperativas, zelar pela correção dos procedimentos anteriores à disputa e afastar os que, mesmo tendo obtido o mandato, transgrediram a ordem jurídica.

O descaso com a coisa pública e o desvio de finalidade no exercício do cargo ainda são corriqueiros. O elevado número de processos julgados pela Justiça Eleitoral indica, de um lado, a persistência daqueles cuja pretensão é o locupletamento e, de outro, a vigilância exercida pela imprensa, pelo Ministério Público, pelos partidos e candidatos.

Mesmo diante do instrumental colocado à disposição das entidades formalmente destinadas a apurar e condenar abusos, nada é mais efetivo no combate aos desvios do que a vigilância do eleitor. O controle mútuo exercido pelas partes antagônicas é salutar para inibir os desmandos e as irregularidades, na medida em que possibilita a atuação do Estado, a cessação do fato e o afastamento dos culpados. Mas nada, absolutamente nada, se iguala ao protesto efetivo do cidadão, que, para tanto, conta com o voto para a escolha dos que o mereçam.

Se o erro é inevitável, porque inerente à conduta humana, não nos esqueçamos de que o canto do lucro fácil chega sem dificuldades aos ouvidos dos que creem na impunidade. Daí a importância do atuar vigilante, impedindo a falcatrua ou interrompendo-a, a fim de afastar do exercício do cargo os que desonram o juramento feito no ato de posse.

Indivíduos mal-intencionados fiam-se na displicência e na omissão dos demais para instalarem os escritórios do crime dentro de órgãos públicos ou em empresas com as quais negociam. É inviável esperar que o Poder Público solucione todas as charadas. A participação do maior interessado, ou seja, do cidadão de bem, daquele que não compactua com o erro e pretende a correção de rumos, surge indispensável.

Incontáveis vezes ouvi críticas sobre a legislação nacional. Considero que a resposta aos problemas não está na criação de novas normas. No Brasil, não precisamos de mais leis, mas sim de homens que observem as existentes.

Os cargos não podem ser utilizados para alcançar objetivos pessoais e imediatos. Aquele que assim age deve ficar impedido de permanecer ou retornar ao exercício. Cabe, em primeiro plano, ao cidadão, ao eleitor, ter presente a falta e, nas urnas, corrigir o erro.

Repito: o bandido conta com a passagem do tempo, com o esquecimento, com a impunidade. Poucos ousariam tanto se tivessem certeza da dura punição que os espera. Nesse ponto, as instituições nacionais vêm mostrando força e destemor. Disso não tenho a menor dúvida. Ainda que as curvas das normas de regência tornem mais longo o caminho, a retidão acaba por triunfar.

Por último, posso afirmar estar o Judiciário comprometido com a aplicação eficaz da lei, de modo a responder ao clamor por justiça, anunciando aos quatro ventos, com as consequências próprias, que o meio justifica o fim e não este, aquele, doa em quem doer, pouco importa, já que o processo não tem capa, tem conteúdo. Recursos financeiros são empenhados na busca de soluções. Centenas de servidores recebem treinamento a fim de afastar dificuldades. A identificação biométrica está em implementação, para evitar fraudes. Os equipamentos usados são de última geração. Nenhum cidadão em pleno gozo dos direitos políticos ficará impedido de votar: as urnas chegarão por terra, água ou ar a todos os cantos deste País continental. Enfim, tudo é pensado e feito para permitir o exercício amplo e irrestrito dos ideais democráticos. Que o eleitor, ciente do grande papel que desempenha na construção de uma Nação independente, desenvolvida e soberana, aceite o desafio e compareça às urnas, fazendo-o com pureza d'alma, de forma livre e conscientizada. Perceba que, embora senhor de um único voto, é autor fundamental de obra voltada não só ao respectivo bem-estar, como também ao das gerações futuras!

Mãos à obra e que reine o entusiasmo na busca de um Brasil melhor!

Muito obrigado.

28/11/2013

DISCURSO PARA A POSSE DO MINISTRO RICARDO LEWANDOWSKI NA PRESIDÊNCIA DO SUPREMO TRIBUNAL FEDERAL – 10 DE SETEMBRO DE 2014

O Supremo experimenta momento especialmente relevante, com a importância institucional cada vez mais reconhecida. As matérias enfrentadas e as decisões proferidas repercutem não apenas na dinâmica dos Poderes e das instituições republicanas, mas alcançam o modo de vida dos brasileiros. O Supremo nunca esteve tão próximo dos anseios da sociedade, sendo constantemente chamado a resolver conflitos que versam a identidade desta Nação. Tornou-se comum a compreensão do Tribunal como o guardião da Carta da República e, também, como instituição responsável a dar-lhe vida, a assegurar-lhe contemporaneidade em relação às mudanças sociais próprias de nosso tempo, sempre atento à proteção das minorias. O Supremo está inserido na sociedade e dela faz parte. A ela responde e com ela evolui – assim deve ser –, mantendo independência e representatividade em equilíbrio.

O comportamento da mais Alta instância do Poder Judiciário há de inspirar os juízes e os tribunais do País. As autoridades e as instituições judiciárias devem ter no Tribunal o modelo primeiro de comprometimento com o acesso igualitário à tutela jurisdicional, com a celeridade e com a efetividade dos processos judiciais. Isso não significa estarem esses magistrados cerceados na prerrogativa de discordar e criticar. Ao Supremo incumbe a chefia do Judiciário nacional, mas esse comando surge em regime essencialmente democrático, no qual o diálogo construtivo entre todos os membros deve imperar, sob pena de dar-se exemplo negativo de intolerância e autoritarismo. O Supremo é o ápice da judicatura, sendo dela, portanto, parte inexcedível. Ao Tribunal compete a direção, como cabe ao capitão o leme do barco. E todo comandante deve saber ouvir, sem deixar de ser a referência maior e, ao mesmo tempo, um marinheiro como outro qualquer.

O Tribunal atua em reciprocidade com os demais operadores do Direito. Advogados, privados e públicos, procuradores, promotores, defensores compõem, junto com magistrados e os Ministros desta Casa, a mesma estrutura dirigida a fim único: revelar a mais adequada aplicação da Constituição e das leis como melhor forma de servir aos cidadãos brasileiros. Todos têm direito a voz, que será sempre a do cidadão, titular do direito fundamental ao serviço jurisdicional. Nós, integrantes deste Tribunal, em reflexão, debatemos, concordamos com esses autênticos "construtores" do Direito e deles também discordamos. Devemos saber ouvir. Não somos infalíveis. Não podemos ter compromisso sequer com os próprios erros, o que dirá com os alheios. Independência não implica arrogância. É a partir da abertura ao diálogo com as partes e respectivos procuradores que fazemos do processo verdadeiro instrumento da democracia.

A divergência pertence ao mundo jurídico, ao mundo dos fatos, às relações sociais, e ajuda a evoluir. O direito fundamental a ser diferente, a pensar diferente, não resulta no isolamento. Certa vez, chamaram-nos de "onze ilhas". Não podemos ser. O diálogo entre os pares dignifica e legitima o processo decisório. Em colegiado, completamo-nos mutuamente. Temos o dever, cada um de nós, de respeitar as opiniões contrárias e de levá-las em consideração. É nosso sacerdócio defender o direito de expressão do dissenso e, a partir dele, construir o consenso. Apenas assim este Tribunal contribuirá para a construção da cidadania e para o fortalecimento da democracia. Ao Supremo cumpre fomentar a harmonia entre os Poderes da República, atuando com responsabilidade, independência, respeito e urbanidade.

Diante dos outros Poderes, dos demais órgãos e autoridades judiciais, dos diversos operadores do Direito, da população brasileira, o papel do Tribunal é de envergadura maior. Percebam a importância ímpar da cadeira. E na direção, como personagem indispensável para que o Supremo possa sempre ser o modelo de instituição que descrevi, sobressai a figura do Presidente – o "primeiro entre iguais".

A ele cabe, antes de a qualquer outro, cuidar da imagem do Tribunal, da legitimidade institucional, da funcionalidade, do modo como servirá à sociedade. Faz parte das tarefas zelar pelo respeito da população à Casa. Não se trata apenas de atuar na busca do acatamento dos pares. A forma como dirige os trabalhos em sessão plenária revela o nível de maturidade alcançado. Não é missão fácil liderar entre iguais, mas um Ministro do Supremo deve estar sempre preparado, técnica e socialmente, para cumprir essa missão – todos chegam ao Tribunal sabedores do encargo e da imensa responsabilidade que podem um dia recair sobre os ombros.

Compete ao Presidente, com força de caráter, velar pela harmonia no Colegiado considerados diferentes experiências, estilos e pensamentos. Como sempre digo, "ser um algodão entre os cristais", o exemplo maior de tolerância com as ópticas dissonantes, não permitindo que desacordos em votos afetem a interação. Deve coordenar, com a cortesia indispensável, as opiniões convergentes e divergentes na direção do resultado comum que todos almejam: proclamar a melhor aplicação da Constituição. O modo como o Presidente se relaciona com os demais Ministros tem impacto na atuação do Tribunal, pauta a dinâmica dos trabalhos, influencia a qualidade das deliberações.

Se o Supremo chefia o Judiciário nacional, o Presidente revela-se o líder da magistratura, o administrador da máquina judiciária, peça fundamental da engrenagem. A forma como se desincumbe dessa tarefa reflete no bom funcionamento dos serviços judiciais. Representa a instituição perante os outros Poderes, devendo promover a relação de mútuo respeito e o apreço recíproco com o Executivo e o Legislativo, contribuindo para o aperfeiçoamento da República e do Estado Democrático de Direito.

A Presidência do Supremo é cargo singular e está nas ótimas mãos do ministro Ricardo Lewandowski. O próprio fato de vir a exercê-la, antes como interino e agora como titular, por tempo mais longo do que o usual, é obra alvissareira do destino, e não simples coincidência. Sua Excelência possui os atributos necessários a ocupá-la: responsabilidade institucional, independência, sentido de liderança, dinamismo, estima, segurança e, sobretudo, sensibilidade de compreender as diferentes personalidades que o cercam. Tem o ponto ótimo entre a cordialidade no trato pessoal e a assertividade da autoridade que representa. Oferece tranquilidade e segurança para que possamos, coesos e iguais em propósito, zelar pela boa aplicação da Carta da República.

Ao longo da brilhante carreira, Sua Excelência demonstrou essas qualidades. Mestre e Doutor pela Faculdade de Direito da Universidade de São Paulo, é professor titular das Arcadas, com alto desempenho nos cursos de pós-graduação. Foi advogado, consultor jurídico e administrador público, sempre atuando com eficiência. Ingressou na magistratura, em 11 de setembro de 1990, como Juiz do Tribunal de Alçada Criminal do Estado de São Paulo. Promovido por merecimento, tornou-se Desembargador do Tribunal de Justiça, ocupando cadeiras nas Seções de Direito Privado e Público, além do Órgão Especial. Chegou ao Supremo em março de 2006. Ministro efetivo do Tribunal Superior Eleitoral, veio a presidi-lo entre 2010 e 2012.

Sua Excelência tem-se revelado profissional dotado de espírito de organização e liderança. Obteve certificação de qualidade de gestão, o que, certamente, será de enorme valia para a implementação de projetos relevantes a alcançarem todo o Judiciário. Na magistratura, mesmo nos momentos mais delicados, comportou-se com a altivez e a independência dos grandes juízes. A coragem, a autonomia e o apego à observância irrestrita das normas jurídicas fazem do ministro Ricardo Lewandowski exemplo a ser seguido. Reitero o que escrevi, em revista de circulação nacional sobre "Os mais influentes de 2012", a propósito do agora Presidente, considerada a atuação de Sua Excelência, a que a história fará justiça, na Ação Penal nº 470:

> Uma sociedade aberta, tolerante e consciente pressupõe escolhas pautadas nas várias concepções sobre os mesmos fatos. Parafraseando Voltaire, afirmo, ministro Ricardo Lewandowski, que, até quando divirjo da interpretação dada ao contido em processo de competência do Supremo, defendo o direito de Vossa Excelência de proclamar o que pensa. Siga em frente! Caminhamos rumo à quadra em que a coragem de dizer as próprias verdades não será motivo de assombro.

Não poderia deixar de destacar o sucesso de Sua Excelência também no âmbito pessoal. Construiu duradouro matrimônio com sua inspiradora Yara de Abreu Lewandowski, advogada e detentora de bela formação humanística. Dessa união, nasceram Ricardo, Lívia e Enrique, hoje advogados no exterior – Londres e Chicago – e arquiteta, os quais trouxeram, para a amorosa convivência, Francesca Padovan, Sérgio Magalhães e Samantha Calijuri, a testemunharem o grande feito do patriarca. Há cinco meses, veio a integrar a família o primeiro neto, Philip, que, mesmo em tão tenra idade, já se mostra um exímio nadador. Cumprimento todos igualmente nesta ocasião festiva.

Senhor Presidente, encerro, dirigindo-me a Vossa Excelência, em nome do Supremo, para desejar votos de êxito. Tenho a certeza de que, ao lado da dedicada, sensível e proficiente ministra Cármen Lúcia, Vice-Presidente, conduzirá o Judiciário na direção correta, que é a da melhor realização da Justiça encarnada em nossa tão amada Constituição Federal. Seja muito feliz na cadeira ocupada!

DISCURSO DOS 30 ANOS DA CONSTITUIÇÃO FEDERAL DE 1988: UMA HISTÓRIA DE SUCESSO

A Constituição Federal de 1988 surgiu com o espírito de redemocratização. Foi produzida no que os cientistas políticos chamaram de "terceira onda de democratização", ocorrida na segunda metade do século XX em diferentes países da Europa, América Latina e África. Esse modelo constitucional, predominante nas democracias ocidentais, traz os direitos fundamentais como centro de gravidade. Assim o é a Lei Maior do Brasil.

Mas o que significa, exatamente, a Carta da República?

Para os clássicos gregos, a ideia de Constituição já estava presente sob a óptica democrática segundo a qual a única forma legítima de governo era a limitada pela lei. Com a Constituição de Sólon – o estadista, legislador e poeta clássico –, deu-se início, em Atenas, à busca pela racionalização do poder. Em Roma Antiga, ter uma Constituição significava respeito à coisa pública. Durante a Idade Média, despontou triunfante, em 1215, a Magna Carta na Inglaterra de João sem Terra, com forte mensagem de primazia das liberdades, considerado o arbítrio e o abuso de poder do príncipe. Algo revolucionário à época.

A história das grandes constituições esteve sempre atrelada à das revoluções. A americana revelou, em 1787, o primeiro modelo de Carta escrita, rígida, suprema, sistematizada e fundamental para toda uma nação. Antes, as colônias, já então independentes da Inglaterra, tinham as próprias constituições, que igualmente reconheciam, como veio a fazê-lo a da Federação, direitos do homem, anteriores e superiores ao Estado, a limitarem a autoridade do governo. Para os Federalistas – Hamilton, Jay e Madison –, homens não são anjos, e os governos são feitos de homens. Por isso deve-se controlar e limitar o poder para que a liberdade seja assegurada a todos.

Com a Revolução Francesa, nasceu a ideia da necessidade política de uma Constituição escrita, uma lei fundamental que representasse a expressão da vontade livre da nação. Daí o mundo ter alcançado Declaração de Direitos moderna, mesclando elementos liberais e democráticos, destacando-se a noção embrionária de poder constituinte. Sem dúvida, o Abade Sieyés, com a proposta de um poder imanente à nação e superior aos constituídos, foi o primeiro grande teórico da constituição.

A partir desses marcos históricos e políticos, os teóricos passaram a preocupar-se com o conceito e a essência da Constituição. Muitos desenvolvimentos ocorreram! Não se pode negar: constituição é um termo plurissignificativo.

Ferdinand Lassale, em 1862, questionou "o que é uma Constituição?"; "Em que consiste a verdadeira essência de uma Constituição?". Recusando a utilidade de resposta fundada em concepções puramente formais e idealistas, o advogado e escritor alemão disse ser resultado dos fatores reais de poder atuantes em determinada sociedade. O documento que não retratasse esses fatores não seria mais que "mera folha de papel". Esse era o realismo constitucional de Lassale.

Carl Schmitt, por sua vez, afirmava que a Constituição é a decisão política fundamental, a manifestação concreta de um poder político supremo, "existencial", o qual define as bases do regime que inaugura. Valeria mesmo o caráter material da decisão, e não a dimensão puramente formal ou textual. Já para Hans Kelsen, importava a supremacia formal, a hierarquia normativa para caracterizar uma Constituição, ou seja, a posição no ápice da pirâmide da ordem jurídica, prevalecendo o texto constitucional como fundamento de validade para a criação das normas inferiores. Foram os grandes teóricos da Constituição do período pré-Segunda Grande Guerra, e a dualidade matéria e forma, que sempre caracterizou a oposição entre os dois gigantes, faz-se presente até hoje.

Após os horrores do nazismo, passou-se a apostar na capacidade de a Constituição conformar o social, considerada a ordem e a realidade. A Constituição, tendo os direitos fundamentais no centro, seria dotada de vontade e força normativas, isso porque passou a ser, sem idealismos nem pessimismos realistas, mas combinando forma e matéria, a "ordem fundamental e jurídica da coletividade".

Entre tantos movimentos e desenvolvimentos idealizadores, realistas, formais e materiais, onde cabe situar a Constituição de 1988? A qual tipo corresponde? Ao lado da estruturação do poder e da limitação diante da soberania popular, o constituinte deu especial ênfase à disciplina dos direitos fundamentais, todos gravitando em torno da dignidade da pessoa humana. Sem tanta ambição científica, é um projeto político de resgate imediato da democracia, de afirmação permanente da liberdade e da igualdade, de transformação social a médio e longo prazos. É uma Constituição ousada, pretensiosa, mas passível de ser concretizada. Sem romantismo, tem-se uma história de êxito. Um projeto bem-sucedido!

Ainda há muito por realizar. Existem promessas, especialmente no campo social, pendentes. Alguns compromissos e institutos foram estabelecidos. Surgiram emendas constitucionais destinadas à atualização ou aperfeiçoamento. Também houve retrocessos! Mas nada pode levar ao descrédito da Lei das leis. A realização de um "projeto constitucional", em qualquer país que se lance nessa empreitada, é sempre uma trajetória, um desenrolar, uma construção contínua. Nenhuma Constituição é obra acabada. A legitimidade depende da crença e do empenho das instituições e da sociedade – e não apenas da qualidade do texto e do arranjo político-institucional estabelecido –, e da firmeza de propósito, de como se compreende, interpreta e observa a Lei Maior.

Diplomas dessa natureza promovem profundos reflexos sobre as estruturas de governo, principalmente quando considerada a autoridade para concretizar os direitos sociais e fundamentais. O Judiciário e mais especificamente os tribunais constitucionais atuam como intérpretes-guardiões dessas "cartas de direitos". Assim, celebrar os 30 anos da Constituição significa igualmente festejar – e refletir – os 30 anos de interpretação do texto. A efetivação do Diploma Maior pelo Supremo, órgão de cúpula do Judiciário, última instância do controle difuso de constitucionalidade das leis e dos atos normativos e titular exclusivo do controle concentrado e abstrato, vem se mostrando um dos momentos mais relevantes da vida prática, da realização efetiva das normas constitucionais. O trabalho de interpretação desenvolvido por juízes constitucionais reunidos em colegiado, sempre físico e não virtual, tem sido essencial para a definição das fronteiras de poder do Estado, perante os cidadãos. A interpretação judicial é ponto importante dessa história de sucesso e, por isso, merece igualmente ser lembrada, comemorada e avaliada.

Não fossem as decisões paradigmáticas do Tribunal, a Constituição poderia ter falhado no propósito de consagrar a democracia e assegurar direitos fundamentais. Não cabe menosprezar, com isso, a participação dos Poderes Legislativo e Executivo. O desenvolvimento e a complementação do texto constitucional por meio dos órgãos políticos são condições da própria existência do projeto constitucional como um processo democrático. Apenas incumbe ressaltar o papel de intérprete-guardião que o Supremo desempenha, em especial quanto à efetividade, a concretização dos direitos fundamentais, sendo os poderes instrumentos.

No tocante às liberdades fundamentais, direitos humanos de primeira geração, o Tribunal tem dado especial atenção à liberdade de expressão e imprensa. Declarou a inconstitucionalidade da Lei de Imprensa, da exigência de diploma de curso superior para o exercício da profissão de jornalista, e de restrições legais às emissoras de rádio e de televisão quanto a programas que pudessem degradar, ridicularizar ou encerrar crítica jornalística favorável ou contrária a políticos, candidatos a cargos eletivos, o que inclui manifestações de humor, charges e sátiras. Assegurou a realização de passeatas e manifestações públicas em favor da descriminalização do consumo de drogas, denominada "Marcha da Maconha", sem que pudessem ser enquadradas como "apologia ao crime".

Há destaque para a rica jurisprudência sobre aquele que é tido como o centro normativo e axiológico do sistema constitucional de direitos fundamentais: o princípio da dignidade da pessoa humana. Visando a realização, o Tribunal reconheceu a constitucionalidade da pesquisa com células-tronco embrionárias e assegurou a equiparação jurídica da união estável homoafetiva à heteroafetiva. Em outro julgamento, o Supremo decidiu que a interrupção da gravidez de fetos anencéfalos não é crime. Uma das mais importantes questões analisadas pelo Tribunal, que concluiu em favor da dignidade da pessoa humana e dos direitos da mulher. No voto condutor do julgamento, afastada a possibilidade de a matéria ser examinada a partir de orientações morais religiosas e afirmada a antítese entre anencefalia e vida, ficou assentado estarem em jogo apenas direitos de gestantes, a privacidade, a autonomia e a dignidade da mulher.

No campo dos direitos dos acusados de crimes, o Tribunal assegurou a possibilidade de progressão de regime prisional em qualquer fase, mesmo nos casos de delitos graves. Proclamou a inconstitucionalidade da execução provisória de pena. O fez ante o princípio da não culpabilidade, da inocência. Posteriormente, retrocedeu! Porém, novos dias virão, devendo haver sempre esperança para aqueles que têm direitos previstos expressamente na Carta! O Supremo declarou inconstitucional a prisão civil, considerados contratos de alienação fiduciária.

Quanto à observância do princípio da igualdade, de envergadura maior no sistema constitucional, julgou constitucionais políticas de reserva de cotas étnico-raciais para ingresso no ensino superior público – ações afirmativas raciais. Em outro caso de alta relevância social, assentou a constitucionalidade da Lei Maria da Penha, a prever penas mais duras para aqueles que cometem violência doméstica contra a mulher, assentando que as ações penais relativas aos casos de lesão corporal são incondicionadas à representação da vítima, ante o fato de a dependência da manifestação de vontade da mulher agredida revelar, na maior parte dos casos, proteção insuficiente em virtude do quadro de desigualdade e vulnerabilidade histórica perante o homem.

O Tribunal tem feito valer o projeto constitucional no campo dos direitos sociais, mormente quanto ao direito à saúde. O ponto alto dessa jurisprudência ocorreu com decisões mediante as quais determinada a distribuição gratuita de medicamentos para tratamento do vírus HIV, motivando políticas públicas nesse sentido.

No campo dos direitos coletivos, vem dando proteção especial à tutela do meio ambiente. Em diferentes oportunidades, enfrentou conflitos atinentes a direitos de cujas soluções dependia a efetividade da proteção ao meio ambiente. Em todos os casos, promoveu complexa mas segura interpretação constitucional. Assentou a valia constitucional da proibição de importar pneus usados ou remodelados. No campo do conflito entre o direito ao meio ambiente sadio e as manifestações culturais, concluiu inconstitucionais práticas como a "farra do boi" e a "briga de galos". No mais importante desses processos, reconheceu a crueldade intrínseca da vaquejada, não dando prevalência ao valor cultural popular. No âmbito da composição dos interesses fundamentais envolvidos, sem que se mostrasse irrelevante o direito da comunidade a manifestações culturais, sobressaiu a proteção ao meio ambiente.

Em relação à idoneidade do processo político-democrático, muitas foram as decisões, todas voltadas a assegurar o núcleo da democracia: a igualdade de participação política como direito fundamental de todos. Democracia é um direito maior e fundante. A mais relevante dessas intervenções foi a que implicou a proibição do financiamento privado, por empresas, das campanhas eleitorais.

Em síntese, os direitos fundamentais são a parte mais importante do projeto constitucional de 1988, envolvidos os valores liberdade, igualdade e dignidade. A concretização desses direitos tem sido a principal missão do Supremo. Não poderia ser de outra forma. Sem interpretação voltada à afirmação das garantias constitucionais e à realização concreta dos direitos fundamentais, não existe Estado Democrático de Direito verdadeiro.

Há muito por fazer. Assegurar direitos é tarefa permanente, e tornar realidade uma Constituição é projeto institucional e democrático ininterrupto. Parabéns, parabéns à sociedade brasileira pelos 30 anos da Constituição Federal. Que continue a ser a Carta Cidadã, a Carta da Democracia, a Carta dos Direitos Fundamentais. Que o Supremo jamais falte à nacionalidade. Que assim o seja, presente o Estado Democrático de Direito.

PALESTRA – O PAPEL DO DIREITO NOS DESAFIOS GLOBAIS

Devo expressar, em primeiro lugar, a honra de voltar à Universidade de Coimbra, uma das mais tradicionais do mundo e a mais antiga de Portugal, declarada Patrimônio Mundial pela UNESCO. Com mais de sete séculos de existência, a Universidade formou alunos notáveis – posteriormente poetas, literários, políticos e presidentes da República, como Luís de Camões, José de Anchieta, Manuel da Nóbrega, Bernardino Machado, António José de Almeida, Manuel Teixeira Gomes, Eça de Queiroz, António Luís Gomes, António de Oliveira Salazar. E brasileiros como José Bonifácio, Gregório de Matos, Gonçalves Dias, Cláudio Manuel da Costa.

É celeiro de grandes juristas: Manuel de Andrade, Luís Cabral de Moncada, António Castanheira Neves, Carlos Alberto da Mota Pinto, Jorge de Figueiredo Dias, António de Almeida Santos e o estimado doutor, de tantos outros doutores, José Joaquim Gomes Canotilho.

Em segundo lugar, devo prestar homenagem ao Professor Doutor Manuel Carlos Lopes Porto, Presidente da Associação de Estudos Europeus da Universidade de Coimbra, responsável, em Portugal, pela organização deste evento tradicional, o Seminário de Verão da Universidade de Coimbra, já na vigésima terceira edição, o que certifica o sucesso. Professor Catedrático e ex-Presidente do Conselho Diretivo da Faculdade de Direito, o Dr. Manuel Porto vem desenvolvendo estudos notáveis, no campo das políticas comunitárias.

A integração é disciplina com a qual o Professor Manuel Porto tem se preocupado, ajudando a compreender a relação entre Estados soberanos que decidem formar comunidades para enfrentar os desafios de um mundo cada vez mais interconectado, mas também cada vez mais problematizado, presente a tensão entre as necessidades de fortalecer um Estado mais global e a ideia tradicional de soberania estatal. O legado do Professor Manuel Porto e os Seminários de Verão versam essas dificuldades e nos oferecem oportunidade de avaliações e críticas produtivas.

As questões globais de nosso tempo são muitas. Como habitualmente lembro: vivemos tempos estranhos, e difíceis.

O constitucionalismo liberal, a democracia e a liberdade de mercado saíram vitoriosos no fim do século XX. Neste século, contudo, tem-se assistido a crises econômicas e financeiras em cadeia. Em boa parte do mundo, a alta da dívida pública e a incapacidade de autofinanciamento por empresas revelam período de baixo crescimento, quase a estagnação do sistema capitalista contemporâneo.

O aumento das desigualdades sociais e a impossibilidade de os Estados atenderem às demandas da população excluída de bens essenciais têm ocasionado crises sociais sérias. A capacidade de os governos manterem a ordem vem sendo desafiada. Eclodem distúrbios de larga escala, mesmo em democracias consolidadas.

Conflitos étnicos e religiosos locais podem produzir embates globais. Na África, no Oriente Médio, entre a Rússia e os antigos membros da República Soviética, entre as Coréias, o número cada vez maior de conflitos coloca em dúvida até mesmo a capacidade institucional de organismos como a Organização das Nações Unidas.

A superpopulação mundial mostra-se preocupação maior, na medida em que leva à escassez de alimentos e energia e faz crescer o risco de pandemias incontroláveis. A água, que geralmente supomos abundante, é um bem exíguo para parte significativa da população, e o problema tende a agravar-se. O planeta já não parece dar conta de todos os habitantes, e isso torna mais difícil a meta de crescimento sustentável. As consequências negativas manifestam-se em múltiplos planos: falência dos sistemas de previdência, gerando desamparo em fase difícil da vida; escalada do desemprego, envolvendo principalmente os jovens; aquecimento global, sendo as mudanças climáticas extremas sentidas por todos.

Ao lado dessas adversidades contemporâneas, surge aspecto bastante positivo – o acesso das pessoas às informações. Vivenciamos a Era da Informação, que é também a Era Digital. A quadra atual caracteriza-se pelo conhecimento dinâmico e tecnológico, por desafios próprios à modernidade, pelas alterações cada vez mais rápidas e profundas decorrentes do avanço da tecnologia. Convivemos com velocidade e transparência de informações nunca experimentadas. A publicidade dos fatos, sempre bem-vinda do ponto de vista normativo, tornou-se inevitável.

Com a chegada da internet às residências, revelaram-se novos cenários sociais, educacionais e comerciais. A proteção à liberdade de expressão, o acesso às informações e a promoção da cultura e da educação passaram por transformações significativas. A informática revolucionou os meios de ensino e de difusão da cultura e do pensamento. As pessoas nunca mais se comunicaram, buscaram conhecimento e informações ou realizaram transações comerciais como antes. Sob as ópticas quantitativa e qualitativa, tem havido, no século XXI, maior expansão desses fenômenos.

Como consequência direta, mudam a sociedade, os comportamentos humanos e as instituições. O Direito, nos mais variados ramos, é influenciado por essa realidade, à qual deve se ajustar e, a um só tempo, conformá-la. A relação é de reciprocidade, ainda que assimétrica, a depender da matéria e dos valores em jogo. Nesse sentido, impõe-se refletir sobre a evolução do Direito para atender à sociedade digital.

Toda essa revolução chegou à política. Os processos eleitorais sofrem forte impacto dos recentes paradigmas comunicacionais. As redes sociais são importante meio de interação entre os eleitores e entre estes e os candidatos, modificando, em boa medida, o perfil das eleições. As oportunidades de crítica aos governantes, elemento fundamental de qualquer democracia real, foram ampliadas com os blogues e as redes sociais digitais. Hoje a política deve dialogar com o que se convencionou chamar de "novas mídias".

Fala-se em "democracia digital". Sem dúvida, a inovação nesse campo tornou a comunicação mais democrática, ou seja, mais pessoas passaram a ter voz e a ser ouvidas. A internet é uma nova Ágora Ateniense. O jornalismo foi transformado, e, correlatamente, o consumo das informações nunca antes se mostrou tão intenso, abrangente e veloz. Entre os artigos de maior circulação comunicacional, encontram-se os fatos políticos. Com a "sociedade digital", a classe política está sob grande vigília e nem sempre reage bem.

A transparência digital envolve dois aspectos: o da gestão de governo e o atinente aos meios digitais de transmissão de informações e de comunicação. No que se refere ao controle social dos atos de gestão como forma de participação cidadã, importa o quanto a tecnologia favorece a maior transparência. Relevante é analisar como os governos têm usado as novas ferramentas tecnológicas, sobretudo a internet, para tornar mais transparentes e acessíveis as informações sobre a coisa pública, de forma a aumentar a participação, a pressão e o controle popular, contribuindo para o desenvolvimento do país.

As novas tecnologias proporcionam facilidades que reduzem custos naturais do engajamento político das pessoas. Esses mecanismos possuem vantagens de tempo e espaço, derrubando limitações no tocante à comunicação e ao acesso às informações. Permitem a transmissão de quantidade maior de dados. Oferecem comodidade e interatividade aos destinatários. Com isso, são reduzidas as barreiras para que os cidadãos envolvam-se no *debate público*, que é a essência da democracia.

Para um democrata convicto, a revolução digital é algo a comemorar: acredito na força epistêmica da democracia, na certeza de que decisões melhores são tomadas na medida em que todos possam se informar e tenham participação, ainda que de forma indireta. Uma sociedade bem informada, que convive com a publicidade dos fatos, é mais democrática e, consequentemente, mais livre.

Ao lado da Era Digital, o mundo globalizado enfrenta outra característica contemporânea que representa o maior desafio atual à democracia: vive-se a Era da Intolerância, com ataques crescentes ao livre debate. O paradoxo é evidente e inadmissível. Como apontou recente reportagem do Jornal *The Economist*, entidades de monitoramento noticiam "que é cada vez mais perigoso emitir opiniões em público". Apesar de a Era Digital ampliar as oportunidades para as pessoas dizerem o que pensam, aumentam as limitações para que possam fazê-lo.

Ameaças crescentes ao livre debate vêm de radicais. Há pouco, por exemplo, parlamentar britânica foi assassinada, ao que tudo indica, por ser favorável à permanência do Reino Unido na União Europeia. Grupos armados religiosos se disseminam. Os mais destacados são os jihadistas. Têm sido comuns assassinatos de escritores, artistas e jornalistas laicos que se manifestam em sentido contrário ou ofensivo ao islã. O caso mais conhecido é o do ataque, na França, aos cartunistas do Jornal Charlie Hebdo.

Um dos agentes de restrições é o próprio Estado. Na Rússia, o controle estatal sobre os meios de comunicação é intenso; na China, o partido comunista exerce forte censura sobre as redes sociais; no Oriente Médio, apesar da Primavera Árabe, em países como Síria, Líbia e Egito, impera a intransigência com opiniões antagônicas aos interesses dos governos. Em alguns países, caminha-se para a institucionalização da intolerância, mediante a edição de norma jurídica que criminaliza "insultos" contra religiões e políticas de

Estado. Críticas aos governos e discursos de liberdade e independência são, não raramente, punidos com prisão.

Postura contrária à liberdade irrestrita de manifestação é adotada até por aqueles de esquerda em defesa de políticas de reconhecimento, opondo-se a discursos que podem parecer discriminatórios em relação a grupos minoritários. O ataque a discursos agressivos e por vezes infames é também afronta à liberdade de expressão, ainda que embasada em razões bem diversas em comparação à intolerância religiosa de grupos extremistas.

A revolução digital transformou a informação no bem mais precioso das relações sociais, mas renovou e acirrou a tradicional tentação de monitorar o que as pessoas sabem e podem saber. Os motivos alegados para a censura são os mais variados, da proteção à privacidade de indivíduos que se dizem ofendidos à preservação de supostos interesses públicos. Mas a pergunta é a mesma de sempre: quem controlará os controladores?

Cercear a livre circulação de ideias é o primeiro passo para se eternizar regimes autoritários. Há de se apostar na capacidade da democracia: a troca de ideias constante, sem dogmas e limitações pré-determinadas, produz melhores resultados. Isso passa por uma imprensa livre e uma sociedade consciente de que democracia não se harmoniza com "velhas opiniões formadas sobre tudo", como dizia Raul Seixas, que, como os brasileiros sabem, é um compositor-cantor.

Democracia e liberdade não combinam com tabus: a liberdade de expressão há de alcançar o direito de falar, até mesmo, coisas estúpidas e com as quais a maioria não concorda, inclusive o governo. É preciso respeitar pensamentos diferentes dos nossos. Intolerância à opinião alheia e discordante vinda do Estado, de extremistas ou mesmo dos que se intitulam progressistas é sempre intolerância: a diferença é de espécie, e pode ser de grau, mas não de gênero.

Não se está a pregar a tolerância com os intolerantes, que abandonaram as balizas da disputa institucional, ou seja, com aqueles que defendem o emprego da violência contra os que demonstram opiniões e posições contrárias no campo religioso, econômico, político ou cultural. Os intolerantes pretendem valer-se da tolerância justamente para eliminá-la, o que é inadmissível.

A Era acarreta outro desafio: a violência contra a identidade e a cultura dos povos.

Organizações criminosas fundamentalistas como o Talibã, a *Al-Qaeda* e o Estado Islâmico impõem o terror e ameaçam a liberdade. Em nome de Maomé e das palavras do Alcorão, segundo interpretação própria, esses grupos voltam-se contra todos e quaisquer costumes e crenças que lhes pareçam ofensivas. Promovem violência religiosa e a mais absoluta aversão aos que não partilham das crenças fundamentalistas.

As ações representam a negação dos direitos humanos. Assassinatos e execuções de militares e civis, tortura para conversão das pessoas ao islamismo, sequestro, violência sexual contra mulheres e doutrinação de crianças são exemplos de crimes praticados. Ataques terroristas contra o Ocidente e países do Oriente fazem parte do arsenal de crimes de guerra. Não apenas a comunidade cristã ocidental é alvo dos radicais fundamentalistas, mas também muçulmanos xiitas e assírios são perseguidos e mortos no âmbito de verdadeira limpeza étnica.

Mais recentemente, o mundo tem assistido, atônito, ao Estado Islâmico destruir o patrimônio cultural de países do Oriente Médio, especialmente o Iraque, vindo a batizar essas medidas de "limpeza cultural". O objetivo dos fundamentalistas é apagar a identidade dos povos, da cultura dessas nações. É algo que vai além da intolerância religiosa, alcançando a própria memória cultural dos acusados de "infidelidade". Segundo afirmam os líderes do grupo, as estátuas destruídas representavam insulto ao islamismo. Não obstante, as ações incluem o contrabando desses artefatos na Europa, para financiamento das práticas terroristas, o que requer maior fiscalização sobre a aquisição das obras.

A intolerância dirige-se contra o Patrimônio da Humanidade.

Edifícios e sítios arqueológicos foram alcançados, negando-se ao homem o direito de conhecer as origens. Manuscritos são destruídos, a lembrar a queima, pelos nazistas, de livros de autores que se apresentavam contrários aos ideais nacionalistas de Hitler ou que, por qualquer razão, eram considerados inconvenientes. Ruínas e cidades antigas têm sido apagadas da memória, a exigir providências imediatas contra a escalada de "limpeza cultural".

Ataques violentos promovem a perda da identidade cultural dos povos de outra forma também: os contextos de violência obrigam as pessoas a saírem dos territórios de origem, a abandonar práticas e culturas próprias, provocando uma das maiores crises humanitárias de todos os tempos.

De acordo com o relatório "Tendências Globais" da Agência da ONU para Refugiados (ACNUR), divulgado em 20 de junho de 2016, o deslocamento forçado alcançou recorde global, atingindo 65,3 milhões de pessoas. Ou seja, 1 em cada 113 pessoas no mundo é solicitante de refúgio, deslocado interno ou refugiado. Isso significa que, a cada minuto, 24 pessoas veem-se forçadas a abandonar seus lares. O número dos que são compelidos a se deslocar em razão de conflitos supera a população do Reino Unido, da França ou da Itália. Se indivíduos tentando fugir de guerras e perseguições étnico-religiosas compusessem um Estado, ocupariam, em termos de população mundial, a 21ª posição.

Desse total de pessoas, 40,8 milhões deixaram suas casas, mas continuam dentro das fronteiras do respectivo país, 21,3 milhões são refugiados ao redor do mundo e 3,2 milhões aguardam resposta à solicitação de refúgio.

No decorrer de 2015, o país com o maior número de deslocados internos foi o Iêmen – 2,5 milhões de indivíduos em apenas um ano, o que corresponde a quase 10% da população, sendo muitos deles crianças. Considerado o total de deslocamentos internos, a Colômbia é o país com o triste recorde – são 6,9 milhões de deslocados, sendo que 113.700 no ano de 2015. As pessoas migram dentro do território, obrigadas a abandonar lares e atividades econômicas, porque as ações violentas de grupos como as FARC ameaçam suas vidas, a integridade física das famílias, não havendo segurança ou liberdade.

Ante a circunstância de a sociedade civil e as autoridades públicas colombianas terem, por muitos anos, ignorado as condições às quais se submetiam esses cidadãos durante e depois dos deslocamentos, a Corte Constitucional daquele país assentou a vigência de um Estado de Coisas Inconstitucional e determinou medidas não só em favor dos que pleitearam tutelas, mas também daqueles que se encontravam em idêntica situação. Consistiram em determinar fossem desenvolvidas novas políticas públicas, leis e um marco regulatório eficiente para proteger os direitos dessas pessoas.

Preocupada com a eficácia da decisão, a Corte monitorou as providências adotadas pelo Governo: em dez anos, realizou vinte audiências públicas com a presença das autoridades envolvidas e dos setores interessados da sociedade civil, nas quais deliberou sobre a adequação, o andamento e o aperfeiçoamento das políticas públicas formuladas. Com isso, proferiu cerca de 290 decisões. Eis o Direito em ação!

As medidas, aliadas ao esforço das autoridades locais e de organismos internacionais, conduziram ao êxito esperado. Em 2015, cogitou-se da superação do Estado de Coisas Inconstitucional. Ao que tudo indica, caminha-se para o fim dos conflitos, com a assinatura recente, em Havana, de acordo de paz.

O deslocamento para além das fronteiras também possui cores fortes. É um dos maiores desafios sociais que a Europa enfrenta nos dias de hoje. Sem dúvida, está-se diante da maior crise migratória desde a Segunda Guerra

Mundial. Chegam aos países da Europa Ocidental centenas de milhares de refugiados, vindos, principalmente, da África e do Oriente Médio, com destaque aos oriundos da Guerra da Síria, onde o deslocamento interno é também intenso.

Essas pessoas fogem das guerras e dos conflitos gerados, notadamente, pela intolerância étnico-religiosa, buscando, de forma desesperada, a sobrevivência. Mostram-se absolutamente vulneráveis, tendo se tornado constantes os naufrágios de barcos superlotados de refugiados, principalmente no Mar Mediterrâneo, produzindo cenas de crianças afogadas a chocarem todo o mundo. A recepção dos imigrantes por parte da população local relaciona-se à economia. Se a economia prospera, com a geração de emprego, os imigrantes inserem-se no mercado de trabalho e conseguem mais facilmente superar as dificuldades, inclusive culturais. Se o crescimento econômico não vai bem, são vistos como concorrentes, como ameaças em potencial, exacerbando-se os pontos de atrito provenientes das diferenças culturais. Os desafios migratórios, da inclusão, do controle de fronteiras conectam-se, assim, aos desafios econômicos, climáticos, laborais, da segurança e da democracia fiscal.

E em que o Direito pode contribuir para minimizar os impactos desses desafios globais, em especial os ataques aos direitos humanos decorrentes da intolerância étnico-religiosa de toda espécie?

Respostas, tenho certeza, serão oferecidas pelos ilustres conferencistas e palestrantes deste 23º Seminário de Verão da Universidade de Coimbra. Estou certo de que a excelência das exposições provocará reflexões acerca dos impasses e as iniciativas que os Estados, sem perderem os traços essenciais de soberania, poderão adotar na solução dos grandes problemas humanitários e ameaças às liberdades de nosso tempo.

Qualquer conclusão deve passar pela instrumentalidade do Direito, presentes os direitos humanos. No campo do reforço das garantias e da sempre afirmação da fundamentalidade de posições, normas jurídicas internas e internacionais devem servir como meios flexíveis e eficientes para que Estados dialoguem e cooperem entre si, sobre base solidária, em torno dos interesses comuns de liberdade democrática, bem-estar e paz social. Que as melhores soluções sejam encontradas por meio de amplo debate e tendo como fim os direitos humanos.

Congratulo todos os presentes, os organizadores e painelistas na pessoa do incansável Professor Manuel Carlos Lopes Porto, as entidades coordenadoras e patrocinadoras, em especial o Instituto de Pesquisa e Estudos Jurídicos

Avançados - IPEJA e a Fundação Getúlio Vargas, responsáveis, também, pela organização do Seminário de Verão da Universidade de Coimbra, que tanto contribui para pensarmos e construirmos um mundo melhor, mais livre, justo e solidário.

Que, oxalá, assim o seja. Que cada qual, em vez de simplesmente criticar, faça a sua parte. Amém e muito obrigado pela atenção que tiveram em me ouvir.

PALESTRA – CIDADANIA NUM MUNDO EM TRANSIÇÃO – ENTRE MEDOS E A ESPERANÇA DEMOCRÁTICA

Cumprimento os organizadores do tradicional Seminário de Verão, o Professor Doutor Manuel Carlos Lopes Porto, Presidente da Associação de Estudos Europeus de Coimbra, o Professor Rubens Lopes da Cruz, Presidente do IPEJA – Instituto de Pesquisas e Estudos Jurídicos Avançados, a incansável Executiva Cristiane Frota, os anfitriões Professores Doutores João Gabriel Silva e Rui Manoel de Figueiredo Marques, respectivamente Magnífico Reitor da Universidade de Coimbra e Diretor da Faculdade de Direito. O moderador — Embaixador de Portugal no Brasil, Jorge Dias Cabral. Minha saudação a todos os presentes.

Registro a alegria de participar deste grandioso evento, ocorrido anualmente na Universidade de Coimbra, uma das mais antigas e importantes universidades da Europa. Na verdade, uma das mais antigas do mundo e declarada Patrimônio Mundial pela UNESCO. Devo dizer da honra maior de estar neste Seminário ao lado de mentes brilhantes, pensadores do Direito a serviço da liberdade, da igualdade e da democracia. Minha especial homenagem ao Professor Doutor Adriano Moreira, de trajetória inexcedível, com quem tenho a honra de dividir as considerações finais. Que nosso sentimento coincida na essência, como ocorreu no Seminário de Verão de 2017.

"Nada é permanente, exceto a mudança".

A frase de Heráclito, o "pai da Dialética", nunca foi tão atual. O filósofo pré-socrático falava do mundo "em movimento perpétuo", em constante alternância de contrários. Como disseram seus seguidores: "Tudo flui como um rio".

O mundo está em constante mudança. Parabenizo a organização do Seminário pela estrutura temática: em meio a tantas transformações, qual o papel da cidadania? Reunidos em estados, nações, ou no mundo globalizado, como enfrentar os desafios que lançam mudanças cada vez mais rápidas e, não raramente, ameaçadoras? É possível conviver sempre entre extremos, como falava Heráclito? Melhor: é possível viver entre o medo e a esperança?

Não cabe revisar o que foi dito pelos expositores que me antecederam. O objetivo é apresentar reflexões, como expectador preocupado com as transformações de nosso tempo.

O mundo em transição: da oportunidade ao medo?

Mudanças recentes têm colocado desafios à democracia, à separação de poderes, ao exercício da cidadania e aos direitos humanos.

A transição entre os séculos XX e XXI ainda não se consolidou. O mundo pós onze de setembro está mergulhado em dúvidas. A "certeza", que os primeiros Iluministas prometeram, nunca esteve tão distante. Vivem-se hoje choques culturais, com a quebra de paradigmas que se acreditavam permanentes.

Essas rupturas possuem consequências no dia a dia: afetam a economia, a política, a cultura, a integração pretendida pelo fenômeno da globalização, a sociedade como um todo. Crises assumem contornos dramáticos: imigração e xenofobia; o levante de populismos de extrema direita e de esquerda, ameaçando a democracia liberal com políticas de intolerância; crises financeiras a aprofundarem ainda mais as desigualdades; o meio ambiente cada vez mais em risco; a volta da ameaça nuclear.

Costuma-se dizer que as mudanças decorrem de três revoluções: a ecológica, a tecnológica e a da globalização.

A ecológica parece ter perdido o fôlego. Crises financeiras sucessivas derrotam a compreensão de o ser humano revelar-se uma complexa unidade integrada à natureza, sem a qual não pode sobreviver. Relatórios, elaborados pelo Programa das Nações Unidas para o Meio Ambiente, dão conta do agravamento dos problemas ambientais: o desmatamento das florestas, a pesca excessiva ao redor do mundo, a poluição do ar e da água, a emissão de gases causadores do efeito estufa. No Brasil, por maior que seja o esforço de órgãos como o Ministério Público Estadual e Federal, desastres ecológicos se repetem, tendo sido o maior deles o de Mariana, cujas consequências efetivas ainda são desconhecidas. As pessoas parecem ter perdido a consciência da gravidade desse problema.

Sob o ângulo da revolução tecnológica não é diferente. Em artigo homenageando o exemplar ministro do Superior Tribunal de Justiça Antonio de Pádua Ribeiro, para a coletânea "Cidadania, sistema político e o Estado-juiz: os desafios da democracia brasileira no século XXI", ressaltei a Era da Informação, que é a Era Digital. A quadra caracteriza-se pelo conhecimento dinâmico, por desafios promovidos pelas alterações cada vez mais rápidas e profundas decorrentes do avanço da tecnologia. Como consequência direta, mudam a sociedade, os comportamentos humanos e as instituições. Somos hoje uma "sociedade digital".

Com a chegada da internet às residências, surgiram novos cenários sociais, educacionais e comerciais. As pessoas nunca mais se comunicaram, buscaram o conhecimento e informações, realizaram transações comerciais como antes. Toda essa revolução chegou à política. Os processos político-eleitorais sofrem forte impacto desses paradigmas comunicacionais. As redes sociais são um importante canal de diálogo entre os eleitores e entre estes e os candidatos, modificando o perfil das eleições. Hoje a política deve dialogar com o que se convencionou chamar de "novas mídias". Fala-se em "democracia digital". A revolução nesse campo tornou a comunicação mais democrática, ou seja, mais pessoas passaram a ter voz e a ser ouvidas. A internet é a nova Ágora Ateniense.

Vivem-se tempos de impessoalidade, das *fake news*, das ameaças virtuais. A tecnologia tem implicações nas formas por meio das quais pessoas e grupos sociais se relacionam e trocam ideias sobre as próprias vidas, repercutindo na dinâmica política e estatal. A "sociedade digital" não se comunica por meio do abraço, do aperto de mãos, dos olhos nos olhos. Na Era Digital, "as verdades são menos verdadeiras". As pessoas vêm normalizando a mentira, a informação falsa, a calúnia pela calúnia, sem medir consequências. "Compartilhamento de notícias falsas" é corriqueiro no Brasil. As pessoas perderam o cuidado de checar a verdade. O excesso não faz bem, mesmo sendo de algo tão extraordinário como a tecnologia. Ante a avalanche quantitativa de informações, há o perigo de a sociedade perder o senso qualitativo

A terceira revolução é a globalização, sobre a qual, no passado, muito se falou neste Seminário. A ideia surgiu como proposta de ordem econômica mundial sem fronteiras, mas não se encerrou no viés econômico. A integração ganhou contornos social, cultural e político. O mundo sem fronteiras não é apenas do comércio e das transações mobiliárias, mas também da cultura, das decisões políticas, do convívio social. Surgiram movimentos de integração como a União Europeia e o Mercosul. É essa a ideia que legitima o apoio a imigrantes e refugiados.

A economia global é dinâmica, em transição permanente, e isso está relacionado com a Era Digital. Hoje, em qualquer parte, tudo se pode fazer. A economia "digital" e o tráfego de informações definem o ponto de vista e modificam o que se pensa. Isso causa perplexidades. Algumas pessoas sentem-se perdidas diante de tanta informação e da velocidade com que as coisas acontecem. Incertezas e inseguranças em vez de conhecimento. Mais do que nunca, questiona-se como sobreviver ou alcançar sucesso num mundo tão cambiante.

As sociedades estão em transição; a cidadania está em transição. A integração econômica, social, cultural e política, perseguida pelo fenômeno da globalização, encontra-se fragilizada. Os termos de tolerância, solidariedade, convivência pacífica de povos cultural, religiosa e linguisticamente diferentes, firmados a partir da segunda metade do século passado, correm riscos.

A Segunda Grande Guerra Mundial está muito distante no tempo a ponto de fazer esquecer fatores e consequências? Vivemos tempos de medo?

É importante falar da Guerra, pois os acontecimentos e consequências estão na raiz da globalização.

O fenômeno da integração contemporânea teve início com os deslocamentos causados pela Grande Guerra. Comunidades de refugiados formaram minorias étnicas e culturais em vários países, não só da Europa. Para essas pessoas, o deslocamento forçado representava, a princípio, uma oportunidade. E muitos países, que sofreram destruições na guerra, precisaram, para a reconstrução, da força operária dos deslocados. O pós-Segunda Guerra criou um extraordinário sistema de oferta e procura de trabalho envolvendo os imigrantes.

Surgiu a tendência de migração dos países mais pobres do Sul para países do Norte, destacadamente Europa e Estados Unidos, em movimento inverso ao que ocorreu no fim do século XIX e no começo do século passado: é lembrar da imigração de italianos, alemães e japoneses para o Brasil. Nações foram transformadas por esses movimentos migratórios. Contudo, aos poucos, os sentimentos foram mudando. Do binômio necessidade/oportunidade, passou-se ao medo.

O escritor britânico Keith Lowe destaca que esses fenômenos migratórios, iniciados na Segunda Grande Guerra, culminaram em forte sentimento de xenofobia, causado basicamente por dois temores da população nativa: o da perda de postos de trabalho e o da perda da identidade cultural. O último, para o autor, tem sido o mais forte: o medo de a transformação resultar em verdadeira erosão da comunidade. Os imigrantes são apontados como culpados pelo que muitos consideram ser uma deturpação ou alienação cultural.

Essa reação tem impossibilitado o sentimento de "pertencimento". As pessoas, mesmo com oportunidades de emprego fora de seus países, sentem-se deslocadas. A retórica anti-imigração está em alta e acabou de contribuir para eleger o presidente dos Estados Unidos. As migrações em massa foram componentes essenciais do processo de globalização. As reações de hoje ameaçam a desconstrução desse processo, ocasionando choques culturais e étnicos no mundo todo.

E então chega-se ao ponto culminante do processo de crescimento de tensão e medo: chega-se ao "meta-medo" do terrorismo. Estados Unidos, Inglaterra, Bélgica, Espanha, França e Alemanha, mesmo com aparatos militares, sofreram ataques e hoje convivem com o permanente temor do terrorismo. E o mundo, como disse Keith Lowe, volta a ter medo similar ao da Segunda Guerra: o da intolerância e da violência desmedida. As tensões entre Ocidente e Oriente ameaçam a visão de democracia liberal e de respeito aos direitos humanos, tudo acompanhado de aumento do desemprego, da pobreza e das desigualdades sociais em escalas globais, cenário potencializado pela estagnação econômica.

Essa é a quadra vivida.

E a cidadania: o que pode oferecer?

Cidadania é um conceito extenso, de forte conotação política, multidimensional, vinculado diretamente às virtudes e perplexidades de temas como liberdade, justiça social, solidariedade, universalismo e nacionalismo. Desde a Grécia Antiga, surgiu como elo entre o homem livre e a cidade, mas, como magistralmente anotou o saudoso mestre Ricardo Lobo Torres, foi com a Revolução Francesa que o conceito adquiriu associação definitiva com os direitos fundamentais do homem – de todos os homens.

É por meio do exercício da cidadania que direitos são conquistados e exercidos. O próprio exercício da cidadania é um direito fundamental. Na clássica formulação do sociólogo britânico Thomas Humphrey Marshall, a cidadania se desenvolveu, primeiramente, como direitos civis, seguidos dos políticos e, então, dos sociais. A evolução dessas ideias, migrando da Sociologia para o campo da Moral e do Direito, resultou na noção da cidadania como fundada na consideração ética e jurídica dos direitos humanos.

Essa é a única via de salvação ante as perplexidades contemporâneas surgidas das crises: cidadania é pertencimento à comunidade, mas um pertencimento ao mesmo tempo ético e jurídico, e não simplesmente decorrente de laços naturais com as cidades. Assegura, nos planos nacional, internacional e supranacional, direitos e deveres fundamentais a todos, a integração dos povos em torno dos valores justiça, liberdade e solidariedade. Cidadania significa que a relação entre Estado e Sociedade há de apoiar-se na afirmação dos direitos humanos e da justiça. Apenas assim será alcançada a correção de rumos, com a vinda de melhores dias.

Essa perspectiva é incompatível com políticas de intolerância, com populismos e nacionalismos, com a estratégia do medo empregada por organizações terroristas, algumas apoiadas por governos autoritários. Há de respeitar-se o pluralismo étnico, cultural, ideológico e político. O cidadão tem o direito-dever de exercer a capacidade política, de tornar realidade a verdadeira cidadania democrática, em nível local e internacional. Somente com o diálogo e a participação política, plural e efetiva, será dado combater os medos desse mundo sempre em transformação.

Encerro lembrando o que disse no ano passado: "Precisamos ter fé na humanidade, na memória das atrocidades que nacionalismos e populismos já produziram, e acreditar que a paz dos povos seja sempre o norte!" E acrescento: como cidadãos livres, solidários e conscientes, devemos fazer nossa parte, exercendo e defendendo sempre a democracia, o único meio capaz de ensejar evolução. Muito obrigado.

HOMENAGEM DA ASSESSORIA 2013/2015 UM TRIBUTO À INTEGRIDADE JUDICIAL: 25 ANOS DO MINISTRO MARCO AURÉLIO NO STF

- I -

Nos Estados Unidos, a professora Lani Guinier destacou o valor intrínseco do voto vencido: o poder do dissenso de convidar atores sociais, que discordam das decisões da maioria, a continuar e ampliar a discussão sobre os temas julgados. Votos vencidos podem ser a *fagulha* de um engajamento maior das pessoas em debates sobre o conteúdo e propósitos dos textos constitucionais. Dão o tom e a confiança da oposição à maioria, tão essencial para uma cultura política e social verdadeiramente democrática. Contribuem, assim, para a maior participação popular na evolução e mudança da jurisprudência constitucional. Para a autora, os votos dissidentes "podem tornar-se uma ferramenta crucial no diálogo contínuo entre direito constitucional e cultura constitucional"[1].

Além do valor intrinsecamente democrático, o voto vencido também tem um efeito positivo em relação à própria deliberação interna da Corte. A independência ante o entendimento majoritário atenua a influência da ideologia, contribuindo para evitar posições mais extremadas e aumentar a probabilidade de observância do Direito. Ademais, visões divergentes

---

1 GUINIER, Lani. Demosprudence Through Dissent. *Harvard Law Review* Vol. 122 (1), 2008, p. 4-138.

provocam análises mais detidas sobre o tema e despertam a atenção para aspectos juridicamente relevantes que, por vezes, são desprezados pela maioria. Nesse sentido, a presença de um juiz respeitado pelos colegas, disposto a questionar ideias consensuais e expor possíveis enganos, pode contribuir para elevar a qualidade das deliberações no Tribunal, potencializando a obtenção de melhores resultados.

Na história do Supremo Tribunal Federal, nenhum outro juiz cumpriu e cumpre esses papéis, democrático (externo) e informativo (interno), do "voto vencido" como o faz o **Ministro Marco Aurélio**. Sempre buscando espaço próprio, nunca se preocupou em formar a corrente majoritária, mesmo quando já consolidada. Nunca tomou o "conforto da maioria" como aliado. Nesta semana, celebram-se 25 anos desta trajetória ímpar no Supremo. Nós, assessores e admiradores, procuramos homenageá-lo destacando alguns de seus *grandiosos votos vencidos* que, justamente por não terem deixado a *fagulha* do dissenso se apagar, se tornaram, mais tarde, o fundamento decisivo do consenso da maioria. Seguem os dez principais exemplos de virada de jurisprudência a partir da divergência do Min. Marco Aurélio, e também algumas de suas inquietações mais recentes.

- II -

Merecem destaques iniciais os casos de defesa do indivíduo contra a ação coercitivo-penal arbitrária do Estado. No julgamento do HC nº 69.657/SP[2], de sua relatoria, acórdão redigido pelo Min. Rezek, o Min. Marco Aurélio defendeu a inconstitucionalidade do art. 2º, § 1º, da Lei dos Crimes Hediondos, sustentando que a imposição de cumprimento da pena em regime integral e fechado, não admitida a progressividade, ofendia, mesmo nos casos de crimes hediondos, o princípio da individualização da pena e a dignidade humana. Foi voto vencido, juntamente com o Min. Pertence. Quase quatorze anos depois, por maioria de um voto, o Tribunal modificou a posição no exame do HC nº 82.959/SP[3], de sua relatoria, com os mesmos fundamentos do voto vencido do passado: a garantia da individualização da pena e tendo em conta o princípio da dignidade da pessoa humana.

Outro tema no qual o Supremo alterou o entendimento, na linha defendida pelo Min. Marco Aurélio, foi o da inconstitucionalidade da execução

[2] STF – Pleno, HC 69.657/SP, Red. do Acórdão Min. Francisco Rezek, j. 18/12/1992, DJ 18/6/1993.

[3] STF – Pleno, HC 82.959/SP, Rel. Min. Marco Aurélio, j. 23/2/2006, DJ 1º/9/2006.

provisória de pena ante o princípio da não culpabilidade. O ministro sempre afirmou a necessidade do trânsito em julgado do decreto condenatório. Nunca admitiu pudesse a ausência de efeito suspensivo a recurso autorizar a execução antecipada de sentença penal[4]. Foi voto vencido durante anos[5]. Em 5/2/2009, no HC nº 84.078/MG[6], relator Min. Eros Grau, o Tribunal acabou por concluir pela inconstitucionalidade da execução provisória de pena restritiva de liberdade, tal como há tempos assentou o Min. Marco Aurélio, em razão do conteúdo normativo do princípio da não culpabilidade, interpretativamente potencializado pela dignidade da pessoa humana.

Caso paradigmático de mudança de jurisprudência ocorreu com o tema da prisão do depositário infiel. O Min. Marco Aurélio votava pela inconstitucionalidade da medida. Entre outros argumentos, aduzia a adesão do Brasil ao Pacto de São José da Costa Rica, que permite a prisão civil por dívida apenas na hipótese de descumprimento de obrigação alimentar[7]. Ficava vencido, juntamente com os ministros Rezek, Carlos Velloso e Sepúlveda Pertence. Treze anos depois, no HC nº 87.585/TO[8], de sua relatoria, no RE nº 349.703/RS[9], relator Min. Ayres Britto, e no RE nº 466.343/SP[10], relator Min. Cezar Peluso, o Supremo passou a aplicar a tese então vencida, declarando a invalidade da prisão de depositário infiel ante o fato de o Brasil haver subscrito o Pacto de São José da Costa Rica, tido como norma supralegal.

Outro julgado emblemático diz respeito à exigência de recolhimento à prisão do acusado para apelar, e consequente deserção do recurso no caso de fuga, consoante previsto no art. 595 do CPP. O Supremo não vislumbrava configurada afronta à ampla defesa, enxergando a norma como pressuposto extrínseco de admissibilidade recursal. O Min. Marco Aurélio votava em sentido contrário, sublinhando o cerceamento de defesa e a transgressão ao princípio da não culpabilidade[11]. Sempre insistiu no ponto, vindo a motivar

4 STF – 2ª T., RHC 71.959/RS, Rel. Min. Marco Aurélio, j. 22/11/1994, DJ 2/5/1997.

5 Cf. MELLO, Marco Aurélio Mendes de Farias. *Vencedor e Vencido*. Rio de Janeiro: Forense, 2006, p. 173 e ss.

6 STF – Pleno, HC 84.078, Rel. Min. Eros Grau, j. 5/2/2009, DJ 26/2/2009.

7 STF – Pleno, HC 72.131/RJ, Red. do Acórdão Min. Moreira Alves, j. 23/11/1995, DJ 1/8/2003. Cf. MELLO, Marco Aurélio Mendes de Farias. *Vencedor e Vencido*. Op. cit., p. 45 e ss.

8 STF – Pleno, HC 87.585/TO, Rel. Min. Marco Aurélio, j. 3/12/2008, DJ 26/6/2009.

9 STF – Pleno, RE 349.703/RS, Rel. Min. Ayres Britto, Red. do Acórdão Min. Gilmar Mendes, j. 3/12/2008, DJ 5/6/2009.

10 STF – Pleno, RE 466.343, Rel. Min. Cezar Peluso, j. 3/12/2008, DJ 5/6/2009.

11 STF – 2ª Turma, HC 76.878/SP, Rel. Min. Marco Aurélio, Rel. p/ Acórdão, Min. Maurício Corrêa, j. 4/8/1998, DJ 24/8/2001.

a mudança de entendimento do Tribunal quase dez anos depois. No HC nº 85.961/SP[12], de sua relatoria, o ministro reiterou os argumentos de a regra processual encerrar autêntica antecipação da execução da pena, antes do trânsito em julgado. Por unanimidade, o Tribunal reconheceu a incompatibilidade com a Carta de 1988.

Esses votos demonstram a orientação de um juiz voltado à proteção maior dos direitos fundamentais. O Min. Marco Aurélio observou sempre a mesma premissa em outras áreas, como a do devido processo legal e consectários. Evolução jurisprudencial, particularmente importante, ocorreu nos casos de exigência de depósito ou de arrolamento de bens como requisito de apreciação de recursos administrativos. Na Medida Cautelar na ADI nº 1.049/DF[13], relator Min. Celso de Mello, a maioria indeferiu pedido de suspensão da eficácia de norma por meio da qual se exigia o depósito do valor de multa como condição de julgamento de recurso em processo administrativo no âmbito do INSS. O Min. Marco Aurélio votou vencido, junto ao relator, defendendo a ampla defesa como elemento do devido processo administrativo.

Tema análogo foi debatido no RE nº 210.246/GO[14], da relatoria do Min. Nelson Jobim, desta feita em relação ao art. 636, § 1º, da CLT, no qual prevista a exigência de depósito prévio do valor de multa trabalhista como condição de sequência de recurso junto ao Ministério do Trabalho. A maioria considerou constitucional a exigência, tendo, mais uma vez, o Min. Marco Aurélio votado vencido por enxergar violação à ampla defesa. No mesmo sentido, o Tribunal, nas Medidas Cautelares nas ADIs nº 1.922/DF e nº 1.976/DF[15], relator Min. Moreira Alves, assentou a constitucionalidade da exigência do depósito de 30% de crédito tributário lançado como condição de subida de recurso administrativo ao antigo Conselho de Contribuintes, hoje CARF. O Min. Marco Aurélio também votou vencido, aduzindo, novamente, violação à ampla defesa.

Alguns anos depois, seguindo a linha defendida pelo Min. Marco Aurélio, o Supremo passou a declarar inválidos óbices recursais da espécie, consignando que toda norma que veicule tais obstáculos viola o direito

12 STF – Pleno, HC 85.961/SP, Rel. Min. Marco Aurélio, j. 5/3/2009, DJ 17/4/2009.

13 STF – Pleno, ADI-MC 1.049/DF, Rel. Min. Celso de Mello, j. 18/5/1995, DJ 25/8/1995.

14 STF – Pleno, RE 210.246/GO, Rel. Min. Nelson Jobim, j. 12/11/1997, DJ 17/3/2000.

15 STF – Pleno, ADI-MC 1.922/DF e 1.976/DF, Rel. Min. Moreira Alves, j. 6/10/1999, DJ 24/11/2000.

fundamental de ampla defesa. No RE nº 388.359/PE[16], de sua relatoria, e no mérito das mencionadas ADIs nº 1.922 e nº 1.976[17], o Supremo proclamou a inconstitucionalidade da norma restritiva aos recursos propostos para o CARF. No RE nº 389.383/SP[18], também da relatoria do Min. Marco Aurélio, foi julgado inconstitucional o óbice quanto ao processo administrativo do INSS. Já na ADPF nº 156/DF[19], relatora Min.ª Cármen Lúcia, foi encerrada a virada jurisprudencial total com a declaração de inconstitucionalidade do depósito no âmbito do processo administrativo trabalhista. Ao fim, a persistência do Min. Marco Aurélio surtiu bons frutos ao devido processo legal.

O Min. Marco Aurélio sempre se opôs a formalismos que violassem o devido processo legal. Assim procedeu quanto à questão da admissibilidade ou não do chamado "recurso prematuro". O Tribunal havia consolidado orientação no sentido de a intempestividade recursal ocorrer na forma prematura, ou seja, quando o recurso fosse interposto antes da publicação do acórdão impugnado[20]. O Min. Marco Aurélio, no julgamento dos EDcl. no Ag.Rg. na Pet nº 3.087/DF[21], discordou dessa posição, ficando vencido ao admitir o recurso prematuro. Aduziu que concepção contrária apena a parte diligente e viola o direito de defesa. Esse entendimento, uma vez isolado, passou a representar, recentemente, a posição de ambas as Turmas do Tribunal[22]. A maioria agora rejeita o formalismo excessivo em favor do acesso à justiça.

O ministro também teve participação destacada em uma das mais importantes mudanças recentes da jurisprudência do Supremo: a relativa à efetividade do mandado de injunção no combate às omissões legislativas. Na importante Questão de Ordem no MI nº 107[23], relatoria do Min. Moreira Alves, o Supremo decidiu serem inadmissíveis decisões com caráter *constitutivo* em sede de mandado de injunção, de forma a não poder o Tribunal

---

16 STF – Pleno, RE 388.359/PE, Rel. Min. Marco Aurélio, j. 28/3/2007, DJ 22/6/2007.

17 STF – Pleno, ADI 1.922/DF e 1.976/DF, Rel. Min. Joaquim Barbosa, j. 28/3/2007, DJ 18/5/2007.

18 STF – Pleno, RE 389.383/SP, Rel. Min. Marco Aurélio, j. 28/3/2007, DJ 29/6/2007.

19 STF – Pleno, ADPF 156/DF, Rel.ª Min.ª Cármen Lúcia, j. 18/8/2011, DJ 28/10/2011.

20 P. ex.: STF – 2ª Turma, Ag.Rg. na PET nº 1.320/DF, Rel. Min. Nelson Jobim, j. 3/11/1997, DJU 6/2/1998.

21 STF – Pleno, EDcl. no Ag.Rg. na Pet. nº 3.087/DF, Rel. Min. Ayres Britto, j. 7/4/2005, DJ 2/12/2005.

22 STF – 1ª Turma, EDcl. no HC nº 101.132/MA, Rel. Min. Luiz Fux, j. 24/4/2012, DJ 22/5/2012; STF – 2ª T., Ag.Rg. no ARE nº 856.169/RS, Rel. Min. Cármen Lúcia, j. 28/4/2015, DJU 13.5.2015.

23 STF – Pleno, MI – QO 107, Rel. Min. Moreira Alves, j. 23/11/1989, DJU 02/08/1991.

suprir, diretamente, lacunas normativas. Em síntese, o Supremo não poderia atuar como "legislador positivo" nesses casos. O Min. Marco Aurélio não participou do julgamento dessa questão de ordem. Todavia, desde 1994, a começar pelo julgamento do MI nº 20/DF[24], votava vencido, ao lado do Min. Carlos Velloso, no sentido de ser abandonada essa jurisprudência restritiva.

O Min. Marco Aurélio propunha pudesse o Supremo formular a norma faltante para o caso concreto por meio do mandado de injunção. Nunca admitiu a equiparação eficacial entre o mandado e a ação direta por omissão. Para ele, "a razão de ser do mandado de injunção [...] está [...] em viabilizar o exercício do direito reconhecido constitucionalmente e afastar as consequências desastrosas, inclusive à segurança na vida gregária, da omissão do legislador". A opinião do Min. Marco Aurélio, antes minoritária, tornou-se vencedora, mais de dez anos depois, no julgamento dos MIs nº 670, 708 e 712[25], o famoso caso da "greve dos servidores públicos", quando o Supremo reconheceu ser hora de utilizar o mandado de injunção para suprir, diretamente, a lacuna inconstitucional ante a inércia persistente do legislador.

Em caso mais recente, examinado sob o ângulo da repercussão geral, evidenciou-se a atenção diferenciada que o Min. Marco Aurélio presta à segurança jurídica e ao instituto da coisa julgada. O Supremo tinha o entendimento de não se aplicar, aos casos em que envolvida interpretação de norma constitucional, a Súmula nº 343, segundo a qual "não cabe ação rescisória por ofensa a literal disposição de lei, quando a decisão rescindenda se tiver baseado em texto legal de interpretação controvertida nos tribunais". O Min. Marco Aurélio nunca admitiu o afastamento do Verbete, tendo assim votado vencido, isoladamente, nas ARs nº 1.409/SC e nº 1.578/PR[26], ambas da relatoria da Min.ª Ellen Gracie, relativas ao controvertido caso do Finsocial devido por empresas prestadoras de serviço.

No RE nº 590.809/RS[27], de sua relatoria, o Min. Marco Aurélio propôs a mudança dessa jurisprudência. Defendeu o não cabimento de rescisória quando verificado estar a decisão rescindenda em harmonia com o entendimento do Supremo vigente à época em que proferida, mesmo se envolvido

24 STF – Pleno, MI 20. Rel. Min. Celso de Mello, j. 19/05/1994, DJ 22/11/1996.

25 STF – Pleno. MI 670-9/ES, Rel. Min. Maurício Corrêa, Redator do Ac. Min. Gilmar Mendes, j. 25/10/2007, DJ 30/10/2008; STF – Pleno. MI 708-0/DF, Rel. Min. Gilmar Mendes, j. 25/10/2007, DJ 30/10/2008; STF – Pleno. MI 712-8/PA, Rel. Min. Eros Grau, j. 25/10/2007, DJ 30/10/2008.

26 STF – Pleno, AR 1.409/SC, Rel.ª Min.ª Ellen Gracie, j. 26/3/2009, DJ 15/5/2009; STF – Pleno, AR 1.578/PR, Rel.ª Min.ª Ellen Gracie, j. 26/3/2009, DJ 21/8/2009.

27 STF – Pleno, RE 590.809/RS, Rel. Min. Marco Aurélio, j. 22/10/2014, DJ 24/11/2014.

tema constitucional e, posteriormente, alterada a posição do Tribunal sobre a matéria de fundo. Advertindo não poderem ser confundidas a defesa da coisa julgada com a modulação dos efeitos da decisão do Supremo, assentou que recusar a rescisória é prestigiar a natureza de cláusula pétrea da primeira. A adequação da ação deveria ser reservada a hipóteses excepcionais, em homenagem à segurança jurídica e ao ideal de estabilidade das relações sociais. A maioria da Corte concordou e avançou a virada jurisprudencial.

- III -

Os casos narrados revelam a importância não só do voto vencido em si mesmo, mas também de o Supremo contar com um juiz que, estando os ministros reunidos em Plenário, insista no ponto de vista discordante de modo a dar nova oportunidade aos membros para refletirem e deliberarem sobre as matérias, possibilitando a mudança do entendimento se assim concluírem. A insistência do Min. Marco Aurélio e a coragem de figurar como voz isolada têm, muitas vezes, permitido ao Tribunal atualizar sua posição ante as transformações que só o tempo produz. Assim, a própria Carta da República se atualiza. Daí a relevância das inquietações e provocações jurídicas do ministro, muitas dessas já tendo favorecido alterações da jurisprudência, outras, mais recentes, sendo apenas, como o próprio Min. Marco Aurélio gosta de dizer, uma semente plantada.

A utilização indiscriminada da modulação temporal dos efeitos das decisões de inconstitucionalidade tem sido a principal inquietação recente do Min. Marco Aurélio. Na ADI nº 4.481/PR[28], o Supremo assentou a invalidade de norma estadual por meio da qual foram concedidos benefícios fiscais do ICMS sem convênio interestadual prévio, clara prática da denominada "guerra fiscal". Não obstante haver posição do Tribunal, há mais de vinte e cinco anos, pela inconstitucionalidade de normas da espécie, a maioria decidiu pela modulação. O Min. Marco Aurélio não só discordou, como alertou para os efeitos perversos da postura do Supremo, porquanto capaz de incentivar a edição de leis inconstitucionais. O ministro condenou o pragmatismo desprovido de parâmetros razoáveis das recentes decisões de modulação.

Outro ponto de discordância do Min. Marco Aurélio tem sido o controle pelo Supremo dos atos dos Conselhos Nacionais de Justiça e do Ministério Público. O Tribunal consignou, de forma defensiva, a impossibilidade de

[28] STF – Pleno, ADI 4.481/PR, Rel. Min. Luís Roberto Barroso, j. 11/3/2015, DJ 19/5/2015.

fiscalização dos denominados "atos de conteúdo negativo", notadamente dos que não impliquem comandos específicos aos órgãos fiscalizados[29]. O Min. Marco Aurélio tem sustentado o erro dessa posição quando não distinguida a situação em que os Conselhos não enfrentam as controvérsias daquela em que examinam o mérito da decisão da origem para mantê-la. No MS nº 33.163/DF[30], de sua relatoria, votou vencido advertindo o risco de essa orientação defensiva implicar espaços imunes da atuação dos Conselhos ao Supremo. É de se esperar, ante a relevância da matéria, que insistirá no tema.

O Min. Marco Aurélio, em mais de uma ocasião[31], defendeu, isoladamente, que as partes devem dispor de meio para provocar o Supremo quanto à aplicação, pelos Tribunais de origem, dos precedentes assentados em repercussão geral. A preocupação passou a surtir efeitos na Rcl nº 12.681/DF[32], quando a 1ª Turma acompanhou seu voto, não só para reconhecer a viabilidade da reclamação, como para corrigir equívoco na aplicação do precedente. A questão processual será, definitivamente, decidida em regimentais propostos nas Rcls. nº 11.427/MG e nº 11.408/RS, ambas da relatoria do Min. Lewandowski, suspensos por pedido de vista do Min. Luiz Fux. Há tendência do Tribunal em seguir o Min. Marco Aurélio no sentido de, como ele mesmo diz, não se "fechar, peremptoriamente, a porta do Supremo àqueles que se sintam prejudicados".

- IV -

O Min. Marco Aurélio é autor, e também relator, de votos vencedores memoráveis em processos paradigmáticos. Apenas para citar alguns, temos os casos da anencefalia, da Lei Maria da Penha e da cláusula de barreira. Formou com a maioria em outros tantos casos relevantes, como o da união homoafetiva, das pesquisas com célula tronco embrionária e das cotas raciais em universidades públicas. Isso demonstra que o espaço do Min. Marco Aurélio no Supremo é muito maior do que o de ser uma voz dissonante. Não obstante, o que esta homenagem quis demonstrar é o quão importante e como é bem realizado pelo Min. Marco Aurélio o papel de discordar da

---

29 STF – Pleno, AgRg no MS nº 27.148/SP, Rel. Min. Celso de Mello, j. 11/5/2011, DJ 25/5/2011.

30 STF – 1ª T., MS 33.163/DF, Rel. Min. Marco Aurélio, Red. do ac. Min. Luís Roberto Barroso, j. 5/5/2015.

31 STF – Pleno, AgRg, na Rcl nº 15.165/MT, Rel. Min. Teori Zavascki, j. 20/3/2013, DJ 26/8/2013; STF – Pleno, AgR na Rcl nº 13.508/DF, Rel. Min. Ayres Britto, j. 23/5/2013, DJ 21/6/2013.

32 STF – 1ª T., Rcl. 12.681/DF, Rel. Min. Marco Aurélio, j. 4/6/2013, DJ 28/6/2013.

maioria sem constrangimentos ou temores, com independência e espírito deliberativo.

O Ministro Marco Aurélio é conhecido por agir conforme seu convencimento, sem se preocupar com o grau de acatamento externo. A divergência, ainda que fique vencido, não o assusta nem é capaz de abalar suas convicções. O ministro decide na contramão do pensamento majoritário com base na "ciência e consciência possuídas", como gosta de lembrar, e não pelo puro gosto de discordar. Assim o faz porque é apaixonado pelo cargo que ocupa, pela função que desempenha; porque julga cada processo como se fosse o primeiro de sua vida, todos os dias, e acredita na evolução constante do direito. Assim atua porque se vê, sempre, como um servidor da sociedade.

Autores:

Adriane da Rocha Callado Henriques é Assessora do Ministro Marco Aurélio.

Alexandre Reis Siqueira Freire é Assessor do Ministro Marco Aurélio.

Carlos Alexandre de Azevedo Campos é Assessor do **Ministro Marco Aurélio.**

José Marcos Vieira Rodrigues Filho é Assessor do Ministro Marco Aurélio.

Marcelo Novelino Camargo é Assessor do Ministro Marco Aurélio.

Marcos Paulo Dutra Santos é Assessor do Ministro Marco Aurélio.

Roberto Lisandro Leão é Assessor do Ministro Marco Aurélio.

Rodrigo Crelier Zambão da Silva é Assessor do Ministro Marco Aurélio.

Vinícius de Andrade Prado é Assessor do Ministro Marco Aurélio.

EDITORA JusPODIVM
www.editorajuspodivm.com.br
RENOVA GRAF
www.renovagraf.com.br